MICHAEL PETERS

GESCHICHTE FRANKENS

MICHAEL PETERS

GESCHICHTE FRANKENS

VOM AUSGANG DER ANTIKE BIS ZUR GEGENWART

ZWEI BÄNDE IN EINER GESAMTAUSGABE

TEIL I

VOM AUSGANG DER ANTIKE
BIS ZUM ENDE DES ALTEN REICHES

TEIL II

VON DER ZEIT NAPOLEONS
BIS ZUR GEGENWART

(Beginnt hinter Seite 358 des ersten Teils in diesem Band)

NIKOL
VERLAG

Genehmigte Lizenzausgabe für
Nikol Verlagsgesellschaft mbH & Co. KG,
Hamburg, 2013

Titelabbildungen: Bridgeman Art Library, Berlin
Covergestaltung: Timon Schlichenmaier, Hamburg
Druck: CPI Moravia Books s.r.o.
Printed in the Czech Republic
ISBN: 978-3-86820-196-3

www.nikol-verlag.de

Inhalt

Vorwort

Franken, das einstige Herzland des alten deutschen Reiches, ist durch eine besondere, historisch gewachsene Vielfalt geprägt. Große und kleine geistliche Stifte, Reichsstädte und Reichsdörfer, Fürstentümer, Grafschaften und Reichsritter teilten sich die fruchtbare Landschaft an Main, Regnitz, Jagst und Tauber. Trotz der Zersplitterung weisen die fränkischen Territorien eine eng miteinander verbundene Geschichte auf, die in diesem Buch erzählt werden soll.

Von Wissenschaft, Forschung und Bildungseinrichtungen seit Jahrzehnten vermisst, bildet eine Geschichte Frankens von den Anfängen im dritten nachchristlichen Jahrhundert bis in die Zeit des Verlustes der politischen Selbständigkeit Frankens am Beginn des 19. Jahrhunderts seit langem ein wichtiges Desiderat der historischen Forschung und der Geschichtsschreibung. Noch immer gilt die Einschätzung des Historikers und Universitätsprofessors (Universität Erlangen) Dr. Helmut Weigel († 1974), der zu Recht am Ende seines Vortrages „Epochen der Geschichte Frankens“ beklagt: „Noch fehlt eine umfassende geschichtliche Darstellung der Entwicklung Frankens…“, welche sämtliche Territorien, die den ursprünglichen Fränkischen Reichskreis ausfüllten, einschließt. So wurden die um das Jahr 1806 im Rahmen der „Napoleonischen Territorialrevolution“ an Baden und Württemberg politisch gefallenen fränkischen Territorien wie die Fürstentümer Wertheim und die „eingeschlossenen“ fränkischen Güter der Reichsritterschaft sowie für Württemberg die hohenloheschen Grafschaften mit zahlreichen geistlichen Gütern und Reichsstädten wie Heilbronn nebst der Deutschordenskommende „Hall“ in dem vorliegenden Geschichtsbuch mit berücksichtigt.

Der Nestor der fränkischen Geschichtsforschung, Prof. Dr. Alfred Wendehorst (geboren 1927), vormals Lehrstuhlinhaber am Institut für Fränkische Landesforschung der

Universität Erlangen-Nürnberg, betont in seinem „Stand, Aufgaben und Probleme der Geschichte Frankens“ überschriebenen Abriss von 1998, dass der Begriff „Franken“ „ja nicht so fest gefügt ist wie die – bei allen Entwicklungen, Expansionen und Rücknahmen – kohärenten Länder wie Bayern oder Preußen, Mecklenburg oder Württemberg, welche der landesgeschichtlichen und landeskundlichen Forschung Rahmen und Wege vorgeben“. Vielmehr handelt es sich bei Franken um einen a) naturräumlich-geographischen, b) einen kirchlichen und c) einen politischen Begriff, wobei unter dem naturräumlich-geographischen Begriff die Sprachgrenzen mit zu berücksichtigen sind.

Der im Rahmen der Reichsreform Maximilians I. geschaffene Fränkische Reichskreis von 1500/1512 als einer von zehn Reichskreisen hat dann auch „eine merkwürdig starke Klammer“ gebildet, „obwohl bald darauf durch die Einführung der Reformation und die Gegenreformation die Gegensätze noch größer wurden“ (Prof. Dr. Friedrich Uhlhorn). Fassen wir zusammen, so gehörten dem Fränkischen Reichskreis unter anderem die drei Hochstifte Bamberg, Würzburg und Eichstätt, der Deutschordensbesitz mit Mergentheim als Hauptsitz, die zollerischen Fürstentümer Ansbach und Kulmbach (bzw. Bayreuth), die Grafschaft Henneberg, die Grafschaften Hohenlohe, die evangelischen und katholischen Fürstentümer Wertheim, die Grafschaft Pappenheim und die Grafschaft Limpurg, die Reichsstädte Nürnberg – das „Auge und Ohr Deutschlands“, wie Martin Luther formulierte – Weißenburg und Windsheim, Rothenburg ob der Tauber und Schweinfurt mit den Reichsdörfern Gochsheim und Sennfeld an. Die in Franken mächtig vertretene Reichsritterschaft bildete einen eigenen Ritterkreis.

An wissenschaftlichen Bemühungen, die Geschichte Frankens in Handbüchern zu präsentieren, hat es zwar nicht gefehlt, sie blieben allerdings recht selten und trugen zudem enzyklopädischen Charakter. Friedrich Steins stark politisch gewichtete Darstellung „Geschichte Frankens“ aus dem Jahre

1885 ist in mancher Hinsicht überholt, und im Handbuch der bayerischen Geschichte (hier vor allem Band 3,1, Geschichte Frankens bis zum Ausgang des 18. Jahrhunderts; Teilbd. 1. - 3., neu bearb. Aufl. 1997), das den Abschnitten zur fränkischen Geschichte weites Feld einräumt, ist die Geschichte Mittelfrankens bisher nicht über planerische Vorhaben hinausgelangt. Ist doch die Hauptschwierigkeit einer Geschichte Mittelfrankens darin begründet, „dass sie nur schwer der Gefahr entgehen kann, zu einer Geschichte der Reichsstadt Nürnberg und ihres Landgebietes zu werden ... Dazu käme noch das Problem des Hochstifts Eichstätt; gehörten Stadt und Hochstift Eichstätt doch zum Fränkischen Reichskreis. Erst bei der Gebietsreform von 1972 wurde die Stadt mit Teilen des alten Hochstifts von Mittelfranken nach Oberbayern umgegliedert" (Alfred Wendehorst). Und zu ergänzen wäre, dass mit einem Bischof zu „Eychstatt" – Bischof Gerhard von Eichstätt - im Jahre 1055 mit Viktor II. letztmals ein „Teutscher" zum Papst auf den Petrusstuhl gewählt wurde, wie etwa Markgräfin Erdmuth Sophie von Brandenburg-Bayreuth (1644–1670), Historikerin, Literatin und frühe Enzyklopädistin, in ihrem weithin bekannten und posthum erschienenen Werk „Sonderbare Kirchen-, Staat- und Welt- Sachen" (1676), einem historisch-staatspolitischen Almanach, hervorgehoben hat.

Die vorliegende Arbeit spannt den zeitlichen Bogen von der Vorgeschichte der fränkischen Landnahme über das „Kronland" innerhalb des Karolingerreiches über die Versuche einer Wiederherstellung des Herzogtums Franken im Hochmittelalter bis hin zur Entstehung des Fränkischen Reichskreises in der Frühneuzeit und dessen Auflösung am Ende des alten Reiches. Das Ende des Reichskreises, der seine Stärken vor allem in der wirtschaftlichen und militärischen Organisation besaß, war auch das Ende der politischen Selbständigkeit Frankens. Franken fiel im Zeitalter Napoleons I. an Baden, Bayern sowie an Württemberg.

Besonderen Dank möchte ich meiner Tochter Astrid, die mir durch ihre Übersetzung schwedischsprachige Literatur näherbrachte, und Herrn Florian Trykowski, der wertvolle fotographische Aufnahmen für das vorliegende Buch beisteuerte, entgegenbringen. Auch bei Herrn Wolfgang Froese vom Verlag Casimir Katz, der mir in zahlreichen Gesprächen wichtige wissenschaftliche Denkanstöße lieferte, möchte ich mich sehr herzlich bedanken.

Dr. Michael Peters, März 2007

Vorwort zur zweiten Auflage

Das vorliegende Buch „Geschichte Frankens“ fand stärker als erwartet eine lebhafte Resonanz. Die Geschichte des vormaligen Königslandes und „Herzogtums Franken“ stieß nicht nur in wissenschaftlichen Einrichtungen wie etwa Bibliotheken und Archiven, sondern auch in der weiten Leseöffentlichkeit auf ein deutliches Echo, so dass bereits nach einem Jahr das Buch in einer zweiten Auflage erscheinen kann. Die Neuauflage gab Anlass und Gelegenheit, den gesamten Text nochmals durchzusehen. Ergänzend zum Ortsregister erschließt jetzt auch ein Personenverzeichnis das Werk. Der Verlag kommt damit einem Wunsch nach, der in Fachkreisen wie in Tageszeitungen mehrfach geäußert worden war. Mit der neuen Auflage verbinde ich die Hoffnung, dass das Buch als populäre Gesamtdarstellung der fränkischen Geschichte auch künftig gute Dienste leisten wird.

Dr. Michael Peters, Oktober 2008

1.
Wegbereiter Europas – das Frankenreich der Merowinger entsteht

Die Grundlagen: fränkische Völker und fränkische Landnahme

Römische Quellen erwähnen sie erstmals im Jahre 258 nach Christi Geburt: Aus dem Dunkel der Geschichte tauchen die Franken auf. Die Franken siedelten an der friesischen Nordseeküste, an der Weser, am Niederrhein und im Kölner Becken. Sie waren hochgewachsene, mit der Streitaxt „Franziska“ bewaffnete Krieger, deren Name „Franken“ soviel wie die „Freien“, die „Kühnen“ bedeutete. Die in den 1960er Jahren vorgetragene Hypothese des französischen Mediävisten und Wirtschaftshistorikers Roger Grand, derzufolge die Franken skandinavischer Herkunft sind und die der Wissenschaftler in seinem Werk „Recherches sur l' origine des Francs: Ouvrage posthume complété, augmenté et publié par les soins“ aus dem Jahr 1965 formulierte, vermochte sich in der wissenschaftlichen Welt nicht durchzusetzen.

Die Franken sollten dem späteren Herzogtum und Königsland Franken – um etwa 800 – ihren Namen geben, nachdem der Merowingerkönig Chlodwig I. († 511 in Paris) die Alamannen am Untermain endgültig besiegt hatte und das Gebiet wohl seit 531 (Zerschlagung des mächtigen Thüringerreiches) „fränkisch“ geworden war. Wie aber war Franken besiedelt, bevor hier fränkische Eroberer siedelten?

Die Kelten hatten sich zwischen 10 und 20 n. Chr. aus ihren fränkischen Siedlungsgebieten zurückgezogen. Etwa um diese Zeit suchte der römische Feldherr Sentius Saturninus das mainfränkische Gebiet im Rahmen einer großen Expedition in Richtung Weißer Main auf (6 n. Chr.). Bereits im sogenannten „Rätischen Krieg“, um 15 v. Chr., hatten Kaiser Augustus' Legionen die Alpen mit Alpenvorland bis zur Donau in Besitz genommen. An Frankens Südgrenzen, etwa in Weißenburg, das eine 500 Mann starke römische Garnisonsstadt war und dessen keltischer Name „Biriciana“ nach den Ureinwohnern hieß, legten die Römer seit 84 n. Chr. den Limes an und errichteten wunderschöne Thermalbäder und Tempelanlagen. Noch im 1. Jahrhundert erschlossen die Römer auch die an das jetzige Mainfranken angrenzende Wetterau als bedeutsame Kornkammer und legten hier mehrere Kastelle an.

In den geographischen Raum zwischen Rhein, Fränkischer Saale, Böhmischem Becken und Donau drängten nach dem Abzug der Kelten Römer und germanische Völker, darunter Teutonen, Hermunduren, Alamannen und Markomannen. Der römische Geschichtsschreiber Tacitus spricht von einem Land, dem reiche Bodenschätze – Gold und Silber – „ich weiß nicht, ob aus Gnade oder Zorn“, „versagt“ seien.

Wir wissen von Tacitus († nach 117 n. Chr.) auch, dass die Römer in den Ubiern, Bataviern, Hermunduren und Markomannen „alte Waffenbrüder Roms“ sahen, denen „wir [die Römer] Häuser und Gutshöfe geöffnet“ hatten. So steht es wörtlich übersetzt in Tacitus’ „Germania“ geschrieben, dem wichtigsten Zeugnis über Altgermanien. Seit dem Jahr 233 aber überrannten die germanischen Eroberer brennend und plündernd die römischen Siedlungen und Kastelle bis zur Donaugrenze. Erst vor kurzem hat ein verlandeter Altrheinarm im rheinfränkischen Neupotz eine gewaltige Beutekammer mit 1.062 geraubten römischen Kunstgegenständen preisgegeben, die jetzt im Historischen Museum der Pfalz in Speyer zu bestaunen ist. Der „Furor teutonicus“ nahm geographisch vom heutigen Franken aus seinen verheerenden Verlauf und traf auf einen vollkommen überraschten Gegner. Die seitens der Alamannen gegen die römischen Verteidigungsstellungen am Limes vorgetragenen Angriffe hinterließen eine einzige Spur der Verwüstung. Zwar berichten keine schriftlichen Quellen von den schweren Kämpfen, doch die archäologischen Funde sprechen eine deutliche Sprache: Die von der unteren Elbe stammenden Alamannen (= zu Deutsch „alle

Männer"), an deren Seite die Hermunduren fochten, laut Tacitus noch Leute des Vertrauens, die „über die Grenze" „ohne Bewachung dürfen", zerstörten das Auxiliarkastell Pfünz bei Eichstätt durch Brand vollständig. Im Kastell Gunzenhausen machten die Angreifer alle römischen Besatzungstruppen nieder, ebenso in Weißenburg, wo Waffenfunde, verbranntes Getreide in den Mauerresten und Skelettfunde von der Wucht des Angriffs zeugen.

Offensichtlich handelte es sich nicht um einen konzentrierten Überraschungsangriff der Alamannen und ihrer Bundesgenossen auf die von wuchtigen Wachttürmen gesäumte römische Verteidigungslinie, sondern um peu à peu vorgetragene massive Einzelaktionen gegen die in Sicht- und Rufweite sich durch das Land ziehenden Wachtturmketten und römischen Kastelle. Wir sprächen heute vielleicht von einer Art der militärischen Ermattungsstrategie. Jedenfalls ist der ungestüme Vernichtungswillen der germanischen Angreifer hinreichend wie flächendeckend belegt: Im Kastell Theilenhofen im Altmühltal, das 2,2 Kilometer hinter dem Limes lag, von einer 140 Meter mal 196 Meter langen Holzpallisade geschützt wurde, 360 Fußsoldaten und 120 Reitern als Garnison diente und ein beheiztes Kastellbad besaß und dessen Mauerreste noch im 17. Jahrhundert deutlich sichtbar waren, ist der Zerstörungswut der Alamannen auch eine bronzene Kaiserstatue zum Opfer gefallen. In keiner der zerstörten römischen Verteidigungsanlagen sind je römische Münzen geborgen worden. Auch zeugen die durchweg niedergebrannten Wirtschaftsgebäude von der Vernichtungskraft der alamannischen Kämpfer.

Bis 260 n. Chr. hatten sie das gesamte Gebiet zwischen Rhein und Limes unter ihrer Kontrolle, doch entbrannten erneut Kämpfe im Bereich des sogenannten „Fränkischen Keuperwaldes" bei Cadolzburg im südwestlichen Franken, während seit etwa 390 endgültig und historisch gesichert die Donau als äußerster römischer Vorposten gegen Germanien angenommen wird. Bevor jedoch die Elbgermanen im Legionslager „Regensburg“ – „Castra Regina“ –Einzug hielten, sah die Donaumetropole immerhin noch 100 Jahre römischer Herrschaft.

Der Weißenburger Philologe und Akademierektor Johann Alexander Döderlein (1675–1745) zählte neben dem Archivar, Historiker und Schriftsteller Christian Ernst Handelmann (1699–1776) zu den ersten, die ihre wissenschaftliche Kreativität in den Dienst der bereits im Humanismus aufgekommenen Limesforschung stellten. Von Niederbieber am Rhein über den Schwäbisch-Fränkischen Wald bei Öhringen, Murrhardt und Welzheim bis nach Eining an der Donau über 550 Kilometer sich durch Rheinland-Pfalz, Hessen, Schwaben, Franken und Bayern windend, stellt der im Mittelalter als „Teufelsmauer“ bezeichnete Limes das längste in Europa vorzufindende Kulturobjekt dar. An der Hohenloher Ebene vorbeiführend, ist der Limes gerade hier im Schwäbisch-Fränkischen Wald mit Hilfe neuer Dokumentations- und Museumsprojekte – etwa Archäologischer Park Ostkastell, Limes Lehrpfad Meinhardter Wald, Römer-Museum Meinhardt, Archäologiemuseum Heilbronn, „Römerjahr 2005“ – wiederentdeckt worden. Die „Teufelsmauer“ bildete aber mit ihren Zäunen und Wachtürmen nicht nur ein Fanal des Gegenübers, sondern einen Platz des Austausches und Zeichen der Multikulturalität.

Fränkische Teilstämme

Zu den Franken zählten die westgermanischen Stämme der Salier – der Stammesbegriff „Salier“ leitet sich ab von lateinisch „salii“, Salzmeerbewohner, während das gleichnamige fränkische Hochadelsgeschlecht „Salier“ etymologisch von althochdeutsch „sal“ herrührt, das heißt „Herrschaft“ –, der Chamaven, der Sugambrer, der Brukterer, der Ampsivarier, der Chattuarier, der Usipier und seit ca. 600 der Chatten.

Die Salier als fränkischer Kernstamm saßen am Niederrhein im Gebiet um Aachen, waren im vierten nachchristlichen Jahrhundert treue Bundesgenossen Roms und besiedelten endlich das brabantische Toxandrien. Noch zu Lebzeiten des christenfeindlichen Kaisers Valerian († nach 359) hatte im Jahre 358 der offen den Heidengöttern huldigende spätere Kaiser Julian den Saliern zugestanden, sich in Toxandrien zwischen Maas und Schelde als militärpflichtige Dediticii, das bedeutet soviel wie die von unterworfenen Stämmen abstammenden Nachkommen, niederzulassen. Indessen ist die Namensgebung „Salier“ oder „Salfranken“ gleichbedeutend für die niederrheinischen Franken insgesamt seitens der Geschichtsforschung schon Anfang der 1970er Jahre aufgegeben worden. Von den niederrheinischen Franken an Maas und Schelde, nicht etwa von den fränkischen Teilstämmen am Mittelrhein – letztere sollten das römische Köln im Jahre 455 endgültig erobern – ging die Gründung des Fränkischen Reiches, die unzweifelhaft bedeutendste Reichsgründung des frühen Mittelalters, aus. Um 508 ist der mittelrheinische fränkische Königsstaat, zu dessen Hauptstadt Köln im Jahre 470 aufstieg, in das Fränkische Reich von König Chlodwig I. eingegliedert worden.

Von hier aus – vom Rhein-Mosel-Gebiet – ist wohl noch auf Chlodwigs († 511) politische Weisung im Rahmen seiner „Ostpolitik“ die fränkische Landnahme in Mainfranken in Angriff genommen worden. Offensichtlich lag in Königshofen/Taubergau eine Art fränkischer Hauptstützpunkt. Die Bevölkerung des neuen Herzogtums Franken mit Sitz in Würzburg, des späteren Königslandes (seit 720), das östlich kaum bis Bamberg reichte, hatte Ende des achten Jahrhunderts den alten Stammesnamen „Franken“ übernommen. Dass fränkische Bauernkrieger zur selben Zeit in das vormals von den Alamannen bewohnte Neckarbecken und in das heutige Tauberfranken eingewandert sind, davon zeugen auch zahllose archäologische Funde wie Gürtelgarnituren mit vogelkopfförmigen Metallbeschlägen, bronzenes Metallgeschirr, die fränkischen Wirbelfibeln sowie die typischen fränkischen Siedlungsformen und Wallanlagen in dem Land an Neckar, Jagst, Kocher und Tauber mit dem Waldgebiet „Fränkischer Wald“ zwischen den heutigen

Städten Backnang, Schwäbisch Gmünd und Schwäbisch Hall. Hier an der Schnittstelle von römischer und germanischer Kultur hatten die Franken den von den Römern seit dem 2. nachchristlichen Jahrhundert gepflegten Weinanbau übernommen und verfeinert. Der Weinanbau im Mainfränkischen hingegen ist erstmals für das letzte Drittel des achten Jahrhunderts bezeugt, wie eine vom 7.1.777 datierte und in schöner fränkischer Minuskelschrift geschriebene Herstaler Urkunde belegt, die im Staatsarchiv Würzburg aufbewahrt wird und sich auf Weingut des Klosters Fulda beruft.

Die Chamaven lebten im vierten Jahrhundert in einem von Hamaland im jetzigen Raum Münster-Vreden-Borken bis nach Deventer (Daventria) an dem Fluss Ijssel reichenden Gebiet und sind ethnisch später in den Franken aufgegangen. Hier im Grenzgebiet zu den Friesen sollte später Bonifatius in den Siedlungen am Ostufer der Zuidersee (Süder-See), einem seit 733/734 fränkisch dominierten Gebiet, predigen, bevor friesische Aufständische den angelsächsischen Bekehrer und „Apostel der Deutschen“ im Juni 754 in einem minutiös geplanten Hinterhalt bei Dokkum ermordeten.

Die Sugambrer, auch Sigambrer, die der Stadt Siegen ihren Namen geben sollten, hatten ihre Stammessitze rechtsrheinisch zwischen den Flüssen Ruhr und Sieg. Aus dem nördlich angrenzenden, späteren Gau „Fahala“ oder „Falhon“, den die seitens der Römer wegen „Bruderkampfes“ und „Hochmut“ mit Verachtung gestraften Brukterer besiedelten, ist das Wort „Westfalen“ entstanden.

Die Brukterer saßen zwischen Ems und oberer Lippe und sind im zweiten Jahrhundert in südwestlicher Richtung gegen den Rhein vorgerückt. Zu Unrecht schreibt Tacitus, dass dieser besonders streitbare Stamm „restlos vernichtet worden“ sei. Als vehemente Gegner Roms beteiligten sich die Brukterer 69 n.Chr. am Bataveraufstand, sind dann von den Chamaven und Angrivariern aus ihren angestammten Wohnsitzen vertrieben worden und gingen im späten vierten Jahrhundert im Stammesverband der Franken auf.

Den Ampsivariern gehörte das Gebiet im heutigen Emsland, von wo sie von den landhungrigen Chauken im ersten nachchristlichen Jahrhundert verdrängt werden sollten. Als Teilstamm der Franken geltend, sind die Ampsivarier im sechsten und siebten Jahrhundert in den nach Süden ziehenden Sachsen (= Schwertgenossen) aufgegangen. Diesen von rastlosem Ausdehnungsdrang erfüllten seefahrenden „Saxones“ sind laut archäologischen Funden schon vor ihrer militärischen Landnahme in England seit Ende des vierten Jahrhunderts neben sächsischen auch fränkische Föderaten zur Seite gestanden. An der Seite der salischen Franken kämpften die Sachsen schon im Jahre 286, als sie seegestützt in Nordgallien einfielen, die Hafenstädte plünderten und ebenso die römischen Garnisonen keineswegs verschonten.

Die Chattuarier saßen im heutigen Ruhrgebiet und waren im Jahre 9 n. Chr. neben den Cheruskern und Brukterern mit an der sogenannten „Varusschlacht“ beteiligt, die aller Wahrscheinlichkeit nach nicht im Teutoburger Wald, sondern neuen Forschungen zufolge am Wiehengebirge im Osnabrücker Land stattgefunden hat. Die zahlenmäßige Größe der Armee von Arminius, die zu einem Gutteil aus fränkischen Kontingenten bestand und den tödlichen Streich gegen Varus führte, darf auf etwa 50.000 Mann geschätzt werden. Als Germanicus sechs Jahre später in einer Art „Racheaktion“ das Gebiet der Brukterer verwüsten ließ, sind auch die Feldzeichen von Varus’ 19. Legion, welche der fränkische Teilstamm 9. n. Chr. erbeutet hatte, wieder aufgefunden worden.

Von den Usipiern (Usipetern) wissen wir, dass sie am Niederrhein im heutigen Gelderland bei Arnheim siedelten und zusammen mit den Sugambrern und den Tenkteren plündernd in Gallien einfielen, wo die Eroberer erst die römische Reiterei und schließlich die 5. Legion besiegten. Später saßen sie an der Lippe, wo das direkt gegenüber der Lippemündung liegende linksrheinische, stark befestigte Legionslager Castra Vetera ihrem Eroberungsdrang Einhalt gebot. In ihrer Bevölkerungszahl stark dezimiert, sind sie noch weiter südlich, in das Gebiet zwischen Sieg und Lahn gezogen. Im vierten Jahrhundert sind die Usipier sodann ethnisch mit den Franken verschmolzen.

Die Chatten hatten ihre ursprünglichen Wohnsitze nördlich der Eder am Rothaargebirge. Als besonders tapfer kämpfend, behielten sie laut Tacitus während der Schlacht ihre Verbandsordnung bei. Später sind sie weiter südlich an Main und Lahn marschiert, wo sie sich im späteren Hessen-Nassauischen niederließen. Angeblich haben sie im Frankenreich am längsten ihre alten germanischen Götter verehrt. Folgen wir den Quellen, so fällte Bonifatius im Jahre 723 bei Fritzlar eine Donar-Eiche, eines der letzten chattischen Heiligtümer, um daraus 724 eine dem heiligen Petrus geweihte Kapelle zu bauen. Als für die Chatten um das Jahr 700 der Name „Hassi" – Hessen – aufkam, waren sie bereits seit zweihundert Jahren in das Reich Chlodwigs I. integriert.

Das Epochenjahr 406: der Einfall fränkischer Stämme nach Nordgallien – Reichsgründung und fränkische Machtausdehnung

Als im Jahre 406 römisches Militär seine Stellungen westlich des Niederrheins – die seit 89 n.Chr. bestehende Provinz Germania Inferior mit ihren wichtigen Auxiliarkastellen Traiectum (Utrecht) und Fectio (Vechten) – aufgegeben hatte, rückten germanische Stämme, vor allem Franken, die Schelde aufwärts südwestlich Richtung Tournai vor. Hier war es bereits im vierten Jahrhundert zu einer sukzessiven Ansiedlung von fränkischen Siedlern gekommen, die Rom für den Grenz- und Militäreinsatz dringend benötigte. Von Kleinkönigen aus der Dynastie der Merowinger, die mit Chlodio, einem Verwandten des Kleinkönigs von Tournai Childerich I., um 425 erstmals erwähnt werden, geführt, drängten die Franken mal als Freunde, mal als Feinde Roms, nach Südwesten. Doch wenn heute noch die französische Geschichtsschreibung den salischen Franken Herzog Pharamond (ermordet 428), „Chef ou duc de Francs Saliens“, als ersten merowingischen „König“ betrachtet, und gar als „père de Khlodion“ ausgibt, so handelt es sich bei Pharamond doch mit großer Wahrscheinlichkeit nur um eine reine Sagengestalt.

Weiteres Vordringen in Gallien

Wenige Jahre später nahmen die fränkischen Kleinkönige Tournai und Cambrai in Besitz und erreichten die Somme. Eines der bedeutenderen Königtümer begründete Childerich I. († 481) in Tournai. In fortwährende dynastische Kleinkriege verwickelt, kämpfte Childerich I. dann an der Seite des römischen Heerführers Ägidius gegen die Westgoten sowie gegen die von der Loiremündung seewärts einfallenden Sachsen sowie gegen die Alamannen. Noch vor seinem Tode verhalf König Childerich I. gewissermaßen am Vorabend des Endes des Weströmischen Reiches im Jahre 476 den nordgallischen Römern zu einem ihrer letzten militärischen Erfolge, indem er das Vordringen der Westgoten über die Loire verhinderte. Noch 480 stand Childerich I. Pate, als Nordgallien endgültig für die Römer verlorenging. Wir stehen zeitlich in der endgültigen Auflösung der Weströmischen Reiches. So war es Childerichs I. Sohn Chlodwig, der als König der fränkischen Salier 486 in der Schlacht von Soissons die Herrschaft des letzten „Römers“ in Gallien, Syagrius’, eines Sohnes von Ägidius, endgültig beseitigte. Chlodwigs I. Söhne Theuderich I. († 534), Chlotar († 561), Chlodomer († 524) und Childebert I. († 558) sollten dann die fränkischen Herrschaften in Austrasien, Soissons, Orleans und in Paris begründen beziehungsweise festigen. Hier in der späteren Metropole Frankreichs hatte bereits Chlodwig seinen Königssitz eingerichtet und seitens Kaiser Anastasius’ I. Dikorus zwischen 507 und 508 ehrenhalber die Konsulswürde sowie das Recht zum Führen der Reichsinsignien erhalten. Chlodwig I. vereinigte schließlich auch die fränkischen Kleinkönigtümer unter seine Führung und erhob Paris zur merowingischen Hauptstadt, nachdem er Alamannen und Westgoten besiegt hatte und in Reims getauft worden war.

Zu Beginn des 7. Jahrhunderts beherrschten die Franken ein europäisches Kulturfeld, das sich von der Nordsee bis zum Mittelmeer – Provence, aber noch nicht die südgallische Kulturlandschaft „Septimania" am mittelländischen Meer, die eine letzte Bastion der Westgoten bildete –, von der Atlantikküste bis nach Mainfranken und bis nach dem – lockerer angegliederten – Herzogtum Baiern erstreckte. Politisch gegliedert war das Frankenreich in die drei Teilreiche Austrasien, dem Land zwischen Rhein, Maas und Mosel samt den Gebieten östlich des Rheins mit der Residenz Reims und später Metz, in *Neustrien*, dem „West-Neuland" mit Orléans, Soissons, Chartres und Tours, und in Burgund mit Châlon, Dijon und Besançon.

Theudebert I. – fränkischer Nachfolgeanspruch an das ewige Rom

Bereits Theudebert I. († 548) hatte als König des zwischen Maas und Rhein liegenden Austrasien eine universale Kirchen- und Außenpolitik betrieben. Offensichtlich rühmte sich Theudebert I., dass die Ausdehnung seines „Reichsgebietes" gleichsam der geographischen Ausdehnung des katholischen Glaubens entspreche. Als erster Frankenkönig trug er den Titel „Augustus" und nannte sich in Eigennennung „Theudebert rex magnus Francorum". Knüpft doch „Rex Francorum" an das „Populus Francorum", an das nur aus Freien bestehende „Volk der Franken" an. Der „Rex Francorum" ist also König des Volkes, nicht etwa König des Frankenreiches. Wenn also vom Titel „Theudebert rex magnus Francorum" die Rede ist, so liegt die Betonung auf der Person. Indem Theudebert indes als „Spitze eines Personenverbandes" auftritt, so kommt mithin das Frankenreich als ein „Personenverbandsstaat" zum Tragen.

Zu Recht schreibt Heinrich Mitteis, dass sich bei Theudebert „bereits die Linien der späteren karolingischen Universalpolitik“ abzeichneten. Folgen wir dem Geschichtsschreiber Gregor von Tours, so ließ Theudebert I. Goldmünzen mit eigenem Antlitz auf dem Avers schlagen, mit der Umschrift „Dominus noster Theudebertus pater patriae Augustus“, und Zirkusspiele nach antikem Vorbild in Arles unterstrichen seinen imperialen Anspruch. Er hatte die langobardische Königstochter Wisigarda geehelicht und 545 große Teile Venetiens erobert, während ihm schon ganz Chur-Rätien sowie Baiern bis zur Grenze Pannoniens und ganz Noricum, das spätere Ober- und Niederösterreich mit Kärnten, zu Füßen lagen.

Im Gegensatz zu den Goten und Alamannen etwa hatten die Franken indes zu keiner Zeit ihre kulturellen, wirtschaftlichen, militärischen und politischen Bande zu ihren angestammten Siedlungsgebieten zwischen Maas und Schelde und in Rheinfranken zwischen Rhein und Mosel aufgegeben. Denn in Wirklichkeit hat bereits der als Heerführer unbeschränkte Befehlsgewalt besitzende Chlodwig I. im Rahmen der Reichsteilung unter seinen vier Söhnen sowohl die altfränkischen Stammgebiete am Niederrhein und in Rheinfranken als auch die neu eroberten gallischen Teile zur „Kriegsbeute“ deklariert und diese der Herrschaft der Merowingerdynastie unterstellt.

Fränkische Siedlungswelle

Die Franken waren in Nordgallien allenthalben mit den Römern „in Berührung“ gekommen und hatten römische Verwaltungsformen – die Verwaltung einer ethnisch „gemischten Bevölkerung“ –, zum Teil römische Lebensformen, das christliche und antike Erbe, römischen Städtebau und römische Wirtschafts- und Geldordnung sowie Lebensmittel – Wein, Obst, Gemüse, Brot – als auch römische Handwerkskunst rezipiert. Auch das hervorragende römische Verkehrssystem in Gallien kam den Franken zugute, wenngleich die römische Straßenbaukunst nicht wieder erreicht werden konnte. Das Merowingerreich konnte sich vor allem die schub- und wechselweise fränkische Siedlungsbewegung vom Niederrhein nach Nordgallien und vom fränkischen Gallien in germanisches Gebiet – nach Rheinfranken, nach „Alamannien" und in das stark bewaldete „Ostfranken" (496/506) – zunutze machen. Wir wissen auch von dem ebenfalls permanenten und schubartigen Siedlungsstrom aus den fränkischen Stammlanden nach Westen, der die Romanisierung der fränkischen Bevölkerung in Gallien relativierte und zudem gewährleistete, dass ebenfalls im Rechts- und Verfassungsleben die fränkisch-germanischen Wesenszüge die Oberhand behielten.

Während der Regierungszeit Chlodwigs I. ist die fränkische Siedlungsgrenze im Westen bis an die Seine herangerückt, um die historischen Landschaften Île-de-France, ursprünglich „Francia" und der Kern und die Keimzelle des späteren französischen Staates, und die Picardie mit Amiens als Herzstück mit einzufassen. Im Süden hat die fränkische Siedlung dann das obere Maasgebiet, die Champagne und Lothringen erreicht. Gewaltige Verwüstungen nach sich ziehend, und mit Feuer und Schwert der alteingesessenen galloromanischen Bevölkerung begegnend, ist der fränkische Siedlungsstrom nach Chlodwigs Tod abgeebbt. Die Franken siedelten in Weilerdörfern nahe Fluss- und Bachläufen mit zweischiffigen Fachwerkhäusern und setzten beispielsweise in der Keramik- und Glasproduktion alte römische Techniken fort. Sie führten die germanische Tierornamentik in Nordgallien ein, während ihrerseits die germanische Tierornamentik im 5. Jahrhundert aufgrund des ethnischen Einflusses der römischen Besiedlung zwischen Seine und Rhein den Hippokamp – das Seepferdchen –, Seegreif und weitere Vierfüßer mit Fischschwanz rezipierte. Das Überleben der fränkischen Sprache in dem ethnisch gemischten „Galloromanien" – Nordfrankreich – war ein wichtiger Indikator für die tatsächliche Stärke der fränkischen Siedlung in Gallien.

Fränkische Sprache

Die altfränkische Sprache gilt als Ursprungssprache der heutigen niederrheinischen Mundarten sowie des Niederländischen und war entlang dem Rhein in Salfranken und in Rheinfranken sowie in der fränkischen Siedlung nördlich der Seine bis nach Flandern verbreitet. Das Französische hat eine ganze Reihe fränkischer Wörter auch aus dem alltäglichen Gebrauch sprachlich aufbewahrt, und Reste des Westfränkischen sind nachweislich noch während des 9. Jahrhunderts in der Sprachwelt der Oberschicht in Nordgallien belegt. Viele fränkische Ortsnamen mit dem Suffix „ing" und „inge" sind in Flandern und Nordfrankreich erhalten – etwa Poperinge, Elverdinge, Boezinge und Vlamertinge –, und im Reich Karls des Großen galt die altfränkische Sprache im Gegensatz zum Kirchen- und Amtslatein als jene „zum Volk gehörende" Muttersprache. Die sogenannten „Straßburger Eide" vom Februar 842 auf Altfranzösisch und Althochdeutsch haben dann auch erstmals ein Dokument der sprachlichen Verschiedenheit der zukünftigen fränkischen Teilreiche begründet. Damals am 14.2.842 schworen die Brüder Karl, der eigentlich die westfränkische (romanische) Mundart pflegte, und Ludwig, der rheinfränkisch (althochdeutsch) sprach, ihren Bündniseid gegen ihren Bruder Kaiser Lothar I. auf altfranzösisch beziehungsweise auf althochdeutsch.

Später im elften Jahrhundert ist das „Mittelfränkisch", von dem lediglich zwei Texte erhalten sind, in Rheinfranken, zwischen Köln und Trier, nachgewiesen. Das Südliche Rheinfränkisch war endlich in der Gegend um Worms, Speyer und Heidelberg im Sprachgebrauch, das sogenannte „Südfränkisch" in der Region Schwäbisches Franken, wozu das spätere Karlsruhe und auch Heilbronn zählten, sowie das Ostfränkisch in *Franca orientalis*, in Mainfranken, das seit etwa 1050 Franconia hieß und geographisch das Gebiet Mainfranken, Hessen, Nassau und das pfälzische Franken (Nahe) umfasste.

Einfall in Ostfranken

Die erste fränkische Einwanderungswelle nach „Ostfranken" um 496/506 führte höchstwahrscheinlich über Mainz und Worms auf alten Königswegen und bereits vorgeschichtlichen

Fernwegen, der sogenannten „Kocherstraße“ von Wimpfen über Rothenburg nach Roßtal, Mögeldorf , Hersbruck und Amberg in das waldreiche Gebiet thüringischer Stämme unter ihrem langmütigen König Herminafrid, der mit einer Nichte Theoderichs, Amalaberga, verheiratet war. Doch im Jahre 531 ist Herminafrid, dessen Mutter die fränkische Adlige Basena war, von einem fränkisch-sächsischen Heer bei Burgscheidungen an der Unstrut vernichtend geschlagen worden. Neueren historischen Forschungen zufolge ist allerdings die Eroberung des Thüringerreiches „ganz ohne sächsische Beteiligung“ erfolgt (Matthias Springer, Die Sachsen, S. 95). Die Unterwerfung des mächtigen Thüringerreiches, das geographisch vom Nordharz bis an die Donau reichte, durch die Franken unter König Theuderich I. unter Beihilfe Chlotars († 561) war ein politisches Ereignis von übereuropäischer Bedeutung. Geschichtswissenschaftlich gesichert ist, dass zusammen mit dem Herzogtum Thüringen eine Art „Großherzogtum Franken-Thüringen“ bestand. 539 sind dann auch noch weite Teile Oberitaliens in fränkische Hände gefallen, während Bayern in fränkische Abhängigkeit geriet und von 555 bis 788 von „fränkischen“ Herzögen, den Agilolfingern, deren Herkunft letztlich unbekannt ist und die im sechsten Jahrhundert mit dem Geschlecht der Merowinger weitverzweigt verwandt sind, beherrscht wurde. So vermochte sich der austrasische König Theudebert I. († 548) zu rühmen, dass sein politisches Einflussfeld und sein Herrschaftsbereich bis an die Grenzen „Pannoniens“ reichten. Weitere fränkische Feldzüge und Siedlungsvorstöße nach „Ostfranken“ fanden 556, als die Franken erneut Thüringen brandschatzten und in Geschichtsquellen von furchtbaren Verheerungen die Rede war, und seit dem 8. Jahrhundert und erneut in einer dritten fränkischen Siedlungswelle im 9. Jahrhundert statt. Im Jahre 634 hatte der austrasische König Sigibert III. den aus einer neustrisch-burgundischen Adelsfamilie stammenden und wetterwendischen Radulf zum ersten Herzog in Mainfranken bestellt.

Von der Eroberung des Thüringerreiches 531-534 bis zur zweiten fränkischen Siedlungswelle seit etwa 720: die Grundlagen des Herzogtums Ostfranken

Der in der späteren französischen Krönungsstadt Reims residierende Theuderich I. († 534) war es, der das politische Testament seines Vaters Chlodwig vollstreckte und im Rahmen seiner „Ostpolitik“ den Angriff auf das mächtige Thüringerreich probte. Hatte doch schon der Vater Chlodwig die geistige – analog dem universalen römischen Reichsgedanken –, politische und geographische Nähe des mit ihm eine *Entente* bildenden Byzanz im Auge. Spärlich sind die Nachrichten aus dieser blutigen Zeit der fränkischen Landnahme im Osten. So handelt es sich auch eher um eine historische Mutmaßung mit einer ganzen Reihe „kunstgeschmiedeter“ Annahmen als um eine reine geschichtswissenschaftliche Erkenntnis, wenn der Ethnologe Conrad Scherzer schreibt:

„Seit dem Sieg über die Alamannen 496 und 506 dringen die fränkischen kriegerischen Bauern unter der Oberleitung des Königtums, entlang den alten Straßen aus der Rheingegend um Worms und Mainz, zunächst in nordöstlicher Richtung in ein ziemlich bewaldetes, aber zwischendurch seit alters unter dem Pflug gehaltenes Siedlungsland ein. Hier saßen die Thüringer, die wahrscheinlichen Nachfolger und Erben der Hermunduren, die mit den Angeln und Warnen die Gebiete um den Thüringer Wald bis weit hinein nach dem Süden und Norden um 500 beherrschten. Sie wurden in den Kämpfen gegen die königliche Familie der Thüringer endgültig 531 niedergeworfen. In südöstlicher Richtung aber treffen die Franken auf die Reste der besiegten und geschlagenen Alamannen, soweit sich diese nicht hinter die ihnen gezogenen Grenzräume südlich der Hornisgrinde [der höchsten Erhebung im nördlichen Schwarzwald, 1164 m] über Backnang – Gaildorf – Feuchtwangen zurückgezogen hatten ... Dieser erste Vorstoß der Franken im 6. Jahrhundert hatte seinen Grund nicht nur in der Suche nach Nahrungsraum, sondern war insbesondere die Konsequenz einer klaren politischen Zielsetzung des Frankenkönigs nach Erweiterung seiner Herrschaft".

In der Tat haben die Franken mit dem Ausgreifen nach der „Francia orientalis" bis weit ins östliche Thüringen ein gewaltiges Reich erobert. Historisch ist dokumentiert, dass ein „Herzog von Thüringen" in Würzburg residierte. Ein „linksniederrheinisches Thüringerreich" vor dem Jahr 531 hat erst vor kurzem eine wissenschaftliche Studie in der Zeitschrift des Vereins für Thüringische Geschichte thematisiert. Aller Voraussicht nach aber ist das linksniederrheinische Thüringerreich aufgrund eines widersprüchlichen Ereignisberichts des Geschichtsschreibers Gregor von Tours stets erneut als historisch evident und als „bestehend" vorausgesetzt worden. Auch hat die Archäologie den in der Historiographie oft zu einer Art „Schattenreich" verklärten Teilstamm der Thüringer als „archäologisch nicht greifbar" gewogen. Fest steht jedoch, dass Herminafrid, der letzte Thüringerkönig, im Jahre 534 in Zülpich am nördlichen Rand der Eifel ermordet wurde.
Bei der fränkischen Eroberung des Thüringerreiches ist auch die thüringische Königsnichte Radegunde, eine europäische Heilige, als Geisel ins Frankenreich verschleppt worden. Gregor von Tours schreibt später in seiner Historia Francorum, dass Chlotar I. ihren Bruder tötete und sie zwang, seine Frau zu werden. Sie floh nach Poitiers, wo sie Nonne wurde und selbstlos und mildtätig Arme und Kranke unterstützte. Später (1939) hat sie der französische Historiker Nateuil zur „princesse barbare" verklärt.

Im Gefolge der fränkischen Landnahme von „Francia orientalis" scheint es zu einer vollständigen „Frankisierung" der eroberten Gebiete gekommen zu sein, worauf auch archäologische Quellen hindeuten. Wir möchten aber darauf hinweisen, dass der Name „Ostfranken" erst, nachdem Bonifatius im Jahre 741 das Bistum Würzburg gegründet hatte, für die Bewohner jener „intimis orientalium Franchorum partibus", der binnenländischen Gebiete der Ostfranken, als auch für Mainfranken gebräuchlich wurde. Später bildete Franken das

„Kernland“ des Ostfränkischen Reiches [„hertigdöme kring floden Main... kärnland för det östfrankiska ricket“, Svensk Uppslagsbok, 10, 1932, S. 6].

Integration der Alamannen und Elbslawen in Mainfranken
Heute sprächen wir von einer erfolgreichen Integrationspolitik. Anhand von Grabfunden im Rahmen archäologischer Feldforschung etwa im Praunheimer *Gräberfeld* im mainfränkischen Praunheim bei Frankfurt am Main, das von den Franken bereits um 500 erobert worden war und auf den Ruinen der alten Römerstadt Nida errichtet wurde, ist ersichtlich, dass alamannische Bestattungsplätze weiter fortgepflegt worden sind und somit wenigstens ein Teil der alamannischen Vorbevölkerung in Mainfranken weiterlebte. Aus der frühen Zeit der fränkischen Landnahme an Main, Tauber und Neckar ist etwa auch ein sogenannter merowingischer Triens, also eine Goldmünze aus einem bei Kitzingen in Kleinlangheim entdeckten fränkischen Reihengräberfeld (sechstes Jahrhundert) erhalten. Dass auch thüringisch-elbgermanische Traditionen im merowingerzeitlichen Mainfranken fortbestanden, lehren uns beispielsweise Siedlungskeramik aus Neuses in Oberfranken und sogenannte „Brandgräber“ im unterfränkischen Kleinlangheim und im mittelfränkischen Dittenheim im Landkreis Weißenburg-Gunzenhausen und Grabfunde in Zeuzleben an der Wern. Die fränkisch-thüringische Adelsgrablege von Zeuzleben mit dem vierrädrigen Wagen und der Adelsdame aus dem frühen sechsten Jahrhundert ist heute in dem Archäologie-Museum des Fränkischen Freilandmuseums Bad Windsheim eindrucksvoll rekonstruiert. Ist doch gerade der Ortsname Zeuzleben thüringisch „unterlegt“ und fügt sich mit seinem Suffix „leben“ in eine ganze Reihe thüringischer Ortsnamen in Franken: Unsleben, Alsleben, Essleben, Ettleben sowie das Güntersleben bei Würzburg. Auch ist die spätere politische Anbindung des um 650 bis 720 in Würzburg residierenden fränkischen Herzogsgeschlechts der Hedenen nach Thüringen hinreichend nachweisbar.

Mit der Zurückdrängung der in Scharen anstürmenden Slawen in Richtung Osten hatte der Frankenkönig Dagobert I. beziehungsweise dessen Sohn, der austrasische König Sigibert III., den frisch bestellten Thüringerherzog Radulf beauftragt. Offensichtlich hatte Dagobert I. in Mainfranken eine Art neuen „Amtsträger" eingesetzt und Herzog Radulf den „Verkehrsknotenpunkt" Würzburg als castellum – als Hauptsitz – übergeben. Später, seit Beginn des 8. Jahrhunderts sind Slawen in Mainfranken erfolgreich in die fränkische Bevölkerung integriert worden. Zeugen doch heute zahlreiche gemeinsame Bestattungsplätze von Franken und Slawen von einer recht gelungenen „Naturalisation".

Fränkische Siedlungspolitik

Von den Slawen im heutigen Mainfranken künden heute noch die Ortsnamen mit den Endsilben „itz" (Scheßlitz), „gast" (Trebgast im Landkreis Kulmbach) sowie „Kemmern" nördlich von Bamberg, als weitere Ortsnamen Schwürbitz-Marktzeuln-Zetlitz-Redwitz im Landkreis Lichtenfels in Oberfranken und eine ganze Reihe sogenannter „Mischnamen" wie Debersdorf im Landkreis Bamberg, die auf einem slawischen Personennamen gründen. Debersdorf – Dabrašin - war also das Dorf eines Mannes namens Dabraš. Das Gros der slawischen Ortsnamen in Franken mit der gleichzeitig größten Ortsnamensdichte lag in der Region Fränkische Schweiz um Ebermannstadt, aber auch in dem nördlich daran grenzenden „Oberland" in Bayreuth, Kulmbach und Hof. Folgen wir einer neuen historisch-archäologischen Studie von Robert Schuh, so ist die früheste slawische Siedlung in Franken auf das Jahr 700 zu datieren. Die sogenannten „Main- und Rednitzwenden" waren aber auch weiter westlich bis hin zu den Haßbergen und dem Steigerwald verbreitet. Angeblich soll Karl der Große ihnen später „Slawenkirchen" errichtet haben, die archäologisch in Amlingstadt und Seußling in Oberfranken nachgewiesen sind. Vor allem seit dem späten 8. Jahrhundert hat das noch von Bonifatius gegründete Kloster Fulda in alten Urkunden immer wieder Orte in Mainfranken als in „terra Sclavorum“ gelegen genannt. Zentrum der Bekehrungen war aber Würzburg.

In einer zweiten fränkischen Landnahme in der „Francia orientalis“ seit etwa 720 unter dem karolingischen Hausmeier Karl Martell († 741) ist sowohl das fränkische Gebiet in Richtung Oberfranken und Unterfranken mit den alten Mainübergängen in Dettelbach, Kitzingen und Ochsenfurt, wo neben Iphofen, Forchheim und Büchenbach fränkische Königshöfe entstanden, gleichermaßen wie das mittelfränkische Gebiet zwischen den Königshöfen Gaukönigshofen und Königshofen – das Tauberfranken – arrondiert worden. In diese Zeit fallen auch die Gründungen der Bistümer Würzburg und Eichstätt 741/742. Auch die fränkische Inbesitznahme des sogenannten „Keuperwaldes“, eines dünn besiedelten Urwaldgebietes mit dem Steigerwald und Rednitzbecken, fällt in diese Zeit, da Waldrodung und Entwässerung, Straßenbau und Fortifikation vorangetrieben wurden.

In politischer Richtung wollten die karolingischen Hausmeier mit ihrem weiteren territorialen Ausgreifen nach Osten und Süden, der „staatsfränkischen Kolonisation“, die bereits bestehende politische Abhängigkeit der baierischen Agilolfinger weiter straffen. Damals, seit Beginn des achten Jahrhunderts, entstanden Orte, die nach Flußläufen, Völkerschaften und Stämmen, Himmelsrichtungen und topographischen Kennzeichen wie Tal, Berg, Anhöhe, den Böden oder der ortsspezifischen Vegetation wie an den Beispielen Stockstadt, Stockheim, Stocksberg, Stockau – Buschwald – benannt sind. Weiterhin sind vor allem zwangsdeportierte Sachsen, von denen Ortsnamen wie Sachsen bei Ansbach, Sachsenmühle in der Fränkischen Schweiz und Sachsenhausen in Tauberfranken Zeugnis ablegen, um die Königshöfe angesiedelt worden. Angeblich hat auch Karl der Große Teile der fränkischen „Urbevölkerung“ nach Sachsen umgesiedelt. Auch viele Ortsnamen mit dem Suffix „hausen“, „burg“, „brunn“ und „feld“ datieren aus der Zeit der zweiten fränkischen Siedlungsperiode von etwa 720 bis zu Beginn des neunten Jahrhunderts.

In den eroberten Gebieten wurden über die fränkischen Siedler, die gleichzeitig Bauern und Krieger in einer Person waren, sogenannte „Amtsherzöge" und „Gaugrafen" eingesetzt und diesen die Verwaltung der frisch eroberten Reichsteile in die Hände gelegt. Vielfach entstammten die neuen Amtsträger dem thüringischen, alamannischen, burgundischen, slawischen und bairischen Adel. Das sogenannte „Altbaiern" ist dann auch 787/788 mit dem Sturz Herzog Tassilos III. von neuem in das Frankenreich fest eingegliedert worden. Ähnlich wie die Franken im späten vierten Jahrhundert im Rhein-Main-Gebiet die römische Verwaltung abgelöst hatten, haben Thüringer, „Hessen" und die Bewohner der fränkischen „terra Sclavorum" das fränkische Ämter- und Kirchensystem übernommen. Die politische Geschichte der fränkischen Ostbewegung ist dann auch besonders gut dokumentiert. An der Seite der Wenden sind fränkische Krieger auch ins Vogtländische, wo bereits seit dem siebten Jahrhundert in Eisenstein Bergbau betrieben wurde, sowie erneut nach Thüringen eingefallen. Karl dem Großen wird nachgesagt, dass er nach dem Aufstand eines unbotmäßigen thüringischen Gefolgsmannes im Jahre 785 etliche Thüringer nach Westen hat umsiedeln lassen, um im gleichen „Atemzug" Franken in Thüringen anzusiedeln. Vor allem in den nördlich in fränkischen Besitz fallenden Gebieten zwischen Werra und Rhön sind thüringische Adlige als feste Stützen des Fränkischen Reiches eingesetzt worden. Eine ganze Reihe von Rhönorten etwa wie Kaltennordheim und Frankenheim fußen auf fränkischen Gründungen im Frühmittelalter.

Herren von Frankenstein und Grafen von Henneberg

In der Zeit zwischen dem 6. und 8. Jahrhundert ist dann auch die Burg Frankenstein als Stammsitz derer von Frankenstein, die offensichtlich thüringische Vasallen waren, gegründet worden. Damals ist das Gebiet zwischen Eisfeld und Salzungen an der Werra in ein burgenstarkes Militärgrenzland umgestaltet worden. Weitere wichtige fränkische Königshöfe entstanden in Breitungen an der Werra und in Dorndorf in der fränkischen Rhön. Hier hat auch die Rebkultur, von Rheinfranken und von Mainfranken kommend, früh Einzug gehalten, wovon eine Dorndorf als Gegenstand ausweisende Urkunde von 786 hinreichend Zeugnis ablegt. Salzungen, wo schon zur Römerzeit Solequellen sprudelten und spätestens seit dem 6. nachchristlichen Jahrhundert wirtschaftlich genutzt wurden, war bereits bei seiner ersten urkundlichen Erwähnung im Jahre 775 fränkischer Königsbesitz. Demzufolge hat der damalige fränkische König Karl, der seit 774 den Titel „rex Francorum et Langobardorum atque patricius Romanorum" führte, am 5. Januar 775 dem Kloster Hersfeld den Zehnten „der königlichen Villa Salzungen im Gau Thüringen" geschenkt. Wir möchten baugeschichtlich auch darauf verweisen, dass in Rhönfranken sowie im angrenzenden thüringischen Bergland die typische fränkische Sandsteinbauweise vorherrscht. Burg Frankenstein bei Salzungen, von fränkischen Rittern zwischen dem 6. und 8. Jahrhundert angelegt, ist ein Paradebeispiel dafür.

Siedlungsgrenze in Ostfranken im 8. Jahrhundert

Waren bereits in der zweiten Hälfte des sechsten Jahrhunderts die wichtigsten Verkehrswege durch die fränkische Rhön nach Norden mit den wirtschaftlich wichtigen Salzquellen in der Hand der fränkischen Eroberer, wie etwa ein kostbares gläsernes Trinkhorn aus Salz an der Saale archäologisch dokumentiert, so hatte die fränkische Kolonisation zur selben Zeit um etwa 550 die Flüsse Wörnitz und die Altmühl erreicht, um direkt den baierischen Siedlungsraum zu erreichen. Im Osten hat die fränkische Kolonisation wohl erst im 7. Jahrhundert den sogenannten „Mainbogen" mit dem Fluss Regnitz erreicht, ein zuvor besonders bevölkerungsarmes Gebiet mit Urwald. Auch die sandreiche Frankenhöhe im jetzigen Westmittelfranken an der „Burgenstraße" nördlich von Schillingsfürst ist erst verhältnismäßig spät besiedelt worden, und im östlichen und nordöstlichen Oberfranken konnten Urwaldrodung, Straßenbau und feste Siedlungen erst im zehnten und elften Jahrhundert forciert werden. Wir wissen auch von den Keramikfunden aus der Region Oberfranken, dass sich die neuen fränkischen Keramikformen beispielsweise mit Kleeblattkannen zum Weinausschank und Henkelbechern hier später als in Unter- und Mittelfranken durchgesetzt haben, und hier die elbgermanische Tradition mit stempelverzierten Gefäßen noch lange nach dem Jahr 600 in Gebrauch fortschritt. Die Keramik bildet eine Art „zivilisatorischer Gradmesser“, da die in Brenntechnik verfertigten Kunsttonstücke häufigste Fundstücke in Siedlungen sind.

Franken als Teil Mitteldeutschlands

Verharren wir noch etwas bei der Geographie Frankens, das keine „natürliche Einheit“ bildete und allenfalls in der Zeit als Herzogtum und Königsland – in der Zeit nach der Eroberung des Thüringerreiches (534) bis zum Zusammenbruch der Karolingerherrschaft im Ostfränkischen Reich 911 – eine politisch-wirtschaftliche Homogenität hervorbrachte, so haben namhafte Historiker wie Friedrich Uhlhorn und Walter Schlesinger in ihrem profunden Werk „Die deutschen Territorien“ Franken als zu „Mitteldeutschland“ gehörend klassifiziert. De facto ist nach dem Jahr 911, nach dem Tode des letzten ostfränkischen Karolingers Ludwig IV. das Kind Franken als Herzogtum nicht wieder hergestellt worden. Sind doch die wirtschaftlichen und politischen Bindungen Mainfrankens zu Mitteldeutschland so gravierend und engverwoben, dass sich in weitläufigen Forscherkreisen die kulturell-historische Zugehörigkeit Frankens zu Mitteldeutschland durchgesetzt hat. Wir wissen auch von dem fränkischen Landschaftsgebilde als von einem „Durchgangsgebiet“ von Nord nach Süd und umgekehrt, und auch als europäische Drehscheibe des Kulturaustausches zwischen Ost und West hat sich Franken bis in unsere jüngste Gegenwart hervorgetan. Der Fernhandel von Paris über Prag nach Kiew lief eben auch im Spätmittelalter über das Wirtschaftszentrum Nürnberg. Und Erlangen war

über Jahrhunderte Post- und Pferdewechselstation auf dem Fernhandelsweg von Kopenhagen über Hamburg zum Levantehauptstützpunkt Venedig.
Und auch dieser Umstand ist spezifisch fränkisch und unterstreicht umso mehr die Zugehörigkeit Frankens zum mitteldeutschen Raum: Nach dem Fall des Limes am Ende des dritten Jahrhunderts, der mit den Kastellen Stockstadt und Miltenberg das Untermaingebiet und das südliche Mittelfranken mit Weißenburg gleichsam geographisch, kulturell und politisch durchschnitt, vermochte keine „wirkliche" Stadt römische Kultur, Bildung und Zivilisation zu bewahren. Während Rheinfranken, Schwaben, Bayerischer Nordgau (jetzt Oberpfalz) und Niederbayern auf kulturelle Traditionsstätten wie die Städte Mainz, Augsburg, Regensburg und Passau blicken können, sollten noch Jahrhunderte vergehen, bis sich in Würzburg – Herbipolis – (seit 740), Bamberg als Sitz der Babenberger (10. Jahrhundert), Erlangen („villa Erlangon", 11. Jahrhundert) und Nürnberg als alter „Noris" als Metropole Frankens (nach dem Jahr 1000) einige frühstädtische Keimzellen bildeten. Als eine der älteren „Städte" ist Tauberbischofsheim noch im Jahre 735 von dem Apostel der Deutschen – Bonifatius – gegründet worden. Der angelsächsische Benediktiner hatte in dem „Biscofesheim" genannten Ort ein Frauenkloster bauen lassen und seine aus Dorset stammende Verwandte, die Heilige Lioba, als erste Äbtissin eingesetzt. Lioba gilt als Stadtpatronin von Tauberbischofsheim.

Christianisierung und Kirche im Merowingerreich

Die Christianisierung der Franken ist stets mit der Taufe Chlodwigs I. um 498 in Verbindung gebracht worden. Als sich auf dem Höhepunkt einer Schlacht gegen die Alemannen die fränkische Niederlage schon abzuzeichnen schien, gelobte Chlodwig nach dem Bericht Gregors von Tours, katholischer Christ zu werden, wenn er den Sieg über die Alamannen doch noch davontrüge. Dazu soll sich der König auf einem

Märzfeld noch der Zustimmung seines „populus“ versichert haben. Nach dem christlichen Gelöbnis Chlodwigs soll sich dann das Kriegsglück schlagartig zugunsten der fränkischen Sache gekehrt haben. Gregor von Tours berichtet:

„Die Königin [Chrodechilde] aber ließ nicht ab, in ihn [Chlodwig] zu dringen, dass er den wahren Gott erkenne und ablasse von den Götzen. Aber auf keine Weise konnte er zum Glauben bekehrt werden, bis er endlich einst mit den Alamannen in einen Krieg geriet: da zwang ihn die Not, zu bekennen, was sein Herz vordem verleugnet hatte. Als die beiden Heere zusammenstießen, kam es zu einem gewaltigen Blutbad, und Chlodovechs Heer war nahe daran, vernichtet zu werden. Als er das sah, erhob er seine Augen zum Himmel, sein Herz wurde gerührt, seine Augen füllten sich mit Tränen und er sprach: ‚Jesus Christ, Chrodechilde verkündet, du seiest der Sohn des lebendigen Gottes; Hilfe sagt man, gebest du den Bedrängten. Sieg denen, die auf dich hoffen – ich flehe dich demütig an um deinen mächtigen Beistand: gewährst du mir jetzt den Sieg über diese meine Feinde und erfahre ich so jene Macht, die das Volk, das deinem Namen sich weiht, an dir erprobt zu haben rühmt, so will ich an dich glauben und mich taufen lassen auf deinen Namen. Denn ich habe meine Götter angerufen, aber, wie ich erfahre, sind sie weit davon entfernt, mir zu helfen. Ich meine daher, ohnmächtig sind sie, da sie denen nicht helfen, die ihnen dienen. Dich nun rufe ich an, und ich verlange, an dich zu glauben; nur entreiße mich aus der Hand meiner Widersacher’. Und da er solches gesprochen hatte, wandten die Alamannen sich und fingen an, zu fliehen. Als sie aber ihren König getötet sahen, unterwarfen sie sich Chlodovech und sprachen: ‚Lass, wir bitten dich, nicht noch mehr des Volkes umkommen; wir sind ja dein’. Da tat er dem Kampfe Einhalt, ermahnte das Volk und kehrte in Frieden heim; der Königin aber erzählte er, wie er Christi Namen angerufen und so den Sieg gewonnen habe“.

Erst aber Childebert I., der über Paris herrschte, blieb es vorbehalten, den Heidenglauben in seinem neustrischen

Reichsteil zu verbieten. Der arianische Bischof Vitus von Vienne soll ausgesprochen haben, dass nunmehr der oströmische Kaiser nicht mehr der einzige katholische Herrscher unter Gottes Himmel sei; auch war die Missionsaufgabe Königsheil. Als der ostirische Missionar Columban der Jüngere (etwa 530–615) im Jahre 590 mit zwölf Begleitern (!) bretonischen Boden betretend langsam weiter nach Süden zog, war damit ein mächtiger Aufschwung des Klosterwesens verbunden. Im Gegensatz zur iroschottischen Missionskirche blieb die angelsächsische Mission dagegen romorientiert. Ihr wichtigster Vertreter war der angelsächsische und in Friesland, in Franken und in Thüringen missionierende Willibrord (658–739). Zu Beginn des achten Jahrhunderts hat er in Würzburg die Weihe der Kirche auf dem Kastell vollzogen.

Wandermissionare in Franken

In Mainfranken zogen im sechsten Jahrhundert auch arianische Wandermissionare durchs Land. In striktem Gegensatz zur römisch-katholischen Trinitätslehre erkannte der sogenannte „Arianismus" lediglich eine Wesensähnlichkeit zwischen Gottvater und Jesus Christus. Vor allem hatte Kaiser Theodosius den Westgoten ihren arianischen Bekenntnisstand im „Ansiedlungsvertrag" von 382 zugebilligt. Der „Patron Austrasiens", Remigius von Reims, kämpfte leidenschaftlich gegen die Arianer. Auch im Gebiet der fränkischen Chatten „konkurrierten" katholische und arianische Wanderprediger mit dem alten Germanenglauben. Bibelexegetisch und kirchenkritisch hatte bereits der Bischof und Kirchenvater Hilarius von Poitiers († 367) den Niedergang des Arianismus im Westen vorbereitet. Auch die Westgoten sind etwa 590 zum Katholizismus übergetreten.

Mit der sukzessiven und auch von Rückschlägen gekennzeichneten Niederlassung der fränkischen Bauernkrieger in festen Gehöften, der Anlage von Wehrdörfern und Königshöfen ging die Gründung von christlichen Kirchen und Klöstern als geistliche Zentren der weiter nach Osten vordringenden

Kolonisation einher. Beim Übergang von der Merowingerzeit zur Karolingerzeit hat sich sodann im frühen achten Jahrhundert auch in Mainfranken die christliche und beigabenfreie Bestattung in Kirchenfriedhöfen durchgesetzt. Eine Reisebeschreibung des aus fränkischem Adelsgeschlecht stammenden Bischofs Arnulf von Metz († 640) anlässlich einer Missionsreise in den Osten zählt dann auch zu den seltenen Quellen des siebten Jahrhunderts, die Franken zum inhaltlich Gegenstand haben. Bestand schon im siebten Jahrhundert in einem „castellum Karloburg" genannten Königshof mit Marienkloster bei Karlstadt am Main eine Art fränkischer kirchlicher Vorposten an der Peripherie der christlichen Zivilisation, so ging sprengelartig alle weitere kirchliche Missionstätigkeit von dem um 741 begründeten Bistum Würzburg aus.

Klostergründungen in Franken
Auch das um 788 als Frauenkloster gegründete Kloster Münsterschwarzach am Main zählt zu den ältesten Abteien Frankens. Im neunten Jahrhundert aufgelassen, ist es 877 von Mönchen des um 816 errichteten Benediktinerklosters Megingaudshausen im heutigen Mittelfranken neu gegründet worden. Hatte doch Bonifatius an der Seite der aus Südengland stammenden Heiligen Walburga (um 710–779) in Franken eine ganze Reihe von Frauenklöstern ins Leben gerufen. Die Gebeine der Heiligen Walburga, die auch als Äbtissin des Benediktinerinnenklosters Heidenheim bei Gunzenhausen wirkte und das unweit einer frühgeschichtlichen Wehranlage an der Altmühlniederung gelegene Kloster zu einem geistigen Zentrum ausbaute, sind um 870 von Bischof Otgar nach Eichstätt überführt worden. Ein Biograph namens Johann Caspar Eberti schrieb im frühen 18. Jahrhundert über Walburga: „Sie war sonsten aus Engeland/und wird ihr Cörper zu Aichstatt verwahret/aus dem Tropfen-weise gar reines Oehl fliessen soll". Offensichtlich waren die Brüder der Walburga, Wunibald und Willibald, den strategischen Überlegungen ihres Lehrherrn Bonifatius gefolgt, der auch

im Hessischen und im Thüringischen seine kirchenmissionarischen Stützpunkte unweit von befestigten Gauburgen und befestigten Adelssitzen hat anlegen lassen. Da wir über den Missionar und Abt von Heidenheim, Wunibald († 761), ein relativ geschärftes Lebensbild besitzen, möchten wir einige biographische Daten über den fränkischen Heiligen vermitteln.

Wunibalds Heimat war die südenglische Grafschaft Wessex, wo er etwa um 701 geboren wurde. Seine Mutter ist früh gestorben. Wohl einer Eingebung aus Christushingabe folgend, trieb es den jungen Mönch im Frühjahr 721 zu einer Pilgerfahrt nach der Ewigen Stadt. Nach Ostern 723 brach sein Bruder Willibald zu einer Reise ins Heilige Land auf. Wunibald vertiefte sich vollkommen ins Bibelstudium. Im Frühjahr 739 hat er mit einigen angelsächsischen Glaubensbrüdern die Alpen überquert, um nach Thüringen und Mainfranken zu gelangen. Später hat Bonifatius seinem Schüler und Landsmann Wunibald, wie die Nonne Hugeburc resümiert, eine „hochgeachtete Stellung im irdischen Leben“ verschafft. In dem geschäftigen Mainz mit seiner ständig steigenden Einwohnerzahl hat es Wunibald dann nicht lange gehalten. Im Verlauf des Jahres 751 begab sich Wunibald erneut auf die Wanderschaft. Er gelangte „zu dem Kloster, das Eichstätt heißt, zu seinem Bruder, dem Bischof Willibald“. Von dort wollte er zusammen mit seinem Bruder Willibald Bekehrungen in dem westlich gelegenen und seit 743 eine Grenzlandschaft gegen Bayern bildenden „Sualafeldgau“ abhalten, wobei ihnen die Stätte „Heidanheim“ am Hahnenkamm als Missionsort und Klostergründungspunkt besonders zusagte.

Ob Wunibald später „sein“ Kloster Heidenheim aus Existenznot und -angst kurz vor seinem Tod im Dezember 761 dem Kloster Fulda übergeben wollte? Folgen wir einem Bericht der Heidenheimer Nonne Hugeburc, die auch die „Vita Wynnebaldi“, die Lebensgeschichte Wunibalds, aufgeschrieben hat, so verharrte das um 752 gegründete Kloster Heidenheim in einer vollständigen Urwaldwildnis. Es handelte sich um riesige Waldbestände, welche erst im Jahre 1053 zu einem Forstbezirk zusammengefasst, Kaiser Heinrich III. († 1056) dem Eichstätter Bischof Gebhard I., dem späteren Papst Viktor II. (1055–1057), übereignete. Wir möchten hier nicht zu sehr auf wirtschaftsgeschichtliche Aspekte eingehen, aber auch der auswärtige Besitz des Klosters Heidenheim war beachtlich. Lassen doch noch um das Jahr 1400 die westlich und südlich anrainenden Meierhöfe von Geilsheim, Hüsslingen und Hechlingen deutlich sichtbar die frühmittelalterlichen Spuren der klösterlichen Fronhofsverfassung von Heidenheim – benannt nach einem fränkischen Grundherrn Heido – erkennen. Das „Doppelkloster" war Wirtschaftszentrum der gesamten Region. Später sollte Wolfhard von Herrieden die Lebensgeschichte der angelsächsischen Äbtissin Walburga schreiben.

Kilian und Burghard in Würzburg

Der Wirkkreis des irischen Bischofs und Heiligen Kilian (um 640–689 oder 697), der zusammen mit seinen beiden Missionshelfern Colonat und Totnan immer wieder den Ostteil des Frankenreichs aufsuchte, war Würzburg. Seine Personenverehrung gleichsam als „Reichskult" geht auf den Bonifatiusschüler und ersten Bischof von Würzburg, Burghard († 754), einem ebenfalls aus Südengland stammenden Benediktinermönch, zurück. Über sein bewegtes Leben berichtet eine legendenhafte „Passio", die quellenkritisch betrachtet werden muss. Demzufolge hat der Wandermönch Kilian aus der Hand von Papst Conon (686–687) seinen Missionsauftrag für Franken und Thüringen empfangen. Er ging mit elf Gefährten in Aschaffenburg am Main an Land, um dann in Würzburg den Hedenenherzog Gozbert zum wahren Glauben zurückzuführen. Angeblich soll Kilian mit seinen beiden Weggefährten Colonat und Totnan von Herzog Gozbert um das Jahr 689 erschlagen worden sein, weil der „Apostel der Mainlande" die Ehe des Hedenenherzogs mit der Witwe seines Bruders als unkanonisch gegeißelt hatte. Der Historiker

Karl Bosl hat dann auch zu Recht von Würzburg als einer „angelsächsischen Gründung" gesprochen, zumal er den „geistigen insularen Einfluss" in Schriftstil und (englischer) Ausgestaltung von Handschriften und Urkunden der Würzburger Dombibliothek bis in die Zeit des neunten Jahrhunderts nachweisen konnte.

Als Bischof Burghard von Würzburg starb, der noch seinen Kirchenbruder Gumbert († um 790) aus altem fränkischen Adel um 750 bewogen hatte, auf dessen Gut in Ansbach ein Benediktinerkloster zu gründen, und zwar „als Stützpunkt zur fränkischen Raumerfassung", wusste das neue Bistum Würzburg insgesamt neunzehn fränkische Gaue in seinem kirchlichen Zuständigkeitsbereich. Gumbert selbst, der heilige und besonders beliebte Abtbischof von Ansbach, soll bei seiner Wahl zum Würzburger Bischof gestorben sein. Reliquien von ihm sind in Ansbach, Köln und in Brüssel erhalten.

2.
Franken und das Zeitalter der Karolinger

Franken als neues Königsland

Dem Kreuz folgt die Landnahme
Franken zu Beginn der zweiten großen Siedlungswelle seit dem Jahr 720: Aus dem ehemaligen Herzogtum Franken, das das mainfränkische Herzogshaus der Hedenen bis etwa 719 beherrschte, ist fränkisches Kronland geworden. Offensichtlich hatte der fränkische Hausmeier Karl Martell († 741), dem zunächst jegliche legitime Erbfolge im Frankenreich seitens seines Vaters, des Hausmeiers Pippin des Mittleren, versagt worden war, nach dem Tod des letzten Hedenenherzogs Hedens des Jüngeren das mainfränkische Herzogtum eingezogen. Hatte doch de facto der karolingische Hausmeier Karl Martell die Macht in Austrasien (717) und in Neustrien (720) an sich gerissen, noch bevor Pippin der Jüngere (714–768) den letzten Merowingerkönig Childerich III. entmachtete. An das fränkische Herzogshaus der Hedenen mit politischen Bindungen nach Thüringen erinnern noch Ortsnamen wie Hettstadt und Himmelstadt (Immina) am Maindreieck. Auf die heutigen Bundesländer bezogen handelte es sich beim Herzogtum Franken beziehungsweise beim Königsland Franken (seit 720) um ein Gebiet, das die Regierungsbezirke Unter-, Mittel- und Oberfranken des heutigen Freistaates Bayern, das heutige Hessen, das nördliche Baden-Württemberg, weite Teile Thüringens und von Rheinland-Pfalz umfasste.

Damals, um 719, ist der Angelsachse Wynfried, den die Kirche seit 15.5.719 „Bonifatius“ nennen sollte, auf Empfehlung Papsts Gregors II. († 731) und mit dem ausdrücklichen Einverständnis Karl Martells mit der Heidenmissionierung in den fränkischen Grenzzonen in Fränkisch-Hessen und Fränkisch-Thüringen betraut worden. Bonifatius' christliches

Wirken kam der politischen und kulturellen Verbreitung der fränkischen *Sendung* nach Norden und Osten außerordentlich zugute. Wir sprechen im neunten Jahrhundert von einem *geschlossenen* Kulturgebiet Frankens, das seit dem elften Jahrhundert „Franconia“ genannt, Mainfranken, Hessen, Nassau und thüringische Randgebiete kulturell und geographisch „absteckte“.

Erste fränkische Synode

Mit der Unterstützung von fränkischen Adelsfamilien hat Bonifatius zuerst das Kloster Amöneburg bei Marburg sowie das Kloster Fritzlar gegründet, als ihm bereits 722 Gregor II. die Bischofsweihe verlieh. Im fränkischen Grenzgebiet gründete er 725 das erste in Thüringen nachweisbare Kloster Ohrdruf mit einer Klosterschule und der Kapelle „St. Michael“. Er hat dann als Erzbischof und Vikar des ostfränkischen Reiches (732) die Reorganisation der fränkischen Kirche bis zum Jahr 737 in Angriff genommen, wozu den Apostel der Deutschen vor allem Karlmann († 754) gedrängt hat. Bonifatius hat die fränkische Reichskirche begründet und anlässlich der ersten austrischen Reformsynode vom April 742 die neuen fränkischen Missionskirchen der austrischen Kirche eingefasst. In Köln hat er dann auf eigenen Wunsch einen festen Metropolitansitz erhalten, zog sich dann jedoch auf seinen Mainzer Bischofssitz zurück, von wo aus er den Aufbau seines Fuldaer Lieblingsklosters betrieb. Mit den neuen Bistümern Würzburg, Erfurt und Büraburg sind auch die neuen Klostergründungen Frankens – Kitzingen, Ochsenfurt und Tauberbischofsheim – in den fränkischen Synodalverband eingegliedert worden. Die fränkische Kirche unter die Oberhoheit der römischen Kirche zu integrieren, hat Bonifatius, der sein Bischofsamt im Jahre 752 niederlegte, wegen kirchlicher und politischer Widerstände von Seiten der fränkischen Geistlichkeit große Kräfte gekostet. Erst mit der Generalsynode von Mainz 747 erkannte die Fränkische Reichskirche die Kirchenoberhoheit des römischen Papstes an.

Der angelsächsische Benediktiner Burghard, ein christlicher Mitstreiter des Heiligen Bonifatius seit 735, hat sodann im Jahre 748 in einer „Treueerklärung“ das Plazet der fränkischen Synode zur päpstlichen Oberhoheit in die Ewige Stadt an den Tiber gebracht, um 750/751 zusammen mit Fulrad von St. Denis († 784) die päpstliche Approbation für die Königswahl Pippins des Jüngeren († 768) einzuholen. Burghard – Bonifatius setzte hohe kirchliche Würdenträger wie Bischöfe und Pröpste fast ausschließlich aus den Reihen von Engländern, Schotten, Iren und Galloromanen ein – war erster Bischof von Würzburg, gründete das dortige Kloster St. Andreas am Fuß des Marienberges und ließ 741/742 den Salvatordom bauen, in den er im Jahre 752 die Gebeine des Heiligen Kilian und seiner Begleiter bettete. Dorthin wurden die sterblichen Überreste Burghards selbst überführt, als in Anwesenheit Karls des Großen 788 der damalige Würzburger Bischof Berowelf die Gebeine des Angelsachsen Burghard in den Salvatordom geleitete.

Als Pippin im Jahre 751 fränkischer König wurde, hat er den Kirchenbesitz des neu geschaffenen „Mainbistums“ mit Sitz in Würzburg wesentlich arrondiert und ihm kirchliche Immunität verliehen. Später im Hochmittelalter hat die Vergabe von Immunitätsprivilegien an die Kirche wesentlich zur Reichsunmittelbarkeit von geistlichen Fürsten (Prälaten) und Reichsklöstern beigetragen. Wir wissen auch von frühen Kirchensäkularisationen, indem die Krone – etwa im Kriegsfall – eine Art „Zwangsanleihe“ bei der fränkischen Kirche zeichnete, um diese dann im Rahmen von *Zehntenerhebungen*, einer Art Kirchensteuer, zu entschädigen. Neben den „Precariae verbo regis“ genannten Kirchenbesitzleihen oblag der Kirche auch das Aufbieten zum sogenannten „Heerbann“, zur Heeresfolge, wobei Bischöfe und Äbte im Gefolge der aufzustellenden Heereskontingente bis zu Dreiviertel der Panzerreiter aufbieten mussten. Der Göttinger Historiker Josef Fleckenstein spricht von einem schlagenden Indiz dafür, „in welch hohem Maße die Kirche für den Reichsdienst herangezogen worden ist". Sollte doch nach dem im Wormser Konkordat (1122) beigelegten Investiturstreit das Kontingent der Reichskirche am Heerbann nurmehr ein Drittel des Gesamtaufgebotes ausmachen.

Fränkische Kirchen

Zahlreiche Kirchen damals sind an Orten entstanden, wo bereits fränkische Königshöfe lagen. Der Sage nach soll Karl der Große im Jahre 794 die Erlanger Martinskirche gegründet haben. Sie ist dem Heiligen Martin von Tours geweiht, dem unbestritten bedeutendsten Kirchenpatron Frankens. Der Legende zufolge kam er als römischer Reitersoldat nach Gallien, wo er von Bischof Hilarius in Poitiers getauft wurde. Martin von Tours erlangte Berühmtheit durch sein selbstloses Leben in tiefer Bescheidenheit und durch sein Wirken gegen Heiden und Arianer. In der mittelalterlichen Kunst ist er zumeist als junger Reitersoldat wiedergegeben, der mittels seines Schwertes seinen Mantel teilt und eine Mantelhälfte einem Bettler schenkt. Unter anderem finden wir Martin von Tours kunsthistorisch mit den Attributen Schwert und Mantel im Tympanon der Martinskirche von Heiligenstadt in Thüringen wie auch in der Erlanger Martinsbühler Kirche auf einem Fresko. In der Tat war die Erlanger Martinskirche am östlichen Regnitztalrand unweit der alten Regnitzbrücke lange vor dem Jahr 1000 eine königliche Feldpfarreigenkirche im Bistum Würzburg und mit ihrer weithin sichtbaren Hügellage ein in ganz Ostfranken bekannter und alljährlich immer wieder aufgesuchter Volkswallfahrtsort.

„Königliche Feldpfarreigenkirche" setzt im Übrigen voraus, dass die Erlanger Martinsbühler Kirche von einem der drei „königlichen Eigenpriester" kirchenamtlich betreut wurde. Die Existenz einer Curia regis – eines Königshofes – am Erlanger Burgberg, wie sie die Erlanger Geschichtsforschung einhellig über Jahrzehnte als nachgewiesen erachtete, hat das erst vor kurzem erschienene „Erlanger Stadtlexikon" wohl voreilig beiseite geschoben. Zu Recht hat der Erlanger

Historiker Professor Alfred Wendehorst in seinem 1984 publizierten Sammelwerk zur „Geschichte der Stadt in Darstellung und Bilddokumenten“ über die Erlanger Martinskirche geurteilt, „Patrozinium und Lage der Kirche außerhalb der Siedlung Erlangen“ machten es „so gut wie sicher“, „dass die Kapelle die älteste Kirche von Erlangen ist“.

Die dem Heiligen Martin geweihten Kirchen in Franken lagen durchweg an Flussübergängen und Furten, auf weithin sichtbaren Anhöhen und in Grenzwaldgebieten. Auch die noch eine spätmerowingische Gründung darstellende Kirche St. Martin in Forchheim, ein Pendant zu dem Martinsbühler Gotteshaus in Erlangen, nahm den Rang einer „Mutterkirche“ ein.

Auch das Königsgut Fürth besaß am Zusammenfluss von Rednitz und Pegnitz eine Martinskirche (ecclesia prope Furthe sita), die der Legende zufolge Karl der Große im Jahre 793 auf dem Boden seines Kapellenzeltes hat errichten lassen. Weiterhin gab es in Eggolsheim, wo das Kloster Fulda Besitzungen hatte, im siebenhügeligen Bamberg, in Hallstadt, in Königshofen, in dem als „Urpfarrei“ geltenden Weichenwasserlos, in Nankendorf und Weismain und in Troschenreuth unmittelbar an der Grenze zum Nord- und Radenzgau Martinskirchen.

An weiteren fränkischen Heiligen mit kirchlichen Schutzherrschaften (Patrozinium) übten der Heilige Kilian als Würzburger Schutzpatron, St. Leonhard, die Heilige Walburga, der Heilige Hilarius sowie der Heilige Remigius, der einst Chlodwig taufte, in „Francia orientalis“ besondere Patrozinia aus. Die drei „Frankenapostel“ Kilian, Colonat und Totnan bewachen etwa auf ihrem Grab in der Würzburger Neumünsterkirche in Form von Halbfiguren von der Hand des Tilman Riemenschneider (um 1500) die Heiligenreliquien, und sie sind auch in der fränkischen Rhön in Münnerstadt und in der Kleinen Dorfkirche St. Kilian in Sandberg/Rhön sowie in Bibra bei Meiningen im heutigen Bundesland Sachsen zu finden. Der Heilige Kilian ist ein europäischer Heiliger, der auch in Österreich (Wien) und in Irland, seiner Heimat, Mullagh in County Cavan, verehrt wird.

Fränkische Königsboten
Das bereits seit der Merowingerzeit existierende System der Königsboten – missi dominici regis – hat Karl der Große vervollkommnet und zur höchsten Entfaltung gebracht. Die Königsboten kontrollierten das fränkische Königsgut, stellten Loyalität und Rechtgläubigkeit des fränkischen Adels gegenüber der Krone und Kirche sicher, überprüften die Wirtschaftsleistungen der Fronhöfe und überwachten die Verkehrswege. In Anlehnung an biblische Vorbilder waren mit besonders prekären Missionen sieben Sendboten betraut, ansonsten je ein Laie und ein Geistlicher in den fränkischen *Sprengeln* vorgesehen. Die sieben Engel in der Offenbarung des Johannes Kapitel 2 und 3 von den „sieben Sendschreiben" waren Engelsboten der sieben Gemeinden der „Provinz Asien" Ephesus, Smyrna, Pergamon, Thyatira, Sardes, Philadelphia und Laodizea, denen Johannes im Auftrag von Jesu Christo himmlische Weisungen erteilte: „Was du siehst, das schreibe in ein Buch und sende es an die sieben Gemeinden". Königsboten im fränkischen Reich durften seit dem Jahre 802 nur noch Bischöfe, Äbte und Grafen sein. Aus dem fränkischen Geschlecht der Hattonen sind beispielsweise gleich mehrere Generationen Königsboten mit „Einsatzgebiet" Bayern und Sachsen hervorgegangen.

Die Königshöfe waren angewiesen, den Königsboten „für ihren Unterhalt einem jeden von ihnen täglich" „20 Brote, 2 Frischlinge, ein Ferkel oder ein Lamm, 2 Hühner, 10 Eier, ein Maß Getränk, Salz, Gartenkräuter, … Fische, so viel sie fangen können, für ihre Pferde täglich 4 Scheffel Getreide und dazu eine Fuhre Heu" zukommen zu lassen. In Franken sind Frankfurt am Main, das bereits seit Chlodwig I. Königsgut war, Ingelheim, Worms, Speyer, Lorsch, wo um 789 der Prototyp des neuen karolingischen „Reichskalenders" als eine Art fränkischer Almanach entwickelt wurde, Kreuznach,

Hersfeld, Salz, Seligenstadt, Kissingen und Würzburg als von Karl dem Großen besuchte Königshöfe nachweisbar. Forchheim an der Regnitz und Salz an der Fränkischen Saale hat Karl erst zu karolingischen Krongütern erhoben. In der Königspfalz Salz hat sich Karl der Große auch wiederholt aufgehalten, nachweislich in den Jahren 793 und 794. Hier hat er auch 803 Staatsbesuch aus Byzanz empfangen, und angeblich ist 803 in der Königspfalz Salz der „Sachsenfrieden" geschlossen worden.

Auch die spätere Stadt Altdorf ging aus einem Königshof hervor, der an einem alten Königsweg, der Via Carolina lag, der Regensburg und Frankfurt verband. Verkehrsgeografische und -strategische Überlegungen waren es auch, die Karl kurz vor seiner Kaiserkrönung im Jahre 800 dazu veranlassten, sein ingenieurtechnisches Meisterstück, den sogenannten „Karlsgraben", der verkehrstechnisch die Nordsee an das Schwarze Meer anband, ins Werk zu setzen.

Fossa Carolina

Aktuelle archäologische Untersuchungen haben flusstechnisch die Schiffbarkeit für Güterverkehr auf diesem zwischen Altmühl und Rezat südlich von Weißenburg verlaufenden künstlichen Wasserweg dokumentiert. Karl des Großen Biograph Einhard (770–840), der im ostfränkischen Maingau geboren wurde und in Seligenstadt am Main starb, teilt uns allerdings mit, dass die herbstlichen unaufhörlichen Unwetter des Jahres 793 in Franken sowie drohende Kriegsgefahr das wassertechnische Projekt vereitelten. König Karls ehrgeiziges Wasserbauunternehmen sah vor, die sich nordwestlich vom heutigen Treuchtlingen bis auf weniger als fünf Kilometer nahe kommenden fein verästelten Flußsysteme von Rhein (Schwäbische Rezat) und Donau (Altmühl) mittels eines etwa dreißig Meter breiten und sechs Meter tiefen Wassergrabens zu verbinden. Offensichtlich schwebte König Karl auch eine *Europäisierung* des Schiffsverkehrs vor. Schätzungen zufolge waren weit mehr als 5.000 Fronleistende und Sklaven im

Einsatz. Die Würzburger Bischofschronik aus dem 16. Jahrhundert, die der Würzburger Fürstbischof und Universitätsgründer Julius Echter von Mespelbrunn aufgrund einer von Magister Lorenz Fries verfassten Handschrift hat als Prachtexemplar anfertigen lassen, birgt auch eine kolorierte Illustration mit vier standesunterschiedlich ausgewiesenen Arbeitskräften, welche die außerordentlich harten und schweren Kanalbauarbeiten zwischen Schwäbischer Rezat und Altmühl verrichteten.

Ingenieurtechnisch haben Wasserbauexperten aus Adel und Klerus sowie der König selbst das Großprojekt betreut. Das Wasser als Energiequelle Europas beförderte Schiffe und Handelsgüter und war zudem „Mädchen für alles". So waren etwa auf dem Klostergut des Klosters Montier-en-Der (unbekannte Observanz) an der Voize, einem Nebenfluss der Loire, um das Jahr 845 nicht weniger als elf Mühlen – „Wasserfabriken" – im Einsatz. In der Wasserkunst haben später die technikgeschichtlich aus dem Orient stammenden Bewässerungsräder an der Regnitz im fränkischen Radenzgau bei Baiersdorf und bei Erlangen Bedeutung erlangt.

Wenden wir uns wieder der Fossa Carolina zu: König Karls ingenieurtechnisches Meisterwerk hat offensichtlich den Wasserverkehr zwischen Rhein-Main-Donau für einen kurzen Zeitraum ermöglicht. Denn erst vor kurzem entdeckte wassertechnische Bauelemente sowie Luftaufnahmen, die eine Verlängerung des Karlskanals in Richtung Norden sehr wahrscheinlich machen, lassen den Schluss zu, dass die Fossa Carolina wassertechnisch und maritim betriebsfest war. Ingenieurtechnischen Spekulationen zufolge ließ sich das offensichtlich durch Witterungseinflüsse zerstörte Wasserbauprojekt im Mittelalter nicht wiederholen, zumal „die erforderlichen Menschenmassen, Transportkapazitäten und Planungsstäbe… kein zweites Mal zur Verfügung" standen. In der zwischen 1230 und 1250 entstandenen Ebstorfer Weltkarte, die der Hand des Juristen Magister Gervasius aus Tilbury in England zugeschrieben wird und die durch ihre christlichen Symbolzeichen mit dem himmlischen Jerusalem als Kartenmittelpunkt und der „Francia orientalis" in nordwestlicher Randlage besticht, ist dann *ikonographisch* auch keine Verbindung zwischen den klar erkennbaren Strömen Main (Moin fl.) und Naab (Nasia fl.), die Franken „umarmen", zu erkennen.

Adel, Herrschaft und Gesellschaft in Franken

Lex Salica – das fränkische Volksrecht

Dem alten Recht der Lex Salica folgend, war der König im weltlichen Bereich auch oberster Richter und Lehnsherr. Er besaß alle wichtige Regale und konnte erledigte Reichslehen ins Sequester nehmen (einziehen). Später war die königliche Gewalt nur noch mittels einer starken Hausmachtpolitik zu realisieren, und die Thronprätendenten waren mächtige Territorialfürsten. Die Lex Salica, das älteste fränkische Volksrecht von etwa 510, formulierte deutliche Herrschaftsbeschränkungen für das Königtum: In Fragen der Entscheidung über Krieg und Frieden musste der König sich stets erneut dem Willen „des zum Heere organisierten Volkes fügen" (Mitteis, S. 47). Der mit der Volksversammlung geschlossene und „pactus legis Salicae" genannte Vertrag schloss die weibliche Thronfolge aus (Lex Salica, Titel 59,5) und appellierte gleich zu Beginn des „Vorspruchs" des Salischen Gesetzes (§ 1) an die friedliche „Concordia" aller Franken: „Es ist beschlossen und vereinbart unter den Franken und ihren Großen, dass sie, zur Bewahrung des Friedenswillens untereinander, jedes Aufkommen von gewaltsamen Streitigkeiten unterbinden müssten und, da sie ja die anderen neben ihnen gesessenen Völker durch des Armes Stärke überragten, sie ebenso auch durch ihre Rechtsaufzeichnungen übertreffen sollten, so dass Klagen aus Unrechtstaten je nach Art der Sache Erledigung fänden".

Die Lex Salica ging auf fränkische „Weistümer" zurück. Ein Weistum ist ein altes germanisches Gewohnheitsrecht, ein „Rechtsspruch“ oder auch ein „Urteilsspruch“, eine Art gesetzlicher Bestimmung, „die auch für spätere Zeiten verbindlich bleibt“, wie es etwa das Grimmsche Wörterbuch von 1852 zu definieren weiß.

Stellte das „Regnum Francorum“ einen *Personenverbandsstaat* mit einem König an der Spitze dar – der “Rex Francorum“ ist also König des Volkes, nicht etwa König des Frankenreiches –, so unterstrich dieses christlich-abendländische Volksverständnis das Selbstwertgefühl der Franken: Das Volk der Franken setzte sich ausschließlich aus Freien zusammen. Galt doch auch nach dem Fränkischen Recht das sogenannte „Personalitätsprinzip“, dem zufolge jeder Franke angestammte, also persönliche angeborene und unveräußerliche Rechte – auch außerhalb des Reiches – mit sich führte. Wir haben es dabei mit einem Rechtskodex zu tun, der stark in Richtung auf das bereits in der Antike nachweisbare und auf ethische Grundcharaktere bauende Naturrecht weist.

Großmut und Tugend: das Walther-Epos

Wir sehen uns im fränkischen Mittelalter einer streng hierarchisch gegliederten Ständegesellschaft gegenüber, die sich einer Art eisernen Ordnung Gottes sicher wusste. Der hohe Adel leitete seine elitäre Stellung als soziale und politische Führungsschicht vom sogenannten „Gottesgnadentum“ ab, wonach die Herrschergewalt von Gott verliehen sei. Konnte doch schon der Geschichtsschreiber Gregor von Tours in seiner *Historia Francorum* (abgeschlossen um 591) zeigen, dass letztlich der Triumph seines Helden Chlodwig I. über dessen Feinde – die Alamannen – ein sichtbares Malzeichen von Gottes unendlichem Wohlgefallen darstellte. Im Rahmen der kirchlichen Krönungszeremonie sind die fränkischen Könige dann aber erst in ihrem Gottesgnadentum legalisiert worden. Großmut und Tugend im Selbstverständnis des Adels spiegelt sich auch stets erneut in der im Handlungsstoff der göttlichen Ordnung und edlen Ritterlichkeit verpflichteten Epenwelt des Mittelalters wider.

In dem zwischen den Jahren 800 und 930 vermutlich in Eichstätt oder St. Gallen entstandenen Waltharius-Epos, das der romantische Dichter Viktor von Scheffel († 1886) in seinem Ekkehard (1855) als mit dem sogenannten „Walthariii-Lied" identisch wähnte, erwacht das fränkisch-merowingische Frühmittelalter zu neuem Leben. Der Leser wird in dem spannenden Handlungsstoff von *Waltharii* auch der inhaltlichen Verflechtungen mit der Nibelungensage sowie derselben handelnden Personen Gunther, Hagen und König Etzel gewärtig. Der in Worms residierende Frankenkönig Gunther, Sohn des Gibicho, der Mainfranken gegen Ende des vierten Jahrhunderts beherrscht haben soll, und sein Halbbruder Hagen von Tronje sind die Helden in dem auf Latein verfassten Heldenepos. Freigiebigkeit, Großmut und Tugend, Ritterlichkeit und Fairness, menschlicher Respekt gegenüber einem charakterlich verschlagenen und unerbittlich kämpfenden Gegner sind die Haupteigenschaften der hier handelnden Heldenpersonen. Der Handlungsrahmen des von fränkischer Möncheshand geschriebenen und als „Schülerübung" gedachten Epos' kann indes lediglich grob wiedergegeben werden:

Der ganz Europa und weite Teile Asiens in Angst und Schrecken versetzende König Etzel hat westgermanische Hochadlige an seinen Hof in der Theißebene verschleppt. Doch dem Franken Hagen von Tronje sowie den beiden seit ihrer Kindheit Verlobten Hiltgund von Burgund und Walther, der Sohn des sagenhaften Königs Alpher von Aquitanien, gelingt nicht nur die Flucht nach Westen, sondern sie gelangen mit reichem hunnischen Beutegut schließlich an den Hof des Frankenherrschers Gunther in Worms. In den Vogesen verwickelt sie der beutegierige Frankenkönig in verlustreiche Kämpfe. Hagen von Tronje steht im seelischen Zwiespalt zwischen der Freundschaft mit seinem Jugendfreund Walther und der Vasallenpflicht gegenüber seinem Lehnsherrn Gunther. Dieser beteiligt sich an den Gefechten halbherzig. Die „Walstatt" verlassen nur wenige:

„Als dies geschehen war, wurde der Kampf abgebrochen. Jeden überredete seine Verwundung und quälende Atemnot, die Waffen niederzulegen. Wer hätte auch unversehrt davonkommen können, wo zwei großmütige Helden, gleich an Kraft und feurigem Mut, im Kriegsgewitter standen! Nachdem das Ende erreicht war, zierte jeden ein Abzeichen: Da lagen der Fuß König Gunthers, die Hand Walthers und von Hagen ein zuckendes Auge sowie sechs Backenzähne. So, genau so teilten sie die hunnischen Spangen miteinander! Die Zwei setzten sich hin, denn der Dritte lag schon da, und wischten mit Blumen den fließenden Blutstrom ab. Inzwischen rief Alphers Sohn mit lauter Stimme das zaghafte Mädchen herbei; sie kam und verband alle Wunden. Nachdem dies besorgt war, befahl ihr der Verlobte: ‚Nun mische Wein und reiche ihn Hagen zuerst! Er ist ein rechtschaffender Kämpe, wenn er das Gesetz der Treue hält. Dann reich ihn mir; ich hatte mehr als die anderen auszuhalten. Ich will, dass Gunther zuletzt trinkt; er hat sich ja im Waffengang großmütiger Männer als schlaff erwiesen und das Kriegshandwerk nur lau und matt getrieben'. Heririchs [des mythischen Burgunderkönigs, M.P.] Tochter folgte allen seinen Worten. Doch der Franke, dem der Wein dargeboten wurde, sprach trotz brennenden Durstes: ‚Mädchen, bring ihn zuerst Alphers Sohn, deinem Verlobten und Herrn! Denn ich gebe zu, er ist tapferer als ich und überragt in Waffen nicht nur mich, sondern alle'“. Einige Zeit später indessen „trennten sie sich; die Franken kehrten nach Worms zurück, der Aquitanier zog in die Heimat [Guienne]. Dort wurde er voller Freude mit großen Ehren empfangen und hielt nach der Sitte mit Hiltgund öffentlich Hochzeit. Und nach dem Tod seines Vaters herrschte er, von allen geliebt, noch 30 Jahre mit Glück über das Volk. Was für Kriege er unternahm und wie große Siege er oft errang, das aufzuzeichnen, sträubt sich der abgestumpfte Griffel“.

Wir haben es also in dem womöglich von einem westgotischen Heldengedicht stofflich abgewandelten Walther-Epos mit der Geschichte vom *guten König* und seinem treuen Freund – dem Franken Hagen von Tronje – zu tun. Aber verharren wir kurz bei letzterem: Wir wissen viel von seiner Grimmigkeit, auch durch die Nibelungensage, aber wo liegt geographisch der Namenszusatz „von Tronje"? Vielfach ist wissenschaftlich gedeutet worden: Erinnert Tronje nicht an das mystische Troja, woher die Franken legendenhaft ihre Herkunft ableiteten? Kartographiewissenschaftler haben wiederholt auf die urbane Größe Trojas auf der Ebstorfer Weltkarte im linken mittleren Kartendrittel und seine dortige topographische Nähe zu der dimensional großzügig ausgefallenen „Francia orientalis" aufmerksam gemacht. Aber auch das elsässische „Tronia" diesseits der Vogesenwälder, wo sich die Franken im fünften Jahrhundert niederließen, kommt für „Tronje" etymologisch in Betracht. Stellt nicht geradezu ein Kuriosum dar, dass von der Gegend der Mainschleife bei Volkach heute vom „Fränkischen Elsass" gesprochen wird? Aber weitere Deutungen sind präsent. Ein einstiger Ort „Tronchiennes" im heutigen Arrondissement Gent im Belgischen heißt heute im Niederländischen „Drongen" – und die geographische Nähe zu der salländischen Herkunft der Franken ist doch frappierend!

Franken – größte territoriale Zersplitterung im Römisch-deutschen Kaiserreich

Wir sehen in Franken alle Voraussetzungen der späteren territorialen Zersplitterung bereits vorgezeichnet. Hat sich doch in „Francia orientalis", namentlich in dem späteren „Herzogtum Franken", eine schier unglaubliche Adelsvielfalt mit Klein- und Kleinstterritorien etabliert. Franken mit seiner fränkischen Grundherrschaft ist das genaue Gegenteil der später im Norden und Osten aufstrebenden „Flächenstaaten". Kennzeichnete doch die sogenannte „Grundherrschaft" im Mittelalter die feudale Grundlage adligen Daseins überhaupt. Die sogenannten „Antrustionen" bildeten die Spitze der fränkischen *Gefolgschaft*, um hier einem eigentlichen Ordnungsbegriff des frühen 19. Jahrhunderts das Wort zu reden. „Antrustio" bedeutete unterdes im Mittellateinischen wörtlich übersetzt „vornehmer Gefolgsmann des fränkischen Königs". Kein Geringerer als der in Frankfurt am Main geborene berühmte Rechtsgelehrte und Rechtshistoriker Carl von Savigny († 1861), der wohl einflussreichste Jurist des 19. Jahrhunderts, schreibt, dass unter dem Begriff „Antrustionen" jene Edelleute gefasst sind, die „sich dem König unmittelbar und persönlich zum Dienst verpflichtet hatten". Auch muss der Antrustione vor dem König erscheinen mit „einem Gefolge freier Franken, die in seinem Dienste stehen". Und Carl von Savigny fährt in seinen „Beytrag zur Rechtsgeschichte des Adels" fort: „Wenn übrigens hier behauptet worden ist, die Fränkischen Antrustionen seyen eigentlich der alte Nationaladel, jedoch in einer besonderen Beziehung auf den König, so darf Dieses doch nur von dem Stand im Ganzen, und ohne Zweifel auch von der überwiegenden Mehrzahl der einzelnen Geschlechter, verstanden werden" [33.14]. Gregor von Tours hat auch von den Adligen als von „de nobiliore familia" und von „de prima familia" gesprochen. Daneben breiteten sich „Amtsadel" und sogenannte „Rodungsfreie" aus. Wir müssen davon ausgehen, dass zu Zeiten der Merowingerkönige schätzungsweise der bebaute Boden in der „Francia orientalis" allenfalls zwei Prozent ausmachte. Hörige, Knechte und Sklaven bildeten indes den Unterbau der fränkischen Gesellschaft.

Wir haben schon anhand der fränkischen Reichsteilungen gesehen, etwa im Rahmen der Reichsteilung Chlodwigs I. unter seinen vier Söhnen und auch später anhand der Teilungen von Verdun (843), Mersen (870) und Ribemont (880), dass das fränkische Erbrecht zu vollkommener territorialer Zersplitterung führt. Im zivilen Bereich fiel nach dem fränkischen Erbrecht im Todesfall eines Ehegatten ein Vermögensdrittel an den hinterbliebenen Ehegatten, zwei Drittel gleichmäßig verteilt an die gemeinsamen Kinder. Eine Reihe fränkischer Unfreier ist mit der Rodung, jener „Quelle der Freiheit", und der damit einhergehenden Schaffung neuen Siedlungslandes in Franken zu Freien avanciert.

Adelsgeschlechter in Franken

Sah die zweite Hälfte des 7. Jahrhunderts die fränkischen Geschlechter von Neuem in heftige Kämpfe untereinander und gegen politische Feinde verwickelt, so trat das Königsland Franken als „christadeliches" Kronjuwel inmitten des Frankenreiches hervor. Vor dem Aufstieg der Karolinger hat zuletzt der Hausmeier von Neustrien Ebroin, der um 681 meuchlings ermordet wurde, eine Art *absoluter* Zentralgewalt im Frankenreich begründet. Er hatte die Austrasier wiederholt besiegt und herrschte auch über Burgund. Wir sehen uns in dem um das Jahr 720 entstandenen Königsland Franken, dessen politische und kulturelle Erschließung zu dieser Zeit etwa zum Abschluss gelangte, mit den fränkischen Geschlechtern der Austrasier, Hedenen, Mattonen (Bischof Megingoz von Würzburg, † 794) sowie den fränkischen Agilolfingern konfrontiert.

Das auf den Bischof Arnulf von Metz († 614) dynastisch gründende Geschlecht der Karolinger ist europaweit so weit verzweigt, dass der Jurist Dr. Friedrich August Ebrard, ein Enkel des fränkischen Polyhistors August Ebrard, blutsverwandtschaftliche Beziehungen bis zu dem Grafen Ferdinand von Zeppelin und zu seinem eigenen Stammbaum nachzuweisen vermochte. Gisela, die Tochter Ludwigs I. des Frommen, war mit Eberhard Markgraf von Friaul vermählt, und Irmingard, eine Tochter des Königs von Italien Ludwig II., hat Boso den König von Niederburgund geehelicht. Karl der Große selbst hatte neben seinen vier Ehefrauen Desiderata, Hildegard, Fastrada und Luitgard noch seine „Jugendliebe" Himiltrud und zahlreiche Konkubinen, darunter Madelgard, die Mutter der späteren Äbtissin von Faremoutiers, Ruothild († 852). Der Sohn der fränkischen Adligen Plektrud († nach 717), Drogo, war Hausmeier von Burgund, und fränkische Adlige heirateten in die Normandie und nach Nordeuropa.

Die politische Bedeutung der Ehe und die Stellung der Frau in der fränkischen Herrscherfamilie vom 7. bis zum 10. Jahrhundert hat Silvia Konecny in ihrer resonanzstarken Wiener

Dissertation untersucht. Wenn das politische Europa je eine praktisch-funktionale Realisierung erfahren hat, dann in den monarchischen Verbindungen des vornationalstaatlichen Europa vor etwa 1450. Aus dem Königsland Franken gehen in der Geburtsstunde des römisch-deutschen Kaiserreiches die Popponen oder (älteren) Babenberger, die ihren Namen von der fränkischen Bischofsstadt Bamberg ableiteten, als spätere Markgrafen und Herzöge von Österreich. und die Konradiner hervor. In der sogenannten „Babenberger Fehde" um das Jahr 900 kämpften Popponen und Konradiner erbittert um die Macht, bevor die fränkischen Babenberger nach dem Jahr 911– der Wahl des Frankenherzogs Konrad zum König des Ostfränkischen Reiches – ihrer fränkischen Besitzungen verlustig gingen.

Franken unter Karl dem Großen († 814)

Unter Kaiser Karl dem Großen ereichte das Frankenreich seine größte Ausdehnung. Der Kaiser hatte keinen festen Regierungssitz, sondern reiste von Pfalz zu Pfalz. Der göttliche Mythos *Der König überall* muss in der Zeit Karls des Großen aufgekommen sein. Reichsweit ist die Zahl der Königspfalzen von 29 auf mehr als 130 angestiegen, die der Klöster von 837 auf 1.254. Nicht nur wirkungsgeschichtlich ist Karl stets erneut als Heiliger aufgetaucht, so auf einem Schlussstein in der gotischen Aachener Chorhalle der karolingischen Kaiserpfalz. In Mainfranken hat sich Karl wiederholt aufgehalten, und die kirchliche, wirtschaftliche und kulturelle Entwicklung des Königslandes mittels starken persönlichen Engagements vorangetrieben. In seine Regierungszeit (768–814) fallen auch viele Klostergründungen. Unter anderem hat er im März 772 den gewaltigen, von der Nordsee bis zu den Alpen reichenden Besitz des 764 durch den fränkischen Adligen Cancor gegründeten Klosters Lorsch als „Reichsabtei" unter seinen Schutz gestellt. Cancor gehörte dem oberrheinfränkischen Grafenstand an und hatte mit seiner Mutter Williswinda die Klostergründung Lorsch an dem Rheinnebenfluss Weschnitz beschlossen und die Klostergründung in die Hände seines Verwandten Chrodegang von Metz gelegt. Bei der Weihe der Klosterkirche 774 soll Karl der Große persönlich zugegen gewesen sein.

Die Reichsabtei Lorsch ist sogleich nach ihrer Gründung bis in das 12. Jahrhundert hinein zu einem besonders bedeutenden Kulturträger avanciert. In dem berühmten Lorscher Codex, einer Art „ältestes Grundbuch der Region“, ist auch das Karlsmonogramm in fränkischer Minuskelschrift erhalten. Es handelt sich um eine Klosterchronik mit Urkundenabschriften, Orts- und Katasterverzeichnissen sowie einer Art algorithmischer Einführung für die Benediktinermönche. Lorsch wusste die Gebeine des römischen Märtyrers Nazarius sowie zahlreiche weitere Reliquien in seinen Mauern. Durch mildtätige Schenkungen und einen ungeheuren Besucheransturm ist Lorsch in wenigen Jahrzehnten zu einer der reichsten Mönchsgemeinschaften des Okzidents aufgestiegen. Die Benediktinermönche waren nicht nur im Lorscher Umfeld von Alsbach, Erzhausen, Seeheim, Messel, Bickenbach, Nauheim, Erfelden und Heppenheim reich begütert, sondern hatten auch um Fulda und in Mainz teils disparaten Kirchenbesitz, der bis Nimwegen und Gent, im Süden bis nach Chur in der Schweiz und ins Rätische reichte. Die Karolinger haben die Lieblingskirche Karls des Großen Lorsch gern auch als Grablege genutzt. Karls Enkel Ludwig der Deutsche ist dort beigesetzt. Siebzig von Hundert der insgesamt 3.800 bekannten Schenkungen zugunsten des Klosters fallen allerdings in die Zeit von der Klostergründung bis zur Kaiserkrönung Karls im Jahre 800.

An weiteren Kirchengründungen unter Karl ist auch das um 810 dem Bischofskloster St. Emmeram zu Regensburg klösterlich übertragene St. Salvatorstift in Spalt an der Rezat zu nennen. Noch kurz vor der Kaiserkrönung hat Karl das Kloster Ansbach an das Bistum Würzburg gegeben. Die fränkische Großabtei Fulda mit großem kirchlichem Einzugsbereich konnte wesentlich arrondiert werden. Ein ostfränkischer Adliger namens Troand hatte sein Eigenkloster Holzkirchen bei Marktheidenfeld an König Karl übertragen, bevor dieser es dem Fuldaer Abt aufgrund dessen wohlwollender Unterstützung von Karls Sachenkriegen übereichte. Als König Karl zum Kaiser gekrönt wurde, war allerdings sein Reich wegen der noch tobenden Sachsenkriege unbefriedet.

Weinanbau im Königsland Franken

Die Wirtschaft in „Francis orientalis", namentlich den Weinbau, hat Karl der Große entscheidend forciert. Eine kaiserliche „Capitulare de villis vel curtis imperii" überschriebene Verordnung aus dem Jahre 800 verfügte, dass auf sämtlichen Königsgütern und -dörfern (!) in Franken zusätzliches Weingut angelegt werden müsse. Das Klima in Franken um das Jahr 800 war um wenige Zehntelgrade höher als heute. Wir wissen auch von einer Verfügung Karls des Großen, Feigenbäume zu pflanzen, und aus dem damaligen England ist der Weinanbau nachgewiesen. Auch die Einführung der Fruchtfolge im dreijährigen Zyklus und des starren Kummets für Zugvieh sind aus der Zeit um 800 als wesentliche Verbesserungen im technischen Wirtschaftsbetrieb bekannt.

In einer Schenkungsurkunde von Jahresanfang 777, die den ersten schriftlichen Nachweis über Weinanbau in Franken buchstäblich unter ihrem königlichen Siegel trägt, wird verfügt, dass das Königsgut Hammelburg im jetzigen Unterfranken mit acht Weinbergen an das Kloster Fulda fällt. Wir sprechen von der Gegend des heutigen Schlosses Saaleck mit dem Schlossberg, wo bereits um 800 eine karolingische Betkapelle hoch über die Fränkische Saaleniederung ragte. Für Würzburg ist der Weinanbau seit 779 bezeugt, und zwar laut einer vom 14. Oktober 779 – dem Weinmonat – datierten Urkunde aus dem zwölften Regierungsjahr des Königs. Darin vermerkte ein Schreiber in der auf Königsbefehl angelegten urkundlichen „Gemarkungsbeschreibung", dass ein freier Franke namens Fredthant in der „Alandsgrund“ genannten Feldmark zwischen Würzburg und Randersacker seinen „Wingarton“ hatte: „Danan in stachenhoug, danan in wolfsgruoba, danan duruh des fredthantes wingarton mitten in die egga ...“ War Fredthant der erste Winzer in Franken?

In die Zeit Karls des Großen fallen zahlreiche neue fränkische Ortsgründungen und Stadterweiterungen. Heute spräche man davon, die „Infrastruktur“ Frankens sei erheblich verbessert worden. Main- und Tauberfranken als strategischen und straßentopographischen Brückenkopf zum westlichen Reichsteil – nach Neustrien - hat Karl besonderes Augenmerk gewidmet.

Frankfurt und Hünfeld: fränkische Vorposten am Rand der Wildnis

Die spätere Wahlstätte der römisch-deutschen Könige und von 1562 bis 1792 Krönungsort der deutschen Kaiser, Frankfurt am Main, ließ Karl zum Warenumschlagplatz ausbauen und an der „Franconovurd“, der Furt der Franken durch den Main, eine Curia regis, einen fränkischen Königshof errichten. Erstmals 793 urkundlich genannt und im Bereich des Domhügels seit der Merowingerzeit fortwährend besiedelt, hat Karl in Frankfurt im Jahre 794 eine fränkische Kirchensynode abgehalten. Dabei protestierte König Karl gegen die das Bilderverbot sanktionierende Synode von 754 sowie gegen die sogenannte „Bewährungschristologie“. Nachdem Ludwig der Fromme den Frankfurter Paladinpalast wesentlich erweitert hatte, ist Frankfurt nach dem Vertrag von Verdun von 843 zur Metropole des Ostfränkischen Reiches aufgestiegen.

Vielfach hat König Karl auch weite Urwaldgebiete und Wildländereien der Kirche übereignet mit dem Ziel, sie der fränkischen Zivilisation zu erschließen. Im Bistum Würzburg, dessen Diözesangrenzen im Norden weit über die Abtei Fulda hinausreichten, hat Karl Jahre 781 die Region des mittleren „Hunahagebietes“, des späteren Hünfeld, an Fulda gegeben. Hier an der Heer- und Handelsstraße „Antsanvia“, was soviel bedeutet wie „alte Straße“ und die Rheinfranken (Mainz) und Thüringen über den Vogelsberg und die Werra verband, lag an einer Furt des Flüsschens Haune ein fränkischer Königshof. Schon um 825 ist hier ein Kloster, um 833 ein Kirchenkonvent mit 33 Mönchen genannt.

Fränkisch-schwäbischer Übergangsbereich Heilbronn

In dem mundartlich zum Südfränkischen gehörenden Raum Heilbronn-Vaihingen sind wir in einem fränkisch-schwäbischen Grenzgebiet angelangt. Später war von Heilbronn als von einem „Lehen des Bischofs von Würzburg“ die Rede, wie es in einer hochmittelalterlichen Urkunde heißt. Allerdings gehörte die Reichsstadt nicht mehr zu dem um 1500/12 gebildeten Fränkischen Reichskreis, sondern zum Schwäbischen Kreis. Dennoch heißt es in einem Kataster aus dem Jahre 1865, dass die als redselig und fleißig geltenden Bürger des Oberamtes Heilbronn dem „fränkischen Stamme“ zuzuzählen sind.

Der Sage nach hat Karl der Große hier in den unwegsamen Hochwäldern um Heilbronn eine Jagd abgehalten. Als die königliche Jagdgesellschaft bei ihrem wilden Ritt über Stock und Stein endlich lichteres Gelände vorfand, gelangten die Jäger talwärts auf eine Eichenlichtung mit klar sprudelnder Quelle. Hier soll Karl der Große von dem köstlichen kühlen Naß getrunken haben. Zu seinem Verdruß aber rückte seitlich des Quellflusses dem gottesfürchtigen Karl ein heidnischer Altar der Alamannen ins Blickfeld. Den ließ Karl zerstören und an dessen Stelle ein Heiliges Kreuz errichten. Später, nachdem eine dem Heiligen Michael geweihte Basilika sowie eine weitere, den fränkischen Wanderbischof Kilian, der einst in Aschaffenburg am Main mit elf Glaubensbrüdern „angelandet“ war, verehrende Kapelle in „villa Helibrunna“ errichtet worden waren, wurden hier unter Ludwig dem Deutschen seit dem Jahre 841 fränkische Hoftage abgehalten. Der heilige Ort unterstand lange direkt stets dem fränkischen König.

Erweiterung der fränkischen Königsgüter

Als Kaiser Karl 814 starb, waren auch die fränkischen Königsgüter im Radenzgau und in Tauberfranken wesentlich arrondiert worden. Ochsenfurt und Tauberbischofsheim als Nonnenklöster unter Würzburger Observanz bildeten „Pflegestätten karolingischer Herrscher- und Familientradition", und Karl des Großen dritte rechtmäßige Gemahlin Fastrada († 794), die laut Volksmund „großen Einfluss" auf den Frankenkönig ausgeübt hat, entstammte dem mainfränkischen Geschlecht der Mattonen. An der Gründung des Nonnenklosters Münsterschwarzach am Main um 788 hatte sie wohl maßgeblichen Anteil. Folgen wir auch schriftlichen Zeugnissen, so hat auch Fastrada den König der Franken und Langobarden stets erneut zur Niederschlagung der sogenannten „Sachsenaufstände" bewogen. Von den gewaltigen Umsiedlungsaktionen des Frankenherrschers zur Befriedung der sächsischen Aufständischen war schon die Rede. Seit 794 waren zahllose Sachsen nach Franken deportiert und hier angesiedelt worden. Sie wurden in kleinen Gruppen verschleppt und bevorzugt auf fränkischem Königsgut seßhaft. Karl der Große hat um das Jahr 800 auch in Sachsenhausen im badischen Franken, das südwestlich von Wertheim liegt, eine sächsische Kolonie gründen lassen. Zur gleichen Zeit sind auch im fränkisch-schwäbischen „Durchgangsgebiet", im jetzigen Leutershausen im Oberlauf der Altmühl nahe der „Furt" am jenseitigen Altmühlufer zwangsweise Sachsen angesiedelt worden, und um das Jahr 900 wendische Bauern. Im Zuge dieser Umsiedlungen sind auch fränkische Bauernkrieger ins Sachsenland verpflanzt worden. Karl ließ den Slawenhandel kontrollieren, indem er Kaufleuten laut einem Kapitular von 805 zugestand, dass sie nahezu bis an die Elbgrenze „ihren Geschäften nachgehen dürften". Um der Christianisierung der Sachsen weiteren Schub zu versetzen, hat Karl noch in seinen letzten Regierungsjahren 803/804 den aus dem Gollachgau in Tauberfranken stammenden fränkischen Mönch Herkumbert († 830) zum Bischof von Minden bestimmt.

Imperator Augustus: die Kaiserkrone als europäisches Einheitssymbol

Im Reich Karls des Großen sollte Europa Gestalt annehmen: es trat mit „der Erneuerung des Kaisertums im Jahre 800 für alle Welt sichtbar in Erscheinung. Die Kaiserkrone sollte zum Symbol der europäischen Einheit werden", hat unter anderem der der bekannte Göttinger Mediävist Josef Fleckenstein († November 2004) hervorgehoben. Richtig ist, dass Karls Imperium heute die Kernlande der Europäischen Union umfasst. Auch führt ein sogenannter „Karolingerweg" auf den historischen Spuren Kaiser Karls von Karlburg am Main über Hammelburg, Elfershausen, Euerdorf mit Willibrord-Kapelle, Bad Kissingen, Großenbrach, Steinach, Münnerstadt und Salz nach Bad Königshofen. Später ist Otto der Große, der Nachfolger des Frankenkönigs auf dem „Karlsthron", aufgrund seiner Führungskraft zum „Maximus regum Europae" (der größte der Könige Europas) erklärt worden. Das Europa der Dynastien war dann auch stets bindender als das Europa der Völker.

Unter Karl dem Großen hat das Lehnswesen dann eine deutliche Ausweitung erfahren. Auch im Königsland Franken hat Karl die deutliche Aufstockung der königlichen Vasallen vorangetrieben, den Adelsstatus angehoben, ein politisches System gegen die Doppelvasallität entwickelt und neben den allgemeinen Heerbann ein zusätzliches Heeresaufgebot aus „alten Freien", kirchlichen Kontingenten und Feudalherren gestellt. Gleichermaßen hat der Frankenherrscher in einer Art „Heeresreform" noch im Jahre 807 wenige Jahre vor seinem Tod verfügt, dass nur Männer mit Grundbesitz in den Krieg ziehen dürfen, eine unerlässliche Voraussetzung für die allmähliche Entstehung des (fränkischen) Rittertums. Den Dienstadel hat Karl geschaffen und das Lehnrecht auf die Königsämter ausgedehnt. Dem antiken Europa hat Karl von Neuem wieder zu einer politischen, kulturellen und wirtschaftlichen Einheit verholfen. Frankenkönig Karl hat dann noch auf dem Ingelheimer Reichstag 788 den Bayernherzog

Tassilo III. abgesetzt und blenden lassen und erst in das Kloster Jumieges in der Normandie, dann in das fränkische Kloster Lorsch verbracht. Das geographisch im Süden bis an die Etsch, bis an das Langobardenreich grenzende Herzogtum Bayern war Teil des Frankenreiches geworden. Auf der Frankfurter Reichssynode vom Jahre 794 musste der Bayernherzog Tassilo III. für sich und seine Nachkommen den Verzicht auf Bayern für allezeit zeichnen.

Franken unter den letzten Karolingern

Um das Jahr 850 galt die Bezeichnung Ostfranken – „Francia orientalis“ – sowohl für das Ostfränkische Reich Ludwig des Deutschen als auch für Ostfranken im engeren Sinn. Noch zu Kaiser Karls Regierungszeit hatte die vollständige „Frankisierung“ des einstigen großen Stammesherzogtums Bayern eingesetzt. Nunmehr von Präfekten verwaltet, war das grenzgefährdete Land (Awaren) karolingisches Teilregnum geworden. Ludwig III. der Jüngere 876–882 und der 887 abgesetzte Karl III., unter denen es letztmals zu einer Wiedervereinigung des Frankenreiches kommen sollte (876–887), sowie Ludwig IV. das Kind († 911) stellten die letzten regierenden Ostfrankenkönige dar. Offensichtlich vermochten sich diese letzten Frankenkönige im Gegensatz zu Karl dem Großen, der rund um Hammelburg an der Saale noch auf weite Besitztümer blicken konnte, nicht mehr auf eigenes karolingisches Allodialgut in Francia orientalis zu stützen.

Königswahlen am Königshof zu Forchheim

Ludwig III. der Jüngere, der spätere Kaiser und Normannenbezwinger (891) Arnulf von Kärnten († 899) sowie der letzte karolingische König des Ostfränkischen Reiches, Ludwig IV. das Kind, aber auch Ludwig der Fromme († 840), Konrad I. (911) und später der Gegenkönig Rudolf von Schwaben (15.3.1077), sind an dem alten fränkischen Königshof Forchheim gewählt worden. Eine sandsteinerne Tafel am Rathaus zu Forchheim berichtet, dass „Konrad I. hier als erster rein deutscher König gewählt [worden ist] 911, 914, 918". Im Jahre 805 als karolingische Königspfalz erstmals erwähnt, ist der rasch zu einem Handelsort mit Stapelrecht aufsteigende Platz 1007 an das Bistum Bamberg, 1802 an Bayern gefallen. 890 ist hier die Forchheimer Synode mit zwei Erzbischöfen, vierzehn Bischöfen und fünf Äbten abgehalten worden. Schließlich hat an dem fränkischen Königshof der Stauferkönig Konrad III. 1143 Reichstag abhalten lassen.

Das Franken des 9. Jahrhunderts kannte einige einzelne außerordentlich mächtige Feudalherren, aber auch einige Grafensippschaften, die weite Landstriche beherrschten. Von den großen fränkischen Adelsfamilien im ausgehenden Frühmittelalter ist bereits die Rede gewesen. Vieles Personengeschichtliche liegt im vollständigen Dunkel. Im Taubergau etwa war ein Graf Audulf ansässig, der dem Würzburger Bischof verschiedene Güter, darunter den Weiler „Odinga" – jetzt Üttingshof bei Althausen – abgetreten hat. Offensichtlich war Graf Audulf auch Präfekt über ganz Baiern, denn Wegezoll und Waffenhandel zwischen Regnitz und Donau soll Graf Audulf kontrolliert haben. In Urkunden des 11. Jahrhunderts ist dann auch vom Taubergau als von „Osterfranken" die Rede.

Ein fränkisches Urgrafengeschlecht stellen auch die ehemals auf Lorscher Grund im Odenwald Besitztümer ihr eigen nennendes Geschlecht derer von Erbach dar. Wenn wir uns die Geographie vergegenwärtigen, so umfasst ja der östlich der nördlichen Rheinebene gelegene Odenwald im Norden und Westen Teile des heutigen Hessen, im Osten und Süden gehören Teile zu Unterfranken und zu Baden. Ein Eginhard von Erbach soll angeblich Geheimschreiber Karls des Großen gewesen sein. Heute besteht das Geschlecht von Erbach, dessen Wappen blasoniert wird: Schild von Rot und Silber geteilt; oben zwei silberne, unten ein roter Stern, aus den Linien Erbach-Reichenberg, Erbach-Fürstenau und Erbach-Schönberg. Die Grafen von Erbach traten auch als Stifterfamilie des Benediktinerklosters Seligenstadt am Main hervor.

An der Erhebung Kaiser Arnulfs von Kärnten gegen Karl III. im Jahre 887 nahmen ostfränkische Edelleute maßgeblichen Anteil. Karl III. war 882/883 den Normannen vertraglich (sic!) tributpflichtig geworden, was allgemeine Empörung hervorrief. Als besonders ehrenkränkend galt die erkaufte Räumung der Pariser Seinezuflüsse, welche Karl III. mit Hilfe hoher Tribute von den Normannen erwirkt hatte. Im November 887 wurde Karl III. zur Abdankung gezwungen und Arnulf von Kärten zum neuen ostfränkischen König erhoben. Am 13.1.888 ist der an Epilepsie leidende Kaiser Karl in der Pfalz Nidinga (Donau) einsam gestorben.

Als die Großen des Reiches aufgrund des Wahlprinzips „Sanior pars“ – der Königswahl durch sämtliche Hochadligen bei „Vernunftsübereinkunft“ – Arnulf von Kärnten in Forchheim gegen Jahresende 887 „una voce“ gleichermaßen aufgrund Wahlrechts und aufgrund Erbrechts zum neuen König auf den Schild hoben, war Arnulfs politische Stellung in Franken keinesfalls gefestigt. Einige wenige fränkische Adlige, so etwa Angehörige des Geschlechts der Popponen, hatten gewagt, im Gefolge der Verschwörung Arnulfs gegen Karl III. der neuen Krone die Gefolgschaft zu versagen. Dagegen vermochte Arnulf von Kärnten schon bald nach seiner Wahl den fränkischen Episkopat an sich zu binden. War doch seit der Kaiserkrönung Karls des Großen die Stellung des Kaisertums gegenüber der „Reichskirche“ erheblich gestärkt worden. Vielfach wurden unter dem „mitteldeutschen Reichskirchensystem“ Klöster in sogenannte „Reichsklöster“ umgewandelt, und Klöster gingen in königlichen Besitz über.

Arnulf von Kärntens Kirchenpolitik

Kaiser Arnulf von Kärnten galt als ein besonders gottesfürchtiger Mann. In seiner Lieblingspfalz Ranshofen im Oberösterreichischen ließ der mit der Konradinerin Oda verheiratete Monarch dem Heiligen Pankratius 898 eine Kapelle errichten.

Noch der 75-jährige Papst Formosus hatte ihn Ende Februar 896 wenige Tage vor dem Tod des Vertreters Christi auf Erden zum Kaiser gekrönt. Das Bündnis von Schwert und Bischofsstab war gerade in Francia orientalis besonders ausgeprägt. Dazu sind auch Bischöfe und weitere kirchliche Würdenträger wiederholt mit Missionsaufträgen betraut worden. Damals brannte es an den fränkischen Ostgrenzen. Arn von Würzburg, den noch Ludwig der Deutsche 855 zum Bischof ernannt hatte, der auf Reichs- und Hoftagen saß und der auch als Heerführer gegen Normannen, Böhmen und gegen die Mähren glänzenden militärischen Ruhm erlangte, war im Frühsommer 892 seitens Arnulfs mit einem Wendenfeldzug beauftragt worden. Der Geschichtsschreiber und Kirchenmann Regino von Prüm († 915) hat das in seiner mit dem Jahr 906 abbrechenden und düstere politische Vorahnungen weckenden Chronik festgehalten: Am 14. Juli 892 fiel Arn von Würzburg bei Frankenberg in Sachsen im Kampf gegen die Wenden.

Sein Tod war politisch folgenschwer. Seinen Bischofsstuhl sollte der Verwandte der Kaiserin Oda, der Konradiner Rudolf, erhalten. Das war ein unglaubliches Politikum. Die beiden west- und ostfränkischen Grafengeschlechter Konradiner und Babenberger kämpften seit Jahrzehnten mit kaum nachvollziehbarem Hass um die politische Macht. Schon Heinrich Graf von Babenberg († 886) stand als kaiserlicher Feldherr Karls III. treu ergeben auf der Seite seines Universalherrn, wogegen dessen Neffe Arnulf von Kärnten unverhohlen das aus dem Loireraum stammende, später im Lahngebiet ansässige Geschlecht der Konradiner favorisierte. Jetzt war die Lunte an dem Pulverfass entzündet. Vielfach hat sich Arnulf auch politisch auf seine guten Verbindungen zum Klerus gestützt. In dem Bischof von Konstanz und dem gleichzeitigen Abt von St. Gallen, Salomo III., in dem Bischof Adalbero von Augsburg und in Abt Hatto I. von Reichenbach, dem späteren Erzbischof von Mainz, in durchweg jungen Kirchenprälaten, sah Arnulf seine politischen Bündnispartner. In Franken baute er zudem auf die mit ihm verschwägerten Konradiner.

Arnulf von Kärnten schenkte auch dem Reichskloster Fulda die Orte Volkach und Obervolkach im fränkischen Gau Volkfeld mit ihren sämtlichen Fronhofwirtschaften. Bergrheinfeld in Unterfranken hat er gleichsam in einer Schenkung vom November 889 aus dem Krongut freigegeben und in die kommunale Selbständigkeit entlassen. Bevorzugt hat sich Kaiser Arnulf im rheinfränkischen Worms sowie in seiner um das Jahr 890 neu erbauten Königspfalz bei Regensburg (St. Emmeram) aufgehalten. Militärisch hatte Arnulf die Normanneneinfälle am Rhein seit dem Jahr 892 endgültig abgewehrt. In der politischen Wirklichkeit aber hatte Arnulf mit dem Sturz seines Onkels Karl III. 887 den bis dahin wenigstens noch formal bestehenden kaiserlichen Universalismus beseitigt. Auch Imperium und Europa waren nicht mehr konvergent. Wir sehen uns um das Jahr 900 in Franken einem Erstarken der fränkischen Adligen gegenüber. Wir stehen damit schon am Beginn der sogenannten „Babenberger Fehde".

„Babenberger Fehde"

Der Chronist und Abt Regino von Prüm, ein sehr zeitkritischer und scharfer Beobachter und guter politischer Sachkenner, schreibt zum Ursprungsjahr der blutigen Auseinandersetzungen 897: „Um dieselbe Zeit entsteht zwischen dem Bischof Rudolf von Wirziburg [Konradiner] und den Söhnen des [Babenberger] Herzogs Heinrich, Adalbert, Adalhard und Heinrich, aus kleinen und sehr geringfügigen Ursachen ein gewaltiger Hader der Zwietracht und ein Streit voll unversöhnlichen Hasses, und wie aus einem ganz geringen Funken eine ungeheure Feuersbrunst erregt wird, so vergrößert er sich, von Tag zu Tag zunehmend, ins Unermessliche. Und während die über den Adel ihres Blutes, über die zahlreiche Menge ihrer Verwandten, über die Größe ihrer irdischen Macht sich über Gebühr erheben, fallen sie sich in gegenseitigen Metzeleien an, Unzählige gehen auf beiden Seiten durch das Schwert zu Grunde, Verstümmelungen an Händen und Füßen werden verübt; die ihnen untertänigen Landschaften werden durch Raub und Feuersbrunst von Grund aus verwüstet".

Und während sich im Jahr 902 eine einzige Spur der Verwüstung durch Mainfranken zieht: "Adalbert mit seinen Brüdern Adalhard und Heinrich sammelte eine starke Mannschaft und brach aus der Feste, die Babenberg [Babenberg (Bamberg)] geheißen wird, gegen die Brüder Eberhard, Gebehard und Ruodulf hervor, deren wir kurz zuvor gedachten, um ihnen eine Schlacht zu liefern. Jene halten seinen Angriff mannhaft aus, durchbrechen die Schlachtreihe mit dem Schwerte, strecken alle nieder, die ihnen begegnen und lassen nicht eher ab, als bis sie die Schar der Gegner gezwungen, die Flucht zu ergreifen; in diesem Strauße wurde Heinrich erschlagen, Adalhard gefangengenommen und nachmals auf Befehl Gebehards enthauptet. Auch Eberhard fiel in dem Treffen von vielen Wunden durchbohrt, worauf er nach Beendigung des Kampfes unter den Leichen der Erschlagenen von den Seinigen aufgefunden und nach Hause geschafft wird". Nach dem Siechtum einiger weniger Tage starb Eberhard ebenfalls [902]. So hatte jeweils ein Mitglied beider Adelsfamilien im Kampf sein Leben eingebüßt.

Aller Voraussicht nach resultierte der blutige Kampf der Grafengeschlechter Babenberger und Konradiner bereits aus den mit dem „Staatsstreich" vom Jahr 887 verbundenen Rankünen. Heinrich Graf von Babenberg, eigentlich „Heimrich, dux Austrasiorum", war Heerführer Kaiser Karls III. und fiel 886 bei Paris, wo er an der Seite der fränkischen Robertiner gegen die Normannen kämpfte und tödlich verletzt wurde. Das Haus der Babenberger gehörte zum karolingischen Reichsadel. Graf Poppo I. – daher auch der synonyme Namensgebrauch „Popponen" für die älteren Babenberger – hatte Besitz in Ostfranken, Hessen und Thüringen, wozu das Grabfeld am Oberlauf der Fränkischen Saale, Waldsassen am Rand des Oberpfälzer Waldes, der Gau Gotzfeld mit Scheinfeld und der Gau Saalfeld sowie Gebietsteile im sogenannten „Mainviereck" bei Remlingen zählten. Spätere Besitzungen waren im Tausch mit dem Kloster Fulda angefallen und reichten bis nach Schweinfurt. Beim heutigen Poppenhausen an der Lütter bei Fulda besaß Poppo I. einen Bifang (Rodungsbezirk) aus Königsbesitz, und weiteres Eigentum lag in Bamberg mit der Stammburg der Babenberger auf dem Gelände des jetzigen Kaiserdoms, in Theres, Knetzgau, Wonfurt, Gremsdorf und Höchstadt. Poppos Sohn Poppo II. ist zuletzt 899 als Markgraf von Thüringen beurkundet. Auch in der sogenannten Mark Milz hatten sie Besitztümer aus Königshand.

Der Babenberg-Konradinische Konflikt weitet sich aus

„Der Krieg verschlingt die Besten", heißt es in dem Gedicht Friedrich von Schillers „Das Siegesfest". Die Babenberger Fehde weist derart schillernde verfassungs- und ereignisgeschichtliche Facetten auf, dass der Sachverhalt hier detaillierter geschildert werden soll. Heinrich Graf von Babenberg war ein Sohn Poppos I. und von Karls III. des Dicken Gnaden kaiserlicher Feldherr und führte den Titel „Herzog von Franken". Er hat auch ein königliches Grab erhalten und fand 886 im Hauskloster der Frankenkönige St. Medard in Soissons seine letzte Ruhestätte. Dort wurde bereits Chlodwig I. beigesetzt. Sein Bruder Poppo II. ist um das Jahr 892 als Herzog von Thüringen abgesetzt worden. Arnulf hat das wichtige Brückenland nach Osten ins Sequester genommen. Offensichtlich erfolgte seitens des neuen Kaisers Arnulf von Kärnten der personalpolitische Kahlschlag gegen das Haus Babenberg flächendeckend. Denn zur selben Zeit, als Arnulf infolge des tragischen Todes von Bischof Arn von Würzburg seinen Verwandten, den angeblich nicht mit großen Geistesgaben versehenen Konradiner Rudolf auf den Würzburger Bischofssitz bestellte, hat dessen Bruder Konrad der Ältere († 906) das Herzogtum Thüringen erhalten. Er war der Vater des 911 in Forchheim gewählten Königs Konrad I. und besaß Güter im rheinfränkischen Worms, im Hessengau, im Gotzfeldgau und in der Wetterau. Damit waren seit dem Jahr 892 wichtige Königsämter und politische Schlüsselstellungen von Angehörigen der aus Hessen kommenden Reicharistokraten der Konradiner besetzt. Von dem auf Burg Weilburg geborenen Konrad I. ist in Forscherkreisen (Werner Goetz/Hamburg) auch schon wiederholt als vom „letzten Karolinger" gesprochen worden.

Wir wenden uns jetzt wieder dem zu Beginn der 890er Jahre ganz Mainfranken erschütternden Reichsaristokratenfamilien-Konflikt der Babenberger und Konradiner zu. Im Gefolge der Machtusurpierung von Arnulf von Kärnten begegneten die Babenberger dem neuen Monarchen abweisend. Regino von Prüm schreibt, „da die Babenberger dem Königtum Arnulfs fernblieben, ließ der König die in Hessen begüterten Konradiner in den ostfränkischen Verwaltungsbereich der Babenberger durch Schenkungen und Verteilung der Grafschaft im Volkfeld hineinwachsen". Mit der Ämterverleihung Arnulfs von Kärnten an die Konradiner im Jahre 892 war der Casus belli gegeben. Gegen den neuen Würzburger Bischof Rudolf führten die alleingestellten Babenberger, ihnen voran Adalhard, Adalbert und Heinrich als Söhne Herzog Heinrichs († 886), Rache im Schilde. Zu Gunsten der übermächtigen sächsischen Liudolfinger, die selbst großen Besitz in Thüringen besaßen, ging Thüringen vor dem Jahr 903 für Konrad den Älteren verloren. Bevor dann 919 Thüringen endgültig an die Liudolfinger fiel, ist der letzte fränkische Markgraf von Thüringen, Burchard, 908 im Kampf gegen die Ungarn gefallen. Als Bischof Rudolf von Würzburg seitens der Babenberger Adalhard, Adalbert und Heinrich immer stärker bedrängt wurde und sein Bistum sukzessiv der mutmaßlichen Zerstörung anheimfiel, hat Rudolf seine Brüder Konrad den Älteren, Graf im Oberlahngau († 906), Eberhard, Graf im Niederlahngau († 902) und Gebhard († 910), Graf in der Wetterau und Markgraf der fränkischen Ostmark 906-910, um Hilfe angerufen. Bis 908 hat sich Rudolf als Bischof von Würzburg halten können.

Hoben die blutigen Scharmützel zwischen den fränkischen Adelsfamilien seit dem Jahre 897 verstärkt an, so wurde Rudolf indes 903 seitens Adalberts von Babenberg erst einmal aus seinem Bistum vertrieben, als die Verwüstungen zahlloser Kircheneinrichtungen mit großer Grausamkeit ins Werk gesetzt worden waren. Der neue König Ludwig das Kind (900-911), Sohn Arnulfs, der letzte ostfränkische Karolinger, für den zunächst Bischöfe – Hatto I. von Mainz - die Regierung führten, hat in die schwelende Fehde trotz Gefährdung des Landfriedens bis Anfang 906 nicht eingegriffen. Ludwig IV. das Kind war in Forchheim im Jahre 899 seitens des Hochadels gewählt und sogleich feierlich mit dem Königsmantel und der Reichskrone bekleidet worden. Von einer Inbesitznahme ganz Ostfrankens durch die Babenberger konnte jetzt die Rede sein, während Adalbert auch die Witwe Eberhards († 902) nebst ihren Kindern aus ihren fränkischen Lehen und Gütern bis zum Spessart herausdrängte.

Feldzug gegen die Konradinischen Güter

Im Ringen um die Vormachtstellung in Franken überspannte sodann die Babenberger Partei den Bogen deutlich. Der Reichsfriede drohte in Gefahr zu geraten, als im Jahre 906 der blutige Konflikt nach Westen und Norden ausgriff. Als der Konradiner Gebhard († 910) die Statthalterschaft über Lothringen von Ludwig IV. erhalten hatte, unternahm Adalbert von Babenberg einen waghalsigen Versuch, die Konradiner gleichsam auf eigenem Feld zu schlagen. Dazu trug er im Februar 906 einen Scheinangriff gegen den in der Wetterau stehenden Gebhard vor, um dann dessen Bruder Konrad den Älteren im Oberlahngau bei Fritzlar am 27.2.906 vernichtend zu schlagen. Konrad der Ältere verlor sein Leben, während Adalbert von Babenberg in einem dreitägigen Verwüstungsfeldzug im Oberlahngau in einer Art „rechtssymbolischen Handlung" die Annexion der Konradinischen Güter rechtsgültig zu machen wünschte. Wohl wissend, dass König Ludwig aufgrund der drohenden Ungarngefahr die Hände gebunden waren, ist

Adalbert von Babenberg dann mit „Kriegsbeute und unermesslichem Raube" an der Seite seiner Mitstreiter auf seine Burg zurückgekehrt. Jetzt aber war die Reichsgewalt auf den Plan gerufen. Der „Einladung" zum Reichstag im rheinfränkischen Tribur bei Frankfurt am Main Juli 906 leistete Adalbert nicht Folge.

Erzbischof Hattos I. von Mainz heimtückische List
Die nachfolgende Geschichte der Gefangennahme Adalberts von Babenberg hat im Mittelalter Eingang in den Volkserzählschatz gefunden. Auch Regino erzählt: Nachdem auf dem Reichstag zu Tribur 906 über Adalbert der Stab gebrochen worden war, hielt sich der Babenberger auf seiner Zwingburg Theres bei Haßfurt verschanzt. Ein fränkisch-schwäbisches Heer, das König Ludwig IV. das Kind befehligte, war aufgeboten worden, den Landfriedensbrecher zu fassen. Obwohl der fränkische Graf Egino von Badnachgau von seinem „unzertrennlichen Gefährten" Adalbert noch während der Frühphase der Belagerung abgefallen war, schien eine Eroberung der Babenbergerburg in diesem Spätsommer 906 schier unmöglich. Um weiteres sinnloses Blutvergießen zu vermeiden, ersann Hatto, der maßgeblichen Anteil an der politischen Vormundschaft des minderjährigen Ludwig genommen hatte, einen todbringenden Plan:

Hatto von Mainz, der um 850 als Sohn einer schwäbischen Adelsfamilie das Licht der Welt erblickte und auch literarisch und juristisch hochgebildet war, der auch als gewiefter und verschlagener Politiker figurierte, suchte die Burg des Babenbergers auf. Dort bekniete der listige Hatto von Mainz Adalbert, doch „die Gnade des Königs zu suchen". Der Volksmund weiß weiter zu erzählen: „Adalbert, fromm und demütig, fügte sich gerne, bedang sich aber aus, dass ihn Hatto sicher und ohne Gefahr seines Lebens wieder in die Burg zurückbringe. Hatto gab ihm sein Wort darauf, und beide machten sich auf den Weg. Als sie sich dem nächsten Dorfe, namens Teurstadt, näherten, sprach der Bischof: ‚Es wird uns das Fasten schwer halten, bis wir zum Könige kommen, sollten wir nicht vorher frühstücken, wenn es dir gefiele?'. Adalbert, einfältig und gläubig nach Art der Alten, ohne Böses zu ahnen, lud den Bischof alsbald nach diesen Worten bei sich zum Essen ein, und sie kehrten wieder in die Burg zurück, die sie soeben verlassen hatten. Nach eingenommenem Mahl begaben sie sich sodann ins Lager, wo die Sache des Fürsten vorgenommen und er der Klage des Hochverrats schuldig gesprochen und zur Enthauptung verdammt wurde. Als man dieses Urteil zu vollziehen Anstalt machte, mahnte Adalbert den Bischof an die ihm gegebene Treue. Hatto antwortete verräterisch: ‚Die hab ich dir wohl gehalten, als ich dich ungefährdet wieder in deine Burg zum Frühstücken zurückführte'. Adalbert wurde hierauf enthauptet und sein Land eingezogen."

Andere erzählen mit der Abweichung: Adalbert habe gleich anfangs dem Hatto eine Mahlzeit angeboten, dieser aber sie ausgeschlagen und nachher unterwegs gesagt: ‚Fürwahr, oft begehrt man, was man erst abgelehnt, ich bin wegmüd und nüchtern'. „Da neigte sich der Babenberger auf die Knie und lud ihn ein, mit zurückzugehen und etwas zu essen. Der Erzbischof aber meinte sich seines Schwurs ledig, sobald er ihn zur Burg zurückgebracht hatte". Adalbert von Babenberg ist am 9. September 906, einem Dienstag, vor seiner Burg Theres enthauptet worden. Das Babenberger Gut hat die Krone eingezogen. Viel Babenberger Gutsbesitz ist Jahrzehnte später restituiert worden.

Der romantische Dichter Alexander Schöppner (1820-1860) hat 1838 daraus den Gedichtstoff „Adalbert von Babenberg" in die „Reimchronik" folgender Verse gegossen:

Dem Babenberger dräuet umsonst des Königs Schwert,
Auf seiner Veste spottet des Feindes Adalbert;
Herr Konrad, Ludwigs Bruder, erlag des Grafen Arm,
Der König fordert Rache mit seiner Mannen Schwarm.
Doch stark auf seinem Schlosse, ein Aar im Felsennest,
Hält sich der Babenberger mit seinen Mannen fest;

Da sinnen Ludwigs Schranzen auf einen schlauen Rat,
Der Mainzer Bischof Hatto erfand die schnöde That.
Als Friedensherold wandelt in's Schloss der fromme Mann
Und trägt dem Babenberger die Huld des Königs an:
„Kommt mit mir, edler Ritter! versucht der Gnade Glück,
Ich führ' euch schlimmen Falles auf eure Burg zurück."
Der Ritter treu und bieder vertraut dem falschen Mann,
Sie gehn, doch halben Weges der Erzbischof begann:
„Das Fasten mag beschwerlich bis zu dem Lager sein,
Beliebt es euch, so nehmen wir erst ein Frühstück ein."
„Ihr ehret mich, Herr Bischof", versetzt der Graf darauf,
„Begebt ihr Euch zum Imbiß auf meine Burg hinauf."
So kehren sie noch einmal auf Babenberg zurück,
Nicht ahnt der edle Ritter sein trauriges Geschick,
Sie gehn zum zweiten Male, gelabt mit Speis und Trank,
Ach! edler Babenberger, es ist dein letzter Gang!
Kaum tritt er in das Lager, da hält man sein Gericht,
Der König ihm das Urteil des Hochverrates spricht.
Und wie der Graf den Bischof des schnöden Truges schilt,
Entgegnet dieser höhnend: „Ich hab' mein Wort erfüllt,
Ich führt' zurück euch wieder!" - Der Mainzer sprach's und lacht.
So ward der Babenberger darauf zum Tod gebracht.

Fast genau einhundert Jahre später sollte König Heinrich II. (1010) die Burg Theres dem gerade erstandenen Bistum Bamberg schenken. Noch auf Betreiben des vielfach auch in der neueren Forschung als „Teilhaber der Macht" bezeichneten Hattos von Mainz († Mai 913) hat sodann der ostfränkische König Konrad (seit 911) den Titel eines „Herzogs von Franken" angenommen. Später hat eine Nebenlinie der Babenberger die Landesherrschaft in Bayern (1143–1156) und Österreich (1156) begründet. Leopold I. von Babenberg († 10.7.994 in Würzburg), ein Enkel des am 9.9.906 bei Theres enthaupteten Adalbert von Babenberg, ist 976 seitens Kaiser Ottos II. mit der Mark belehnt worden, die als „Ostarrîchi" beurkundet ist. Im sogenannten „Privilegium minus" von

1156 ist dabei Österreich als selbständiges Herzogtum hervorgegangen. Auch der bedeutende Geschichtsschreiber, Bischof und Politiker Otto von Freising (1112–1258), ein Onkel Kaiser Barbarossas, führte sein Geschlecht väterlicherseits auf einen „Nobilissimus Francorum comes", auf Markgraf Adalbert (1018–1055), der selbst von dem im September 906 enthaupteten fränkischen Grafen Adalbert abstammte, zurück.

Wir können auch aus der Babenberger Fehde die Erkenntnis ableiten, dass sich die adligen Lebenswelten in Franken für die politische Geschichte jener europäischen Kulturlandschaft zwischen Rhein und Donau derart prägend wie wohl kaum in einem anderen Herrschaftsteil des alten Reiches ausgestalteten. Den Besitz von Reichsgütern und den Besitz der mächtigen Schweinfurter Grafen haben nach deren Aussterben im Mannesstamm 1057 vor allem die Häuser Andechs-Meranien und Zollern beerbt, während sich in Tauberfranken die Häuser Hohenlohe und Wertheim, im Süden die Pappenheimer behaupteten. Die jetzt erblich gewordenen Lehen sollten in Franken vollkommen neue Besitzverhältnisse schaffen. Als Beispiel dafür mag der Ort Arzheim bei Landau als fränkisches Reichsgut im Speyergau gelten, der, vormals einem Gaugrafen anvertraut, während der Kaiserzeit Konrads II. zum erblichen Lehen wurde. Mit der Auflösung der sogenannten „Gauverfassung" aber etwa zu Beginn des 11. Jahrhunderts waren die Besitzer der fränkischen Reichslehen zu Herren und Edelfreien auf eigenem fränkischen Grund und Boden geworden. Wir sprechen um die Jahrtausendwende von „Franken" als einem linksrheinischen Westfranken mit Mainz und Speyer („Francia occidentalis") und von Ostfranken („Francia orientalis") mit Würzburg. Herzogliche Rechte indes vermochte der Würzburger Bischof (12. Jh.) nur für sein Bistum zu deklarieren. Im weiteren Verlauf war „Franken" territorial deckungsgleich mit dem „Fränkischen Reichskreis" und mit dem Gebiet der „Fränkischen Reichsritterschaft".

Der letzte Karolinger in Ostfranken, Ludwig IV. das Kind, stellte eine tragische Persönlichkeit dar. Gerade 18-jährig, hat der am 24.9.911 vermutlich in Frankfurt am Main verstorbene und nie mit Fortune kämpfende König nie die politische Mündigkeit erreicht. Ludwig das Kind, der am 4.2.900 in Forchheim zum König gewählt worden war, ließ Reichsversammlungen in Regensburg (901), Forchheim (903) und Tribur (906) abhalten. Lothringen ging unter ihm für das Reich verloren. Adel und Stammesherzogtümer – hier in erster Linie Sachsen und Bayern – nahmen ihren machtpolitischen Aufschwung. Wenngleich die Krone von den Karolingern auf Konradiner und weiterhin auf die Sachsenkaiser weitergereicht wurde, blieb Franken das Herzstück des Reiches, und die fränkische Tradition bildete den geistig-konstitutionellen Sockel des zukünftigen römisch-deutschen Reiches. Mit Konrad I. wurde 911 ein Franke erster deutscher König.

Die Aribonen – ein Geschlecht zwischen Franken, Bayern und Österreich

Kennzeichnend für den Adel als überregionaler, europäischer Herrschafts- und Politikträger war das hochadlige und mächtige Geschlecht der Aribonen. Für uns sind dabei die Persönlichkeiten von Botho (1027/28–1104), Graf von Pottenstein, seine Gemahlin Judith Gräfin von Schweinfurt (1040–1104), Gräfin von Pottenstein, und deren Tochter Adelheid († nach 1106), Herzogin von Limburg, von herausragendem Interesse. Die Schweinfurter Grafen als auch die Aribonen waren an Aufständen gegen die Krone, so 1003 während der Kaiserherrschaft Heinrichs II. und 1055 während des Kaisertums Heinrichs III. maßgeblich beteiligt. Judith von Schweinfurt war die zweitälteste Tochter Graf Ottos III. und eine Nichte der Böhmenherzogin Judith (995–1057). Sowohl die Schweinfurter Grafen als auch die Aribonen standen in militärischer Kooperation mit Polen und Ungarn. Herzog Boleslaw Chrobry hat den Aufstand gegen Heinrich II. militärisch forciert. Im Jahre 1056 hatte Botho Graf von Pottenstein die damals 16-jährige Judith von Schweinfurt geehelicht. Besonders herausragende Aribonen waren Bischof Albuin von Brixen (Heiliger), Sohn des Kärntner Markgrafen, Aribo Erzbischof von Mainz (990–1031) als ein Sohn des Pfalzgrafen Aribo von Bayern sowie Erzbischof Hartwig III. von Salzburg († 5.12.1023). Das Geschlecht der Aribonen stammt aus Rheinfranken und aus dem Freisinger Raum. Ein Arbeo Bischof von Freising ist 783 gestorben. Aribo I. († nach 909), Graf im Traungau, war ein Zeitgenosse Ludwigs IV. des Kindes. Ein Ratold von Aibling, der ebenfalls dem hochadligen Geschlecht der Aribonen entstammte, hatte in Georgenberg um das Jahr 950 eine geistliche Niederlassung gestiftet. Wigburg, die Äbtissin von Altenmünster in Mainz, war eine Tochter des Pfalzgrafen Aribo I. († um 1001) und seiner Gemahlin Adele. Offensichtlich handelt es sich bei den Aribonen ursprünglich um alten fränkischen Amtsadel. Adelheid, Herzogin von Limburg, Tochter Bothos und Judiths von Pottenstein, war vermutlich *ultima suae gentis* – Letzte ihres Geschlechts († nach 1106).

So wie Bad Friedrichshall am Schwäbisch-Fränkischen Wald seinen Namen dem ersten württembergischen König, Friedrich I., verdankt, so geht der Name „Pottenstein" im heutigen Oberfranken auf Botho/Boto/Poto (1027/28–1104), Graf von Pottenstein, zurück. Tatsächlich gründet der Name „Poto" in dem niedersächsischen Personennamen „Bodo". Die Großmutter Bothos väterlicherseits Glismor entstammte dem alten sächsischen Grafengeschlecht der Immerdinger. Dort im Ostfälischen, zwischen den Höhenzügen Süntel und Harz, ist der Name Bodo, der dem Fluss Bode seinen Namen gab, zu Hause. Wir finden auf einem alten Stadtsiegel-Typar Pottensteins aus der ersten Hälfte des 14. Jahrhunderts eine fürstlich gekleidete Amtsperson, die höchstwahrscheinlich Botho zeigt. Zu Beginn des 12. Jahrhunderts ist die pfalzgräfliche Linie der Aribonen ausgestorben.

3.
Das Scheitern der Wiederherstellung eines Herzogtums Franken: Francia orientalis im Römisch-deutschen Reich

Franken zwischen Krone und Kirche

Die Frage, ob die mächtigen Schweinfurter Grafen mit Besitz am Obermain und in Rhönfranken von dem fränkischen Geschlecht der Popponen beziehungsweise den Babenbergern abstammen, ist wissenschaftlich nach wie vor nicht definitiv zu beantworten. Nach Auffassung des Würzburger Historikers Hans Steidle gilt die genealogische „Nähe“ zwischen den Schweinfurter Grafen und den Popponen gleichsam als axiomatisch. Das komplexe genealogische Netzwerk der west- und ostfränkischen Adelsgeschlechter hatte Steidle schon „entziffert“. Steidle hat auch die mittelrheinische Herkunft der älteren Babenberger nachgewiesen. Der Bayreuther Universitätsprofessor Rudolf Endres vertritt die Auffassung, dass die Schweinfurter Grafen die „Nachfahren der in der so genannten ‚Babenberger Fehde' von 902 bis 906 umgekommenen drei Brüder Adalbert, Adalhard und Heinrich (sind), weshalb die Schweinfurter Grafen vielfach auch als die ‚jüngeren Babenberger' bezeichnet werden“. [Endres, Rudolf: Die Schweinfurter Fehde und ihre Folgen, S. 118]. Wir wissen ja, dass im Verlauf des 10. Jahrhunderts Rheinfranken – Westfranken mit Mainz und Speyer – territorial von Mainfranken mit der Metropole Würzburg getrennt worden ist. Weite westfränkische Territorien fielen dem Frankengeschlecht der Salier zu. Ein Heinrich († um 935) aus dem Geschlecht der Babenberger ist an den Königshöfen König Konrads I. und Heinrichs I. eine gern gesehene Person. Vielfach sind auch gemeinsame Besitz- und Herkunftsnamen als Beweis einer gemeinsamen Abstammung von Schweinfurter Grafen, Popponen und Babenbergern herangezogen worden: Rheinfeld, Theres, Höchstadt und Etzelskirchen an der Aisch, Königshofen/Grabf. und Rodach/Oberfranken.

Popponen – fränkische Bischöfe und Markgrafen

Im Jahre 941 hat der damalige König Otto I. seinen Verwandten, Poppo I., zum Bischof von Würzburg (941–961) wählen lassen. Er stammte von dem Babenberger Heinrich († 902) ab, der bei den Kämpfen gegen die Konradiner erschlagen worden war und eine Schwester König Heinrichs I., Baba, geehelicht hatte. Für sein Bistum Würzburg erhielt er das große Privileg der freien Bischofswahl. Dessen Verwandter Poppo II., Bischof des fränkischen Mainbistums (961–983), war wiederum enger Verwandter Kaiser Ottos II. (973–983). Den kirchlichen Standesrängen der Popponen entsprachen die weltlichen Würdenträger dieses ungeheuer weit verzweigten fränkischen Geschlechts. Es war zu der Zeit, da der Begriff „Fränkische Ostmark" als einem „Slawenwall" aufkam. Den „Vater" der österreichischen Babenberger, Luitpold I. (um 940-10.7.994), hat Kaiser Otto II. im Jahre 976 mit der bayerischen Ostmark belehnt. Luitpold war der Neffe des ostfränkischen Babenbergers Berthold († 980). Indem Luitpold die Mark „Ostarrîchi" wesentlich in Richtung Osten arrondierte, schuf er die Grundlagen für die 270 Jahre währende Herrschaft der Babenberger in Österreich. Sein Sohn Adalbert I. der Siegreiche wird zu Recht „eigentlicher Gründer Österreichs" genannt. Mit der fränkischen Herzogstochter Richeza von Sualafeld vermählt, ist Luitpold I. in Würzburg ermordet worden. Sein gewaltsamer Tod in der Bischofsstadt war besonders tragisch, da der ihn tödlich treffende Pfeil bei diesem Attentat jemand anderen hätte niederstrecken sollen.

Der Babenberger Poppo III. († um 945) gilt als Graf von Grabfeld als „Urvater" der Henneberger. Angeblich verdankte ihm Bistum Würzburg seit dem Jahr 930 den „Feldzehnt" über die ostfränkischen Gaue. Als Grafen im Saalgau spielten die

Popponen auch gegenüber Thüringen eine bedeutende Rolle. Der letzte fränkische Markgraf von Thüringen indes war Burchard, der 908 im Kampf gegen die landhungrigen Ungarn fiel. An jenem blutigen 3. August des Jahres 908 hat auch Bischof Rudolf von Würzburg, der ein Konradiner war, an der Seite Burchards von Thüringen sein Leben lassen müssen. Als letzter fränkischer Babenberger darf Markgraf Heinrich von Schweinfurt († 1017) gelten, der als der „Nordgaugraf Hezilo von Schweinfurt" gegen Heinrich II. aufbegehrte. Die Heirat seiner Tochter Eila mit dem Billunger Bernhard II. stellte dann auch ein rein politisches Manöver dar. Auch Thüringen stand längst unter sächsischem Einfluss. Letzte adlige Vertreter der fränkischen Babenberger sind etwa die Enkelin Heinrichs von Schweinfurt, Beatrix († 1104), die den Schweinfurter Besitz erbte und mit Graf Heinrich von Vohburg verheiratet war, sowie deren Sohn Eberhard Bischof von Eichstätt († 1112).

Das damalige Herzogtum Franken (Ostfranken) im 11. Jahrhundert reichte im Norden bis über Meiningen, im Süden bis Donauwörth, im Westen bis Heilbronn und Marbach am Neckar, im Osten bis über Hof und Bayreuth hinaus. Es grenzte an die Bistümer Naumburg, Mainz, Augsburg und Regensburg, während die Bistumsgrenzen von Würzburg und Eichstätt im Norden und Süden beziehungsweise im Westen partiell über die politischen Grenzlinien hinausragten. Weite Teile des heutigen Württemberg waren fränkisch. Als Heinrich II. das Bistum Bamberg als neue Diözese im Jahre 1007 gründete und es dem Papst direkt unterstellte, mussten die Bistümer Würzburg und Eichstätt weite Gebietsteile an Bamberg abtreten. Zu einem Gutteil haben auch Heinrich und Kunigunde ihren Allodialbesitz unter anderem in Oberösterreich und Kärnten dem neuen Bistum überschrieben.

Aufstieg der fränkischen Kirche zum Territorialträger und weitere Klostergründungen

In diese Zeit der Adelskämpfe und Säkularfehden fällt auch der Aufstieg der Kirche als weltlicher Territorialträger. Von der Gründung des Bistums Bamberg 1007 ist schon die Rede gewesen. Damals wurde das fränkische Kirchengebiet wesentlich durch die von der Krone eingezogenen babenbergischen Güter im Radenz- und Volksfeldgau erweitert. Würzburg und Bamberg stellten die wichtigsten kirchlichen Herrschaftsgebilde in Franken dar. Das Hochstift Bamberg und das Bistum Würzburg als auch die Diözese Eichstätt stellten in der Tat geistliche Gewaltenträger mit Gerichts-, Herrschafts- und Verteilungsrechten im wirtschaftlichen Bereich, in Forstwirtschaft und Jagd/Fischerei dar. Neue Klöster als eine Art regionaler Geistes- und Wirtschaftszentren sind zu Beginn des Hochmittelalters (10. Jahrhundert), das die Forschung immer mehr als eine gesamteuropäische Epoche interpretiert, in einer Vielzahl in Franken gegründet worden. Auf der anderen Seite war Franken seit 940 wieder reines Reichsland, während die Krone dem fränkischen Episkopat als einem wirtschaftlichen und militärischen Faktor außerordentliche Belastungen zumutete. Um das Jahr 1000 hat eine große kirchliche Erneuerungsbewegung, die sogenannte „Gorzer Reformbewegung", welche von dem lothringischen Benediktinerkloster Gorze ausging, auch in Franken Einzug gehalten. Blühendes Reformkleinod mit neuer Abteikirche in romanischem Baustil stellte das vormals von dem Grafengeschlecht der Mattonen sehr stark geförderte „Eigenkloster" Münsterschwarzach am Main dar, des Weiteren Amorbach, die Benediktinerabtei Banz, Michelsberg und Theres, im 12. Jahrhundert dann Aura, Michelfeld (1119) und Münchaurach.

Siedlungs- und wirtschaftspolitisch waren die Mattonen stark und federführend an der vor allem zwischen 1000 und 1300 herrschenden „Rodungsbewegung" beteiligt. Sogenannte „Rodungsträger" gingen immer wieder aus den Klöstern, so etwa auch Ebrach und Heilsbronn, hervor. Weitere weltliche „Rodungsherren" entsprangen den Geschlechtern der Pappenheimer, Grafen von Henneberg, von Rieneck, von Wertheim, Grafen von Castell, von Oettingen, Hohenlohe, Schenken von Limpurg im Württembergischen sowie später der fränkischen Reichsritterschaft. Wie wir sehen, forcierten die Klöster den wirtschaftlichen Landesausbau, woran auch etliche weltliche Territorialherren partizipierten. Unterhielten doch neben der Krone namentlich die Klöster – die Reichskirchen – die größten Grundherrschaften. Vielfach sind Klöster aus wirtschaftlichen beziehungsweise logistischen Gründen wieder eingegangen oder umgesiedelt worden, so etwa das von den Mattonen 816 gegründete Benediktinerkloster Megingaudeshausen bei Ullstadt im jetzigen Mittelfranken, das 877 nach Münsterschwarzach umzog. Die Klöster bildeten nicht nur geistige Kultur- und Bildungszentren, sondern waren als „Eigenklöster" auch Herrschaftsinstrumente des Adels und der Krone, sodann Missionsausgangspunkte, wirtschaftliche Versorgungsstätten von Adelssöhnen und vor allem -töchtern, Altersruhestätten und nicht zuletzt Grablegen der fränkischen Adligen. Offensichtlich waren auch zwei linksrheinische Klöster nach der iroschottischen Mission Kilians Träger der fränkischen Mission im mainfränkischen Raum: das elsässische Kloster Weißenburg in der Diözese Speyer sowie die Willibrordsabtei Echternach. Reichte doch der geistliche Einfluss dieser beiden Klöster bis tief ins Thüringische hinein.

Zu den jüngeren Klostergründungen in Franken zählt unter anderem auch das Kollegiatstift Öhringen im Hohenloher Raum, das die Mutter Kaiser Konrads II. († 1039), des ersten Salierkaisers, Adelheid, 1037 mit viel Allodialbesitz gegründet hat, sowie das später in eine wuchtige „Klosterburg" umgebaute Benediktinerkloster St. Nikolaus in Komburg aus dem Jahr 1078. Hier hatte im Rahmen einer Ganerbschaft eine Adlige aus dem im Aussterben begriffenen Geschlecht von Stein, Mechthild von Stein, als Besitzerin von Künzelsau – Cunzelshouve – um das Jahr 1090 einen großen Latifundienteil ihrer Güter mit der Burg Nagelsberch nebst allen Rechten und Privilegien geschlossen dem Kloster Komburg übereignet. Ein Grafengeschlecht Komburg-Rothenburg beherrschte das tauberfränkische Gebiet um Kocher-Tauber, während die Grafen von Mergentheim, die Ebonen, Vögte des Stifts Ansbach waren. Nach dem Aussterben der Komburger und Mergentheimer Grafen sind deren Besitztümer in staufische Hände übergegangen. König Konrads III. Ehefrau Gertrud († 1131) entstammte dem Haus Komburg-Rothenburg. Die „Sammlung" von Land im fränkisch-schwäbisch-bayerischen Raum durch Erbfall und Kauf beziehungsweise Pacht seitens der Staufer war dann auch von einer besonders weit- und umsichtigen Kloster- und Kirchenpolitik begleitet.

Wir möchten zeitlich vorgreifend noch erwähnen, dass neben den fränkischen Saliern auch das Haus Andechs-Meranien mit dem von Burg Hohenstaufen entsprossenen Kaisergeschlecht (Beatrix von Hohenstaufen) verwandt war. Elisabeth von Andechs-Meranien sollte Bayreuth und Hof erben, Beatrix, die Tochter der gleichnamigen Hohenstauferin Kulmbach mit der Plassenburg und Margaretha Scheßlitz und Giech, das alsbald an das Bistum Bamberg verkauft worden ist. Andechs-Meranien sollte auch die Schweinfurter Markgrafen beerben und war territorial mit Allodialgütern in das neue Bistum Bamberg eingebunden, das auch die Lehnshoheit über die Grafschaften im Radenzgau rund um Forchheim sowie im Volkfeld innehatte. Das Hochstift Bamberg „beherbergte" unter anderem Benediktiner-, Zisterzienser- (Kloster Ebrach), Prämonstratenser- (Frauenkloster Schäftersheim) und Deutschordensbesitz (Rosenau bei Nürnberg). Mit Fürth beispielsweise waren gleichzeitig Rechtsverhältnisse an den Dompropst und Bischof von Bamberg, später an die Burggrafen von Nürnberg sowie an die Reichsstadt Nürnberg verbunden. Die Mark Büchenbach beim heutigen Erlangen war zunächst als ehemaliges Krongut dem Bischof von Utrecht an die Hand gegeben worden, dann als Territorialteil der „Gebetsstätte des Reiches" (Kollegiatstift St. Stephan) nach dem Erzbistum Mainz gegangen, um dann im Jahre 1006 „rückgetauscht" und dem neuen Bistum Bamberg einverleibt (1008) zu werden. Zu den Lieblingsstiftungen eines Bischofs Otto I. des Heiligen (etwa 1060–1139) zählten das Benediktinerkloster Michelfeld an der Ostflanke des Bamberger Bistums sowie die seitens des Klosters Ebrach bewirtschaftete und besiedelte Zisterze Langheim.

Um die fränkische Ordensgeschichte auch kultursoziologisch auszuleuchten, und um eine vergleichende Wirtschaftsgeschichte der Klöster „im regen Austausch mit Nachbardisziplinen" wissenschaftlich auf den Weg zu bringen, hat sich an der Katholischen Universität Eichstätt-Ingolstadt die „Forschungsstelle für Vergleichende Ordensgeschichte" (Prof. Gert Melville) konstituiert. Ein wissenschaftliches Hauptanliegen gilt auch der Erschließung der fränkischen Klostergeschichte mit überregionalem Bezug. Das Benediktinerkloster Mönchröden nördlich von Coburg etwa ist seitens des Wettiner Burggrafen gegründet worden, sodann wurde es dem Würzburger Bischof Siegfried übereignet. Mit der Klostergründung von weltlicher Hand wuchs sowohl die territoriale Stärke des Klostergründers Hermann Sterker als auch die wirtschaftliche Bedeutung des fränkisch-thüringischen Gesamtraums. Der jeweilige Abt von Mönchröden musste seine Wahl durch den Würzburger Bischof gutheißen lassen. Die Vogtei blieb dem Stiftergeschlecht übereignet.

Fränkische Bischofssitze und ihr kirchlicher Rechtsstatus

Die drei fränkischen Bischofssitze Würzburg, Eichstätt und Bamberg blieben bis in die Zeit des Investiturstreits hinein, der im Wormser Konkordat 1122 beigelegt wurde, verfassungsrechtlich geistliche Institutionen der Reichskirche sowie der Krone und unterstanden dem Metropolitanrecht des Erzbischofs von Mainz, der auch die Würde des „Erzkanzlers für Deutschland" ausübte. Auch als „Bischof des Heiligen Stuhles" bezeichnet, besaß er als Inhaber eines Erzamts (später Kurfürst) bei der Königswahl das Erststimmrecht. Das ist erstmals bei der Wahl Konrads II. Anfang September 1024 „aktenkundig" festgehalten worden. Der erste Salierherrscher wurde im rechtsrheinischen Kamba, einem heute nicht mehr existierenden Ort bei Oppenheim, wo auch sein „Königsumritt" begann, gewählt. Konrad II., während dessen Kaisertum die Bezeichnung *Imperium Romanum* für das Deutsche Reich aufkam und während dessen Herrschaft erstmals Ministeriallen – Dienstmannen – hervortraten, wurde anschließend im Mainzer Dom gekrönt. Es war kein Geringerer als der anstelle von Bischof Eberhard I. von Bamberg die Erzkanzlerwürde für Italien erhaltende Erzbischof Aribo, der Konrad krönte. Der Metropolitanverband des Erzbischofs von Mainz mit Worms, Speyer, Würzburg, Eichstätt und Bamberg indes reichte von Prag und Olmütz (bis 1344) über Havelberg und Brandenburg bis nach Konstanz und Chur. Nach der Gründung des Bamberger Bistums ist dessen Territorium im Jahre 1016 arrondiert worden, indem ihm an seiner Südgrenze bis zur Pegnitzlinie ein breiter Gebietsstreifen von Eichstätt einverleibt wurde.

Seit der späten Ottonenzeit bevorzugten Kaiser und Könige gerne die Inanspruchnahme der sogenannten „Bischofspfalzen" sowohl als Nächtigungsquartiere als auch als kirchliche Dienstleistungsstütze. So ersuchte Kaiser Heinrich II., der ja auch als Herzog Heinrich IV. von Bayern (seit 995) gebot, Bischof Eberhard I. von Bamberg († 1040), dass der leitende Kirchenmann dem Monarchen als „Quartiermeister" zur Seite steht, die „Hoffahrt" des Kaisers in Deutschland und „Reichsitalien" einrichten und bedienen sollte. Alles in allem handelte es sich bei den „Dienstrechten" um ein Amt im Rahmen des Ottonischen Reichskirchensystems, wobei die „Bamberger Dienstrechte" mit ihren Aufzeichnungen jener Rechte und Pflichten der geistlichen „Dienstleute" gut belegt sind.

Bischofspfalzen

Da die Bischofssitze in ihrer kirchenpolitischen Ausdeutung ein besonderes Charakteristikum Frankens darstellten, möchten wir den fränkischen Bischofspfalzen unser Augenmerk widmen. Wir erkennen auch anhand der königlichen Itinerare (Reiserouten), die im 11. Jahrhundert in Franken und in Sachsen ihre größte „Dichte“ hatten, dass das alte Königsland Franken eine bemerkenswerte Konzentration königlicher Macht in sich barg. Doch während Königspfalzen keineswegs mit einer Art „Residenz“ vergleichbar sind, sondern allenfalls politische „Kristallisationspunkte“ königlicher Herrschaft darstellten, waren die Bischofspfalzen, wie wir sie etwa im rheinfränkischen Speyer sowie in Bamberg und außerhalb Frankens etwa in Hamburg vorfinden, als dauerhafte Residenzen konzipiert. In der um 1024 entstandenen Speyrer Bischofspfalz sind auch Hoftage abgehalten worden.

Wir registrieren in Mainfranken und in Rheinfranken eine besonders hohe Dichte des sonst zwischen Ratzeburg und Lüneburg im Norden und im Süden bis nach Schlanders und Säben (Südtirol) „gestreuten“ Reichs- und Hausgutes mit Pfalzen, Burgen, Jagdpfalzen, Klöstern, Forsten (Schwabach) und weiterem königlichen Besitz. Die höchste Dichte an Königsgut wurde dann auch reichsweit in Frankens Radenzgau erreicht: Heroldsberg, Kleinseebach, Schweinthal, Möhrendorf, Kirchehrenbach, Hausen, Baiersdorf, Langensendelbach und Pinzberg, um nur einige königliche Güter zu nennen. Für Kaiser Heinrich IV. etwa sind im historischen Franken 42 Aufenthalte in Mainz, 26 Aufenthalte in Worms, 20 in Speyer, 10 in Würzburg, 8 in Bamberg, 7 in Tribur, 3 in Weißenburg, 2 je in Oppenheim, Lorsch und Ladenburg, weitere in Frankfurt am Main, Eichstätt, Hirschaid, Seligenstadt, Pleichfeld, Langen, Wiesloch und Erlangen *beglaubigt*.

Fränkisches Verkehrsnetz

Mit der weiteren Erschließung der großen Waldgebiete in Main- und Tauberfranken erhielt auch der zu einem Gutteil vom Klerus bewältigte Wegebau dortselbst neue Impulse. Später hat sich im Rahmen der Grundherrschaft das System der sogenannten „Hand- und Spanndienste“ entwickelt, wozu in erster Linie die Bauern „pflichtschuldig“ waren. Eine neue Wegeverbindung nach Prag aus der Zeit um das Jahr

1000 verlief von Bamberg, das an einer besonders wichtigen Magistrale lag und den vermutlich wichtigsten Verkehrsknotenpunkt Frankens kennzeichnete, geradewegs in Richtung Ost. Eine weiterer Verkehrsweg nach Prag stellte die später „Goldene Straße" genannte und stark befestigte Verbindung von Nürnberg über Lauf, Sulzbach, Hirschau, Kohlberg, Etzenricht, Weiden, Plößberg, Bärnau, Tachau, Pilsen bis zu der „Goldenen Stadt" dar. Eine weitere Verkehrsverbindung lief von Nürnberg über Miltenberg nach Frankfurt/Main. Miltenberg am Main war wichtige Zollstation an jener Handelsstraße, die nach Regensburg, Landshut und Salzburg im Süden, im Norden nach Lüneburg weiterführte. Berittene Eilboten vermochten an einem Tag etwa 60 km Weg zu Pferde zurückzulegen, mit Pferd und Wagen waren täglich wohl annähernd 40 km Fahrtstrecke zu bewältigen. Einen reichsweiten Botendienst hat es indessen im Hochmittelalter noch nicht gegeben. Das hat zuletzt Robert Walser in seiner Dissertation über das Botenwesen belegt (S. 18).

Francia divisa

Von der kurzen Zeitspanne der gescheiterten Restituierung des fränkischen Herzogtums wird unten noch die Rede sein. Weder der fränkische Episkopat indes noch der fränkische Adel vermochten angesichts des in einer völligen territorialen Zersplitterung verharrenden und auch geographisch keine Einheit bildenden Franken das politische „Werkstück" eines ostfränkischen „Rumpfstaates" meisterhaft zu schmieden. Zu Recht ist dann auch bereits in den 1960er Jahren in der Geschichtsforschung für die Zeit von etwa 885 bis 939 von „Vergebliche(n) Ansätze(n) zu Stammes- und Territorialherzogtum in Franken" gesprochen worden. Lediglich Bischof Thietmar von Merseburg (975–1018) hat in seiner ganz moderner Kapiteleinteilung folgenden und eigenhändig geschriebenen Chronik „Chronicon" von 1012 die beiden Konradiner König Konrad I. und dessen Bruder Eberhard („Evurhardus, Francorum dux") als Herzöge von Franken bezeichnet. Der

Chroniktext wirft auch gleich einen Blick in die zukünftigen politischen Ereignisse: "Evurhardus, Francorum dux, regi diu infidelis, degradatus est et comes Wigmannus humili supplicatione reconciliatus est". Also wurde Eberhard, der Herzog von Franken, welcher lange dem König [Otto I.] untreu war, abgesetzt und auf demütiges Bitten der Graf Wichmann [Graf im Bardengau, † 944] wieder eingesetzt.

„Herzogtum Franken"

Für die Zeit von 887 (Ende Karls III. des Dicken) bis 939 konnte mit Einschränkungen erneut von einem „Herzogtum Franken" gesprochen werden. Das Ende der Babenberger Fehde im Jahre 906 hatte Herzog Eberhard I. von Franken (um 885–939) aus dem rheinfränkischen Geschlecht der Konradiner, ein Bruder König Konrads I., die Vorherrschaft über ganz Franken beschert. Allerdings blieb sein wirkliches Herrschaftsgebiet im Wesentlichen auf den westlichen Raum Ostfrankens begrenzt, wo die Konradiner auch ihr Allodialgut sicher wussten. Ein „jüngeres" Herzogtum Franken indes ist in der politischen Wirklichkeit nie realisiert worden. Die Gebietsteile des Konradiners Eberhard lagen auch zu disparat und im Gegensatz zu dem Babenberger Besitz zu weit „westlich", als dass von ihnen ein einigender Effekt hätte ausgehen können. Eine einigende politische Kraft in Franken war vor allem der streitbare Adalbert von Babenberg. Ob dem im September 906 tragisch zu Tode gekommenen Kämpfer um die Vorherrschaft in Franken die Herzogsinsignien mit der Herzogskrone zugefallen wären?

Wir finden den höchstwahrscheinlich in dem mittellahnischen Weilburg zur Welt gekommenen Eberhard von Franken zuerst um 913 als Grafen im Hessengau und als Grafen im Oberlahngau um das Jahr 928. Ortsnamen wie „Gemünden" und „Anspach" in diesem „altfränkischen" Hügelland zwischen Lahn und Taunus erinnern an Mainfranken.

Immerhin hatten sich die Brüder Eberhard I. und Konrad I. im Jahre 916 auf der berühmten Synode von Hohenaltheim (südöstlich von Hohenlohe) die politische Unterstützung der ostfränkischen Bischöfe verbriefen lassen. Dass Eberhard stets erneut die Königsherrschaft seines Bruders Konrad (911–918) tatkräftig unterstützt hat, ist hinreichend belegt. Eberhard war von 914 bis 918 Markgraf und anschließend bis 939 Herzog von Franken. Der jüngere Bruder König Konrads war Gegner der Herzöge Heinrich von Sachsen († 936) und Arnulf von Bayern († 937). Arnulf stand im Begriff, das Herzogtum Bayern neu zu errichten und wollte später als Gegenkönig die Macht usurpieren, hat aber dann gegen Zugeständnisse seit 921 das rechtmäßige Königtum Heinrichs I. anerkannt. Wegen Arnulfs Griff nach Kirchengut erhielt dieser den Beinamen „der Böse". Als aber nach dem Jahr 915 Herzog Eberhard eine schwere Niederlage in der politischen Frage um Thüringen erhalten hatte, kam es zu einem politischen Ausgleich zwischen den regierenden Konradinern und den sächsischen Liudolfingern um Heinrich.

König Heinrich I. wurde noch von König Konrad zu dessen Nachfolger vorgeschlagen. Ausgerechnet der Frankenherzog Eberhard soll als Bruder des Königs und einstiger politischer Gegner Heinrichs dessen Wahl in einer Art Eingebung von politischer Weitsicht durchgesetzt haben. Angeblich hatten Boten den auch Heinrich der Vogler genannten Sachsenherzog und deutschen König bei der sehr überraschenden Benachrichtigung zu dessen Königswahl an einem entlegenen „Finkenherd" angetroffen. Fest steht auch, dass der Frankenherzog Eberhard I. im Frühjahr 919 in Fritzlar die Krönungsinsignien Heinrich I. anlässlich eines Reichstages persönlich übergeben hat. Unter der Herrschaft Heinrichs I., der in Fritzlar am 23.4.919 gewählt worden war, jedoch tatsächlich Salbung und Krönung als ein sich auf die Stämme als „Primus inter pares" stützender „Stammeskönig" ablehnte, sind die lehnrechtlich an den Monarchen gebundenen Stammesgewalten – auch in Franken – deutlich zu Lasten der Grafen gestärkt worden. Freilich war die vormals von den Karolingern eingerichtete Verwaltungs- und Herrschaftsorganisation der sogenannten „Grafschaftsverfassung" auch im Königsland und Herzogtum Franken längst nicht mehr intakt.

Die mit den Konradinern verwandten Liudolfinger zählten zu den vornehmsten Geschlechtern der Reichsaristokratie. König Heinrich war ein Sohn der von den älteren Babenbergern abstammenden Hadwig (Hathui), der Tochter eines „Dux Austriacorum" Heinrich, die Weihnachten 903 verstarb. So floss in König Heinrichs I. Adern auch „fränkisches Blut". Und Heinrichs I. Schwester Baba, die aus eigenen Finanzmitteln den Bamberger Dom stiftete, war mit Heinrich von Babenberg († 902) vermählt. Endlich hatte Konrad der Rote († 955), Herzog von Lothringen, auch „Konrad von Franken" genannt, aus dem jüngeren salischen Haus, die Sächsin Leutgard geehelicht. König Heinrichs I. berühmte „Hausordnung" von 929 sollte indes mit dem ehernen fränkischen Haus-Erbrecht brechen: Im Rahmen der Quedlinburger Hausordnung wurde sein Sohn Otto für die Thronfolge auserwählt und auf dem Erfurter Hoftag 936 zum Nachfolger König Heinrichs designiert. Damit war in der Frage des Erbrechts die Lex Salica von 510 formell annulliert worden. Denn die *alte* Lex Salica beinhaltete den Rechtscodex, demzufolge stets allen Königssöhnen der gleiche Anteil an der Herrschaft zufiel. Doch während dem zweitgeborenen Sohn Otto die Königsherrschaft zufallen sollte, haben nachgeborene Königssöhne „Entschädigungen" auf der politischen Ebene der Herzogtümer erhalten: Heinrich der Zänker († 955), der Großvater Kaiser Heinrichs II., hat Bayern erhalten, während Bruno († 965) 953 zum Kölner Erzbischof gewählt und kurz darauf auch mit dem Herzogtum Lothringen belehnt wurde.

Bei der feierlichen Wahl und Krönung Ottos in Aachen im August 936 waren die Herzöge und übrigen weltlichen Größen des Reiches, auch Herzog Eberhard I. von Franken zugegen. Die Zeremonie ganz nach fränkischer „Choreographie" begann vor dem Aachener Münster in der Säulenhalle als zunächst rein weltlicher Handlungsakt: Erzbischof Hildebert von Mainz († 937), der bereits seit 927 „Erzkapellan“ König Heinrichs I. war und auf dessen Veranlassung die bedeutende Erfurter Synode 932 abhielt, hat sodann Otto die königlichen Insignien angelegt und ihn nach Salbung und Weihe auf den „Karlsthron“ gesetzt. Die fränkische Tradition mit dem Wahlort Aachen ist durch den fränkischen Krönungsmantel noch unterstrichen worden. Neben der vorangegangenen und noch zur Königswahl gehörenden Akklamation in der Pfalzkapelle brachte das Krönungsmahl in der Pfalz, wo die Herzöge Eberhard I. von Franken, Giselbert von Lothringen, Hermann von Schwaben und Arnulf von Bayern die Erzämter des Truchsessen, des Kämmerers, des Mundschenken und des Marschalls zelebrierten, die Verbundenheit der Stammesherzöge, die jetzt als Mitträger des Reiches figurierten, zum Ausdruck. Eberhard I. von Franken zählte mithin zu den höchsten Reichsfürsten. In seinen fränkischen Landen sollte sich der „reisende“ König Otto I. dann auch wiederholt aufhalten, so unter anderem mit etlichen Aufenthalten in Lorsch und Frankfurt am Main, Worms, Speyer, Heimsheim und Roßstall (heute Roßtal). Später haben sogenannte „Königsumritte“ Kaiser und Könige nach Franken geführt, so etwa den Salier Konrad II. im Sommer 1025 zwischen Main-, Tauber- und Rheinfranken.

Mit dem neuen König Otto I. ist Eberhard I. von Franken bald in Konflikt geraten. Noch dessen Vater Heinrich I. hatte dem Frankenherzog in den Jahren 926/928 die richterliche Gewalt in dem endgültig seit 925 an das Ostfränkische Reich gefallenen Herzogtum Lothringen übertragen. Franken in seiner geographischen Ausdehnung um das Jahr 950 hatte mit dem Herzogtum Sachsen gemeinsame Grenzen an Fulda und Werra, sodann im Bereich des westfälischen Rothaargebirges. Nördlich davon, schon weit auf sächsischem Gebiet, lag die Burg Helmern in der Nähe des Flusses Diemel, die Eberhard von Franken vergeblich belagerte. Das rief flugs 937 Kaiser Otto auf den Plan. Die fränkischen Landfriedensbrecher sind dann auch einer besonders demütigenden Bestrafung zugeführt worden: Im Gefolge der von Otto I. einberufenen Magdeburger Königsgerichtsverhandlung sind die fränkischen Malefikanten zum öffentlichen Tragen toter Hunde verurteilt worden, einem im Mittelalter besonders entehrenden Bestrafungsurteil. Schon der Begriff „Hund" war sprachlich negativ besetzt: „hunde-frey" bedeutete vogelfrei! Von einem „Hundsbegräbnis" war im juristischen Sprachgebrauch die Rede von einer besonders ehrlosen Bestattungsform im Gefolge einer Vollstreckung.

Vor einem erneuten Aufstand gegen König Otto I. ging Eberhard von Franken 939 ein Bündnis mit Giselbert von Lothringen und mit Ottos verstoßenem Mitbruder Heinrich ein. Sie sind am 23. Oktober 939 in einer unglücklich verlaufenden Schlacht bei Andernach am Rhein von einer verhältnismäßig kleinen königlich-sächsischen Streitmacht vernichtend geschlagen worden. Eberhard fiel in der Schlacht, während Giselbert von Lothringen aller Voraussicht nach im Rhein ertrunken ist. Das bedeutete auch endgültig real- und verfassungsgeschichtlich das Ende eines freien Herzogtums Franken. Franken blieb Königsgut, und bereits 941 hat Otto I. Poppo I. auf den Würzburger „Stuhl" gesetzt. Auch der letzte Ottonenkaiser, Heinrich II. († 1024), war den Konradinern nicht wohlgesonnen. Die (dritte) Ehe der Konradinerin Gisela mit Kaiser Konrad II. hatte die blutsverwandtschaftliche Beziehung zu den Saliern hergestellt. Der Vater Giselas, Hermann II. von Schwaben, war bei der Königswahl 1002 Gegenkandidat von Heinrich II. Auch das fränkische Adelsgeschlecht der Salier vermochte nicht, in seiner hundertjährigen Regierungszeit (1024-1125) einem Herzogtum Franken emporzuhelfen.

Würzburg – politisches Herz des „Herzogtums Franken"

Neben den Hedenen (bis um 720) und Konradinern (bis 939) führten weiterhin die Bischöfe von Würzburg bis zum Epochenjahr 1803 den Titel eines Herzogs von Franken. Neben den Bischof von Würzburg“ traten politisch als „Herzöge von Franken“ nur mit dem „bloßen Titel“ die Herzöge Konrad II. (1015), Friedrich I. von Schwaben (1079), dessen Enkel Friedrich IV. von Schwaben (1152), der den Titel „Herzog von Rothenburg“ führte, König Konrad III. sowie Konrad II. von Schwaben († 1196), wiederum mit der Titulatur „Herzog von Rothenburg“. Der Stauferkönig Konrad III. († 1152), ein Neffe Kaiser Heinrichs V. († 1125), firmierte als „Herzog von Ostfranken“ und verwandelte Franken ungewollt in einen „Bürgerkriegsschauplatz“.

Die Staufer besaßen Reichsburgen, Reichsdienstmannenburgen, Amtsburgen und Allodialgut in einer starken Hochkonzentration in und um Nürnberg, in Neckarfranken sowie in dünnen Ausmaßen in dem noch immer sumpfreichen Tauberfranken. Kaiser Barbarossa hat dem Bischof von Würzburg, dem aus altem fränkischen Adelsgeschlecht entstammenden Würzburger Dompropst Herold von Hochheim († 1171) in der sogenannten „Goldenen Freiheit“ vom 10. Juli 1168, einer Urkundenzweitausfertigung mit goldenem Siegel, das Herzogsprivileg verliehen – die Bischöfe von Würzburg trugen diesen Herzogstitel bis 1803. Würzburg ist auch wiederholt als erstes geistliches Herzogtum in Deutschland genannt worden. Letztlich sind indes auch die Staufer daran gescheitert, eine politische Einheit „Franken“ zu schmieden. Seitens Kaiser Heinrichs V. ist sodann 1115/1116 der spätere Konrad III. zum „ducatus orientalis Franciae“ erhoben worden. Dies geschah in engem Zusammenhang mit dem „Seitenwechsel“ des Bischof Erlung von Würzburg († 1121) auf die Partei der päpstlichen Gegner Kaiser Heinrichs V., welcher den mainfränkischen „Dukat“ Bischof Erlung von Würzburg aberkannte und ihn daraufhin an den jungen Staufer Konrad, den Bruder Herzog Friedrichs von Schwaben, verlieh. Die Mainmetropole stand dem Stauferkaiser Friedrich Barbarossa besonders nahe, zumal er hier durch den Amtsvorgänger Herolds von Hochheim, Bischof Gebhard Graf von Henneberg (Episkopat 1150 bis 1159) aus fränkisch-thüringischem Adel,

zusammen mit Beatrix von Burgund im Dom „Sankt Kilian“ der Bischofsstadt am 17. Juni 1156 getraut worden war.
In demselben Jahr 1156 ist auch in einer vom 10. Februar 1156 datierten Urkunde Bischof Gebhards von Henneberg, die inhaltlich das neue Marktrecht von St. Michael zu (Schwäbisch) Hall zum Gegenstand hat, vom Würzburger Dukat die Rede. Der Bischof von Würzburg war seit 1030 auch Stadtherr jener Bischofsstadt, in der 1127 das erste Ritterturnier auf deutschem Boden stattgefunden hat und die als eine der ersten europäischen Städte im Jahre 1195 als Zeichen vollständiger städtischer Autonomie ein Stadtsiegel (mit den fränkischen Rauten) in Gebrauch brachte. Laut „Güldener Freiheit“ war dem Bischof von Würzburg auch die angeblich schon seit Karl dem Großen geltende Hochgerichtsbarkeit für das Herzogtum Franken zugeteilt worden: „omnem iurisdictionem seu plenam potestatem faciendi iustitiam per totum episcopatum et ducatum Wirceburgense“, also sowohl im Bistum als auch im Dukatum Würzburgs.

Weitere politisch herausragende Würzburger Bischöfe neben Gebhard Graf von Henneberg, welcher als Kaiserberater Friedrich Barbarossa unter anderem auf seinem Mailand-Feldzug 1158 begleitete, waren Godfried II. Graf von Hohenlohe, Sigmund „Herzog von Sachsen“ und „Herzog von Franken“ (bis November 1443), ein Sohn des sächsischen Kurfürsten Friedrich der Streitbare, der auf ein besonders langes Episkopat blickende Fürstbischof Julius Echter von Mespelbrunn (1573–1617), Friedrich Karl Graf von Schönborn (bis 1746) und Karl Philipp Greiffenklau von Vollraths (1749–1754). Die Herkunft der nicht selten von der Hohen Politik mitbestimmten bischöflichen Wahlprätendenten zwischen Hohenlohe-Tauberfranken, Kärnten und Henneberg im Thüringischen hebt die immense politische Bedeutung des hohen Prälatenamtes hervor. Etwa bei der Doppelwahl Rudgars und Gebhards 1122 stand die weltliche Macht Pate. Auch wird eine enge soziale Verflechtung der Würzburger Ratsfamilien mit dem bischöflichen Hof beobachtet. Dieser bestimmte immer wieder die Ratsbesetzung mit. Das hing mit der Tatsache zusammen, dass es in Würzburg kein wirkliches Patriziat gab. Neben der Kirche bildeten die Schweinfurter Grafen (bis 1050) die stärkste Macht. Später im 14. und 15. Jahrhundert kam politischer Streit sowohl zwischen Rat und Bischof als auch zwischen weltlichen Fürstentümern und dem Bischof von Würzburg auf. Und auch mit den Beziehungen zu den Nachbar-Hochstiften Bamberg und Eichstätt stand es oft nicht zum Besten. Mit der verlorenen Schlacht von Bergtheim im Jahre 1400 sollte der Würzburger Rat endgültig seiner Hoffnung auf eine freie Reichsstadt entsagen.

Kaiser Heinrich II. und seine Renovatio am Obermain im Spiegel der Renovatio regni Francorum

Fränkische Gebietsgrenzen im Wandel

Als mit Heinrich V. 1125 das fränkische Kaiserhaus ausstarb, wurde Rheinfranken die Grundlage der Rheinpfalz, wo sich die Bistümer Mainz, Worms, Speyer und viele weltliche Territorien entwickelten, während in Ostfranken, wo die Gebiete der Bischöfe von Würzburg, Bamberg und Eichstätt, der Burggrafen von Nürnberg, der Grafen von Andechs-Meranien sowie der Grafen von Henneberg lagen, der Name Franken fortlebte. In der späteren Kreiseinteilung von 1512 ist das ehemalige Rheinfranken als Friedensinstrument und Reichsheerkontingent in den Kurrheinischen Kreis aufgegangen. Der Fränkische Reichskreis dagegen umfasste weite Gebiete Mainfrankens, Südthüringens um Sonneberg, das heutige Heilbronn-Franken, Hohenlohe-Franken zwischen Wertheim, Schwäbisch-Hall und Crailsheim und Teile des „Neckar-Odenwald“. Wir sehen uns also in der fast genau einhundert Jahre währenden Regierungszeit der fränkischen Salier großen Territorialverschiebungen zwischen Ost und West gegenüber. Doch bereits in der Spätzeit der Ottonen bahnten sich weittragende Verschiebungen in dynastischen

Besitzverhältnissen und das Versetzen von Grenzsteinen in Ostfranken an.

Letzter Ottonenkaiser

Kaiser Heinrich II. (973–1024) war als Vetter Kaiser Ottos III. († 23.1.1002) der letzte Ottonenkaiser und hatte kinderlos bei seinem Tode 1024 keinen Nachfolger designiert. Er war als Sohn Herzog Heinrichs II. von Bayern († 995) seit 995 Herzog von Bayern und ein direkter Großneffe Kaiser Ottos I. des Großen († 973). Im Gegensatz zu seinem Vorgänger Otto III., der vergeblich im Rahmen seiner politischen Maxime „Renovatio Imperii Romanorum" die alte Kaiserherrschaft in „Reichsitalien" wiedererrichten wollte, lag Heinrichs II. Ansinnen darauf gerichtet, in Deutschland die Erneuerung der alten Königsherrschaft (Renovatio regni Francorum) als Gegengewicht gegen die erstarkenden Stammesherzogtümer (Sachsen und Schwaben) durchzusetzen. Allein die im Herzogtum Franken (Ostfranken) zu bewältigenden Probleme bei dem spektakulären Regierungsantritt Heinrichs II. (6.6.1002) gestalteten sich als sehr prekär. Das gegenüber den Schweinfurter Grafen seitens seines Amtsvorgängers Ottos III. abgegebene Versprechen einer Anwartschaft der fränkischen Grafen auf das Herzogtum Bayern erkannte Heinrich II. als nicht mehr bindend, zumal Expektanzen lehnsrechtlich nur an lebenden Personen vollzogen werden konnten. Nun hatten aber doch Markgraf Heinrich von Schweinfurt († 1017) und auch dessen Vater Berthold von Schweinfurt († 980) als königstreue Edle manche Lanze für ihre ottonischen Lehnsherren gebrochen. Sie hatten sich auch als Königsarchitekten in Siedlungsfragen (Rednitzslawen und innere Kolonisation) wie bei der ins Stocken geratenen Rodung mithilfe der Kirche hervorgetan. Das alles sollte jetzt keine Gültigkeit mehr haben. Heinrich hatte dann mit dem eigens inszenierten Raub seiner Kriegskasse bei Hersbruck im Mai 1003 das „Recht" auf seiner Seite. An Gegnern des reichsweit bis dito noch gar nicht anerkannten

Königs mangelte es wirklich nicht. Gleich bei der Beisetzung Ottos III. (3.4.1002) hatte sich Hermann II. von Schwaben aus altem rheinfränkischem Geschlecht der Konradiner gegen den zukünftigen König gestellt. Die Gefahr einer Sezession im Reich 1002 ist stets erneut beschworen worden (Mitteis).

Schweinfurter Fehde

Auch der Babenberger Ernst, Herzog von Schwaben (1012–1015) und Markgraf von Österreich, ein Vetter Heinrichs von Schweinfurt, sowie der Bruder Heinrichs II. Brun, späterer Bischof von Augsburg (seit 1006), waren dem neuen König nicht wohlgesonnen. Schon hatten der verbündete Polenherzog Boleslaw Chrobry und Heinrich von Schweinfurt ihre Heere zusammengezogen. Offensichtlich ist es jedoch zu keiner offenen Feldschlacht mit den Heereskontingenten Heinrichs II. gekommen. Besser darf von einem Aufstand in Franken und in dem bayerischen Nordgau gesprochen werden. Die Schweinfurter Burgen Ammerthal (Amardela) bei Traunstein, die noch der Vater Heinrichs von Schweinfurt, der mit Eilicke Gräfin von Walbeck vermählte Graf Berthold († 980) hatte etwa um das Jahr 950 errichten lassen, und Creußen im Nordgau sind dann von König Heinrich II. rasch ausgeschaltet worden. Auch die Festungsanlage Kronach und die Schweinfurter Stammburg konnten von königstreuen Truppen erobert werden. Doch in Wirklichkeit waren die Schweinfurter Markgrafen, die eine „Gefahr" für die Reichsinteressen darstellten, nur allzu mächtig geworden. Denn ein Vetter Heinrichs von Schweinfurt, Heinrich von Babenberg, war als Heinrich I. bereits Markgraf der (bayerischen) „Ostmark" (994–1018). Dieser war ein Sohn Luitpolds I. (um 940–994). Schnell ist dann auch König Heinrich II. seines fränkischen Widersachers habhaft geworden. Heinrich von Schweinfurt und seine engsten Mitverschwörer wurden gleich in königlichen Gewahrsam genommen und auf Burg Gibichenstein a.d. Saale eingekerkert. Nach seiner Freilassung im Anschluss an einen Treueid hat Heinrich von Schweinfurt nur eine noch Art „Rumpfterritorium“ seiner einstigen weit gestreuten Länder zurückerhalten. Anläßlich des Todes von Heinrich von Schweinfurt hat sein Vetter Bischof Thietmar von Merseburg vermerkt:

„Inzwischen war am 18. September 1017, nach langer schwerer Krankheit, Markgraf Heinrich verstorben, ein Sohn meiner Tante [Eilicke Gräfin von Walbeck, M.P.], Ostfrankens Zierde. Er wurde an der Nordseite des Klosters seiner Burg Schweinfurt beigesetzt. Der Caesar (Kaiser) erfuhr es in Meißen und trauerte sehr. Das Herzogtum Bayern verlieh der König am 21. Mai 1004 auf einem Hoftag in Regensburg, seinem Schwager (Bruder der Königin) Heinrich von Lützelburg [Luxemburg, M.P.] mit Zustimmung aller Anwesenden“. Thietmar von Merseburg fügte hinzu: „Gern würde ich meinen Vetter [Heinrich von Schweinfurt, M.P.] irgendwie verteidigen, doch ich wage es nicht, die Wahrheit zu verletzen, die allen Christen teuer sein muss.“

Bistum Bamberg

Dem Herzogtum Franken, wo Heinrich II. auf eine starke Opposition des Adels stieß, sollte der neue König auch in Kürze ein territorial vollkommen neues Gesicht schenken. Die Würzburger Bischofchronik hat dieses geradezu revolutionäre politische Ereignis mit den Worten festgehalten, „Wie Kunig Hainrich sich vnterstanden hat, aus der Graueschafft Babenberg ain Bistumb, zu machen“ (Folio 79r). Offensichtlich wollte Heinrich II. Franken zu einem straff geführten und mit neuen Verwaltungsstrukturen versehenen Königsland machen. Von einer „politisch-administrativen Neuordnung“ in Franken ist auch gesprochen worden. Das klingt angesichts der Größe der politisch-territorialen Veränderungen dieser Jahre auf der politischen Landkarte eher zu verhalten. Heinrich II. hat zur Stabilisierung seiner noch auf ganz schwachen Füßen stehenden Macht in Franken ihm besonders ergebene und loyale Adelssippen, so die Andechs-Meranier ins Land geholt. Sie haben zuerst um das Jahr 1004 als Abkömmlinge eines Arnold I. Graf von Dießen († 1017) oder als Wolfsratshausener Grafen und zugleich als Vorfahren der Andechs-Meranier im Obermaingebiet Fuß gefasst. Die Schwiegertochter Meginhards von Dießen (1011–1070?) etwa, Gisela († 1100), Gemahlin Arnolds II., ist sodann zur Erbin von Burg Ammerthal mit den babenbergischen Landen aufgestiegen. Nach der Gründung des Bistums Bamberg gegen die Interessen Würzburgs hat Heinrich II. dann den Bamberger Dom am 6. Mai 1012 selbst geweiht.

Heinrich II. war längst darangegangen, sein neues Bistum nach ottonischem Vorbild eines Eigenbistums gemäß dem alten ottonischen Reichskirchensystem zu einem Kirchenmusterstaat par excellence auszugestalten. Der König plante auch eigene Kirchenbildungsstätten mit ein. An Haupt und Gliedern gestaltete Heinrich Franken zum straff gelenkten Königsland um. Umso tragischer mutet die Tatsache an, dass das zum Schaden der alten fränkischen Bistümer Würzburg und Eichstätt geschah. Doch Bamberg war politisch das neue „Rom“. Aber das Bistum Würzburg gewährleistete die politische Anbindung der südwestlichen Territorien etwa mit dem Sprengel Heilbronn oder dem Kloster Amorbach an Ostfranken.

Heinrichs Königsumritt

Gleich bei Regierungsantritt hat König Heinrich II. im Rahmen seines Königsumritts eine Art „Inspektion“ seines zukünftigen Herrschaftsraumes unternommen. In Abkehr von den Plänen seines Vorgängers Otto III. zur Schaffung eines christlichen Universalreiches ließ der „letzte Liudolfinger“ Heinrich eine Bullensiegel-Patrize nach dem Vorbild einer Bulle aus den Spätjahren Karls des Großen mit der Umschrift „Renovatio Regni Francorum“ anfertigen. Der monarchische Anspruch wollte den romzentrierten kaiserlichen Universalismus in den Hintergrund stellen und innenpolitisch-kirchenpolitischen Reformen das Wort reden. Das Herrschaftskonzept Heinrichs sah vor, sich an der *kirchenpolitisch* gewichteten und zweihundert Jahre zurückliegenden

Herrschaftslehre eines Kaisers Karl I. zu orientieren. In seiner Ostpolitik hatte Heinrich überhaupt keine Fortune; den guten „Draht“ zu den Slawen, wie ihn die Babenberger bzw. Schweinfurter Markgrafen besaßen, hatte er nicht. In jahrzehntelange Scharmützel mit dem christlichen Polenherzog Boleslaw I. Chrobry verwickelt, räumte Heinrich dann doch den Verlust der Lausitz und der Mark Meißen ein.

Heinrichs Königsumritt startete sogleich nach seiner Krönung und Salbung in Mainz am 6. Juni 1002. Es ging dann nach Reichenau am Bodensee, wo Heinrich seinen Widersacher Hermann II. von Schwaben Ende Juni 1002 militärisch mattsetzte. Von dort aus bereiste er Franken mit seinem geliebten Bamberg, um sich dann in Kirchberg und in Merseburg der Huldigungsrufe durch die Thüringer und „seine“ Sachsen zu versichern. Weiter führte der Umritt zu seiner Pfalz Grone im Sächsischen beim heutigen Göttingen, wo Königin Kunigunde am 10.8.1002 gekrönt wurde (und wo Heinrich am 13. Juli 1024 sterben sollte), dann weiter über Paderborn nach Nimwegen und Utrecht, dem alten fränkischen Bischofssitz Willibrords (658–739). Im Spätsommer 1002 wandte er sich der alten Karlsstadt Aachen zu, um den Winter 1002/1003 in Franken zu verbringen. In Diedenhofen hat Heinrich Mitte Januar 1003 einen Hoftag und eine Synode gehalten.

Kaisertum am Ende der Zeit

Seinem Geburtsdatum, dem 6. Mai, muss Heinrich II. eine höhere Zahlensymbolik beigemessen haben. Eine ganze Reihe von Schenkungen, Stiftungen und Weihen ließ Heinrich auf diesen Tag fallen. Seine Attribute sind Kaiserkrone, Zepter, Kirchenmodell und Lilie. Der damalige Bayernherzog Heinrich IV. hatte im Jahre 999 Kunigunde von Luxemburg geehelicht. Der Volksmund sagt, die Ehe des Herrscherpaares habe sich durch fortwährende „heilige Keuschheit“ ausgezeichnet. Höchstwahrscheinlich blieb die Ehe aber aufgrund einer Krankheit Heinrichs kinderlos. Denn Thietmar von

Merseburg hat der damalige König Heinrich II. anlässlich der Frankfurter Synode Ende 1007 im Geheimen anvertraut, dass der König „Christus“ zu seinem „Erben“ bestimmt habe, weil er „auf Nachkommen ... nicht mehr hoffen konnte“. Die Hypothese von einem Keuschheitsschwur Heinrichs ist auch wissenschaftlich stets erneut falsifiziert worden.

Machtpolitisch hat sich Heinrich II. ganz außerordentlich auf die Kirche gestützt. Wie Kaiser Otto I. sah Heinrich die Einsetzung der Bischöfe (Investitur) als königliches Recht. Die Bischofsmacht wollte er hierarchisch bis in die Klöster hinein verwirklicht wissen. Die Bischöfe hat sodann Heinrich auch immer mehr zu Regierungsgeschäften bemüht. Auch die Reichsabteien unter die bischöfliche Gewalt gestellt zu haben, entfremdete Heinrich II. gegen Ende seiner Regierungszeit vom deutschen Klerus. Dabei hatte sich Heinrich gleich nach Erhalt der Kaiserkrone (14.2.1014) um weitreichende Kirchenreform bemüht. Bei der bedeutsamen Gründung des Bistums Bamberg am 1.10.1007 stand dann auch besonders wiederum der deutsche Episkopat Pate. Die Gründung als Stiftung und reines „Missionsbistum“ brachte Kaiser Heinrich im Jahre 1046 den Beinamen „Der Heilige“ ein. Es handelte sich um ein politisch reichlich risikoträchtiges Unternehmen, zumal das Bistumsgebiet Bamberg noch weite unbesiedelte Landstriche aufwies und der Bevölkerungsteil der Slawen im Bistum noch im Jahre 1059 deutlich zu Buche schlug. Auf die Klostergründungen unter Heinrich II. von Lauffen 1003, eines Prämonstratenserinnenklosters zu Ehren der im gesamten Bistum Würzburg verehrten Heiligen Regiswindis, das Heinrich auf Bitten seiner Gemahlin und des Bischofs Heinrich I. von Würzburg (995–1018) aus Allodialgut bei Kirchheim/Neckar stiftete, und des Augustiner-Chorfrauenstifts Oberstenfeld bei Ludwigsburg 1016 etwa sei hingewiesen. Auch die Klöster „Gottesaue“ und „Odenehim“ in demselben Gebietsraum seien genannt. Dem Benediktinerkloster Lorsch hat Heinrich II. den „Wildbann“ im Odenwald übereignet.

Otto I. der Heilige – eine fränkische Biographie

Der Bamberger Bischof Otto I. (ca. 1060-1139) ist zur hohen Stauferzeit heiliggesprochen worden: Im Jahre 1189, etwa zur gleichen Zeit, als der seiner Herzogtümer verlustig gegangene und aus dem englischen Exil wieder Fuß auf das Festland setzende Slawenbezwinger Heinrich der Löwe in Fulda seinen Frieden mit dem neuen Stauferherrscher Heinrich VI. machte, haben die Missionsarbeit Ottos I. in Pommern neben seiner seelsorgerischen Mildtätigkeit im Hochstift Bamberg Anlass dafür geboten, dem Kirchenmann ein Denkmal zu setzen. Noch heute zelebriert die Diözese Bamberg jährlich sein Kirchenfest am 30. September. Ob die Pommernmission Ottos I. seit 1124 wohl eine Art „Vorbild" für die spätere, von Feuer und Schwert begleitete Ostkolonisation des auch in Neckarfranken (Murrhardt) begüterten Welfenherzogs sein konnte? Nein, denn Otto I. von Bamberg war ein Friedensfürst und ist seitens Herzog Boleslaws III. ins Pommernland gerufen worden. Vierzig Jahre später im Gefolge der sogenannten „Wendenkreuzzüge" ist Heinrich der Löwe dann zum Lehnsherrn Pommerns aufgestiegen.

Von fränkischer Religiosität

Otto I. von Bamberg, der Heilige, später zu Recht der „Apostel der Pommern" genannt, entstammte einer alten (schwäbischen?) Adelsfamilie und wurde um 1060 in der Grafschaft Bregenz geboren. Seit 1102 von dem drei Jahre später abgesetzten Kaiser Heinrich IV. zum Bischof von Bamberg und zum Kanzler des Reiches berufen, hatte Otto seine geistlichen Studien entweder in dem ganz im Zeichen der cluniazensischen Kirchenreform stehenden Benediktinerkloster Hirsau bei Calw, im Kloster Wilzburg bei Eichstätt oder auch im Kloster Michelsberg bei Bamberg begonnen. Er war dann Hofkaplan und Vertrauter der verwitweten Ungarnkönigin und Kaiserschwester Judith. Otto hat sodann, nachdem er in Regensburg mit der Priesterweihe ausgestattet worden war, von Seiten Kaiser Heinrich IV. die Oberaufsicht über den Speyrer Dombau erhalten. Insgesamt 27 Klostergründungen (!), darunter Langheim und das im Dreißigjährigen Krieg stark zerstörte Benediktinerkloster Michelfeld (1119) bei Auerbach in der heutigen Oberpfalz, hat der beliebte Otto I. ins Werk gesetzt. Es war zu der Zeit, da auch eine zweite Welle des iroschottischen Mönchtums Franken erfasste und es zu weiteren Klostergründungen in Würzburg, Nürnberg und Eichstätt kam.

Ottos „liebster Ruheort“ aber bildete das Kloster auf dem Michelsberg in Bamberg, das auch seine letzte Ruhestätte werden sollte. Das Michaeliskloster am linken Regnitzarm war 1021 gegründet und nach einem Erdbeben von Otto I. in den Jahren von 1117 bis 1121 für die Benediktinermönche in mächtigem Bau ganz neu errichtet worden. Im Jahre 1020 hatte zudem Papst Benedikt VIII. (Theophylactus) die Domstadt besucht. Der Bischof hat daneben auch die 1081 durch Feuer zerstörte Bamberger Domkirche mit dem einzigen deutschen Papstgrab (Suidger von Bamberg als Clemens II., † 1047) aufwendig wiedererrichten lassen, während er St. Stephan (geweiht 1020), St. Jakob (geweiht 1065) und St. Gangolf (geweiht 1063) in der Domstadt baulich fertig stellen ließ. „Sein“ Hochstift hat Otto I. dann auch militärisch und machtpolitisch erheblich arrondiert. Im Frankenwald und im Fränkischen Jura vermochte Bischof Otto den Burgenbau auch als ein Bollwerk gegen Slawen und Böhmen voranzutreiben. 1122 etwa hat er die Burg Gaillenreuth beim heutigen Ebermannstadt erworben. 1139 sollte auch Burg Pottenstein in den Besitz des Bistums Bamberg übergehen. Nach Eberhard I. von Bamberg und Suidger war Otto der dritte Bischof des nördlichen „Roms“. Bambergs großer kirchenpolitischer Konkurrent im Westen blieb das Bistum Würzburg. Die kirchenpolitische Unterstellung des Bamberger Bischofs unter den Erzbischof von Mainz lag dem Würzburger Bischof Heinrich I. Graf von Rothenburg schwer im Magen. Politisch herausragende Würzburger Bischöfe zur Zeit Ottos von

Bamberg waren Eginhard und Gebhard Grafen von Rothenburg und Emicho Graf von Leiningen († 1146).

Erfolgreicher Vermittler in dem hohen Politikum Investiturstreit

Es war zu der Zeit, da seit fünf Jahrzehnten der Investiturstreit zwischen Imperium und Sacerdotium tobte. Historiker unserer Tage haben auch vom Kalten Krieg von Kaisermacht und Papsttum gesprochen. Den Investiturstreit, dessen Gegenstand die Mitwirkung des Kaisers bei der Einsetzung der Bischöfe und Äbte bildete, hatte die cluniazensische Reformbewegung ausgelöst. Frankreich (1104) und England (1107) hatten die Investiturfrage schon gelöst. Bischof Otto stellte den richtigen Mann am richtigen Ort dar. Als kirchlicher *Gewährsmann* des neuen Königs Heinrich V. und mit seiner auf die schrillen päpstlichen Maximalforderungen beruhigend wirkenden Stimme hatte Otto von Bamberg wesentlichen Anteil an den eigentlich nach Würzburg anberaumten kirchenpolitischen Beratungen, die den Investiturstreit im „Wormser Konkordat" September 1122 beilegten. So konnte das Wormser Konkordat, in dem der Kaiser der Kirche kanonische Wahl und freie Bischofsweihe zugestand, am 23. September 1122 feierlich verkündet werden. Angeblich hat Otto der Heilige in seiner Vertragsunterschrift die Bibelworte angefügt: „Otto, Bischof von Bamberg, der Gott gab, was Gottes ist, aber auch dem Kaiser, was der Kaisers ist". Die Heinriche aus dem Hause (des fränkischen) Waiblingen, das Ekkehard von Aura († 1126), der Chronist und Abt des gleichnamigen von Bischof Otto I. von Bamberg gegründeten Benediktinerklosters Aura an der Fränkischen Saale war, zuerst als „Salier" benannte, verstanden sich dann als das „erste deutsche Königshaus". Wenig später im Jahre 1124 ist Bischof Otto I. dann seitens Boleslaws III. (Schiefmund) und mit Billigung des Papstes Calixtus II. mit der kräftezehrenden Pommernmissionierung betraut worden.

Apostel der Pommern

Den neuen Bischofssitz Kammin hat Otto noch vor seinem Tod um das Jahr 1139 geplant und konzipiert, nachdem er erneut und vermutlich mit fränkischen Siedlern um 1128 nach Pommern gereist war. Weitere Kirchen und Ortschaften in Pommern soll Otto von Bamberg gegründet haben. Ob die pommerschen Ortsnamen wie Greifenberg (Gryfice) oder etwa Regenwalde (Resko) tatsächlich nur zufällig mit ostfränkischen Namen wie Greifenstein oder Regensberg und Regenhütte deutliche Ähnlichkeit haben? Noch heute verbinden zu Zeiten Ottos von Bamberg geknüpfte kirchliche Bande das Bistum Bamberg und die polnische Kirche. Das heutige Erzbistum Bamberg (seit 1817) unternimmt auch fortwährend sogenannte „Pfarrfahrten“ nach Polen. Otto von Bamberg soll mit mitgereisten Geistlichen etwa 22.000 heidnische Pommern zum Christentum bekehrt haben. In der Kunstgeschichte ist Otto von Bamberg ikonographisch stets mit Buch und Kirchenmodell als Attributen, die ihn als Gründer des jeweiligen Klosters beziehungsweise der Kirche ausweisen, dargestellt. In der Bamberger Klosterkirche St. Michael künden insgesamt 28 Holztafeln vom Leben und den Legenden des Bamberger Bischofs Otto I. Eine Bäuerin, die den großen Kirchenmann 1124 verspottete, ist bei der Feldarbeit eines plötzlichen Todes verstorben (Tafel 12), und morddurstige Pommern erstarrten im Jahre 1127 beim Anblick des missionierenden Otto (Tafel 19). In seinem Todesjahr 1139 noch hat Otto Todkranke geheilt (Tafel 25). Doch in Wirklichkeit sind ihm etliche Wunderheilungen zugeschrieben worden. Fast achtzigjährig ist Otto I., dessen „Waffe“ das Wort Gottes, und nicht das Schwert darstellte, am 30. 6. 1139 in Bamberg gestorben.

Seine Nachfolger aber haben Ottos politisches Erfolgsrezept eines expandierenden bambergischen Herrschaftskomplexes weiter ausgebaut, so vor allem Bischof Ekbert von Andechs-Meranien, dem beim Aussterben der Grafen von Abenberg um das Jahr 1200 auch deren fränkische Landvogteien (über Bamberg, Kronach, Hallstatt, Banz und Theres) – quasi als ein „Oberamt“ als ein Vorläufer des Burggrafenamtes – anheimfielen. Ekbert von Andechs-Meranien (nach 1173–1237) war von 1203 bis 1237 Bischof von Bamberg und ist der Mitwisserschaft beim sogenannten „Bamberger Königsmord“ vom 21.6.1208 an König Philipp von Schwaben bezichtigt und zwischenzeitlich abgesetzt worden, bis ihn der Papst und der Kaiser rehabilitiert haben. Ekbert von Andechs-Meranien war allein in Verdacht geraten, weil der Bamberger Bischofshof Ekberts den Tatort dieser schlimmen Meucheltat durch Otto von Wittelsbach († 7.3.1209) darstellte. Das leitete aber den Niedergang des Hauses Meranien ein. Otto VIII. war der letzte männliche Sproß des europäischen Herrschergeschlechts Andechs-Meranien und starb 1248 als direkter Neffe des unglücklichen Bischofs Ekbert von Bamberg rechtlos und vogelfrei, nachdem Kronach bereits an Bamberg gefallen war. Heute hat sich ein Bamberger „Schattentheater“ der gespenstischen Szenerie von 1208 angenommen, wobei das „Poltern schwerer Schritte auf der Treppe“ zu vernehmen ist, als „Otto von Wittelsbach hier in der Hofhaltung König Philipp von Schwaben auflauert“. Das Erfolgsrezept einer friedlichen und systematischen Landnahme eines Bischofs Otto von Bamberg im Rahmen planmäßiger Erwerbungen bewährte sich über Generationen: Die oben genannte Elisabeth von Andechs-Meranien († 1273) erbte Bayreuth und Hof und war mit dem hohenzollernschen Burggrafen von Nürnberg Friedrich III. vermählt – zwei wichtige Besitztümer, die den späteren fränkischen Zollernstaat bereichern sollten.

Otto von Bamberg und erste Judenverfolgungen in Franken

Ob Bischof Otto der Heilige bei dem ersten Ritterturnier auf deutschem Boden vor den Toren von Würzburg im Sommer 1127 mit ranghohen Würdenträgern wie den staufischen Herzögen Friedrich und Konrad sowie Kaiser Lothar III. selbst zugegen war? Es war zu der Zeit nach dem ersten Kreuzzug (1096–1099), als schon der Tod vieler „fränkischer“ Kreuzritter zu beklagen war. In der großen Würzburger Bischofschronik ist dieses Kapitel dieser blutigen Auseinandersetzung zwischen Christen und Andersgläubigen des Geschichtsbuches von der Hand des Magister Lorenz Fries „Von grosser teurung, sterben, vnd ainem mechtigen Heerzug, so in das gelobt Land, wider die Haiden beschehen ist" (folio 113v) überschrieben. In seinem theoriebildenden Kompendium „Kolonialismus" will der Konstanzer Historiker Jürgen Osterhammel die christlich-muslimische Konfrontation den „reichsbildenden Eroberungskriegen" zuordnen. Auch die Mission Ottos in Pommern stellt einen Kreuzzug dar, obschon einen unblutigen.

Der erste „wirkliche" Kreuzzug jedoch fand im Sommer 1096 in Rheinfranken und in Ostfranken statt, wo der Mob, angeführt von einem religiösen Fanatiker und Judenhasser namens Emicho Graf von Leiningen († 1117), zuerst unter den jüdischen Gemeinden von Speyer, Worms und Mainz ein Blutbad anrichtete. Wie die ersten Israeliten nach Franken gekommen sind, wird wohl für immer im Dunkel der Geschichte bleiben. Aller Wahrscheinlichkeit nach sind die ersten Juden als Fahrende Händler oder als Tross der römischen Legionen langsam nach Franken „eingesickert". Bischof Otto von Bamberg konnte nicht verhindern, dass der von Emicho gesteuerte Pöbel auch den jüdischen Bewohnern von Bamberg mit Gewalt begegnete, derart, dass Emicho von Leiningen den Juden von Bamberg „mit der Schärfe des Schwertes von der Religion der Liebe" gepredigt haben soll. Angeblich soll der Bischof von Bamberg den Juden nach der an ihnen vollzogenen Taufe im Jahre 1097 die Rückkehr zum Judentum gewährt haben. Die Größenordnungen dieses hochmittelalterlichen Judenmordes werden mit etwa 5.000 Personen richtig beziffert sein. Bei dem von Emicho Graf von Leiningen verübten Massaker in Worms sind angeblich 800 Israeliten ermordet worden, in Mainz waren 1.000 bis 1.200 jüdische Mordopfer zu beklagen. Das alles geschah ungeachtet eines Erlasses von Kaiser Heinrich IV. († 1106), der die Juden ausdrücklich unter seinen Schutz gestellt hatte.

Insgesamt tobten binnen zweihundert Jahren acht große Verfolgungswellen gegen die abendländischen Juden. [vgl. Allfrey, Anthony: The Goldschmidts, London o.J. (1996), S. 3]. Bei Tumulten nach dem Osterfest im Mai 1241 sind in Frankfurt am Main 180 Juden umgebracht worden. Von der seit Mitte des 11. Jahrhunderts bestehenden jüdischen Gemeinde von Heilbronn mit zwei Synagogen sind im Jahre 1298 annähernd 143 Israeliten ermordet worden. Auch die Würzburger Bischofschronik hat das traurige Kapitel „Judenmord" stets erneut anschaulich bilanziert. Magister Fries hat in seiner Handschrift auch zeichnerisch dargestellt, wie ein Mönch Radulf von einer Kanzel im Freien vor einer in Schwarz gekleideten Menschenmenge Hass und Judenfeindschaft predigt und die Israeliten von Schergen totgeprügelt werden. Magister Lorenz Fries schreibt, bei einer späteren Judenverfolgung sei das Vorhaben der marodierenden Judenhäscher, Würzburg einzunehmen, daran gescheitert, indem „die Bürger von Würzburg ihre Juden selbst geplündert und geschatzt hatten" (folio 172r). Aus Heilbronn und anderen Orten sind die Juden endgültig um 1440 vertrieben worden. Weitere Judenverfolgungen im Hochstift Bamberg sind aus dem Jahr 1298 dokumentiert. Von einer „Allgemeinen Gesetzmäßigkeit" eines Antisemitismus in Mittelalter und Frühneuzeit, wie es Daniel Jonah Goldhagen postuliert hat – „Antisemitism without Jews was the general rule of the middle ages" – konnte indes jedoch mitnichten die Rede sein.

Süßkind von Trimberg

Die kulturelle Geschichte der Israeliten in Franken ist verhältnismäßig gut erforscht. Süßkind von Trimberg (geb. um 1220), dessen wahrscheinlicher Geburtsort, die Burg Trimberg bei Hammelburg in Unterfranken, an das Bistum Würzburg gefallen war, hat als einziger jüdischer Minnesänger Eingang in die sogenannte Manessische Liederhandschrift gefunden. In jenem Codex Manesse aus dem ganz frühen 14. Jahrhundert ist Süßkind von Trimberg mit dem typischen mittelalterlichen Judenhut in königsblau-violettem höfischem Ornat dargestellt, das ihn als vornehmen Juden enthüllt. Ihm gegenüber ist in dieser farbenprächtigen Illustration mit Bischofsstab und Mitra Otto von Bambergs *Amtsbruder*, der Bischof von Konstanz, vermutlich Eberhard II. von Waldburg, als ein steter Förderer dieser sehr schönen gotischen Buchmalerei zu sehen. In dem voluminösen Werk „Der gelbe Fleck" über frühe Judenverfolgungen im Mittelalter wird die zeitkritische Note des moralisierenden Dichters Süßkind gewürdigt:

„Süßkind von Trimberg aber hatte in diesem sich ritterlich gebenden, nach Minne strebenden weltschmerzlichen Kreis den Ton der Distanz zum Adel eingebracht mit seiner Überlegung: Nur wer aus seinen Handlungen Adliges erkennen läßt, den will er als edel anerkennen. Und er schuf seinen Gesang von der Unüberwindlichkeit allgegenwärtiger Gedanken mit dem ihm eigenen Hauch von Ironie und Selbstironie eines Mannes, der sich mit einer gewissen stolzen Beharrlichkeit in der Rolle des ‚Toren' sieht und damit seinen Abstand zu der Welt des ... Adels sichtbar machen kann". Süßkind „schrieb nieder, wie sinnlos es war, Zugang zu den Fürstenhöfen zu erstreben".

Süßkind von Trimbergs Verse fielen in die sogenannte „Wende" oder auch in den „Nachklang" des Minnegesangs, der mit Walther von der Vogelweide (um 1170 bis um 1230) in der „romanisierenden" Stufe seinen absoluten Höhepunkt sah (1180–1230). Etliche weitere fränkische Poeten und Troubadoure, neben Süßkind von Trimberg und dem aus Vogelweide bei Feuchtwangen gebürtigen Walther auch der auf nichtadlige Abstammung blickende Dichter Konrad von Würzburg (um 1230–1287), haben Zugang zu der erst vom Hochadel, dann auch vom niederen Adel und vom Bürgertum gepflegten Standesdichtung der Manesseschen Liederhandschrift gefunden. Dann darf auch nicht der aus der Nähe von Ansbach gebürtige Wolfram von Eschenbach (um 1170 bis um 1230) vergessen werden, der – als Fahrender Minnesänger („Willehalm") von Landgraf Hermann von Thüringen

(† 1217) protegiert –, einem verarmten fränkischen Ministerialengeschlecht entstammte und dem vielfältige Verbindungen zu den oben bereits erwähnten Grafen von Wertheim nachgesagt wurden. In seinem etwa im zweiten Jahrzehnt des 13. Jahrhunderts entstandenen „Willehalm“ hat Wolfram von Eschenbach auch seine Stimme gegen den religiösen Wahn erhoben. Denn vor dem historischen Hintergrund der schließlich im achten Jahrhunderts scheiternden arabischen Ausbreitung in Frankreich – der historischen Rückeroberung Aquitaniens durch Herzog Wilhelm („Willehalm“, geb. um 745) – fordert das zum Christentum konvertierte Eheweib Willehalms, Gyburc, deren arabischer Name Arabelle ist, vor der Entscheidungsschlacht die Ritter zur Schonung des islamischen Gegners auf.

Die Sprüche des „Süßkind von Trimberg“ neu herauszugeben, ist ein wichtiges Desiderat der deutsch-jüdischen Literaturwissenschaft, wie auch der Eichstätter Hochschullehrer Prof. Rudolf Kilian Weigand betont. Die jüdische Identität Süßkind von Trimbergs ist mittlerweile in der Wissenschaft unbestritten. Der Codex Manesse birgt insgesamt zwölf Sanggedichte von ihm, wobei die Fabel vom Wolf die Zweifel Süßkind von Trimbergs an der irdischen Gerechtigkeit und an der weltlichen Ordnung hervorhebt:

„Ein Wolf viel jaemerlicshen sprach:
Wâ sol ich nû belîben,
Sît ich dur mînes lîbes nâr
Muoz wesen in der âhte?
Darzuo sô bin ich geborn, diu schult, diun ist nicht mîn;
Vil manic man hât guot gemach,
den man siht valscheit trîben
unt guot gewinnen offenbâr
mit sündeclîher trâhte;
der tuot wirser vil, dan ob ich naem ein genslein.
Jân hab ich nicht, des goldes rôt
Zegebene umb mîne spîse,
des muoz ich rouben ûf den lip durch hungers nôt,

der valsch in sîner wîse ist schedelîcher, dan ich,
unt wil unschuldic sîn."

Als Bischof Otto von Bamberg am 15. Juni 1124 die ersten Pommern in Pyritz getauft hatte, und zwar auf religiöser Überzeugungsbasis, wird er gewärtig geworden sein, dass Zwangstaufen, wie sie gegen seinen Willen in Bamberg und anderswo an Juden vorgenommen wurden, kein probates Mittel wirklicher christlicher Missionstätigkeit darstellten. In Bamberg hat der friedfertige und diplomatische Kirchendiener Gottes dann noch den Frieden zwischen Kaiser Lothar III. und den opponierenden Staufern vermitteln können. Dort ist Otto am 30. Juni 1139 gestorben. Der Michelsberger Mönch und Chronist Ebo hat die Lebensgeschichte Ottos 1151–1159 in seiner „Vita Ebonis" aufgezeichnet und zahlreiche Details über das Leben des Bamberger Bischofs geliefert. Otto von Bamberg war ein Mann des Volkes. Er ist der Patron Bambergs noch bis heute.

Der Bischof von Würzburg als Herzog von Franken

Ein ähnliches erfolgreiches Projekt der friedlichen „Sammlung" von Besitztümern hat analog zum Hochstift Bamberg und etwa zeitgleich das Bistum Würzburg „installiert". Nach etwa gleichem Erfolgsrezept wie Otto I. von Bamberg hat der nur von 1198 bis 1202 amtierende Bischof und „Herzog" von Würzburg Konrad von Querfurt seinen Besitz mithilfe des Erwerbs von Burgen und Amtssitzen systematisch zu arrondieren versucht. Der kirchenpolitische und -rechtliche Einfluss des 741 von Bonifatius aus der Taufe gehobenen Bistums Würzburg war außerordentlich stark und reichte geographisch im Norden fast bis an den Zusammenfluss von Fulda und Werra (!), im Südwesten tief ins heutige Badische und Württembergische hinein bis in den Kraichgau, die Löwensteiner Berge, die Hohenloher Ebene, Haller Ebene und

Frickenhofer Höhe bis vor die Tore Stuttgarts. Auch Forchtenberg und Öhringen im Hohenloheschen standen unter der Observanz des Würzburger Bischofs, während etwa das bedeutende Adelsgeschlecht derer Grafen von Seeau sowie die Herren von Geroldseck mit ihrer Stammburg Hohengeroldseck nebst dem Besitztum Sulz am Neckar und dem Kloster Schwarzach zumindest in personaler Verbindung mit dem Bistum Würzburg standen. Die Observanzrechte des bei Rastatt gelegenen Benediktinerklosters Schwarzach zeigten sich ganz besonders kompliziert, wobei die Vogteirechte später (1283) bei den Burggrafen von Nürnberg lagen. Als Untervögte wirkten aber auch die Herren von Geroldseck als Aftervasallen.

Sind Herzogstitel und weitreichende Privilegien in der „Güldenen Freiheit“ von 1168 des Stauferherrschers Friedrich I. mit fränkischem Besitz um Comburg-Rothenburg en détail genannt, so finden wir den Titel eines Herzogs von Franken resp. Würzburg als „dux Franconie“ resp. „hertzog in Francken“ dauerhaft seit September 1446, als Bischof Gottfried IV. Schenk von Limpurg (Amtszeit 1443–1455) als ein Sohn der Elisabeth Gräfin von Hohenlohe-Speckfeld und von Friedrich Schenk von Limpurg († 1414) diesen auch seitens des Bischofs von Rom in der Tat anerkannten Titel „Herzog von Franken“ führte.

4.
Franken unter den Staufern: der Aufstieg der fränkischen Städte

Franken zu Beginn der Regierungszeit Konrads III. (1138): europäisches Herrschaftskleinod an einer Zeitenwende

Sie stammen dynastisch von der Schwäbischen Alb, doch ihr Reichs- und Hausgut lag in Franken konzentriert, und nicht nur die fränkischen Städte Nürnberg, Würzburg und Bamberg verdanken ihnen den urbanen Aufstieg: Die Staufer wählten Franken zum Mittelpunkt ihrer Königsherrschaft, und in einer vom 16. April 1120 datierten Halberstädter Urkunde heißt der spätere König Konrad III. „dux Francorum orientalium". Die „Sammlung" staufischer Besitztümer in Franken geschah mit Hilfe einer weitsichtigen Heirats- und Erwerbspolitik, mittels eingezogener Reichslehen sowie mittels Ankaufs. Schon seit 1063 war Schwanfeld im Süden von Schweinfurt staufischer Besitz. Franken trat in den Mittelpunkt der staufischen „Landsammlung", was unter anderem auch aus dem guten Verhältnis der Stauferfürsten zu den fränkischen Bischöfen und zu der fränkischen Reichsministerialität resultierte. Besonders treue königliche Ergebene entdeckten die Staufer in dem seit dem Jahr 1095 nachgewiesenen Geschlecht derer von Hohenlohe mit ihrem Leopardenwappen. Die staufische Landpolitik gegen die Welfen hatte systematischen Charakter und war von bedachter politischer Besonnenheit. Den bayerischen Nordgau hat Konrad III. dem welfischen Besitz entrissen und an den staufischen Besitz im Dreieck Nürnberg – Eger – Cham „angedockt". Im Südwesten ging Feuchtwangen in staufischen Besitz über, woraus später kein Geringerer als Walther von der Vogelweide ein „Dienstlehen" – das Gut „Vogelweide" mit Burgsitz – empfangen hat. Die Staufer hatten im Rahmen ihrer „sammlungspolitischen" Reichslandpolitik in Franken auch Ansbach, wo sie als Vögte figurierten, in ihren Besitz gebracht und Hand auf das dortige, unter Observanz der Würzburger Bischöfe stehende Gumbertusstift gelegt. Zweifelsfrei bot sich mit Hilfe der staufischen „Reichslandpolitik" unter den Herrschern von Konrad III. bis Friedrich II. eine ganz besonders gute Gelegenheit, Franken im Hinblick auf eine politisch-herrschaftlich-staatliche Einheit zusammenzuschmieden.

Wenige Jahre nach seinem Regierungsantritt hat an dem fränkischen Königshof Forchheim der Stauferkönig Konrad III. 1143 Reichstag abhalten lassen. Der junge König Friedrich Barbarossa hat gleich nach seiner Königswahl 1152 den Würzburger Hoftag abgehalten, um den staufisch-welfischen Konflikt zu entschärfen. Dieser gestaltete sich umso komplexer, weil Friedrich selbst ein Sohn der Welfin Judith war. Mit seinem großen politischen Gegenspieler, Heinrich dem Löwen, stand Friedrich mithin verwandtschaftlich im „Vetternverhältnis". Sein Onkel war der Frankenherzog und 1152 in Bamberg verstorbene König Konrad III. Die Conditio humana des Hochmittelalters mit ihrem gottergebenem Rechtskodex unterstreicht die Geschichte der Treuen Weiber von Weinsberg, die später (1777) der Dichter Gottfried August Bürger mit dem berühmten Satz *Ein Kaiserwort soll man nicht drehn noch deuteln* thematisierte.

Die Weiber von Weinsberg – das fränkische Troja?

Eine weibliche „militärische" Glanzleistung, deren Geschichte bis in unsere Tage weitererzählt worden ist: Nachdem 1138 Bayern den Welfen entrissen worden war, Markgraf Welf VI. (1115–1191) seinen Widerstand gegen die staufischen Widersacher in Süddeutschland fortgesetzt und bereits ein babenbergisches Heer bei Valley an der Mangfall 1140 geschlagen hatte, rüsteten im Spätherbst desselben Jahres staufisch-babenbergische Truppen zur Heerfahrt in Richtung des welfischen „Herzstückes" zu der damals welfischen Reichsburg Weinsberg, die vor dem Jahr 1037 errichtet worden war. Hatten doch die Welfen, deren Besitz von Franken über Schwaben, Bayern, dem Vintschgau, das Inntal bis nach Churrätien reichte, den Plan ins Auge gefasst, ihre Herrschaft über den gesamten vormaligen alamannischen Raum auszudehnen. Schon hatte der aus Bamberg gebürtige König Konrad III. die an Frankens Südwestflanke gelegene Burg Weinsberg mit einem festen Belagerungsring umschlossen, als er am 21. Dezember 1140 ein von Welf VI. herangeführtes Heer in offener Feldschlacht besiegte. Der König hat angeblich den welfischen Mannsbildern den sicheren Tod vor Augen geführt, wohingegen er den Weibsleuten bei Übergabe freien Abzug gewährt haben soll. Diese gelangten jedoch, nachdem ihnen versprochen worden war, alles mitnehmen zu dürfen, was sie zu tragen vermochten, zu der List, ihre Männer auf dem Rücken fortzutragen, um sie so vor dem sicheren Tod zu bewahren. König Konrad III. indes hielt sein Wort, obwohl sein älterer Bruder, Herzog Friedrich II. von Schwaben (1090–1147), diese Weiberlist nicht gelten lassen wollte. Die listigen Frauen haben als „Treue Weiber von Weinsberg“ Einzug in die Geschichte gehalten, die Burg wurde fortan „Weibertreu“ genannt.

Barbarossa privilegiert Franken

Friedrich I. Barbarossa hat 1156 im Würzburger Dom Sankt Kilian geheiratet und sodann in der Kilianstadt auf dem Reichstag von Mai 1165 den Großen des Reiches die Nichtanerkennung des Papstes Alexander III. aufgrund des Schismas von September 1159 (Doppelwahl Alexanders III. und Victors IV. am 7.9.1159) abverlangt. Kaiser Barbarossa übernahm von seinem 1167 verstorbenen Vetter Herzog Friedrich IV. von Rothenburg auch dessen Herzogtum Schwaben und hat den Ausbau der „geschlossenen Königslandschaften“ vor allem in Franken vorangetrieben. Neben der staufischen Territorialpolitik traten als gleichsam neues Herrschaftsinstrument neue Kloster- und Stadtgründungen, mehr Pfalzen und Reichsburgen mit Reichsministerialen. Ob der in der Reichskanzlei dieser Tage neu aufkommende Territorialbegriff „Sacrum Imperium“ als „Attribut“ für „Imperium Romanum“ wohl in (Ost-)Franken kreiert wurde?

Das Geschlecht derer von Pappenheim nahm als Ministerialengeschlecht mit Reichsmarschallwürde seit dem Jahr 1193 eine Schlüsselstellung im fränkischen Adel ein. Die Pappenheimer wirkten als „Reichserbhüter“ bei den Königskrönungen in Aachen mit. Bei der Krönungszeremonie wurde dem Grafen von Pappenheim das Schwert Karls des Großen symbolisch in die Hand gelegt. Das Geschlecht der Pappenheimer, das als „Papinheim im Sualafeld“, wo bereits ein fränkischer Königshof bestand, erstmals 802 urkundlich erwähnt wurde, war über achthundert Jahre auch an sämtlichen Kaiserkrönungen beteiligt. Ihre Burg im Altmühltal wurde um das Jahr 1050 gebaut. Ein Heinrich von Pappenheim (1145–1214) war Reichsmarschall, Diplomat und Heerführer.

Kaisertreu ergeben war auch das südöstlich von Rothenburg begüterte Geschlecht von Gebsattel. Angeblich fiel ein Arno von Gebsattel bei der Belagerung Mailands 1161. Friedrich Barbarossa hat auch das Geschlecht derer von Seckendorff zu Reichsministerialen bestimmt. Die Herren von Seckendorff hatten um Cadolzburg und Emskirchen ihre Besitztümer, wo sie auch in Tauschgeschäften mit den Hohenzollern aktenkundig geworden sind. Die Brüder Friedrich und Heinrich von Seckendorff waren seit Beginn des 13. Jahrhunderts Vögte von Münchaurach sowie Vögte von Emskirchen.

Friedrich I. Barbarossa nahm im Frühjahr 1172 auch das Frauenkloster Schäftersheim bei der hohenloheschen Burg Weikersheim für seinen im August 1167 verstorbenen Vetter Herzog Friedrich IV. von Rothenburg und Schwaben in seinen Schutz und Bann. Dabei handelte es sich um ein Prämonstratenserinnenkloster, das, in unserer Zeit zum Main-Tauber-Kreis gehörend, der mächtigen Würzburger Bischofsobservanz unterstand. Die Staufer unterstützten die Würzburger Bischöfe politisch nicht nur mit der in der „Güldenen Freiheit“ von 1168 festgeschrieben fränkischen Herzogswürde, sondern auch in ihrem „Unabhängigkeitsbestreben“ gegenüber den seit Beginn des 13. Jahrhunderts nicht mehr das Würzburger Burggrafenamt innehabenden Grafen von Henneberg.

Verweilen wir weiterhin noch einen Moment im Prämonstratenserinnenkloster Schäftersheim, wo etwa die Töchter der fränkischen Adelsfamilien von Bebenburg, von Boxberg, der Edelfreien von Dürn, Herren von Hardheim, von Hohenlohe und der mit den Gundelfingern verwandten Edelherren und Grafen von Lobenhausen Aufnahme fanden. Kaiser Friedrich I. Barbarossa war so umsichtig und handelte politisch klug, auch die Aufnahme von Angehörigen der Ministerialengeschlechter – ritterlich lebende Dienstleute – zu erlauben. Später haben auch Angehörige der Rothenburger und Würzburger Rittergeschlechter, zuvorderst die Damen aus der hohenloheschen Ministerialenwelt Einlass in das der Jungfrau Maria geweihte Prämonstratenserinnenkloster gefunden. Schäftersheims Besitzgüter streckten sich über 61 fränkische Orte aus. Das Prämonstratenserinnenkloster war auch Gerichtsherr über Orte wie Sichertshausen und Lindheim im Hohenloheschen. Das Frauenkloster Lochgarten ist angeschlossen worden. „Benachbartes“ Prämonstratenserinnenkloster war auch das in die goldene Stauferepoche fallende und 1202 ins Leben gerufene Kloster „Bruderhartmann“ bei Rot am See, welches der fränkische Adlige Hartmann von Lobdeburg, ein Bruder des Würzburger Bischofs Otto von Lobdeburg (1207–1223), als „Kunigundenzelle“ gründete. Offensichtlich ist das Kloster Bruderhartmann nach 1235 eingegangen, als ruchbar wurde, dass der Sohn des Stifters Hartmann, der damalige Würzburger Bischof Hermann von Lobdeburg (1225–1254), in den aufsehenerregenden Aufstand Heinrichs (VII.) gegen Friedrich II. verwickelt war, weshalb das Geschlecht seinen fränkischen Besitz einbüßte.

Städteblüte unter Konrad III.

Der Aufstieg der fränkischen Städtelandschaft hatte bereits zur Zeit der Regentschaft Konrads III. eingesetzt. Bei den staufischen Städtegründungen dominierte in erster Linie das militärische Motiv. Insgesamt hat sich die Zahl der Städte im Imperium Sacrum Romanum bis zum Ende des 13. Jahrhunderts verzehnfacht (auf 500). Vielfach hatten in der Stauferzeit sogenannte „Klosterstädte“, die bereits im 10. und 11. Jahrhundert das kaiserliche Marktrecht besaßen, das Allgemeine Stadtrecht erhalten. Hier ist etwa an die noch im Hochmittelalter Franken zugeschlagenen Städte Wetzlar, wo später Kaiser Friedrich Barbarossa eine Reichsvogtei errichtete, und Fulda zu denken. Bei den direkt von Stauferherrschern in Franken neugegründeten Städten handelt es sich um Rothenburg ob der Tauber, Feuchtwangen, Dinkelsbühl, Gelnhausen, Lenkersheim, Schweinfurt und um Nürnberg. Auch die „benachbarten“ Andechs-Meranier waren nicht untätig: Nicht minder gehen die ausgefertigten Stadturkunden für Coburg, Berneck, Lichtenfels, Kulmbach und Scheßlitz auf das Konto dieses „Geschlechts der Heiligen und Helden“. Im Verlauf des 13. Jahrhunderts haben dann die staufischen Städte in Franken ihr Gesicht von königlichen Städten zu Reichsstädten gewandelt. Freie Reichsstädte waren Dinkelsbühl, Schweinfurt, Windsheim, Nürnberg als einzige „Großstadt“ in Franken mit „Modellcharakter“, und Weißenburg und Rothenburg. Rothenburg war bereits zu Beginn des 12. Jahrhunderts als „befestigte Stadt“ genannt worden und erlebte während der Regentschaft Konrads III. eine erste Blüte. Im 13. Jahrhundert besaß Rothenburg eine ausgeprägte Verfassung und florierende Wirtschaft.

Wir wissen auch von den jüdischen Gemeinden in Franken, dass sie während der Stauferepoche eine Blütezeit erlebten. In Heilbronn beispielsweise bestand seit 1050 eine bedeutende jüdische Gemeinde. Von einer jüdischen Gemeinde in Bamberg ist in mehreren Reiseberichten des spanischen Juden Benjamin von Tudela zu lesen, in denen von einer „zahlreichen Gemeinde, zu welcher viele Gelehrte und reiche Leute gehören“ die Rede ist. Benjamin von Tudela, auch Benjamin ben Jona aus Tudela, hat Bamberg um die Mitte des

12. Jahrhunderts (1159–1173) mehrfach aufgesucht und war Rabbiner, Reisender und bekannter Schriftsteller (Jüdisches Biographisches Archiv I 131,207-349; IS 19,126-133). Aller Wahrscheinlichkeit nach zählte das „Rom des Nordens" um das Jahr 1200 zu den bedeutendsten jüdischen Gemeinden Deutschlands, wo es auch eine Talmudschule gab. Von den um das Jahr 1200 in Deutschland lebenden ungefähr acht Millionen Einwohnern waren etwa 50.000 Juden (= sechs von tausend). Im Unterschied zu den übrigen Territorien in Deutschland war der Anteil der auf dem Land lebenden Juden in Franken besonders hoch. Von einem wichtigen politischen Ereignis um die Judenpolitik in Franken – explizit um die Stellung der Juden als Gläubiger – wird später die Rede sein.

Burggrafen von Nürnberg
Noch Kaiser Heinrich IV. hatte kurz vor seinem Tod den aus dem niederösterreichischen Raabs an der Thaysa stammenden Gottfried von Raabs (um 1070 bis um 1137) im Jahre 1105 zum Burggrafen von Nürnberg mit dem Titel „Kastellan" ernannt. Gottfried von Raabs konnte verhindern, dass es bei der Belagerung Nürnbergs durch König Lothar von Süpplingenburg im Sommer 1127 zu allzu großen Zerstörungen kam. Einen Nachfahren von ihm, Gottfried III. († nach 1160), sollte Kaiser Friedrich Barbarossa im Jahre 1158 als Vogt von Münchaurach bestätigen. Die älteste Tochter des letzten Burggrafen von Nürnberg aus dem Haus Raabs im Mannesstamm, Sophia von Raabs (um 1170–1218), hat 1184 Friedrich III. Grafen von Zollern geehelicht. Dieser ist aufgrund seiner Verdienste für die Krone seitens des soeben im April 1191 gesalbten Kaisers Heinrich VI. († 1197) im Frühjahr 1191 als Friedrich I. zum Burggrafen von Nürnberg bestimmt worden. Seitdem ist der Name „Hohenzollern" für die fränkischen Zollern in Abgrenzung zu dem schwäbischen Familienzweig gebräuchlich geworden. Sophia von Raabs hat Nürnberg, Cadolzburg, Abenberg und Raabs geerbt. Die Zollern als neue Burggrafen

von Nürnberg haben die staufischen Herrschaftsstrukturen adaptiert und im Rahmen ihres Amtes ihren Landbesitz sukzessive arrondiert. Sie kamen um 1260 in den Besitz von Bayreuth, wo sie die 1248 ausgestorbenen Andechs-Meranier beerbten, sodann 1331 und 1340 haben sie Hand auf Ansbach und Kulmbach mit der Plassenburg gelegt, woraus die hohenzollernschen Markgraftümer hervorgegangen sind. Wenige Jahre später im Jahre 1363 hat Kaiser Karl IV. die Hohenzollern in den Fürstenstand erhoben. Später sollte der sogenannte „Zollernstaat" im Nordosten von Naila und Hof (Erbschaft) bis tief in den Südwesten von Feuchtwangen (Pfändung) und Crailsheim (Kauf) reichen. Einen der hohenzollernschen Vorposten nach Westen bildete die mächtige Burganlage Colmberg über dem Altmühltal, die niemals eingenommen werden konnte. Schon 1273 hat das Haus Habsburg den Hohenzollern das kaiserliche Landgericht verliehen. Mit dieser Verleihung der „comicia burggravie" wollte sich der neue König Rudolf von Habsburg für die tatkräftige Unterstützung seiner Königswahl durch Burggraf Friedrich III. bedanken.

Kaiser Friedrichs II. von Hohenstaufen ausgestellter Großer Freiheitsbrief für Nürnberg vom 8.11.1219 mit seinen wirtschaftlichen Privilegien wie den Zollfreiheiten hat den Dualismus zwischen Burg (Noris) und späterer Reichsstadt nur noch forciert. Wir möchten daran erinnern, dass Nürnberg zu dieser Zeit königliche Stadt ohne Selbstverwaltung war. Später blieb der Nürnberger Rat von 1285 als Rechtsinstitut und späteres Patriziat bis zum Ende des alten Reiches bestehen. Die Nürnberger Kaufleute unterstanden gerichtlich nur noch ihrem Kaiser (§ 1). Im Jahre 1422 hat die Reichsstadt Nürnberg die alte Kaiserburg erworben und 1427 weitere burggräfliche Rechte nebst dem Forstamt im Reichswald.

Ursprünglich erstreckte sich das Burggrafenamt auch auf das eines militärischen Befehlshabers einer befestigten Stadt. Der Burggraf („Burggrav", „Bourgrave", „burgravius" latinisiert) übte die hohe und niedere Gerichtsbarkeit aus sowie die Gerichtsbarkeit über Maße und Gewichte, Nahrungsmittel und über die Marktpolizei. Dem Burggrafen „ze Nurenberg“ oblag ursprünglich auch die Zoll- und Brückenaufsicht. Kennzeichnend für die Burggrafschaft Nürnberg bleibt indes die Tatsache, dass bis zum ersten Jahrzehnt des 15. Jahrhunderts keine korporativ auftretende landständische Repräsentation in der Burggrafschaft Nürnberg vorhanden war. Nachweislich sind erst im Jahre 1414 Landstände in der Burggrafschaft in Übereinkünfte mit einbezogen worden. Zu Recht ist auch davon gesprochen worden, dass sich der hohenzollernsche Herrschaftsstil am Ende des 14. Jahrhunderts von „der Vorstellung einer im Irdischen verwirklichten religiösen Heilsordnung zur diesseitig rational begründeten ‚staatlichen' Ordnung spürbar gewandelt“ hatte [Otto Spälter: Frühe Etappen der Zollern, S. 634]. Nach dem Tode Burggraf Friedrichs V. 1398 war das fränkische Haus Hohenzollern in die Geschlechterlinien Markgraftum Kulmbach und Markgraftum Ansbach aufgesplittert.

Die Burggrafen von Nürnberg haben durch Kauf im Jahre 1331 Ansbach und durch Pfändung im Jahre 1338 Kulmbach erworben, woraus die beiden fränkischen Markgraftümer Brandenburg-Ansbach und Brandenburg-Kulmbach entstanden. Nürnberg lag trennend zwischen ihnen. Die Städte Ansbach und Kulmbach waren seit dem Jahr 1456 beziehungsweise seit dem Jahr 1398 Regierungssitze. Der Begriff „Markgraftümer“ für die fränkischen Fürstentümer Bayreuth und Ansbach war nach der Verleihung der Kurwürde an Friedrich VI. von Hohenzollern und dessen Belehnung mit der Mark Brandenburg im Jahre 1415 gebräuchlich geworden. Friedrich VI. beziehungsweise Friedrich I. Kurfürst von Brandenburg war außerdem Markgraf von Ansbach und nach dem Tod seines Bruders Johann III. im Jahre 1420 auch Markgraf von Kulmbach. Hier in dem „Land oberhalb des Gebirgs“ mit der Hauptstadt Kulmbach und in dem „Land unterhalb des Gebirgs“ mit der Hauptstadt Ansbach hat bis zum Übergang Frankens an Bayern gegen Ende des alten Reiches eine hohenzollernsche Sekundogenitur bestanden. Halten wir fest, dass fast bis in unsere Gegenwart das Geschlecht der Hohenzollern die politischen Geschicke von Deutschland ganz entscheidend geprägt hat.

Von Friedrich II. von Hohenstaufen bis zum Untergang der Staufer: Burgenbau, Fehden und Frankens verfassungsgeschichtliche Entwicklung 1210–1268

Die Staufer haben neben dem Städtebau dem fränkischen Burgenbau kräftige Impulse verliehen. Auch die Anfänge der heutigen gewaltigen Festungsanlage der Veste Coburg fallen in die Stauferzeit. Ebenfalls geht die Burg Geiersberg bei Seßlach, dem „Oberfränkischen Rothenburg", jetzt Schloss Geiersberg, erwähnt 1154, auf staufische Initiative zurück. Bei Gundelheim am Neckar blickt die ehemalige Stauferburg Guttenburg wuchtig über die Neckarlandschaft. Hohenlohe trägt auch den Beinamen „Schlösser- und Burgenland". In der Wetterau hatten die Staufer ein wahres Burgensystem anlegen lassen. Hier ist etwa zwischen 1152 und 1174 die Burg Münzenberg zur Sicherung der staufischen Güter in annähernd zehnjähriger Bauzeit entstanden. Die Burg mit dem schönen romanischen Palas und der kunsthistorisch typisch staufischen, außen mit Buckelquadern verkleideten inneren Ringmauer ist sodann bei den schweren Kämpfen zwischen Staufern und dem Gegenkönig Heinrich Raspe 1246 bis 1254 stark beschädigt worden. Bereits vor der Zeit des sogenannten „Interregnums" (1253 bis 1273) darf auch in Franken von bürgerkriegsähnlichen Zuständen gesprochen werden. Im August 1246 hat Heinrich Raspe seinen staufischen Widersacher Konrad IV. in der Schlacht bei Frankfurt besiegt. Das Geschlecht der Münzenberger, das die Burg bewirtschaftete, ist im Mannesstamm bereits 1255 ausgestorben. Die Münzenberger teilten ihr Schicksal mit den Staufern, die die Wetterau zu einem Reichsterritorium arrondieren wollten. Stattdessen kam es zu einer schwindenden zentralen Reichsgewalt.

Wimpfen und Nürnberg als des Reiches Herrlichkeit
Den Niedergang staufischer Macht sollten auch Reichsstädte wie Wimpfen und Nürnberg zu spüren bekommen. In Wimpfen ist die um das Jahr 1200 auf einem Bergrücken in Richtung Kraichgau errichtete Stauferpfalz die größte erhaltene Kaiserpfalz nördlich der Alpen. Ihr wuchtiger Westturm als Bergfried mit einer Höhe von 58 Metern ist militärisch als „Feldherrnhügel" bis in das 20. Jahrhundert genutzt worden. 1182 soll sich Kaiser Barbarossa in Wimpfen aufgehalten haben. Hier hielt Kaiser Heinrich VI. mindestens dreimal Hof, und Friedrich II. von Hohenstaufen bereiste achtmal den Ort, an dem sich zuerst seit dem Jahr 500 fränkische Siedler niedergelassen hatten. Hier ist in jenem historischen Treffen im Jahre 1235 Kaiser Friedrich II. mit seinem ungehorsamen Sohn Heinrich (VII.) zusammengekommen, um den Empörer abzusetzen und ihn anschließend in Apulien dauerhaft in Gewahrsam nehmen zu lassen. Das Stadtsiegel von Wimpfen aus dem Jahr 1250 zeigt auch mit seiner Umschrift „REGIA WIMPINA GERIT HAEC VICTRICIA SIGNA" – „Das königliche Wimpfen führt dieses siegreiche Zeichen" den ganzen Bürgerstolz der Wimpfener: das gotische Wappen ist mit dem Reichsadler, im Schnabel der Schlüssel der Reichsstadt, blasoniert. Mit dem Ende der Stauferzeit war auch die Stadt Wimpfen vor schwere Bewährungsproben gestellt. Die Herren von Weinsberg als auch die Bischöfe von Worms, ihnen voran Richard von Daun (1147–1157), wollten versichert sein, den Stadtschlüssel der seit 1300 Freien Reichsstadt jeweils in ihren Händen halten zu dürfen.

Das aufstrebende Bürgertum der Freien Reichsstadt Wimpfen hat dann eine Ratsverfassung verabschiedet, die verfassungsgeschichtlich Vorbildcharakter einnahm. Einer vergleichbar ähnlichen Entwicklung sah sich die Reichsstadt Nürnberg konfrontiert. Die Norisstadt ist in einer vom 16. Juli 1050 datierten Urkunde Kaiser Heinrichs III. erstmals erwähnt worden, als die unfreie Magd „Sigena" ihre Freiheit zurückerhielt. Damals soll Heinrich III., der auch Herzog von Bayern und Schwaben sowie König von Burgund war, der freiheitsliebenden Magd in einem als Vertragsgeste geltenden *Schatzwurf* symbolisch einen Pfennig aus der zarten Weiberhand geschlagen haben. Die Stadt, die unter den Staufern wirtschaftlich und kulturell so aufblühen sollte, wurde zu Füßen der altehrwürdigen Sandsteinfelsenburg auf „Reichs- und Königsland“ gegründet. So gilt der fünfeckige Bergfried der Burg von 1040 als das älteste Baudenkmal der Stadt. Wir wissen auch, dass bei der Belagerung der Stadt durch Lothar von Süpplingenburg 1127 und bei der Einnahme der Stauferburg 1130 Teile der Siedlung zerstört wurden. Offensichtlich wurde der südlich der Pegnitz gelegene Siedlungsteil „Lorenz“ mit der Brunnen- und Frauengasse erst seit der Mitte des 12. Jahrhunderts baulich erschlossen. Das Ende der Stauferzeit und das darauffolgende Interregnum bescherten der „Noris“ schwere Zeiten. Allerdings fallen in diesen Zeitraum Ansätze zu einer politischen Selbstverwaltung. Ein Patriziat ist indessen für das Jahr 1256 erstmals urkundlich belegt.

Verfassungsgeschichtlich gilt als ein wichtiges fränkisches Charakteristikum, dass zahlreiche staufische Städte seit etwa dem Jahr 1250 erst zu Königsstädten, sodann zu Reichsstädten mit weitreichenden Wirtschaftsprivilegien und politischen Freiheiten aufgestiegen sind. 1256 derweil schloss sich Nürnberg dem Rheinischen Städtebund an. Das war zu der Zeit, da auch erstmals Mauern und Stadttore Nürnbergs erwähnt wurden. Im 14. Jahrhundert hat die „Noris“ dann als Freie Reichsstadt bereits den Status einer bis zum Ende des alten Reiches fortlebenden Stadtrepublik erreicht, die politisch wie rechtlich nur dem Kaiser unterstand. Konnte sich doch die Bürgerschaft 1355 von den Burggrafen reichsunmittelbar machen. In der Reichsstadt Nürnberg wurden auch die Reichskleinodien aufbewahrt. Als die Staufer im Gefolge tragischer politischer Verhältnisse die Geschicke des Reiches nicht mehr führen konnten, war die mächtige Umwallung Nürnbergs realisiert. Die lange Abwesenheit der Staufer von Deutschland verbunden mit päpstlichen Sanktionen gegen das Herrschergeschlecht haben zu ungeahnten Handlungsspielräumen der fränkischen Städte wie etwa Nürnberg, Rothenburg, Schweinfurt und Ansbach geführt. Es steht völlig außer Zweifel, dass im Gefolge dieser politischen Entwicklung gerade Nürnberg in der Entfaltung städtischer Selbstverwaltung und Eigenständigkeit nach „außen" in der zweiten Hälfte des 13. Jahrhunderts deutliche Fortschritte machte. Im Sommer 1208 hat schon der letzte auf deutschem Boden geborene Stauferherrscher Philipp von Schwaben in Bamberg nach einem Attentat sein Leben lassen müssen. Der letzte Staufer, Konradin, wurde am 25.3.1252 auf Burg Wolfstein bei Landshut geboren. Im „eigenen" Land von seinen Vasallen bekriegt, waren Konradin lediglich noch das erblich gewordene Rothenburg und geringer welfischer Besitz in Franken verblieben.

Italien – fränkisches Blut für die staufische Reichsidee

In Italien kämpften Konradin († 1268) und Manfred († 1266) gegen Kurie und das Haus Anjou. Das Ende der Staufer in Italien: An der Seite der mit Konradin in Neapel Ende Oktober 1268 auf Befehl Karls von Anjou enthaupteten Ritter – „nebst zehn andern edeln", erzählt der Regestentext – war auch der fränkische Edle Friedrich von Hurnheim. Und als Manfred 1266 in Süditalien bei Benevent gegen die Truppen Karls von Anjou focht, stritten an der Seite von Manfreds Sarazenen etwa 1.400 „fränkische" Söldner. Fast zeitgleich (8.8.1266) fand im fernen Deutschland beim mainfränkischen Sulzfeld die sogenannte „Cyriakusschlacht" als „eine der großen Reiterschlachten des Mittelalters" zwischen dem vom Papst bestätigten Würzburger Bischof Poppo III. von Trimberg († 1271) und dem Gegenbischof Berthold I. Graf von Henneberg († 1311 oder 1312) statt. Tatsächlich war Deutschland am Kampf der letzten Staufer nur noch aus der Ferne beteiligt und ging längst andere Wege. „Davon noch allen diutschen vürsten eiset" – „die Furcht wird noch allen deutschen Fürsten in die Glieder fahren". Manfred von Sizilien, Sohn Kaiser Friedrich II. aus dritter Ehe, ist in der Schlacht von Benevent

1266 gefallen. Seine Ehefrau Helena von Epiros († 1271) und ihre vier Kinder sind auf der Flucht verraten worden und haben, mit Ausnahme von Beatrix († etwa 1306), die im Jahre 1284 im Gefangenenaustausch freigekommen ist, das Licht der Freiheit nicht wieder erblickt. Offensichtlich wurde von deutscher Seite nicht einmal ein Versuch unternommen, die Gefangenen von Castel del Monte, dem einstigen Jagdschloss Friedrichs II., „loszueisen".

Der Burgenbau in Franken hält an

Wir stehen zeitlich schon am Ende der Stauferzeit und des Interregnums. Wer aber gab am Ende von „Des Reiches Herrlichkeit" in Franken politisch weiterhin den Ton an? Ungeachtet dessen, dass auch unter den Habsburger und Luxemburger Königen und Kaisern das „Herzogtum Franken" nach altehrwürdiger Tradition als „königsnahe Region" zum Königtum des Heiligen Römischen Reiches stand, blieb der fränkische Fürstenstand mit den drei fränkischen Bischöfen, dem Abt von Fulda sowie später den hohenzollernschen Markgrafen politisch federführend. Angeblich soll nach dem Ende der staufischen Kaiserherrschaft der Würzburger Bischof Andreas von Gundelfingen (1303–1314), der Amtsvorgänger Godfrieds Graf von Hohenlohe (1314–1322), als erster wieder den Titel eines „Herzogs von Franken" getragen haben. Dahinter traten die Grafen und Herren von Castell, Henneberg, Hohenlohe, Rieneck und Wertheim jetzt deutlich zurück. Der Grafen- und Herrenstand in Franken hat aber noch einmal gegen Ende des 13. Jahrhunderts dem fränkischen Burgenbau neue Impulse gegeben, wobei von der Adelsvielfalt in der fränkischen Kulturlandschaft noch heute viele alte Adelssitze künden. Die kleine Burganlage der Herren von Dachstetten bei Bieberbach existierte schon einige wenige Jahrzehnte, als die auf einer Landzunge oberhalb des Flusses Schmerach bei Heilbronn gelegene Burg Klingenfels von den Herren von Klingenfels (auch Clingenfels) vor dem Jahr 1350 erbaut wurde und Jahre später als „hohenlohesches Lehen" bestand. Jüngeren Datums dagegen ist die im Auftrag Kaiser Karls IV. um 1360 erbaute Burg Hollenberg bei Bayreuth, die der Erweiterung des Luxemburger „Stützpunktsystems“ von Prag nach Frankfurt am Main diente und von den Herren von Pfersfeld bewirtschaftet ist.

Vollständige Rätsel gibt die nur noch wenige bauliche Spuren hinterlassende, vormals in den Ausmaßen gewaltige Burganlage bei Haidhof im Trubachtal, der sogenannte „Burgstall auf der Flöß“ auf. Ob die einstige 130 Meter lange Gebäudekette aus staufischer Zeit stammt? Eine Zugbrücke, deren behauener „Brückenkopf“ noch heute gut erkennbar ist, verband auf dem nach Südosten gefährlich schmal zulaufenden Felsrücken die einen weiten Blick ins Land bietende Hauptburg mit der noch rechteckige Mauerreste (eines Bergfrieds?) aufweisenden und mehr als 100 Meter langen „Vorburg“. Um eine Vorstellung von der für Franken typischen hohen „Burgendichte“ zu vermitteln, sei erwähnt, dass hier im malerischen Trubachtal allein 22 Burgen, Schlösser und kleinere Herrensitze nachgewiesen sind. Von der unten schon genannten Burg Leienfels ist ein Seibot I. von Egloffstein (1285–1332) als Erbauer genannt. Die Burg „Lewenfels“ – Löwenfelsen – gehörte den Herren von Egloffstein und zählt zur Gruppe junger Burgen. Ein besonders streitbarer Enkel Seibots I., Götz von Egloffstein (1360–1383), schwor den Unbill des Bamberger Bischofs herauf und musste sich verpflichten, mit seiner Burg „Lewenfels“ zu „gewarten“: mit den militärischen Kräften künftig vorsichtiger umzugehen. Schon im Jahre 1260 haben die Bamberger Bischöfe ihre politische Macht arrondieren können, als sie nach dem „meranischen Erbfolgekrieg“ die Giechburg zu Lehen erhielten. Doch insgesamt haben die Bamberger Bischöfe ihre territorialen Ansprüche auf das Erbe der Andechs-Meranier stark herabsetzen müssen: Denn im Langenstadter Spruch vom 14.12.1260, einem herausragenden politischen Schiedsspruch in der Geschichte Frankens, in welchem das Andechs-Meranische Gut aufgeteilt wurde, erhielten die Schwestern des letzten Andechs-Meraniers im Mannesstamm, Otto VIII. († 19.6.1248), große Gebietsteile, während der Bischof von Bamberg seiner Hoffnungen beraubt wurde.

Die fränkische Städtelandschaft ändert ihr Gesicht

In dieser nachstaufischen Epoche aber ist auch die fränkische Städtelandschaft so weit entwickelt, dass die für Franken typische hohe Städtedichte schon vorgezeichnet ist. Neben den Staufern haben auch die drei fränkischen Bistümer Würzburg, Bamberg und Eichstätt sowie die Abtei Fulda mit Federkiel „Stadtplanung auf dem Reißbrett" betrieben. Salzungen und Hammelburg etwa verdanken den Fuldaer Mönchen ihre Stadtgründung. Der Stadtplanung auf Pergament mit Meßstab, Ritzmesser und Zirkel haben auch die fränkischen Bistümer forciert und Hand an Axt, Beitel, Bohrer und Dechsel legen lassen. Um den Vorrat für Baumaterialien flächendeckend zu gewährleisten und Fremdschlag zu verbieten, verordneten die Bischöfe für die fränkischen Wälder die Bauholzgerechtsame. Nehmen wir eine Periodisierung von fränkischen Städtegründungen vor, so hatten die Würzburger Bischöfe bis zum Jahre 1254, dem eigentlichen Ende der Stauferherrschaft mit dem Tod Konrads IV. (21. Mai), die Städte Mellrichstadt, Neustadt an der Saale, Haßfurt, Windsheim und die Kilianstadt selbst gegründet. In nachstaufischer Zeit haben dann noch die Orte Bischofsheim, Iphofen und Ochsenfurt sowie Fladungen, Seßlach, Ebern, Eltmann, Gerolzhofen, Arnstein und Homburg vor der Höhe den Würzburger Bischöfen das Stadtrecht zu verdanken. Die Bischöfe von Bamberg waren indes städtepolitisch stark nach Osten orientiert und haben den Stadtoberen von Weismain, Stadtsteinach und Kronach sowie bis zum Jahre 1347 den Stadtoberen von Burgkunstadt, Kupferberg, Pottenstein und Herzogenaurach die Stadtschlüssel in die Hand gegeben. Die Bischöfe von Eichstätt unterdessen haben die Städte Spalt, Abenberg, Greding, Herrieden und Ornbau gegründet, und auf das Konto der Mainzer Erzbischöfe gehen die fränkischen Städtegründungen von Miltenberg, Klingenberg und Wörth. Anders als in Bayern, wo wenige Städte, dafür umso mehr Orte mit Marktrecht das Landschaftsbild prägten, setzte in Franken stärker die Stadt die herrschaftlichen und die wirtschaftspolitischen Akzente.

Als älteste Gründung in Tauberfranken trat das politisch und kommunal untrennbar mit dem gleichnamigen Grafengeschlecht verbundene Wertheim bereits im 7./8. Jahrhundert aus dem Dunkel der Geschichte. Zunächst als rechts des Mains gegründetes Kreuzwertheim an der sogenannten „Nibelungenstraße" gelegen, haben die 1142 bezeugten Grafen von Wertheim ihre Stammburg links des Mains errichtet und eine neue Siedlung „Wertheim" ins Leben gerufen, die 1306 Frankfurter Stadtrecht erhielt. Mergentheim als späterer Deutschordenshauptsitz (bis 1809) ist erstmals um 1058 urkundlich erwähnt worden, während das bereits erwähnte, von Bonifatius gegründete Tauberbischofsheim noch den alten Einfluss des Erzstifts Mainz unterstrich. Kurios: Tauberbischofsheim und Mainz tragen gleichermaßen das Wagenrad auf rotem Grund in ihrem Wappen. Später sollte das kurmainzische Schloss als Wohn- und Verwaltungssitz der Stadtherren von Tauberbischofsheim dienstbar sein.

Bis gegen Ende des Spätmittelalters ist in Franken ein dichtes Städtenetz entstanden, das sowohl durch einige Dom-, Residenz- und Kaiserstädte als auch durch Reichsstädte – Nürnberg, Rothenburg, Schweinfurt, Windsheim und Weißenburg – und wirtschaftliche Kommunalzentren wie das oberfränkische Hof mit Textilindustrie, Erlangen (Bier) und Schwabach (Goldschlagskunst) gekennzeichnet ist. In der Frühneuzeit sind noch sogenannte „Planstädte" wie Erlangen und Ansbach, wo französische Glaubensflüchtlinge angesiedelt wurden und die planerisch und baugeschichtlich gewachsene Stadtkerne adaptierten, hinzugekommen. Mit Städten wie Bamberg, dem „Rom des Nordens", auf sieben Hügeln gebaut, mit Kaiserdom und Bamberger Reiter und Klein-Venedig an der Regnitz, oder Nürnberg, der „Noris", stammen 36 von Hundert der in unserer Zeit vorzufindenden fränkischen Stadtanlagen aus der Zeit vor 1300, 41 von Hundert sind bis zu dem Jahr 1400 hinzugekommen, während die spätmittelalterlichen und frühneuzeitlichen Gründungen lediglich 23 von Hundert ausmachen.

Ähnlich wie bei der Komplexität der Herrschaftsverhältnisse in Franken trifft der Betrachter hier auf eine sehr heterogene Städtetypisierung: einer „Großstadt" wie Nürnberg mit 25.000 Einwohnern um das Jahr 1500 standen Mittelstädte wie Würzburg und „Kleinstädte" wie das hohenzollernsche Gunzenhausen gegenüber, daneben existierten Ackerbürgerstädte wie Erlangen, Landstädte wie Kitzingen und Ochsenfurt, Residenzstädte wie Kulmbach und Bayreuth, Ansbach und Lohr, Reichsstädte wie Schweinfurt, Windsheim und die unabhängige Reichsstadt Rothenburg ob der Tauber, und auch die „Freien Reichsdörfer" wie Gochsheim, Sennfeld, Sulzbach und Soden belebten das Spektrum der verfassungsrechtlichen „urbanen" Klassifizierung. Auch das „freie Reichsdorf" Kirchheim am Neckar als altes Fränkisches Königsgut hatte ausschließlich dem Kaiser zu gehorchen. Später hat es sich in einem „Freiheitsbrief" mit Privilegien des einstigen fränkischen Reichsdorfes in württembergische Obhut begeben. Auch das 744 erstmals urkundlich erwähnte Dottenheim bei Ansbach war vor dem Jahr 1300 Freies Reichsdorf. Dottenheim ist daraufhin an die Hohenloher gefallen, dann an die Reichsstadt Rothenburg und seit 1525 an die Markgrafschaft Brandenburg-Ansbach.

Wir möchten auch noch die beiden Festungsstädte Forchheim und Kronach hervorheben, die die schwedische Krone während des Dreißigjährigen Krieges nicht einzunehmen vermochte. Aus Rache dafür ist etwa das oberfränkische Heiligenstadt der schwedischen Brandschatzung anheimgefallen. Der Pfalzort Forchheim, wo im 9. Jahrhundert Ludwig der Deutsche und Arnulf von Kärnten wiederholt Hof gehalten hatten, ist seit etwa 1550 mittels eines gewaltigen Bastionsgürtels befestigt worden. Kronach im Frankenwald in der Nähe von Goldkronach, wo im 15. Jahrhundert reichsweit das meiste Gold und Silber zutage gefördert wurde und das um 1340 an die Burggrafen von Nürnberg gefallen war, ist gegen Ende des 17. Jahrhunderts mit einer sternförmigen Bastionsanlage in Fünfeckform, die der Festungsarchitekt Johann Christein um den schon bestehenden Festungsring hatte legen lassen, fortifiziert worden.

Fränkische Wehrkirchen

Einen architektonischen Sonderfall weltweit in der Wehrbaugeschichte stellen die auch Kirchenburgen genannten und geographisch sonst nur noch in Siebenbürgen, Österreich, der Schweiz und in Schwaben anzutreffenden fränkischen Wehrkirchen dar. Im Ansbachischen allein sind Wehrkirchen unter anderem in Auerbach, in Berglein, in Bettenfeld, in Beyerberg, in Buch am Wald, in Burk, in Detwang, in Gebsattel, in Königshofen an der Heide, in Kleinhaslach, in Sachsen, in Steinach an der Ens, in Weißenkirchberg, in Wildenholz, in Wolframs-Eschenbach und in Zwernberg nachweisbar. Da nur Städte das Privileg besaßen, ihre Bürger im Verteidigungsfall mit Hilfe von Mauerringen vor feindlichen Überfällen zu schützen, vermochte die landesherrliche Obrigkeit in der spätmittelalterlichen Fehdewelt nicht zu untersagen, Kirchengüter durch Mauerringe zu schützen. Im Hochmittelalter war zudem vielfach das alte Königsrecht des Mauerbaus an die Bischöfe weitergegeben worden. In Franken suchten Bauern vor allem während der beiden Markgrafenkriege 1448–1452 und 1552–1553 und während des Dreißigjährigen Krieges in den mauerumgebenen Wehrkirchen Schutz. Während zum Beispiel die Ortschaft Effeltrich bei Forchheim im Zweiten Markgrafenkrieg 1552 völlig eingeäschert worden ist, blieb die 1304 und 1433 urkundlich erwähnte Wehrkirche mit ihren Mauerrundtürmen und Schießscharten schier unversehrt.

Von Pestsäulen, Marterln und Sühnekreuzen

In der hohen Zeit der christlichen Mystik während der frühen Stauferherrschaft – im 12. Jahrhundert – sind mit dem Aufstieg des Städtewesens und dem Ausbau der Verkehrsnetze auch die religiösen Wahrzeichen an öffentlichen Straßen aufgekommen. Vermutlich nach dem Vorbild der fränkischen Königspaläste wie des Frankfurter Königshofes mit seiner Saalhofkapelle sind früh an weltlichen als auch geistlichen Höfen sowie an bedeutenden Wegeanlagen überdachte Betgelegenheiten eingerichtet worden. Ursprünglich um das Jahr 1000 in Frankreich als Aufbewahrungsort des Mantels (Capa) des Heiligen Martin von Tours seinen Anfang nehmend, waren kleine Gebetsräume als Kapellen, die kirchenrechtlich nicht den Kirchen gleichgestellt sind, in Franken verbreitet.

Auch Steinkreuze, sogenannte „Sühnekreuze" sind landauf, landab von Ostfranken über Mainfranken bis ins badische und württembergische Franken zu finden. Von einem Steinkreuz in Krausenbechhofen im jetzigen Mittelfranken ist mündlich überliefert, dass sich zwei Bauern zur Reparatur ihrer Pflugeisen in die Gremsdorfer Schmiede begaben. Auf dem Rückweg gerieten sie in heftigen Streit und starben beide an ihren schweren Verletzungen, die sie sich beim Einschlagen mit Pflugmesser und -reute einhandelten. Zum Gedenken an die Toten wurde am dortigen Weiherdamm das Steinkreuz errichtet. Vom sogenannten „Schneiderkreuz" bei Rappenau im Kreis Heilbronn wird von einem tödlichen Ringen zwischen zwei mit Scheren „bewaffneten" Schneidergesellen berichtet. Ebenfalls im Landkreis Heilbronn steht an einer Wegkreuzung in Gundelsheim am Kapellweg bei der Wallfahrtskirche „Unsere Liebe Frau vom Nussbaum" ein Steinkreuz. Eine Art „Geleitsmarter" aus dem 13. Jahrhundert ist in Mainfranken bei Modschiedel in der Nähe von Weismain auf altem Andechs-Meranischen „Herrschaftsteil" auszumachen. Hier an der 1419 erstmals urkundlich erwähnten Marter übten die Andechs-Meranier und ihre Rechtsnachfolger, die Truhedinger, das früher königliche (bis 1220) Geleitrecht aus.

Fast durchweg weisen die Steinkreuze auf gewaltsame Auseinandersetzungen hin. Verhältnismäßig selten sind militärische Zusammenstöße auf Steinkreuzen dokumentiert. Vor allem während des 15. und 16. Jahrhunderts ist es immer wieder zu militärischen Konfrontationen zwischen der Reichsstadt Nürnberg einerseits und den beiden fränkischen Markgrafschaften andererseits gekommen. Zwei Steinkreuze bei Heroldsberg erinnern an das Scharmützel vom 22. Oktober 1587, in dessen Verlauf auf dem „Waldstreiff" zwei nürnbergsche Offiziere von markgräflichen Reitern getötet wurden. Viel Sagenhaftes rankt sich auch um die Sühnekreuze. Bei Neudrossenfeld liegt der sogenannte „Amonstein" im Forst Buchleitenholz, der die Pfarreien Drossenfeld und Hutschdorf durchtrennt. Dort haben sich bisweilen merkwürdige Ereignisse zugetragen. Auf dem Stein ist die Inschrift: „hermann aman ligt da begraben 1635" eingemeißelt. Folgen wir dem Volksmund, so hat sich im Gehölz Buchleitenholz Folgendes zugetragen:

Im Jahre 1635 haben die Schweden das Dorf Brücklein geplündert und die Häuser in Brand gesteckt. Nur der Hof des Bauern Hermann Amon stand noch, denn er hatte sich eine mehrere Meter hohe und starke Dornenhecke um den Hof gezaubert. Alle Versuche der Schweden durch die Hecken oder mit ihren Pferden darüber zu setzen, waren vergeblich. Der schwedische Hauptmann, mit allen „Wassern gewaschen", wandte ein wirksames Mittel gegen den Zauber an. Er riss die Hufeisen seines Pferdes herunter und nagelte sie verkehrt darauf. Dann setzte er sich verkehrt auf sein Pferd und ritt gegen die Dornenhecke, die sich auch sofort teilte. Ungehindert konnten die Schweden in Hof und Haus eindringen. Den Zaubermeister Amon fanden sie in der Scheune im Stroh. Sie banden ihn an einen Pferdeschweif und schleiften ihn zum Buchleitenholz, wo sie ihn über einen großen Ameisenhaufen mit dem Kopf nach unten an einem Baum aufhängten. Endlich fanden Bauern den grausam zu Tode Gebrachten, die ihm den Malstein setzten.

Sühnekreuze sind in ganz Deutschland, Österreich, in der Schweiz, Elsass und Lothringen, Polen, Belgien und den Niederlanden und in der Tschechischen Republik nachweisbar, aber in einer Dichtekonzentration wie in Franken an keinem Ort vorhanden.

Marterln finden sich vor allem an historischen „Unglücksorten" und sind Erinnerungsmale. Zu Recht ist von diesen auch Bildstöcke genannten Marterln als von einer „Signatur der fränkischen Landschaft" gesprochen worden. Bildstöcke finden sich vor allem in Franken, Schwaben und in den Alpenländern. Ebenso wie bei den Sühnekreuzen als auch bei den unten noch zu beschreibenden Pestsäulen und Schalensteinen handelt es sich bei den Bildstöcken um ein medienkulturelles Phänomen. Im Verlauf des von mystischer Religiosität erschütterten 13. Jahrhunderts hatte die Volksfrömmigkeit – auch unter dem Einfluss der Bettelorden – einen starken Zug zur individuellen Verinnerlichung, zum Persönlichen und zum abgebildeten Ereignis erhalten. Es handelt sich um eine religions- und mystikgeschichtliche Entwicklung, die in einer Epoche großer politischer Unsicherheit und weittragender gesellschaftlicher Umbrüche zeitlich mit dem Zusammenbruch der hohenstaufischen Reichslandpolitik zusammenfällt.

Ab der Mitte des 14. Jahrhunderts fegten todbringende Pestwellen über ganz Franken hinweg. Im mainfränkischen Ipsheim am Forst Hoheneck, wo die hohenzollernschen Burggrafen an der Seite der von Seckendorff das „Hausrecht" ausübten, wütete die Seuche vor allem in den Jahren 1347 bis 1351 und 1601 und 1627. In Heilbronn klopfte der Schwarze Tod von 1348 bis 1350 an die Stadttore und drückte die Bevölkerungszahlen drastisch nach unten. Vielfach sind seitens der Räte die Juden für das Auftreten der Pest verantwortlich gemacht worden. In der Reichsstadt Hall verbrannte der aufgebrachte Pöbel im Frühjahr 1349 in einem auf dem dortigen Rosenbühl stehenden Turm die zusammengetriebenen Juden, weshalb der neue Römische König Karl IV. der Stadt eine Geldstrafe von achthundert Gulden aufbürdete. Aus verinnerlichtem Dank für „glimpflich" verlaufende Pestepidemien wurden dann in Franken früh, in Österreich später – seit 1560

– die Pestsäulen als Votivtafeln eingeführt. Bei Rotmannsthal im Fränkischen Jura steht eine sehr alte Pestsäule, von der behauptet wird, dass den Dahinsiechenden nur bis zu jenem Mal das Essen gebracht werden durfte.

In späteren Jahren sind mittels der Bildstöcke auch weitaus profanere Ereignisse der Nachwelt überliefert worden. An den tragischen Ertrinkungstod eines Mannes namens Erhart Merten und seiner Ehefrau bei Ochsenfurt/Main erinnert folgende Gedenkinschrift: „In Wassernot merten erhart gerat sampt seiner Frau so im ehlichen stand gesessen ertrinken zugleich baide erbermlich gefunden bey ochsenfurt alda sie sich in die arme geschlossen iren geist aufgeben. Got der Her verleyhe inen das ewig leben …“ (1557). Das Netzwerk von religiösen Kultmalen hatte in Franken bis zum Beginn des 17. Jahrhunderts eine Dichte erreicht wie sonst nirgends im Römischen Reich. Landauf, landab finden sich noch heute in Franken zahllose Sühnekreuze, Pestsäulen, Marterln und die verhältnismäßig seltenen, dem Totenkult dienenden Schalensteine – wie der prachtvolle romanische Schalenstein in der Stadtpfarrkirche von Karlstadt mit den stilisierten Mannsköpfen, der noch im 15. Jahrhundert außer Gebrauch genommen ward.

5.
Wirtschaft und Handel im spätmittelalterlichen Franken

Nürnberg – Frankens „Großstadt“ und „Wiege der Technik aus dem Geist der europäischen Völker“

Nürnberg – die wirtschaftlich zugkräftigste Stadt in Franken, die Stadt mit der „politisch-wirtschaftlichen Vorherrschaft“: die Stadt hatte sich am Ausgang des 13. Jahrhunderts von einer stark befestigten Siedlung zu einer Stadt der Kaufleute und Patrizier gewandelt. Handwerk, Handel und Unternehmertum bildeten die Haupteinnahmequellen der Reichsstadt. Nürnberg stieg zur „Großstadt“ von Franken auf. Die „Noris“ war europäisch ausgerichtet. Sie zog großen wirtschaftlichen Nutzen daraus, dass einige ihrer Kaufleute aus dem europäischen Ausland stammten und diese die Auslandsverbindungen, vor allem nach Italien und Nordeuropa, hoch hielten. Das Nürnberger Erfolgsrezept basierte auch darauf, dass der Rat die Kaufmannschaft wirtschaftspolitisch und handelspolitisch nach eigenem Augenmaß gewähren ließ. Im Spätmittelalter wurde die Spruchweisheit „Nürnberger Tand, geht durch alle Land“ in Deutschland und in allen Teilen der damals bekannten Welt sogar zum geflügelten Wort. Später verhinderten Zollverträge etwaige Wettbewerbsnachteile, und in Kriegszeiten schossen Nürnberger Kaufleute Rat und Kommune beachtliche Geldsummen vor. Nach dem Epochenjahr von 1268 kehrte Nürnberg rasch wieder zu seinem politischen Gleichgewicht als „Reichischer Personalverband“ zurück. Von wirtschaftspolitisch hoher Bedeutung für Franken und über seine Grenzen hinaus wurde der Umstand, dass sich im Jahre 1340 unter Kaiser Ludwig dem Bayern die Burggrafen von Nürnberg mit den Reichsstädten Nürnberg und Rothenburg sowie mit den geistlichen Territorien Würzburg, Bamberg, Eichstätt und Fulda sowie den Grafen von Hohenlohe, von Castell und von Henneberg zu einem Landfriedensbund zusammenschlossen. Und trotzdem entstand hochexplosiver politischer Zündstoff: Nachdem noch zu Lebzeiten Kaiser Ludwigs des Bayern der spätere König Karl IV. auf Betreiben von Mainz und Trier zum König gewählt worden war, stand Franken vor einer unmittelbaren militärischen Konfrontation. Denn die Burggrafen von Nürnberg sowie die Grafen von Hohenlohe standen loyal auf Seiten des Wittelsbachers, während die Bischöfe von Bamberg und Würzburg sowie die Schlüsselberger die Partei Karls IV. ergriffen und nur der plötzliche Tod Ludwigs auf der Bärenjagd im Oktober 1347 einen Krieg verhinderte.

Reichsweit glänzte die Noris neben Köln und Augsburg als volkreichste Stadt. Hier hielten Kaiser Ludwig der Bayer und der König von Böhmen und Römische Kaiser Karl IV. gern ihre Hoftage ab. Gleich nach seiner Inthronisation 1323 hielt Ludwig der Bayer Hoftag in Nürnberg, wo er seinen ältesten Sohn Ludwig nach dem Aussterben der Askanier mit der „Mark" belehnte. Brandenburg zählte zu den wirtschaftlich besonders rückständigen Territorien. Auf dem Nürnberger Hoftag im Januar 1356 hat sodann der soeben in Rom zum Kaiser gekrönte Karl IV. die die Stellung der Kurfürsten und die Königswahl und damit auch die Nachfolge des Luxemburger Kaisers regelnde Goldene Bulle – in 23 Artikeln – erlassen. Um die böhmischen Erblande mit den Luxemburger Besitzungen im Westen über das Rhein-Main-Gebiet mit Frankfurt am Main brückenartig zu verbinden, hat Karl IV. Franken früh in seine gedachte „Landbrückenpolitik" als Brückenkopf mit einbezogen. Von Prag über Burg Karlstein, wo jetzt auch die Reichskleinodien aufbewahrt wurden, sollte eine Landbrücke über die zum Landgraftum erhobene Grafschaft Leuchtenberg über Karls „Neuböhmen" mit Sulzbach, Hersbruck, Hilpoltstein, Lauf, Erlangen über die reichsunmittelbare Grafschaft Katzenelnbogen bis zum Herzogtum Luxemburg reichen. Die Würzburger Bischofschronik hat zu der luxemburgischen Landbrückenpolitik zur Zeit des Würzburger Bischofs Albrecht II. von Hohenlohe (1345–1372) den lapidaren Satz geprägt: „Wie etliche Flecken in Francken an die Cron Beheim komen sein“ (folio 283v).

Von der politischen Anbindung Böhmens an den Westen profitierten besonders der Nürnberger Handel und das Handwerk. In der Noris, wo sternförmig zwölf Handelswege in alle Herren Länder zusammenliefen, nennt das erste Handwerksmeisterverzeichnis von 1363 nicht weniger als 60 verschiedene Handwerke mit mehr als 1.200 Meistern. Immer wieder sind neue Verfertigungstechniken von „außen“ nach Franken gelangt. In Schwabach hat sich am Ende des Spätmittelalters das Handwerk des Blattgoldschlagens etabliert. Aufgrund der sehr strengen und restriktiven Nürnberger Handwerksordnungen und wegen des ideal trockenen Klimas im Schwabachkessel sind zahlreiche Blattgoldschläger von der „Noris“ nach dem westlichen Schwabach gezogen. In Erlangen errang die qualitätsorientierte Tuchfabrikation rasch überregionalen Einfluss. Das gleiche gilt für das im Fränkischen Odenwald liegende Michelstadt, wo in der Alten Färberei in der Oberen Pfarrgasse bis in das 20. Jahrhundert Tuche gefärbt wurden.

Entgegen den Verfügungen der Goldenen Bulle mit ihrem Judenregal hat Kaiser Karl IV. im Jahre 1349 das Nürnberger Judenviertel um die jetzige Frauenkirche schleifen lassen und damit die Juden aus dem Wirtschaftsleben in Nürnberg vollständig ausgeschlossen. Die Juden waren bereits im Gefolge des Vierten Laterankonzils von 1215 aus sämtlichen Handwerksberufen verbannt worden und zu Geldverleihern und Krediteuren gestempelt. Von Neuem waren die Nürnberger Juden auch im Jahre 1490 ausdrücklich beruflich vom Gold-, Silber- und Kupferschmelzen ausgeschlossen worden. Im Falle der Familie Nürnberger Familie Goldschmidt durften einzelne Angehörige noch für drei Monate ihrem erlernten Berufshandwerk nachgehen, aber die Fabrikationserzeugnisse nicht verkaufen. Bei den Ausschreitungen gegen die Juden

1347 kamen 562 Menschen ums Leben. Frankfurt am Main jedoch hat seine Tore den Israeliten wieder im Jahre 1360 geöffnet.

Zahllose Aufenthalte Karls IV. neben Nürnberg sind für Sulzbach, Bamberg, Erlangen, Würzburg, Aschaffenburg, Mergentheim, Hall, Heilbronn und Rothenburg o.d.T. bezeugt. Sehr oft benutzte Reisewege Karls führten über Prag nach Burg Karlstein und Sulzbach, Hersbruck, Hohenberg bei Roßtal über Windsheim, Miltenberg, Babenhausen und Frankfurt am Main und Mainz, Ingelheim, Rhens nach der alten Krönungsstadt Aachen. Später jedoch hat sich Karl IV. zuerst 1371 aufgrund der wichtigen Kurstimme der Mark Brandenburg bemächtigt und dafür sein „Neuböhmen", die Oberpfalz als damaligen „Nordgau" mit Sulzbach als Hauptstadt, im Austausch an die Wittelsbacher gegeben. Deshalb hat Karl IV. im Jahre 1373 seine Münzstätte vom „neuböhmischen" Lauf an der Pegnitz in den kleinen Weiler Erlangen, den er 1361 von Bamberg gekauft hatte, verlegt. Später am 29. September 1423 hat ausgerechnet ein Sohn Karls IV., König Sigismund, die Reichskleinodien der Reichsstadt Nürnberg „auf ewige Zeiten, unwiderruflich und unanfechtbar" übereignet. Dort sind in dem 1339 gegründeten Heilig-Geist-Spital von 1423 bis 1796 Reichskrone, Reichskreuz, Heilige Lanze, Reichsschwert, Reichsapfel, Krönungsmantel und Zepter und eine Reihe Reliquiare aufbewahrt worden. Die „Heiltümer" des Reiches sollten auch bis zur Reformation alljährlich auf dem Nürnberger Hauptmarkt in „öffentlicher Weisung" präsentiert werden. Bedeutende Nürnberger Patriziergeschlechter dieser Zeit waren die Behaim von Schwarzbach und Kirchensittenbach, Ebner von Eschenbach, Geuder von Heroldsberg, Gugel von Brand und Diepoltsdorf, Haller von Hallerstein, Holzschuher von Harrlach, Kreß von Kressenstein, Löffelholz von Kolberg, Muffel von Eschenau und Tucher von Simmelsdorf.

Straßenkarte von Erhard Etzlaub

Die Vorreiterrolle Nürnbergs in der Kartographie dokumentiert die Straßenkarte des Nürnberger Kartographen und Landvermessers Erhard Etzlaub von 1492. Im Heiligen Jahr 1500 sollte die Straßenkarte Wallfahrern den Weg nach Rom weisen. Sie wurde von dem berühmten Nürnberger Illuministen, Briefmaler und Zeichner Georg Glockendon († 1515) als ein nach Süden weisendes Kartenwerk in Farbdruck verlegt. Etzlaub hat darin auch Flüsse, politische Grenzen und Rechtsbezirke mit berücksichtigt. Nürnberg reüssiert auf der „Reisekarte" als Zentrum Deutschlands, während Erhard Etzlaub auch mit Meilenangaben „die lantstrassen durch das Romisch reych anzeigt". Auch für den berühmten Astronomen Regiomontanus war Nürnberg die Mitte Europas. Im Jahre 1559 kam eine sogenannte „Meilenscheibe" als Holzschnitt „in den Handel", auf welcher Kaufleute die Entfernungen handelswichtiger Orte nach Nürnberg ablesen konnten. Der Theologe Johannes Cochlaeus (1479-1552) gelangte gar im Jahre 1512 zu einer noch „europatauglicheren" und „europafreundlicheren" geographischen Klassifizierung und Einordnung der „Noris": „Ihrer Lage nach sage ich, erscheint sie nicht nur als die Mitte Deutschlands, sondern auch des ganzen Europas. Sie liegt nämlich gleich weit von der Adria und von der Ostsee, was die Breite Europas ausmacht. Gleich ist auch die Entfernung zum Don und bis Cadiz, mit der man die Länge Europas misst". Die erste Reisekarte Deutschlands ist bei Georg Glockendon zuerst 1501 in der Metropole Frankens verlegt worden. Alle Wege führen sternförmig auf Nürnberg. Allerdings hat das verhältnismäßig gut strukturierte und „fest" ausgebaute fränkische Verkehrsnetz nicht zur politischen Einheit Frankens beigetragen. Zahllose beschlagene Grenzsteine, wie wir sie heute noch partiell in Museen als Exponate vorfinden, so beispielsweise eine in den Städtischen Sammlungen der Stadt Schweinfurt aufbewahrte Grenzmarkierung aus Gelbem Sandstein, die einst Deutschordensbesitz in Münnerstadt von Schweinfurter Territorium trennte, auf der Schweinfurter Seite ein heraldischer Adler, auf Deutschordensseite der eingemeißelte und heute noch im Dialektsprachgebrauch für Münnerstadt übliche Ortsname „T:MVRSTA“, zeugen von der „Zersplitterung“ Frankens.

Gold- und Silberbergbau und Salzgewinnung

Der Silberbergbau, der zuerst in Sachsen (Rammelsberg im Harz) seit 970 nachweisbar ist und den vor allem Kaiser Heinrich II. erfolgreich für seine Politik instrumentalisierte, nahm unter Ludwig dem Bayern und unter Kaiser Karl IV. von neuem einen Aufschwung. Um 1345 nahm auch der Wolkenburger Silberbergbau in fränkisch-böhmischen Grenzgebiet seinen Anfang. Die erste Blütezeit reichte bis 1367. Zwischen Frankenwald und Fichtelgebirge ist zur selben Zeit Kupferberg für den Bergbau erschlossen worden, das einen der wichtigsten Bergbaugebiete Europas darstellte und nicht weniger als 2.000 Bergleute dauerhaft beschäftigte. Um den wirtschaftlichen Wert des Silbers zu veranschaulichen, sei erwähnt, dass 5 kg Silber einem sogenannten „Servitium“, das heißt einer Tageseinheit für die Unterhaltung des königlichen Hofes mit Nahrung und Unterkommen entsprach. In Franken bestand ein solches „Servitium“ aus 40 Schweinen, 7 Frischlingen, 5 Kühen, 50 Hühnern, 50 Eiern, 90 Käsen, 10 Gänsen, 5 Pfund Pfeffer, 10 Pfund Wachs sowie fernerhin 4 Fudern Wein. Während der Regentschaft Ludwigs von Bayern und Karls IV. machte der geschätzte Geldumlauf im Römischen Reich jährlich zwischen 400 und 500 Tonnen Silber aus. Heute an der Magistrale Franken-Sachsen gelegen, hat auch der Bergbauort Freiberg früh besondere Berühmtheit erlangt. Während fränkische und thüringische Siedler um das Jahr 1168 die Silbererzgruben entdeckten, hat der Silberbergbau in Freiberg ab 1353 überragende Bedeutung erhalten.

Auf den Schmelzhütten war vom „Abblicken“ des Silbers die Rede, wenn es sich um vollständig reines Metall handelte.

Es hieß dann bergmännisch: „das Silber blickt ab". Insgesamt begann jedoch auch in Franken seit den 1370er Jahren der Silber- und Goldbergbau zu stagnieren, zumal die Pestwellen die Zahl der Arbeitskräfte dezimierten. Doch zu Beginn des 15. Jahrhunderts kam der fränkische Bergbau wieder in Schwung. Während noch im 11. und 12. Jahrhundert jährlich weniger als 1,5 Tonnen Silber gewonnen wurden, stieg die Produktion europaweit um das Jahr 1450 auf 20 Tonnen. Die Oberpfalz und das Fichtelgebirge stiegen zum „Ruhrgebiet des Mittelalters" auf, Hand auf die Bergwerkssiedlung Goldkronach legten die Burggrafen von Nürnberg seit etwa 1340, wohl wissend von dem reichhaltigen wirtschaftlichen Nutzen des Goldmetalls. Bis zur Frühneuzeit sollte die Kronacher Goldausbeute so weit steigen, dass die brandenburgisch-bayreuthischen Markgrafen einen Golddukaten mit der Umschrift „Aurofonia Goldcronacensis" prägen ließen. Gold wurde sowohl geschürft als auch gewaschen. Das Wort „Gold" war allein sprachlich in aller Munde und sah zahllose Konnotationen.

Als weiteres fränkisches Bergbauprodukt im Spätmittelalter kam das Salz in Betracht. Von Heilbronn, wo schon in der Keltenzeit Solequellen sprudelten, und auch von der alten fränkischen Siedlung Salzungen an der Werra (seit 529), deren Solequellen laut Tacitus im Jahre 58 sogar blutig umkämpft worden waren, ist schon die Rede gewesen. Wie in Salzungen ist in Hall seit der Keltenzeit das weiße Gold zutage gefördert worden. Ist doch bereits im 5. vorchristlichen Jahrhundert eine keltische Saline im heutigen Stadtgebiet von Hall bezeugt. Später ab 1116 traten die Staufer als Salinenbetreiber auf. Wie in Salzungen, Heilbronn (seit 500 v. Chr.) und in Lüneburg wurde das weiße Gold auch in Hall mit Hilfe von Verdampfen der Sole in holzbefeuerten Pfannen gewonnen. Wasserwirtschaftlich konnte Kaiser Ludwig der Bayer die Stadt Heilbronn (seit 1281 verbrieftes Stadtrecht) unterstützen, als er den Stadtvätern 1333 erlaubte, den Neckar „zu wenden und zu keren", um den Fluss unvermittelt an der Salzstadt vorbeizuführen. Auch in dem vom Deutschen Ritterorden politisch dominierten und nahen Offenau ist Salz entdeckt worden. So ist das Offenauer Wappen blasoniert von Reichsapfel und drei Salzwürfeln. Schon 767 erwähnt, stand der Ort früh im Besitz vom fernen Kloster Lorsch. In späteren Jahrhunderten ist im Umfeld von Offenau auch Steinsalz gebrochen worden. Im Unterschied zu den großen Salinen in Lüneburg und in Reichenhall haben die fränkischen Solequellen in erster Linie für den regionalen Wirtschaftsbedarf „gespendet". Gern wird für das „aus Solequellen gewonnenes Salz" auch von „Quellsalz" gesprochen.

Haller Salzhandel

Allerdings konnte der Haller Salzhandel auf eine Ausdehnung bis Würzburg und Frankfurt am Main im Norden, im Süden bis Straßburg und Basel blicken. Niederlassungen beziehungsweise Faktoreien der Haller Sieder lagen in Heilbronn, in Neckarsulm und in Crailsheim. Da die Geschichte der Haller Saline historisch gut dokumentiert ist, möchten wir sie hier etwas ausführlicher behandeln. Der Sage zufolge soll nach frühen keltischen und fränkischen Förderanfängen der Graf von Westheim um das Jahr 800 während einer Hirschjagd die Haller Solequelle wiederentdeckt haben. Das Geschlecht der Herren von Westheim, das bei der fränkischen Landnahme an den Neckar kam, hat der gleichnamigen Ortschaft Neckarwestheim seinen Namen verliehen. Dem 1178 gegründeten Prämonstratenserkloster Adelberg, das unter dem Patronat des staufischen Hauses stand, hat König Philipp von Schwaben um das Jahr 1200 Haller Siedepfannen als „Lehen" vergeben. Bereits Kaiser Friedrich I. hatte 1158 das Bergregal für Salz und Silber in der sogenannten „Roncalischen Konstitution" in Aussicht gestellt. Klöster besaßen zudem eigene Solequellen oder sind vom Landesherrn reichlich mit dem weißen Gold beschenkt worden. Das Benediktinerkloster Lorsch etwa erhielt bereits gegen Ende des 8. Jahrhunderts zwei Solequellen unweit von Ober-Eschbach als Gabe. Die Klöster sind auch seitens reicher Salzsieder mit mildtätigen Zuwendungen bedacht worden, so das im Jahre 1236 gegründete und unter Observanz des Würzburger Bischofs stehende Franziskanerkloster Hall, welches auch eigene „Sieden" in Hall hatte. Auch die Zisterzienser hatten mit der Zisterze Schöntal Besitzanteil an der Haller Saline.

Die Besitzverhältnisse der Saline Hall hatten sich im Zuge der königlichen Lehensvergabe an Siedepfannen bis um das Jahr 1300 derart verändert, dass die königlichen Pfannenanteile stark zurückgefahren waren und Kirche und Bürger (70 %) weitgehende Siedeanteile besaßen. Hall gehörte ausdrücklich zum „Herzogtum Franken" und unterstand kirchlich und gerichtlich dem Würzburger Bischof. Später sind die Herren von Hohenlohe als Landrichter anerkannt worden, doch die kommunale Gerichtsbarkeit galt für alle Bürger von Hall. König Rudolf I. von Habsburg verbriefte Januar 1276 den Haller Bürgern die Befreiung von fremden Gerichten – das Privilegium de non evocando. Die Haller Stadtverfassung musste abermals geändert werden, als aufgrund des Salinenreichtums zu Beginn des 14. Jahrhunderts der missgünstig von den Limpurger Grafen im Süden beobachtete Aufbau eines eigenen Haller Territoriums realisiert wurde. Die „Dienstverträge" der Haller „Salzbuben" – wie die Salzsieder in Hall als auch im Nürnberger Sprachgebrauch hießen – endeten jeweils zum 31. März eines jeden Jahres. Die Besitzrechte an der Haller Saline bildeten sich so aus, dass bereits am Ende des Spätmittelalters die Besieder als „Sülfmeister" längst von den Siedeherren als „Sülzprälaten" Siedeanteile erworben hatten. Zu Beginn des 15. Jahrhunderts war das Recht der Siedenserbleihe entstanden. Zunächst für Jahre, dann auf Lebenszeit und „zu Erb" haben die Besieder des Haller Salzwerks das „Recht der Siedenserbleihe" erhalten. Damit ist das Siederecht des Haller Siedewerks buchstäblich „von Erbe zu Erbe" geflutet.

Der Haller Salzhandel ist trotz des frühen Nachweises der Solequelle erst seit 1037 nachweisbar. Der Salzhandel zur Keltenzeit liegt vollständig in historischer Dunkelheit. Für das 13. und 14. Jahrhundert ist der Haller Salzabsatz in den Klosterorten Adelberg, Esslingen, Denkendorf, Schöntal, Komburg, Gnadental, Lichtenstern, Neresheim, Unterzell, Anhausen, im Stift Backnang sowie in Mergentheim quellenmäßig gesichert. Das Bildarchiv des Historischen Vereins für Württembergisch Franken hat im Stadtarchiv Schwäbisch Hall ein Depositum zu eigen, das eine kolorierte Federzeichnung aus dem 15. Jahrhundert zu dem Gegenstand Transport von Haller Salz auf Pferdegespann birgt. In späteren Jahren – seit der Zeit des Dreißigjährigen Krieges – sind amtliche und uniformierte Salzmesser bedienstet worden, die das Speisesalz in Eichgefäßen abfüllten. Bereits die alte „Haalordnung" von 1385 hatte zwischen Klein- und Großhandel differenziert. Das „Scheibensalz" als Großhandelsgut durfte in Hall nicht verkauft werden: *Welcher von Hall oder der ihren auf dem Land Scheibensalz führt, der soll sie nicht niederlegen noch verkaufen hiezwischen und Öhringen oder in 3 Meilen um und um Hall.* Als „Salzversilberer" galten Stadtbeamte, die den Salzhandel kaufmännisch verwalteten.

Die Grafschaft beziehungsweise das spätere Herzogtum Württemberg (seit 1495) hat sich stets hartnäckig gegen die Einführung des Haller Salzes gesperrt. Gehandelt wurde das Haller Salz in Größenordnungen von Fuder und Tonne. Ein fränkisches Fuder entsprach 168 Kilogramm und bezog sich ursprünglich auf die Salzladung eines zweispännigen Wagens, eine Tonne entsprach regional unterschiedlich etwa 220 Litern, daneben war noch das alte fränkische Hohlmaß Fuder in Umlauf, das 9 Hektoliter betrug. Die Kapazität der Haller Saline ist für das Spätmittelalter auf 20.000 Zentner (= 1.000 t) jährlich berechnet worden. Das ist eine recht „verhaltene" Ausbeute, wenn bedacht wird, dass die Jahreskapazitäten der Salinen Lüneburg und Hall in Tirol um mehr als das Zwanzigfache höher waren. In der Tat hat sich die Salinenkapazität stets am

Absatz des Speise- und Konserviersalzes orientiert. Dieser lag sowohl in Lüneburg, das ganz Skandinavien und Nordrußland mit Salz belieferte, als auch in Hall in Tirol deutlich höher.

In späteren Jahrhunderten – seit 1742 – hat die Saline Hall zu der Fördertechnik der „Luftgradierung" gefunden. Bei der Luftgradierung sammelt sich das Salz, das Sonne und Wind verdunsten lassen, an den im Gradierwerk senkrecht verfüllten Schwarzdornbündeln. Das ist umweltfreundlich, spart Heizkosten und erhöht die Qualität. Auf den Salzhandel selbst hatte der Übergang zur Luftgradierung indes keinen Einfluss: Südlich der Donau und nördlich des Mains – mit zwei Ausnahmen, der Freien Reichsstadt Frankfurt und der Wetterau – bot sich keine Absatzchance für Salz aus Hall.

Ein erbitterter „Wirtschaftskrieg" im Herzen Frankens: 1347 – das Ende der Schlüsselberger und seine wahren Hintergründe

Wir sehen uns in Franken in der ersten Hälfte des 14. Jahrhunderts einer allmählichen Aufweichung des alten Personenverbandsstaats mit der Tendenz zu aufstrebenden Partikulargewalten konfrontiert. Daneben war eine zunehmende Gewaltbereitschaft des niederen Adels zu beobachten. Zudem terrorisierten antijüdische Ausschreitungen, die in der sogenannten „Armlederbewegung" eines Arnold von Uissigheim – jenes „König Armleder" – gipfelten, in den 30er Jahren des 14. Jahrhunderts das Land. Offensichtlich bildeten immer wieder politische und kirchenpolitische Konfrontationen auf hoher Ebene, verbunden mit Rechtsunsicherheiten in der kaiserlichen Zentralgewalt, den Auftakt zu regionalen Judenverfolgungen in Franken, so 1298 im Gefolge der Absetzung König Adolfs von Nassau und 1338 im Zuge der harschen Auseinandersetzungen zwischen Kaiser Ludwig dem Bayern und der Kurie. Ausgangspunkt der Pogrome war im Sommer 1298 wie auch 38 Jahre später beim Armlederaufstand von 1336 das tauberfränkische Röttingen. Bald loderten die Judenverfolgungen im Gefolge einer angeblichen „Hostienschändung“ in ganz Franken auf. In Röttingen, einem kleinen Ort östlich von Mergentheim, sind am 20. April 1298 gleich 21 Juden ermordet worden, in Rothenburg fand sich sodann derselbe Pöbel ein, um unter einem Adligen namens „Rintfleusch“ im Sommer 1298 etwa 450 Juden zu töten. Dass es sich bei jenem „nobilis Rintfleusch“ um einen verarmten Adligen handelte, ist geschichtswissenschaftlich evident. Der Mord- und Schlägerpöbel erreichte dann auch Würzburg, wo am 23. Juli 1298 um 900 Menschen zu Tode gebracht wurden, um dann schließlich am 19. Oktober 1298 vorerst in der jüdischen Gemeinde Heilbronn zu enden. Insgesamt fielen dem grausamen Mob frankenweit annähernd 5.000 Juden zum Opfer. Den Totschlägern, die nicht überall als „Ortsfremde“ auftraten, sollen sich auch „scharenweise vernichtungswillige christliche Einwohner“ angeschlossen haben. Überliefert ist auch, dass der Habsburgerkönig Albrecht I. mit drakonischen Strafen gegen die Judenmörder vorgegangen ist. „Rintfleusch“ und „Armleder“ teilten sich schließlich ihr Schicksal: den beiden Israelitenmördern und Volksaufwieglern nahm sich der Henker an.

Schulden und Geldverfall schüren den fränkischen Judenmord

Wie bei der Armlederbewegung und bei den antijüdischen Ausschreitungen von 1298 gingen auch bei den „von oben“ geduldeten und den Vertrauten Kaiser Ludwigs, Konrad II. von Schlüsselberg, mit in den Mahlstrom der Ereignisse ziehenden Judenverfolgungen von 1347 soziale Konflikte voraus. So ist vor dem Hintergrund der antijüdischen Ressentiments in Franken die dem Judenhass Einhalt gebietende Haltung Konrads von Schlüsselberg zu werten.

Die Herren von Schlüsselberg blickten auf zahlreiche Burgenbauten zwischen Schlüsselfeld, Adelsdorf bis ins östliche Waischenfeld und waren um 1200 in den Besitz von Ebermannstadt gelangt, das sie unter königlicher Protektion

1323 zur Stadt erhoben. Nach 1260 hatte ein Eberhard V. von Schlüsselberg (1243–1284) das der Schmerzreichen Heiligsten Dreifaltigkeit geweihte Kloster Schlüsselau bei Frensdorf gegründet, das bald zur dauerhaften Grablege der Schlüsselberger auserkoren wurde. Konrad I. von Schlüsselberg († 1313) war mit der Nürnberger Burggräfin Liugard verehelicht, was die einst guten Beziehungen der Schlüsselberger zu den hohenzollernschen Burggrafen unterstrich. Die Schlüsselberger saßen auf Burg Neideck.

Die gegenüberliegende Burg Streitberg, die an strategisch wichtiger Stelle an einer Talkehre das Wiesenttal beherrschte, wurde von Dienstmannen der Schlüsselberger bewohnt und war 1120 von einem Walter von Streitberg in Bauauftrag gegeben worden. Seit etwa 1250 mit Besitzanteilen der Schlüsselberger versehen, hatte von Streitberg aus Ulrich V. von Schlüsselberg den Ausbau von Burg Neideck als zukünftigen Stammsitz der Schlüsselberger und einer der größten Burganlagen Frankens überhaupt betrieben. In mancher Schlacht – so auch in der als letzte Ritterschlacht geltenden Schlacht von Mühldorf 1322 gegen Friedrich den Schönen von Habsburg – hatte Konrad II. von Schlüsselberg mit Fortune für seinen Herrn Ludwig den Bayern die Feldzeichen getragen.

Konrad II. von Schlüsselberg (um 1275–1347) ehelichte am 20.10.1330 Agnes (1294–1373), eine Tochter des Grafen Ulrich von Württemberg. Ihr einziger Sohn aus erster Ehe mit Ulrich IV. von Helfenstein hatte eine Beatrix von Schlüsselberg zur Frau. Somit war ein Stiefsohn Konrads II. von Schlüsselberg, nämlich Ulrich XI. von Helfenstein, mit der Tochter Konrads II., Beatrix von Schlüsselberg († 1355) verheiratet. Wir können mithin von einer Eheverbindung zwischen Stiefschwester und -bruder reden.

Der Schlüsselberger hatte, entgegen dem seitens der Krone verfolgten und abgesteckten politischen und wirtschaftlichen Kurs, die Juden in seinen Territorien rund um Waischenfeld, Ebermannstadt und Schlüsselfeld unter seinen besonderen Schutz gestellt. Die Juden waren als Geldgeber und Finanziers der Nürnberger Burggrafen in das Visier des machtpolitisch wenig zimperlichen Johann II. (um 1309-1357) von Hohenzollern geraten. Der Burggraf hatte sich, bei seinen jüdischen Gläubigern hochverschuldet, noch an Kaiser Ludwig den Bayern gewandt, der seinerseits auf die militärische Unterstützung durch die hohenzollernschen Burggrafen angewiesen war. Kaiser Ludwig der Bayer soll in Schärding am Inn gleich zu Jahresanfang 1343 den für seine machtpolitischen Interessen wertvollen Burggrafen von Nürnberg all ihre „Judenschulden" erlassen haben. Er erklärte weiterhin die jüdische Bevölkerung für vogelfrei und die jüdischen Wechsel und Schuldscheine für „kraftlos", null und nichtig. Steuerlasten, steigende Brotpreise, Geldverfall und „Judenschulden" beutelten das Land. Auch die territoriale Erwerbspolitik der Würzburger Bischöfe und Burggrafen von Nürnberg hatte ihren Preis: Erst hatte der Würzburger Bischof Otto von Wolfskeel für 3.000 Pfund Heller Anteile von Burg und Stadt Kitzingen für sein Hochstift erworben, während jetzt 1338 Schauenstein-Helmbrechts durch Kauf in zollerische Hände geriet. Johann II. von Hohenzollern, auch „Der Erwerber" genannt, machte zudem die Juden für den Ausbruch der Pest verantwortlich, weswegen der neue Herr von Kulmbach den Israelitenmord auch duldete. Unter den Juden, die Konrad II. in seinen Territorien unter seinen Schutz gestellt hatte, waren auch Gläubiger Burggraf Johanns II.

Die „judenfreundliche" Politik des Schlüsselbergers Konrad II. und die Errichtung einer Zollstation bei Streitberg brachten Burggraf Johann II. und den Würzburger als auch den Bamberger Fürstbischof in Harnisch und das „Fass zum Überlaufen". Eine furchterregende Streitmacht aus Bamberger, Nürnberger und Würzburger Rittern, die Johann II. von Hohenzollen sowie die Bischöfe von Bamberg, Friedrich I. Graf von Hohenlohe (1344–1352), und von Würzburg, Albrecht II. Graf von Hohenlohe (1345–1372), geschickt hatten, erschien im Spätsommer 1347 vor der mächtigen Burg Neideck. Vermutlich hätte ein Parteiwechsel auf die Seite des im

Sommer 1346 gewählten Gegenkönigs Karl IV., welchen Burggraf Johann II. und auch der Würzburger Bischof opportunistischerweise gleich vollzogen hatten, Konrad II. vor seinem Schicksal bewahrt. Doch Konrad II. von Schlüsselberg war zu loyal, zu ritterhaft und zu sehr charakterstark, um seinen Freund und Lehnsherrn Ludwig den Bayern gewissenlos im Stich zu lassen. Der schon hochbetagte Konrad II. von Schlüsselberg hatte militärisch keine Chance und hoffte noch auf einen Entsatzangriff seines alten Kampfgefährten Ludwig des Bayern, als bereits feindliche Soldknechte die äußeren Verteidigungsmauern überschritten hatten. Bei den schweren Kämpfen um Burg Neideck ist Konrad II. von Schlüsselberg, „Der letzte Slüzzelberger", wie es in den Quellen heißt, dann am 14. September 1347 vom Geschoss einer Blide, einem mittelalterlichen Hebelwurfgeschütz, tödlich getroffen worden. Sein Tod kam den Burggrafen von Nürnberg, die jetzt die Chance einer Landbrücke zwischen ihrem „Oberland" mit dem soeben erworbenen Kulmbach zu ihrem „Unterland" witterten, bestimmt nicht ungelegen.

Der Tod des letzten Schlüsselbergers sollte in Franken weitreichende territoriale Veränderungen nach sich ziehen und verdient wirkungsgeschichtlich ein Augenmerk. Offensichtlich lagen die Sympathien in der mittelalterlichen Erzählsphäre deutlich auf Seiten des letzten Schlüsselbergers und nicht auf Seiten seines burggräflichen Gegners. Denn der Dichter Lupold von Hornburg fand in einer Art Nachruf die bewegenden Worte:

Nu will er uns hie sage
Gar ein derbermeliche clage
Wie der von Sluzzelberg den tot
Neme. Fur den bite wir Got!
Der war ein rehter pantyrhelt,
Als in ein Rieche het uz erwelt,
Im sine ere hie bewarn.
Den fanen mit den adelarn
Furt im der unvderdrozzen

Und hoat sin bluot vergozzen
Wol uber zwir by dem Riech.

Was der Dichter und Zeitkritiker Lupold von Hornburg hier auf Ostfränkisch schildert, ist auch noch 650 Jahre nach dem Tod des Schlüsselbergers 1997 thematisiert worden. Im Sommer 1997 ist auf Ruine Neideck das aus dem Jahr 1928 stammende historische „tragische Ritterspiel" „Das Spiel vom letzten Schlüsselberger" neu inszeniert worden. Auch der Würzburger Bischof Albrecht II. Graf von Hohenlohe muss geläutert worden sein, denn nachdem Konrad von Schlüsselberg im Zisterzienserinnenkloster Schlüsselau bei Frensdorf seine letzte Ruhestätte gefunden hatte, soll Bischof Albrecht II. von Würzburg „zum Seelenheil" Konrads von Schlüsselberg dem Zisterzienserinnenkonvent im Februar 1359 das Patronatsrecht zu Pretzfeld, unweit Ebermannstadt, gestiftet haben. Der Bischof von Bamberg nannte in einer Schenkungsurkunde an Schlüsselau aus dem Jahr 1359 Konrad II. von Schlüsselberg einen „awunculus noster" (= unseren Oheim).

Das hat freilich an der in Franken praktizierten judenfeindlichen Politik nichts geändert. Im sogenannten „Herzogenauracher Vertrag" von 1422 zwischen den Bischöfen von Würzburg, Bamberg und den Markgrafen von Brandenburg-Bayreuth und Brandenburg-Ansbach gingen die Israeliten in einer konzertierten Aktion all ihrer Habe verlustig. Das Hochstift Bamberg begann im Jahre 1478 mit einer bisher im Heiligen Römischen Reich Deutscher Nation nicht gebrauchten Strategie und verwies die Juden des Landes.

Das Vermögen und der Besitz des letzten Schlüsselbergers hingegen sind zwischen den Hohenzollern, den Bischöfen von Würzburg und Bamberg im Jahre 1349 aufgeteilt worden. Das von Konrad II. im Sommer 1336 gegründete Schlüsselfeld ist noch 1390 in einem Vergleich zwischen Würzburg und Bamberg geteilt worden. Die Hohenzollern waren nach dem Würzburger Bischof und „Herzog von Franken" zweite Landmacht in Franken geworden und dehnten ihre weiten

Besitztümer jetzt mit Streitberg tief in das westliche Oberfranken aus. Die Burg Streitberg fiel 1348 durch Verkauf an das Hochstift Bamberg, dann um 1400 an die Hohenzollern.

Eppelein von Gailingen und Hans Thomas von Absberg – zwei Malefikanten gegen den Zollernstaat

Handel und Wirtschaft haben in Franken in Spätmittelalter und Frühneuzeit zeitlich schubweise unter dem Raubrittertum gelitten. Haben doch die Sicherheit auf den fränkischen Wegenetzen und das rege Wirtschaftsleben mittels räuberischer Umtriebe immer von neuem Schaden genommen. Das Leben von zwei herausragenden Landfriedensbrechern, das Leben fehdebereiten „Strauchritter" Eppelein von Gailingen und Hans Thomas von Absberg ist schlaglichtartig nachfolgend aufgezeichnet.

Eppelein von Gailingen

Eppelein von Gailingens (um 1310–1381) Geburtsjahr ist geschichtswissenschaftlich ungesichert. Er ist aller Voraussicht nach in Illesheim im Grenzbereich zwischen Steigerwald und Tauberland zur Welt gekommen. Das Geschlecht derer von Geyling lebte als Lehensnehmer der Grafen von Hohenlohe. Eppelein von Gailingen, mit Vornamen auch Eppelein-Apolonius, begann als „Landplacker" und Unruhestifter in den 1360er Jahren, den Landfrieden im Zollernstaat zu brechen. Von seiner Burg Trainmeusel bei Muggendorf unternahm Eppelein von Gailingen immer wieder Raubzüge ins Nürnbergsche, wo der Friedensbrecher auch bewaffnete Kaufmannszüge überfiel. Der Reichsstadt Nürnberg bereitete besonderen Verdruss, dass sie über Jahre des verschlagenen Ritters nicht habhaft werden konnte. Eppelein von Gailingen, der neben Trainmeusel auch Besitz in Emskirchen und bei Gunzenhausen hatte, kämpfte zudem in Fehden der Grafen von Hohenlohe mit den Hohenzollern auf Seiten seiner Lehnsherren.

Seine im Volksmund immer wiedergegebenen Missetaten, um die sich zahlreiche Legenden rankten, trugen ihm indessen im Jahre 1369 die Reichsacht von Nürnberg ein. Seine Burg bei Trainmeusel ist im Jahre 1372 von Nürnberger Söldnern zerstört worden. Kaiser Karl IV. hieß die Schleifung wie Einziehung seines Besitzes in Tauberfranken gut. Ein politischer Vergleich zwischen den Häusern Hohenlohe und Hohenzollern im Jahre 1377 machte den vollends isolierten Raubritter Eppelein von Gailingen zum „Spielball" der Mächtigen. Von Hohenlohe im Stich gelassen, verschrieb er sich neuen Raubzügen. Angeblich soll Eppelein ein Zechgelage bei Postbauer in der jetzigen Oberpfalz zum Verhängnis geworden sein. Dort bei der Obrigkeit denunziert, ist er im Mai 1381 gerädert worden. Die deutsche Romantik hat Eppelein zum Heros erhoben.

Hans Thomas von Absberg

Hans Thomas von Absbergs Geburtsjahr ist wie dasjenige seines „berufsverwandten" Schwertmächtigen und Wegelagerers Eppelein von Gailingen nicht genau bekannt. Der Abkömmling eines im 13. und 14. Jahrhunderts edelfreien Geschlechts von der „Frankenhöhe" nordöstlich von Crailsheim ist um das Jahr 1480 als Sohn des Oberamtmanns von Crailsheim, Hans Georg von Absberg, und der Helene Marschall von Pappenheim geboren. Ein Heinrich von Absberg (1410–1492) war gar als Bischof von Regensburg hervorgetreten. Die Absbergs nannten weite Besitztümer zwischen Schnaittach und Burg Vorderfrankenberg ihr Eigen. Sie hatten auch von Kaiser Friedrich III. 1455 die „Gerechtigkeit am Halsgerichte zu Yppeshaim" erhalten. Doch während der Bruder Hans Christian von Absberg sich 1502 Universitätsstudien widmete, fühlte sich Hans Thomas zu dem Kriegshandwerk hingezogen. So war von ihm zuerst in der sogenannten „Geislinger Fehde" des Götz von Berlichingen gegen Nürnberg zu hören. Damals Ende November 1511 hat sich Hans Thomas von Absberg mit der Entführung eines Nürnberger Ratsherren und eines

Kaufmannes Nürnberg zum Feind gemacht. Seitdem war der vom Nürnberger Rat als „böse und unadelig“ gebrandmarkte Heckenreiter der meistgesuchte Feind der Stadt. Dann überschlugen sich die Ereignisse: Bei einem sorgfältig geplanten Überfall auf Graf Joachim von Oettingen am 24. Juni 1520 stirbt der Oettinger an den Folgen seiner Stichverletzungen. Damit wollte der Landplacker Hans Thomas von Absberg zweifelhafte Rechtsansprüche gegen das Haus Oettingen mittels des spätmittelalterlichen Fehderechts durchsetzen. Während Hans Thomas an seine Mithelfer Beutepfennige verteilte, beschwor der Missetäter den Zorn des Schwäbischen Bundes und die gnadenlose Reichsacht Kaiser Karls V. (6.8.) herauf. Im Mai 1521 überfiel der verarmte Adlige eine Gruppe Heimkehrer vom Wormser Reichstag, darunter mehrere hohe Kaiserbeamte, die er zuerst auf Burg Hohenstein bei Coburg, sodann auf mehreren Burgen der Herren von Sparneck verteilt in Gewahrsam nahm. Das Strafregister mit den Landfriedensbruchdelikten des Absbergers lief weiter. Das Fehderecht war aber eben erst auf dem Wormser Reichstag von 1495 im Ewigen Landfrieden Kaiser Maximilians I. beseitigt worden. Bamberg und Würzburg verwandten sich beim Schwäbischen Bund um eine gütliche Beilegung des Konflikts. Kaiser Karl V. hob am 31. Januar 1521 die Acht auf. Doch die Überfälle Absbergs mehrten sich.

Am 30. April 1522 schnappte die Falle für den Nürnberger Ratsherr Bernhard Paumgartner zu. Der Absberger stellte ihn zwischen Pleinfeld und Schwabach, um den Stadtpatrizier auf Burg Waldstein im Sparnecker Forst festzusetzen. Im Juli und August fielen dem Absberger je drei Nürnberger Handwerker in die Hand, bei Laaber in der Oberpfalz und zwischen Gesees und Bayreuth, wobei der Absberger einen Gesellen anwies, die abgehauene Hand des Meisters dem Nürnberger Bürgermeister zu bringen. Der überschuldete Absberger hoffte, mit seinen brutalen Menschenrauben Lösegelder erpressen zu können. Doch die nicht enden wollenden Fehden zogen jetzt weite politische Kreise. Während der Schwäbische Bund die

Exekution gegen Hans Thomas von Absberg auf den 1. Mai 1523 festsetzte, war im Gefolge der Fehde des Absbergers der seitens seiner Verwandtschaft „solidarisierte" fränkische Adel der Mittäterschaft inkriminiert. So brach am 1. Juni 1523 der „Fränkische Krieg" aus, in dessen Verlauf etliche Burgen und Schlösser, darunter Burg Absberg, Sitz der Herren von Absberg, geschleift wurden. Doch nach dem „Fränkischen Krieg" hoben die Überfälle des Absbergers von neuem mit altbekannter Intensität an. Das Gesamtstrafregister des Absbergers hier zu benennen, sprengte den Rahmen dieses Kapitels. Am 18. Oktober 1523 wurden auf dem Bamberger Geleitweg zwischen Breitengüßbach und Hallstadt wieder drei Nürnberger Handwerker und zwei weitere Personen auf der Fahrt von Leipzig überfallen. Gerüchten zufolge soll sich der Absberger bei dem geächteten Herzog Ulrich von Württemberg aufgehalten haben, in dessen Grafschaft Montbéliard (Mömpelgard) immer wieder Geldübergaben beobachtet wurden. Die Zahl der Mittäter und Helfer des Absbergers war groß.

Im Jahre 1524 gingen dem Absberger bei Gunzenhausen ein Ulmer Kaufmann und ein Wittenberger Handlungsdiener ins Netz. Als markgräfliche Kuriere den Knecht des Absbergers, Kilian Walter, bei Schwarzenbach an der Saale aufgriffen und ihn peinlich verhörten, wurde erst das ganze Ausmaß der Taten des Absbergers sichtbar. Gleich nach Niederschlagung der fränkischen Bauernaufstände 1524/25 war der Absberger wieder „aktiv", als er bei Schwabach zwei Kaufleute aufgriff und ihnen die rechte Hand abschlug. Darüber gerieten Nürnberg und Ansbach in einen schwelenden Streit, als Nürnberg die Sicherheit im Ansbachschen beklagte und ruchbar wurde, dass laut einer Ansbacher Note danach die „nächstgelegenen Dörfer überwiegend eichstättisch und nürnbergisch seien".

Im Sommer und Herbst 1527 gab es wieder eine Häufung von Überfällen auf fränkischen Straßen, die seitens des Nürnberger Rates dem Absberger „gutgeschrieben" wurden. 1528 nahmen dann die Überfälle ab. Im Frühjahr 1528 waren es nochmals Kaufleute und Fuhrleute bei Komburg und

Emskirchen, auf deren Geld und Leben es der Absberger abgesehen hatte, Ende 1528 lief ein Viehhändler bei Schweinfurt in die Falle. Doch dann brachten Reiterstreifen auf den Straßen „rund um Nürnberg“ durchgreifenden Erfolg, den Ausplünderungen Einhalt zu gebieten. Auch schien Absberg jetzt Ende 1528 auf einen „Ausgleich“ mit dem Haus Oettingen und den sonstigen Widersachern bedacht. Doch selbst Markgraf Kasimir († 1527) soll zu Lebzeiten die Sturheit des Absbergers in helle Weißglut versetzt haben. Der Absberger konnte seinen Kampf nicht gewinnen, weil seine übermächtigen Gegner die Reichsstadt Nürnberg und der militärische Führer des Bundesheeres, Georg Truchsess von Waldburg-Zeil waren. Dieser war zugleich auch ein Schwiegersohn des am 24. Juni 1520 zu Tode gekommenen Grafen Joachim von Oettingen. Zuletzt 1531 haben seinem verwirkten und nur auf Geld, Rache und Vergeltung fixierten Leben die eigenen Handlungsmuster ein Ende bereitet: Aller Wahrscheinlichkeit seitens der Reichstadt Nürnberg dazu beauftragt und dafür mit „Kopfprämie“ ausgestattet, brachte den Absberger der Jude Salomon Ende Juni 1531 im böhmischen Zedlitsch vom Leben zum Tode. Die Nachricht vom gewaltsamen Ende des Hans Thomas von Absberg durch Erschießen war auch ungewöhnlich schnell nach Nürnberg gelangt. Hatte doch schon Jahre zuvor Nürnberg den Schwäbischen Bund dafür gewinnen wollen, dass über den Absberger und seine Schergen „ein summa gelts offentlich verruft und versprochen werden möcht“. 1539 erhielt die Familie Absberg Burg Absberg zurück. Das Haus Absberg ist 1647 im Mannesstamm mit Hans Veit von Absberg ausgestorben.

Bauern in der spätmittelalterlichen fränkischen Wirtschaftswelt

Wir verlassen jetzt den höfischen und städtischen Bereich und wenden uns dem platten Land zu. War der Adels- und

Bürgerstand im fränkischen Stadtbereich auf die strikte Einhaltung von Ordnung und Frieden bedacht, so traf das keineswegs auf die Dorflandschaft zu. War es doch außerhalb der städtischen Mauern nicht nur erlaubt, sondern vielmehr geboten, Waffen zu tragen beziehungsweise bewaffnet zu verreisen. Und während die Raufereien der Landleute die „Freundschaft festigen“, wurden prügelnde Stadtbürger rasch dem Schultheißen, Richter und der Kerkerhaft verantwortet. Der Wirtschaftsablauf war in der Stadt rationalisierter und geordneter als auf dem Land. Das Bauernvolk war körperlich und wirtschaftlich der Willkür seines Herrn ausgeliefert. Stets erneut wurden Bauern von der Obrigkeit als „nichtswürdig und gottlos“ verachtet. Wirtschaftlich und auch sozial von den Adelsherren unterdrückt, dem Steuerdruck ausgeliefert, haben sich die Bauern europaweit immer wieder in Zusammenrottungen organisiert und sich bereits 1234, 1283, 1358 und 1381 gebietsweise zur Wehr gesetzt. Seinen Höhepunkt erreichte der bäuerliche Widerstand im Bauernkrieg 1524/25.

Die Schutzpatronin der Dienstmägde, Bauern und der Landwirtschaft war die Heilige Notburga von Rattenberg (um 1265–1313). Sie soll der Legende nach, als ein Unwetter drohte und sie Glockengeläut vernahm, der Gutsherr aber von den Mägden verlangte, dass niemand die Arbeit ruhen lasse, ihre Sichel gegen den Himmel geworfen haben, die sich daraufhin in einem Sonnenstrahl verfing. Der Gutsherr erschrak und ließ die Heilige mit dem Attribut der Sichel des Weges ziehen.

Die fränkischen Bauern hatten gegenüber ihrem Lehnsherrn, etwa dem Bischof von Würzburg, nach altem fränkischem Recht aus der Zeit des achten Jahrhunderts die Pflicht, einen zehnten Teil ihrer erwirtschafteten Habe Bischof und Geistlichen zu überlassen. Ursprünglich im Karolingerreich für die Finanzierung neuer militärischer Einheiten wie der später im Rittertum aufgehenden fränkischen Panzerreiter gedacht, wobei zehn Bauern einen einzigen fränkischen Panzerreiter auszurüsten vermochten, ist der Zehnt dann für

Armenfürsorge und kirchliche Baulasten verwandt worden. Es gab den sogenannten „Fruchtzehnt“ oder „Feldzehnt“, der eine Getreideabgabe darstellte, und einen sogenannten „Blutzehnt“ und „Fleischzehnt“ mit Tierprodukten wie Honig, Milch und Talg. Bei der allgemein seit dem zehnten Jahrhundert verbreiteten kirchlichen Zehntlast gab es die weit verbreiteten Zehntstreitigkeiten über die Verteilung der Abgabe innerhalb der Kirche.

Die Abgabenlast im Spätmittelalter lag aber schon bei 30 von Hundert des erwirtschafteten bäuerlichen Ertrags. Neben den Zehnt trat noch die „Bede“ des Landesherrn als eine Grundbesitz und Bauerngebäude belastende Steuer in Naturalien, dann in Geld. Die unterfränkischen Landkreise Hofheim und Ebern sind für die Einrichtung des kirchlichen Zehnts sozialgeschichtlich besonders ergebnisreich erforscht. So ist beispielsweise im Zins- und Gültbuch des Zisterzienserinnenklosters Wechterswinkel minutiös verzeichnet, welche Naturalien von welchem Bauern in dem von Bischof Embricho von Leiningen 1134 gegründeten Kloster hingebracht worden sind. So hat etwa dem von Konrad III. mitgegründeten Kloster Wechterswinkel im November 1414 ein Bauer namens Valtin Reichert aus Neustadt „1 Michelshuhn, 1 Gans, 1 Fastnachtshuhn und 30 Eier“ übereignet. In diesem Fall war also nicht der Bischof von Würzburg, sondern das Kloster Wechterswinkel der Lehnsherr des Landmanns Reichert.

Sonderfall der fränkischen Lehensverteilung

Wiederholt sind auch Zehntrechte des Bischofs an Laien zu Lehen vergeben worden, die dann weiterveräußert, verschenkt, getauscht oder verpfändet werden konnten. Die Lehensoberhoheit vermochte auch von Ort zu Ort zu wechseln und sogar „quer“ durch die Ortschaften laufen, so dass wir einen bunten Flickenteppich von Grundherrschaften, weltlichen und kirchlichen Mächten und Zehntrechten in einem fränkischen Ort vorfinden. Ein sogenanntes „Zentgericht“ mit einem „Zentgraf“ an der Spitze stellte in Franken und in

Hessen das mit der Blutgerichtsbarkeit beauftragte Gericht für das bäuerliche Volk dar. Am 4. April 1497 etwa hatte ein „kontz“ Achtmann „zu Lehen genommen von besonderen Gnaden bis auf Widerruf das Zentgrafenamt zu Arnstein“ [bei Karlstadt, Unterfranken]. In Württembergisch Franken etwa übten die Grafen von Helfenstein im Gebiet von Heidenheim die Blutgerichtsbarkeit bei Mord, Totschlag, Raub und Gotteslästerung aus. Vielfach ist auch in der Konföderation Kaiser Friedrichs II. mit den kirchlichen Fürsten aus dem Jahr 1220 etlichen Bischöfen die Blutgerichtsbarkeit in die Hand gelegt worden. Ein “Blutschild“ war den Landesherren als Beischild ihres Herrschaftswappen in Rot beigegeben. Typische Blutschilde sind in der Moritzkirche zu Ansbach auf dem Epitaph des Kurfürsten Albrecht Achilles von Brandenburg sowie in Kulmbach in der dortigen Schlosskirche der Plassenburg als Blutschild von Markgraf Georg Friedrich aufzuspüren.

Die Blutgerichtsbarkeit ist dann später von der „Constitutio Criminalis Carolina“ (CCC) Kaiser Karls V. von 1530 strafrechtlich „aufgesogen“ und vereinheitlicht worden. Aus demselben Jahr datiert die „Ordnung und Reformation guter Policey“, welche vor allem Missstände im wirtschaftlichen Bereich wie Preise, Löhne und Zinswucher beheben sollte. Das war zu der Zeit, da in Franken die akkurate Abgrenzung der Hochgerichtsbezirke mittels von Verträgen vonstatten ging. Für Franken blieb bis zum Ende des alten Reiches 1806 typisch, dass verschiedene Hochgerichtskreise nebeneinander existieren konnten. Beispielsweise lag die Hochgerichtsbarkeit des Ortes Bruck im Bereich der Reichsstadt Nürnberg um das Jahr 1500 in den Händen Nürnberger Patrizier, während sie in dem nur vier Kilometer entfernten Eltersdorf der Stadt Nürnberg anvertraut war. Im Bereich des Nürnberger Reichswaldes gab es darüber hinaus ein „kaiserlich befreites Zeidelgericht“ für die Angehörigen der Imkerzunft (1350–1779). Im Bereich der ehemaligen „villa Erlangon“ wurde die Hochgerichtsbarkeit von Alterlangen, Neumühle und von Bubenreuth, welche beim Dompropsteiamt Büchenbach respektive beim Bamberger Bischof lag, im frühen 16. Jahrhundert dem Markgrafen von Brandenburg-Bayreuth und somit dem hohenzollernschen Amt Baiersdorf zugesprochen.

Hebung des bäuerlichen Standesbewusstseins

Wenngleich das Bauerntum auch gegen Ende des Spätmittelalters in der Ständepyramide den untersten Rang bekleidete, so hatte sich das Selbstbewusstsein der Bauern als „Schaffender Stand" doch ganz erheblich gestärkt. War doch der spätmittelalterliche und plakative Wahlspruch der Bauern „Als Adam grub und Eva spann, wo war denn da der Edelmann?" ein deutliches Indiz dafür, dass die Bauern ein Standesbewusstsein ausgebildet hatten, welches sie über sämtliche Unterschiede der Rechtsstellung und grundherrlichen Bindung hinweg solidarisch zusammenschmiedete. Aufgrund der weitgehenden Unabhängigkeit eines bäuerlichen Betriebes in der Produktion und wegen der weitgehend autarken Bewirtschaftung eines selbständigen Bauernhofes ist nach dem Ende der Bauernbefreiung im späten 18. Jahrhundert vom Bauern gar als vom „freiestem Mann" gesprochen worden. Die Freiheitsliebe der Bauern hat sich sodann nach dem Abschütteln der Fronhofsverfassung im Spätmittelalter vor allem in Franken und Baden – frühe Bauernbefreiung – als besonders glühend erwiesen.

Die fränkischen Salbücher spiegeln auch die sich wandelnden bäuerlichen Besitzverhältnisse gegen Ende des Spätmittelalters wider. Früher als anderswo im Römischen Reich sind in Franken im 14. Jahrhundert die Eigenhöfe aufgebaut worden. Viele herrschaftliche Eigenhöfe gingen am Ende des Spätmittelalters durch „Aufgabe" an Hofbauern über. Aus dem alten fränkischen Weiler Tückelhausen bei Ochsenfurt, dessen „adelige" Einwohner „weggelaufen" waren, hatte sich im Jahre 1405 ein Bauernhof entwickelt. Zu dieser Zeit ist es in Franken üblich geworden, an Bauern Freihöfe in „Zeitleihe" auszugeben. Eine Leihfrist von acht Jahren ist etwa 1391 in Auernhofen im jetzigen Mittelfranken zwischen den Parteien vereinbart worden. In der zweiten Hälfte des 15. Jahrhunderts ist dann die Erbpacht aufgekommen. Von „Vitalleihe“ war bei einer Leihe auf Lebenszeit die Rede. Nach den großen Pestepidemien des 14. Jahrhunderts ist zudem die Bereitschaft der Besitzherren, die Bauern rechtlich und dauerhaft an einen Hof zu binden, größer. In Ebrach war diese Entwicklung am Ende des 14. Jahrhunderts bereits abgeschlossen. Eine schleichende Eigentumsverschiebung hatte Eigendynamik erfahren. Denn oft erreichten die Bauern mit einer Erhöhung der wirtschaftlichen Erträge ihrer Höfe eine Verbesserung der Leihkonditionen. Die späteren fränkischen Erbhofteilungen sind dann auch erst mit dem Aufkommen des unkündbaren Erbrechts von Bauernhöfen ermöglicht worden. In Ochsenhausen vermochten im Jahre 1502 die Bauern mittels eines Aufstandes die Verwandlung ihrer „Falllehen“ in „Erblehen“ durchzudrücken.

Besonders vor dem Bauernkrieg von 1525 wurden auch kleinere Landstücke bezogen. Gerade die Kleinbauern waren peu-à-peu in die Lage versetzt, sich zusätzliche Erwerbsquellen zu erschließen. Allein das von den Abenbergern 1132 gegründete Zisterzienserkloster Heilsbronn hatte im Jahre 1505 ganze 574 Leihobjekte, davon 203 in Zeitleihe, auszugeben. Auch hoben sogenannte „Gravaminna“ oder „Beschwerdebriefe“ am Ende des Mittelalters permanent hervor, „dass die Äcker mit Zinsen überladen seien“.

Ein großes Problem erkannten die Besitzherren in der bäuerlichen Landflucht. In Verträgen sollte den Bauern im Hohenloheschen wie auch im Würzburgischen bei Strafe verboten werden, als „Leibeigene“ Aufnahme in Städte zu finden. Von den zwischen 1302 und 1448 nachgewiesenen Nürnberger Neubürgern kamen 209 aus den Dörfern. Auch den Grafen von Oettingen war die Landflucht ein Dorn im Auge. Ebenfalls musste sich die Reichsstadt Frankfurt Gewähr bieten, keine „entlaufenen Hörigen“ aufzunehmen.

Abgaben der fränkischen Bauern

Die noch in Franken unter Karl dem Großen eingeführte Dreifelderwirtschaft, landwirtschaftliche Musterbetriebe der Zisterzienser mit Fischerei und Mühlenkultur als „Energiequellen Europas“ und technische Neuerungen wie der neu aufkommende Pflug mit symmetrischer Pflugschar (1300) haben die Agrarrevolution des Mittelalters markiert. Die agrarische Revolution des Mittelalters hat selbstverständlich auch zu einer Steigerung der Erträge geführt. Die Bauern leisteten Natural- und Geldmittel. Die Einheit Hufe Land bildete die Berechnungsgrundlage für die Grundsteuer in Urbaren und Salbüchern. Die Hufe war auch Bemessungsgrundlage von Diensten und Arbeiten. Im Hochstift Würzburg fielen 5 Morgen auf einen Hektar. 30 Morgen machten eine Hufe aus. 6 Hektar entsprachen demzufolge 1 Hufe. 60 Morgen bildeten eine „Königshufe“.

Ein Hof in der Nähe des Klosters Michelsberg bei Gremsdorf mag als Beispiel dienen. Gemessen wurde nach dem alten Nürnberger Maß „Sumer“, das 318 Litern entspricht. Hier belief sich 1481 der Ertrag pro Hektar umgerechnet in ein Hohlmaß auf 954 l Kornfrucht und die Abgaben an das bischöfliche Benediktinerkloster Michelsberg auf 318 l Getreide. Folglich machten die Abgaben etwa ein Drittel des bäuerlichen Wirtschaftsertrages aus.

Für das heutige Unterfranken ist in der Zeit des Spätmittelalters auch ein verhältnismäßig soziales Ungleichgewicht der Einwohner in den Einkommensverhältnissen nachweisbar. Für Dingolfshausen im Unterfränkischen, das im Lehenbuch des Hochstifts Würzburg 1335–1345 hinreichend verzeichnet ist, wird empirisch belegt, dass die den wirtschaftlichen Einnahmen nach untersten Bevölkerungsschichten in Stärke von 65% lediglich zehn Prozent der Einkünfte der Summe der Gesamtbewohner erwirtschafteten. Vermutlich handelte es sich um viele kleine Hofstellen der unteren bäuerlichen Schichten, die als „Seldner“ (= Kleinbauer), Unbehufte und Kobler ihre Existenz bestritten.

Bauern in der Kriegswirtschaft

Wir beobachten in der Zeit des 14. Jahrhunderts im ländlichen Bereich eine militärische Entwicklung, die als Vorform des frühneuzeitlichen Milizwesens gelten darf. Der Gemeindeentwicklung in der Zeit von 1350 bis 1500 in Franken, die hier zahllose neue Orts- und Stadtgründungen sah, lief das herrschaftliche Streben nach der Einrichtung von militärischen Schutzzonen und zusätzlichen Ressourcen (Miliz) parallel. Erst standen Dorfbefestigungen im Vordergrund, dann wurde darangegangen, Bauern als „Reisige" zu verpflichten. Zuerst verliehen die Herrschaften die Befestigungsrechte. Etwa verfügte die Abtei Münsterschwarzach in einer „Ordnung" für den Ort Sommerach am Main, „dass ein Ausschuss von Sieben, drei von der Abtei, vier aus der Gemeinde, die Tore und Torhäuser zu bewahren hätten. Sie sollten redlichen Leuten die Schlüssel übergeben, die zu gebührlichen Zeiten auf- und zuzuschließen hätten, damit der gemeine Nutzen bewahrt werde". Die kirchengeschichtlichen Quellen spiegeln auch die wachsenden sozialen Unruheherde im ländlichen Bereich zu Beginn des 16. Jahrhunderts wider. So warnte der Abt von Michelsberg in einem Kurierschreiben von 1512 die Ortschaften Ebing, Eggenbach, Gremsdorf, Lahm, Medlich, Rattelsdorf, Unterbrunn und Viereth vor dem „Feindbrief" des Kriegsschürers Hans von Selbitz. Die Bauern wurden angewiesen, die Dörfer mit Schranken, Schlössern und Gräben militärisch unpassierbar zu machen. „Eure Wache bei nächtlicher Weile wohl versehen", mochte der Abt sichergestellt wissen.

Die Grafen von Wertheim gingen zu Beginn des 15. Jahrhunderts dazu über, Bauern von Defensionsmaßnahmen zur Teilnahme an Feldzügen zu mobilisieren. Das ging in Einzelschritten vonstatten. Pülfringen in Tauberfranken musste 1406 „einen Wagen stellen", wenn der Graf von Wertheim „aus den vier Wassern und vier Wäldern" einen „Kriegszug" rekrutierte. Waffendienst musste bis zur Gemarkungsgrenze geleistet werden. Wer zuerst aufbot, dem galt es entsprechend den „Werbespielregeln“ zu folgen. Die Bauernmilizen erhielten zu ihrem Unterhalt die „Gebür“ gleichsam als Wehrsold und mussten in Fällen militärischer Konfrontationen benachbarter und verschiedener Grundherren eines Dorfes neutral bleiben. Sie folgten dem Herrn, „der sie zuerst aufböte“. „Laszt euch begnügen mit eurem sold“, steht in einer zeitgenössischen Schrift. Für die Abhaltung eines Turniers in Bamberg mussten Michelsberger Bauern 1455 Waffenfähige stellen – gewissermaßen zur Sicherung des Ritterspektakels. Eine Art amtlicher „Kodifizierung“ zu einer Bauernmiliz ist in dem „Wehrweistum“ von Bermersheim im Jahre 1488 versucht worden.

Unklar bleibt, inwieweit milizische Bauerndienste aus dem Wirtschaftsfeld der Frondienste wie den Hand- und Spanndiensten beglichen werden konnten. Da das Geld als Zahlungsmittel immer mehr in den Vordergrund trat, wogen finanzielle Belastungen der Landbewohner wie Gült und Steuern, Zehnt, leibrechtliche Abgaben, Kreditaufnahmen sowie Zinsen immer schwerer. Das war zu einer Zeit, da der Krieg sich längst zu einem eigenen prosperierenden Wirtschaftsfaktor entwickelt hatte. Auch die Nürnberger Plattnerkunst stand zu Beginn des 16. Jahrhunderts in voller Blüte. Mit Blick auf die Spezifizierung im Waffen- und Militärwesen hat der Wirtschaftshistoriker Theodore Wertime den Zeitensprung „The coming of the Age of Steel“ genannt.

6.
Reichsreform und Bauernkrieg – Franken im 16. Jahrhundert

Der Fränkische Reichskreis

Er stellte eine einigende Kraft der fürstlichen Marktpolitik dar, garantierte freien Handel, eine Vereinheitlichung des Münz- und Maßwesens und untersagte Zollstationen: im Rahmen der von dem Führer der ständischen Reichsopposition, Berthold von Henneberg (1441–1504) als damaligen Erzbischof von Mainz dem späteren Kaiser Maximilian I. um das Jahr 1500 abgerungenen Reichsreform ist der „erst und furnembst" genannte Fränkische Reichskreis entstanden. Berthold von Henneberg entstammte der alten fränkischen Linie des Hauses Römhild-Henneberg und hatte sich im Zuge der seit 1495 vorgetragenen Reichsreformpolitik auch für die Schaffung des ständig tagenden Reichskammergerichts in Frankfurt am Main als ein vom Kaiser unabhängiges Gericht, seit 1527 in Speyer, stark gemacht. Daneben bestand seit 1456 in Ansbach das Kaiserliche Landgericht, als Ansbach damals überdies den Status einer Residenz erhielt.

Ursprünglich nur mit Nummern bezeichnet, sollten die Reichskreise mit der ins Auge gefassten „Ständischen Regierung" eines wieder außer Kraft gesetzten Reichsregiments die Verwaltung straffen, Reichssteuern erheben, die Kreistruppen organisieren und den Landfrieden wahren. Der Fränkische Reichskreis reichte im Norden bis Salzungen an der Werra, im Osten grenzte er an Sachsen, im Süden gelangte er bei Eichstätt nahezu an die Donau, um im Westen gegen Baden, Württemberg und die Pfalz mehrere Exklaven (Gaildorf) zu bilden. In der Bank der geistlichen Fürsten saßen die Hochstifte Würzburg, Bamberg und Eichstätt sowie der Deutsche Orden mit der Ballei Franken, in der Bank der weltlichen

Fürsten die im Jahre 1363 in den Fürstenstand erhobenen Markgrafen von Brandenburg-Bayreuth und Brandenburg-Ansbach sowie das gefürstete Haus Henneberg, in der Bank der Grafen und Herren die Geschlechter Castell, Erbach, Hohenlohe, Limpurg, Reichelsberg, Rieneck, Schwarzenberg und Wertheim sowie auf der Städtebank Nürnberg, Rothenburg ob der Tauber, Schweinfurt, Windsheim, Weißenburg. Das Hochstift Bamberg war „exemt", unterstand nur dem Papst selbst und übte in dem bis 1806 insgesamt 322 Mal tagenden Fränkischen Kreistag das Direktorium aus (§ 19). Zunächst mit sechs Reichskreisen veranschlagt, ist die Reichskreisordnung von 1500 in der noch vom Reichsregiment ausgesprochenen „Sogenannten Erklärung des Landfriedens" vom 10. Februar 1522 auf insgesamt zehn Reichskreise erweitert worden. Jetzt vermochten auch die Aufgabenklauseln der einzelnen Kreise präzisiert zu werden. Der Fränkische Reichskreis war dazu der einzige Reichskreis, der im Jahre 1572 eine Polizeiordnung mit Direktorium in Bamberg erließ und seit 1559 die Münzaufsicht versah.

Fränkische Reichsritterschaft

Dem Fränkischen Reichskreis gehörten auf der Bank der Städte noch die Reichsdörfer Gochsheim und Sennfeld und auf der Geistlichen Bank noch der Propst zu Camberg an. Die Reichskreise beschickten außerdem das Frankfurter Reichskammergericht mit Mitgliedern. Nicht zu den Kreisständen des Reichskreises zählten die einen Ritterkreis bildenden fränkischen Reichsritter. Aufgrund des Scheiterns eines „Ständigen Ritterrats" nach 1590 hat Volker Press das Wort „archaischer Personenverband" für die fränkische Reichsritterschaft geprägt. Standesrechtlich zählte die Reichsritterschaft zu den Separierenden Ständen und besaß wie die Kontribuierenden Stände – die allerdings steuerpflichtig waren – weder Sitz noch Stimme bei den Kreistagen. Die Kreisstände waren das ständige Organ des Fränkischen Kreises.

Fränkische Kreisobristen
Militärisch dominierte den Reichskreis ein auf Lebenszeit gewählter Kreisoberst. Zunächst die Exekutivgewalt des Kreises leitend, stand er der fränkischen Kreismiliz vor. Jeweils auf den Kreistagen gewählt, waren herausragende fränkische Kreisobristen Markgraf Christian von Brandenburg-Bayreuth († 1655) sowie sein Enkel Christian Ernst. Gemäß den Matrikeln von 1521 galt es, die Kreistruppen von den Ständen aufzubieten. Die Kreistage, die sehr oft in Nürnberg tagten, sahen auch immer wieder Beschwerden über die das Militär betreffenden Matrikularanschläge bis zum Ende des alten Reiches. Die Kreismatrikel belastete die Reichsstadt Nürnberg mit den höchsten Kostenanteilen. Der Kreistag bestimmte die Stärke des Stehenden Kreisheeres mit etwa 5.500 Mann.

Im Fränkischen Reichskreis hatten sich bis um das Jahr 1550 sämtliche weltlichen Reichsstände Frankens der Confessio Augustana angeschlossen. In Schwarzenberg, in Löwenstein-Wertheim wie in Rieneck sind Rekatholisierungsbemühungen laut geworden. Der Fränkische Reichskreis hat sich auch nach Einführung der Reformation in einem Gebiet mit großer territorialer Verstreuung als eine feste politische Klammer hervorgetan. Verfassungsgeschichtlich definierte den Reichskreis „eine von reichswegen angeordnete korporation mehrerer mit ihren landen neben einander gelegenen glieder des reichs“. Rudolf Endres hat auch zu Recht vom Fränkischen Reichskreis als einem Musterbeispiel von ausgeprägter politischer, konfessioneller und wirtschaftlicher „Balance“ gesprochen. Den hohenzollernschen Markgrafen ist es zudem gelungen, für die überwiegend protestantischen Grafen und Herren im Kreis verhaltene Mitspracherechte zu erwirken. Die wiederholt im Großen Rathaussaal der Reichsstadt Nürnberg tagende Kreisversammlung hat sich auch früh zu einem Ständigen Gesandtenkongress entwickelt. Der Kreis war zudem eine „kommunikative Schnittstelle“ zwischen Territorium und Reich. Zum ersten Mal ist der Fränkische Kreistag am 4. Februar 1517 zusammengetreten und zum letzten

Mal im Sommer 1806, als eine Wirtschaftskrise in Franken herrschte, der letzte römisch-deutsche Kaiser Franz II. am 6. August die Kaiserkrone niederlegte und der Nürnberger Buchhändler Johann Philipp Palm aufgrund seiner Flugschrift „Deutschland in seiner tiefen Erniedrigung“ am 26. August füsiliert wurde. Später „übermalte“ eine preußisch gefärbte Geschichtsschreibung die wahren Erschütterungen um die Reichsauflösung.

Edel und Frei

„Edel und Frei“ lauten die Attribute der Franken, denn: „Es ist im gantzen Teutschland kein Provintz oder Landsart, denn allein das Land zu Francken, welches Edel und Frey genannt wird“, hat der in Basel geborene Kupferstecher, Verleger und Europareisende Matthias Merian der Ältere (1593–1650) in seiner in dem Friedens- und Epochenjahr 1648 erschienen „Topographia Franconiae“ unterstrichen. Doch Merians „bebildertes“ Repertorium der „Vornembsten Stätte und Plätze des Franckenlandes“, wie es im Untertitel heißt, ist weit mehr als ein mit Kupferstichen illustriertes Ortsnamenverzeichnis: Matthias Merian hat nicht nur eine Beschreibung weniger bekannter Dörfer und Flecken im „Franckenland“ gefertigt, sondern schildert auch die territorialen Besitzverhältnisse: Scheßlitz liegt „Zwo Meilen von Bamberg und [ist zu] selbigem Stifft gehörig / nahend Elbelsfeld / Arolsstain / Kaltenhauß / Stain / Krogelstadel und Watersdorff gelegen / ein Städtlein / Ampt und Schloß / so seinen Namen hat. An. 1395. hat Bischoff Lamprecht zu Bamberg das Spital allhie gestifftet und gebauet / wie in einer kleinen Bambergischen Calender-Chronic stehet“ [pag. 91], oder: „Herueden / Herrenried [Herrieden]. Es ligt dieser Ort in Francken / nahend Onoltzbach / oder Ohnspach / un gehört dem Bistumb Aichstätt... Bischoff Henricus V. zu Aichstätt / der Anno1343. gestorben / hat diese Stadt mit Mauern umbgeben / und be-

vestigt / und Bischoff Fridericus IV. so Anno 1383. erwehlt worden / hat das Schloß allda erbauet... Anno 1632. haben die Schwedischen die Stadt Herrieden / und An. 33. [Anno 1633] den 23 Martii / das Schloß mit Sturm erobert. Was sich sonsten an diesem so wol auch andern Orten in Francken / bey währendem Teutschen Krieg zugetragen / davon finden wir eben wenig auffgezeichnet: wie dann in dergleichen allgemeinen Landverwüstungen wenig Leut gefunden werden... und solche Mord= und Teufflische Thaten zu beschreiben sich selbsten schämen thun".
Über die „Wertigkeit" der Franken aber ist schon viel früher sinniert und philosophiert worden. Der Poet und Universalgelehrte Hugo von Trimberg († 1313) dichtete die Verse:

man sprichet gerne, swen man lobt hiute,
er sî der alten frenkischen liute,
die wâren einveltic, getriu, gewære,
wolte got, dass ich alsam wære;
sîn vaterlant nieman schelten sol.

Um Freyheit und wider die Fürsten: Franken im Bauernkrieg 1524/25

Gerechtigkeit und „Gottes Wille": der Pfeifer von Niklashausen
Im Sommer des Jahres 1524 bestimmte politische Gewitterschwüle das bäuerliche Leben in Franken. Sehr frühe politische Sturmzeichen einer bäuerlichen Aufbruchstimmung waren in Tauberfranken allerdings schon um die Jahre 1476 wie 1502 aufgezogen.

Ein Streit mit der bischöflichen Regierung entzündete sich 1476 aufgrund von Wallfahrten nach Niklaushausen im Taubertal, zu denen ein „Pfeifer von Niklashausen" aufgerufen hatte. Der „Pfeifer von Niklashausen", der in Wirklichkeit Hans Böhm (um 1458–1476) hieß, predigte dem Volk in öffentlichen Versammlungen von „Gottes Willen", welcher Freiheit, Brüderlichkeit und Gleichheit für alle Menschen forderte, ohne Ansehen des Standes: „dass alle Zinsen, Gülten, Zehnten, Besthaupt, Handlohn, Zölle, Steuern abgetan und nicht mehr gegeben werden, auch die Wälder, Wasser, Wein und Weide allenthalben frei seien und dergleichen vieles mehr". Der „Pfeifer von Niklashausen" soll großen Zulauf erhalten haben. Denn das Volk kam erst aus Tauber- und Mainfranken, dann auch vom Odenwald und aus Neckarfranken sowie vom Rhein. Angeblich sollen im Sommer 1476 über 40.000 Bauern nach Niklashausen gekommen sein, wo ihnen der „Pfeifer" Wehrhaftigkeit gegen „oben" und „Freyheit wider die Fürsten" predigte. Ein Holzschnitt der berühmten Schedelschen Weltchronik von 1493 zeigt den „Pfeifer von Niklashausen", wie der Volksprediger von einem Fenster aus das Volk „indoktriniert".

Der bischöflichen Regierung in Würzburg waren die ausgelassenen Treffen mit „Opfergaben", bei denen sich die Frauen die Haare abgeschnitten haben sollen, schon aus politischen Gründen ein Dorn im Auge. Der Würzburger Bischof Rudolf II. von Scherenberg (1466-1495) bereitete dem Treiben ein Ende, als er den „Pfeifer von Niklashausen" von 34 Reitern entführen ließ und auf dem Würzburger Frauenberg gefangensetzte. Die überreizten und bereits in Stärke von 16.000 Mann vor dem Frauenberg aufgezogenen Bauern vertrieb der Würzburger Bischof mithilfe drohenden Geschützfeuers. Er schickte dem aufgelösten Haufen auch Berittene nach, die zwölf Bauern niedermetzelten. Der „Pfeifer von Niklashausen" aber ist mit zwei seiner Gefährten am 19. Juli 1476 auf dem Würzburger Schottenanger hingerichtet worden.

Die Bauernaufstände greifen auf Franken über

1502 loderten in Bruchsal bäuerliche Unruhen empor, wo die „Bundschuhbewegung" in Ausbreitung begriffen war. Damals kämpfte ein Joß Fritz (um 1470–1525) gegen die bäuerliche Leibeigenschaft. Er lehnte weltliche und kirchliche Obrigkeiten ab, wies Zinsnahme und „unbillige" Steuern und Zölle zurück, forderte Jagdfreiheit für alle, verlangte die Verteilung „überflüssigen Kirchengutes an Arme“ sowie Ewigen Frieden für die gesamte Christenheit, zudem Auslieferung der Kriegstreiber an die Heiden. Damit hat Joß Fritz inhaltlich die „Zwölf Memminger Artikel“ von 1525 vorweggenommen. Die soziale Krise schwelte weiter, als die Bauern ihr politisches Ansinnen einer Befreiung von Leibeigenschaft in göttliches Widerstandsrecht kleideten. Wieder einmal legte ein verhältnismäßig nichtiges und kaum beachtetes Ereignis die Lunte ans Pulverfass und sollte den großen politischen Flächenbrand heraufbeschwören.

Die Gräfin von Lupfen soll im Juni 1524 während der Aussaatzeit die Stühlinger Bauern gezwungen haben, Schneckenhäuser zu sammeln, welche die Gräfin als Garnspulen verwenden wollte. Das war landauf, landab der Signalschuss zum großen Bauernkrieg. Aufständische Bauern zogen daraufhin vor das Stühlinger Schloss, wo sie sich bei Graf Sigmund von Lupfen gegenüber freiheitsraubender Unterdrückung und ungerechten Forderungen verwahrten. Bald tobte die Aufstandswelle auch in Franken und Thüringen. Der zeitgenössische Chronist Johannes Stumpf notierte: „Anno domini 1525, am anfang diß Järs, entstund eine grosße, ungehörte empörung des gemeynen manns allenthalben im gantzen Germanien“. Noch Ende 1524 kam es auch in Forchheim zu Bauernunruhen.

Beginn des politischen Flächenbrandes in Franken

Bei dem Forchheimer Aufstand von 1524 machten sich die aufständischen fränkischen Bauern die um sich greifenden kirchenreformatorischen Proteste zu eigen, als ein katholischer Vikar namens Jörg Kreutzer die neue lutherische Lehre verkündete. Später wirkte der revolutionäre Bauernführer als lutherischer Geistlicher in Nürnberg. Aufständische Bauern und Bürger bemächtigten sich des Forchheimer Stadtregiments und forderten das Ende der adligen Bevormundung sowie kommunale Selbstverwaltung. Im nahen Pinzberg hatten sich frühzeitig 1519 Bauern gegen die Geistlichkeit erhoben. Die Bauernwut in Forchheim resultierte auch daraus, dass viele Adelshäuser vom „Mitleiden", von Steuern und Abgaben, befreit waren. Unzählige Adelssitze, Schlösser und Burgen in Franken gingen im Frühjahr 1525 in Flammen auf. Das war zum selben Zeitpunkt, da auch die thüringische Rebellion unter Thomas Müntzer zu rollen begann. Die Gleichzeitigkeit der bäuerlichen Erhebungen schien militärische Erfolge zu zeitigen. Wie bereits bei den schweren Ausschreitungen im späten 13. Jahrhundert und im ersten Drittel des 14. Jahrhunderts sowie im Jahre 1476 ging eine Welle des Widerstandes seitens des für kirchliche und soziale Belange sehr feinfühligen Bauerntums im Tauberfränkischen aus. Anders als in Mainfranken, wo Bischof Weigand von Redwitz (1522–1556) gegen die bäuerlichen Haufen in seinem Hochstift zunächst nicht mit militärischer Gewalt vorging, setzte der Würzburger Bischof Konrad III. von Thüngen (1519–1540) unter Einsatz seines dem Fürstenstand angehörenden Kriegshauptmanns Wilhelm von Henneberg auf Angriff.

Radikalisierung der Bauernhaufen im Rothenburgischen

Doch der sich mit den Thüringer Bauern verbindende Bildhäuser Haufen blockierte die militärischen Aufmarschwege des Würzburger Bischofs und nötigte ihn zum Verhandeln. Auch im Bistum Bamberg verschärfte sich die Lage, als der reformorientierte lutherische Prediger Johann Schwanhausen des Landes verwiesen wurde und auch die lutherischen Memmelsdorfer, Schneyer und Kirchehrenbacher Geistlichen verstummten. In der Rothenburger Landwehr erhoben sich die Bauern zeitgleich in 123 Ortschaften. Hier schlug jetzt das Aufstellen sogenannter „Bauernmilizen" auf die Obrigkeit zurück. Denn die Rothenburger Bauern erwiesen sich als besonders gut bewaffnet und in der sogenannten „Landwehr" wohlerprobt. In Ohrenbach bei Rothenburg entstand am 22. März 1525 das erste fränkische Fähnlein. Westlich davon stand mittlerweile der gesamte Taubergrund unter Waffen. Am 19. April 1525 schloss sich Heilbronn dem Bündnis an.

Der Taubertaler Haufen mit Jacob Kohl an der Spitze wandte sich erst gegen Mergentheim, Königshofen, Ochsenfurt, Iphofen, Schwarzach und Gerolzhofen, um Anfang Mai 1525 vor dem noch ungebrochenen Würzburger Bischofsstuhl aufzutauchen. Bei der Belagerung des Würzburger Frauenbergs durch den Taubertaler Haufen ist sogleich am 6. Mai 1525 Bischof Konrad III. von Thüngen nach Heidelberg geflüchtet. Kein Geringerer als Florian Geyer vermochte dann gleich am 8. Mai beim Rat, Viertelmeister und Ausschuss von Würzburg die Forderung „einzuklagen", welche lautete: „In der Stadt wird entsprechend dem Evangelium eine neue Ordnung errichtet, alle Steuern sind abgeschafft, die Klöster und andere geistliche Güter werden besetzt; die Stadt verordnet eigene Hauptleute, die gemeinsam mit den Bauernobersten für die innerstädtische Ordnung Sorge tragen" [Bensing, M.: Der deutsche Bauernkrieg, S. 132].

Bauernsturm über Würzburg

Bei der Belagerung des bischöflichen Schlosses auf dem Frauenberg im Anschluss an gescheiterte Verhandlungen eröffneten die Taubertaler Bauernhaufen am 15. Mai 1525 mit vier Feldschlangen, dreizehn Falkonetts und sechs Steinbüchsen vom gegenüberliegenden Nikolausberg das Feuer. Das Schloss als Sitz der fürstbischöflichen Herrschaft galt den zornerbosten Bauern als steingewordenes Zeichen der Unterdrückung. Doch auch in zwei vehementen Angriffswellen, die zweite des Nachts mit Vorrücken bis in den Schlosshof, vermochten die Bauern das bischöfliche Schloss nicht einzunehmen. Pech und Schwefel sollen auf die bereits lichter gewordenen Reihen der Angreifer niedergegangen sein. Auch ward den verzweifelt angreifenden Bauernhaufen kundgetan, dass bereits das den Württembergischen Haufen vernichtend schlagende schwäbische Bundesheer mit Georg Truchsess von Waldburg-Zeil an der Spitze in Richtung Tauberfranken in Marsch gesetzt worden war. In dieser prekären militärischen Lage mit drastischen Versorgungsengpässen für die Belagerer ist die radikale Flugschrift „An die Versammlung gemeiner Bauernschaft“ (1525) zum Erstdruck nach Nürnberg gegangen. Sie appellierte an die Einigkeit der aufständischen Gerechten und mahnte die militärische Disziplin an. Es gelte auch, die militärischen Führer einzig aus den Bauernreihen zu rekrutieren, „denn es will sich fürwahr nicht reimen, dass man Wolfshaar unter die Schafswolle mischt“. So mussten adlige Übergelaufene sich „zu Fuß“ einreihen.

Der Bauernkrieg auf dem Höhepunkt: das Scheitern des Heilbronner Bauernparlaments

Dem Hohenloher Bauernführer und Landschreiber Wendel Hipler (1465–1526), vormaliger Sekretär des Grafen von Hohenlohe und Rechtsvertreter der Bauern vor dem herrschaftlichen Gericht, schwebte als Rechtsinstrument die Schaffung eines Ständischen Bauernparlaments mit Sitz in Heilbronn vor, das aus fränkischen, schwäbischen und rheinländischen Kontingenten bestehen und reichspolitisch wirken sollte. Dazu war ein „Heilbronner Programm“ als verfassungsgebendes Reformwerk ins Auge gefaßt. Es war daran gedacht, ein überregionales Bauernreformprogramm zu installieren, das dabei verfassungsrechtliche Fragen auf Reichsebene zu parieren wusste. Mit der beabsichtigten Errichtung des Heilbronner Bauernparlaments sollte auch ein politisches Zentrum in den Aufstandshochburgen der Bauern installiert werden. Einer kirchlichen Quelle zufolge sollen im Mai 1525 annähernd 300.000 Bauern im Aufstand gestanden sein. Mit Entsetzen reagierten Adel und Geistlichkeit darauf, dass bei dem Sturm auf Weinsberg etwa zeitgleich der bei den Bauern besonders verhasste Graf von Helfenstein und dreizehn weitere Adlige „durch die Spieße getrieben“ worden waren. Das Heilbronner Bauernparlament ist dann auch nur eine historische Episode geblieben.

Die Geschichtsschreibung der ehemaligen Deutschen Demokratischen Republik, die den Gegenstand „Deutscher Bauernkrieg“ erschöpfend, aber ideologisch einseitig rekapituliert hat, hegte Zweifel an der politischen Rechtgläubigkeit Hiplers: „Friedrich Engels nannte Hipler den Repräsentanten ‚des Durchschnitts aller progressiven Elemente der Revolution', der das momentan Mögliche am besten erkannt habe. Um das Mögliche jedoch auch erreichen zu können, mussten die Positionen der alten Feudalordnung entscheidend geschwächt werden. Dazu bedurfte es des revolutionären Kampfes der Volksmassen, dem Hipler gerade die Spitze abzubrechen versuchte. Insofern konnte das aus seinem Kreis hervorgegangene Programm nicht zum Banner des Volkskampfes werden". Ob in diesem wiedergegebenen „Lehrstück" historisch-materialistischer Geschichtsschreibung nicht auch eine konjunktivistische Versatzbetrachtung des „Was wäre wenn?" mitschwingt?

Der Heilbronner „Reichsreformplan" als inhaltliche Fortentwicklung der „Zwölf Memminger Artikel" ist dann auch reine Utopie geblieben. Letztlich ist in dem Heilbronner „Reichsreformplan" jene Vorstellung des Gemeinen Mannes vom Staat projiziert worden. In Heilbronn indes ist es weder zu Parlamentsberatungen noch -beschlüssen gekommen. Die am 9. Mai 1525 eingetroffene „Hiobsbotschaft" vom Sieg des fürstlichen Bundesheeres in Böblingen hatte für die Kampfmoral niederschmetternde Auswirkungen. Offensichtlich kopflos warfen die Bauern ihre Sturmsensen, Kriegsgabeln und Fischspieße „ins Korn", um sich schleunigst bei ihren regionalen Haufen zu sammeln. Hipler hat sich nach Würzburg begeben, um die Abwehr der „Bündischen" zu organisieren. Unterwegs hat er „Feldschlangen" requiriert und seinem Tross „einverleibt".

Der Niedergang der fränkischen Bauernhaufen 1525

Als bereits ein braunschweigisch-hessisches Fürstenheer sowie das Heer Herzog Georgs von Sachsen siegreich die Schlacht von Frankenhausen am 14./15. Mai 1525 bestritten hatten und der bündische Heerführer Georg Truchsess von Waldburg-Zeil am 28. Mai 1525 bei Neckarsulm fränkischen

Boden betreten hatte, bestanden noch drei große Bauernhaufen innerhalb der fränkischen Grenzen: der Bildhäuser Haufen, der sich der Belagerung Würzburgs anschließen wollte, wo das bündische Heer Mitte Juni 1525 einfiel, der Taubertaler Haufen, der den Belagerungsring um Würzburg geschlossen hielt, sowie der Neckartal-Odenwälder Haufen, der sich den bündischen Reisigen bei Königshofen entgegenzuwerfen anschickte. Die Söldnerheere der Fürsten mit ihren größtenteils mit Bidenhändern und Feuerwaffen wie Hakenbüchsen gut ausgerüsteten Reisigen und Kriegsknechten operierten kriegstechnisch überlegener und besaßen mit weit reichender Logistik und einem funktionstüchtigen Kurierwesen vielerlei „Feldvorteil".

Schlacht bei Königshofen

Die Stadt Neckarsulm hat sich den zahlenmäßig erdrückend stärkeren bündischen Truppen Georg Truchsess' von Waldburg-Zeil erst nach langer Belagerung ergeben. Dafür wurden gleich zwölf Gefangene, darunter der Stadthauptmann, der Feldschreiber und ein Fähnrich mit dem Schwert enthauptet. Am 30. Mai 1525 wandte sich das bündische Heer mordend und raubend der fränkisch-schwäbischen Stadt Ballenberg zu. Ballenberg sah fast seiner völligen Ausradierung entgegen, da die Stadt eine der Ausgangszentren der revolutionären Bauernbewegung bildete und von hier der Oberste Bauernhauptmann Georg Metzler, das Haupt des „Evangelischen Heeres", gebürtig war. Beim Marsch auf Boxberg erreichte den Heerführer die Nachricht, dass ein starker Haufen bei Königshofen mit etwa 7.000 Bauern und 47 Geschützen in seinen Wagenburgen lagerte. Doch nicht militärische Friktionen und unvorhersehbare Ereignisse, vielmehr drohende Entscheidungsschwäche der Bauernobersten besiegelten die Niederlage des Haufens. Bekanntlich hat der vormals im Hofdienst des Ansbacher Markgrafen stehende Götz von Berlichingen als unfreiwilliges Haupt des Neckartal-Odenwälder Haufens die Möglichkeit zur „Fahnenflucht" genutzt und sich schnurstracks zu seiner Burg Hornberg begeben. Angeblich sollen an jenem 2. Juni 1525 als dem Tag der Schlacht von Königshofen auch die Bauernführer Georg Metzler und Wendel Hipler die Flucht ergriffen haben, indem sie „den Pferden an den Geschützen die Stränge abgehauen, sich darauf geschwungen und das Weite gesucht haben". Darauf sollen auch weitere Bauernhauptleute und Weibel „Fersengeld" gegeben haben. Ein Bauer sagte vor Gericht aus, es seien „die großen Hansen" gewesen, welche „auf den Gäulen saßen". Die Welle der dann in Richtung des nordöstlich der Tauber und Umpfer gelegenen Waldes kopflos flüchtenden Bauern wurde von der fürstlichen Schweren Reiterei in Manns- und Rossharnisch niedergemacht. Wiederum soll Georg Truchsess von Waldburg-Zeil Ordre erteilt haben, keine Gefangenen zu machen. Die Reitergeschwader des Schwäbischen Bundes rückten auch direkt gegen Königshofen vor, wo sie sich in einer Zangenbewegung mit dem Landknechtsheer des Bundes vereinigten. Fast die gesamte männliche Bevölkerung Königshofens erlag dem mörderischen Treiben des dahinmetzelnden bündischen Heers.

Der Taubertaler Haufen unterliegt dem Bundesheer bei Würzburg
Die militärischen und führungspolitischen Unzulänglichkeiten der Bauernhaufen sind auch in der Endphase des großen Bauernkrieges auf fränkischem Boden allgegenwärtig. Der Taubertaler Haufen hatte zu Junianfang 1525 den Belagerungsring um Würzburg geöffnet und war in Eilmärschen in Richtung von Schloss Ingolstadt bei Giebelstadt in der Nähe von Ochsenfurt aufgebrochen, wo die Bauern auf der Hochebene eine Wagenburg errichteten, in der falschen Hoffnung, mit den Odenwäldern zusammengehen zu können. Wiederum war das Heer der Aufständischen mit 5.000 Bauern, 26 Geschützen und mit zahlreichen Hakenbüchsen ausgestattet zahlenmäßig unterlegen. Auch erwiesen sich die Verteidigungsmöglichkeiten auf der Hochebene beim Unteren Schloss als ungünstig. Offensichtlich hatten die Bauern-

führer das Hochplateau geländemäßig nicht für ihre Taktik nutzen können. So war die bäuerliche Verteidigungsordnung schon beim ersten Aufprall in Auflösung begriffen. Die Bauern flohen Hals über Kopf, verteidigten aber an diesem schmerzlichen 4. Juni 1525 mit einem Fähnlein das Untere Schloss bei Ingolstadt. Angeblich soll der militärische Führer des Fürstenheeres, Georg Truchsess von Waldburg-Zeil, ein Dorf, in dem sich zwei Fähnlein Bauern verschanzt hatten, komplett niedergebrannt haben, so dass die Aufständischen bei lebendigem Leibe verbrannten. Beim Sturm auf das Untere Schloss bei Ingolstadt, wo schwerste Kämpfe stattfanden und die Bauern zu Verteidigungszwecken mit bloßen Händen Steinwerk aus den Mauern brachen, haben auch bei starken Verlusten der Angreifer nur siebzehn Bauern überlebt. Am 8. Juni 1525 eroberte das Heer des Schwäbischen Bundes Würzburg, wo sich noch immer 2.000 Bauern aufgehalten hatten. 64 Aufständische wurden gleich am 8. Juni vom Leben zum Tod gebracht, weitere 150 Bürger wurden über Wochen peinlich geschändet. Noch am 8. Juni 1525 zog das Bundesheer mordend und verwüstend weiter nach Schweinfurt, Bamberg und Nürnberg, sodann nach Nördlingen und Sulzberg, das es Ende Juli 1525 erreichte.

Bei der Rückeroberung von fränkischen Städten im Sommer 1525 – Rothenburg und Kitzingen – stand Markgraf Kasimir von Brandenburg-Kulmbach (1481–1527) an Grausamkeit Georg Truchsess von Waldburg-Zeil keineswegs nach. Ebenfalls Heerführer im Schwäbischen Bundesheer und aufgrund seiner Grausamkeiten bei den einfachen Söldnern „Bluthund" genannt, hat der Markgraf bei der Einnahme von Kitzingen 56 der flehentlich um Gnade bittenden Aufständischen die Augen ausstechen lassen. Der Bauernkrieg in Franken wurde damit auf grausamste Weise zu Ende geführt.

Zu einem Gutteil trugen die politischen Forderungen der Bauern utopischen Charakter. So heißt es in der Ochsenfurter Kriegsordnung des Taubertaler Haufens vom 27.4.1525: „… Welcher vom Adel in diese christlichen Bruderschaft zu komen begert, sole und muß bewilligen, sein Schloss und Befestigung abbrechen zu lassen, oder solle Macht haben, solchs in ainer gelegen furderlichen Zeit selbst zu tun". Die Bauern haben bei ihrem Ruf nach „evangelischer Freiheit" und „christlicher Gleichheit" selbst derart scheußliche Kriegsverbrechen begangen, dass ihnen selbst die mit ihnen zunächst politisch sympathisierenden Städte und der verarmte Ritterstand die Gefolgschaft verweigerten. War der Bauernkrieg auf fränkischem Terrain faktisch mit der Einnahme Würzburgs durch das Bundesheer und die Fürsten am 8. Juni 1525 faktisch beendet, so bleibt festzuhalten, dass sämtliche Bauernheere gleichsam zeitgleich und unabhängig voneinander hauptsächlich seitens des Schwäbischen Bundes geschlagen worden sind.

7.
Die hohenzollerischen Markgrafschaften – weltliche Vormacht in Franken

Macht und territoriale Expansion: Markgrafenkriege in Franken

Sie stellten nach dem Fürstbistum Würzburg den politisch wie militärisch am gewichtigsten Staat in Franken dar: die hohenzollernschen Markgrafschaften bildeten einen so starken Machtfaktor innerhalb von Franken, dass kein Geringerer als Markgraf Albrecht Alcibiades von Brandenburg-Kulmbach (1522–1557) derart vermessen war, von seinem Rumpfland Kulmbach aus eine weltlich-staatliche Einigung Frankens anzupeilen.

Albrecht Alcibiades – blutige Kriege um ein neues „Herzogtum Franken"

Markgraf Albrecht Alcibiades wurde als drittes Kind Markgraf Kasimirs von Brandenburg-Kulmbach (1481–1527) und dessen Ehefrau Susanne (1502–1542), einer Tochter des Herzogs Albrecht IV. von Bayern, am 28.3.1522 in Ansbach geboren. Seine Schwester Katharina hat nur drei Monate gelebt († 15.3.1521). Seine Schwester Marie (1519–1567) war mit Friedrich III. Kurfürst von der Pfalz vermählt. Die jüngere Schwester Kunigunde (1524–1558) heiratete am 10.3.1551 Karl II. Markgrafen von Baden-Durlach. Als „Vetter" des lutherischen Kurfürsten von Brandenburg Joachim II. „Hector" (1505–1571) war Albrecht Alcibiades als Politiker, Kriegsherr und Abenteurer nicht nur eine der schillerndsten Gestalten Frankens, sondern ganz Deutschlands. Sein direkter Urgroßvater Albrecht Achilles (1414–1486) war seit 1440 Markgraf von Brandenburg-Ansbach, seit 1460 auch Markgraf von Brandenburg-Kulmbach, und vereinigte beide Markgraftümer im Jahre 1464, um dann 1470 auch noch die Kur mit der Mark Brandenburg zu erhalten. Albrecht Achilles hat dann aber in der sogenannten „Dispositio Achillea“ von 1473 die Mark wieder von den fränkischen Fürstentümern getrennt. Unter Markgraf Georg Friedrich dem Älteren (1539–1603) waren dann beide fränkischen Markgraftümer seit 1557 wiedervereinigt, um 1603 mit Markgraf Christian von Brandenburg-Kulmbach und mit Markgraf Joachim Ernst von Brandenburg-Ansbach, beides Söhne des Kurfürsten Johann Georg (1525–1598), endgültig getrennt zu werden. War doch mit dem Tod Georg Friedrichs am 25.4.1603 in Ansbach die ältere Linie der fränkischen Hohenzollern ausgestorben. Das war aufgrund des Geraer Hausvertrages vom 29.4.1599 zwischen Kurfürst Joachim Friedrich († 1608) und Markgraf Georg Friedrich von Brandenburg-Ansbach-Kulmbach († 1603) geschehen, der die Unteilbarkeit der Mark Brandenburg und eine Sekundogenitur der fränkischen Markgraftümer verfügte.

Albrecht Alcibiades, der seinen latinisierten Beinamen „Alcibiades“ von dem streitbaren griechischen Politiker und Strategen „Alkibiades“ († 404 v. Chr.) entliehen hat, ist bei seinem Onkel Georg dem Frommen von Brandenburg-Ansbach aufgewachsen, der fast sechzigjährig noch einen Sohn, Georg Friedrich (1539–1603), geschenkt bekam. Deshalb forderte Albrecht Alcibiades, der „sein“ fränkisches Erbe gern ungeteilt gesehen hätte, mit seiner Volljährigkeit im Jahre 1540 die territoriale Teilung der Markgraftümer. Nachdem Albrecht Alcibiades den Teilungsplan auf dem den „Nürnberger Religionsfrieden“ von 1532 bestätigenden Reichstag zu Regensburg April 1541 durchgesetzt hatte, bekam der „Krieger“ genannte Albrecht das obergebirgige Land.

Albrecht Alcibiades war kaisertreu und machtbesessen, während bei dem evangelisch-lutherischen Markgrafen konfessionelle Fragen in den Hintergrund traten. Im vierten Reichskrieg Karls V. gegen das mit Suleiman I. verbündete Frankreich kämpfte Albrecht 1543 und 1544 als kaiserlicher

Reiterführer, im Schmalkaldischen Krieg von 1546 und 1547 dann erneut auf Kaiserseite und wider die eigenen Religionsangehörigen. Seit 1550 wandte sich Albrecht verbittert über mangelnde politische Unterstützung durch den Kaiser dem gegnerischen Lager zu, um in der protestantischen Fürstenopposition Albrechts von Preußen (1490–1568) und Johann Albrechts von Mecklenburg mitzutun. Sein vordringliches Ziel jedoch galt einer machtpolitisch wie militärisch erzwungenen politischen Einigung Frankens, wozu Albrecht Alcibiades seit 1552 im Zweiten Markgrafenkrieg die fränkischen Bistümer und Nürnberg zu Gebietsabtretungen nötigte.

Bereits sein Urgroßvater Albrecht Achilles hatte sich im Ersten Markgrafenkrieg 1449/1450 in einem Eroberungskrieg gegen die Reichsstadt Nürnberg des Nürnbergschen Vorpostens Lichtenau bemächtigt (August 1449), den er im Bamberger Friedensvertrag vom 22. Juni 1450 wieder herausgeben musste. Wie sein Urenkel wollte Albrecht Achilles sein Territorium Ansbach zu einem „Herzogtum Franken" arrondieren. Dabei blies Albrecht Achilles auch die Politik und militärische Unterstützung des von der Reichsstadt Nürnberg mitgetragenen „Schwäbischen Städtebundes" mächtig ins Gesicht. Albrecht Alcibiades musste wie sein Urgroßvater wissen, dass weder die im Städtebund Schutz findende Reichstadt Nürnberg mit blühender Wirtschaft und annähernd 30.000 Einwohnern um 1520 noch die beiden Hochstifte Würzburg und Bamberg politisch erpressbar waren.

Albrecht Achilles brach im Frühjahr 1552 von seinem Territorium Brandenburg-Kulmbach zu seinem großen Raubzug durch Franken auf. Vor allem brandschatzte er die Hochstifte Würzburg und Bamberg und wenig später auch die Stifte Mainz und Trier. Besonders schwere Verwüstungen richtete der streitbare Markgraf im Hochstift Bamberg an. Hier verwüstete er auch den seit 1021 zu Bamberg gehörenden Ort Eltersdorf (Altrihesdorf) bei Erlangen vollständig, wo 1524 die Reformation Einzug gehalten hatte. Das Dorf Eltersdorf war zusammen mit Kraftshof, Neunhof und Vach im Jahre 1449 im Ersten Markgrafenkrieg vom Urgroßvater Albrecht Achilles vollkommen zerstört worden. Im Heer Albrecht Alcibiades' kämpften auch die schillernden Gestalten eines Marschalls Wilhelm von Grumbach (1503–1567) und eines Rocho von Streitberg als „Lieutenant". Aufgrund des abenteuerlichen Lebens Grumbachs und seiner schillernden Taten verfasste der romantische Dichter Ludwig Bechstein das 1839 in Hildburghausen verlegte dreiteilige Romanwerk „Grumbach", das die Jahre 1541 bis 1594 in Franken beleuchtete. Die Reichsstadt Nürnberg hatte indes Markgraf Albrecht Alcibiades vergebens belagert. Der landhungrige Potentat griff dann vor allem ins Bambergische und ins Würzburgische. Streitberg und Neideck, die damals bambergisch waren, ließ er 1553 endgültig schleifen. Auch Burg Reicheneck bei Happurg, wo einst die Herren von Absberg saßen, hat der Kriegsherr Albrecht Alcibiades noch im Jahre 1553 niederbrennen lassen. Auch in den katholischen Gegenden von Niesten, Burgkunstadt und Lichtenfels im Bambergischen hat er gebrandschatzt und anstelle der amtierenden Geistlichen evangelische eingesetzt. Das Zisterzienserinnenkloster Seligental bei Osterburken im jetzigen Neckar-Odenwald-Kreis, das wenige Jahre später (1561/1568) ganz aufgehoben wurde, hat Albrecht Alcibiades ebenfalls zerstören lassen und sowohl Forchheim als auch Bamberg besetzt.

Albrecht Alcibiades vermochte sich seine Eroberungen in Franken mit hohen Kontributionen bei den Hochstiften Würzburg und Bamberg bei Karl V. „gutschreiben" zu lassen, da der Kaiser nach dem „Seitenwechsel" des Kurfürsten Moritz von Sachsen – des „Judas von Meißen" – zu Heinrich II. von Frankreich mehr denn je auf die militärische wie auf die politische Hilfe des nach dem Herzoghut greifenden Markgrafen bauen wollte. Zur Abwehr der ganz Franken bedrohenden Aggressionspolitik Markgraf Albrecht Alcibiades' hatten sich gleich zu Jahresbeginn 1553 die Hochstifte Würzburg, Bamberg und Eichstätt sowie die Deutschordensballei

Franken mit Sitz in Mergentheim, die Reichsstädte Nürnberg, Rothenburg und Windsheim, Kurfürst Moritz von Sachsen mit dessen vormaligem Widersacher Herzog Heinrich dem Jüngeren von Braunschweig-Wolfenbüttel, Lüneburger Fürsten und König Ferdinand I. im „Fränkischen Bund“ alliiert. Daraufhin marschierte Markgraf Albrecht Alcibiades mit etwa 18.000 Söldnern ins Herzogtum Braunschweig-Lüneburg ein, wo er in der Schlacht von Sievershausen am 9. Juli 1553 von den vereinigten Heeren des Kurfürsten Moritz von Sachsen und des Herzogs Heinrich dem Jüngeren von Braunschweig-Wolfenbüttel besiegt wurde. In dieser blutigsten Schlacht des Reformationszeitalters, die zunächst Feldvorteile für das Heer Albrechts sah, sind Moritz von Sachsen und zwei Söhne Herzog Heinrichs gefallen. Insgesamt ließen an diesem blutigen Sonntag annähernd 4.000 Kämpfer auf dem Schlachtfeld bei Sievershausen ihr Leben, mit vier Fürsten, neun Grafen und 250 Rittern. Nach weiteren Niederlagen bei Braunschweig und Kitzingen schlug sich Albrecht Alcibiades zu seiner Schwester Kunigunde an den badischen Hof in Pforzheim durch. Am 1.12.1553 verhängte die kaiserliche Kanzlei zu Speyer die Reichsacht über Albrecht.

Als Rache für die Verwüstungen Albrecht Alcibiades’ in den fränkischen Hochstiften und auf dem Hoheitsgebiet der Reichsstadt Nürnberg zogen im Herbst 1553 die Bischöfe von Würzburg und Bamberg und der Rat von Nürnberg Heere bei Kulmbach zusammen. Der Schlag der Vernichtung seitens der Gegner des Markgrafen schien „so gut wie total“. Der Konraditag, 26.11.1553, war der schwärzeste Tag in der Geschichte Kulmbachs. Nachdem am 18. November 1553 nach Wochen die zweite Belagerungsphase der Residenzstadt begonnen hatte, ist an „Konradi“ ganz Kulmbach ein Raub der Flammen geworden. Angeblich sollen die Burgverteidiger die eigne Stadt in Brand gesetzt haben, um dem Feind keine Wintervorräte zu überlassen. Nur 54 Familien Kulmbachs überlebten. Monate später fiel die Plassenburg und wurde selbst ein Raub der Flammen. Als Albrecht Alcibiades am 8.

Januar 1557 in Pforzheim starb, machte sich sein Nachfolger Markgraf Georg Friedrich der Ältere (1539–1603), ein direkter Vetter des vollends gescheiterten und früh gestorbenen Albrecht, an den mühsamen Wiederaufbau.

Politische und territoriale Entwicklung der fränkischen Markgraftümer bis 1600

Die fränkischen Markgraftümer bildeten bis zum Ende des alten Reiches eigenständige politische Gebilde und waren überdies staatsrechtlich autonom. Nach dem Tod seines Vaters Albrecht Achilles 1486 hatte Friedrich V. durch Losentscheid die Markgrafschaft Brandenburg-Ansbach erhalten, während dessen Bruder Siegmund als jüngster Sohn von Albrecht Achilles das Fürstentum Brandenburg-Kulmbach bekam. Nach dem Tode seines Bruders 1495 erbte Friedrich V. auch das Fürstentum Kulmbach.

Reformation in den Markgraftümern
Die hohenzollernschen Territorien in Franken, ihnen voran Brandenburg-Ansbach und Brandenburg-Kulmbach, haben früh die Reformation eingeführt. Markgraf Georg der Fromme von Brandenburg-Ansbach, auch Georg der Bekenner genannt, hat bereits 1524 in seinen beiden Markgraftümern Ansbach und Kulmbach sowie in dem 1523 von ihm erworbenen Herzogtum Brandenburg-Jägerndorf stark die Verbreitung der evangelisch-lutherischen Glaubenslehre gefördert. Dabei stand ihm vor allem der vehemente Widerstand des Dompropstes Friedrich von Würzburg im Wege. Ungeachtet dessen hat Georg die katholischen Kirchengüter eingezogen und das Ansbacher Gymnasium als Schule unter lutherischer Observanz gegründet. An Kirchengütern ist auch das um 745 gegründete Benediktinerinnenkloster Kitzingen 1544 enteignet worden. Mit seinen zusammen mit der Reichsstadt Nürnberg am 14. 6.1528 abgestimmten „Schwabacher Visita-

tionsartikeln“ festigte Georg die Reformation in den Markgraftümern.

Im „Oberland“ ist in Erlangen am 28. Oktober 1528 seitens der Kulmbacher Hofkanzlei der vom Rat und vom Erlanger Bürgermeister vorgeschlagene Endres Eckh aus Ansbach als erster evangelisch-lutherischer Geistlicher bestätigt worden. In der neuen Landeshauptstadt Bayreuth hatte sodann Markgraf Albrecht Alcibiades den neuen Glauben verordnen lassen, nachdem er 1542 die Hofkanzlei nach Bayreuth verlegt hatte. Hier wie in Erlangen war kein Geringerer als der Lutherschüler Georg Schlegel († 1554) aus Gunzenhausen Garant dafür, dass die neue Kirchenlehre tiefe Wurzeln schlug. Schlegel war noch im Jahre 1539 in Wittenberg zum Pastor in Erlangen ordiniert worden. Von Frauenaurach, wo immer noch das Dominikanerinnenkloster bestand, ist 1531 auch Melchior Kohlmann als lutherischer Pastor in die Ackerbürgerstadt Erlangen gekommen.

Bereits 1524 war die Reformation in Eltersdorf eingeführt worden, 1527 in Bruck und 1531 in Frauenaurach. In Bayreuth saß das paritätisch aus evangelisch-lutherischer Geistlichkeit und Juristen zusammengesetzte lutherische Konsistorium, das über Lehre, Kirchendisziplin und Geistlichkeit wachte und das landesherrliche Kirchenregiment war.

Superintendent Dr. Christoph Schleupner

Ein besonders bewegtes Gelehrtenleben stellte der schicksalhafte Werdegang des Bayreuther Geistlichen Christoph Schleupner dar. Schleupner wirkte auch an den geistlichen Stätten Kulmbach, Hildesheim, Eisleben, Würzburg und in Hof an der Saale. Wir möchten seinen Lebenslauf hier schlaglichtartig reflektieren, weil die Festigung des evangelisch-lutherischen Landeskirchentums in Franken seinen Lebensweg begleitete. Schleupner hat am 19.9.1566 in Trumsdorf bei Thurnau, jetzt Oberfranken, das Licht der Welt erblickt, und zwar als Sohn des evangelisch-lutherischen Geistlichen Cyriacus Schleupner (1529–1580) und als Enkel des Nürnberger

Kirchenreformators Dominicus Schleupner († 1547). Christoph Schleupner besuchte die Schule in Goldkronach und immatrikulierte sich 1583 an der Universität „Leucorea" der alten Lutherstadt Wittenberg. Während seines Studiums litt Schleupner, der erst 1598 in Wittenberg seinen Doktorhut erwarb und seinen Lebensunterhalt mit Schreibarbeiten bestritt, unter drastischem Geldmangel. Zuerst war er Hauskaplan in Gesees, 1589 Syndiakon in Bayreuth, um sich später um das Diakonat in Kulmbach zu bewerben. Aufgrund gescheiterter und versagter Stellenantretungen in Bayreuth und Kulmbach hat Schleupner sich mit dem Konsistorium und der weltlichen Obrigkeit auch in Fragen der evangelischen Kirchenlehre überworfen.

Gleichsam als „Erlösung aus unerträglichen Zuständen" ist ihm dann im Juli 1598 die Stelle des Superintendenten des „Herzogtums Graz in Steyermark" angetragen worden. Die Verbreitung der lutherischen Lehre in Österreich erreichte unter Kaiser Maximilian II. (1564-1576) ihren Höhepunkt. Unter Ferdinand II. wurden die Protestanten unterdrückt. Deshalb wandte sich Schleupner seit 1600 wieder Deutschland zu, wo er eine auf sieben Jahre befristete Superintendentur in Hildesheim erhielt, wo Johannes Bugenhagen gewirkt hatte. 1607 erhielt Schleupner in Eisleben in Anhalt die Stelle des Generalsuperintendenten. Dort verschaffte sich Dr. Schleupner mit vielen Veröffentlichungen den Ruf eines Dogmatikers und Polyhistors. Er schrieb unter anderem auch über die „Harmoniae librorum Veteris Testamenti" – die Zusammenstimmung der Bücher des Alten Testamentes – und zog in seiner Schrift „Vom Steigen und Fallen des Papstes zu Rom" von 1617 die Papstlehre in Zweifel. Seine auch im Rahmen der Reformationsjubiläumsfeiern im Jahre 1617 in Bayreuth abgehaltenen Predigten erschienen im Druck, nachdem ihn Markgraf Christian Ernst im Februar 1612 zum Generalsuperintendenten der Residenzstadt bestellt hatte. Schleupner wirkte dann abwechselnd in Bayreuth und Kulmbach. In Fragen der Hugenotten- und Judenansiedlung im

Fürstentum hatte sich der lutherische Theologe 1620 mit der toleranten Markgräfin Marie, der Gemahlin Markgraf Christians, überworfen. 1625 siedelte Schleupner nach Hof über, wo beim großen Stadtbrand im November 1625 sein theologisches Werk mit der wichtigen Korrespondenz ein Raub der Flammen wurde.

Im Dreißigjährigen Krieg war König Gustav II. Adolf auf den Gelehrten aufmerksam geworden und ernannte den Kirchenmann im Mai 1632 zum Generalsuperintendenten der „Schwedischen Reformation" in Würzburg. Schleupner machte sich dann für die Einführung der Brandenburg-Nürnbergschen Kirchenordnung von 1533 stark, welche, von Osiander ausgearbeitet, zur Registratur der Kindstaufen und Heiraten verpflichtete. Schleupner erlag am 10. August 1635 seinen schweren Verletzungen, die ihm katholische Milizen beigebracht hatten. Ihm zu Ehren läuteten die Hofer Glocken ein Trauergeläut.

Getrennte und wiedervereinigte Markgrafschaften

Die fränkischen Markgrafschaften unter den Hohenzollern waren seit dem 15. Jahrhundert wiederholt politisch vereinigt als auch getrennt, wie bereits gezeigt worden ist. Bis zum Regierungsantritt Markgraf Christians von Bayreuth und Markgraf Joachim Ernsts von Ansbach im Jahre 1603 waren die geographisch disparaten Territorien überwiegend politisch vereinigt (seit 1464 und 1557), sodann zwischen 1603 und 1769 jeweils von zwei Markgrafen unabhängig voneinander regiert. Dabei handelte es sich geographisch um ein Gesamtgebiet mit einer Länge von ungefähr 200 Kilometern zwischen Südwest (Crailsheim) und Nordost (Hof an der Saale). Mit der Stadt Creglingen ragte ein hohenzollernscher Gebietszipfel ins Tauberfränkische hinein. Prichsenstadt im Norden bildete eine zollerische Enklave auf Hochstiftsgebiet Würzburg. Zwischen den beiden Markgrafschaften verharrte mit beachtlicher Ausdehnung das mit Lichtenau eine Enklave in Ansbach besitzende Hoheitsgebiet der Reichsstadt Nürnberg.

Die Markgrafen regierten im 17. Jahrhundert mit Hilfe des Geheimen Rates, der unter anderem auch die Verhandlungen mit dem seit 1608/1610 bestehenden „Landschaftsdirektorium" und mit der „Landschaft", der Gesamtheit der Stände, führte. Der Geheime Rat gilt verfassungsgeschichtlich als Vorläufer des preußischen Generaldirektoriums des 18. Jahrhunderts. Er schuf auch erstmals für die verschiedenen Gebiete der Staatsverwaltung eigene Referate. Daneben bestanden als Oberstes Landesgericht der „Hofrat", als fürstliche Finanzbehörde der „Kammerrat", das lutherische Konsistorium als Summepiskopat sowie der „Lehenhof" als Lehnsgericht. Scharf getrennt von der „Landschaft" war im Markgrafentum die landsässige Ritterschaft. In der Ämterorganisation als Äußerer Verwaltung waren die Markgrafschaften durch die sogenannten „Hauptmannschaften" vertreten. In Brandenburg-Bayreuth waren das die Orte Bayreuth, Kulmbach, Hof, Wunsiedel, Neustadt und Arzberg/Hohenberg (bis 1613). Die fürstlichen Behördenorganisationen in den Markgraftümern haben dann zusehends die hier noch voll intakten Stände mit ihrem Recht der Steuerbewilligung umklammert. Einmal im Jahr berief der Markgraf den Landtag als einen Ständetag gesetzesmäßig ein.

„Umb des Glaubens willen", um „Peuplierung" und Aufbau von „Commerzien": Reformierte und Waldenser siedeln in Franken

Reformierte Glaubensflüchtlinge fanden bereits im 16. Jahrhundert in Franken Aufnahme, obgleich die Angehörigen des reformierten Bekenntnisses vom Augsburger Religionsfrieden ausgeschlossen waren (§ 17). Niederländische Reformierte hatten sich „schon von jeher in Nürnberg niedergelassen", 1527 waren niederländische Tuchweber in Nürnberg, 1559 wurde der reformierte Holländer Jan de Bouß Bürger der Reichsstadt. Drei Jahre später verlieh Nürnberg einem reformierten Seidenhändler das Bürgerrecht.

1) Blick von Westen auf die „Ehrenbürg“ bei Forchheim in Oberfranken. Von Kelten und in der späten römischen Kaiserzeit von Germanen besiedelt, zählte die Ehrenbürg aufgrund ihrer gewaltigen Mauerringanlagen zu den größten antiken Bergfestungen Deutschlands. Fotografie, © Florian Trykowski/life-image.de.

2) Bischof Remigius von Reims tauft den Frankenkönig Chlodwig I. aus dem Haus der Merowinger. Französische Buchmalerei, 14. Jahrhundert. © AKG Images, Berlin.

3) Der heilige Kilian, der Schutzpatron der Franken, mit seinen Gefährten Kolonat und Totnan. Holzskulptur von Tilman Riemenschneider (Kopie), Neumünsterkirche, Würzburg. Fotografie, © Christian Horvat/Wikipedia.

4) Karl der Große, fränkischer König und römischer Kaiser. Reiterstatue in Bronze aus karolingischer Zeit (vermutlich um 870). © AKG Images, Berlin.

5) Das 816 gestiftete Benediktinerkloster Münsterschwarzach bei Kitzingen am Main in Unterfranken. Außenansicht, Aufnahme von Gerhard Trumler, © Ullstein Bild, Berlin.

6) St. Jakobskirche in Urphar, Unterfranken. Wehrkirche, Turm aus dem 9./10. Jahrhundert, Langhaus von 1297. Außenansicht, © AKG Images, Berlin.

7) Szene aus dem Leben Adalberts des Siegreichen (um 990-1055). Ausschnitt aus dem Stammbaum der Babenberger, um 1489/ 93, Stift Klosterneuburg/Niederösterreich. © AKG Images, Berlin.

8) Burg Wertheim, Stammburg des gleichnamigen Grafengeschlechts, erbaut im 12. Jahrhundert, seit dem 17. Jahrhundert Ruine. Außenaufnahme, Fotografie, © Michael Baudy/Pixelio.

9) Bischof Otto von Bamberg wird 1124 auf seiner Missionsreise nach Pommern vom Polenherzog Boleslaw III. empfangen. Holzschnitt nach Zeichnung von Emil Döpler, 1890. © AKG Images, Berlin.

10) Benediktinerkloster Michaelsberg in Bamberg, gegründet 1015 von Kaiser Heinrich II. Frontansicht der Klosterkirche, in der sich das Grab Ottos von Bamberg befindet. Fotografie: www.digitalstock.de.

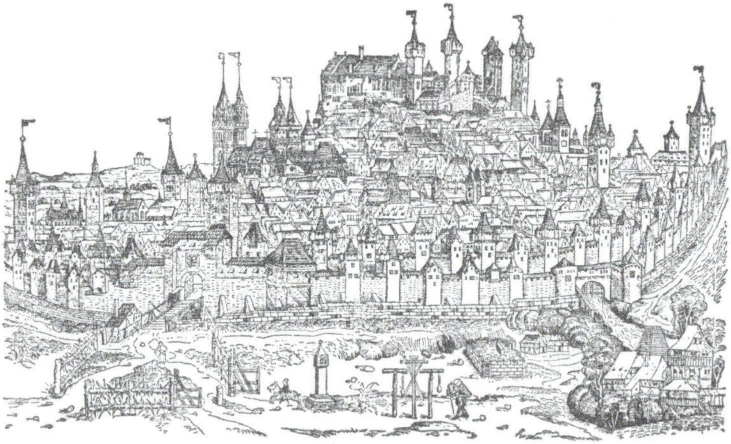

11) Ansicht der Stadt Nürnberg mit der Burg aus der Schedelschen Weltchronik von 1493. Holzschnitt.

12) Die Frauenkirche in Nürnberg wurde auf Veranlassung von Kaiser Karl IV. anstelle der im Pogrom von 1349 zerstörten Synagoge errichtet. Fotografie: www.digitalstock.de.

13) Die „Kaiserpfalz" in Forchheim wurde in der zweiten Hälfte des 14. Jahrhunderts vom Bamberger Bischof Lambert von Brunn erbaut. Sie diente den Fürstbischöfen von Bamberg als Zweitresidenz. Außenansicht, © Tourismuszentrale Fränkische Schweiz.

14) Der Minnesänger Süßkind von Trimburg (rechts, mit Judenhut) im Gespräch mit einem Würdenträger der Stadt Konstanz. Buchmalerei, Manessische Liederhandschrift, um 1300. © AKG Images, Berlin.

15) Ruine Neideck bei Ebermannstadt in Oberfranken. 1219 erstmals urkundlich erwähnt und seit Ende des 13. Jahrhunderts Stammburg der Schlüsselberger, zählt die festungsähnliche Burganlage zu den größten Wehrbauten Frankens. Fotografie, © Florian Trykowski/life-image.de.

16) Die Zwölf Artikel der Bauernschaft vom Februar 1525 vereinen die Hauptforderungen der aufständischen Bauern. Titelholzschnitt, 1525. © AKG Images, Berlin.

17) Heilig-Blut-Altar (Teilansicht, Abendmahl) des Würzburger Bildschnitzers Tilman Riemenschneider in der Stadtkirche St. Jakob in Rothenburg ob der Tauber, 1500/1505. Fotografie, www.digitalstock.de.

18) Trosswagen und schwedische Kürassiere vor dem Rathausplatz in Nürnberg. Im Sommer 1632 lieferte die Reichsstadt täglich 8.000 „Stücken Brot" für die Krone Schweden. Gemälde von Wilhelm Ritter, 1898. Fotografie, Florian Trykowski/life-image.de.

19) Sogenannte „Gustav-Adolf-Höhle" bei Schwarzenbruck in der Schwarzachklamm/Mittelfranken: Aus Dank für das siegreiche Gefecht bei Burgthann am 31. Juli 1632 hielt der Schwedenkönig einen Gottesdienst unter freiem Himmel ab. Fotografie, © Florian Trykowski/life-image.de.

20) Sophie Erdmuth Markgräfin von Brandenburg-Bayreuth (1644-1670). Die geborene Prinzessin von Sachsen gehörte als Dichterin und Historikerin zu den gebildetsten Frauen ihrer Zeit. Zeitgenössischer Kupferstich. Handschriftenabteilung, Graphische Sammlung der Universitätsbibliothek Erlangen.

21) Friedrich Karl Reichsgraf von Schönborn war Reichsvizekanzler und ab 1729 Fürstbischof von Würzburg und Bamberg. Zeitgenössisches Gemälde. © AKG Images, Berlin.

22) Johann Balthasar Neumann, Baumeister und Ingenieur. Portrait als Architekt der Würzburger Residenz. Gemälde von Marcus Friedrich Kleinert, 1727. © AKG Images, Berlin.

23) Die paläologischen Entdeckungen des Uttenreuther Pfarrer Johann Friedrich Esper erschütterten das überkommene Bild von der Erschaffung der Welt. Ölgemälde, Evangelisch-lutherisches Pfarrhaus in Uttenreuth.

24) Französische Soldaten dringen im Oktober 1805 bei Ansbach auf preußisches Gebiet vor. Chromotypie nach Richard Knötel, 1896. © AKG Images, Berlin.

„Augustin de Grand, deme niderlendern, und mitgesellschaftern und helfern, dern, wie er angezaigt, fünf seien, sambt ihren weibern, ist auf ir bitt vier jar lang on das burgerrecht alhie zu sizen und zu wohnen vergönnt, doch das sie in der religion kein sect anrichten, sonder sich derselben halb eingezogen und dermaßen halten wollen, damit sich irer weder meine herren noch sonst iemand zu beschweren hab, das sie auch sich alles burgerlichen ghorsams befleißigen, und sich selbsten mit wohnungen versehen wollen, wie sich sich dann des zu tun stattlich erpoten. So ist inen auch die freiheit zugesagt, wie sie gepeten, das in solcher zeit der vier jar alhie niemand mehr gestattet werden soll, iren vorhabenden seidenhandel und gewerb, one ir zulassen zu treiben und zu verlegen, und das alles darumben, das ermelter Augustin de Grand die rauhe seiten hieher bringen und arbeiten wolle, auf allerlei weis, damit er dann in dritthalbhundert hiesige personen zu fördern und zu erneren vermeint; und so im gott in den bestimmten vier jaren den segen gebe, das er allhie pleiben und sein narung haben könne, das er dann nach ausgang derselben sich ins burgerrecht begeben wolle". [www.stmartha.de].

Mit den Tuchbereitern um 1559 kamen auch die ersten Hugenotten nach Nürnberg. Eine reformierte Gemeinde gab es in der Reichsstadt Nürnberg erst 1650. In Rothenstein und Theinselberg ließen die Herren von Pappenheim 1559 den reformierten Glauben zu.

Hugenotten in den fränkischen Markgraftümern

Das Haus Brandenburg-Hohenzollern hat zu Recht in den Geschichtsquellen immer wieder als ein Musterbeispiel für religiöse Toleranz, zum Teil sogar in historistischen verklärenden Zügen, eine Würdigung erfahren. Man denke nur an die berühmte, „Die reformierte Religion gedeiht in Preußen und Holland" überschriebene Allegorie mit der Harfe von 1740, deren fruchtbare Ströme in die Aufnahmestaaten Preußen, England, Dänemark, Schweden und Holland fließen, oder die historistischen Gemälde, auf denen der Große Kurfürst 1685 mit dem Edikt von Potsdam die Hugenotten bei Hofe empfängt. Wer aber weiß Bescheid über die Aufnahme der Hugenotten und Waldenser durch die kleineren lutherischen Staaten, etwa Brandenburg-Bayreuth und Brandenburg-Ansbach? Und ob hier die Aufnahmekonditionen schwieriger waren als im calvinistischen Preußen?

Das Markgraftum Brandenburg-Bayreuth war es auch, das in Franken als erstes nach der Widerrufung des Toleranzedikts von Nantes und vor allem als aufnahmestärkstes Territorium seit dem Epochenjahr von 1685 in der Ansiedlung von Hugenotten hervortrat. Mit der Ansiedlung von französischen Reformierten und Waldensern im Fürstentum Brandenburg-Bayreuth seit 1685 ist der Name des Markgrafen Christian Ernst (1644–1712) untrennbar verbunden. Christian Ernst war seit 1662 Kreisobrist des Fränkischen Reichskreises und diente Kaiser Leopold I. als Generalfeldmarschalleutnant (1676) und als Oberbefehlshaber der Reichsarmee am Oberen Rhein (1692) in den Reichskriegen gegen Frankreich als auch gegen das Osmanische Reich. Damit hatte der Markgraf bereits 1672 seinem Territorium so schwere militärische und finanzielle Lasten aufgebürdet, dass von Christian Ernsts selbstloser loyaler Unterstützung für Kaiser Leopold I. als „vom Opfer für das Reich“ gesprochen wurde. Mit der Ansiedlung von hugenottischen Fachkräften hoffte Christian Ernst auch, seinem darniederliegenden Land wirtschaftlich wieder „auffzuhelfen“. Als Ansiedlungsort hatte der Markgraf vor allem ein südlich der Altstadt Erlang gelegenes Terrain zum Aufbau einer eigens für die Hugenotten zu errichtenden „Planstadt“ ins Auge gefaßt, „que nous voulons nommer Christianstatt“, wie es in einem Dekret Markgraf Christian Ernsts vom Januar 1688 heißt.

In Werbelisten, die Christian Ernst seinen markgräflichen Agenten an die Hand gab, waren an gewünschten Manufakturen für „Christianstatt“ genannt: Wollenzeugmacher, Hutmacher, Spitzenmacher, Zwirner, Strumpfmacher und Bandmacher, Tuchmacher, Messerschmiede, Tuchscherer,

Tuchbereiter, Büchsenmacher, Tapezierer sowie Kunstfärber für Seide. Vor allem suchte er Kaufleute – „négociants" –, „die ohne oder nach Vergabe des Vorschusses sich unterhalten können". Laut einer Liste der Pensionen der höchstchargiertesten Franzosen im Fürstentum Brandenburg-Bayreuth, dem „Memoire et Estat des pensions qui seront continuées" mit 4.990 Livres jährlichern Pensionskosten, kamen auch Ärzte (Medecins) und ein Architekt (servira aux bâtiments).

Bildungsreise Christian Ernsts zu den hugenottischen Wirtschaftszentren

Die wirtschaftliche Potenz und Mannigfaltigkeit der hugenottischen Gewerbe hatte Christian Ernst früh in persona kennengelernt. Als Prinz verließ der „Herr von Plassenburg" im Juli 1659 das damals noch zum Römischen Reich gehörende Straßburg mit seiner gemäßigt lutherischen Universität und trat seine nach Frankreich und Italien führende Bildungsreise an. Die sogenannte „Kavalierstour" mit fünfzehn Personen führte über Genf und Lyon in das mit Kurbrandenburg dynastisch verwandte Fürstentum Orange. Für die Rechte der dort lebenden Hugenotten sollte sich der Große Kurfürst, der Vormund Christian Ernsts, ab 1666 beim französischen Hof energisch einsetzen. Die Reiseroute verlief weiter durch das Languedoc nach Nîmes, wo Christian Ernst in dieser Hochburg der Reformierten die berühmte und auf Betreiben der Margarete von Navarra gegründete Akademie der Hugenotten kennenlernte. Der Prinz verweilte auch in der ehemaligen Katharerstadt Narbonne, in Toulouse, wo während des Ersten Hugenottenkrieges 1562 etwa 4.000 Hugenotten ermordet worden waren, sowie in Agen.

Von November 1659 bis April 1660 hielt sich der Prinz in seinem „Winterquartier" in Angers an der Loire auf, um dort an der „Hallotschen Akademie, einer Art Fürstenschule, seine landeskundlichen, kulturgeschichtlichen und wirtschaftlichen Studien zu vertiefen. In Loudon im Poitou, wo die Reformierten öffentlichen Gottesdienst abhielten, konnte der Prinz sich ein Bild von der hugenottischen Tuchindustrie machen. Hier fertigten die „Weibspersonen“ „schöne Kragenbändel“, die im gesamten Königreich Absatz fanden. Im Juni 1660 und erneut im Sommer 1661 war Christian Ernst in Paris, das die Protestanten zur Zeit des Zweiten Hugenottenkrieges von neuem vergebens belagerten. Danach unternahm er noch einen Abstecher nach Flandern und zu den blühenden Städten der Niederlande, bevor ihm der Große Kurfürst im September 1661 nach abgegebener Mündigkeitserklärung die Regierungsgewalt in Bayreuth zusprechen wollte.

Toleranz aus Tradition

Bereits der Großvater Christian Ernsts, Markgraf Christian († 1655), hatte im Jahre 1629 aus der seit 1625 rekatholisierten Oberpfalz geflüchtete Reformierte aufgenommen und sie in Baiersdorf angesiedelt, worüber ein Gutachten erstellt worden war. Hatte doch die pfälzische Linie der Wittelsbacher 1563 das reformierte Bekenntnis angenommen und die calvinistische Lehre bis 1576 auch weitgehend in der Oberpfalz eingeführt. Reformierte Glaubensflüchtlinge aus der Oberpfalz hatten in den 1620er Jahren auch Aufnahme in der jetzt auf 40.000 Einwohner anwachsenden Stadt Nürnberg gefunden. Hier hatte sich am 4. Oktober 1650 eine Reformierte Kirchengemeinde mit je einem Oberpfälzer, einem Niederländer und einem Franzosen als Kirchenältestem konstituiert. Zuvor mussten die Nürnberger Reformierten in Schloss Neunhof bei Lauf an der Pegnitz ihre Abendmahlfeiern zelebrieren, wo ihnen der zum Calvinismus konvertierte Patrizier Jakob Geuder von Heroldsberg (1575–1616) die Gottesdienstteilnahme zugesichert hatte. 1614 war die Zahl der Abendmahlsgäste so hoch, dass vierteljährlich Abendmahl gefeiert wurde. Vor 1650 konnten jedoch reformierte Hausandachten in Nürnberg abgehalten werden. Die Reformierten in der Reichsstadt Nürnberg waren vor 1650 in den Kirchenbüchern der für ihre Wohnung zuständigen lutherischen Pfarreien ohne Konfessionsvermerk eingetragen. Die Ansiedlung von französisch-reformierten Glaubensflüchtlingen durch Markgraf Christian Ernst dagegen stellte mit ihrer „Christliebenden Handbietung" ein vollständiges Novum dar, zumal die Ansiedlung in Brandenburg-Bayreuth in „festen Kolonien" mit weitgehender Selbstverwaltung erfolgte. Lediglich Hanau und Mannheim bildeten als „Planstädte" für Réfugiés eine Art „Vorbild". Markgraf Christian Ernst stand vor einer außerordentlich folgenschweren und risikoreichen Entscheidung, als er sich ungeachtet des vehementen Widerstands seines Konsistoriums und einzelner Mitglieder des Geheimen Rates Anfang November 1685 endgültig für die Aufnahme „bannisirter Hougenotten" im Fürstentum Bayreuth entschloss.

Aufnahmeorte in Franken

Bei der Errichtung des Erlanger Kolonisationswerkes hatte Markgraf Christian Ernst sein Konsistorium sogleich der wirtschaftlichen Bedeutung der neuen Manufakturen versichert: Man könne jetzt „großen Vorteil schaffen", wenn man Einwohner und Handel vermehre. Es gelte auch, Gelder für die Reise der „umb des Glaubens willen" Geflüchteten sowie für die geplante Neustadt Erlangen zur „auffrichtung von Fabriquen" zu Verfügung zustellen, damit „nicht ein dorf, sondern eine Statt Unserer intention gemäß daraus werde", wie es in einer vom 9. Juli 1686 datierten und sechzehn Punkte umfassenden Instruktion des Markgrafen heißt. Unter keinen Umständen wollte sich Christian Ernst, wie es im November 1681 geschehen war, erneut der Blöße eines ablehnenden Gutachtens seitens des Bayreuther Konsistoriums (25.11.1681) aussetzen.

Hatten vereinzelte reformierte Glaubensflüchtlinge schon vor dem Epochenjahr 1685 Aufnahme im Fürstentum Bayreuth gefunden, so trafen erste Flüchtlingsgruppen im Mai 1686 in Erlangen ein. Am 21. Mai 1686 gelangte auch eine Gruppe Waldenser nach Baiersdorf, welche die erste größere Bevölkerungsgruppe unter den Réfugiés darstellte.

Am 6. Juni 1686 gelangten wiederum 166 Flüchtlinge unter Führung des Geistlichen Esprit Tholozan nach Erlangen, wo die Grundsteinlegung der reformierten Kirche – des „temple" – am 14. Juli 1686 im Beisein des gesamten Hofstaates erfolgte. Bis September 1687 waren in der Neustadt Christian Erlang annähernd vierzig Häuser fertiggestellt. Weitere Aufnahmeorte im Fürstentum Bayreuth waren Bayreuth, das schon seit den späten 1670er Jahren Reformierte unter seinen Schutz gestellt hatte, Hof an der Saale, Kulmbach, Naila, Wunsiedel, Neustadt an der Aisch, Emskirchen und Wilhelmsdorf. Nachdem der Tod des erst einunddreißigjährigen Ansbacher Markgrafen Johann Friedrich († 22.3.1686) jäh die geplante Ansiedlung von Hugenotten in dem neuen Stadtteil von Ansbach „Die neue Auslag" verhindert hatte, wurde die Stadt Schwabach als Kolonie der im Territorium Brandenburg-Ansbach lebenden Reformierten ausgewählt. Und während aufgrund markgräflicher Deklaration vom 7. Mai 1711 den Erlanger Réfugiés versprochen worden war, dass sich keine „einzige jüdische Person jemals in Christian-Erlang" aufhalten dürfe, forcierte die kluge Markgräfin des Fürstentums Ansbach, Eleonore Erdmute Luise (1662–1696), die Judenansiedlung in ihren Territorien.

Hildburghausen schließt sich dem fränkischen Synodalverband an

Im Januar 1688 gestatte Markgraf Christian Ernst die Abhaltung von Synoden für beide fränkischen Markgraftümer. Damit hatte sich ein fränkischer Synodalverband der Französisch-Reformierten konstituiert, der sich *Synode des Eglises Réformés de Franconie* nannte. Von 1688 bis 1732 wurden insgesamt vierzehn Synoden abgehalten. Im Jahre 1720 hat sich die französisch-refomierte Gemeinde Hildburghausen dem fränkischen Synodalverband angeschlossen, nachdem Herzog Ernst Friedrich I. von Sachsen-Hildburghausen mit Markgraf Christian Ernst eine Übereinkunft getroffen hatte. In Franken sind ab 1685 etwa 3.200 reformierte Glaubensflüchtlinge angesiedelt worden.

8.
Fremde Heere, Plünderung und Gewalt – Franken im Dreißigjährigen Krieg

Streit der Konfessionen

Im Jahre 1608 herrschte in Franken kein Krieg. Aber Gewitterschwüle beherrschte die politische Lage im Land. Lange schon lag eine politisch-konfessionelle Spannung in der Luft. In der Reichsstadt Heilbronn hatte Karl V. nach der Niederlage des protestantischen Schmalkaldischen Bundes (1547/1548), dem auch Heilbronn angehörte, eine neue Ratsverfassung durchgesetzt, derzufolge drei Bürgermeister mit zwölf Ratsherren den Senat bildeten. Mithilfe der neuen patrizischen Stadtverfassung glaubte der Kaiser, die gegenreformatorischen Kräfte zu stärken. Es war vorgesehen, dass jeweils für vier Monate einer der Bürgermeister die Amtsgeschäfte ausführte. Doch von 1604 bis 1607 versah David Jacob Feyerabend (1531–1618) allein die Amtgeschäfte für Heilbronn. Das war aufgrund der engen verwandtschaftlichen Bande der Patrizier von Heilbronn legitim. Der Rat der Freien Reichsstadt Nürnberg dagegen war konfessionell lutherisch orientiert. Der Rat in Nürnberg war es auch, der hier wegweisend 1525 die Reformation durchfocht. Martin Luther sprach deshalb 1530 aufgrund Nürnbergs weitblickender Religionspolitik und auch mit Blick auf seine im Zenit stehende Wirtschaftsblüte ganz beherzt: „Nurmberg leucht[tet] wa[h]rlich inn ganz Deutsches Land wie eine Sonne unter Mond und Sternen“. Wenige Jahre später nahmen auch die fränkischen Reichsstädte Windsheim, Schweinfurt (1543) und Rothenburg o.d.T. (1544) den neuen lutherischen Glauben an. Seit Sommer 1606 wütete auch wieder der Schwarze Tod in Franken. Der berühmte und an der 1622 zur Universität erhobenen Akademie Altdorf lehrende Philosoph und

Mediziner Nikolaus Taurellus erlag ihm am 28. September 1606 in Altdorf.

Die Donauwörther Markusprozession vom April 1606: die konfessionellen Fronten formieren sich

Ausgerechnet in dieser Zeit wachsender konfessioneller Gegensätze ist es 1602–1607 zwischen der Reichstadt Nürnberg, dem Markgraftum Brandenburg-Bayreuth und dem Bistum Bamberg zu Grenzstreitigkeiten im „Dreiländereck" bei Pottenstein-Kirchenbirkig gekommen, die im „Silbernen Vertrag" vom 22. Februar 1607 beigelegt wurden. Jetzt war die gemeinsame Grenze zwischen Waidach und Bronn durch 25 Wappensteine markiert. Den überwiegend evangelischen Ort Pottenstein hat der Bamberger Bischof Martin I. von Eyb am 22. Juni 1581 besetzen lassen sowie Rekatholisierungsmaßnahmen eingeleitet. Die evangelischen Kreisstände in Franken waren, getrennt von den katholischen, schon im Jahre 1611 zu einer eigenen Versammlung zusammengekommen, um sich in einem „Neben-Abschid" gegen jene „Neuerungen" und Rekatholisierungsbestrebungen des Bamberger Bischofs, Johann Godfried von Aschhausen (1609–1622), zu wehren.

Weiterer politischer Zündstoff mit weittragender Bedeutung entstand mit einem scheinbar „harmlosen" Vorfall, der sich im April 1606 in Donauwörth bei einer katholischen Prozession ereignete. Fünf Mönche und eine kleine Gruppe Katholiken zogen am Markustag 1606, dem 25. April, einem Freitag, jenem „Marchsentag, als man die creuze treget", singend und mit wehenden Fahnen durch die Reichsstadt Donauwörth. Sie waren als Katholiken von „Heilig Kreuz" auf dem Rückweg vom nahen Auchsesheim unterwegs, als der Rat der Stadt Donauwörth den Prozessionsrückkehrern jetzt den Gesang verbot. Daraufhin entflammten die in die Geschichte als „Kreuz- und Fahnengeflecht" eingegangenen Tumulte zwischen den mehrheitlich protestantischen Bürgern Donauwörths und katholischen Prozessionsteilnehmern. Nachdem die Prozession im Jahr 1608 von neuem gestört worden war, (Montag, 25.4.1608), wurde über die Reichsstadt Donauwörth die schon 1605 angedrohte Reichsacht verhängt. Herzog Maximilian I. von Bayern vollstreckte die Reichsacht und ließ 15.000 Söldner in die wehrlose Stadt einmarschieren. Die zwangsweise Rekatholisierung der Stadt brachte nicht nur die protestantischen Stände und Mächte in Harnisch. Auf dem Regensburger Reichstag von 1608, der erstmals ohne Reichstagsabschied endete und damit verfassungsmäßig lahmgelegt war, empörten sich die evangelischen Stände über den Verfassungsbruch: Kaiser Rudolf II. habe auch den für die Exekution zuständigen Schwäbischen Reichskreis übergangen, und der Reichshofrat habe in Religionsbelangen einen Schiedsspruch vorgetragen, für den er laut Reichskonstitution nicht zuständig war. Auch hatte sich in dem vorangegangenen „Vierklosterstreit“ von 1598, in den auch der Graf von Oettingen verwickelt war, die Reichsjustiz als gar nicht mehr handlungsfähig gezeigt. Jetzt aber noch bestehende politische Uneinigkeiten unter den protestantischen Ständen wurden rasch ad acta gelegt. Im fränkischen Auhausen lag die Geburtsstätte der „Union“.

Zu Gründung der protestantischen Union in Auhausen bei Dinkelsbühl

Das alte Benediktinerkloster Auhausen an der Wörnitz im fränkisch-schwäbischen Grenzbereich: die von den Herren von Auhausen vor 1136 gegründete und im Jahre 1537 säkularisierte Abtei wurde am 14. Mai 1608 Ort großer europäischer Geschichte. Schon lange hatte Kurfürst Friedrich IV. von der Pfalz (1574–1610) den Plan eines protestantischen Bündnisses gehegt. Mit dem Donauwörther Aufruhr von 1608, der das Römische Reich schon fast an den Rand des Verderbens gebracht hatte, und der auf dem anschließenden Regensburger Reichstag auf protestantischer Seite große Entrüstung hervorrufenden Annexion Donauwörths seitens

Maximilians I. reifte der Plan. So trafen unter Vermittlung des Markgrafen Joachim Ernst von Brandenburg-Ansbach, auf dessen Hoheitsgebiet die Abtei Auhausen lag, und seines Bruders Christian von Brandenburg-Bayreuth, am 14. Mai 1608 führende protestantische Fürsten zusammen. Die Gründungsurkunde der Protestantischen Union ist heute im Bayerischen Hauptstaatsarchiv, München, aufbewahrt. Sie trägt auf ihrem Siegelblatt die Schriftzüge der Unterzeichneten: Joachim Ernst von Brandenburg-Ansbach, Christian von Brandenburg-Bayreuth, Johann Friedrich Herzog von Württemberg (1582–1628), dessen Vater Friedrich I. († 1608) die Protestantische Union durch Verhandlungen lange angebahnt hatte, Georg Friedrich Markgraf von Baden-Durlach (1573–1638), Friedrich IV. Kurfürst von der Pfalz sowie schließlich Philipp Ludwig Pfalzgraf von Pfalz-Neuburg († 1614).

Die Protestantische Union - ein Abwehrbündnis

Es handelte sich bei dem im fränkischen Auhausen geschlossenen Vertrag um ein Abwehrbündnis, das sämtliche den Unterzeichneten widersprechende Verfassungs- und Rechtsakte, „jede Ausübung der Reichsgewalt, die ihren Anschauungen nicht entsprach“, zurückweisen sollte. Zunächst auf die Dauer von zehn Jahren geschlossen, haben sich rasch die die Reichsstädte Nürnberg, Ulm und Straßburg sowie Hessen-Kassel und Brandenburg dem Bündnis angeschlossen. In dem bald ausbrechenden Jülich-Kleveschen Erbfolgestreit (1609–1614) schlossen sich sogleich Frankreich und Savoyen der Union an, während England als auch die Generalstaaten Unterstützung zusicherten. Dagegen bildete sich im Sommer 1609 unter Führung des bayerischen Herzogs Maximilian I. die Katholische Liga mit den Hochstiften Würzburg und Bamberg sowie den drei Kurfürstentümern Köln, Mainz und Trier mit politischer „Fühlung“ nach Spanien. Damit standen sich bereits fast zehn Jahre vor Ausbruch des Dreißigjährigen Krieges beide konfessionell-politischen Machtbündnisse unversöhnlich und „geschlossen“ gegenüber.

Joachim Ernst von Brandenburg-Ansbach galt nach der Selbstauflösung der Protestantischen Union in Heilbronn am 12. April 1621 im Lager der Katholischen Liga als einer der Hauptverantwortlichen für den Ausbruch des Dreißigjährigen Krieges. Der resolute Landesfürst mit dem charakteristischen Schnurr- und Kinnbart hatte auch nachdrücklich den niederländischen Freiheitskampf unterstützt. Sein ältester Sohn Friedrich sollte, gerade volljährig geworden, im Jahre 1634 auf schwedischer Seite fallen. Während auf Initiative des Führers der Protestantischen Union, Christians von Anhalt, im Dezember 1619 die Köpfe der Union zu einer Beratung in Nürnberg zusammengekommen waren und diese Versammlung alle Uneinigkeit der Protestanten und vor allem die Schwäche des neuen Königs von Böhmen, Friedrichs V. von der Pfalz, bloßstellte, zeigte ein im März 1620 von Kaiser Ferdinand II. nach Mühlhausen einberufenes Treffen die ganze Einigkeit der Gegenseite. Und während in einem am 12. 9.1619 in Rothenburg ob der Tauber tagenden Protestantischen Unionstag Friedrich V. von der Pfalz noch entschieden dazu riet, „sich nicht in die böhmischen Angelegenheiten einzumischen“, entschloss sich der Kurfürst zwei Wochen später, „dem Willen des Allmechtigen nicht zu widerstreben“ und die Wahl zum König von Böhmen anzunehmen.

Das besondere Dilemma der Nürnberger Dezemberversammlung der Protestantischen Union 1619 lag darin, dass die protestantischen Staaten, ihnen voran Kursachsen, sich nicht gut genug waren, Delegierte zur Frankenmetropole zu entsenden. Zur Verteidigung der pfälzischen Erblande Friedrichs V. standen dann auch nur etwa 1.000 englische Söldner des Schwiegervaters Friedrichs V., König Jakobs I. von England, Gewehr bei Fuß, die in Frankenthal und Mannheim ihr Winterquartier bezogen. Nach der vernichtenden Niederlage des „Winterkönigs“ in der Schlacht am Weißen Berg im November 1620 und der desaströsen militärischen Lage der in Auflösung begriffenen Protestantischen Union harrte nur noch eine kleine englische Formation in Frankenthal aus. Bereits in der Frühphase des Dreißigjährigen Krieges musste Franken hohe Bevölkerungsverluste beklagen, als der mit Friedrich V. von der Pfalz verbündete Heerführer Ernst von Mansfeld im Jahre 1621 mit etwa 20.000 Söldnern in Külsheim bei Windsheim Quartier bezog. Dazu forderte der Schwarze Tod 1625 abermals seine Opfer.

In Neckarfranken waren Ende April 1622 Friedrich V. von der Pfalz und Ernst von Mansfeld zusammengetroffen, um Tilly „unter einigen Verlusten“ bei Mingolsheim zurückzuwerfen. Zusammen mit dem Markgraf von Baden, Georg Friedrich († 1638), war daran gedacht, Bayern und Spanier bei Wimpfen zurückzuwerfen, wozu es aber nicht kam. Einer Legende zufolge hat der geflüchtete Markgraf von Baden am Abend nach der Schlacht von Wimpfen am 6. Mai 1622 an das Stadttor von Heilbronn gepocht, wo der erstaunte Wächter die Worte vernahm: „Gebt mir einen Trunk, ich bin der alte Markgraf“. Wenig später erreichte die Kriegsfurie am Main bei Höchst nochmals fränkisches Terrain, als am 20. Juni 1622 ein protestantisches Heer Christians von Braunschweig († 1626) vernichtend geschlagen wurde. Jetzt gaben Mansfeld und der „tolle Christian“ das rechte Rheinufer auf, um dem katholischen Gegner das Einfallstor nach Franken zu überlassen.

Die Hexenprozesse wüten in den fränkischen Bistümern

Es war zu der Zeit, da vor allem im Hochstift Würzburg unter den Fürstbischöfen Julius Echter von Mespelbrunn und dessen Neffen Philipp Adolf von Ehrenberg die Hexenverbrennungen (1626–1630) ein ungeahntes Ausmaß erreichten. Im Hochstift Würzburg sind nahezu neunhundert *Teufelspersonen* den Flammen ausgeliefert worden. Auch die Bistümer Bamberg und Eichstätt schürten kräftig. Angeblich markierten die seitens der Kirche und Gemeinden angestrengten Hexenprozesse in den fränkischen Hochstiften zwischen 1600 und 1630 die europaweit „schlimmsten Hexenverfolgungen“. Erst die Eroberung Frankens durch die Schweden bereitete dem „Hexenwahn“ ein Ende.

Die Schweden erobern Franken 1631–1632

Im Dreißigjährigen Krieg trat Schweden als Verbündeter der protestantischen deutschen Fürsten auf den Plan mit dem Ziel, „unsere unterdrückten Religionsverwandten aus den Klauen des Papstes zu befreien“, wie König Gustav II. Adolf im Mai 1630 vor dem schwedischen Reichstag ausführte. Als Kreisoberst des Fränkischen Reichskreises hat Markgraf Christian von Brandenburg-Bayreuth stets versucht, militärische Kriegslasten von Franken fernzuhalten. Entsprechend den „Vorgaben“ des protestantischen Verbündeten Kurfürsten Friedrich V. von der Pfalz war in der Frage der böhmischen Königswahl zunächst (bis etwa Mitte September 1619) strikte Neutralität „verordnet“ worden. Auf der wenig ergebnisreichen evangelischen Ständeversammlung in Nürnberg im Dezember 1619 war angestrengt worden, die Politik jetzt weitaus stärker mit dem Bayerischen und Schwäbischen Reichskreis abzustimmen. Nachdem Markgraf Christian 1603 die Residenz von Kulmbach nach Bayreuth verlegt hatte, wütete 1621 in Bayreuth zeitgleich mit der Kriegsgefahr von neuem ein Großfeuer. Christian von Brandenburg-Bayreuth hat sich dann angesichts drohender Truppendurchzüge durch Franken 1621 zur allgemeinen Kreisarmierung durchgerungen. Aus Furcht vor der Rückkehr der kaiserlichen Kriegsmaschinerie von den Kriegsschauplätzen in Norddeutschland hat Markgraf Christian vergeblich daran gearbeitet, fremde (kaiserliche) Formationen in Franken durch die Kreisorgane zu regeln. Als das Restitutionsedikt Kaiser Ferdinands II. vom 6. März 1629 auch die Hochstifte Würzburg und Bamberg dazu ermunterte, ihre Rekatholisierungen in Franken voranzutreiben und der Plan einer Protestantischen Allianz aller evangelischen deutschen Fürsten in greifbare Nähe gerückt schien, wollte der Fränkische Reichskreis noch im Jahre 1629 mit Hilfe der Reichsgerichte dem katholischen Eifer Einhalt gebieten.

„Rettung des Protestantismus" oder schwedischer „Landhunger" – des Schwedenkönigs Nürnberger Rede vom 16. September 1632

Den König von Schweden Gustav II. Adolf umgab eine Art göttlicher Nimbus: Er war der Retter des Protestantismus in Deutschland und Europa und zugleich der wohl am meisten gefürchtete Kriegsherr seiner Zeit. Wollte der schwedische Verbündete der protestantischen deutschen Fürsten und große Hoffnungsträger einer Revision des Restitutionsedikts wirklich nur die „Rettung des Protestantismus"? Und wenn der Schwedenkönig später in seiner Nürnberger Rede vom 16.9.1632 als „Assecuratio" die deutsche Ostseeküste beanspruchte und einen von der Ostseemacht dominierten Verbundstaat nach dem „Modell der Vereinigten Niederlande" einrichten wollte: welcher protestantische Regent konnte an das Königswort von der „deutschen Libertät" glauben? Und wenn selbst in Gustav II. Adolfs verbündeten deutschen Kernlanden – Franken und Brandenburg – der Schwedenkönig grausamer Mordtaten und Plünderungen nicht Herr werden konnte? Dem mit Schweden seit Juli 1631 verbündeten Landgrafen von Hessen Wilhelm V. dem Beständigen († 1637) eilte der Ruf voraus, nicht verhindern gekonnt zu haben, dass schwedische Söldner mehrfach im Landgraftum Hessen-Kassel „willkürlich ziellos die Städte und Dörfer plünderten". Das sollte auch in Franken Wirklichkeit werden. Furcht und Angst verbreitend, dichtet der Volksmund die „Schwedengefahr" in die Verse:

Bet, Kindchen, bet! Morgen kommt der Schwed',
morgen kommt der Oxenstern, der wird den Kindern
beten lehr'n

Auch die folgenden Verse beschwören die „Schwedengreuel":

Die Schweden sind gekommen,
haben alles mitgenommen,
habens Fenster eingeschlagen,
habens Blei davon getragen,
haben Kugeln draus gegossen,

und die Bauern tot geschossen ...
(wiedergegeben von Franz Magnus Böhme)

Fest steht, dass Gustav II. Adolf am 6. Juli 1630 zunächst mit 13.000 Mann auf Usedom landete. Zuvor, im Februar 1629, soll anlässlich der Zusammenkunft des militärisch geschlagenen Dänenkönigs und Gustav II. Adolfs der vom Festland vollends vertriebene Christian IV. dem Schwedenkönig die Frage ins Gesicht geschleudert haben: „Was haben Eure Majestät in Deutschland zu schaffen?“. Worauf König Gustav II. Adolf vollkommen entrüstet und fast sprachlos erwidert hatte: „Ist es nötig, danach zu fragen?“.

Die grausame und „über Europa wie ein Schreckensschlag“ hereinbrechende Zerstörung Magdeburgs im Mai 1631 durch Tilly wusste Gustav Adolf nicht abzuwenden. Nach der Schlacht von Breitenfeld (17.9.1631) nördlich von Leipzig eilte dem „Löwen von Mitternacht“ gleichsam der Ruhm als „unbezwingbarer Feldherr“ voraus. „Der König von Schweden mit einer furchtbaren Armee vor den Thoren“ steht, heißt es in Friedrich von Schillers „Die Räuber“. Über die Schlacht von Breitenfeld kursierte untenstehendes Blatt, das dabei auf Franken als einen der umkämpften Kriegsschauplätze zu sprechen kommt:

Schlacht bey Leipzig
(Fliegendes Blatt jener Zeit. Weise des Kirchenliederdichters Gregor Ritzsch, 1584–1643)

Ich hab den Schweden mit Augen gesehn,
Er thut mir wohlgefallen,
Geliebt mir in dem Herzen mein,
Vor andern Königen allen.
Er hat der schönen Reiter soviel,
Läst sich nicht lang vexieren,
Er hat der schönen Stück so viel,
Viel tausend Musketierer.
Das Frankenland ist ein schönes Land,
Es hat viel schöne Strassen,

Es hat so mancher brave Soldat,
Sein junges Leben gelassen.
Das Sachsenland ist ein einiges Land,
Es dienet Gott dem Herren,
Und wenn wir kommen ins Bayerland,
Frey tapfer wollen wir uns wehren.
Der Oberst Baudiß beym Schweden thut seyn,
Und thut sich tapfer halten,
Ist unverzagt mit dem Pappenheim
Ein Schlacht, zwey, drey zu halten.
Der Tilly hat ein Garn gespannt,
Es wird ihm bald zerreissen,
Der Schwede ist bekannt im Land,
Wohl in dem Lande Meissen.
Mit ihren Karthaunen und Stücken groß,
So tapfer thun unter sie krachen,
Und geben dem Garn so manchen Stoß,
Dass alle Fäden brachen.
Der Tilly ins Land zu Meissen zog,
Er freut sich sehr von Herzen,
Und wie er wieder weichen muss,
Thät er sich sehr entsetzen.
Nun weiß ich noch ein Cavallier
Der wird genannt der Holke,
Vom spanschen Wein und Malvasier
Da kriegte er die Kolke.
Das Confeckt wohl vergiftet war,
Ich thus mit Wahrheit sagen,
Der Schwed dem Tilly schor den Bart,
Und aus dem Land thut jagen.
Wie liefen die Krabaten davon,
Dazu die Welschen Brüder:
»Ade Leipzig behalt deine Mahlzeit,
Zu dir komm ich nicht wieder.«
Also hat dieses Lied ein End,
Das sey zu Ehren gesungen

Dem König in Schweden gar behend,
Der Tilly ist ihm entsprungen.

Nach Breitenfeld wandte sich der Schwedenkönig direkt dem deutschen „Herzstück“, Franken sowie dem vorgelagerten altehrwürdigen Wahlort Frankfurt am Main zu. Ende September 1631 erreichten die Schweden Franken mit den Hochstiften Würzburg und Bamberg. Am 15. Oktober zog der Schwedenkönig in Würzburg ein, um am 18. Oktober 1631 mit Bernhard von Weimar die Feste Marienberg zu nehmen. In Königshofen lagen Finnen als schwedische Besatzung. Das ohrenbetäubende und durchdringende Feldgeschrei „hakkaa päälle!“ („haut sie nieder!“) dieser gefürchteten finnischen Kavallerie ist überliefert. Unter dem Befehl des schwedischen Obristen und Kommandanten von Königshofen Claus Hastver (1597–1634) stehend, waren die unter schwarzgelben Fahnen kämpfenden Finnen auch an der gescheiterten Entsetzung Kronachs Anfang Juni 1632 beteiligt. Am 9. November 1631 brach Gustav II. Adolf von Würzburg aus mit einem Heer in Richtung Frankfurt am Main auf, nachdem er 16.000 Mann unter Führung des Marschalls Gustaf Karlsson Horn (1592-1657) in Würzburg zur militärischen Sicherung Frankens zurückgelassen hatte. Der Schwedenkönig hatte auch sogleich den Grafen Kraft zu Hohenlohe-Neuenstein (1610-1641) zum Statthalter des Fränkischen Reichskreises ernannt, desgleichen dessen Verwandten Georg Friedrich Graf zu Hohenlohe-Neuenstein (1569-1645) zum Statthalter des Schwäbischen Kreises. Die Schweden waren auch bereits im Oktober 1631 ins Hohenlohesche vorgedrungen, hatten die Salzmetropole Hall besetzt, wollten Hand auf den Deutschordensbesitz bei Comburg und Rothenburg legen und hatten auch das Dörflein Steinbach ausgeplündert. Sie waren auch in Württembergisch-Franken weit vorgedrungen und hatten Neckarsulm eingenommen, als etwa zur selben Zeit Gustav II. Adolf vor den Toren Frankfurts eintraf.

Und das geschah im Winter 1631/1632: die Reichsstadt Frankfurt am Main, ehrwürdiger Wahlort der Könige und

Kaiser des Heiligen Römischen Reiches Deutscher Nation, wurde zum Brennpunkt der europäischen Politik. Der Schwedenkönig Gustav II. Adolf hielt Hof in der Stadt des Reiches, von der eine zeitgenössische Redewendung kündete: „Wer ein Jahr Frankfurt besitzt, der besitzt bald auch das Römische Reich". Später dem von Schweden 1633 gegründeten und politisch dominierten Heilbronner Bund angehörend, war Frankfurt der Schlüssel zum Reich. Noch in den Jahren 1628/1629 wurden die Bastionen des im Jahr 1533 dem lutherischen Bekenntnis beigetretenen und ergeben verpflichteten Frankfurt neu bewehrt.

Die Schweden und „ihr Herzogtum" Franken

In der Geschichtsschreibung sind die Kriegsziele des „Löwen aus Mitternacht" im Rahmen der schwedischen Besatzungspolitik im Römischen Reich immer wieder zum Gegenstand heftiger Kontroversen emporgelodert. Mit Inhalten und Gewichtung des schwedischen Großmachtprogramms während des Dreißigjährigen Krieges hatte sich auch bereits das Geschichtswerk *Svensk historia* (6 Bde., Stockholm 1835 ff.) des schwedischen Historikers Anders Fryxell (1795–1881) auseinandergesetzt. Demzufolge strebte Gustav II. Adolf nach der Römischen Kaiserkrone. Als Sohn einer Deutschen – Christina von Holstein – und mit der Brandenburger Kurfürstentochter Maria Eleonora seit 1620 verehelicht, wollte der Schwedische Löwe eine Art brandenburgischen Kernstaat als „vornehmste(n) unter Deutschlands protestantischen Mächten" („den förnämsta bland Tysklands protestantiska markter") einrichten sowie das „Herzogtum Franken" zum neuen schwedischen Kronland deklarieren. Dessen Einwohner, die er „Untertanen in unserem Herzogtum Franken, in unserer Stadt Würzburg" nannte, sollten einen Glaubens- und Huldigungseid auf die schwedische Krone ablegen. Der Fränkische Reichskreis indessen stellte fortan staatsrechtlich der „Königlichen Majestät in Schwedens Provinz" dar. Später im Juni 1633 hat der mittlerweile in Frankfurt am Main amtierende schwedische Reichskanzler Axel Oxenstierna auf Geheiß der schwedischen Königin Christina dem Herzog Bernhard von Sachsen-Weimar (1604–1639) in einer Schenkungsurkunde das „Herzogthumb Franken und die beiden Bischofsthümer Würzburgk und Bambergk“ gleichsam als Lehen der schwedischen Krone überschrieben. Ende Juni 1633 ist von dem von Frankfurt am Main nach Würzburg gekommenen Bernhard von Weimar der „Bundesrath im Fränkischen Kreis“ feierlich eröffnet und personell „bestückt“ worden. Tatsächlich avancierte Frankfurt zu einer Art politischer Drehscheibe. Noch im Februar 1632 hatte Gustav II. Adolf in der „Römerstadt“ ein Schutzbündnis mit der Freien Reichsstadt Ulm abgeschlossen. War die Freie und Reichsstadt Frankfurt am Main vollkommen „schwedisch“? „Har Frankfurt varit svensk?“.

Fest steht, dass Frankfurt gleichzeitig Diplomaten- und Kommunikationszentrum und nicht nur wegen seiner Herbst- und Frühjahrsmessen wichtiger Wirtschaftsstandort war. In Frankfurt am Main wurde auch Weltgeschichte geschrieben: Auf dem „Frankfurter Bundestag“ 1634 warb der niederländische Kaufmann Willem Usselinx mit seiner Schrift „Argonautic Gustaviana“ ergebnisorientiert für die schwedische Faktorei in Nordamerika.

Um Schwedens Gunst: Frankfurt und Nürnberg

Gleich bei der Einnahme Frankfurts spielte der Schwedenkönig die bei ihm sehr angesehene fränkische Reichsstadt Nürnberg argumentativ gegen Frankfurt aus: „Es sei merkwürdig“, so der König erstaunt, „die Stadt Nürnberg bitte ihn um Hilfe, Frankfurt biete er sie an, und sie wolle sie nicht“. Auch ließ der Geheime Ratspräsident Philipp Reinhard Graf zu Solms (1595–1635) Bürger und Patriziat von Frankfurt wissen, dass für den Fall der Verweigerung der Schwedenkönig seinen Schlüssel zur Stadt gebrauchen werde: nämlich Waffengewalt. Letztlich erhielt Frankfurt ähnlich wie Würzburg und Franken den Status eines schwedischen Protektorats. Von hier aus organisierte der König die Eroberung von Mainz sowie den Frühjahrsfeldzug nach Bayern und Österreich, um im Frühjahr 1632 wieder in Franken zu stehen. In der Geschichtsschreibung als auch in den einschlägigen zeitgenössischen Quellen ist hinreichend belegt, dass Schweden die in der Goldenen Bulle festgelegte politische *Verfassung* des Römischen Reiches adaptierte und „faktisch übernommen" hatte. Das Banner mit den drei goldenen Kronen auf blauem Grund hielt Frankfurt und Mainz als imperiale Schlüssel in festen Händen: Frankfurt als alten Wahlort und Krönungsort und Mainz als Amtssitz des Reichserzkanzlers, wo Oxenstierna amtierte. Der *Schwedische Löwe* logierte auch im „Brauneschen Hauß, wo der Kaÿser in dem Wahltage zu Losiren pflegt". Nicht nur in Franken, sondern landauf, landab war es bereits längst Tagesgespräch gewesen, dass des Römischen Reiches Retter des wortbrüchigen Kaisers hohe Würde einnehmen solle.

Angeblich soll dem Schwedenkönig gegenüber dem Herzog von Mecklenburg einmal ein Satz entronnen sein, der mit den Worten begann: „Sollte ich Kaiser werden ..." [C.V. Wedgwood: Der Dreißigjährige Krieg, München [2]1976, S. 273]. Für die Wahl Frankfurts als Repräsentationsort der Krone Schweden vermag ein weiterer plausibler Beweisgrund aufs Tapet gebracht zu werden: Gustav II. Adolf kannte Frankfurt bereits von einer Bildungsreise vom Jahre 1620, anlässlich welcher der erste Schwedenkönig der jüngeren Vasalinie als Vetter des vom schwedischen Reichstag abgesetzten Königs Sigismund III. (September 1599) sich auch auf „Brautschau" begeben hatte und inkognito reiste. Dabei hat sich der König auch ein Bild von den Fortifikationen Frankfurts gemacht. Jetzt aber mochte er die Stadt schonen.

Während seiner berühmten Rede vor den Frankfurter Stadtoberen am 1.12.1631 (morgens 8 Uhr) versprach Gustav Adolf auch die Sicherung des Handels: „So wollen Wir die commercia, welche zu und von dieser Statt gefürt werden, nicht verhindern, sondern dieselbe befordern, und da den Bürgern und Einwohnern dieses verlaufs halben, Ihre guther und offerten anderer orten aufgehalten, oder genommen werden sollten, und hingegen mittel sich zuerholen gezeigt wurden, so wollen Wir alle befurderung thun, dass die Interessenten solches schadens halben hinwieder Contentirt werden". Offensichtlich bildete Frankfurt auch eine nachrichtendienstliche Zentrale der im Römischen Reich insgesamt sieben operierenden schwedischen Heere. Angeblich soll der schwedische Kanzler Axel Oxenstierna wegen der Effektivität des „untermainischen Nachrichtenverbreitungszentrums" sein Quartier „alsbald" von Mainz nach Frankfurt verlegt haben. Der in königlich-schwedische Dienste getretene Postmeister und Zeitungsverleger Johann von der Birghden (1582–1654) hat sodann das Nachrichtenwesen im Römischen Reich auch erweitert und erheblich verbessert. Die Nachrichtenstraße von Frankfurt nach Stockholm lief über das norddeutsche Kommunikationszentrum Hamburg. Nach Gustav Adolfs Tod in der Schlacht von Lützen im November 1632 war die kaiserliche Seite mit Erfolg bemüht, die schwedischen Nachrichtenverbindungen zu kappen beziehungsweise Frankfurt, Mainz und Nürnberg „auszudörren".

Die städtischen Privilegien und „Freyheiten" hat Reichskanzler Axel Oxenstierna feierlich bestätigt. Seine Kupferwährung, die nach Meinung von Finanzexperten eine „Münzverschlechterung" bedeutete, vermochte das Königreich Schweden weder in Frankfurt noch in Nürnberg und auch sonst nirgends im „Herzogtum Franken" durchzusetzen. Nach der schwedischen Aufgabe Frankfurts im Sommer 1635 gerieten jene Städte ins Visier Wiens, die eng und fest mit dem Schwedenkönig kooperiert hatten. In Nürnberg blieben bis Spätsommer 1650 schwedische Besatzungstruppen im Land. Tatsächlich hatte Gustav II. Adolf nur seinen verbündeten Nürnberger Patriziern noch im Sommer 1632 kurz vor dem Aufbruch nach Sachsen die wirklichen Ziele verkündet: „Was meine Belohnung betrifft, so dürft ihr nicht meinen, dass ich etwa wie ein hergelaufener Soldat etliche Monatssolde begehren oder nehmen werde. Ich verlange zu wissen, ob ich diejenigen Orte, welche ich mit Gott von den Papisten erlangt: Würzburg, Mainz und andere in meiner Gewalt behalte. Ich verlange ferner zu wissen, ob ich in denjenigen Ländern, welche ich an meine Freunde zurückgegeben, als Mecklenburg und Pommern, nicht diejenigen Rechte der Oberhoheit behalte, die vordem mein Feind, der Kaiser, gehabt hat. Pommern kann ich schon wegen der See [Versorgung] nicht lassen". Ob die große „Offenheit" Gustav II. Adolf gegenüber den Nürnberger Patriziern daraus resultierte, dass die Reichsstadt Nürnberg „sich gegen Gustaven grosmütiger bezeugt, als irgend eine freye Reichsstadt", wie es etwa in einem Leipziger Geschichtswerk über das „Leben Gustav Adolphs des Großen Königs von Schweden" 1761 niedergeschrieben ist?

Die Schlacht an der Alten Veste bei Zirndorf am 3. und 4.9.1632

Im Sommer 1632 herrschte gespenstischer militärischer Stillstand. Gustav Adolf war Anfang März 1632 von Frankfurt aus von Neuem ins Feld gezogen, um über Schweinfurt nach Nürnberg reisend in der „Noris" sein Heer für den Marsch auf Bayern zu sammeln. Dort ist der König noch im März 1632 von einer jubelnden Menschenmenge empfangen und seitens des Rates mit Geschenken überschüttet worden. Er eroberte Augsburg und München (17.5.1632), um am 20.6. 1632 von Nürnberg aus die politische Lage zu peilen.

Die Kaiserlichen durchtrennen die schwedischen Versorgungslinien
Sowohl das Heer Gustav Adolfs als auch das katholische Heer Tillys gleich dem konfessionsungebundenen kaiserlichen Heer Wallensteins hatten Versorgungsprobleme. Allerdings galt Wallenstein als ein Meister der militärischen Logistik und vermochte im Sommer 1632 unter Mühe, seine Truppen aus eigenen Ressourcen selbst zu versorgen. Der Friedländer wollte den Schwedenkönig in Scharmützel verwickeln und

aushungern. Zum Verdruss Gustav Adolfs hatte sich dessen Plan, die Vereinigung der Heere Tillys und Wallensteins in der Oberpfalz zu verhindern, nicht erfüllt. Am 1. Juli 1632 trafen das kaiserlich-wallensteinische und das bayerische Heer bei Tirschenreuth zusammen, bevor sich Wallenstein und Maximilian von Bayern Mitte Juli in Schwabach die Hände reichten. Während zu diesem Zeitpunkt Gustav Adolf im Begriff stand, sein Heer wie einen Festungsgürtel um die Reichsstadt Nürnberg zu legen, machte sich Wallenstein daran, ein gewaltiges Feldlager bei Zirndorf im Westen Nürnbergs aus dem Boden zu stampfen. Im Hochsommer 1632 lagen somit zwei der größten Heere ihrer Zeit für annähernd zwei Monate kampflos einander gegenüber. Nürnberg, das sich bereits seit 1631 für den Schwedenkönig „erkläret" hatte, versah das Schwedenheer täglich mit 8.000 Brotlaibern.

Die Kaiserlichen versuchten, das schwedische Heer immer wieder in Einzelkampfhandlungen zu verwickeln. Bei der alten Nürnberger Papiermühle in Doos an der Pegnitz – jetzt Nürnberg-Doos, Niederweg 9, an der Kurgartenbrücke – haben Ende Juli 1632 in kaiserlichen Diensten stehende kroatische Reiter eine schwedische „Kompagnie" aufgespürt und niedergemacht. Die Kroaten zerstörten das Mühlmahlwerk: „Das nit allein die Stein teils zerschlagen, die Ring, auch teils Zapfen und alle Mühleisen hinweg wären, sondern auch zu Schnigling drei Wellen zerhaut seint, ob aber an den Rädern auch Schaden geschehen, könnten sie, weil es in der Radkammer sehr finster gewesen, nit wissen", heißt es in einem zeitgenössischen Augenzeugenbericht. Auch der Rittmeister der schwedischen „Kompagnie", Hans Christoph Fuchs zu Bimbach und Neuses auf dem Sand, ein Verwandter des berühmten dänischen Militärs Johan Philip Fuchs von Bimbach († 1626), erlitt beim Sichern des Pegnitzübergangs den Soldatentod.

Mangelnde Kriegsdisziplin und Schwedengreuel

Den Schweden schien zudem die vordem musterhafte Kriegsdisziplin zu entgleiten. Unter den auf Seiten der Protestanten kämpfenden Truppen waren schottische, niederländische und norddeutsche Söldner, die laut Zeugnis des schottischen Söldnerführers Robert Monro († 1680) den Krieg nur als bloßes „Geschäft“ betrachteten. Als Gustav Adolf des Viehdiebstahls bei deutschen Offizieren gewärtig wurde, stieß der Schwedenkönig hervor: „Ihr seid diejenigen, die ihr Untreue an eurem Vaterland beweiset, welches ihr selbst ruiniert, verderbt und verheget ... Gott mein Schöpfer sei mein Zeuge, dass mir mein Herz im Leibe gellet, wenn ich euer einen anschaue“. „Schwedengreuel“ an Bauern auf der anderen Seite sind für ganz Franken dokumentiert: „Den Knecht legten sie gebunden auf die Erd, stecketen ihm ein Sperrholz ins Maul, und schütteten ihm einen Melkkübel voll garstig Mistlachenwasser in Leib, das nenneten sie ein Schwedischen Trunk“, hat Hans Jakob Christoffel von Grimmelshausen überliefert.

Im Sommer 1632 schien allenthalben die Fortune vom schwedischen Heer zu weichen. Die fränkischen Volkserzählungen und fränkischen Frömmigkeitsbekundungen spiegeln manches Geschehnis und manches politische Ereignis aus der „Schwedenzeit“ wider. Sie haben eine wahre Welle von Mythologisierungen aus der „Schwedenzeit“ ausgelöst. Von einem „Schwedenkreuz von Dechantsees“ beim heutigen oberfränkischen Weidenberg wird erzählt, das die Schweden in einem Frevelakt vom Dach der Heiligkreuzkapelle in Dechantsees herunterrissen. Ein Wunder geschah, als die Schweden das schwere Eisenkreuz in einem nahen Brunnen versenken wollten. Das Heiligkreuz versank nicht und gelangte immer wieder an die Wasseroberfläche. Seitdem ward das „Schwedenkreuz“ im Kircheninnern der Heiligkreuzkapelle aufbewahrt.

Hinter vorgehaltener Hand mutmaßte das Volk, dass dem Schwedenkönig die Verbündeten davonliefen. Zu der sehr angespannten Lage auf schwedischer Seite trugen im August 1632 militärische Fehleinschätzungen sowie fehlendes Kriegsglück bei. Das bisher weitgehend unbekannte Kriegstagebuch Gustav II. Adolf mit den Kriegsereignissen in Franken seit Sommer 1632 spiegelt die schwere Kriegsphase wider.

Am Vorabend der Schlacht an der Alten Veste

Oberst Robert Monro war ein aufmerksamer und kritischer militärischer Beobachter. Der 1631 im Schottenregiment „Mackay“ kämpfende und seit Juni 1632 zur Leibwache Gustav Adolfs abgestellte Berufssoldat pries den Reichtum Nürnbergs und schilderte die gewaltigen Kriegsanstrengungen der vereinigten Protestanten. Als Kommandeur einer Sturmkolonne von Musketieren sollte Monro als einer von insgesamt 2.850 Schotten und Engländern an der Schlacht an der Alten Veste teilnehmen. Schon sein einstiger Kriegs- und Dienstherr, Christian IV., wollte „mit dem Schwert in der Hand einen beständigen und sicheren Frieden mit dem Kaiser ... schließen“, wie Monro schreibt. Insgesamt kämpften im Dreißigjährigen Krieg drei Generäle, drei Oberste, acht Oberstleutnante, elf Majore und dreißig Hauptmänner aus der Familie Monro unter verschiedenen Fahnen. Die mit langen Piken ausgerüsteten schottischen Highlander zu Fuß, zu denen Monro zählte, hatten bereits in der Schlacht von Breitenfeld Ruhm davongetragen, weil sie Tapferkeit, Erfahrung und vorbildlichen Charakter zeigten und sogleich „danach alle zu höheren Dienstgraden befördert wurden“.

Beim Sturm auf die Alte Veste am 3. September 1632 (neuen Stils) sollte das bereits mit Söldnern aus Schwaben „angefüllte“ Regiment „Mackay“ sehr hohe Verluste erleiden. Schlechte und ungünstige Vorzeichen für die schwedische Sache hatten sich gleich zu Augustanfang 1632 angedeutet. Das Kriegsglück war den Protestanten um alles nicht „gewogen“. Vor allem auf schwedischer Seite waren die Nerven gespannt. Der Schwedenkönig wollte seinem Feind Wallenstein die Entscheidungsschlacht aufdrängen. Doch während Hunger und Seuchen seine Soldaten in dem ringförmig um Nürnberg angelegten Feldlager dahinrafften, waren Ersatztruppen aus dem Süden im Vormarsch. Noch heute sind die historischen Stätten des gewaltigen Schwedenlagers in einigen Nürnberger Straßennamen lebendig: An der Schwedenschanze, Am Schwedenbrunnen, Am Schwedengraben, An den Schwedenkreuzen und Schwedenweg. Im benachbarten Fürth verläuft die „Schwedenstraße", die es dazu in „Wallensteins Lager" in Zirndorf gibt.

Von dort aus lenkte der „Friedländer" Wallenstein seine militärischen „Störmanöver", die er vielfach von seiner laut Zeitzeugenaussagen mit beispielloser Grausamkeit vorgehenden kroatischen Reiterei ausführen ließ: „Was sie irgendwie ergattern konnten, haben sie ohne großes Federlesen niedergehauen, den Leuten die Zungen, Nasen und Ohren abgeschnitten ... [und] die Augen ausgestochen", wie der in Franken und Thüringen lebende evangelische Geistliche Martin Bötzinger uns schriftlich mitgeteilt hat. Die Kroaten haben ihren oft dem Bauernstand angehörenden Opfern auch Nägel in die Köpfe und Füße geschlagen, „heißes Pech, Zinn, Blei und allerhand Unflat durch die Ohren, Nasen und den Mund in den Leib gegossen" und Bauern gemartert und gespießt.

Kroatische Reiterei plünderte auch im Sommer 1632 das hohenlohesche Schloss zu Bartenstein und brannte es nieder. Die Kroaten bemächtigten sich auch des Schlosses Schillingsfürst, das sie ebenfalls „auf allen Seiten" in Brand setzten. Bei Mergentheim und Neuhaus liefen „Kaisertreue" zum Feind über. Die Bevölkerung flüchtete sich vor der ligistischen Soldateska immer wieder in die Wälder, so etwa auch die 500 Bewohner der Ackerbürgerstadt Erlang in den Jahren 1632 bis 1634. In Bayreuth wurde die Bevölkerung bis 1648 von 4.000 auf 220 dezimiert.

Und erneut wich zum Unmut Gustav Adolfs das Kriegsglück von der schwedischen Seite: Anfang August 1632 fiel der weit ins Ansbachsche hinein vorgeschobene „Posten" Lichtenau durch kaiserlichen Handstreich in ligistisch-bayerische Obhut, nachdem die nürnbergisch-zollernsche Besatzung der Festungsanlage unter Amtmann Georg Scheurl am 6. August, ohne einen Schuss abzufeuern, die schwarzweiße Flagge gestrichen hatte. Gustav II. Adolf soll angeblich zornentbrannt vor dem Nürnberger Rat geäußert haben: „Wenn Scheurl seines Volkes wäre, so müsste er noch heute sterben".

Am 8. Juni 1632 war bei Pegnitz eine komplette schwedische Reiterabteilung mit 400 Mann unter Führung des schwedischen Obersten und Kommandanten der fränkischen Kreistruppen Wolf Dietrich Truchseß von Wetzhausen aufgerieben worden. Längst hatte mit dem Eingreifen Schwedens der Krieg eine Eigendynamik erhalten und war zu einem diplomatisch kaum noch lösbaren europäischen Konflikt ausgeufert. Der König, der seit seinem Regierungsantritt 1611 Krieg führte und das Herzogtum Franken zu seinem Politischen Haus bestellte, soll vor der Schlacht von Lützen am 16. November 1632, kurz vor seinem Tod, erhobenen Schwertes Gott um den ersehnten „Frieden" beschworen haben.

Schlachtverlauf der Vielvölkerschlacht an der Alten Veste

Am 16. August 1632 waren aus Süddeutschland die lange ersehnten Reserven des Schwedenkönigs in Nürnberg eingetroffen. Wallenstein vermochte auch nicht zu verhindern, dass vom Norden her frische „fränkische Hilfstruppen", elf „Kompagnien" zu Pferd und sieben „Kompagnien" zu Fuß, zu Gustav Adolfs Heerlager in Anmarsch waren. Das war am 24. Juni an das schwedische Hauptquartier in Wiesenthau berichtet worden. Gustav II. Adolf wollte jetzt die Initiative an sich reißen und die feindliche Umklammerung durchbrechen. Seuchen und Nahrungsmangel zehrten an den schwedischen Kräften. Der Sommer des Jahres 1632 war feucht und die Ernte schlecht. Vielfach wurde das Getreide schon Mitte Juni geschnitten und im Feuerherd gedörrt, wie Bötzinger berichtet.

Die Ende August 1632 vollendete schwedische Truppenkonzentration bedeutete für Gustav Adolf das Signal zum Losschlagen. Aus Dank für ein unweit von Altdorf siegreich geführtes Gefecht hatte Gustav II. Adolf noch im Schwarzachtal in einer dortigen Felsennische bei dem heutigen Ort Schwarzenbruck im Beisein des Nürnberger Geistlichen Cornelius Marci, welcher Pfarrer an St. Lorenz war, einen Feldgottesdienst abgehalten, was eine Gedenktafel bezeugt. Der

Schwedenkönig verfügte jetzt über etwa 46.000 Mann, während nach Schätzungen des Obersten Monro etwa 50.000 ligistisch-bayerische Söldner auf den Befehl Wallensteins hörten. Der Schwedenkönig eröffnete das mehrtägige Kampfgeschehen, indem er in der Nacht zum 1. September bei Gebersdorf westlich der Rednitz schwere Batterien gegen die Ostflanke der kaiserlichen Verteidigungslinien in Stellung bringen ließ und bei Sonnenaufgang Feuerbefehl erteilte. Jetzt begann eine tragische Verkettung von Fehlentscheidungen und unvorhersehbaren Ereignissen, die den Glauben an einen Sieg der Schweden ad absurdum führten.

Der Nimbus, den Gustav II. Adolf als Schlachtenlenker an diesem 3. September 1632 bei der Alten Veste einbüßte, war niemals makellos; der Schwedenkönig musste bereits im Juni 1629, fast genau drei Jahre vor Zirndorf, bei Stuhm südlich des Weichseldeltas eine schwere Niederlage gegen ein kaiserlich-polnisches Reiterheer hinnehmen. Bei der völlig übereilten Flucht waren Geschütze und große Trossstücke in Feindeshand gefallen.

Wallenstein hatte Anfang Juli 1632 jenes schwere Gelände westlich des Flüsschens Rednitz für sein Heer mit versierter Ortskenntnis und militärischem Weitblick ausgewählt. Es handelte sich mit Abmessungen von zwanzig mal sieben Kilometern (!) um einen der größten militärischen Lagerorte, welche die Weltgeschichte je kannte. Den Hauptangriff des Vielvölkerheeres aus Schweden, Finnen, Deutschen, Schotten, Engländern und Niederländern an der „Nordostecke“ des Lagers mit der Alten Veste als Vorposten vermochte Wallenstein zu parieren, nachdem Bernhard von Weimar den Schwedenkönig eindringlich vor diesem Angriffsziel mit den schweren Verteidigungswaffen gewarnt hatte. Auch der unebene und mit Gestrüpp übersäte Boden bot für einen Kavallerieangriff nur Hindernisse. Was Gustav Adolf bewog, seinen Angriff ausgerechnet auf die nordöstlichen und schon geländemäßig besonders gut zu verteidigenden Frontabschnitte zu lenken, bleibt wohl für immer im Dunkel. Stellte die Alte Veste als ein „teurer“ Landschaftspunkt ein „Prestigefaustpfand“ für den gewünschten schwedischen Sieg dar? Als der Schwedenkönig hier an der „Nordostecke“ des Lagers angriff, erwartete ihn die ganze Feuerkraft und alles vernichtende Batteriestärke der Kaiserlichen. Wallenstein soll zu Gott gebetet haben: „Er würde nicht glauben, dass ein Gott im Himmel wäre, wenn ihm dieses Schloss genommen werden könnte“. 8.000 Mann kaiserliches Fußvolk mit 80 Geschützen verteidigten zehn Stunden lang die steil anlaufenden Anhöhen bei der Alten Veste, gegen die mit massiver Artillerieunterstützung schwedische Truppen anstürmten. Die Angriffe waren vollends vergeblich. Das musste auch der Schwedenkönig realisieren. Am frühen Nachmittag des 3. September attackierte in einem Gegenangriff das bayerische Kürassieregiment Fugger schwedische Musketiere an dem Dambacher Wald. Auch hatten am späten Nachmittag aus dem Biberttal vorrückende bayerisch-ligistische Kürassiere unter dem Grafen Cronberg den linken schwedischen Flügel ins Visier genommen. Furchterregend in Schwarz gekleidet und in schwarzen Rüstungen bewehrt und auf schwarzen Hengsten reitend, konnten die Kürassiere nur durch die finnischen Reiter unter dem Generalmajor Torsten Stålhandske († 1644) zurückgeschlagen werden.

Der Freitag, 3. September 1632, nach altem Julianischen Kalender der 24. August „Bartholomäus“, war in der Tat einer der blutigsten Tage der schwedischen Geschichte. Der Kommandant des Gelben Leibregiments, Generalmajor Niels Brahe (1604–1632), soll bis zum frühen Abend 500 gefallene Schweden, darunter viele hochchargierte Militärs, gezählt haben. Insgesamt machten die schwedischen Verluste insgesamt 2.500 Mann aus, als der Schwedenkönig die Kämpfe am 4. September 1632 einstellen ließ. In Nürnberg hat Gustav II. Adolf dann in seiner berühmten Rede vor den Stadtältesten am 16.9.1632 seine weiteren politischen Pläne erläutert. Er beschwor die „Libertät und Satisfaction“ Schwedens, womit der Monarch, den niemand nach Deutschland gerufen hatte, harsche Steuerbelastungen, weitere Plünderungen und zeitlose Besetzung meinte. Er wollte das Corpus Evangelicorum als politisches Instrument aller evangelischen Stände in Deutschland installieren, das nur dem König von Schweden unterstehen sollte. Die evangelischen Fürsten wollte der Schwedenkönig nach seinem Gusto und politischer Gefälligkeit zu seinen Paladinen machen, was eine völlige Umverteilung der Machtverhältnisse in einem Staat bedeutete, der von weltlichen Fürsten dominiert wurde. Dem Schwedenkönig schwebte ein von Schweden kontrolliertes protestantisches Nordeuropa in einer neuen Friedensordnung vor, die er auch dynastisch mit Hilfe gezielter Heiratspolitik erreichen wollte. So hatte Gustav Adolf die Verheiratung seiner sechsjährigen Tochter Christina mit einem brandenburgischen Erbprinzen beabsichtigt.

Der Schwedenkönig ist am 27. Oktober 1632 endgültig über Rothenburg, Kitzingen, Schweinfurt, Königshofen ins Sachsen-Anhaltinische gezogen, wo er in der Schlacht bei Lützen am 6.11. (alter Stil) beziehungsweise 16.11. (neuer Stil) gefallen ist. Ein Bildnis Gustav Adolfs, und zwar eine sehr naturalistische Rötelzeichnung, die angeblich während seines Aufenthaltes in Madenhausen am 22.Oktober entstanden ist, als auch ein sogenannter „Sturzbecher mit Portrait König Gustav II. Adolf von Schweden", der in den Kunstsammlungen der Veste Coburg aufbewahrt wird, erinnern noch an den großen Staatsmann und Kriegsherrn Gustav II. Adolf, welcher Franken so sehr für seine neue „Europaordnung" vereinnahmte.

Bei seinem Abzug aus Nürnberg ließ Gustav Adolf eine aus annähernd 4.500 Mann bestehende Garnison in Nürnberg zurück. Sie wurde seit Herbst 1632 von dem nürnbergschen Generalleutnant Balthasar Jakob von Schlammersdorff († 1635) geführt, der als Generalleutnant beziehungweise Generalwachtmeister auch in hessischen und schwedischen Diensten stand und seit Juni 1632 die fränkischen Kreistruppen befehligte.

Das seitens des Heilbronner Bundes politisch beschirmte Herzogtum Franken unter schwedischer Dominanz hat nur bis zu der von den Schweden und Herzog Bernhard von Weimar verlorenen Schlacht von Nördlingen Anfang September 1634 Bestand gehabt. Bis zum Spätsommer 1650 blieben die Schweden in Franken, um auf ihre „Kriegsreparationen" zu pochen. Auch in Öhringen im Hohenloheschen drangsalierten noch 1649 schwedische Truppen unter dem Befehl von General Robert Douglas (1611–1662), einem Militär schottischer Herkunft, der noch zum Generalfeldmarschall befördert werden sollte, die Bevölkerung. Die Schäden des Dreißigjährigen Krieges in Franken blieben über Generationen hinweg bestehen. Eine im Reichsarchiv Stockholm aufbewahrte schwedische Liste nennt im Fränkischen Reichskreis 23 Städte, 313 Dörfer und 47 Schlösser als zerstört. Durch den Dreißigjährigen Krieg verursachte Wüstungen sind besonders im Bereich Kulmbach, des Steigerwaldes und des Odenwaldes belegbar.

Den Protestantismus aber hat Schweden in Franken und Deutschland bewahren können. Das Recht der unmittelbaren Reichsstände, zu denen laut Westfälischem Frieden jetzt auch Schweden gehörte (Artikel 10, § 9), in ihren Territorien nur ihre Religion zu dulden, sollte fortbestehen, ebenso das Recht auszuwandern für Untertanen anderer Konfession. Im evangelischen Teil der Grafschaft Oettingen und in weiteren Territorien und Städten Frankens haben die seit 1648 und 1652 erstmals abgehaltenen Dank-Friedensfeste anlässlich des Kriegsendes 1648 alljährlich wiederkehrende Dauereinrichtungen gezeitigt.

Nach dem Abzug der Schweden aus Franken im Spätsommer 1650 fiel das „Herzogtum" politisch wieder mehr und mehr in den Zustand des Partikularismus zurück. Die Kreisorganisation als Ordnungsfaktor war zudem zu keiner Zeit im Dreißigjährigen Krieg ungeachtet der konfessionellen Zersplitterung in Franken zum Erliegen gekommen.

Die Schweden und ihr Mythos „Franken“

In vielen Beispielen belegbar, ist die Geschichte der schwedischen Soldateska im Dreißigjährigen Krieg oft in Erzählstoffen und zudem in der Dichtung thematisiert worden. Das 19. Jahrhundert war für seine teils phantasievolle Historienmalerei bekannt und schuf zum Gegenstand „Schwedische Besatzung in Nürnberg“ etliche Bildwerke, unter anderem auch das Historiengemälde „Schwedischer Troß mit Nürnberger Kaiserburg“ (1898) von der Hand des Kunstmalers Wilhelm Ritter (1860–1948), das jetzt den Marktvorstehersaal in Nürnberg bereichert. Im Jahre 1901 ist posthum Albert Graf von Schlippenbachs großes Romanwerk „Die Schweden in Nürnberg“ erschienen. Albert Graf von Schlippenbach (1800–1886) war Jurist und Kammerherr Friedrich Wilhelms IV. und hat aufgrund alter Familienarchivalien seine Historienhandlung erstellt. Sein Verwandter Christoph Karl von Schlippenbach (1624–1660) war diplomatischer Vertreter Schwedens und ist Hauptperson der Handlung.

Historischer Hintergrund ist Schwedens politisches Tauziehen um die Nachfolge Königin Christinas. In Nürnberg handelt der schwedische Generalissimus und spätere schwedische König Karl X. Gustav, in dessen Diensten Schlippenbach steht, auf dem Friedensexekutionstag 1649/1650 die Abzugsbedingungen der Besatzungsmächte aus. Karl Gustav, der immer wieder Schlippenbachs diplomatisches Geschick lobt, wird noch 1650 zum Kronprinzen bestimmt. Schlippenbachs Hauptverdienst war es dann, seinen ehemaligen Dienstherrn, den einflussreichen schwedischen Feldmarschall und Reichsrat Carl Gustav Wrangel († 1676) günstig für den baldigen König Karl X. Gustav zu stimmen.

Haupthandlungsszene ist das „Praunfalksche Haus“, in dem schon Gustav II. Adolf, ein Onkel des zukünftigen Königs Karl X. Gustav, übernachtet hatte, mit dem „Praunfalkschen Garten“ vor dem Nürnberger Frauentor. Auf dem Höhepunkt des historischen Erzählstoffes ehelicht Schlippenbach im Juni 1650 die Freiherrin Helena Elisabeth von Praunfalk († nach 1671) aus exilierter lutherischer Familie aus Österreich. Doch Helena Elisabeths Ehe, welche das „Glück ihres Lebens“ (S. 190) bedeutete, währte nicht sehr lange: der 1654 in den Grafenstand erhobene Schlippenbach ertrank im Gefolge einer diplomatischen Mission in Polen am 23. November 1660 bei Stockholm.

Ein weiterer Erzählstoff aus der „Schwedenzeit“ ist in dem seit 1881 aufgeführten Rothenburger Festspiel „Der Meistertrunk“ überliefert, welches die historischen Ereignisse der Einnahme von Rothenburg durch die Armee Tillys 1631 vergegenwärtigt. Gegen die erdrückende Übermacht der 60.000 kaiserlichen Söldner konnte das Rothenburg schützende schwedische Fähnlein unter Rinkenberg kaum etwas ausrichten.

Nach der Kapitulation des protestantischen Rothenburgs Ende Oktober 1631 wird dem Bürgermeister nebst Ratsangehörigen von General Tilly der sichere Tod „bedeutet“. In dieser ausweglosen Lage bewahrte der Rothenburger Rat Contenance. Er hieß den hageren kaiserlichen Generalissimus mit einem prachtvollen Humpen Wein willkommen. Daraufhin geriet der schon hochbetagte Feldherr in Laune und sagte generös die Worte: „Wenn einer von euch den Mut hat und in der Lage ist, diesen Pokal in einem Zug zu leeren, dann sei dem Rat das Leben gerettet und die Stadt selbst vor der Vernichtung bewahrt“. Und das Unglaubliche passierte: es war der Altbürgermeister Georg Nusch, der den dreizehn Schoppen messenden Humpen leerte und Rothenburg dadurch rettete.

Von Dinkelsbühl, dessen historische Keimzelle ein alter fränkischer Königshof war, ist überliefert, dass im Frühjahr 1632 eine Kinderschar die Stadt vor der Brandschatzung durch die Schweden rettete. Aus Dank wird in der Wörnitzstadt seit 1897 die sogenannte „Kinderzeche“ aufgeführt. Der schwedische Obrist Claus Dietrich von Sperreuth († 1653) (auch Cleß Dietrich) steht neben der rettenden Kinderschar im Mittelpunkt der Handlung: Im Frühjahr 1632 belagerte der

Schwedenobrist Claus Dietrich von Sperreuth aus altem fränkischem Adel schon für Wochen die konfessionell gespaltene Stadt Dinkelsbühl. In dem konfessionell römisch-katholisch dominierten Rat von Dinkelsbühl war keine Einigung darüber zu erzielen, ob Stadt und Stadtschlüssel den Schweden preisgegeben oder Rat und Bürger auf die Kaisertreue halten sollten. Als sich der Rat von Dinkelsbühl in seiner Not zur Übergabe der Stadt an die Schweden durchgerungen hatte, lief eine Kinderschar den schon einrückenden Schweden unter ihrem Oberst Sperreuth entgegen.

Der erkannte das eigene Leid über den schmerzlichen Verlust seines erst vor kurzem zu Tode gekommenen Sohnes und ließ sich mild stimmen: er verschonte Dinkelsbühl vor der Vernichtung, als die Kinder den Schwedenobristen singend und bittend begegneten. Der älteste Dinkelsbühler Ratsherr hat dabei angeblich die Worte ausgesprochen: „Gott möge euch lohnen Eure Menschlichkeit, wir können nur mit Segenswünschen danken und mit dem Ruf aus den erlösten Herzen, Heil dem großmütigen Besieger!“ Oberst von Sperreuth „diente“ später noch unter kaiserlicher und venezianischer Flagge.

9.
Franken im Zeitalter des Absolutismus

Franken nach dem Dreißigjährigen Krieg 1648–1670

Unzweifelhaft gehörte Franken neben Pommern und Mecklenburg zu den in Deutschland am schwersten vom Krieg gezeichneten Regionen. Seit dem Jahr 1630 herrschte in Franken fortwährend Krieg. In den Jahren von 1645 bis 1648 hatten sich wesentliche Kriegsereignisse in Tauberfranken und Württembergisch-Franken ereignet. Die einstige reichspolitische Bedeutung dieser Landstriche vor dem „Teutschen Krieg" schwand für immer dahin. In Feuchtwangen soll einer Anekdote zufolge der schwedische General Carl Gustav Wrangel seinen Generalshut beim Erhalt der Nachricht vom Friedensschluss in Münster und Osnabrück mit Füßen getreten haben. Der um 1610 zum reformierten Glauben konvertierte Heerführer Ernst von Mansfeld hatte die Fackel des Krieges 1621 ins Land getragen, um das Feuer dann an Kaiserliche, Schweden und Franzosen weiterzureichen. Die vollends zerstörte Reichsstadt Wimpfen litt mehr als 150 Jahre an den Kriegsfolgen. Auch sind die Bevölkerungsstrukturen aufgrund Migration aus dem Ausland – Österreich und Frankreich – aber auch infolge der Binnenwanderung drastisch geändert worden. Ganze Landstriche blieben über mehrere Menschenalter verödet. Das Schlachtfeld um die Alte Veste in Zirndorf vom Sommer 1632 verharrte annähernd hundert Jahre im Wüstzustand. Jakob Wassermann schrieb dazu in dem Roman „Die Juden von Zirndorf": „Aber in jenem Winkel zwischen den beiden Strömen haben die Kriege des siebzehnten Säkulums dem natürlichen Schmuck des Bodens gar sehr Abbruch getan. In den dreißiger Jahren befand sich hier das große Lager der Schweden, und der geängstigte Bauer fand seine Äcker mit Blut gedüngt. Schnellfüßig hastete der

Kriegsschrecken durch Franken, und die kurfürstlich Onolzbachischen und die Nürnbergischen sahen sich gleicherweise gedrängt, Mut und Gottvertrauen nicht fahren zu lassen. Lange Jahre gingen hin, bis die zertretenen Felder wieder zu ihrer natürlichen Fruchtbarkeit erstarkten, und selbst nach dem Friedensschluss lag noch manches Stück Land verödet". Besatzungstruppen blieben zeitlich weit über den Westfälischen Frieden hinaus im Land.

Die Wülzburg in der südlichen Frankenalb als klassischer Renaissancefestungsbau, deren prominentester Gefangener Charles de Gaulle im Ersten Weltkrieg war, wurde erst 1649 wieder an Brandenburg-Ansbach zurückgegeben. Sie war 1631 kampflos an Tilly gefallen, um anschließend langwieriger Einschließung der Schweden zu widerstehen. Die Reichsstadt Nürnberg hatte von ihrer Reichsunmittelbarkeit keine Einbuße erlitten. Die Römischen Kaiser, deren kaiserliche Zentralgewalt sich nach dem Dreißigjährigen Krieg rasch wieder stabilisiert hatte, betrachteten Franken auch weiterhin als „Kronland". Der gerne in Franken weilende und lange regierende Kaiser Leopold I. erhob auch etliche fränkische Adlige, so 1670 Baron von Pölnitz, in den Reichsfreiherrenstand. Kaiser Leopold I. hatte auch keine Einwände dagegen, dass das Haus Thurn und Taxis im Jahre 1686 eine feste Postverbindung zwischen Nürnberg und Leipzig einrichtete. Später 1690 und 1702/1705 folgten mit kaiserlicher Billigung die regelmäßigen Verbindungen zwischen den Städten Nürnberg-Frankfurt am Main und Nürnberg-Coburg.

Das Beispiel Nördlingen – drastische Bevölkerungsverluste

Die Bevölkerungszahlen erreichten zum Teil nicht vor dem 19. und 20. Jahrhundert wieder den Stand vor dem Dreißigjährigen Krieg. In Bayreuth lebten erst im Jahre 1735 wieder 7.000 Einwohner, was in der Bevölkerungsstärke etwa dem Vorkriegsniveau entsprach. In Wertheim lebten 1617 laut den Einwohnerlisten 3.617 Bewohner, hier wurde der Größenspiegel der Vorkriegszeit erst nach 1871 wieder erreicht. Ein ähnliches demographisches Bild ergibt sich für die Reichsstadt Heilbronn, wo erstmals im Jahre 1769 mit 6.077 eingeschriebenen Bürgern der Stand von 1618 knapp überschritten wurde. Noch drastischer fiel das Beispiel „Nördlingen“ aus, wo der Bevölkerungsstand vor dem Dreißigjährigen Krieg mit 8.790 Bewohnern erst wieder im Jahre 1939 erreicht war.

Die Landesherren haben mit Peuplierungsmaßnahmen händeringend versucht, dieser auch wirtschaftlich verheerenden Entwicklung gegenzusteuern. Von der Ansiedlung von Hugenotten und Waldensern in Franken ist schon die Rede gewesen. Bereits in der Spätphase des Dreißigjährigen Krieges sind Protestanten aus der Pfalz, aus Böhmen sowie aus den Alpenländern nach Franken sowie ins Fränkische Vogtland eingewandert. Auch Juden sind angesiedelt worden. Über die Aufnahme israelitischer Glaubensangehöriger im Markgraftum Brandenburg-Ansbach unter Markgräfin Eleonore Erdmute Luise (1662–1696) wurde schon berichtet. Sie fanden vor allem im ländlichen Bereich, im Gebiet von Markt Erlbach, Langenzenn und nahe bei Crailsheim, eine Bleibe.

Judenansiedlung nach dem Dreißigjährigen Krieg

So werden in dem „Saalbuch“ von Crailsheim, das eine Art Sammlung von Rechtsbräuchen darstellt, acht jüdische Familien genannt. In Crailsheim waren Juden gegen eine entsprechende „Schutzzahlung“ untergebracht. Auch der Fürstbischof von Bamberg duldete die Israeliten im jetzt oberfränkischen Walsdorf, welches die Herren von Crailsheim seit 1525 zu Lehen nahmen, gegen Dukatenzahlungen. Zuerst sind hier 1609 Juden um den dortigen Schafberg angesiedelt worden. 1731 sind auch Synagoge und Schulhaus genehmigt worden. 1740 wurden zwölf Familien gezählt. Die Abgeschiedenheit am Walsdorfer Schafberg führte zur Ghettobildung, was Konflikte mit der *eingeborenen* Bevölkerung heraufbeschwor. Eine Anekdote berichtet, dass im Jahre 1699 ein ortsansässiger Israelit zu seinem Körperschutz im Walsdorfer Schloss „einsaß“. Wassermann schreibt, dass die Juden allenthalben aufgrund ihres Schacherns verhasst gewesen seien. Wir wissen, dass Wassermann ein Jude mit exponiertem National- und Bürgerstolz war: „Ich bin Deutscher, und ich bin Jude, eines so sehr und so völlig wie das andere, keines ist vom anderen zu lösen“, schrieb der Fürther Schriftsteller (1873–1934) im Jahre 1921. Mit Neid blickten die christlichen Einwohner auf die Wirtschaftsbeflissenheit der Juden. Der markgräfliche Agent für die Hugenottenaufnahme, Joseph August du Cros († 1728), schlug in seinem Memorandum vom 3. Juni 1686 die Vertreibung der Juden aus der Stadt Baiersdorf aus wirtschaftlichen Gründen vor: „... de chasser les iuit de Bayersdorff“.

Insgesamt betrachtet kam die Wirtschaft in Franken ungeachtet der energisch in Angriff genommenen Steigerung des Volkreichtums nur schleppend auf die Vorkriegsleistung. Der aus dem rheinfränkischen Speyer gebürtige Kameralist Johann Joachim Becher zeigte in seinem Hauptwerk „Politischer Discurs von den eigentlichen Ursachen des Auff- und Abnehmens der Städt/Länder und Republicken“ aus dem Jahr 1688 auf, wie ein Volk „nahrhafft zu machen“ sei. Becher war ein Verfechter des „Wirtschaftsprotektionismus“ und scheiterte im Jahre 1677 an der unzulänglichen Wirtschaftsmaßnahme eines „Reichsedikts“ wider die Einführung französischer Waren in süddeutschen Reichstädten.

Der Spanische Erbfolgekrieg und sein fränkischer Kriegsschauplatz

Franken am Vorabend des Spanischen Erbfolgekrieges: Alle Augen blicken auf Madrid, wo der geistig minderbemittelte König Karl II. von Spanien bereits vom Tod gezeichnet ist († 1.11.1700). Karl II. war ein Urenkel Kaiser Ferdinands II. und der Maria Anna von Bayern († 1616). Dem seit 1665 kranken, letzten spanischen Habsburger im Mannesstamm war gemäß dem Wunsch Bayerns wie Frankreichs kurz vor seinem Tod ein Testament abgerungen worden, in dem er den Kurprinzen von Bayern Joseph Ferdinand Leopold (geb. 1692) zu seinem Universalerben einsetzte. Doch weder Kaiser Leopold I. als ein direkter Verwandter (Großvater) des Kurprinzen noch die Seemächte England und die Niederlande unterstützen den Universalerbenplan. Joseph Ferdinand war ein Sohn des bayerischen Kurfürsten Maximilian II. Emanuel und der Maria Antonia von Österreich, der einzigen Tochter Leopolds I. aus seiner ersten Ehe mit Margarethe Theresia von Spanien. Als der Kurprinz Joseph Ferdinand von Bayern völlig unerwartet am 6. Februar 1699 in Brüssel starb, machten sich allenthalben in Europa politischer Unbill und demonstratives Säbelrasseln breit. In Paris wurde das Gerücht gestreut, dem Kurprinzen sei von Seiten Wiens Gift verabreicht worden. Noch nicht von den Wunden des Dreißigjährigen Krieges geheilt und von Frankreich mit weiteren Kriegen überzogen, liefen das Römische Reich und die Seemächte Sturm gegen den neuen Plan Ludwigs XIV., seinen Enkel Philipp von Anjou zum König von Spanien auszurufen. Der Krieg begann im Sommer 1701 in Italien.

Der weltweit zu Wasser und zu Lande tobende Krieg machte auch vor Franken nicht halt, als sich im Sommer 1702 ein militärisches Zusammengehen des bayerischen Kurfürsten Maximilian II. Emanuel mit Frankreich gegen Österreich anbahnte. Schon waren Ulm und Memmingen (1.10.1702) durch „Handstreiche“ in des Kurfürsten Hand gefallen, als sich die Krise der Alliierten, England-Österreich-Preußen, in Süddeutschland voll offenbarte. Auch die erste Schlacht von Höchstädt (1703) endete zum Nachteil Österreichs. Der damalige König Joseph I. inspizierte wiederholt die kaiserlichen Truppen am Oberrhein, wobei er das „Deutsche Haus“ in Heilbronn als Übernachtungsquartier nutzte. Bei den Kämpfen in Franken ist im Jahre 1703 die später (nach 1714) vom bayerischen Kurfürsten zur gewaltigen und einzigen Barockfestung Frankens ausgebaute Burg Rothenberg bei Schnaittach vom kaiserlichen Heer eingenommen worden.

Maximiliansgrotte
Auch bei der Maximiliansgrotte unweit von Neuhaus an der Pegnitz tobten 1703 schwere Kämpfe zwischen bayerischem und österreichischem Militär. Die dabei ums Leben gekommenen Soldaten fanden im Windloch der Maximiliansgrotte eine Ruhestatt. Im nicht weit entfernten Kasberg steht in majestätischer Größe eine „Franzosenlinde“, welche an die Zeit des ersten Koalitionskrieges (1792–1797) erinnert, als hier im Spätsommer 1796 Franzosen unter ihrem geschlagenen General Jourdan biwakierten. Dabei soll ein französischer Obrist in die Linde hineingeritten sein und in dem breiten Lindenwerk eine Drehung vollzogen haben. Es wird auch berichtet, dass bei einem weiteren Franzosendurchmarsch im Jahre 1806 die Linde einer Feuerzerstörung entging.

Von Rothenberg nach Weißenburg: der Krieg weitet sich auf fränkischem Boden aus
Weil man sich in der Gewichtung der Kriegsziele in Franken und Österreich nicht einig war, kam es rasch zu Unstimmigkeiten zwischen Max Emanuel von Bayern und dem französischen Marschall Villars. Die Gunst der Stunde von Mergentheim, Ulm und Landau, das zunächst sehr erfolgreich durch die Franzosen verteidigt wurde, war unwiederbringlich. Auf fränkischem Boden schien sich das Kriegsglück auf die Seite der Alliierten zu stellen. Die Schalen des Zorns wurden auf die Orte Nürnberg, Rothenberg und Wien ausgegossen. Kurfürst Maximilian II. Emanuel wollte einen Entsatzangriff auf Burg Rothenberg, mit dem Hintergedanken einer bayerischen Inkorporation von Nürnberg, was Villars schier ablehnte. Der französische Marschall seinerseits liebäugelte mit einem Angriff auf Wien, ein gewagtes militärisches Vorhaben, mit dem sich der Kurfürst nicht anfreunden konnte. So nahmen die Unstimmigkeiten ihren weiteren Lauf, bis Paris seinen fähigsten Heerführer abberief und ihm die Niederschlagung des Cevennenaufstandes anvertraute.

Das war die Stunde für Marlborough und den Prinzen Eugen von Savoyen. Noch bevor Marlborough am 20. Mai 1704 von Bedburg bei Köln aus seinen bereits von Zeitgenossen gerühmten operativen Militärmarsch in Richtung Südsüdost antrat, hatten an der Seite der Kaiserlichen kämpfende fränkische Kreistruppen die „Weißenburger Linie“ errichtet. Sie sollte das Richtung Nürnberg vorstoßende Heer Bayerns abschirmen. Noch heute finden sich Überreste der „Weißenburger Linie“ bei Dettenheim, wo die östliche Linie gegen bayerische und französische „Durchbrüche“ geschützt werden sollte. Erst aber der militärische Auftritt Marlboroughs 1704 sollte den französischen Plünderungen und Verwüstungen in Franken und Schwaben (vorerst) ein Ende bereiten.

„Malbrouck s'en vat' en guerre“

Zwar hatte der Fürstbischof von Bamberg und Erzbischof von Mainz Lothar Franz von Schönborn (1655–1729), der ein sehr rühriger und weitsichtiger Politiker war, noch im August 1701 zur Sicherung der Neutralität und um Franken aus dem Kriegsgeschehen herauszuhalten, zum „Assoziationstag“ nach Heilbronn rufen lassen. Aber angesichts der sich 1702 militärisch entwickelnden Lage hatte der Fränkische Kreis bald Frontstellung gegen Frankreich bezogen. So war Franken dem sich 1702 formierenden „Nördlinger Traktat“ beigetreten, welches den ehrgeizigen Plan verfolgte, 40.000 Mann aufzustellen und sich in die Allianz vom Haag zwischen der Krone und den Seemächten einzureihen. Die Truppen, welche der Fränkische Kreis stellte, waren etwa 12.000 Mann stark. Marlborough marschierte mit einem Heer von 21.000 Mann, darunter 10.000 Engländern, in einem seine Gegner täuschenden „Zickzackkurs“ über Kastel (Mainz), Lauffen, Großheppach, Elchingen zum Fränkischen Jura, an dessen Südrand er Donauwörth am 2. Juli 1704 erreichte. Am 22. Juni 1704 hatten sich bei Ulm die Truppen Marlboroughs mit denen von Ludwig Wilhelm von Baden vereinigt, während weiter östlich im Raum Leipheim das etwa 35.000

Mann starke Heer des bayerisch-französischen Gegners lag. Bei der erst am Spätnachmittag des 2. Juli 1704 beginnenden Schlacht auf dem Schellenberg bei Donauwörth hatten die Alliierten als Sieger besonders schwere Verluste, 6.000 Soldaten, darunter viele hohe Offiziere. Ein Oberstleutnant des kurbayerischen Fremdengrenadierbataillons Boismorel, das die Angstbotschaft „Vae spectanti!" auf seine Fahnen schrieb, berichtete über die Schlacht auf dem Schellenberg:

„Der Feind setzte sich in Sturmschritt und rannte in voller Geschwindigkeit und mit dem äußersten Geschrei, das ihre Stimmen hergaben, auf uns los, um sich auf unsere Verschanzungen zu stürzen ... Die Schnelligkeit ihrer Bewegung zusammen mit ihren gellenden Schreien waren wahrhaftig furchteinflößend ... Ich glaube nicht, dass man ein schrecklicheres Abbild der Hölle vorführen könnte, als die von Wut erfüllten verzweifelten Anstrengungen [sowie] ... die Bewegungen der Männer beider Seiten in diesem Gefecht".

Bei der sich seit 12. August 1704 anbahnenden Schlacht von Höchstädt – englisch: Battle of Blenheim aufgrund des Ortsnamens „Blindheim" – war bereits das Abklingen der bayerisch-französischen Bedrohung für den Fränkischen Reichskreis unübersehbar. Am 13. August 1704 begann um 12.30 Uhr die (zweite) Schlacht von Höchstädt mit dem Angriff des linken britischen Flügels auf Blindheim. Um 14.30 Uhr waren jedoch alle alliierten Angriffe unter blutigen Verlusten zurückgewiesen worden. Aber Marlborough war es gelungen, starke Kräfte, 25.000 Mann, nordwestlich von Blindheim aufzustellen. Gegen 16 Uhr zeichnete sich der Wechsel des Kriegsglücks hin zur alliierten Seite ab. Auf dem berühmten Panoramagemälde von der Hand des niederländischen Malers Jan van Huchtenburgh mit der noch tobenden Schlacht von Höchstädt übergibt Marlborough im Bildvordergrund einem Kurierreiter in Rot die Siegesnachricht an seine Frau Sarah. Für die bayerisch-französischen Verlierer bedeutete Höchstädt eine militärische wie politische Katastrophe. Winston Churchill, der im Jahre 1934 das Schlachtfeld Höchstädt besuchte, resümierte, der alliierte Sieg habe „die politische Achse der Welt verschoben". Seit Ende 1704 waren vor allem der Oberrhein, Holland sowie Italien Kriegsschauplätze.

Markgraf Christian Ernst als kaiserlicher Feldherr
Damals kämpfte Markgraf Christian Ernst, der seit 1664 Fränkischer Kreisoberst war, als kaiserlicher Generalfeldmarschall an der Rheinfront. Bei der Belagerung Landaus im Herbst 1703 stand der stets kaisertreu ergebene Feldherr an der Seite Markgraf Ludwig Wilhelms von Baden, dem in 57 Schlachten erfolgreichen Kriegsherrn und „im Felde Unbesiegten", an vorderster Front seinen Mann. Der Wiener Hof schmeichelte dem Hohenzollernfürsten durch blendende Gesten, zumal für Wien das markgräfliche Territorium als Brückenkopf zu den rheinischen, pfälzischen, kurkölnischen und niederländischen Kriegsschauplätzen einen unschätzbaren militärischen Wert darstellte. Die zweite Ehefrau Christian Ernsts, Sophie Louise von Württemberg-Stuttgart (geb. 1642), war seitens Wiens in den Orden „Sklavinnen der Tugend" aufgenommen worden. An der Rheinfront bald vollkommen überfordert, musste Christian Ernst den Oberbefehl über die Reichstruppen, den er seit Januar 1707 innehatte, an den Kurfürsten von Hannover, Georg Ludwig, den späteren König Georg I. von Großbritannien, übergeben. Die kopflose Preisgabe der „Stollhofener Linien" bei Rastatt durch Christian Ernst im Mai 1707 hatte in einem völligen militärischen Desaster geendet und den französischen Truppen unter Marschall Villars den Weg nach Franken, Schwaben und Bayern eröffnet. Villars hatte im Juni 1707 in Schwieberdingen Quartier bezogen und rückte bis Franken vor. Auch Remchingen im Kraichgau ist dabei arg in Mitleidenschaft gezogen worden, wo die Franzosen bereits 1692 im Pfälzischen Erbfolgekrieg die alte Wasserburg zerstörten. Ungeachtet der die Truppenverstärkung und Logistik des Krieges vorsehenden „Assoziation" vom August 1701 haben weder Christian Ernst

noch Kurfürst Georg Ludwig von Hannover die neuen Greuel durch französisches Militär 1707 abzuwehren vermocht.

1712 – letzter großer Kaiserbesuch in Nürnberg

Noch in der Spätphase des Spanischen Erbfolgekrieges besuchte der allseits beliebte Kaiser Karl VI. im Januar 1712 die Reichsstadt Nürnberg. Es war die letzte große Kaiserfeier der Dürerstadt mit allem Pomp und Prunk. Dazu waren auch die Nürnberger Patrizier aufmarschiert. Karl VI. bekam zur Begrüßung auf einer antiken Schale trotz der damals miserablen Finanzstärke Nürnbergs eintausend Dukaten „serviert". Auf der Kaiserburg wurden Bankette und Maskenfeste abgehalten. Ein Vorgänger Karls VI. aus dem Hause Habsburg, Maximilian I., hatte im Jahre 1491 gar ein halbes Jahr in der „Noris" verbracht. An den letzten großen Kaiserbesuch zu Jahresbeginn 1712 gleich im Anschluss an die Frankfurter Kaiserkrönung (22. 12.1711) erinnern noch heute zwei Obelisken auf der Oberen Karlsbrücke, welche von imperialem Wappenschild wie kaisertreuer Inschrift geziert sind. Karl VI., der in der Pragmatischen Sanktion 1713 die Unteilbarkeit und Untrennbarkeit seiner Länder bestimmte, hatte keine Bedenken, dass sich die Reichsstadt Nürnberg neben der Grafschaft Oettingen in den Friedenschlüssen beachtliche bayerische Landesteile angliedern wollte. Doch sind die Territorialerwerbungen Nürnbergs als auch der Grafschaft Oettingen im Spanischen Erbfolgekrieg wie auch die beabsichtigte Wegnahme der Oberpfalz von Bayern im Frieden von Rastatt 1714 in entscheidenden Teilen zunichte gemacht worden. Militärgeschichtlich indes bleibt festzuhalten, dass die auch nach 1701 fortbestehende und von einem fränkisch-schwäbischen Militärmuster dominierte „ewige Assoziation" fast ein halbes Jahrhundert, bis zum Österreichischen Erbfolgekrieg 1740, die „militärisch-politische Ausdrucksform des Reiches" blieb (Gerhard Papke: Wehrwesen, 1983, 252). Endlich trat auch der Kaiser der erneut im Dezember 1714 bekräftigten „Assoziation" bei.

Markgraf Christian Ernst von Brandenburg-Bayreuth (1644–1712) und Markgraf Wilhelm Friedrich von Brandenburg-Ansbach (1686–1723) – die Entwicklung der zollerischen Staatenwelt in Franken

Noch in den Wirren des Spanischen Erbfolgekrieges hat das auf europäischer Ebene politisch wie militärisch erstarkende Preußen mit Christian Heinrich von Brandenburg-Bayreuth (1661–1708) den Schönberger Vertrag (1703) als einen Erbverzichtsvertrag gezeichnet. Preußen war es auch, das den politischen Fortbestand Bayerns im Spanischen Erbfolgekrieg entgegen den Annexionsabsichten Kaiser Josephs I. rettete. Der Schönberger Vertrag vom 23. November 1703 war nicht zuletzt durch „gutes Zureden" und unter Vermittlung Markgraf Christian Ernsts zustande gekommen. Denn Christian Heinrich war wie sein Vetter Christian Ernst hochverschuldet. Ob Preußen nur aus christlicher Nächstenliebe seine zollerischen Verwandten in Bayreuth finanziell zu stützen gedachte? In Brandenburg-Bayreuth hat dann auch der erstgeborene Sohn Georg Wilhelm im Jahre 1712 den Markgrafen Christian Ernst politisch und mit den hohen Staatsschulden beerbt.

Die überaus verschwenderische Hofhaltung hatte lange zu Lebzeiten Christian Ernsts die süddeutsche Kleinstaatenwelt geblendet. Bereits durch militärische Lasten zugunsten des Reiches hochverschuldet – das Debet machte beim Frieden von Nijmwegen 1679 schon 152.000 Reichstaler aus –, sann der Fürst erst 1680 darauf, den Hofstaat personell zu reduzieren. 1672 hatte eine anonyme Schmähschrift die finanziellen Missstände im Markgraftum Bayreuth angeprangert und die an den Rand der Manie gesteigerte Vorliebe des Markgrafen für seine Hundehaltung stigmatisiert. Die Verfasser des Pamphlets hatten errechnet, dass die Hundehaltung des Fürsten umgerechnet jährlich 150 Simmer Korn entspreche, wobei ein Coburger Simmer 110,5 Litern gleichkam, wodurch im Markgraftum Bayreuth viele notleidende Untertanen „im Lande erhalten“ bleiben könnten. Seinem 159 Personen umfassenden Hofstaat gehörten ein französischer Haushofmeister, niederländische Wäscherinnen und kostspielige italienische Musiker an. Im Jahre 1703 war Markgraf Christian Ernst auch dynastisch noch stärker durch seine (dritte) Heirat mit Elisabeth Sofie (1674–1748), einer Tochter des Großen Kurfürsten, die genau zwanzig Jahre jünger war als ihr Ehegatte, an den Berliner Hof gebunden worden.

Militärpolitisch betrachtet stellte Preußen seinem verwandten fränkischen Markgraftum besonders gute Noten aus. Als im Dezember 1791 Preußen endlich Hand auf das Fürstentum Bayreuth legte, fand der längst zur europäischen Großmacht aufgestiegene Staat ein wohlorganisiertes Milizsystem mit großen Aushebungszahlen (5.900 Mann) vor.

Preußen klopft bei den süddeutschen Staaten an

Damals begann Preußens „Liebeswerben“ in der süddeutschen Staatenwelt. Preußisch-dänische Kontingente hatten auch wiederholt auf Kriegsschauplätzen des Spanischen Erbfolgekrieges, etwa in der Schlacht von Höchstädt, ihren Mann gestanden. Das preußische Militär hatte Garnisonen auf der Plassenburg, in Erlangen und in Neustadt an der Aisch zurückgelassen. Friedrich I. von Preußen († 1713) hatte nicht nur die Königswürde eines „Königs in Preußen“ erlangt, sondern auch 1707 den Titel eines souveränen Fürsten von „Neuchâtel, Balangin und Oranien“. Neuenburg ward preußisch. Die preußischen „Vettern“ der Markgrafen von Bayreuth und Ansbach hatten dynastische Anwartschaften auf die Grafschaft Wolfstein in der Oberpfalz sowie auf den Besitz der Herren von Geyern bei Weißenburg.

Später im Siebenjährigen Krieg sollten preußische Freibataillone – so unter Oberstleutnant Johann von Mayr – sengend durch den Fränkischen Reichskreis ziehen. Friedrich der Große belächelte die süddeutsche Kleinstaaterei mit ihren „Zaunkönigen“. Jetzt sah der Schönberger Vertrag von 1703, der auf Vermittlung Markgraf Christian Ernsts zustande gekommen war, den Erbfolgeverzicht für den Erbprinzen Christian Heinrich von Brandenburg-Bayreuth (1661–1708), einen Neffen von Christian Ernst, vor. Christian Heinrich war ein Sohn Georg Albrechts, eines Bruders von Christian Ernst, und mit Sofie Christiane, einer Tochter des Grafen Albrecht Friedrich von Wolfstein, vermählt. König Friedrich I. in Preußen kümmerte sich rührig und unverdrossen um Apanage und Wohlergehen seiner fränkischen „Vetter". Er beorderte die Söhne Christian Heinrichs, Georg Friedrich Karl (1688–1735) und Albrecht Wolfgang (1689–1734) nach Weferlingen, wohin die Prinzen zu ihrer Ausbildung ins preußische Amt Halberstadt verbracht wurden.

Das Scheitern der preußischen Erbpläne in Franken

Weitere Geschwister der bayreuthschen Prinzen waren Dorothea Charlotte, die 1711 Karl Ludwig Grafen von Hohenlohe-Weikersheim ehelichte, der nur zwei Monate alt gewordene Friedrich Emanuel († 13.1.1693), der ebenfalls früh verstorbene Friedrich Wilhelm († 1695), Sofie Magdalene, die den dänischen König Christian VI. ehelichte, Friedrich Ernst, Marie Eleonore sowie der spätere Markgraf Friedrich Christian († 1769). In Ansbach hatte im Jahre 1705 die Heirat der Prinzessin Wilhelmine Karoline (1683–1737), einer Schwester des Markgrafen Wilhelm Friedrich, zu einem Überdenken der politischen Beziehungen zu Berlin geführt. Rössler sprach von Frankens größter Tochter. Auch die beiden Bayreuther Prinzen Georg Friedrich Karl und Albrecht Wolfgang wünschten die sofortige Annullierung des verhassten Schönberger Erbvertrags von 1703. Jetzt ergriffen indes Lothar Franz von Schönborn und sein Neffe Friedrich Karl von Schönborn-Buchheim, welcher Fürstbischof von Bamberg und Würzburg sowie Reichsvizekanzler war, die „Partei" der Prinzen und verwandten sich für sie beim Kaiser. Auch ein Militär wie der Prinz Eugen von Savoyen rieten dem Kaiser dringend davon ab, für den Fall einer preußischen Festsetzung im Fränkischen Reichskreis die schwarzweißen Fahnen unmittelbar vor dem Glacis seines böhmischen Erblands zu dulden. Auch die beiden Schönborns, Onkel und Neffe, blieben unbestechlich, zumal sie schon 1708 und 1713, als preußische Truppen aus dem Limpurgschen bei Hall des Landes verwiesen wurden, eine Annexion fränkischen Territoriums verhindert hatten. Damals wollten die Preußen die Gunst der Stunde nutzen, als 1713 die Sontheimer Linie der weitverzweigten fränkisch-schwäbischen Familie der Limpurger ausgestorben war. Doch beide Schönborns vermochten auch dieses Mal die preußische Sukzession in Franken zu verhindern. König Friedrich Wilhelm I. in Preußen, der Vater Friedrichs des Großen, galt in der Gewichtung seiner politischen Ziele als ganz besonders vorsichtig. Ausgerechnet in der Zeit des „Soldatenkönigs" wurde das geflügelte Wort „So schnell schießen die Preußen nicht!" geboren. Friedrich Wilhelm I. musste sich schließlich im November 1722 den sogenannten „Pactum successorium Culmbacense", welcher den Schönberger Vertrag bei Zahlung einer Abfindung für nichtig erklärte, „abringen" lassen. Damit kam die Weferlinger Linie mit Georg Friedrich Karl seit dem Jahre 1726 zum Zuge. Ihm folgte 1735 sein Sohn Friedrich, der, wiederum dynastisch-politisch an Berlin gebunden, mit der Schwester Friedrichs des Großen, Wilhelmine, 1731 verehelicht war.

Auch Brandenburg-Ansbach stand als begehrtes Erbfolgeprojekt „ganz oben" auf dem nach Landnahme und „Angliederung" ausspähenden Sukzessionsplan der Spreekönige. Hier regierte Markgraf Wilhelm Friedrich an der Seite der beliebten Markgräfin Christiane Charlotte (1694–1729), einer Tochter des Herzogs Friedrich Karl von Württemberg. Wilhelm Friedrich war Nachfolger seines älteren Stiefbruders Markgraf Georg Friedrich des Jüngeren von Brandenburg-Ansbach, der ohne Nachkommen 1703 im Spanischen Erbfolgekrieg gefallen war. Da Wilhelm Friedrich zu diesem Zeitpunkt noch minderjährig war, musste zunächst erneut – wie bei seinen vier Vorgängern – eine Vormundschaftsregierung die Regentschaft übernehmen. Seine Schwester war

Wilhelmine Karoline, Königin von England, und zwar als Gemahlin Georgs II. Ihr Sohn war Prinz Friedrich Ludwig von Hannover, im englischen Volksmund als ein Förderer der Künste auch „Prince Frederick“ genannt. Der Sohn Wilhelm Friedrichs und der Christiane Charlotte, Karl Wilhelm Friedrich (1712–1757) – genannt „Der Wilde Markgraf“ – war mit Friederike Luise, einer Tochter Friedrich Wilhelms I., überaus unglücklich verheiratet. Angeblich soll Karl Wilhelm Friedrich seinen Schwiegervater in Berlin gescholten haben, ihn vorsätzlich mit der politischen Heirat im Rahmen seiner Erbpläne betrogen zu haben.

Wilhelm Friedrich (1686–1723) war ein besonders fortschrittlicher und moderner Regent. Er ließ nach dem Schloßbrand von 1710 das alte Ansbacher Renaissanceschloß als Barockbau neu erstehen und begründete 1709 die überregional bedeutsame Ansbacher Fayencemanufaktur. Sein Land ließ Wilhelm Friedrich als erster vermessungstechnisch erfassen. Auf dem Gelände der jetzigen Fachhochschule Ansbach hatte Wilhelm Friedrich den Bau einer Kaserne für die markgräflichen „Haus-Trouppen zu Fuss“ ins Auge gefaßt. Das neue militärische Gelände vermochte seine Ehefrau Christiane Charlotte erst nach seinem Tod, im Spätsommer 1724, einzuweihen. Wilhelm Friedrich hat auch die Schlossbibliothek im Jahre 1720 der Öffentlichkeit zugänglich gemacht, und ebenso entsprang der Ansbacher Synagogenbau seinen Plänen.

Das Fürstentum Hohenlohe-Waldenburg-Schillingsfürst

Nach den zollerischen Staaten in Franken bildete das Fürstentum Hohenlohe als gleichsam „geschlossenes“ Territorium von den sonst überwiegend „disparaten“ weltlichen Staatsterritorien in dem „Herzogtum“ das nächstgrößere staatliche Gebilde. Das Haus Hohenlohe hatte seit dem 13. Jahrhundert sein Herrschaftsgebiet um die Hohenloher Ebene mit den Orten Langenburg, Waldenburg und Öhringen arrondiert und über sein ursprüngliches Gebiet zwischen Jagst, Kocher, Tauber und Waldenburger Bergen, welches heute den Schwäbisch-Fränkischen Wald berührt, weit hinausgegriffen. Mitte des 13. Jahrhunderts reichte das Gebiet der Grafen von Hohenlohe durch Erbanfall weit bis in den Vogelsberg, bis in den Odenwald im Norden und in den Fränkischen Jura. Ein Gottfried von Hohenlohe war Vertrauter Kaiser Friedrichs II. Die Familie derer von Hohenlohe teilte sich vor allem seit dem 15. Jahrhundert in verschiedene Linien auf. Der Zweig „Neuenstein“ konvertierte während der Reformation zum lutherischen Glauben. Das Fürstentum umfasste nach dem Dreißigjährigen Krieg etwa 1.800 Quadratkilometer. Im Vergleich war das Fürstentum Brandenburg-Bayreuth 4.000 Quadratkilometer groß. Die katholische Linie Hohenlohe-Waldenburg wurde 1744 in den Fürstenstand erhoben.

Einer der prominentesten Vertreter des Hauses Hohenlohe war der altehrwürdige und weithin geschätzte Reichskanzler und preußische Ministerpräsident Chlodwig Fürst zu Hohenlohe-Schillingsfürst, der 1819 in Rotenburg an der Fulda geboren wurde († 1901).

Graf Johann Friedrich II. von Hohenlohe-Öhringen war im Januar 1754 in den Fürstenstand erhoben worden. Er hatte im Losentscheid gegen seinen Bruder Carl Ludwig im Mai 1708 Hohenlohe-Öhringen erhalten. Carl Ludwig (1674–1756), der den Titel „Graf von Hohenlohe und Gleichen, Herr zu Langenburg und Cranichfeld“ führte, nahm als Offizier mit seiner „angebohrnen Tapfferkeit“ am Spanischen Erbfolgekrieg teil.

Kulmbacher Heirat

Carl Ludwig ehelichte am 8. Juli 1711 Dorothea Charlotte von Brandenburg-Bayreuth (1691–1712), eine Tochter des Bayreuther Erbprinzen Christian Heinrich († 1708). Dorothea Charlotte erlag bereits früh, am 18. 3.1712, einem „heftigeren Nervenfieber“. Ihre jüngere Schwester Sofie Magdalene (geb. 1700) heiratete 1721 nach Kopenhagen. Carl Ludwig ehelichte in zweiter Ehe die ergebene Kunstliebhaberin Elisabeth Friederike Sophie Prinzessin von Oettingen-Oettingen (1691–1758) von fürstlicher Adelsherkunft. Die Linie Oettingen-Oettingen war ein protestantischer Familienzweig, der 1674 in den Fürstenstand erhoben worden war. Eine Sofie Margarete von Oettingen-Oettingen (1634–1664) hatte Ende 1651 Markgraf Albrecht von Brandenburg-Ansbach geehelicht. Mit dem einzig überlebenden Sohn der Elisabeth Friederike Sophie, dem 1716 geborenen Erbgrafen Albert Ludwig Friedrich, der im Sommer 1744 bei einem Reitunfall tödlich verunglückte, erlosch die Weikersheimer Linie des hohenloheschen Hauses. Militärisch herausragende Offiziere des Hauses Hohenlohe waren neben Carl Ludwig der General und Standesherr Adolf Fürst zu Hohenlohe-Ingelfingen (1797–1873), der bereits genannte, die Landesdefension zu Roß und zu Fuß ausbauende Kraft zu Hohenlohe-Neuenstein (1610–1641), der preußische General Friedrich Ludwig Fürst zu Hohenlohe-Ingelfingen (1746–1818), welcher bei Jena und Auerstädt gegen die französische Armee kämpfte und den Oberbefehl über das preußische Heer erhielt, sowie der preußische Generaladjutant Wilhelms I. und Militärschriftsteller Kraft Prinz zu Hohenlohe-Ingelfingen.

Franken unter den letzten Fürstbischöfen und zollerischen Markgrafen am Vorabend der Auflösung des alten Reiches

Der Bischof von Würzburg Anshelm Franz Graf von Ingelheim (1746–1749) zählte zu den letzten kirchlichen Würdeträgern der Mainstadt, welche den Titel eines „Herzogs von Franken“ trugen. Von Ingelheim galt als deklarierter Gegner des alten Ministerialengeschlechts und der jetzt reichsunmittelbaren Freien der Familie Schönborn. Er hatte sich der Alchemie verschrieben und war ein Politiker ohne Geschick und Fortune. In seine Amtszeit fallen die Schlesischen Kriege, wobei der Dritte Schlesische Krieg, jener „Siebenjährige Krieg“, für Franken die gravierendsten politischen Auswirkungen zeitigte. Der Amtsvorgänger von Ingelheims, Friedrich Karl von Schönborn-Buchheim, der seit 1701 als Reichsgraf firmierte, hatte einem politischen Gespräch mit Friedrich II. entsagt. Schönborn war stärker dem Hause Habsburg verbunden und ein großer Förderer der Baukunst. Er hat auch den Rohbau der Würzburger Residenz vollenden und die neue Basilika Münsterschwarzach nach Plänen Balthasar Neumanns im Jahre 1743 einweihen lassen. Sein Onkel Lothar Franz von Schönborn war Bauherr der Bamberger Sommerresidenz Seehof. Die Barockbaukunst unter den Fürstbischöfen Schönborn stand in voller Blüte. Friedrich Karl wurden weit über einhundert Bauprojekte zugeschrieben. Vor allem erfuhr auch der ländliche Kirchenbau in Franken reichhaltig Förderung. Vielfach ist von dem neuen Barockstil der Schönborns auch von einem „Reichsstil“ und einem „Friedensstil“, der kunstgeschichtlich sowohl Formen aus deutschem Barock als auch aus französischem Klassizismus zusammenband, gesprochen worden. Die Schönborns huldigten der in Franken behüteten mittelalterlichen Reichstradition. Die Schönbornzeiten waren Epoche. Sie dauerten von 1693 bis 1746 an.

Der Fränkische Reichskreis betreibt eine eigenständige Politik

Als der Wiener Kaiserhof die Wahl Friedrich Karls von Schönborn zum Erzbischof von Mainz vereitelte, kühlte das vormals gute Verhältnis zum Haus Habsburg merklich ab. 1734 legte Schönborn das Amt des Reichsvizekanzlers nieder. Friedrich Karl, der sich als Fürstbischof von Bamberg (1729) und Würzburg jetzt ganz der Innenpolitik widmete, wusste von der Eigennützigkeit der wienerischen Politik, welche die „teutsche Sache“ sträflich hintertrieb. Auf Bitten Maria Theresias war Schönborn letztmals 1742 in Wien. Jetzt wurde ihm endgültig bewusst, „dass der kaiserliche Hof allezeit nur österreichische und keine teutsche Politik treiben will“. Aber auch Preußens „Griff nach Franken“ hat Schönborn erfolgreich verhindert, indem Schönborn die preußischen

Säkularisierungspläne für Franken durchkreuzte. Gleich bei Kriegsbeginn 1740, als Friedrich der Große in Schlesien einmarschierte, verharrte der Fränkische Reichskreis in strikter Neutralität. Gerne hätte Friedrich II. in Preußen neben seinem Dragonerregiment „Markgraf Friedrich von Brandenburg-Bayreuth" weitere fränkische Regimenter unter seine Fahnen gestellt. Berlin inspizierte auch immer wieder gern die Quartiere seiner fränkischen „Vettern". Sowohl Friedrich Karl von Schönborn als „Herzog von Franken" als auch die Markgrafen von Brandenburg-Bayreuth und Brandenburg-Ansbach sympathisierten mit Kaiser Karl VII. (1742–1745), als Karl I. Albrecht bereits seit 1726 Kurfürst von Bayern.

Der Wittelsbacher fertigte auch der neuen Universität Erlangen am 20. Januar 1743 ihr kaiserliches Gründungsprivileg aus. Hatte doch der in markgräflichen Diensten stehende Hallenser Jurist Andreas Elias Roßmann (1708–1767) in seiner Schrift „Gedanken von Aufrichtung einer Universität zu Teutschland, insbesondere zu Erlangen" geradezu wissenschaftlich belegt, dass „ein Fürst [Friedrich von Bayreuth, M.P.] zwar die Macht habe, eine Universität zu errichten, aber nur ein kaiserliches Privileg die allgemeine Anerkennung der von ihr verliehenen akademischen Grade garantiere und ihren Gutachten in anderen Ländern und vor den obersten Reichsgerichten Gewicht verleihe". In einer Art „bildungspolitischem Gegenzug" hatte Friedrich Karl von Schönborn als ein vollends überragender Politiker, Theologe und Polyhistor seiner Zeit in Würzburg den ersten deutschen Lehrstuhl für Staatsrecht eingerichtet (1734) sowie die theologisch-philosophische Akademie in Bamberg zu einer eigenständigen Volluniversität ausgebaut.

Wir möchten noch darauf hinweisen, dass Friedrich Karl im Hochstift Würzburg das Tabakmonopol begründete, als ein Förderer des Verkehrswesens galt und als ehemaliger Absolvent des „Pontificium Collegium Germanicum et Hungaricum de Urbe", einer römischen Ausbildungsstätte für Führungskräfte der deutschen Kirche, 1737 ein Lehrbuch für die „Heilige Erzbruderschaft Corporis Christi" in Würzburg geschrieben hat. Zudem hatte Karl Friedrich von Schönborn Naturwissenschaften und Medizin gefördert. Für das Studienfach Mathematik erließ Schönborn im Jahre 1731 eine neue Studienordnung. Die Vorlesungen sollten aufgrund der vielseitigen Anwendbarkeit der Mathematik in Architektur, Landvermessung und Straßenbau jedermann zugänglich sein.

Politisch fielen in die letzten Lebensjahre Schönborns noch die preußisch-französische Offensivallianz vom Juni 1744 sowie die Frankfurter Kaiserwahl Franz I. Stephan am 13. September 1745. Inzwischen hatte der Österreichische Erbfolgekrieg auch auf Franken übergegriffen. England zahlte Österreich großzügig Subsidien, um die zahlenmäßig überlegenen Franzosen über den Rhein zurückzuwerfen. Im Raum Mergentheim kam es im Frühsommer 1745 zu wiederholten Gefechten, in denen österreichische Husaren kleinere französische Einheiten besiegten. Am 11. Juni 1745 war dem kommandierenden Feldmarschall Traun in Wertheim das Zusammentreffen der Alliierten bei Gießen für den 16. Juni gemeldet worden. Traun trieb die Franzosen über den Rhein zurück und ermöglichte durch sein militärisches Genie die Frankfurter Kaiserwahl. Überliefert ist, dass bei der Durchreise des Kaiserpaares die Bayreuther Markgräfin Wilhelmine mit der regierenden Erzherzogin von Österreich, Maria Theresia, in Emskirchen ein Treffen hatte, wo die Regentinnen sich in der örtlichen Post begegneten. Der Markgräfin widerfuhren dabei innere „Wechselbäder" zwischen quälender Sorge und tiefem Entsetzen über das überdreiste politische und militärische Vorgehen ihres sonst vielgeliebten Bruders Friedrich II. gegenüber ihrer kaiserlichen Gesprächspartnerin.

Markgräfin Wilhelmine war eine künstlerisch überaus begabte Person. Sie brillierte als Schauspielerin, als Komponistin und als Architektin. Ihrem Bruder Friedrich sollte sie später beim Bau des Neuen Schlosses zu Bayreuth auf Französisch schreiben: „Ich habe mir das Vergnügen gemacht, den Plan meines Palastes selbst zu entwerfen“. Sie war auch die bauliche Schöpferin des wahrhaft und buchstäblich unvergleichlichen Felsengartens Sanspareil bei Kulmbach, eines Felsentheaters, das mit seiner bogenumspannenden Kulisse an Fénelons „Telemach“ erinnerte. Angeblich sind einer Hofdame der Markgräfin Wilhelmine die erstaunten Worte: „C’est sans pareil!“ entwichen.

Jetzt gingen auch der Ehegatte der Wilhelmine, Friedrich, und der Markgraf von Brandenburg-Ansbach, Karl, an der Seite der Friederike Luise, zu Potsdam auf Distanz. Bei den entbrennenden Kämpfen des Zweiten Schlesischen Krieges gelangte ausgerechnet das 1717 aus dem „Schulenburgschen Regiment“ hervorgegangene Dragonerregiment *Markgraf Friedrich von Brandenburg-Bayreuth* zu soldatischem Ruhm. In der Schlacht von Hohenfriedberg am 4. Juni 1745 wurden 66 österreichische „Adler“ erbeutet. Anläßlich des 100-jährigen Jahrestages der Schlacht 1845 hatte ein Dichter zu Ehren des 1769 in „Ansbach-Bayreuth“ umbenannten Regiments die martialischen Verse gegossen:

1. Auf, Ansbach-Dragoner! Auf, Ansbach-Bayreuth!
Schnall um deinen Säbel und rüste dich zum Streit!
Prinz Karl ist erschienen auf Friedbergs Höh‘n,
Sich das preußische Heer einmal anzusehen.
Drum, Kinder, seid lustig und allesamt bereit:
Auf, Ansbach-Dragoner! Auf, Ansbach-Bayreuth!
Drum, Kinder, seid lustig und allesamt bereit:
Auf, Ansbach-Dragoner! Auf, Ansbach-Bayreuth!
2. Hab‘n Sie keine Angst, Herr Oberst von Schwerin,
Ein preuß‘scher Dragoner tut niemals nicht fliehn!
Und stünd‘n sie auch noch so dicht auf Friedbergs Höh‘,
Wir reiten sie zusammen wie Frühlingsschnee.
Ob Säbel, ob Kanon‘, ob Kleingewehr uns dräut:
Auf, Ansbach-Dragoner! Auf, Ansbach-Bayreuth!
Drum, Kinder seid ...
3. Halt, Ansbach-Dragoner! Halt, Ansbach-Bayreuth!

Wisch ab deinen Säbel und laß ab vom Streit;
Denn ringsumher auf Friedbergs Höh'n
Ist weit und breit kein Feind mehr zu sehn.
Und ruft unser König, zur Stelle sind wir heut':
Auf, Ansbach-Dragoner! Auf, Ansbach-Bayreuth!
Drum, Kinder seid ...

Franken und Sachsen in geistiger Nähe

Die Höfe in Franken, zuvorderst der Bayreuther Hof, standen damals in enger geistiger und dynastischer Beziehung zu dem das Gesamtreich kulturell dominierenden Kursachsen. Markgraf Christians († 1655) Tochter Magdalene Sibylle († 1687) hatte 1638 Kurfürst Johann Georg II. geheiratet, Markgraf Christian Ernst ehelichte 1662 die kursächsische Prinzessin Erdmuth Sophie, Prinzessin Christiane Eberhardine von Bayreuth (1671–1727) war seit 1693 mit Friedrich August von Kursachsen verheiratet, ihr Bruder Georg Wilhelm († 1726) war 1699 in den Ehestand mit Sofie von Sachsen-Weissenfels (1684–1752) getreten, und Christiane Sofie Charlotte von Bayreuth (1733–1757) hatte sich noch im Januar im 1757 mit Ernst Friedrich III. Herzog von Sachsen-Hildburghausen (1727–1780) vermählt. Die Nachweise für bayreuthisch-sächsische Fürstenheiraten des 17. und 18. Jahrhunderts ließen sich mühelos fortführen.

Franken im Siebenjährigen Krieg

Von Dresden aus, wo Friedrich II. gleich nach Überschreiten der sächsischen Grenze Ende August 1756 im Schlossarchiv die geheimen Bündnisakten beschlagnahmte, um seinen Angriff vor dem verblüfften Europa zu *erklären*, schreibt der König an Wilhelmine: „Fürchten Sie nichts für mich, liebe Schwester, im kommenden Feldzuge. Ich habe ein Vorgefühl, dass ich weder getötet noch verwundet werde ... Aber da die Dinge einmal zum Äußersten gekommen sind, muss man hoffen, dass, wenn die Vorsehung sich in die menschlichen Jämmerlichkeiten zu mischen geruht, sie nicht dulden wird, dass der Stolz, die Anmaßung und die Bosheit meiner Feinde über meine gerechte Sache den Sieg davontragen“ [Der König. Friedrich der Große in seinen Briefen und Erlassen, 1920, 11].

In Bayreuth war der seit 1742 eingesetzte Kreisobrist Markgraf Friedrich nach Kräften bemüht, den Fränkischen Reichskreis aus dem Kriegsgeschehen herauszuhalten. Doch Wien befahl in einem vom 15. September 1756 datierten Reskript die Rüstung Frankens. Friedrich der Große erkannte die prekäre Lage Friedrichs, seines Schwagers, und stimmte sogar der Übernahme von militärischen Kreiskontingenten zur Kaiserarmee zu. Doch wusste Markgraf Friedrich sich vorerst vollends den Plänen Wiens zu sperren. Immerhin hatte Friedrich der Große im Jahre 1752 mit seinem gleichnamigen Schwager das „Pactum Fridericianum“, welches die preußische Sukzession für den Fall des Aussterbens der fränkischen Zollernlinie im Mannesstamm vorsah, abschließen können. Auch sein Ansbacher „Vetter“, Karl Wilhelm Friedrich, der die größte Falknerei Europas besaß und von seinem Oberbaumeister Carl Friedrich von Zocha riesige Volieren in Triesdorf errichten ließ, versuchte zunächst, Neutralität zu wahren. Sein „Bild“ von Potsdam aber war weitaus schlechter als dasjenige Markgraf Friedrichs von Bayreuth. Als aber die Mehrheit der Reichstagskollegien im Januar 1757 den Reichskrieg gegen Preußen beschloss und selbst evangelische Stände zu Militärkonventionen mit Wien bereit waren, schloss sich Karl Wilhelm Friedrich der Kaunitzschen Koalition von 1756 an. Damit hatte der „Umsturz aller Bündnisse“, der „renversement des alliances“ vom Frühjahr 1756, als Frankreich verletzt die Hand Österreichs ergriff, seinen krönenden Schlussstein erhalten. Doch Preußen konnte auf England bauen, das Hilfsgelder vergab.

Wien setzte indes Markgraf Friedrich von Bayreuth erneut unter Druck. Der fränkische Hohenzoller hatte es bisher vortrefflich verstanden, nicht nur seine Militärkontingente, sondern auch kriegsteures Wirtschaftsgut, Arbeits- und Reitpferde, Wien vorzuenthalten. Im September 1757 drohte Wien erneut und pochte auf das Recht der Kontingentierung.

Auch sein Schwager in Potsdam versuchte, den Markgrafen zum Einlenken zu bewegen, da aus seiner Sicht, so schrieb er, „die Festigkeit gegenüber der Übermacht nutzlos sei". Dann bewirkten die Siege der preußischen Armee bei Rossbach, Leuthen und Zorndorf den Unbesiegbarkeitsnimbus Friedrichs des Großen. Anläßlich des Sieges von Zorndorf schrieb er im Spätsommer 1758 an seine kranke Lieblingsschwester: „Ich habe die Freude, Ihnen mitzuteilen, dass wir die Russen geschlagen haben; wir haben nicht viel dabei verloren, der Feind aber hat sehr beträchtliche Verluste an Menschen und Artillerie gehabt. Ich umarme Sie von ganzem Herzen. Mir ist nichts zugestoßen, aber ich schmeichle mir, dass diese Nachricht zur Wiederherstellung Ihrer Gesundheit und zu Ihrer völligen Heilung beitragen wird" [Küstrin, 25. August 1758, M.P.].

Weit stärker als die weltlichen Fürsten waren die geistlichen Regenten in Franken in Reichstradition dem Hause Habsburg verpflichtet. Nach Friedrich Karl Graf von Schönborn († 1746) bestritten Johann Philipp Anton Freiherr von Franckenstein (1746–1753) und Franz Konrad Graf von Stadion und Thannhausen (1753–1757) das Amt des Bamberger Fürstbischofs. Ihr Nachfolger war der lange amtierende Adam Friedrich Graf von Seinsheim (1757–1779), der wie Schönborn auch Bischof von Würzburg war (1755–1779). Von Seinsheim galt als glühender Anhänger des Kaisers und stellte ihm Soldaten.

Steuben im Freikorps von Mayr

Seit Mai 1757 stand das preußische Freibataillon „Mayr" im Land. Viele Sachsen füllten seine Reihen. Johann von Mayr († 1759) führte 1758 einen Scheinangriff gegen Eger, um dann auf Hof zu marschieren. Auch bei Bamberg wurden viele Gefangene gemacht. Da das Gebiet des Markgrafen Friedrich wiederholt vor den preußischen Angriffsbewegungen verschont wurde, ist der Schwager Friedrichs des Großen der „Auftragskriegsführung" bezichtigt worden. In Franken ging die Angst um, da die Preußen allgegenwärtig zu sein schienen. 1758 besetzte das preußische Freikorps das Territorium des Hochstifts Bamberg und zwang den Fürstbischof Graf Seinsheim zur Kapitulation. Damaliger Generaladjutant Mayrs war Friedrich Wilhelm August Heinrich Ferdinand von Steuben, der spätere General im Dienst der Vereinigten Staaten, der hier in Franken den „kleinen Krieg und den Dienst der leichten Truppen“ kennen lernte. Das Freikorps Mayr war eine nur kleine Truppe von 1.500 Mann Infanterie und 300 Mann Kavallerie, die sich durch überraschende Manöver, hohe Schlagfähigkeit und große Marschleistung auszeichnete. Als Mayr bei Plauen Anfang 1759 plötzlich starb, verließ Steuben das Korps und schloss sich regulären Truppen an.

Fremde Quartiere in Franken

In Franken waren fremde Besatzungstruppen seit November 1756 ein Drangsal der Bevölkerung. Damals zogen sächsische Fahnenflüchtige durch die Stadt Hof. Der dortige Amtshauptmann hatte Order gegeben, die Deserteure ihres Weges ziehen zu lassen. Noch im März 1757 sammelten sich in der Landeshauptmannschaft Hof kaiserliche Truppen, um im August 1757 bei Erfurt auf französische Verstärkungen zu treffen. Kaiserin Maria Theresia und der Bamberger Bischof Adam Friedrich Graf von Seinsheim waren aufgrund der Wernecker Übereinkunft vom 16. September 1756 Bündnispartner. Deshalb war auch Bamberg in die auf die Reichsexekution gegen Preußen zielenden Regensburger Beschlüsse vom Januar 1757 eingebunden.

In Bayreuth kam es Mitte Juni 1758 zu einem Treffen zwischen Mayr und Prinz Heinrich. Jetzt warb auch Markgräfin Wilhelmine im Bayreuthischen Truppen für ihren Bruder. Aufgrund seiner antipreußischen Haltung wohl von schlechtem Gewissen durchdrungen, hatte Markgraf Karl Wilhelm Friedrich nur kurze Zeit vor seinem Tod Ansbach verlassen. Im August 1757 erlag der aufgeklärte wie extravagante Landesfürst einem Schlaganfall. Friedrich der Große ermahnte auch gleich den neuen Markgrafen von Brandenburg-Ansbach, den erst einundzwanzigjährigen Karl Alexander (1736–1806), dahingehend, keine Handlungen zu begehen, die für ihn und sein Fürstentum verderblich sein könnten.

Seit Ende 1758 drängten von Neuem kaiserliche Truppen ins Land, während die Preußen ihr Hauptquartier bei Hollfeld aufgegeben hatten und ins sächsische Winterquartier zogen. Am 14. Oktober 1758 verstarb Markgräfin Wilhelmine in Bayreuth. Hier rekrutierte Maria Theresia seit Frühjahr 1759 Soldaten, nachdem sie den Markgrafen durch ein vom 1.12.1758 datiertes Handschreiben um Werbeerlaubnis gebeten hatte. Der verwitwete Markgraf Friedrich ließ nach dem jetzt militärisch in arge Bedrängnis geratenen Potsdam Kriegsmüdigkeit sowie Friedensverlangen signalisieren. Im März 1759 standen die Preußen zum vierten Mal in Teilen des Fränkischen Kreises.

Überraschend ist dann Markgraf Friedrich nochmals eine Ehe eingegangen. Am 18.9.1759 ehelichte er Sofie *Caroline* Marie, eine Tochter des Herzogs von Wolfenbüttel. Da sie nach dem Tod Friedrichs über Jahrzehnte als Witwe im Erlanger Schloss wohnte (bis 22.12.1817), ist sie als „Erlanger Markgräfin“ in die Geschichte eingegangen. Aus dieser Ehe sind keine Kinder mehr hervorgegangen. Mit Wilhelmine von Preußen hatte Markgraf Friedrich als einziges Kind die Tochter Friederike (1732–1780), die seit September 1748 mit Herzog Karl Eugen von Württemberg (1728–1793) vermählt war.

Alles in allem ist indes vom Jahr 1759 als von einem „Unglücksjahr“ gesprochen worden. Im Winter 1759/1760 verwandelte sich der Fränkische Kreis wieder in ein Winterquartier. Beispielsweise lag das Regiment „Hohenzollern“ bei Regnitzlosau und in Nachbarorten, das Reiterregiment *Markgraf Friedrich von Brandenburg-Bayreuth* bei Schwarzenbach. Ein Jahr darauf fanden erneut österreichisch-kaiserliche Truppen in Ostfranken Quartier. Markgraf Friedrich ließ die am 13. November eingetroffenen Ingenieurtruppen wissen, dass eine längere Unterbringung seine Untertanen „dem tödlichen

Ruin exponiren" würde. Im Winter 1761 biwakierten die Österreicher in Schlesien, die Russen in Pommern, Prinz Heinrich stand in Sachsen und das Hauptkontingent der Preußen bei Breslau. Die Markgraftümer blieben vorerst verschont, so dass „unser Land" nicht zu „äußerstem Schaden" gelangte, wie Markgraf Friedrich am 28. November 1761 in einer Note schrieb.

Nach der Niederlage der Reichsarmee bei Burkersdorf unweit Schweidnitz in Schlesien im Juli 1762, als die flüchtende österreichische Kavallerie die eigene Infanterie niederritt und die preußenfeindliche Koalition längst in Auflösung begriffen war, kamen wieder Kaiserliche ins Land. Hof musste nahezu 10.000 Brotrationen liefern, fast 4.000 Hafer- und 4.200 Heurationen. Zudem hatte der kaiserliche Feldkriegskommissar von Freydenfels am 20. Juli 1762 beim Markgrafen um 20.000 Brotrationen und große Mengen an Hafer und Gerste nachgesucht. Österreich drohte bereits mit der „Fouragierung" (= Versorgung), als preußische Husaren unter Wilhelm Sebastian von Belling (1719–1779) vorrückten. Die letzten kaiserlichen Husaren zogen sich am 20. August 1762 zurück. Generalmajor von Kleist folgte ihnen und nahm Nürnberg in Besitz.

Der bereits hoch verschuldeten Reichsstadt haben die Preußen hohe Kontributionen auferlegt. Der Abschluss des Hubertusburger Friedens vom 15. Februar 1763, den Sachsen vermittelte, war dann auch ein „Siegfrieden" für den souveränen Preußenkönig. Das Gesamtreich war in das „Ewige Vergessen des Vorgefallenen" mit Amnestie (§ 2), Beendigung aller Feindseligkeiten (§ 4) und „Räumung von Territorien" mit eingebunden. Bischof Adam Friedrich Graf von Seinsheim sah sich als Kriegsverlierer. Der „Herzog in Franken" hatte in seinem Fränkischen Reichskreis hohe Verluste an Menschen, Wirtschafts- und Kulturgut zu beklagen und blieb entschädigungslos. Von Wien im Stich gelassen, vermochte der Bischof von Bamberg und Würzburg aufgrund der Friedenspräliminarien, die Ewald Friedrich Graf von Hertzberg (1725–1795) als Staatsminister für Preußen ausgehandelt hatte, kein Gericht anzurufen. Maria Theresia aber sah sich kurz vor ihrem Tod in dem Frieden von Teschen vom 13. Mai 1779 auch noch gezwungen, der seitens Preußens seit Jahrzehnten bemühten Vereinigung der Markgraftümer (principautés) Ansbach und Bayreuth mit dem Königreich Preußen nicht zu widersprechen (§ 10). Aufgrund der großen Not sind vor allem in Mainfranken viele Menschen der Einladung von Zarin Katharina II. gefolgt, sich in Rußland niederzulassen.

Auswanderung in europäische Staaten und nach Übersee

Im Amerikanischen Unabhängigkeitskrieg (1775–1783) kämpften sowohl Deutsche unter den Fahnen Friedrich Wilhelm von Steubens und George Washingtons als auch unter dem Banner des englischen Königs Georg III., auf dessen Befehl seit dem Jahr 1777 ganze fränkische Regimenter aus ansbach-bayreuthischen Hilfstruppen hörten. Unter anderem standen in der Schlacht um Yorktown im September und Oktober 1781, die auch als „deutsche Schlacht“ in die Geschichte einging, etwa 2.000 fränkische Söldner auf Seiten der Engländer etlichen Freiwilligen der Steuben-Armee gegenüber. Viele von ihnen sind nicht wieder nach Deutschland zurückgekehrt.

Zu den berühmtesten fränkischen Auswanderern nach Nordamerika zählte im 19. Jahrhundert der Oberfranke Levi Strauss (1829–1902). Als Sohn jüdischer Eltern in Buttenheim geboren, wanderte Levi Strauss aufgrund des frühen Todes seines Vaters „Hirsch Strauss“ mit seiner Mutter Rebecca und zwei seiner Schwestern im Jahre 1847 nach New York aus. Von dort trieb ihn der „Goldrausch“ 1853 nach Westen. Die später von ihm erfundene „Jeans“ aus Zeltplanen war die unverwüstliche Arbeitshose für den Goldgräber mit Nieten eines Pferdegeschirrs. Später als „blaues Beinkleid“ weltweite Salonfähigkeit erreichend, hatte Levi Strauss im Jahre 1873 ein Patent für vernietete Arbeitshosen angemeldet. Die *Jeans* ward geboren!

Das vormalige Rheinfranken als auch Main- und Tauberfranken bildeten klassische Auswandererländer. Von den herausragenden Emigrationsterritorien ist vor allem Wertheim gut dokumentiert. Einige Beispiele verdeutlichen die wirtschaftliche „Wertigkeit“ der Einwanderungsländer. Von Altfeld aus machte sich Leonhard Albert 1724 auf den Weg nach Ungarn, und Andreas Eirich, Nicolaus Albert, Andreas Fertig, Hans Fertig Hans Gerberich und Andreas und Hans Knauer wanderten um 1750 nach Nordamerika aus. Von Bestenheid bei Wertheim zog es Anna Catharina Barbara Popp 1797 nach Böhmen und Martin Roos 1803 nach Russisch-Polen, wogegen Nicolaus Wießler, Johann und Anna Barbara Eirich schon um 1750 Bestenheid den Rücken gekehrt hatten. In Rauenberg bei Wertheim dominierte seit 1802 die Einwanderung nach Nordamerika, und auch in Steinbach rangierte Nordamerika seit 1780 als Einwanderungsland auf dem ersten Platz. An der „Auswanderungslust“ nahmen die Hungersnöte und Epidemien in Franken seit den 1770er Jahren und auch die prekäre wirtschaftliche Lage einen maßgeblichen Anteil.

Der fränkische „Darwin“ – der Uttenreuther Pfarrer Johann Friedrich Esper erschüttert das christliche Schöpfungsweltbild

In der zweiten Hälfte des 18. Jahrhunderts erlebten auch in Franken die Medizin, Mathematik und im Besonderen die neue Wissenschaft der Paläontologie einen ungeahnten Aufschwung. Johann Georg Hasenest (1689–1771) war Leibarzt des Markgrafen Karl Wilhelm Friedrich von Brandenburg-Ansbach und gilt als Wegbereiter der Forensischen Medizin. Er hatte seit 1755 die wissenschaftlich wertvollen Bände des „Medicinischen Richters“ verfasst und herausgegeben und vermochte unter anderem Morde, Freitode, Kindsmorde und Intoxikation nachzuweisen. Die im „Medicinischen Richter“ insgesamt 89 behandelten gerichtsärztlichen Fallbeispiele setzten sich zudem mit Wundarznei, Abtreibungen, Säuglingsernährung sowie der Schwangerschaftsdauer auseinander.

Bei der Gründung der Universität Erlangen 1743 ist der Mathematiker Jakob Wilhelm Hofmann (1704–1752) von der Erlanger Ritterakademie an die neue Universität geholt worden, wo er sogleich zum Magister promoviert und im Wintersemester 1745/1746 zum Prorektor bestellt wurde. Der erste Kanzler der Universität Erlangen, der Hugenottennachkomme Daniel de Superville, der seit 1739 Leibarzt der Markgräfin Wilhelmine von Brandenburg-Bayreuth war, förderte aber vor allem die „Höheren Fakultäten" – Medizin, Jura und Theologie. An der älteren fränkischen Universität Würzburg hatte bereits der seit 1655 lehrende Professor für Mathematik und Physik Caspar Schott (1608–1666) die „Cistula", den Schottschen Rechenkasten zum Multiplizieren und Dividieren, erfunden. Hier installierte der Professor für Mathematik und Astronomie Franz Huberti (1715–1789) die Würzburger Sternwarte. Huberti nahm auch im Jahre 1761 an dem internationalen Projekt der *experimentellen* Beobachtung eines „Venusdurchganges" durch die Sonnenscheibe mit Hilfe eines Spiegelteleskopes teil. Huberti musste sich weiterhin der Staatsökonomie widmen.

Namentlich die Paläontologie sollte in der zweiten Hälfte des 18. Jahrhunderts die christliche Weltsicht und das Bild über die Herkunft unserer Existenz umwälzend ändern. Jetzt kam auch die Zoologie über den Charakter einer medizinischen Hilfswissenschaft hinaus. Im Jahre 1770 hatte der spektakuläre Fund des Uttenreuther Pastors Johann Friederich Esper (1732–1781), der die später nach ihm benannte „Esperhöhle" bei Burggaillenreuth/Oberfranken mit Menschen- und Tierskeletten entdeckte, annähernd achtzig Jahre vor Charles Darwin das wissenschaftliche Weltbild erschüttert und revolutioniert. Zeitgleich mit dem bedeutenden französischen Naturforscher George Louis Leclerc de Buffon redete Esper der Idee der Historisierung der Natur das Wort. Alte Steinwerkzeuge, mit Sinter überzogene fossile Knochen von Mensch und Tier, das alles stellte das festgefügte christliche Weltbild in Frage: War es denn nicht möglich, dass die Bibel irrte und es doch eine evolutionäre Entwicklungsgeschichte des Menschen gab?

Zweifel an der biblischen Schöpfungsgeschichte mit Weltgenesis und Adam und Eva als „ersten Menschen“ (Moses 1,7-1,25) waren bereits 1655 in dem spektakulären Werk „Prae-Adamitae“ des reformierten südfranzösischen Theologen und Polyhistors jüdischer Herkunft Isaac de La Peyrère († 1676) laut geworden. Da Peyrère bereits bibelkritisch interpretierte und nach Völkern klassifizierte, ist sein Werk zweihundert Jahre später von frühen Theoretikern der völkischen Weltanschauung fälschlich als ein früher Hinweis auf eine Art Wertigkeit der Menschenrassen umgedeutet worden. Warum aber stellte das christliche Weltbild auch jegliches Vorhandensein des fossilen Menschen in Frage? Die Funde in der Esperhöhle von 1770 mussten Zweifel wecken. Wohl eher *ungewollt* wurde der Uttenreuther Geistliche Johann Friederich Esper zum Wegbereiter der fränkischen paläontologischen Höhlenforschung. Auch die Zoolithenhöhle bei Burggaillenreuth, die der Bevölkerung Quellenberichten zufolge spätestens seit dem Beginn des 17. Jahrhunderts bekannt war, hat Esper im Jahre 1771 gründlich erforscht. Seine Forschungen dokumentierte Esper in einem 1774 erschienen schönen Folioband mit Kupfertafeln, welchen jetzt die Handschriftenabteilung der Universität Erlangen zur besonderen Kostbarkeit zählen darf.

Heutzutage stützen sich die paläontologischen Forschungen auf DNA-Analysen: In der Höhlenruine Hunas bei Hartenstein im Veldensteiner Forst ist der älteste in Franken und Bayern jemals entdeckte menschliche Knochenrest gefunden worden: der Weisheitszahn eines Neandertalers, den jetzt die Ur- und Frühgeschichtliche Sammlung der Universität Erlangen als eine der größten prähistorischen Sammlungen (200.000 Funde) ihres Genre in Deutschland birgt. Und das fiel auch noch ins 18. Jahrhundert der Forschung und Wissenschaft: Der fränkische Arzt und Höhlenforscher Johann Christian Rosenmüller (1771–1820) hatte den Höhlenbären, den er in Franken „angetroffen“ hatte, zuerst als eigene Spezies „Ursus spelaeus“ klassifiziert und in seiner Leipziger Doktorarbeit von 1794 „Quaedam de ossibus fossilibus animalis cuiusdam, historiam ejus et cognitionem accuratiorem illustrantia“ ebenso gründlich wie wissenschaftlich beschrieben. Die paläontologischen Funde in der Fränkischen Schweiz kommentierte der Ansbacher Adlige Freiherr Carl Friedrich von Gemmingen in einem Brief an die badische Markgräfin Karoline Luise (1723–1783): „Man hat vor kurzem eine sonderbare Entdeckung in den Ländern seiner Hoheit, meines Herrn [Markgraf Karl Alexander von Brandenburg-Ansbach und Brandenburg-Bayreuth, M.P.] gemacht, dies sind Felsen und andere Abscheulichkeiten, erfüllt von Knochen und von Trümmern von vierfüßigen Tieren, von welchen man die Art bis jetzt noch nicht feststellen konnte. Die Beschreibung, die ein sehr kluger Mann [Johann Friedrich Esper, M.P.] davon gemacht hat und welche dieser dem Markgrafen gewidmet hat, verdient die Aufmerksamkeit und die Prüfung der Liebhaber der Naturgeschichte. Ich habe die Ehre, Eurer erlauchten Hoheit mit der ersten Postkutsche ein Exemplar dieser Arbeit zu senden ...“ Die „Ermunterungen“ des Markgrafen an den Verfasser sollten der weiteren wissenschaftlichen Betätigung Espers förderlich sein, wie Gemmingen am Schluss betont.

Das Ende der politischen Selbständigkeit Frankens – die Auflösung des Fränkischen Reichskreises

Der letzte Markgraf von Brandenburg-Ansbach und Brandenburg-Bayreuth, Karl Alexander, war ein „Mann zu jeder Jahreszeit“. Wenige Tage nach dem Abschluss des Hubertusburger Friedens war Markgraf Friedrich am 26. Februar 1763 in Bayreuth gestorben. „Das verursacht Mir in Wahrheit Kummer“, soll Friedrich der Große beim Erhalt der Todesnachricht gesagt haben. In der Schlosskirche des Alten Schlosses zu Bayreuth ist Friedrich an der Seite seiner ersten Gemahlin, Wilhelmine, bestattet worden.

Markgraf Karl Alexander – ultimo suis generis

Markgraf Karl Alexander trat seine Herrschaft im Fürstentum Bayreuth unmittelbar nach Friedrichs Tod im Winter 1763 an. Als Sohn Friedrich Karl Wilhelms von Ansbach und dessen Ehefrau Friederike Luise war Karl Alexander nach dem Tod seines Vaters bereits seit Sommer 1757 ebenfalls Regent des Fürstentums Brandenburg-Ansbach. Das „Pactum Fridericianum“ von 1752 hatte ihm als männlichem Angehörigen der fränkischen Hohenzollern die Sukzession im Markgraftum Brandenburg-Bayreuth zugesichert. Sein älterer Bruder Karl war vierjährig im Mai 1737 gestorben. Karl Eugen von Württemberg, der mit Friederike von Brandenburg-Bayreuth vermählt war, konnte wegen des Hauserbrechts für ein Beerben nicht in Frage kommen. Markgraf Karl Alexander beherrschte Ansbach und Bayreuth seit 1763 in Personalunion. Karl Alexander war zudem die Herrschaft über die Grafschaft Sayn-Altenkirchen im Westerwald zugefallen, nachdem sein Urgroßvater Johann Friedrich von Brandenburg-Ansbach († 1686) die Erbin von Altenkirchen, Eleonore Erdmute Luise, die Tochter des Herzogs Johann Georg I. von Sachsen-Eisenach, im November 1681 geehelicht hatte. Noch auf Drängen seines Vaters vermählte sich Karl Alexander am 22. November 1754 mit der schöngeistigen Prinzessin Friederike Karoline von Sachsen-Coburg-Saalfeld († 1791).

Nur ein Jahr nach seinem Regierungsantritt gründete Karl Alexander die Staatliche Porzellanmanufaktur zu Ansbach, und zwar auf dem Gelände, auf dem sein Großvater Wilhelm Friedrich 1709 die Fayencemanufaktur hat gründen lassen. Sie wurde 1763 in das Jagdschloss Bruckberg nahe bei Ansbach verlegt und kam 1790 in preußische Hand. Bei seinem Regierungsantritt im Sommer 1757 hatte Karl Alexander hohe Schuldenlasten übernommen, und die Parteinahme für Österreich im Siebenjährigen Krieg hatte eine Art „politischer Spaltung“ im Fürstentum Brandenburg-Ansbach gezeitigt. Markgraf Karl Alexander hat es in langen Regierungsjahren verstanden, die Passiva in der Staatskasse in Aktiva umzuwandeln. Dabei kam ihm sehr zugute, dass seine Mutter ihn früh auf die bedeutende, 1636 gegründete Universität Utrecht geschickt hatte, wo Rechtswissenschaften, Staatsökonomie, Philosophie und Theologie gelehrt wurden. Darüber hinaus hat er die Universität Erlangen zu einer „Musteruniversität" umgerüstet und nach Kräften nach Elitehochschullehrern gesucht. Alexander hat den 1748 verkauften Botanischen Garten im Jahre 1771 zurückerwerben lassen.

Gleich nach seinem Regierungsantritt in Bayreuth im Februar 1763 wollte Markgraf Karl Alexander den großen Aufklärer Immanuel Kant an die Erlanger Alma Mater holen, welcher auch am 25. Oktober 1769 von Königsberg aus zusagte. Doch dann kamen Kant, um dessen „berufliches Schicksal" es ging, ernsthafte Zweifel. Er schrieb Ende 1769 nach Erlangen: „... die Anhänglichkeit an eine Vaterstadt [Königsberg] und ein ziemlich ausgebreiteter Kreis von Bekannten und Freunden, am meisten aber meine schwächliche Leibesbeschaffenheit, stellen sich in meinem Gemüthe diesem Vorhaben auf einmal so mächtig entgegen ... Ew ... gehorsamster Diener Immanuel Kant", 15. Dezember 1769. Also, „Kant kam nicht", trotz intensiver Bemühungen von „Son altesse sérénissime". Stattdessen fanden der Wolffianer Johann Justin Schierschmidt, der Philosoph Johann Friedrich Breyer, der Historiker und Lexikograph Johann Georg Meusel, der Botaniker und Mediziner Johann Christian Daniel Schreber und später Johann Gottlieb Fichte, Friedrich Rückert, Hebel (Studium) und Hölderlin (Durchreise) den Weg nach Erlangen.

Auch das Ansbacher Gymnasium, das aus der „Lateinschule" von 1528 hervorgegangene „Gymnasium Carolinum", hat der Landesherr nachdrücklich gefördert. Er verbesserte die Infrastruktur seiner beiden in Personalunion verbundenen Länder erheblich und wandte allein 800.000 Gulden für Bau und Ausbau von Chausseen auf. Seine Finanzen, die am Ende seiner Regierung im Jahre 1791 nur schwarze Zahlen aufwiesen, während der Fränkische Kreis zur selben Zeit mit 1,3 Millionen Gulden in der Kreide stand, hat Markgraf Karl Alexander auch dadurch verbessert, dass er Soldaten an England verkaufte. Es handelte sich um zwei Regimenter Infanterie und ein Bataillon Jäger, die ab 1777 in Nordamerika eingesetzt wurden. Angeblich schoss Alexander bei der Meuterei der ansbach-bayreuthischen Truppen anlässlich der Einschiffung in Ochsenfurt persönlich auf einzelne Deserteure.

Schwabacher Kreisobristentaler

Unter den Verstärkungen, die „Markgraf Alexander", wie er sich gern selbst nannte, nach der Niederlage von Yorktown Herbst 1781 nach Nordamerika schickte, war auch der spätere preußische Heeresreformer August Wilhelm Graf Neidhardt von Gneisenau. Er hatte mütterlicherseits fränkische Vorfahren in Würzburg und wurde zum bedeutendsten militärischen Gegenspieler Napoleons I. Als Lieutenant der Jäger nach Amerika verschifft, kehrte Gneisenau 1783 nach Bayreuth zurück und ging zur Infanterie.

Ein Großteil der von Karl Alexander für Großbritannien bestimmten Truppen, mehr als zwei Drittel des Amerikakontingents, hat nie wieder fränkischen Boden betreten. Markgraf Karl Alexander war seitens der Stände des Fränkischen Reichskreises 1764 das damals vakante Amt des Kreisobristen angetragen worden, woraufhin Alexander im Jahre 1765 den sogenannten „Kreisobristentaler" mit dem Markgraf zu Pferde auf dem Avers, auf dem Revers der preußische Adler mit der Umschrift „Securitati Publicae" (Für die Sicherheit des Staates) zur Erlangung der *Obristenwürde* in Schwabach prägen ließ. Für sein Land hat Alexander in sozialer Hinsicht viel getan, indem er etwa die Witwenkasse, eine Art „Versicherung" für die weltliche Dienerschaft ins Leben rief, musterhafte landwirtschaftliche Betriebe gründete und musterhafte Pferdezuchten schuf.

Franken im Zeichen des politischen Umbruchs

Politisch driftete der Fränkische Kreis seit 1780 sukzessiv in preußisches Fahrwasser. Friedrich II. von Preußen hatte in seinem vom 8. Januar 1769 datierten Testament seiner Ansbacher Schwester Friederike Luise, die Mutter Markgraf Karl Alexanders, welche tatsächlich zeitlich vor dem Großen König starb († 4.2.1784), eine zehntausend Taler kostende Dose mit Schatulle und ein Porzellanservice aus Berliner Fertigung vererbt. Zum Universalerben (§ 6) und zum „ersten Thronfolger" (§ 2) hatte der am 17.8.1786 verstorbene Preußenkönig seinen „lieben Neffen" Friedrich Wilhelm (II.) eingesetzt, dazu ihm „das Königreich Preußen, die Provinzen, Städte, Schlösser, Forts, Festungen, alle Munizion, Arsenäle, die von Mir eroberten oder ererbten Länder" an die Hand gegeben. Friedrichs II. von Preußen anderer Neffe in Ansbach, der kinderlose Markgraf Karl Alexander, wusste, dass entsprechend dem „Pactum Fridericianum" beide Fürstentümer, Ansbach und Bayreuth, nach seinem Ableben an das Königreich Preußen fallen würden.

Wir stehen mitten in einem politischen Auflösungsprozeß, der auch andere Gebietsteile Frankens betraf. Das Aussterben der Henneberger Grafen 1558 im Mannesstamm etwa hatte hier den sächsischen Einfluss erstarken lassen. Mit dem Ende des alten Reiches sollten die alten gewachsenen Verbindungen nach Franken unwiderruflich abreißen. Ebenso war dem Kurfürstentum Bayern sehr daran gelegen, seinen territorialen Besitz um einige fränkische Gebietsstücke zu arrondieren. Dazu hatte der seit 1777 mit Unterbrechung als kurbayerischer Hofrat fungierende Maximilian Joseph Graf von Montgelas im Juni 1797 einen „Entschädigungsplan" für Bayern ausgearbeitet. Montgelas wollte die bayerische Pfalz, deren Residenz Mannheim war (bis 1778), mit den Hochstiften Würzburg und Bamberg territorial „bereichern". München griff argumentativ auf die politische „Apologetik" der französischen Reunionspolitik unter Ludwig XIV. zurück, als es verkündete, Bamberg und sein territoriales Umfeld hätten ursprünglich zum bayerischen Nordgau gehört und seien Gut des bayerischen Kurhuts. Spätestens seit der gescheiterten Flucht Ludwigs XVI. nach Varennes und der Kriegserklärung Frankreichs an Österreich im April 1792 überschlugen sich die politischen und gesellschaftlichen Ereignisse in dem noch existenten Römischen Reich. Im Zuge der entbrannten Französischen Revolution hatte sich beispielsweise mit der Mainzer Republik erstmals in Deutschland eine Art demokratischer Ordnung konstituiert. In Franken verliefen die „territorialen Verwerfungen“ im Zeitalter Napoleons I. gemächlicher und in länger dauernden Zeitabschnitten als im übrigen Deutschland. Nichtsdestotrotz warfen lange vor dem die Französische Revolution auslösenden Sturm auf die Bastille politische Schatten ihre unheilkündende Botschaft auf die „Länderkarten“.

Fürstbischof Franz Ludwig von Erthal

In den Hochstiften Würzburg und Bamberg setzte die Ära des beide „Staaten“ in Personalunion verbindenden Fürstbischofs Franz Ludwig von Erthal (1779–1795) neue politische Akzente. Aus Lohr gebürtig und in einem kirchenreformerischen geistigen Ambiente seine Studien über Jura und Theologie in Wien, Rom, Mainz und Würzburg absolvierend, ging er 1763 nach Würzburg zurück, um vom regierenden Fürstbischof, Graf von Seinsheim, zum Präsidenten der Regierung des Hochstifts ernannt zu werden. Nachdem von Erthal aus der Hand des den Kirchenmann sehr schätzenden und immer wieder mit Staatsaufträgen betrauenden Kaisers Joseph II. die Belehnung mit den Hochstiften Würzburg und Bamberg erhalten hatte, installierte er sein Reformwerk. Franz Ludwig von Erthal regierte nach der aufklärerischen Devise „Alles für die Untertanen, aber alles durch den Fürsten“, freilich innerhalb der ihm kirchenpolitisch eng gezogenen Grenzen. Von Erthal leitete erste „Sozialreformen“ ein. Er hat neben dem Pädagogen und Theologen Lachmann das sogenannte „Industrieschulwesen“ begründet und in die „Volksgesundheitslehre“ eingegriffen, deren Präsenz er an Schulen wünschte.

Von Erthal war politisch ein glühender Parteigänger des Hauses Habsburg und trat für die Unantastbarkeit der

Reichsverfassung ein. Noch Kaiser Joseph II. († 1790) hatte ihm das Amt eines österreichischen Kommissärs am Regensburger Reichstag übertragen. Obwohl ein Bewunderer Friedrichs des Großen, hat von Erthal den noch vom Preußenkönig 1785 gegründeten „Fürstenbund" als eine gegen die Hauspolitik Habsburgs gerichtete politische Konföderation abgelehnt, weil seines Erachtens „durch eine aufrichtige Beobachtung der Reichsverfassung der gleiche Zweck erreicht werde". Gegenüber der Französischen Revolution bezog der Fürstbischof eine vorsichtig abwartende Stellung. Besonderen politischen Verdruss bereitete ihm hingegen die Übernahme der Staatsregierung in Ansbach und Bayreuth durch die Krone Preußens. Hier sah von Erthal die Kollision mit seinem Regierungsgrundsatz „auf dem Fuße folgen".

Letzte Regierungsjahre Markgraf Karl Alexanders

Fürstbischof Franz Ludwig von Erthal ist es erspart geblieben, das Ende des von ihm so hochgehaltenen Heiligen Römischen Reiches Deutscher Nation erleben zu müssen. Umso tragischer mutet die Tatsache an, dass sein Nachfolger im Amt des Bischofs von Bamberg, Fürstbischof Christoph Franz von Buseck, aufgrund einer „gekauften Stimme" eines Bamberger Domherrn durch den preußischen Minister Hardenberg gewählt wurde. Der der Bestechung anheimgefallene Domherr soll sich nach der Wahl dahingehend gebrüstet haben, „dass man [...] mit der Person des Neugewählten zufrieden sein werde; denn ein schwächerer und einfältigerer Mann, als dieser, wär' im ganzen Germanien gewiß nicht zu finden gewesen". Damit war die Personalunion zwischen den Hochstiften Würzburg und Bamberg 1795 zu Ende gegangen. Mit seiner Abdankung im November 1802 ging die 800 Jahre dauernde politische Herrschaft der Bischöfe von Bamberg unter. Der neue Kaiser Franz II., der nach der letzten Kaiserwahl (5.7.1792) in Frankfurt gesalbt wurde, hätte lieber den Neffen Busecks, Georg Karl Ignaz Freiherr von Fechenbach, der im März 1795 als (letzter) Bischof von Würzburg gewählt wurde, als Nachfolger gesehen.

Bei dem an die Wahl Franz II. anschließenden Mainzer Fürstenkongress, als Mainz letztmalig der „Centralort des Reiches“ war, war Markgraf Alexander nicht mehr zugegen. Doch bevor Alexander seine Fürstentümer an Preußen überschrieb, hatte sich eine Kluft zwischen Stadtbevölkerung und Ansbacher Residenz, wo Alexander Hof hielt, aufgetan. Offensichtlich blendeten ausgelassene Hofvergnügungen und „Concerte und maskirte Akademien“ ebenso wie der Hang Alexanders zu südeuropäischer Kultur die Ansbacher. Auch Alexanders Umgang mit der Damenwelt war 1780 allgegenwärtiges Stadtgespräch. Die nicht mehr junge Pariser Schauspielerin Claire Josephe Hippolyte Legris de la Tude (1723–1803), genannt „Mademoiselle Clairon“, wohnte mit Karl Alexander zusammen. Alexander soll sie „Mama“ genannt haben. Dann tauchte um 1785 die Literatin Lady Elizabeth Berkeley (17501828), bekannter unter dem Namen „Lady Elizabeth Craven“, welche Memoiren, Reiseberichte, Dramen, Schauspiele und Lustspiele schrieb, am Hof Alexanders auf. Der Markgraf schob seine Ehefrau Friederike Karoline auf das 1719 erbaute Neue Schloss in Unterschwaningen ab, wo sie am 18. Februar 1791 starb. Acht Monate später, am 30. Oktober 1791, heiratete Karl Alexander in Lissabon Lady Craven.

Ein Ansbacher Gymnasialprofessor namens Georg Friedrich Daniel Goeß (geboren 1768) hat das Ansbach des Spätrokoko, wo Karl Alexander Hof hielt, 1797 derart beschrieben: „Ansbach liegt in einem stillen und sehr anmutigen Tale, beinahe wo dieses am weitesten ist; wird an der nördlichen Seite von der Rezat, und an der Mittagseite von dem Holzbach umflossen. Beide Flüsse schlängeln sich durch zwei fruchtbare Wiesengründe, die wie die beiden Flüsse am Ende der Stadt in einen zusammen fallen ... Der Berg gegen Mittag ist fast ganz mit Wald bedeckt ... Stehen Sie ohngefähr auf dessen Mitte, so erblicken Sie rechts das prächtige Residenzschloss der vorigen Markgrafen [und] den prunk- aber nicht geschmacklosen Hofgarten mit seinen dichtbelaubten und schattigen Alleen“ [Rumschöttel, Hermann: Ansbach. Montgelas und die Grundlegung, 2003, 276 f.] Das idyllische Gesicht Ansbachs sollte sich aber im Gefolge der Kriege rasch verändern.

Seit den 1780er Jahren dachte Markgraf Alexander ernsthaft daran, den sicheren Übergang seiner beiden Fürstentümer nach seinem Tode an das Königreich Preußen noch zu seinen Lebzeiten und in eigener politischer Regie selbst in die Wege zu leiten. Bei der Beisetzung Friedrichs des Großen in der Potsdamer Garnisonskirche im Sommer 1786 wurden wiederum dynastische Angelegenheiten des Hauses Hohenzollern erörtert. Markgraf Alexander trat damals an den neuen Preußenkönig Friedrich Wilhelm II. heran und setzte auf Empfehlung des preußischen Staatsmannes Ewald Friedrich Graf von Hertzberg den bald zum preußischen Kabinettsminister erhobenen Karl August von Hardenberg als Leitenden Minister für Ansbach-Bayreuth ein. Anlässlich eines erneuten Aufenthaltes von Markgraf Alexander und Lady Craven am Berliner Hof 1791 ging der seit langem gehegte Plan einer Übergabe der Fürstentümer seiner Vollendung entgegen.

Die Markgraftümer Brandenburg-Ansbach und Brandenburg-Bayreuth fallen an das Königreich Preußen

In die letzten Regierungsjahre Markgraf Alexanders fallen noch die Gründung der „Hochfürstlich-Brandenburg-Anspach-Bayreuthischen Hofbanco“, eines eigenen Geldhauses für das Fürstentum, wodurch Alexander seine Unabhängigkeit auch auf dem Terrain des Kreditwesens wahren wollte. Aus ihr ging 1792 die „Königliche Preußische Banco in Franken“ hervor. Heute ist sie die „Bayerische Staatsbank“ mit Sitz in München. Aufgrund des geschwächten politischen Gewichts der beiden Markgrafschaften im Fränkischen Kreistag, der seit 1791 fortlaufend tagte, und weil Alexander wegen seiner vielen Reisen wichtige Mandatstermine nicht wahrnehmen konnte, wurde der Markgraf seiner Herrschaft überdrüssig. Als Erklärungsversuch für den politischen Verzicht Alexanders ist auch das gesellschaftliche „Strickmuster“ eines „Cherchez la femme“ mit einem Seitenhieb auf die nicht allseits beliebte Lady Craven bemüht worden. In der markgräflichen Regierung vermochten die Pläne Alexanders nicht vollständig geheimgehalten zu werden. Folgen wir den 1991 neu verlegten „Mémoires“ der Lady Craven, so versuchte ein Kabinettsekretär Schmidt erfolglos, das Ruder herumzureißen. Am 9. Juni 1791 musste Schmidt dem Freiherrn von Hardenberg die volle Regierungsgewalt über Ansbach-Bayreuth in die Hände legen, nachdem der Fürst das Land bereits verlassen hatte. Im Dezember erfolgte von Bordeaux aus der „Entsagungsakt“ in Form einer Veröffentlichung. Damit endete die etwa vierhundert Jahre währende Regierungszeit der Markgrafen von Ansbach und von Bayreuth jählings.

In Ansbach wie in Bayreuth machte sich Hardenberg sogleich daran, die „Dinge“ neu zu ordnen. Er trennte Verwaltung und Justiz nach preußischem Muster voneinander und setzte eine radikale Verwaltungsreform an Haupt und Gliedern ins Werk. In striktem Gegensatz dazu steuerte gleichzeitig der letzte Fürstbischof von Würzburg, Georg Karl von Fechenbach, mit Hilfe von Habsburg einen eher „konservativen“ Kurs. Anders als sein Vorgänger Erthal gab er die politische Neutralität seines Hochstifts auf. Später sollte kein Geringerer als Graf Montgelas die Beobachtungen und Überlegungen, die Hardenberg in Ansbach angestellt hatte, in seinem sogenannten „Ansbacher Mémoire“ vom September 1796 zu Papier bringen und seinem Fürsten präsentieren. Hardenberg hatte in Ansbach noch mit einer partiell ständisch organisierten Behördenorganisation zu kämpfen. Die fränkische Kreisverfassung empfand er als störend, schädlich und für seine neuen preußischen Verwaltungsstrukturen hinderlich. Die Kreisassoziationen von 1701/1714 konnte Hardenberg nicht wieder herstellen. Gerne hätte er die bewährten Aushebungsmuster unter preußische Führung gestellt.

Großer Widerstand bei der Durchsetzung der preußischen „Revindikationen“ in Franken und bei der beabsichtigten politischen Kräfteverschiebung im Kreiskonvent mit Hilfe des preußischen Direktoriums erwuchs Hardenberg in dem Gesandten Friedrich Adolph von Zwanziger (1745–1800). Von Zwanziger war Kreisgesandter der Stände der fürstlichen und gräflichen Häuser Hohenlohe-Neuenstein, Castell, Wertheim, Erbach und Limpurg. Anfangs versuchte Hardenberg den protestantischen Castellschen Gesandten, den Kaiser Joseph II. mit dem Adelsbrief belohnte, ins preußische Lager hinüberzuziehen. Hardenberg machte dennoch alte preußische Herrschaftsansprüche geltend und vergrößerte das Gebiet der erloschenen Markgrafschaften um ein Drittel ihres ursprünglichen Umfangs. Allerdings sind im Rahmen des preußisch-bayerischen Grenztausch- und Purifikationsvertrages von 1803 auch vormalige bayreuthsche Gebietsteile an Bayern gefallen, so etwa das Landstück um Burg Rabenstein und die Stadt Waischenfeld sowie Gebietsteile der zum Amt Kulm gehörenden Gemeinde Speichersdorf am Fichtelgebirge. Gerne hätte sich die alte Reichstadt Nürnberg dem neuen preußischen Staatsverband in Franken angeschlossen, wozu es aber wegen der beachtlichen Schuldensumme der schon besetzten Stadt und mit „politischer Rücksicht“ auf das Haus Habsburg nicht kam.

In Wirklichkeit war Ansbach-Bayreuth für Preußen, das im beginnenden Zeitalter der Koalitionskriege auf internationalem Parkett jetzt wichtige bündnispolitische Schachzüge setzte, allenfalls ein politischer Nebenkriegsschauplatz. Die französische Armee verschonte dann auch bei ihrem Einfall in Franken unter Jourdan während des ersten Koalitionskrieges die preußischen Gebiete Frankens, während sie alle anderen brandschatzte. Das geschah aufgrund des Basler Vertrages vom Mai 1795, den Hardenberg und der französische Unterhändler Barthélemy geschlossen hatten und der eine von Ostfriesland nach Schlesien verlaufende Demarkationslinie festgelegt hatte. Bischof Fechenbach konnte deshalb den Krieg nicht von seinen Grenzen fernhalten. Auch das Benediktinerkloster Neustadt am Main, das damals dem Abt Johanna Baptist Weigand (1788–1803) unterstand, fiel Juli 1796 der Brandwut der Franzosen zum Opfer. Längst betrieb Karl August von Hardenberg seine auf Gebietsvergrößerung zielende „Revindikationspolitik" in Franken von Berlin aus, wo er als Provinzialminister beim preußischen Generaldirektorium saß. Als aber Hardenberg nach dem Frieden von Lunéville vom Februar 1801 die Hochstifte Würzburg und Bamberg Ansbach-Bayreuth angliedern wollte, legte Frankreichs Erster Konsul, Napoleon Bonaparte, sein Veto ein.

Lunéville war aber nur das „Vorspiel" zum Reichsdeputationshauptschluss von 1803. Denn der Frieden von Lunéville sah in Artikel 7 vor, die deutschen Fürsten, die auf dem linken Rheinufer Gebiete verlieren, mit rechtsrheinischen Ländern zu entschädigen. Der Fränkische Reichskreis, der vermutlich letztmals auf dem Rastatter Friedenskongreß vom Dezember 1797 politisch *geschlossen* aufgetreten war, zerfiel nunmehr zusehends. Tatsächlich besaß auf dem unglücklich verlaufenden Rastatter Kongreß, auf dem der Bevollmächtigte von Metternich für alle Beschlüsse das kaiserliche Veto einlegte, nur noch die Stimme des Hochstifts Würzburg unter von Fechenbach politisches Gewicht. Der Reichsdeputationshauptschluss ist dann auf dem Immerwährenden Reichstag in Regensburg im März 1803 seitens der Reichsstände und unter Protest des Kaisers wie des Klerus akzeptiert worden. Unter den insgesamt sechzehn Reichsständen, die drei Jahre später am 16. Juli 1806 die dem alten Reich den letzten Todeshieb versetzende „Rheinbundakte" von Kaiser Napoleon I. zeichneten, war kein fränkischer Staatsverband.

Damit fand auch die moderne preußische Verwaltung, die Hardenberg in Franken installierte, und die später für das Königreich Bayern Vorbildcharakter einnahm, ihr Ende.

Gebietsentschädigungen für fränkische Adelshäuser

Der Hauptschluss der außerordentlichen Reichsdeputation vom 25. Februar 1803 schrieb in Regensburg auch für Franken die endgültigen Entschädigungen en détail fest. Hier sämtliche Einzelheiten der in 89 Klauseln niedergelegten Territorialneugliederungen ausführlich zu benennen, sprengte den Rahmen dieser Arbeit. Insgesamt sind durch den Reichsdeputationshauptschluss infolge von Gebietstausch, Säkularisation und Mediatisierung 112 Reichsstände aufgelöst worden. Auch verschob sich die Statik der konfessionellen Gewichtung im Reichsfürstenrat, wo nunmehr 77 protestantische Abgeordnete gegenüber 53 katholischen Abgeordneten abstimmten, im Kurkolleg gar sechs protestantische Stimmen zu drei katholischen Stimmen votierten. Die Franken betreffenden Gebietsänderungen waren einschneidend: Die vormals Freie Reichsstadt Nürnberg, die bereits preußisches Militär „als Schutzmacht“ in Quartier genommen hatte und sich einer bayerischen Inkorporation bis 1805 erfolgreich widersetzte, blieb nach wie vor unabhängig (§ 27). Dem Kurfürsten von Pfalz-Bayern wurden als Entschädigung für die Rheinpfalz und weitere Gebiete Würzburg und Bamberg sowie die Reichsstädte und -dörfer Rothenburg, Weißenburg, Windsheim, Schweinfurt, Gochsheim, Sennfeld, Kempten, Kaufbeuren, Memmingen, Dinkelsbühl, Nördlingen, Ulm, Bopfingen, Buchhorn, Wangen, Leutkirch und Ravensburg, nebst ihren Gebieten *mit Einschlusse der freien Leute auf der Leutkircher Haide* zugesprochen (§ 2).

Großherzog Ferdinand III. (1769–1824) aus dem Haus Habsburg-Lothringen erhielt für das Großherzogtum Toskana das Bistum Eichstätt, mit Ausnahme von Burg Wernfels unweit Spalt, Abenberg, Ahrberg-Ohrnbau und Vahrnberg-Herrieden. Ferner erhielt das Haus Oettingen die Abtei Heiligenkreuz bei Donauwörth und weitere Klöster. Die Fürsten von Löwenstein-Wertheim vergrößerten sich um die Würzburgischen Ämter Rothenfels und Homburg. Das Haus Hohenlohe-Bartenstein erhielt den Würzburger Zoll im Hohenloheschen sowie die Orte Faltenbergstetten, Lautenbach, Jaxtberg und Braunsbach und des weiteren „Renten auf Comburg“ (§ 18). Und das Haus Hohenlohe-Ingelfingen sollte das Landkapitel Amrichshausen empfangen.

Frankreich verletzt Preußens Grenze bei Ansbach

Im Oktober 1805 überzog Franken von Neuem Kriegsgefahr. Der Auflösungsprozeß des Fränkischen Reichskreises stand in vollem Gange. Gerade die Herrschaft Preußens im Kreis fing zu bröckeln an. Auch das preußische Kunreuth sollte 1805 an Bayern fallen, welches sich mit Kaiser Napoleon I. im Bogenhauser Vertrag (1805) glänzend arrangierte. Offensichtlich war Napoleon I. der strikten preußischen Neutralitätspolitik überdrüssig. Truppen des Französischen Kaiserreiches unter dem aus Wolfsbuchweiler an der Tauber gebürtigen Marschall François-Christophe Kellermann (1735–1820) drangen im Oktober 1805 bei Ansbach auf preußisches Gebiet vor. Das war die französische Antwort auf das lange Hinauszögern von ultimativen „demandes exagérées" an den König Friedrich Wilhelm III. Der „Sickershausener Grenzüberschritt" mit seinem Neutralitätsbruch löste den unglücklichen preußisch-französischen Krieg von 1806, den Vierten Koalitionskrieg, aus. In der Doppelschlacht von Jena und Auerstädt am 14. Oktober 1806 kämpften auf preußischer Seite das „Hohenlohesche Korps" unter Fürst Friedrich Ludwig zu Hohenlohe-Ingelfingen sowie die „Bayreuth Dragoner", deren „Chefin" Königin Luise war. Genau an demselben Tag, da Marschall Jean-Baptiste Bernadotte in Ansbach einrückte, am 24. Februar 1806, einem Montag, fand in London die Leichenfeier für den am 5. Januar 1806 auf Schloss Benham verstorbenen Markgrafen Karl Alexander statt. Auf Gut Benham hatte sich der „Regent im Ruhestand" ganz der Pferdezucht gewidmet.

Die endgültige Auflösung des Fränkischen Reichskreises

Im Rahmen der Mediatisierung fiel 1806 das Fürstentum Hohenlohe an das Königreich Württemberg, während das neue Großherzogtum Baden Wertheim an sich riss. Der Fränkische Reichskreis büßte Stück für Stück seiner politischen Überlebenskraft ein. Im Vertrag zu Schönbrunn vom Dezember 1805 fiel das Fürstentum Ansbach an das Kaiserreich

Frankreich, das im Tausch gegen das Herzogtum Berg nun an das Kurfürstentum Bayern kam. Bayern erhielt in den Brünner Verträgen vom Dezember 1805 den Status eines Königreiches. Im Frieden von Tilsit 1807 musste Preußen zugunsten von Frankreich auch auf Bayreuth verzichten, das 1810 an die Krone Bayern kam. Die bayerischen Könige führten den Titel „Von Gottes Gnaden König von Bayern, Pfalzgraf bei Rhein, Herzog von Bayern, Franken und in Schwaben". Gegen die endgültige Auflösung des Römischen Reiches im Sommer 1806 regte sich vor allem in Franken politischer Widerstand. Die Schrift „Deutschland in seiner tiefen Erniedrigung", die den bereits erwähnten Nürnberger Buchhändler Johann Philipp Palm das Leben kostete, blieb aber Episode. Der würzburgische Kreistagsabgeordnete Johann Alois Josef Freiherr von Hügel (1753–1826), der unter dem Pseudonym „Karl Graf von Strengschwerdt" veröffentlichte und später für das Großherzogtum Frankfurt am Main tätig war, teilte am 15. August 1806 dem Kreistag die Niederlegung der Kaiserkrone durch Franz II. mit. Er erklärte seine Abgeordnetentätigkeit beim Kreis für erledigt. Der bayerische König Maximilian I. Joseph ließ daraufhin den Kreiskonvent für aufgelöst erklären. Damit fanden mehr als 1.300 Jahre unabhängiger Historie der europäischen Kulturlandschaft Franken einen Abschluss.

10.
Kunst und Künstler in Franken zwischen Renaissance und Barock

Von der Nürnberger Schule über die Dürer-Zeit zu Balthasar Neumann

Nürnberger Schule
Am Anfang stand die sakrale Tafelmalerei: Noch unter dem Luxemburger Kaiser Karl IV. († 1378) nahm die Kunstmalerei in Nürnberg einen ungeheuren Aufschwung. Der sogenannte „Internationale Stil" mit seinen weichen Malzügen und der perspektivisch typisch „gotischen Halbtiefe" begann sich seit etwa 1370 in ganz Europa, vor allem im Heiligen Römischen Reich, in Italien, den Niederlanden und in Frankreich, auszubreiten. Im frühen Quattrocento bereits stand dann auch die „Nürnberger Schule" als eine kunsthistorisch vollkommen eigenständige Stilrichtung in voller Blüte. Sie hatte vom benachbarten und handelsmäßig angebundenen Böhmen starke Kunstimpulse erhalten. In Böhmen durchdrangen italienische, französische, niederländische und deutsche (Nürnberger) Einflüsse die Tafelmalerei, um sich mit heimischen Stilformen zu mischen. Die sogenannten „Karlsteiner Stücke" eines Tomaso da Modena († 1379) tragen dann auch den Stempel italienischen Stils und italienischer Auffassung. Hier in der Karlsteiner Kreuzkapelle wurde seit 1360 mit „Meister Theoderich" zudem französischer Einfluss sichtbar. In Deutschland fand der neue weiche Zeichenstil in der „Nürnberger Schule" Verbreitung.

Für Nürnberg erhielt vor allem die Malkunst des Hofmalers Karls IV., Sebald Weinschröter (1311–vor 1370), besondere Bedeutung. Die erst 1905 entdeckten „Paulusszenen" in der Nürnberger Sebalduskirche und die im Germanischen Nationalmuseum nachgewiesenen Tafelbilder „Der bethlehemitische Kindermord", „Bestattung Mariä" und „Geißelung Christi" zeigen klar seine künstlerische Handschrift. Doch auch im Imhoffschen Altar der Nürnberger Lorenzkirche, dessen Tafelmalereien Berthold Landauer (um 1365–1430/32) zugeschrieben wurden, als auch in den Wandfresken der Kaiserpfalz zu Forchheim und in dem 1429 vermutlich von Konrad Luckempach errichteten „Bamberger Passionsaltar", ist die „Nürnberger Schule" präsent. In dieser alten Nürnberger Kunsttradition stand auch die Schaffenskunst des wahrhaften Malergenies eines über alle Grenzen sowie weltweit bekannten Albrecht Dürers († 1528).

Albrecht Dürer

Der Schöpfer des weltberühmten Feldhasen – des Dürerhasen – von 1502 mit seinem „fühlbar" weichen Fell, Albrecht Dürer, erblickte als drittes von achtzehn(!) Kindern der Barbara Holper und ihres Gemahls, dem ungarischen Goldschmiedemeister gleichen Namens Albrecht Dürer (um 1427–1502), am 21. Mai 1471 in Nürnberg das Licht der Welt. Der künstlerisch hochbegabte Dürer, von dem ein sehr frühes Selbstbildnis von 1484 erhalten ist, ging bei dem bekannten Nürnberger Maler und Holzschnitzer Michael Wolgemut († 1519) in die Lehre. Früh, seit 1490, wandte er sich den oberrheinischen, niederländischen und elsässischen Mallehrstätten zu. Sein charakterbetonter und festgeschriebener Künstlerkodex ist als eine Art Kunstgütesiegel erstmals dokumentiert, als Dürer dem Frankfurter Kaufmann Jakob Heller im Jahre 1508 versichert, das von ihm gemalte Tafelbild (linke Altartafel des sogenannten „Heller-Altars") mit der knienden Ganzfigur des vermögenden Auftraggebers werde „die Zeiten unbeschädigt überdauern". Und von Italien aus schreibt er 1506 an seinen Freund Willibald Pirckheimer in Nürnberg: „... und ich hab auch die Moler alle geschtillt, die do sagten, im Stechen wäre ich gut, aber im Molen west ich nit mit Farben umzugehen. Itz spricht jedermann, sie haben schoner Farben nicht gesehen". In der Tat hatte die italienische Renaissancekunst Dürers Mal- und Farbentechnik ganz erheblich beeinflusst. Seit Herbst 1494 war Dürer bei seiner ersten Italienreise der perspektivisch wie farblich revolutionären Kunst Andrea Mantegnas gewärtig geworden, bevor er 1496 erste Malaufträge für den sächsischen Kurfürsten Friedrich den Weisen erhielt. Hierzu gehörten auch die Bildfolge mit den sieben Darstellungen aus dem Leben Jesu Christi sowie der „Dresdener Altar" von 1496.

Von Italien aus hatte Dürer zahlreiche Landschaftsaquarelle nach Nürnberg mitgebracht, wo er sich seit spätestens 1497 endgültig als Sakral- wie Profankünstler sesshaft machte. Nachdem der berühmte Paumgartner-Altar mit der Geburt Christi im Bildmittelpunkt sowie den beiden Stiftergestalten Lukas und Stefan Paumgartner, welche den Heiligen Georg und Eustachius verkörpern (1498), sowie das mitnichten weniger berühmte und minutiös wie lebensgroß wiedergegebene Selbstbildnis Dürers im Pelzrock von 1500 entstanden waren, trat das Nürnberger Malergenie ab 1505 seine zweite Italienreise an. Sie führte ihn bis 1507 zu den bedeutenden Kunstzentren in Florenz, Rom und Venedig. Dürer kürte Giovanni Bellini zum größten Maler seiner Zeit und traf aller Voraussicht nach auch mit Giorgione zusammen. Die während seines venezianischen Aufenthaltes kreierten Studien, darunter ein weiblicher Akt von 1506, der im Berliner Kupferstichkabinett untergebracht ist, verdeutlichen nur allzu sehr, dass sich Dürer seit dem Jahr 1500 intensiv mit perspektivischer Zeichentheorie und -praxis beschäftigt hat. In perspektivischer Hinsicht ist etwa auch der um 1498 entstandene Stich „Madonna mit der Meerkatze" mit der fränkischen Flusslandschaft im Hintergrund und mit dem typischen fränkischen Fachwerkhaus – mit langem fränkischem Satteldach – eine Meisterleistung. Später und posthum ist dazu sein großes Proportionslehrwerk „Underweysung der messung mit dem Zirckel uñ richtscheyt in Linien ebnen unnd gantzen corporen" mit seinen Nürnberger Ausgaben von 1525 und 1538 erschienen, von denen im Jahre 1977 ein 472-seitiger New Yorker Nachdruck unter dem Titel „The painter's manual: a manual of measurement of lines, areas, and solids by means of compass and ruler assembled by Albrecht Dürer for the use of all lovers of art with appropriate ill. arranged to be printed in the year MDXXV, translated and with a commentary by Walter L. Strauss" aufgelegt wurde.

Seit Spätherbst 1507 wieder in seine Vaterstadt Nürnberg zurückgekehrt, erwarb Dürer 1509 das „Albrecht-Dürer-Haus" genannte Fachwerkhaus am Tiergärtnertor Platz. Er hatte 1494 die Nürnberger Kaufmanns- und Patriziertochter Agnes Frey geehelicht. Das Malergenie, das geistige und freundschaftliche Beziehungen zu führenden Köpfen des Nürnberger Humanismus hegte, erhielt auch im Nürnberger Patriziat einen Platz. Unsterblichen künstlerischen Ruhm erreichte Dürer auch mit „Adam und Eva" von 1507, der „Marter der 10.000 Christen" (1508), dem „Bildnis des Kaisers Maximilian I." (1518/1519), zu dessen kaiserlichem „Probanden" Dürer vielfältige Beziehungen unterhielt, mit seinem Holzschnittzyklus „Die Apokalypse", mit den Portraits „Bildnis von Albrecht von Brandenburg" (1519/1523) und dem „Bildnis von Willibald Pirckheimer" (1524) sowie insbesondere mit seinem Spätwerk „Die Vier Apostel" aus dem Jahre 1528.

Die letzten Lebensjahre Dürers waren von schleichender Krankheit und politisch von den Wirren des deutschen Bauernkrieges und von den heraufziehenden konfessionellen Auseinandersetzungen verdunkelt. Während seiner niederländischen Reise 1520/1521 wollte sich Dürer von dem frisch gekrönten Kaiser Karl V. seine Leibrente von jährlich einhundert Gulden bestätigen lassen und war sodann an einem seltenen Fieber erkrankt. Dürer, der sich von der Fieberkrankheit nie mehr recht erholte, verstarb am 6. April 1528.

Auf dem Nürnberger Johannisfriedhof fand der große Sohn der Reichsstadt seine letzte Ruhestätte. Kurz nach seinem Tod wurde der jüngere Bruder Albrecht Dürers, Hans Dürer (1490–1538), in Krakau Hofmaler des polnischen Königs Sigismund († 1548).

Der Bedeutung Albrecht Dürers für die europäische Zeichenkunst kamen auf dem Terrain der Skulpturkunst in der fränkischen Kunstlandschaft allenfalls noch die fränkischen Meister Veit Stoß († 1533) und Tilman Riemenschneider (1460-1531) nahe.

Veit Stoß

Veit Stoß wirkte als Bildhauer vor allem in Krakau und Nürnberg und wurde um 1447 in Horb am Neckar geboren. Auch er stand wie Albrecht Dürer Kaiser Maximilian I. nahe, welcher den Künstler 1512 für die Planung des Innsbrucker Kaisergrabes zu gewinnen suchte. Stoß hatte bereits das Grabmal des polnischen Königs Kasimir IV. (1427–1492) in rotem Marmor für die Kathedrale in Krakau ausgeführt. Ob er ein Sohn des „Gürtlers“ Michael Stoß, der um 1415 das Bürgerrecht in Nürnberg erlangte, oder ein Sohn des Nürnberger Bürgers Heinz Stoß war, bleibt im Dunkeln. Fest steht, dass Veit Stoß im Jahre 1477 sein Nürnberger Bürgerrecht aufgab und „aktenkundig“ wurde, indem er einen Revers zeichnete, in dem er gelobte, „daß er wider die Stadt weder sein noch thun und alle ihre Geheimnisse, die er wüßte, bewahren wolle“. Veit Stoß wurde nach Krakau berufen, wo er ein großes Altarwerk schaffen sollte. Es handelte sich um den berühmten Hochaltar für die Krakauer Marienkirche, eines der Hauptwerke Stoß’ und zugleich einer der größten Flügelaltäre der Gotik überhaupt. Zentralthema des Marienaltars sind Mariä Himmelfahrt und Bilder aus dem Leben Jesu. Veit Stoß hat die überlebensgroßen Figuren in der Zeit von 1477 bis 1489 aus ganzen Lindenstämmen gefertigt, wogegen der schöne Altarrahmen aus Eichenholz gefertigt ist. Die Gesichtsmienen der handelnden Figuren wirken angespannt und wie in einem „Aufnahmenmoment“ plastisch wiedergegeben. Dagegen wirkt die in dem Spätwerk von Stoß vorgetragene Kunstauffassung des „Bamberger Altars“ aus den Jahren 1520 bis 1523 als ein von Hoffnung und christlicher Heilserwartung bestimmtes Renaissancewerk.

In den Jahren 1486 und 1487 war Veit Stoß für kurze Zeit wieder in Nürnberg. Als er im Jahre 1496 erneut in Nürnberg seinen Wohnsitz nahm und mit seinen zahlreichen Kindern in die „Noris“ zurückkehrte, war seine Ehefrau, vermutlich eine Polin, verstorben. Stoß, der seit 1484 von Steuerzahlungen befreit war, erwarb ein großes Haus in der Wunderburggasse in unmittelbarer Nähe zur Judengasse und heiratete 1498 in zweiter Ehe die „Losungsschreibertochter“ Christina Reinolt. Damals wirkte Stoß in St. Sebaldus. Für den dortigen Chor skulptierte Stoß drei Sandsteinreliefs mit Szenen der Christuspassion sowie Holzplastiken mit Darstellungen Jesu Christi und Mariä für die sogenannte „Volckamer Gedächtnisstiftung“, welche der Patrizier und Mäzen Paul Volckamer († 1505) aus alter Ratsfamilie Volckamer von Kirchensittenbach 1499 stiftete. Dann geriet Stoß in den Strudel einer tragischen kriminellen Verkettung. Ein Kaufmann namens Baner betrog Stoß um 1.300 Gulden, woraufhin der Künstler einen gefälschten Schuldschein mit Siegel und Unterschrift des Kaufmanns Baner kunstvoll verfertigte. Jedoch kam die Straftat ans Tageslicht, weshalb der Rat den Malefikanten zum Tode verurteilen wollte. Jetzt verwandte sich auch Kaiser Maximilian für den bedrängten Stoß. Auf viele Fürbitten hin wandelte der Nürnberger Rat sein Urteil um und ließ den hochverdienten Künstler am 5. Dezember 1503 öffentlich brandmarken, „und man hat keinen so lind gebrennt, denn er kam um das Sein“, schrieb ein Geschichtsschreiber auf. Noch bevor Stoß im Jahre 1506 von Kaiser Maximilian I. vollständig rehabilitiert wurde, flüchtete er 1504 zu seinem Schwiegersohn Georg Trummer nach Münnerstadt, wo Stoß den von Tilman Riemenschneider 1490 bis 1492 verfertigten Münnerstädter Altar zur „vollsten Zufriedenheit“ der Münnerstädter Bürger für 222 Gulden Lohn farbig ausmalte.

Mit der Stadt Nürnberg, die ihm später wieder Messebesuche in Frankfurt am Main und Nördlingen gestattete und ihn einen „irrig und geschreyig man“ nannte, ist Stoß nie wieder ins Reine gekommen. Stoß führte für Nürnberg seit

1506 ein „Groß Werk der Prucken", Brücken für Fortifikationen, aus, weshalb ihm der Rat eine Leibrente gewährte. Nach Instandsetzungsarbeiten an einer Rezatbrücke war Stoß seit 1508 mit Schnitzereien in der Schwabacher Pfarrkirche befaßt. Etliche seiner Arbeiten, darunter zahlreiche Madonnen, sind heute im Germanischen Nationalmuseum untergebracht. Bevor Veit Stoß um den 20. September 1533 in Nürnberg starb, hat er noch zahllose Holzplastiken, darunter die „Hausmadonna von der Wunderburggasse" (1515 oder 1520) an seinem Wohnhaus sowie etwa die „Madonna mit der eisernen Krone am Weinmarkt" ausgeführt. Wie Dürer wurde Veit Stoß auf dem Nürnberger Johannisfriedhof beigesetzt.

Tilman Riemenschneider

Auch der dritte expressis verbis genannte fränkische Künstler, Tilman Riemenschneider, hat Weltgeltung erlangt. Tilman Riemenschneider wurde in Heiligenstadt am Eichsfeld, anderen Geschichtsdarstellungen zufolge in Osterode im Harz geboren. Das wiederholt angegebene Geburtsjahr „1460" ist historisch umstritten. Umso ergiebiger sprudeln die Geschichtsquellen über sein fränkisches Kunstwirken. Unumstritten ist, dass Tilman Riemenschneider 1483 in die Würzburger Zunft der Bildschnitzer aufgenommen wurde, wie uns das „liber de causas de anno 1434-1488" aus dem Stadtarchiv Würzburg berichtet. Dort hat Riemenschneider mit mehreren Gesellen um 1485 eine eigene Werkstatt gegründet. Er war Ratsmitglied von 1504 bis 1520 und Bürgermeister von Würzburg von 1520 bis 1525. Da Riemenschneider im Bauernkrieg mit den Köpfen des Aufruhrs sympathisierte, ging er seiner Ämter verlustig. Das erste ihm zugeschriebene und vollständig aufgelöste Werk ist der in Rothenburg ob der Tauber in den Jahren 1485 bis 1513 nachgewiesene „Wiblinger Altar" des Franziskanerklosters Rothenburg, der heute weit über das Taubertal hinaus verstreut ist. Angeblich hat der „Malerknecht" Riemenschneider sich selbst eher als Handwerker verstanden denn als Künstler. Im Februar 1485 ehelichte er die Witwe Anna Schmidt. Zur selben Zeit erlangte Riemenschneider das Würzburger Bürgerrecht. In den Jahren 1490 bis 1492, also zur Zeit der Entdeckungsreisen von Columbus, ist der bereits oben erwähnte und ebenfalls weithin aufgelöste „Münnerstädter Altar“ entstanden. Riemenschneiders *handelnde* Heiligenfiguren bestechen durch ihre Schlichtheit, durch die Individualität ihrer Gesichtsausdrücke und die wuchtige Drapierung der Gewänder. Das wird vor allem an dem noch vollständig erhaltenen „Heiligblutaltar“ in St. Jakob in Rothenburg ob der Tauber deutlich, den Riemenschneider von 1501 bis 1505 ausführte. Den „Creglinger Marienaltar“ aus Lindenholz hat Riemenschneider 1505 bis 1508 erstellt.

Insgesamt war Riemenschneider viermal verheiratet. Mit seiner letzten Frau, von der nur der Vorname, Margarethe, überliefert ist, verharrte er in Würzburg in Zurückgezogenheit. Auch künstlerisch war Riemenschneider nach 1525 nicht mehr in Erscheinung getreten. Das wahrscheinlich letzte von seiner Hand erarbeitete Werk ist die berühmte und zwischen 1521 und 1524 entstandene „Maria im Rosenkranz“ in der Wallfahrtskirche „Maria im Weingarten“ bei Volkach am Main. Am 8. Juli 1531 ist Riemenschneider in Würzburg gestorben, wo er auf dem Gottesacker zwischen der Neumünsterkirche und dem Kiliansdom seine Ruhestätte fand. Dort ist im Jahre 1822 bei Straßenbauarbeiten sein Grabstein entdeckt worden, der jetzt an der äußeren Nordwand des Kiliansdomes ruht. Ein Gutteil seines künstlerischen Lebenswerkes ist heute im Mainfränkischen Museum auf der Festung Marienberg in Würzburg sowie im Germanischen Nationalmuseum in Nürnberg anzutreffen. Tilman Riemenschneider zu Ehren zeigte auch das „Metropolitan Museum of Art“ in New York 2000 eine Ausstellung.

Die sogenannte „Dürerzeit“, zu der auch Riemenschneider und Stoß künstlerisch zählten, hat einer ganzen Epoche ihren Namen verliehen. Geistesgeschichtlich blieb der lange Zeitabschnitt von dem Nürnberger Humanismus bestimmt.

Wenn wir uns die Zeit des Nürnberger Humanismus geistig vergegenwärtigen, dürfen wir eine zeitgenössische Schlüsselfigur nicht außer Acht lassen: den großen Humanisten und Dichter Hans Sachs.

Hans Sachs

Wie Dürer, Riemenschneider und Stoß war Hans Sachs (1494–1576) ein besonders kritischer Beobachter seiner Zeit. Als früher Verfechter der Reformation hatte Sachs bereits 1523 in seiner „Wittembergisch Nachtigall" der neuen Lehre Martin Luthers eine literarische Bresche geschlagen und dem einfachen Mann die Wiederentdeckung des Evangeliums in Spruchgedichtsform „verabreicht". Zu der „Zielgruppe" von Hans Sachs zählten als „Benutzerinnen" der Reformation auch Frauen. Kein Geringerer als Richard Wagner hat den Nürnberger Meistersinger zu sich in seinen „Bayreuther Musentempel" genommen und in seiner fünfstündigen Oper „Die Meistersinger von Nürnberg" (1868) verehrt und idealisiert. „Verachtet mir die Meister nicht, und ehrt mir ihre Kunst!", das ist die Botschaft des Nürnberger Dichters und Schuhmachermeisters Hans Sachs. Und: „Heil Sachs! Nürnbergs teurem Sachs!" jubelt das Volk am Ende des heiteren Dreiakters.

Hans Sachs wurde als einziges Kind des aus Zwickau zugewanderten Bürgers und Schneidermeisters Jörg Sachs und dessen Ehefrau Christine, geborene Prunner, am 5. November 1494 in Nürnberg geboren. Er besuchte die Lateinschule und wurde auch in den gymnasialen Disziplinen wie „Puerilia", Grammatik, Musik, Rhetorik und Dialektik unterwiesen. Er absolvierte eine Schuhmacherlehre von 1509 bis 1511 und ging dann als Geselle fünf Jahre auf Wanderschaft, die ihn auch nach Würzburg, Regensburg, Salzburg und Wels führte. Sachs ehelichte 1519 die 17-jährige Kunigunde Creutzer und nach deren Tod (1560) im September 1561 die um vierzig Jahre jüngere Barbara Endres, geborene Harscher († 1583). Schon während seiner Ausbildungszeit war Sachs von der Dichtkunst gefesselt. In Gedichten und auf Flugblättern hat Sachs die unverhohlen als „Gesellschaft im Umbruch" erkannte frühneuzeitliche Ständeordnung karikiert und mit Spott überzogen: „Derhalb stet es so übel icz fast in allem regiment", moralisiert Sachs.

Kaum eine Gesellschafts- beziehungsweise Ständegruppe wurde von seiner Kritik ausgeschlossen. In „Das Narren Schneyden" hält Sachs der derben „Kunst" der Bader und Chirurgen ihren Spiegel vor. Sachs will, dass sich das Publikum in den Narrentypen wiedererkennt: Zu einem lauthals seine Heilkunst verkündenden Arzt kommt ein „großpauchet krancker" Patient, dem der Heilkundige peu à peu mit „Zangen, schermesser und blutschwammen" die personifizierten „Narrheiten" aus dem Magen entfernt. Der geglückte chirurgische Eingriff findet sein Ende mit der an das Publikum gerichteten Mahnung: „Ein yegklicher, dieweil er lebt / Las er sein vernunfft Mayster sein / Vndt reytt sich selb im zaun gar fein".

Den weitaus größten Teil Umfang von Sachs' Dichtwerk bildete der Meistergesang. Noch während seiner Lehrzeit hatte sich Sachs die Grundzüge der Meistersingerkunst bei dem Leineweber und Dichter Lienhard Nunnenbeck angeeignet und dieses Dichtgenre dann freilich auch mit säkularen Themenbereichen wie Fabeln Burlesken und Stoffen aus der Sagenwelt bereichert. Sachs schuf insgesamt mehr als 4.000 Meisterlieder. Vielfach hat Sachs auch die Musik seiner Meisterlieder selbst geschrieben.

In seinem um 1530 erschienen Werk „Schlauraffenland" hat sich Hans Sachs, ähnlich wie Thomas Morus, in den Bereich der Utopie vorgewagt. Sachs malt darin die seit der Spätantike immer wieder vorgestellte Traumlandschaft eines irdischen Ruheparadieses. Die irdischen Werte sind darin auf den Kopf gestellt. In jenem Schlaraffenland von Sachs, das „drey Meyl hinter Weynacht" liegt und nur über einen aus köstlichem Hirsebrei bestehenden Berg zu erreichen ist, gelten Fleiß als Laster und Faulheit als Tugend. Sachs schöpft seine Moral mit

Hilfe „obszön“ provozierenden „Sündenfällen“. Ein Ewiger Jungbrunnen läßt die Tagediebe und Faulpelze nicht altern, denen gebratene Tauben und Ströme von Milch buchstäblich dem Munde entgegeneilen. Zum Schluss seines Gedichts mit nur 54 Verspaaren moralisiert Sachs und ermahnt mit erhobenem Zeigefinger die Jugend: „das sie habe auff arbeit acht / Weil faule weiß nie gutes bracht“.

Nicht immer fand etwa die politische Satire Sachs' das ungeteilte Wohlwollen der weltlichen Herrschaft. In einem „Nachruf“ beispielsweise hatte der Meistersinger den machtbesessenen und kriegslüsternen Albrecht Alcibiades mit Spotttiraden bedacht. Sachs hatte schon zu Lebzeiten des „Margraff Albrecht“ die ungestüme Politik des „Kriegsfürsten“ „als Gegner des Markgrafen Albrecht Alcibiades“ immer wieder gegeißelt.

Nachgewiesen ist geschichtswissenschaftlich, dass der Nürnberger Meistersinger bis zum Jahre 1545 seinen Handwerksbetrieb geführt hat. Sachs ist dann auch noch als Spielleiter der Meistersingerschule und als „Merker der Singschule“ 1555 hervorgetreten. Unsere Geschichtswissenschaft hat ihn auch als „Meisterdenker des Humanismus“ (Hermann Glaser) apostrophiert. Am 19. Januar 1576 ist „Hannß Sachs, der alte teutsche Poet“, wie der Eintrag im Ratstotenbuch lautete, und der noch anlässlich der Krise des deutschen Protestantismus zu „zerbrechen“ schien, in Nürnberg gestorben.

Balthasar Neumann

Er arbeitete als Gießereigeselle, hoher fränkischer Militär, Ingenieur und fürstbischöflicher Baudirektor in Würzburg: Balthasar Neumann (1687–1753) war Autodidakt und ein Universalgenie seiner Zeit. Nachdem ihn der Würzburger Fürstbischof Friedrich Karl von Schönborn-Buchheim mit Dränagearbeiten in Kissingen betraut hatte, entdeckte Neumann zusammen mit dem Apotheker Anton Georg Boxberger im Jahre 1737 die bedeutendste Heilquelle des nachmaligen (1883) Badeortes. Später sollte hier Reichskanzler Otto von Bismarck seine außenpolitischen Maximen im sogenannten „Kissinger Diktat" (15. Juni 1877) abfassen. Balthasar Neumann wurde 1719 zum Baumeister der Würzburger Residenz berufen, weshalb er 1723 nach Paris reiste, um das Bauvorhaben von europäischer Dimension (jetzt UNESCO-Weltkulturerbe) von französischen Fachleuten begutachten zu lassen. Von Neumann stammen die Wallfahrtskirchen von Vierzehnheiligen – sein Hauptwerk –, Gößweinstein, Käppele in Würzburg und Maria Limbach in Eltmann am Main, daneben das Sommerschloss in Werneck bei Würzburg, die Schlösser Schönbornlust bei Koblenz und Heusenstamm bei Offenbach sowie die Orangerie des Schlosses Seehof. Daneben wirkte Neumann seit 1741 bis zuletzt als Oberst der Fränkischen Kreisartillerie.

Der nachmalige zu den größten Baumeistern des Barock zählende Balthasar Neumann wurde aller Voraussicht nach am 27. Januar 1687 in Eger geboren. Sein Vater, der Kaufmann Johann Christian Neumann, ließ ihn die Stück- und Glockengießerei erlernen. Seine Mutter war Würzburgerin. Als Geselle gelangte Neumann in den ersten Jahren des 18. Jahrhunderts in die Kilianstadt, wo er bei Büchsenmeistern in der „Luftfeuerwerkerey" unterwiesen wurde. Wie einem Briefwechsel von 1712 zu entnehmen ist, wollte Neumann auch die zur „fortification vndt Archidektur gehörige(n) Wissenschaften" studieren. Daneben ergriffen Mathematik, Geometrie und „Feldmesserei" sein Interesse. Als Offizier bei der Fränkischen Kreisartillerie nahm Neumann an den Türkenfeldzügen der Jahre 1716 bis 1718 teil. Unter anderem leitete er die Fortifikationen Belgrads, das Prinz Eugen 1717 für Österreich erobert hatte. Für den Würzburger Fürstbischof nahm Neumann als Architekt als erstes die neuen Fortifikationen in Königshofen (1720) und in Würzburg (seit 1723) in Angriff. Er stand dann bei seinem ersten sakralen Bau, der Abtei des Klosters Ebrach, ganz im Einflussfeld des fürstbischöflichen Bamberger Hofbaumeisters Johann Dientzenhofer (1663–1726), dessen Schlossbau Weißenstein ob Pommersfelden eine Glanzleistung war.

Der soeben frisch gewählte neue Fürstbischof von Würzburg, Johann Philipp Franz Graf von Schönborn (1719–1724), hat aber angesichts der in der Entstehung begriffenen Ebracher „Prachtbauten" den jungen Ingenieur-Hauptmann und Architekten Neumann, und nicht Johann Dientzenhofer, 1719 mit dem Neubau der Würzburger Residenz betraut. Zu Studienreisen schickte Schönborn seinen Baudirektor nach Wien und Paris. Frankreich sprach sein Urteil anläßlich des 1744 vollendeten Würzburger Schloßbaues mit dem weltberühmten und stützenfrei überwölbten Treppenhaus, „es sei viel auf Italienisch Manier und etwass teutsches dabey". Neumann war ein Meister der Baustatik. Das korrespondierte physikalisch mit seinem ballistischen Wissen der *Luftfeuerwerkerey*.

Einer Anekdote zufolge hat Neumanns beruflicher Konkurrent, der Wiener Baumeister Johann Lucas von Hildebrandt, welcher den abgeänderten Treppenentwurf für statisch zu gewagt hielt, folgende Wette vorgeschlagen: Er, Hildebrandt, werde seine Körpermasse auf eigene Kosten am höchsten Gewölbepunkt der freitragenden Treppe aufhängen lassen, wohingegen Neumann als Konterbeweis anbot, unter der Treppe eine Geschützsalve abfeuern zu lassen. Zu der Wette ist es mitnichten gekommen. Fest steht jedoch, dass Neumanns Gewölbetreppe sogar dem Luftangriff vom 16. März 1945 widerstand.

Balthasar Neumanns Residenzbau, der zwar 1744 ein vorläufiges Ende fand, den Baumeister aber sein Leben lang beschäftigte, war in der Tat „das alleinige geistige Eigenthum des genialen Würzburger Architekten" (Otto Albert Weigmann, 1902). Neumanns Stil, der auch in der Innenarchitektur voll zum Tragen kam, trägt vollkommen seine eigene Handschrift, nicht zuletzt aufgrund einer europäischen Barocküberlieferung.

Nach 24-jähriger Bauzeit, die mit der Fertigstellung des Rohbaus der Würzburger Residenz am 30. Dezember 1744 abgeschlossen war, verbanden sich internationale Stilformen, deutsche, österreichische und französische, aus Barock und Rokoko in dem Bau. Neumann leitete sodann durch Anlegung neuer Promenaden die Verschönerung Würzburgs in die Wege. In Würzburg legte der Baumeister auch die ersten Wasserleitungen. In den Jahren 1737 bis 1740 leitete Neumann den Bau des Schlosses Werneck mit seinem markanten und in Hufeisenform errichteten Herrenhaus. Seit dem Regierungsantritt des Fürstbischofs Friedrich Karl von Schönborn in Bamberg griff Neumanns Bautätigkeit vor allem nach dem Jahr 1730 auf den östlichen Teil des Fränkischen Reichskreises über. Es war zu der Zeit, da die fränkischen Fürstbischöfe um ihr Bauvermögen wetteiferten. Zeitgleich mit dem Bau der Wallfahrtskirche in Gößweinstein 1730–1739 ging der von dem Eichstätter Fürstbischof Franz Ludwig Schenk von Castell (1725–1736) in Auftrag gegebene Neubau der Stadtpfarrkirche St. Ägidius in Dietfurt im Altmühltal vonstatten. Neumann war in den 1740er Jahren neben seiner profanen und sakralen Bautätigkeit auch als Tiefbau-Ingenieur mit verschiedenen Brücken- und Straßenbauprojekten befasst.

Seit 1740 wurden unter seiner Regie die Kitzinger Mainbrücke und die Frankfurter Große Brücke wiederhergestellt. Unter anderem ließ er im Steigerwald eine Glashütte einrichten, in welcher das Fensterglas für die Würzburger Residenz hergestellt wurde. Neumann hat auch die großen Hofgärten in Pommersfelden, Werneck, Würzburg, Seehof und Veitshöchheim geschaffen. Balthasar Neumann ehelichte 1725 Maria Eva Engelberta Schild, die Tochter des Geheimen Rates Franz Ignaz Schild. Ihr gemeinsamer ältester Sohn Franz Ignaz Michael Neumann (1733–1785) setzte das Werk seines Vaters fort. Er war „Ingineurmajor“ und fränkischer Rokokobaumeister. Neumann, der am 18. August 1753 starb und zuletzt den Rang eines Obersten der Fränkischen Kreisartillerie innehatte, ist mit militärischen Ehren in der Würzburger Marienkapelle beigesetzt worden. Die fränkische Barockarchitektur, welcher Neumann so viele Impulse verliehen und welche der Würzburger Architekt so sehr bereichert hat, bildete aber den krönenden Schlussstein der großen europäischen Baukultur der Neuzeit.

Exkurs: Erdmuth Sophie Markgräfin von Brandenburg-Bayreuth – ein Leben zwischen Kunst und Literatur

Sie teilt ihr Schicksal mit der romantischen Dichterin und Philosophin Caroline von Günderode (1780–1806) und mit der Komponistin Marie Tunner (1844–1870), und ihre Lebensdaten kommen denen der Henrietta Anne von England, Duchesse d' Orleans (1644–1670), sehr nahe: Erdmuth Sophie von Brandenburg-Bayreuth (1644–1670) gehört zu den mit überdurchschnittlich großen Geistesgaben ausgestatteten Denkerinnen und Dichterinnen, denen nur ein kurzes irdisches Dasein beschieden war. Gerade elfjährig, hat sie im Sommer 1655 den später in die fränkischen und sächsischen Kirchenliederbücher aufgenommenen geistlichen Lobgesang „Biß getrost/O meine Seele/Biß getrost/biß in den Todt" geschrieben, der im fränkischen und im sächsischen Liedgut des 18. Jahrhunderts noch in leicht abgewandelter Form lebendig war. Das Kulmbachische Gesangbuch von 1680 birgt den Originalliedtext:

Biß Getrost/O meine Seele/
Biß getrost/biß in den Todt/
Biß dich Gott aus dieser Höle/
Führet aus der Jammer Noth:
GOtt wird dich so schön anthun/
Als ein Liecht der Freuden=Cron/
GOtt wird alles also wenden/
Biß du stirbst in seinen Händen.

Ach! Mein Gott/trag mich in Armen/
Wenn die Welt so wütend ist:
Ach! Laß dich doch mein erbarmen/
Dass dein Sohn mein JEsus Christ/

Mich stets leit'/und endlich führ/
Biß zur seel'gen Himmels=Thür/
Da werd' Ich dich seh'n ohn Leiden/
Mit den Engeln voller Freuden.

So will ich bey JEsu leben/
Immer und in Ewigkeit:
Ich will bey Ihn bleiben eben/
Weil uns auch der Tod nicht scheidt.
Aus Trübsaal und grosser Noth/
Will ich fahren hin zu Gott/
Da die Sonn wird ewig scheinen/
Und mit Ihm ich mich vereinen.

Das Phänomen eines kurzen Menschenlebens voll ungeahnter geistiger Schöpferkraft konnte auch einem Chronisten und Theologen wie Melchior Adam († 1622), der zahlreiche Biographien berühmter deutscher Gelehrter aus der Zeit 1420–1620 – unter anderem auch Martin Luthers und Lucas Bacmeisters – lieferte, kaum verborgen geblieben sein. Ungeachtet nicht zu bezweifelnder medizinischer Fortschritte sah die Conditio humana der Frühneuzeit den Menschen als ein irdisch jederzeit „abrufbares" Wesen an. Der dem literarischen Freundeskreis der Erdmuth Sophie von Brandenburg-Bayreuth angehörende bukolische Dichter Sigmund von Birken († 1681) schreibt etwa im Frühjahr 1668 in sein Tagebuch: „Gott sey gepreiset, abermals ein Neues Jahr erlebt, ... wiewol in vielen Trübsalen ... eine Stuffe dem Himmel näher gestiegen". Dem unabwendbaren Sterbenmüssen als einer Grundgegebenheit der Conditio humana stand aber tiefer christlicher Hoffnungsglaube zur Seite. Erdmuth Sophie praktizierte ihn in all ihrem Tun.

Als „Landesmutter" vermochte sich die Markgräfin auf eine sonst wohl kaum vorzufindende Beliebtheit zu stützen. So hob Superintendent Caspar von Lilien anlässlich des den gesamten Untertanenverband im Fürstentum mit unsagbarer

Trauer erfüllenden Todes von Markgräfin Ermuth Sophie in seiner am 23. August 1670 abgehaltenen „Hochfürstlichen Leichen-Predigt“ hervor:

„Der Durchläuchtigsten Prinzessin ist beygeleget die Kron der himmlischen Zierd/die Kron himmlischer Herrlichkeit. Sie hat erlanget die Kron der himmlischen Schönheit/die Kron der Ehren/die Kron des Lebens/die Kron der ewigen Seeligkeit. Diese Kron Seeligkeit ist so herrlich/so groß/so teuer und köstlich/als kein menschlich Auge jemals gesehen/ als kein menschlich Ohr gehöret hat/auch kein menschlich herz und Verstand begreiffen kan“. Indessen fand der Diakon und Pfarrer Johann Wolfgang Rentsch die Worte: „... Es kann nicht seyn! Messt Ihrer Tugend-Schein/Es ist zum Grab ganz Franckenland zu klein“. Und der Tod waltet mit einer ordnungsgebietenden Hand: Die von dem Nürnberger Kupferstecher Jakob von Sandrart (1630–1708) vor der Bayreuther Stadtkirche festgehaltene Szene mit der Leichen-Prozession für Erdmuth Sophie von Brandenburg-Bayreuth zeigt eine höchst differenziert gegliederte ständische Gesellschaft – gleichsam in einer Form „sozialer Arithmetik“ – in einer wahrhaft gespenstisch wirkenden Choreographie des Todes. Und war nicht der Tod zeit ihres Lebens der allgegenwärtige Begleiter der Markgräfin?

Die kursächsische Prinzessin Erdmuth Sophie erblickte am 15. Februar 1644, einem Montag, gegen halb neun Uhr abends in Dresden als Tochter des nachmaligen Kurfürsten Johann Georg II. von Sachsen († 1680) und der nachmaligen Kurfürstin Magdalene Sibylle († 1687) das Licht der Welt. Ihre Schwester Sibylle Marie war fast genau ein Jahr zuvor im Alter von fünf Monaten gestorben. Ihre Mutter, Magdalene Sibylle, war die Tochter Markgraf Christians von Brandenburg-Bayreuth (1581–1655) und der Markgräfin Marie († 1649), einer Tochter Herzog Albrecht Friedrichs von Preußen († 1618), was die engen dynastischen Bande der Wettiner mit dem Haus Hohenzollern noch einmal unterstrich. Dynastisch blieb der Dresdner Hof auch traditionell dem ebenfalls protestantischen Dänemark verbunden, nachdem es erstmals 1548 durch die Heirat Augusts von Sachsen mit der dänischen Prinzessin Anna zu einer kulturell-politischen Anbindung an die nordische Seemacht gekommen war. Mit ihrer Schwägerin, der dänischen Erbprinzessin Anna Sophia (geboren 1647), sollte auch Erdmuth Sophie von Brandenburg-Bayreuth fortan in brieflichem Kontakt stehen, und die kulturellen Klammern in Kunst, Literatur und Musik zwischen den Höfen Bayreuth, Dresden und Kopenhagen hat zuletzt die an der University of Michigan lehrende Germanistin und Literaturwissenschaftlerin Mara R. Wade in schillernden Farben dokumentiert.

Dresden um die Zeit von Erdmuth Sophies Geburt: Die Kriegsfurie wich von den sächsischen Territorien, nachdem der wetterwendische und kaiserergebene Kurfürst Johann Georg I. († 1656) den Waffenstillstand von Kötschenbroda mit Schweden geschlossen hatte. Dresdens kultureller und höfischer Glanz, rauschende Feste und kostspielige Theater- und Opernaufführungen waren zum Gesprächsstoff Europas geworden. Bereits 1626 hatte Johann Georg I. englische Komödianten an den sächsischen Hof gebunden, und Heinrich Schütz und Francesco Castelli sollten sowohl das höfische als auch das geistliche Musikleben revolutionieren. Das Elbflorenz als Kulisse der griechischen Mythologie: mit Heinrich Schütz' „Daphne" ließ Kurfürst Johann Georg I. im Jahre 1627 die erste deutsche Oper uraufführen. Später avancierte Dresden zum ersten deutschen Hof, der weibliche Sänger einstellte. In dieser janusköpfigen Welt der blühenden Künste und Wissenschaften, aber auch der schicksalsschweren Wirren des längsten Krieges auf deutschem Boden wuchs Kurprinzessin Erdmuth Sophie heran.

Von ihren Lehrern, dem angesehenen Dresdner Oberhofprediger und Beichtvater Jacob Weller von Molßdorff auf Karsdorff (1602–1664) und Pastor Johann Heinrich Born (1622–1709) seit Februar 1650 in den damals üblichen Disziplinen Religion, Lesen, Schönschrift, Deutsch, Französisch,

Latein, Rechnen, Geographie und Geschichte unterwiesen, hatte Erdmuth Sophie eine hervorragende Ausbildung erhalten. Weller stand in dem Ruf, in Braunschweig ein 13-jähriges besessenes Mädchen „von der leidlichen Gewalt des Satans befreyet" zu haben. Mit großer erzieherischer Einfühlsamkeit begegnete der Dresdner Oberhofprediger der geistigen Entwicklung seiner Schülerin, wofür auch das von dem Geistlichen 1655 „zu Ihrem unsterblichen Lob" als Druck herausgegebene „Christliche Hertz-Schreinlein" hinreichend Zeugnis ablegte. Ihre Devise „Alles mit Gott und der Zeit" pflegte Erdmuth Sophie jetzt auch des öfteren in Französisch zu schreiben – „Tout avec Dieu & le Temps" – weshalb sie auch kleine Silbermünzen, sogenannte „Rechenpfennige", auf dem Avers der Name „Jehova" auf Hebräisch, eingefaßt von einem Rautenkranz und in Lateinisch „ertmuth sophia, herzogin zu sachsen & c." als Umschrift, auf dem Revers aber ein Rosenstock mit drei blühenden Rosen und mit der Umschrift „alles mit gott und der zeit" und „Anno 1654" hat prägen lassen. In den Geschichtswissenschaften und den historischen Hilfswissenschaften eignete sie sich jetzt Kenntnisse an, die ihren späteren wissenschaftlichen Arbeiten sehr zugute kamen. Sie schulte ihre Urteilskraft in der Bewertung zeitpolitischer Ereignisse wie den Türkenkriegen oder dem Schwedisch-Polnischen Krieg von 1655–1660, besaß eine Vorliebe für wissenschaftliches Klassifizieren und bewahrte stets ihr emanzipatorisches Selbstverständnis.

Erdmuth Sophie etwa wusste die deutschen Päpste von Stephan IX. bis Victor II. mit ihren Pontifikatsjahren zu benennen und auch die sogenannte „Päpstin" Johanna von Ingelheim – „ein Maintzisches Weibsbild", welches „zu Fulda und Athen vortrefflich studiret" und „letztlich auf den Päpstlichen Thron erhoben" wurde – war ihr keine Unbekannte. Und sie war firm in der Geschichte der führenden Herrscherhäuser Europas sowie in der Reformationsgeschichte: Im Jahre 1517 „hat D. Martin Luther zu Wittenberg angefangen(,) die Paepstlichen Irrthume der Kirchen abzuschaffen/aus Anlass deß Ablaß/und ist solche Evangelische Lehr bald darauf in Sachsen/Francken/Hessen/Schwaben/Pommern/auch zu Nuernberg/und andern Orten angenommen worden". Endlich war Kurfürst Johann Sigismund von Brandenburg Anfang 1614 (nach dem alten Julianischen Kalender!) zum Calvinismus übergetreten. Vielfach ergänzten erlebnisreiche Exkursionen, die der allseits beliebte Jacob Weller selbst leitete, das anspruchsvolle Bildungsprogramm: 1652 nach Prag, 1658 nach Frankreich und 1663 nach Dänemark „mit unser gnädigsten Churfürstin und Frauen", und 1664 schließlich nach Regensburg.

Im Sommer 1658 zog Kurprinzessin Erdmuth Sophie anlässlich der Kaiserwahl und -krönung von Leopold I. als „die allerschönste Prinzessin in ganz Deutschland" die Aufmerksamkeit der Reichsfürsten-Versammlung in Frankfurt am Main auf sich. Am 10. Juli zusammen mit ihrer Mutter in Frankfurt am Main eingetroffen – ihr Vater weilte bereits seit Monaten in der Römerstadt –, durfte Erdmuth Sophie auch den Krönungsfeierlichkeiten am 1. August 1658 beiwohnen. Später sollte Erdmuth Sophie den Regierungsstil Leopolds I. rühmen: „... der mit seiner Frömmigkeit/Gelinde und beschreiblichen Milde die Federn der Gelehrten noch ins künftige aufmuntern und anfüllen wird. Er hat mit den Türcken in Ungarn zimlich sieghafft gekrieget/und einen 20jährigen Frieden erworben/bemühet sich/sein sinnreiches Devis in den Werck zu erfüllen: „Consilio et industria. Wird guter Raht und Fleiß beysammen stehen/in meinem Reich/so wird es Glücke sehen". Unzweifelhaft, die unvergessenen Sommertage der Frankfurter Fürsten-Versammlung mussten einen dauerhaften Eindruck auf das Seelenleben der jungen Prinzessin haben. Dass sich Erdmuth Sophie guter Gesundheit erfreute, lassen auch mehrere Portraits der 14jährigen jungen Dame aus der Zeit 1658-1660 vermuten. Noch im Sommer 1656 hatte die junge Prinzessin in der kurfürstlichen Schloßkapelle zu Dresden erstmals das heilige Abendmahl empfangen. Dann verlieren sich ihre Spuren, und Erdmuth Sophie taucht erst wieder 1661 auf.

Wir finden Erdmuth Sophie am 20. Oktober 1661 an der Seite ihrer Mutter in dem damals noch zu Kursachsen gehörenden Naumburg an der Saale, wo die Prinzessin ihren Cousin und zukünftigen Ehemann, Markgraf Christian Ernst von Brandenburg-Bayreuth, traf. Der Große Kurfürst hatte nur wenige Tage zuvor seinem ehemaligen Mündel Christian Ernst nach vorangegangener Mündigkeitserklärung die Regierungsgeschäfte in Bayreuth übertragen. Das Fürstentum Brandenburg-Bayreuth stand damals in enger geistiger Beziehung zu dem kulturell hochstehenden Kurfürstenum Sachsen. Christian Ernst und seine zukünftige Braut waren sich erstmals auf dem Frankfurter Wahltag 1658 begegnet, wie der Volksmund erzählte. Der Markgraf, welcher Prinzessin und Mutter nach Leipzig und Dresden begleitete, berichtete von seiner abenteuerlichen Bildungsreise nach Frankreich 1659/1660, was Erdmuth Sophie fesselte. In einer an der gemäßigt lutherischen Universität Straßburg frei vorgetragenen Rede, welche später in Druck erschien und an die fürstlichen Höfe Europas versandt wurde, hatte Markgraf Christian Ernst die Maximen seiner zukünftigen Regierung erläutert. Am 29. Dezember 1661 verlobten sich beide in Dresden, um dort am 19. Oktober 1662 zu heiraten, nachdem der Vertrag zwischen Christian Ernst und Johann Georg II. über die Zahlung des Ehegeldes in allen Details ausgearbeitet worden war.

Das Verhältnis zu ihrem Vater, mit dem sie zeit ihres Lebens immer gut stand, gestaltete sich besonders herzlich: „Allerunterdänigste Dochter undt Dienerin Erdmuth Sophia ... “ enden stets die langen Briefe an ihren Vater in sehr respektvollen Wendungen. Der Gastgeber der langanhaltenden Dresdner Hochzeitsfeierlichkeiten hatte sich auch „in jetzigen Kriegsläufften als rühmlich erwiesen“, wie Erdmuth Sophie auf den Feldzug in Siebenbürgen anspielte. Das in die oktoberliche Abendsonne golden getauchte Dresden glich einer einzigen, nicht enden wollenden Festveranstaltung. Über das Feuerwerk in Dresden schrieb man:

Man ersieht die Elbe zittern/
Wan die Stücken sich zersplittern/
Und die Wolcken brechen ein/
Dreßden will sich fast zerschellen/
Wan die Kunst-Karthaunen bellen/
Und die Nachtes-Sonnen seyn".

Während die Studentenschaft der Universität Leipzig anlässlich der Dresdner Hochzeit zur Huldigung der Markgräfin Erdmuth Sophie die Verse verfasste:

Erdmuth Sophie/der Preiß/womit der Himmel praalet/
Erdmuth Sophie/der Glanz/worauf die Erde truzzt/
Erdmuth Sophie/der Stern/der mehr als Föbus straalet/
Mit der würd jede Zeil hier stehen ausgepuzzt".

Über den Veranstaltungskanon der Dresdner Hochzeitsfeierlichkeiten hatte der berühmte Dichter und Historiker Jacob Sturm von Spreenberg eine Art Festprogramm geschrieben, das unter dem Titel „Froh-gehaltenen Beilagers herz-ergezte Feier-Tage zu Neu-Dresden an der Elbe ..." erschienen ist.

Unter anderem hatte der italienische Komponist Giovanni Andrea Bontempi (1624–1705) die Oper „Il Paride" mit Stoff aus der griechischen Mythologie geschrieben, die am 3. November 1662 auf der Dresdner Behelfsbühne im Schloss als erste italienische Oper in der Elbemetropole uraufgeführt wurde.

Und Sigmund von Birken hatte noch am 3. Oktober 1662 das höfische Singspiel in drei Akten „Sophia" im Dresdner Schloss aufführen lassen, das eine literarische Verklärung und Verherrlichung der Markgrafschaft Brandenburg-Bayreuth darstellte, während der Bayreuther Hof nach der Rückkehr des markgräflichen Paares am 30. Dezember 1662 das „Ballet der Natur" mit der Zentralperson der Markgräfin Erdmuth Sophie spielte. Beide Stücke sollten der jungen Markgräfin Land und Leute des fränkischen Fürstentums näher bringen, in dem sie nun leben würde. Während das erste Stück auch die Straßburger Rede Christian Ernsts zum Gegenstand hat und berühmte antike Göttinnen auf die Schönheit der Erdmuth Sophie eifersüchtig sind, fällt das Augenmerk des „Ballets“ auch auf Handel und Wirtschaft in der Markgrafschaft Brandenburg-Bayreuth.

Erdmuth Sophie föderte den von Sigmund von Birken präsidierten „Löblichen Hirten- und Blumen-Orden an der Pegnitz“, freilich ohne ihm je anzugehören. Ein loser literarischer Zirkel war im Entstehen begriffen, dessen Mitglieder – Frauen und Männer – sich Schäfernamen zugelegt hatten. Etwa verbarg sich hinter „Dorilis“ die Altdorfer Dichterin Maria Katharina Stockfleth, und Magdalis war die Kraftshofer Pastorenfrau Regina Magdalena Limburger.

Die Poetin Catharina Regina von Greiffenberg wurde von Erdmuth Sophie unterstützt. Auch an dem 1664 gegründeten Bayreuther Gymnasium Christian Ernestinum suchte die Markgräfin nach literarischen Größen. Einen großen Erfolg bedeutete es, den Hofer Literaten und Historiker Johann Georg Layritz (1647–1718) an die markgräfliche Residenz zu binden. Später sollte Layritz zu einem Historiae Sacrae et Civilis Professor Publicus – also zu einem Kirchenhistoriker und Historiker – des Bayreuther Gymnasiums avancieren.

Die Barockdichtung indes erlebte bis zum tragischen Tod der Erdmuth Sophie 1670 am Bayreuther Hof eine Blüte. Eine literarische Schlüsselstellung nahm zweifelsfrei Sigmund von Birken ein, dessen Gelegenheitsdichtung – „Frühlings-Grüße“ zum Geburtstag „Seiner gnädigsten Fürstin“ – immer wieder das Herz der Markgräfin erfreute. Wir möchten aber stärker auf die Rolle Erdmuth Sophies als Historikerin zu sprechen kommen. Die Barockgeschichtsschreibung trug teilweise noch narrative Züge, ohne freilich der historischen Wahrheit das Wort zu reden. Geschichtsphilosophisch blieb auch Martin Opitz‘ fundamentales Werk „Trost Gedichte in Widerwertigkeit dessz Krieges“ von 1633, das den Böhmisch-Pfälzischen Krieg von 1618–1623 zum Inbegriff menschlichen Elends stilisiert, ganz und gar dem Genre der Lehr- und Erbauungsdichtung verpflichtet. Das große Verdienst des Chronisten Christoph Cellarius († 1707) war es, in Fortführung seines Kompendiums zur alten Geschichte (1685) die politische Staatengeschichte erstmals universalhistorisch in Antike, Mittelalter und Neuzeit periodisiert zu haben. Und der Theologe und Historiker Johann Martin Chladenius († 1759) hat sich ausführlich mit der Frage des Wahrheitsgehaltes – des subjektiven Charakters jeglicher Geschichtsschreibung – im Kontext historischer Reden und Schriften befasst. Endlich hatte 1681 der französische Theologe und Hofgeschichtsschreiber Jacques-Bénigne Bossuet († 1704) mit seinem „Discours sur l'histoire universelle" wohl als letzter eine christlich begründete Universalgeschichte im Sinne der mittelalterlichen Geschichtsphilosophie neu herausgegeben.

In den Jahren 1663 bis 1665 hat sich Markgräfin Erdmuth Sophie intensiv mit politischer Geschichte, Verfassungsgeschichte und Kirchengeschichte beschäftigt. Jeweils im Anschluss an die Andacht hielt sie in ihren Schloßgemächern täglich eine Art Geschichtskolleg ab, weshalb sie „in Politischen Schriften und Historischen Beschreibungen sich delectiret/dieselben fleißig gelesen/und Ihr Frauen-Zimmer dahin angehalten/dass sie dergleichen thun/bey Ihr im Gemach bleiben und aufmercken müssen". Ihre besondere Stärke lag im Klassifizieren und Zuordnen historischer, chronologischer, statistischer, genealogischer und geographischer Daten aus der Antike, dem Mittelalter und der Frühneuzeit. Ihre Forschungen faßte sie 1666 in dem bei Johann Gebhardt in Bayreuth verlegten Kompendium „Handlung Von der Welt Alter, Des Heil. Römischen Reichs Ständen, und derselben Beschaffenheit, Anietzo vermehret und nach Gelegenheit der Zeit geändert" zusammen. Markgräfin Erdmuth Sophie hatte einen historischen Almanach, eine Universalgeschichte in einem enzyklopädischen Werk vorgelegt. Wir dürfen auch von einem aufklärerischen Frühwerk sprechen. Eine Bibelchronologie, Herrschertabellen, Pontifikatsjahre der Päpste, ein Verzeichnis der wichtigsten deutschen Akademien nebst einer Übersicht der wissenschaftlichen Fakultäten, daneben vielfache geographische Angaben mit Entfernungstabellen bildeten bisher in der Frühneuzeit keinen Gegenstand einer literarischen Betrachtung. Wir wissen auch von dem guten Absatz, den das Opus fand. Heute sprächen wir von einer „Marktlücke“, welche die Markgräfin entdeckt hatte. Denn bereits nach zwei Jahren folgte ein Nachdruck der Erstauflage.

Das Besondere: Erdmuth Sophie nahm in ihrem Kompendium keinerlei Wertschätzung vor, das Buch richtete sich also sowohl an den Lutheraner wie an den Katholiken und auch an den Kalvinisten. Im Innersten ihrer Seele aber war die strenglutherisch erzogene Markgräfin Erdmuth Sophie wie ihr Großvater, Kurfürst Johann Georg I. von Sachsen, den Reformierten wenig zugetan. Und sie verfuhr gemäß einer Art „konfessioneller Grammatik“: Die Kalvinisten oder Französisch-Reformierten hießen in den einzelnen Ländern demzufolge: Reformierte in Deutschland; Hugenotten seit 1560 in Frankreich (Tours); in England Puritaner; in der Schweiz Zwinglianer; in den Niederlanden „Geussen“; in Savoyen Waldenser; in Böhmen „Picarder“. Doch Vorsicht vor bizarren Zuordnungen! Vage verallgemeinernde Begriffsvergaben konnten den nicht Studierten zu religionspolitischen Fehleinschätzungen verleiten.

Das Jahr 1660 bezeichnete Erdmuth Sophie als „ein Jahr des Friedens“: „Friede und Ehe zwischen Spanien und Frankreich, Friede mit Schweden [Friede von Oliva], in England kommt Carolus II. wieder zur Krone mit großer Freude seiner Unterthanen. In Dänemark bekommt Friedrich III. sein Königreich absolut und wird ein Erbreich“. Herzog Jakob von Kurland, ein Schwager des Großen Kurfürsten, kam mit seiner Familie aus der schwedischen Kriegsgefangenschaft „frei und los“ [Art. 6 des Friedens von Oliva]. In Schweden starb Karl X. (13.2.) und die katholische Königin Christine kehrte zurück. „Der Berg Vesuvius wirft erschrecklich Feuer, Asche und Steine“. Und bleiben wir bei den Vulkanen und werfen einen Blick auf die Insel aus Eis und Feuer Island: „Ißland/der Alten-Thule/eine Insel, die fast bey 100. Meilen lang seyn soll/ist An. 874 erfunden [entdeckt worden] und hernach mit Norwegischen Colonis [Wikingern] besetzet worden. Die vornehmsten Städte sind Halan und Skalholt [im Südwesten]/Der Berg Hekla wirfft Flammen aus/und glaubten die Alten/das Fegfeuer oder die Hölle sey da".

In weiteren Ausgaben von 1674, 1676, 1689 und 1696 – also nach dem Tode der Markgräfin – sind Titel und Inhalt des historischen Almanachs erweitert worden. Die neuen Ausgaben nannten weiterhin Markgräfin Erdmuth Sophie als Verfasserin und zeigten ihr Bildnis, jedoch war jetzt dem Text ein Vorwort des Chronisten und Gymnasiallehrers Johann Georg Layritz vorgeschaltet. Layritz hatte die Neuausgabe des 13 x 8 cm messenden und 677 Seiten nebst Register und Stammtafeln starken Buches auf Veranlassung des Generalsuperintendenten Caspar von Lilien, eines Vertrauten von Markgraf Christian Ernst, herausgegeben. Der Titel lautete nunmehr: „Sonderbare Kirchen-, Staat- und Weltsachen Von der Durchlauchtigsten Prinzessin und Frauen Erdmuth Sophie/Geborener Chur-Fürstlichen Prinzessin zu Sachsen/vermählter Markgräfin zu Brandenburg/zu Magdeburg in Preußen/Herzogin/K. Christ-seeligsten Andenkens/verfasset/Und vormals unter dem Titel/Handlung von der Welt Alter/deß H. Röm. Reichs Ständen und derselben Beschaffenheit/An unterschiedlichen Orten heraus gegeben/In vielen vermehret/und in eine richtigere Ordnung bequemet", und ist 1676 bei dem Nürnberger Verleger Endter erschienen. Das Kompendium zerfiel in die Teile der Kirchengeschichte (1), der weltlichen Geschichte (2), der Beschreibung des Heiligen Römischen Reiches und der „genauere(n) Ruhm Erzehlungen" der Fürstenhäuser Sachsen und Brandenburg (3) und der „allerhand curieuse" (4) für die studierende Jugend – Erdmuth Sophie dachte auch an die Schüler des „Illustren Gymnasium Christian Ernestinum" – wodurch der Kunst und Wissenschaft „um ein merkliches wird gedienet seyn".

Mit der Neuausgabe bezweckte Layritz auch, dass „der Hochseeligsten Prinzessin unsterblicher Ehren-Nachruhm in vollkommene Blüthe wiederum gesezzet würde", wie es im Prolog der Ausgabe von 1676 lautete. Der Gymnasiallehrer und Historiker, welcher später – 1687 – eine Abhandlung über die Heilquellen im Fürstentum Brandenburg-Bayreuth herausgeben sollte, hatte noch 1666 zu Ehren der Markgräfin eine „Lobrede, womit er den Geburtstag der Markgräfin Erdmuth Sophie bewillkommet", drucken lassen.

Wie groß aber war der politische Einfluss, den Markgräfin Erdmuth Sophie an der Seite ihres Ehemannes Christian Ernst ausübte? Erdmuth Sophie galt als eine besonders emanzipierte und eigenständige Frau, die stets ihre eigene Meinung hatte. Sie war eine besonders gründlich arbeitende Geschichtsforscherin, eine schöngeistige Dichterin und leidenschaftliche Jägerin. Die Markgräfin hatte der ersten Ausgabe ihres Werkes „Handlung Von der Welt Alter, Des Heil. Römischen Reiches Ständen, und derselben Beschaffenheit" den Fürstenspiegel „Zenobia. Königin von Palmyra" beigefügt, in welchem die palmyrische Königin († nach 272 n. Chr.) gleichsam die Sprechrolle für die Gedankengänge der Markgräfin übernahm. Zenobia hatte indes noch zu Lebzeiten ihres Mannes beachtlichen Einfluss auf das öffentliche Leben in der wirtschaftlich florierenden Oasenstadt Palmyra erlangt. Offensichtlich identifizierte sich Markgräfin Erdmuth Sophie mit ihrem antiken Vorbild Zenobia, der es aufgrund diplomatischen Geschicks gelang, ihr Territorium mit römischer Billigung zu einem Ostreich weiter auszuweiten.

Die Gründung des Gymnasium Christian Ernestinum im Jahre 1664 geht wohl maßgeblich auf die Initiative von Markgräfin Erdmuth Sophie zurück. Erdmuth Sophie bestellte einen Gutteil der markgräflichen Beamtenschaft und galt als eine besonders sozial eingestellte, mildtätige und gerechte Landesherrin. Sie wollte den Bau der neuen Hofkapelle im Bayreuther Schloss zu Ende führen, für den sie bereits ein großes silbernes Kruzifix bereitgelegt hatte, sie wollte auf dem Kulmberg bei Bayreuth ein stattliches Jagdschloß – die Sophienburg – bauen lassen, was die Anlage einer ersten Eremitage im Fürstentum bedeutet hätte, sie ließ auf ihrem Rittergut St. Johannes einen Wildpark anlegen und hat verschiedene „nütz: und nothwendige Gebäude/zu Ihrem immerwehrenden Ruhm und Gedächtnis/verführen lassen“. Literatur und Wissenschaft versetzte Erdmuth Sophie im Markgraftum neue Impulse.

Ihre Kinderlosigkeit mit dem gleichaltrigen Markgrafen Christian Ernst mochte sie seelisch belastet haben. Dass es mit ihrem Eheleben nicht zum Besten stand, beweisen auch zwei Liebschaften mit hohen fürstlichen Beamten. Der Markgraf war ein zu sehr verhaltener Mann, als dass er die ungestümen weiblichen Leidenschaften der von hoher geistiger und körperlicher Vitalität erfüllten Markgräfin hätte befriedigen können. Am 27. September 1666 war Markgraf Christian Ernsts Onkel Georg Albrecht gestorben, der in erster Ehe mit einer Tochter Herzog Philipps von Holstein-Glücksburg verheiratet gewesen war und drei Söhne aus erster Ehe – Erdmann Philipp (geboren 1659), Christian Heinrich (geboren 1661) und Karl August (geboren 1663) – hinterließ. Erdmuth Sophie widmete sich verantwortungsvoll der Erziehung der verwaisten Söhne, an deren geistiger Ausbildung sie ein lebendiges Interesse hatte. Aber auch Erdmann Philipp, bereits das vierte Kind von Georg Albrecht und Marie Elisabeth, starb früh († 1678). Die Lebensbeschreibung Erdmuth Sophies von der Hand des Caspar von Lilien aber hat diesen letzten großen Lebensabschnitt der Markgräfin gar nicht erst berücksichtigt, sondern ist vielfach allgemeingültigen Aussagen erlegen.

Die Markgräfin war von außerordentlich robuster Gesundheit, wie auch Caspar von Lilien in seinem „Hoch-Fürstlichen Lebens-Lauff“ der Markgräfin von 1670 unterstreicht. Joachim Kröll hat sich selbst widersprochen, indem er einerseits äußert, die Markgräfin „scheint überhaupt nie richtig gesund gewesen zu sein, wobei die Inzucht eine Rolle spielte“ (Bayreuther Barock, 1975, S. 70), andererseits aber von „eine(r) starke(n) Vitalität“ (Der Bayreuther Hof zwischen

1660 und 1670, S. 200) der Markgräfin spricht. Erdmuth Sophie litt aber mit Beginn ihres 26-sten Lebensjahres häufig unter Halskatarrh mit kräftigem Schnupfen. Lilien schreibt, sie sei häufig von „destillationibus tenuibus, falsis & acribus, unversehens überfallen worden". Noch zum Jahreswechsel 1668/1669 hatte ihre entfernte Verwandte, Herzogin Christiane von Sachsen-Merseburg (1634–1701), der Markgräfin herzlich gewünscht, mögen sich dieses Jahr „und noch viele nachfolgende Jahre" in „Prosperität" und „mit Gesundheit ... fröhlich hinbringen laßen".

Mitte Mai 1670, zwischen Ostern und Pfingsten, hat sich die Markgräfin während frühmorgendlicher Ausritte „bey sehr neblichten/kalten Regen-Wetter" buchstäblich den Tod geholt. Sie hatte dabei auch an „etliche(n) Morgen" in voller Reitmontur ganz Flussläufe durchquert. Ob sie zu ihrem im Bau begriffenen Jagdschloss „Sophienburg" bei Mistelbach südwestlich von Bayreuth unterwegs war? Noch zu Ostern 1670 hatte sich die Markgräfin an der Seite ihres Ehemannes auf der Leipziger Ostermesse aufgehalten, wo das Volk auf der Straße zusammentrat und einander zurief: „Sehet, da kommt der schöne Fürst und die schöne Fürstin hergefahren!" Am 22. Mai 1670, dem ersten Pfingsttag, schenkte die Markgräfin der Stadtpfarrkirche Heilig Dreifaltigkeit ein großes silbernes Kruzifix, das der evangelisch-lutherische Geistliche feierlich auf den Altar aufsetzte. Erdmuth Sophie wohnte der „Ampts-Predigt" wie sonst auch bei. Nach dem Gottesdienst fühlte sie sich unwohl. Sie klagte über Schüttelfrost [Schauer] und Fieber. Dennoch nahm die Markgräfin „nach gehaltener Taffel" auch an dem nachmittäglichen Gottesdienst und am Pfingstmontag am Frühgottesdienst teil. Erneuter Schüttelfrost und „fliegende Hitze" bemächtigten sich der Markgräfin. Doch als am dritten Pfingsttag sich der Gesundheitszustand der Erdmuth Sophie wesentlich gebessert hatte, vermochte ihr Ehemann Christian Ernst seine längst zugesagte Reise zum Großen Kurfürsten in staatspolitisch wichtigen Belangen anzutreten. Erdmuth Sophie hatte die Reiseabsichten des Markgrafen noch nachdrücklich unterstützt und ihrem Ehemann auch „Glück zur Reise gewünschet".

Schon kurz nach der Abreise Christian Ernsts nach Berlin verschlechterte sich ihr Zustand wieder. Jetzt musste sie ihr Beichtvater, Oberhofprediger und Generalsuperintendent Caspar von Lilien, des Öfteren aufsuchen, dem sie ihre „sonderbare Schwachheit des Magens" und Appetitlosigkeit mit dauerndem Erbrechen schilderte. Vielerorts aus der Markgrafschaft und aus dem Kurfürstentum Sachsen herbeigeeilte Ärzte konnten der Markgräfin nicht recht helfen, weshalb sie sich auch am 29. Mai, dem Fest der „Heil. Hochgelobten Dreyeinigkeit" – sancte et individue trinitatis –, vor Schwäche „zu Bette legen" musste. Der Zustand von Erdmuth Sophie erschien um so bedenklicher, als der Geheime Rat angeordnet hatte, ab Montag, dem 30. Mai, landesweit in den Kirchen für die Markgräfin zu beten.

Die Markgräfin hatte sich außerdem noch eine entzündliche Darmerkrankung, eine Erkrankung von Milz und Leber sowie eine Entzündung der „innerlichen Gliedmassen" zugezogen, und litt an Angstzuständen und Erstickungsanfällen. Währenddessen suchte ihr Beichtvater Caspar von Lilien sie am Abend des 1. Juni erneut auf und sprach ihr zu, sie möge auf Gott vertrauen: „Er würde Besserung verleihen/damit Sie Ihme zu Ehren/auch Ihrem Herrn und dem gantzen Fürstentuhmb zu Nutz und besten/noch eine zeitlang /leben möchte". Und sie sorgte sich um die „glückliche Wiederkunfft" ihres Ehemannes, und sie wollte sich „dem Willen Gottes gäntzlich ergeben". Freitag, den 3. Juni, war ihre Mutter, Kurfürstin Magdalene Sibylle, zu ihr nach Bayreuth geeilt, und am 7. Juni des Abends hatte Markgraf Christian Ernst in Eilritten Bayreuth erreicht, „in etlichen vierzig Stunden von Berlin eiligst anhero geritten". Erdmuth Sophie hoffte jetzt ganz zuversichtlich, dass „es sich nunmehr bald wieder mit Ihr bessern/und Sie zu voriger Gesundheit gelangen würde". Donnerstag, am 9. Juni, verlangte die schon stark geschwächte Kranke von ihrem Beichtvater das heilige Abendmahl und die heilige Absolution. Sie war in großer Sorge darum, ob sie angesichts des andauernden Erbrechens „die heilige Speise des wahren Leibes und Blutes Christi werde wohl empfangen und genießen können". Und da sie das heilige Abendmahl „über eine starcke viertel Stund lang mit großer Herzens-Andacht empfangen und genossen" hatte, spürte sie „die sonderbahre starcke Wunderhand GOttes". Da das Gebet erhört worden war, blickte sie ihren Beichtvater an und sagte: „GOtt Lob/ dass das Heil. Werck verrichtet ist! Nun ist mir ganz wol: Ich spühre keine Kranckheit mehr: Ich bin ... durch den Leib und das Blut JESU Christi genug gestärcket". Unterdessen musste Caspar von Lilien auch der Mutter und ihrem Ehemann berichten: „Ihr wäre nun ganz wohl/und danckte GOtt für seine überschwängliche Gnade".

So hatte sich Erdmuth Sophie auch gegenüber ihrer ältesten Kammerjungfer, einer geborenen von Holzendorf, vertrauensvoll offenbart: „Ja/auf meinen Herrn Jesum/setze ich auch ganz allein/all mein Vertrauen!" Und da sich die Markgräfin „besser befunden auch die Nacht über" betete ganz Bayreuth für ihre weitere Genesung, in den Häusern als auch öffentlich in den Kirchen und im fürstlichen Schloss. Das stimmte die Markgräfin froh, weshalb „man ferner damit also fleißig anhalten solte", auf dass auch am Freitag Nachmittag, 10. Juni 1670, „mit dem Gebet fleißig fortgefahren wurde".

Sonntag, den 12. Juni, klagte die Markgräfin über große Mattigkeit. Ihrer Mutter rief Erdmuth Sophie urplötzlich und überlaut zu, sie leide an einer Lähmung auf der Herzseite: „Der Schlag rühre Sie auff der Lincken Seitten/man sollte einen Schlag-Balsam herbringen". Zu den renommierten Medizinern, nach denen Kurfürstin Magdalene Sibylle noch hatte schicken lassen, zählte auch der berühmte Plauener Arzt Dr. Georg Leisner. Dr. Leisner war Experte für Gefäß- und Lympherkrankungen. Er hegte wissenschaftliche Beziehungen zur medizinischen Fakultät der Universität Marburg und hatte über die Heilwirkung des sogenannten „Elster-Sauerlings" gegen Skorbut, nervöse Hyperchondrie und Nierensteine sowie über die weithin gefürchtete „Kriebelkrankheit" – Mutterkornvergiftung – veröffentlicht. Nachdem Dr. Leisner Erdmuth Sophie gründlich untersucht hatte, erkannte der voigtländische Mediziner angesichts der schweren Krankheit der Markgräfin die engen Grenzen seiner Heilkunst und fragte sie: „Ob Sie auch auf das theure Verdienst unsers einigen Erlösers JEsu Christi zu sterben begehrten?". Worauf die Markgräfin mit einem deutlichen „Ja!" antwortete.

Erdmuth Sophie starb am Sonntag, den 12. Juni 1670 abends um Viertel vor sechs Uhr in Anwesenheit ihres Ehemannes, ihrer Mutter und ihres Beichtvaters, nachdem sie sich an ihrem Sterbebett von ihren Pflegesöhnen Erdmann Philipp, Christian Heinrich und Karl August verabschiedet hatte. Von Lilien hat das Lebensende Erdmuth Sophies ergreifend geschildert: Als der Beichtvater der Markgräfin der Sterbenskranken zurief: „HerrJEsu/nimb meinen Geist auf!" habe „Sie recht deutlich und laut JESU! nachgesprochen/dass also der heilwertigste Nahme JESU! Ihr leztes Wort gewesen". Bei der sehr späten Beerdigungszeremonie mit zahllosen geladenen Trauergästen am 23. August 1670, einem Dienstag, standen Wolff Hieronymus von und zum Rabenstein, Brandenburgischer „Lehen-Gerichts-Assessor", sowie Hauptmann Conrad Friedrich von Raitenbach zu Erckersreuth an der Spitze des Leichenzuges, der seinen Weg zu der Stadtpfarrkirche Heilig Dreifaltigkeit, der Hauptkirche des Fürstentums, nahm.

Die Lieblingszofe der Markgräfin hatte ihrer hochverehrten Herrin die Verse gewidmet:

„Soll meinen Engel Ich auf Englisch recht beklagen/so muss ich Ihre Zier/der Erden mahlen für/und dass aus allen Sie der schönste Engel sagen!", während eine Gruppe Studierender der Jenaer Alma mater, die aus dem „Burggrafthum Nürnberg oberhalb Gebürgs" stammte, ihrer „verhimmelten Landes-Göttin" Markgräfin Erdmuth Sophie ein „Leid-brennendes Lob-Opfer" darbrachte.

Geschichte Frankens – Literatur in Auswahl

Abb, Maria-Luise: Ein Streifzug durch Frankens Vergangenheit, Bad Neustadt an der Saale 1982. [= Bad Neustädter Beiträge zur Geschichte und Heimatkunde Frankens, Bd. 2].

Aemylii, Pauli Veronensis: Pauli Aemylii Veronensis historici clarissimi de rebus gestis Francorum ad christianiassimum Galliarum regem Franciscum Valesium ejus nominis primum, libri decem. Additum est de regibus item Francorum Chronicon .[A la suite:] Io. Tilii Chronicon de regibus Francorum a Faramundo usque ad Franciscum Primum. [A la suite:] Arnoldi Ferroni Burdigalensis Regii Consilarii de rebus gestis Gallorum libri IX, ad historiam Pauli Aemylii additi, perducta historia usque ad tempora Henrici II Francorum regis, Basileae 1569.

Allfrey, Anthony: The Goldschmidts, London o.J. (1996).

Amann, Konrad, Pelizaeus, Ludolf, Reese, Annette, Schmahl, Helmut (Hrsg.): Bayern und Europa. Festschrift für Peter Claus Hartmann zum 65. Geburtstag, Frankfurt am Main, Berlin, Bern, Bruxelles, New York, Oxford, Wien 2005.

Ammon, Hermann (Hrsg.): Die Entwicklung Forchheims im frühen Mittelalter, Forchheim 1992. [= Schriftenreihe der universitären Außenstelle Forchheim, Heft 1/1992].

Ammon, Hermann (Hrsg.): Forchheim in Geschichte und Gegenwart, Bamberg 2004.

Arnold, Klaus: Arnold von Uissigheim („König Armleder"), (um 1290–1336). In: Fränkische Lebensbilder, Bd. 20, Neustadt an der Aisch 2004, S. 1–15.

Aschka, Fritz: Hat Behaim Amerika entdeckt? Martin, der Seefahrer, und die Legenden, die sein Abenteuerleben entstehen ließ. In: Erlanger Nachrichten. Erlanger Tagblatt, 148. Jg., Nr. 162, 15./16.7.2006, S. 14.

Aschka, Fritz: Nürnberg – eine deutsche Stadt. Auch unter bayerischer Herrschaft zeichneten sich die romantischen Linien fort. In: Fränkische Landeszeitung, 51. Jg., Nr. 222, 24.9.2005, S. 13.

Bachmann, Erich: Neues Schloss Bayreuth, Bayreuth 4. Auflage 1980.

Bensing, Manfred, Hoyer, Siegfried: Der deutsche Bauernkrieg 1524–1526, Berlin 4. Aufl. 1984 [= Kleine Militärgeschichte, Kriege].

Beulertz, Stefan: Bischof Erlung von Würzburg († 1121). In: Fränkische Lebensbilder. Herausgegeben im Auftrag der Gesellschaft für fränkische Geschichte von Erich Schneider, Bd. 16, Neustadt an der Aisch 1996, S.13–26.

Biographisch-Bibliographisches Kirchenlexikon online, Verlag von Traugott Bautz, Nordhausen, www.bautz.de.

Bischöfliches Seminar St. Willibald Eichstätt (Hrsg.): Jura–Museum Eichstätt. Naturwissenschaftliche Sammlungen der Diözese Eichstätt, betreut von der Generaldirektion der Staatlichen Naturwissenschaftlichen Sammlungen Bayerns, Text von Dr. Günter Viohl, Eichstätt 1994.

Blessing, Werner K., Weiss, Dieter J. (Hrsg.): Franken. Vorstellung und Wirklichkeit in der Geschichte, Neustadt an der Aisch 2003 [= Franconia 1 (Beihefte zum Jahrbuch für fränkische Landesforschung)].

Bötzinger, Martin: Leben und Leiden während des Dreißigjährigen Krieges – Ein Augenzeugenbericht. Neu herausgegeben und mit einem Vorwort versehen von Harald Rockstuhl, Bad Langensalza[2] 1994.

Bomhard, Lorenz, Elpel, Rainer: Nürnberg – in der Mitte Europas, Nürnberg 2006.

Borchardt–Wenzel, Annette: Karl Friedrich von Baden. Mensch und Legende, Gernsbach 2006.

Borst, Arno: Lebensformen im Mittelalter, Frankfurt am Main, Berlin und Wien[2] 1979.

Bosl, Karl: Franken um 800. Strukturanalyse einer fränkischen Königsprovinz, München 1959 [= Schriftenreihe zur Bayerischen Landesgeschichte, hrsg. von der Kommission für bayerische Landesgeschichte bei der Bayerischen Akademie für Wissenschaften, Bd. 58].

Bosl, Karl: Fränkische Identität. Eine vergleichende Strukturanalyse, Feuchtwangen o.J. (1984) [= Schriftenreihe zur Fränkischen Arbeitsgemeinschaft, Heft 3].

Bosl, Karl: Bayerische Geschichte, München[2] 1980.

Bott, Gerhard (Hrsg.): Siehe der Stein schreit aus der Mauer. Geschichte und Kultur der Juden in Bayern, Nürnberg Tümmels

1989 [= Ausstellungskataloge des Germanischen Nationalmuseums].
Brand, Roland: Verlust der Reichsfreiheit überwunden. In: Notizen. Periodikum der Deutsch-Finnischen Gesellschaft, Nr. 3, 2006, S. 32.
Brandmüller, Walter (Hrsg.): Handbuch der Bayerischen Kirchengeschichte, Bd. 2. Von der Glaubensspaltung bis zur Säkularisation, St. Ottilien o.J. (1993).
Brandmüller, Walter: Sieg des Wortes über die Barbaren. Vor 1250 Jahren wurde der heilige Bonifatius ermordet. In: Frankfurter Allgemeine Zeitung, 60. Jg., Nr. 129, 5.6.2004, S. 38.
Bümlein, Klaus: Evangelische Kirche der Pfalz (Protestantische Landeskirche), in: Historisches Lexikon Bayerns, URL: http://www.historisches-lexikon-bayerns.de/artikel/artikel_44489 (20.12.2006).
Burgdorf, Wolfgang: Das Alte Reich starb in den heißen Sommerferien. Nach der Abdankung von Kaiser Franz II.: Die Erschütterung wurde von einer preußisch getönten Geschichtsschreibung verdrängt. In: Frankfurter Allgemeine Zeitung, 62. Jg., Nr. 174, 29.7.2006, S. 41.
Ciriacono, Salvatore: Migration, Minorities, and Technology Transfer in Early Modern Europe. In: The journal of european economic history, Volume 34, No. 1, Frühjahr 2005, S. 43–64.
Czysz, Wolfgang, Dietz, Karlheinz, Fischer Thomas, Kellner, Hans-Jörg: Die Römer in Bayern. Mit topografischen Beiträgen von Lothar Bakker, Silke Burmeister usf., Hamburg, Lizenzausgabe 2005.
Dahm, Christof: Friedrich Karl Reichsfreiherr von Schönborn, Reichsvizekanzler, Fürstbischof von Bamberg und Würzburg. In: In: Biographisch-Bibliographisches Kirchenlexikon, Verlag von Traugott Bautz, online http://www.bautz.de/bbkl/s/s1/schoenborn_f_k.shtml (12.3.2007).
Dallhammer, Hermann, Zöller, Edmund: Wehrkirchen, Landkreis Ansbach, Ansbach 1990.
Dallhammer, Hermann: Sachsen bei Ansbach. Eine Chronik. Im Auftrag der Gemeinde erstellt von Hermann Dallhammer, Salinger Druck Ansbach o.J. (1999).
Das Leben Gustav Adolphs des Großen Königs von Schweden. Mit Kupfern. Aus dem Englischen des Herrn Walther Harte, Kano-

nikus zu Windsor übersetzt von George Heinrich Martini, 2. Bd. Leipzig Johann Gottfried Dyck 1761.
Demel, Walter: Der europäische Adel. Vom Mittelalter bis zur Gegenwart, München 2005.
Der König. Friedrich der Große in seinen Briefen und Erlassen, Zweites Buch, Ebenhausen bei München[2] 1920 [= Lebensdokumente vergangener Jahrhunderte, Bd. 5, zweite Hälfte].
Dermühl, Peter: Communität Casteller Ring. In: Klosterland Bayern. Vierzehn Reisen in weiß-blaue Glaubenswelten, München 2006, S. 93–103.
Dermühl, Peter: Abtei Münsterschwarzach. In: Klosterland Bayern. Vierzehn Reisen in weiß-blaue Glaubenswelten, München 2006, S. 147–157.
Die Andechs–Meranier in Franken. Europäisches Fürstentum im Hochmittelalter. In Vernissage. Die Zeitschrift zur Ausstellung, 6. Jg., Nr. 7, Heidelberg 1998.
Dietlein, Ernst: Chronik der Stadt Hof, hrsg. vom Oberbürgermeister der Stadt Hof, Hof an der Saale o.J. (1939).
Döllner, Max: Erlebnisse der ansbach-bayreuthischen Hilfstruppen im Kriege Großbritanniens gegen die Vereinigten Staaten von Nordamerika (1777–1783), Neustadt/Aisch[2] 1977.
Dunkel, Franziska: Revolution von oben – die Reformen der Ära Montgelas in Bayern. In: Erichsen, Johannes, Heinemann, Katharina (Hrsg.). Bayerns Krone 1806. 200 Jahre Königreich Bayern, München 2006, S. 24–35.
Dünninger, Eberhard: Altdorf. Die Universität der Reichsstadt Nürnberg. In: Land der Franken, München 5. Aufl. 1976, S. 7–20 [= Unbekanntes Bayern, Bd. 7].
Dünninger, Josef, Treutwein, Karl: Bildstöcke in Franken. Konstanz o.J. (1960).
Düwel, Klaus: Runenkunde, Stuttgart und Weimar[3] 2001. [= Sammlung Metzler, Bd. 72].
Eine Krone für Bayern. 200 Jahre Königreich: Herzog Franz über das Verhältnis des Freistaats zum Königreich. Die Republik kokettiert mit dem monarchischen Erbe. In: Bayerische Staatszeitung und Bayerischer Staatsanzeiger, gegr. 1912, 23.9.2005, S. 24.
Endres, Rudolf: Franken in den Auseinandersetzungen der Großmächte bis zum Ende des Fränkischen Reichskreises. In: Handbuch der Bayerischen Geschichte, hrsg. von Max Spindler, Bd. 3,

erster Teilband, Geschichte Frankens bis zum Ausgang des 18. Jahrhunderts, neu herausgegeben von Andreas Kraus, München 1996, S. 496 ff.

Endres, Rudolf: Der Fränkische Reichskreis, Regensburg 2003. [= Hefte zur Bayerischen Geschichte und Kultur, Nr. 29, herausgegeben vom Haus der Bayerischen Geschichte].

Endres, Rudolf: Die Schweinfurter Fehde und ihre Folgen. In: Schneider Erich, Schneidmüller (Hrsg.): Vor 1000 Jahren – Die Schweinfurter Fehde und die Landschaft am Obermain 1003. Referate des wissenschaftlichen Kolloquiums am 4. und 5. Juli 2003 in der Bibliothek Otto Schäfer in Schweinfurt. Städtische Sammlungen Schweinfurt. Zentrum für Mittelalterstudien der Universität Bamberg, Schweinfurt 2004, S. 117–132. [= Schweinfurter Museumsschriften Bd. 118/2004].

Endres, Rudolf: Die Städtelandschaft am Obermain während der Frühen Neuzeit. In: Städtelandschaften in Altbayern, Franken und Schwaben, München 1999, S. 221–242 [= Studien zum Phänomen der Kleinstädte während des Spätmittelalters und der Frühen Neuzeit, hrsg. von Helmut Flachenecker und Rolf Kießling, Beiheft 15 (Reihe B)].

Endres, Rudolf: Eine zerstrittene Stadt. Bayern übernimmt 1806 ein sozial gespaltenes Nürnberg. In: Erlanger Nachrichten. Erlanger Tagblatt, 147. Jg., Nr. 214, 15.9.2005, S. 14.

Endres, Rudolf: Judenemanzipation in Ansbach. In: Jahrbuch des Historischen Vereins für Mittelfranken, 95ster Bd., im Auftrag des Vorstands des Historischen Vereins für Mittelfranken hrsg. von Gerhard Rechter, Ansbach 1991, S. 313–324 [= Festschrift für Günther Schuhmann].

Engerisser, Peter: Von Kronach nach Nördlingen. Der Dreißigjährige Krieg in Franken, Schwaben und der Oberpfalz 1631–1635, Weißenstadt 2004.

Esper, Johann Friederich: Ausführliche Nachricht von neuentdeckten Zoolithen unbekannter vierfüsiger Thiere, und denen sie enthaltenen, so wie verschiedenen andern denkwürdigen Grüften der Obergebürgischen Lande des Marggraftums Bayreuth, mit vierzehn illuminirten Kupfer–Tafeln, Hrsg. von Georg Wolfgang Knorrs Seel. Erben, in Nürnberg 1774.

Findeisen, Jörg: Gustav Adolf von Schweden. Der Eroberer aus dem Norden, Gernsbach 2005 [= Edition Katz].

Geheimnisse des Schlosses der Markgrafen gelüftet. Kunsthistoriker Dr. Maier bewältigte „Mammutaufgabe“. In: Fränkische Landeszeitung, 51. Jg., Nr. 138, 18.6.2005, Lokalteil, nicht paginiert.

Gerlich, Alois: Könige, Fürsten, Adel und Städte am Mittelrhein und in Franken zwischen Thronstreit und Mainzer Reichslandfrieden 1198–1235, hrsg. von der Hessischen historischen Kommission Darmstadt und von der Historischen Kommission für Hessen, Darmstadt und Marburg 2001 [= Quellen und Forschungen zur hessischen Geschichte, Bd. 127].

Gimpel, Jean: Die industrielle Revolution des Mittelalters, Zürich und München [2]1981.

Götschmann, Dirk: Totengräber des Alten Reiches. Die Säkularisation aus staats- und verfassungsrechtlicher Perspektive. In: Unser Bayern. Heimatbeilage der Bayerischen Staatszeitung, Jg. 51, Nr. 8, August 2002, S. 113–116.

Grahn-Hoek, Heike: Gab es vor 531 ein linksniederrheinisches Thüringerreich? In: Zeitschrift des Vereins für Thüringische Geschichte, Bd. 55, 2001, S. 15–55.

Graesslé, Isabelle: Neue Freiheit und Verbote. Frauen benutzen die Reformation. In: Freudenberg, Matthias, Plasger, Georg (Hrsg.): Erinnerung und Erneuerung. Vorträge der fünften Emder Tagung zur Geschichte des reformierten Protestantismus, Wuppertal 2007, S. 15-28 [= Emder Beiträge zum reformierten Protestantismus, Bd. 10].

Gregorii episcopi Turonensis libri historiarum X, hrsg. von Bruno Krusch und Wilhelm Levison [MGH SS rer. Merov. 1,1]. Unveränderter Nachdruck 1965 der 2. Auflage Hannover 1951, (Greg. Tur. hist.) II 9.

Gregor von Tours: Historia Francorum. Übersetzt und herausgegeben von Wilhelm Giesebrecht, Berlin 1851.

Greindl, Gabriele: 1806 – ein Epochenjahr in der bayerischen Geschichte. In: Akademie Aktuell. Zeitschrift der Bayerischen Akademie der Wissenschaften, Ausgabe 01/2006, S. 48–50.

Hampe, Karl: Deutsche Kaisergeschichte in der Zeit der Salier und Staufer, Leipzig 9. Aufl. 1945.

Harrer, Rudolf: Der kirchliche Zehnt im Gebiet des Hochstifts Würzburg im späten Mittelalter. Systematische Analyse einer kirchlichen Einrichtung im Rahmen der Herrschaftsstrukturen einer Zeit, Würzburg 1992 [= Forschungen zur fränkischen Kir-

chen- und Theologiegeschichte, Bd. 15].
Hartmann, Peter Claus: Bayerns Weg in die Gegenwart. Vom Stammesherzogtum zum Freistaat heute, Regensburg ²2004.
Hartung, Fritz: Deutsche Verfassungsgeschichte. Vom 15. Jahrhundert bis zur Gegenwart, Stuttgart 9. Aufl. 1969.
Haus der Bayerischen Geschichte (Hrsg.): Der Winterkönig. Friedrich V. der letzte Kurfürst aus der Oberen Pfalz – Amberg, Heidelberg, Prag, Den Haag, Ausstellungskatalog, Augsburg 2003.
Haus der Bayerischen Geschichte(Hrsg.): Geschichte des Bayerischen Parlaments 1819–2003, CD–Rom Augsburg 2006.
Hawranek, Christiane: Jüdische Grabsteine zum Sprechen gebracht. Führung durch den „Guten Ort" von Baiersdorf – Andere Bestattungsriten als auf christlichen Friedhöfen. In: Erlanger Nachrichten. Erlanger Tagblatt, 148. Jg., Nr. 228, 30.9.2006, S. 12.
Heinz, Walter: Ehemalige Adelssitze im Trubachtal, Erlangen und Jena 1996 [= Schriftenreihe des Fränkische-Schweiz-Vereins, Bd. 10].
Henneberger, Günter: Reformation und Bauernkrieg in Neustadt a.d. Saale. In: Abb, Maria–Luise (Hrsg.): Ein Streifzug durch Frankens Vergangenheit, Bad Neustadt a. d. Saale 1982, S. 81–128 [= Bad Neustädter Beiträge zur Geschichte und Heimatkunde Frankens, Bd. 2].
Hirsch, Rudolf, Schuder, Rosemarie: Der gelbe Fleck. Wurzeln und Wirkungen des Judenhasses in der deutschen Geschichte, Köln 1999.
Hlo (= Hoja, Lothar): Als Nürnberg noch die größte Stadt in Mitteleuropa war. In: Erlanger Nachrichten. Erlanger Tagblatt 148. Jg., Nr. 179, 4.8.2006, S. 22.
Huf, Hans-Christian (Hrsg.): Mit Gottes Segen in die Hölle. Der Dreißigjährige Krieg, Berlin 2003.
Hula, Franz: Mittelalterliche Kultmale. Die Totenleuchten Europas. Karner, Schalenstein und Friedhofsoculus, Wien 1970.
Imhoff, Cristoph von (Hrsg.): Berühmte Nürnberger aus neun Jahrhunderten, Nürnberg 1984.
Isenburg, Wilhelm Karl von (Hrsg.): Europäische Stammtafeln. Stammtafeln zur Geschichte der europäischen Staaten, Teil 1-5, Berlin 1953–1978.
Jäger, Ute: Biriciana. Römisches Weißenburg, Heft 1–3, Treuchtlingen-Berlin 2003.

Jahn, Wolfgang, Schumann, Jutta, Brockhoff, Evamaria (Hrsg.): Edel und Frei. Franken im Mittelalter. Katalog zur Landesausstellung 2004 Pfalzmuseum Forchheim, Unterhaching 2004. (= Veröffentlichungen zur bayerischen Geschichte und Kultur 47/04).

Joas, Hans, Wiegandt, Klaus (Hrsg.): Die kulturellen Werte Europas, Frankfurt am Main 2005 [= Forum für Verantwortung, 1].

Jungen, Oliver: Ein König, der aus Hessen kam? Herrscher für sieben Jahre: Eine Königskonferenz zu Konrad I. in Fulda. In: Frankfurter Allgemeine Zeitung, 61. Jg., Nr. 231, 5.10.2005, S. N3.

Jungen, Oliver: Nach Canossa gehen wir nicht mehr. In: Frankfurter Allgemeine Zeitung, 62. Jg., Nr. 108, 10.5.2006, S. N 3.

Junkelmann, Marcus: Das greulichste Spectaculum. Die Schlacht von Höchstädt 1704, Augsburg 2004. [= Hefte zur Bayerischen Geschichte und Kultur, Bd. 30, herausgegeben vom Haus der Bayerischen Geschichte].

Kiesselbach, Dorothee: Erinnerung an Wolframseschenbach. In: Land der Franken, München 5. Aufl. 1976, S. 29–34 [= Unbekanntes Bayern, Bd. 7].

Kilb, Andreas: Als das Empire laufen lernte. Betrachtungen über die Schlacht von Höchstädt. Die vor dreihundert Jahren die Machtbalance in Europa neu bestimmte und die Kriegstaktik veränderte. In Frankfurter Allgemeine Zeitung, 60. Jg., Nr. 188, 14.8.2004, S. 43.

Kirmeier, Josef, Schumann, Jutta, Lengle, Peter (Hrsg.): 200 Jahre Franken in Bayern 1806–2006. Katalog zur Landesausstellung 2006 im Museum Industriekultur 4. April bis 12. November 2006, Augsburg 2006 [= Veröffentlichungen zur Bayerischen Geschichte und Kultur 51/2006. Herausgegeben vom Haus der Bayerischen Geschichte].

Klünemann, Clemens: Not macht kühn, Einsamkeit tolerant. Kleiner Grenzverkehr: Die Wiederentdeckung des Limes im Schwäbisch–Fränkischen Wald. In: Frankfurter Allgemeine Zeitung, 61. Jg., Nr. 244, 20.10.2005, S. R7.

Koch Walter: Die Herrschaft Friedrichs II. Eine Vorwegnahme moderner Staatlichkeit? Vortrag, gehalten am 8. März 2006, 18.00 Uhr s.t. in Vortragssaal der Bayerischen Akademie der Wissenschaften, Marstallplatz 8, München.

Körner, Hans-Michael: Staat und Geschichte im Königreich Bayern 1806–1918, München 1992 [= Schriftenreihe zur Bayerischen Landesgeschichte, hrsg. von der Kommission für bayerische Landesgeschichte bei der Bayerischen Akademie der Wissenschaften, Bd. 96].

Kramer, Ferdinand: Bayerns Weg zum Königreich. In: Bonk, Sigmund/Schmid, Peter (Hrsg.): Königreich Bayern. Facetten bayerischer Geschichte 1806–1919, Regensburg 2005, S. 11–30.

Kraus, Andreas: Bayern im Zeitalter des Absolutismus (1651–1745). Die Kurfürsten Ferdinand Maria, Max II. Emanuel und Karl Albrecht. In: Handbuch der Bayerischen Geschichte, herausgegeben von Max Spindler, Bd. 2, München o.J. (1966), S. 411–472.

Krauß, Friedrich: Johann Georg Hasenest (1689–1771). In Fränkische Lebensbilder, hrsg. von Erich Schneider, Bd. 19, Neustadt an der Aisch 2002, S. 81–87.

Kroeschell, Karl: Deutsche Rechtsgeschichte I (bis 1250), II (1250–1650), Reinbek bei Hamburg 1972 und 1973.

Kühlwein, Heinz: Husarenleutnant Leopold Jahn – ein deutscher Freiheitskämpfer. Ein Stück Neustädter Militärgeschichte vor 200 Jahren. In: Neustädter Kalender für das Jahr 2007, 180. Jg., Neustadt an der Aisch 2006, S. 150–153.

La Peyrère, de Isaac: Prae-Adamitae, sive exercitatio super versibus capitis V epistulae D. Pauli ad Romanos, quibus inducuntur primi homines ante Adamum conditi, Amsterdam 1655.

Lang, Frank Thomas: Hauptgewinn: Ein Schloss. Weikersheim. Über Glück und Glanz in Hohenlohe – Sonderausstellung öffnet am 13. Mai [2006]. In: Schlösser Baden–Württemberg, Nr. 2, 2006, S. 2–8.

Langguth, Otto: Stadt und Grafschaft Wertheim – Einwanderer und Auswanderer, Wertheim am Main o.J. (um 1935).

Laudage, Johannes: Die Salier. Das erste deutsche Königshaus, München 2006.

Le Goff, Jacques: Die Geburt Europas im Mittelalter. Aus dem Französischen von Grete Osterwald, München 2004.

Lubich, Gerhard: Geschichte der Stadt Schwäbisch Hall: von den Anfängen bis zum Ausgang des Mittelalters, Neustadt an der Aisch 2006 [=Veröffentlichungen der Gesellschaft für fränkische Geschichte, IX. Reihe: Darstellungen aus der fränkischen Geschichte, Band 52].

Mahr, Helmut (Hrsg.): Oberst Robert Monro. Kriegserlebnisse eines schottischen Söldnerführers in Deutschland 1627 bis 1629. Übersetzung und Erläuterungen von Helmut Mahr, Nürnberg 1987.
Mahr, Helmut: Die Kriegsereignisse in Franken ab Juni 1632. Nach den Eintragungen im bisher weitgehend unbekannten Kriegstagebuch des Schwedenkönigs Gustav Adolf. In: Fürther Heimatblätter, 39. Jg., Nr. 4, Fürth 1989, S. 117–131.
Mahr, Helmut: Wallensteins Lager. Die Schlacht an der Alten Veste, Nürnberg 1980.
Maier, Josef: Residenzschloß Ansbach. Gestalt und Ausstattung im Wandel der Zeit, Ansbach 2005 [= Jahrbuch des Historischen Vereins von Mittelfranken, 100ster Bd.].
Malisch, Kurt, Magdelaine, Michelle: La question protestante. Protestanten in Frankreich, Hugenotten in Franken. In: Generaldirektion der Staatlichen Archive Bayerns (Hrsg.): France – Bayern. Bayern und Frankreich. Wege und Begegnungen. 1000 Jahre bayerisch–französische Beziehungen, Waakirchen 2006, S. 108–133 [= Bd. 47 der Reihe Ausstellungskataloge der Staatlichen Archive Bayerns].
Mayer, Wolfgang: Nürnberg unter den Hansestädten? Die Anbindung an das transeuropäische Verkehrsnetz stärkt die Metropolregion. In: Erlanger Nachrichten. Erlanger Tagblatt, 148. Jg., Nr. 168, 22./23.7.2006, S. 20.
Meier, Eva: Aus Franken ein Hauch von Gold in alle Welt. Schwabach erinnert heuer an seine 500jährige Tradition des Goldschlagens. In: Unser Bayern. Heimatbeilage der Bayerischen Staatszeitung, Jg. 53, Nr. 4, April 2004, S. 49–52.
Merian, Matthäus, Zeiller, M.: Topographia Franconiae, Das ist Beschreibung, und Eygentliche Contrafactur der Vornembsten Stätte und Plätze des Franckenlandes und Deren die zu dem Fränkischen Craiße gezogen werden. Frankfurt, M. Merian, (1648). Fol. Mit gest. Titel, 1 gefalt. Kupferkte. u. 42 tlw. gefalt. Kupfertaf. mit 47 Darstellungen. 2 Bll., S. 3–78, 5 Bll. – Angeb.: Ders. Anhang zu etc. Ebda. 1656. Fol. Mit 1 doppelblattgr. Kupfertaf. 56 S., 4 Bll. Mod. Pp.
Merz, Johannes/Schuh, Robert (Hrsg.): Franken im Mittelalter. Francia orientalis, Franconia, Land zu Franken: Raum und Geschichte. Aufsätze [= Hefte zur bayerischen Landesgeschichte; 3].

Möller, Kerstin: Ein unsterblicher Held wider Willen. Vor 200 Jahren wurde der Nürnberger Buchhändler Palm in Braunau hingerichtet. In. Erlanger Nachrichten. Erlanger Tagblatt, 148. jg., Nr. 227, 29.9.2006, S. 15.

Münchhausen, Anna von: Es wurde Licht. Stadtgeschichte muss nicht öde sein: In Bamberg blüht das Schattentheater – und nimmt den Besucher mit auf Zeitreise. In: Frankfurter Allgemeine Sonntagszeitung, Nr. 22, 4.6.2006, S. V 1.

Mushake: Badisches Franken und seine Umgebung. Bayerisches, hessisches, württembergisches Franken, unteres Maintal, Odenwald, Bauland, Taubertal, Neckartal, Jagsttal, Frankfurt am Main o.J. 1937.

Müssel, Karl: Bayreuth 1769. Die obergebirgische Residenzstadt im Jahr der Vereinigung der brandenburgischen Fürstentümer in Franken unter Markgraf Alexander. In: Jahrbuch des Historischen Vereins für Mittelfranken, 95ster Bd., im Auftrag des Vorstands des Historischen Vereins für Mittelfranken hrsg. von Gerhard Rechter, Ansbach 1991, S. 243–256 [= Festschrift für Günther Schuhmann].

Naundorff, Aegidius: Freudiger Zuruff aus Francken, der käyserlichen freyen Reichs-Stadt Nürnberg, an das evangelische Königreich Schweden, uber der gesegneten hoch-feyerlich vollzogenen Crönung, ihro königlichen Majestät Friederichs des Ersten ..., Stockholm 1720.

Niese, Matthias: Verwandte im Westen. Auch jenseits der bayerischen Grenze leben fränkische Brüder und Schwestern. In: Erlanger Nachrichten. Erlanger Tagblatt, 148. Jg., Nr. 83, 8.4.2006, Magazin am Wochenende, S. 1.

Nürnberger Nachrichten (Hrsg.): Ins Land der Franken fahren, Nürnberg o.J. [2006].

Panzer, Marita A., Plößl, Elisabeth: Bayerns Töchter. Frauenportraits aus fünf Jahrhunderten, München und Zürich 2005.

Papke, Gerhard: Von der Miliz zum Stehenden Heer. Wehrwesen im Absolutismus. In: Deutsche Militärgeschichte in sechs Bänden 1648–1939, Bd. I, Herrsching bei München 1983, S. 1–311.

Peters, Lambert F.: Der Handel Nürnbergs am Anfang des Dreißigjährigen Krieges. Strukturkomponenten, Unternehmen und Unternehmer – eine quantitative Analyse, mit graphischen Darstellungen, Stuttgart 1994 [= Vierteljahrschrift für Sozial- und

Wirtschaftsgeschichte / Beihefte, Bd. 112].
Peters, Lambert F.: Strategische Allianzen, Wirtschaftsstandort und Standortwettbewerb Nürnberg 1500–1625, mit zahlreichen Abbildungen und Tabellen, Frankfurt am Main, Berlin, Bern, Bruxelles, New York, Oxford, Wien, 2005.
Peters, Michael: „... die Verbindung zu den lieben Glaubensgenossen". Im Jahre 1720 schlossen sich Konsistorium und französisch-reformierte Gemeinde Hildburghausen dem Synodalverband der französisch-reformierten Kirche in Franken an. In: Hugenotten, 66. Jg., Nr. 4, Celle 2002, S.143–145.
Peters, Michael: Biographische Bemerkungen zu Johann Heinrich *August* Ebrard (1818–1888): Ein Erlanger Hugenottennachkomme auf den Spuren seiner Vorfahren. In: Der Deutsche Hugenott, 52. Jg., Nr. 2, Juni 1988, S. 35–43.
Peters, Michael: Biographischer Datenabriß zum Leben Heinrich Carl Friedrich Clemens Ebrards (1850–1935), Königlicher Geheimer Konsistorialrat und Direktor der Stadtbibliothek Frankfurt am Main. Zusammengestellt aus dem Teilnachlaß Friedrich Clemens Ebrard und aus dem Nachlaß Johann Heinrich August Ebrard. In: Der Deutsche Hugenott, 55. Jg., Nr. 4, Dezember 1991, S. 105–108.
Peters, Michael: Das Dekret Markgraf Christian Ernsts von Brandenburg–Bayreuth vom 28. November 1685. Ein Beitrag zur Rechtsstellung der Waldenser im fränkischen Refuge 1686–1688. In: Kiefner, Theo (Hrsg.): *Berichte aus der Waldenserforschung*, Jg. 8, Nr. 15, Frühjahr 1991, S. 1–6.
Peters, Michael: Der Nachlass Johann Heinrich August Ebrard: Geschichte, Ordnung und Inhalt des Bestandes. In: Hugenotten, 67. Jg., Nr. 4, Celle 2003, S. 142–151.
Peters, Michael: Erdmuth Sophie, Markgräfin von Brandenburg–Bayreuth (1644–1670). In: Fränkische Lebensbilder. Herausgegeben im Auftrag der Gesellschaft für fränkische Geschichte von Erich Schneider, Bd. 19, Neustadt an der Aisch 2002, S. 65–80.
Peters, Michael: *Erdmuthe Sophia, Markgräfin von Brandenburg–Bayreuth*, in: Sächsische Biografie, herausgegeben vom Institut für Sächsische Geschichte und Volkskunde e.V., wissenschaftliche Leitung: Martina Schattkowsky, Online–Ausgabe: http://www.tu–dresden.de/isgv/, 15.8.2005.
Peters, Michael: Friedrich Clemens Ebrard (1850–1935). In: Frän-

kische Lebensbilder. Herausgegeben im Auftrag der Gesellschaft für fränkische Geschichte von Erich Schneider, Bd. 20, Neustadt an der Aisch 2004, S. 221–238.
Peters, Michael: Frömmigkeit und Universalität. Zum hundertsten Todestag des reformierten Theologen Johann Heinrich August Ebrard (1818–1888). In: Reformierte Kirchenzeitung. Herausgegeben im Auftrag des Reformierten Bundes, 129. Jg., Nr. 12, Dezember 1988, S. 372–378.
Peters, Michael: Georg Philipp Stauff (1876–1936). In: Fränkische Lebensbilder. Herausgegeben im Auftrag der Gesellschaft für fränkische Geschichte von Erich Schneider, Bd. 18, Neustadt an der Aisch 2000, S. 243–254.
Peters, Michael: Historische Grundlagen der Ansiedlung von Hugenotten im Fürstentum Brandenburg-Bayreuth. In: Friederich, Christoph (Hrsg.): 300 Jahre Hugenottenstadt Erlangen – Vom Nutzen der Toleranz, Nürnberg 1986, S. 93–107.
Peters, Michael: Johann Heinrich August Ebrard (1818–1888). In: Fränkische Lebensbilder. Herausgegeben im Auftrag der Gesellschaft für fränkische Geschichte von Alfred Wendehorst, Bd. 13, Neustadt/Aisch Kommissionsverlag Degener & Co. 1990, S. 151–165.
Peters, Michael: Joseph August du Cros als Agent des Markgrafen Christian Ernst von Brandenburg-Bayreuth. Ein Beitrag zur Vorgeschichte der Hugenotten-Kolonisation in Franken. In: Erlanger Bausteine zur fränkischen Heimatforschung, Bd. 34, Erlangen 1986, S. 163–173.
Peters, Michael: Konstantin Freiherr von Gebsattel (1854–1932). In: Fränkische Lebensbilder. Herausgegeben im Auftrag der Gesellschaft für fränkische Geschichte von Erich Schneider, Bd. 16, Neustadt an der Aisch 1996, S.173–187.
Peters, Michael: L'Église française à Erlang. Lehre und Kirchendisziplin der Hugenotten im Refuge. In Friederich, Christoph (Hrsg.): 300 Jahre Hugenottenstadt Erlangen – Vom Nutzen der Toleranz, Nürnberg 1986, S. 135–151.
Peters, Michael: Julie Gräfin von und zu Egloffstein (1792–1869). In: Fränkische Lebensbilder. Herausgegeben im Auftrag der Gesellschaft für fränkische Geschichte von Erich Schneider, Bd. 21, Insingen bei Rothenburg ob der Tauber 2006, S. 207–229.
Petri, Franz: Die fränkische Landnahme und die Entstehung der

germanisch–romanischen Sprachgrenze in der interdisziplinären Diskussion, Darmstadt 1977 [= Erträge der Forschung, Bd. 70].

Pirker-Aurenhammer, Veronika: Die Gumbertusbibel. Codex 1 der Universitätsbibliothek Erlangen. Ein Regensburger Bildprogramm des späten 12. Jahrhunderts, Regensburg 1998 [= Regensburger Studien und Quellen zur Kulturgeschichte, Bd. 7. Herausgegeben von den Museen und dem Archiv der Stadt Regensburg].

Pflefka, Sven: Das Bistum Bamberg, Franken und das Reich in der Stauferzeit. Der Bamberger Bischof im Elitengefüge des Reiches, 1138–1245, Diss. Univ. Bamberg 2004, Würzburg 2005 [= Veröffentlichungen der Gesellschaft für fränkische Geschichte, Reihe IX, Bd. 49].

Pirling, Renate, Siepen, Margareta: Das römisch-fränkische Gräberfeld von Krefeld-Gellep 1989–2000, Stuttgart 2003 [= Germanische Denkmäler der Völkerwanderungszeit, Serie B, Bd. 19].

Platz, Thomas, Eckert, Toni (Hrsg.): Mittelalterliches Leben in Franken. Ritter, Burgen und Dörfer, mit Beiträgen von Konrad Bedal, Christoph Daxelmüller, Günther Dippold, Rudolf Endres, Amalie Fößel, Janine Fries-Knoblach, Dieter George, Peter Poscharsky, Peter Segl, Josef Seitz, Walter Tausendpfund, Gustav Voit und Hans-Jürgen Wunschel. Im Auftrag des Gebietsausschusses Fränkische Schweiz, Forchheim 1998.

Platz, Thomas: Untersuchungen im ehemaligen Reichs- und Königskloster Lorsch. In: Rückspiegel. Archäologie des Alltags in Mittelalter und früher Neuzeit. Begleitheft zur Ausstellung des Lehrstuhls für Archäologie des Mittelalters und der Neuzeit an der Otto-Friedrich-Universität Bamberg, hrsg. von Hauke Kenzler und Ingolf Ericsson, Leipzig 2006, S. 102 f.

Pörtner, Rudolf: Die Erben Roms. Städte und Stätten des deutschen Früh-Mittelalters, Düsseldorf 1967.

Puschner, Uwe: Sieben Bilder aus der Geschichte Bayerns in napoleonischer Zeit. In: Europa im Umbruch 1750–1850, hrsg. von Dieter Albrecht, Karl Otmar Freiherr von Aretin und Winfried Schulze, München 1995, S. 353–369.

Puschner, Uwe: Reichsromantik. Erinnerungen an das Alte Reich zwischen den Freiheitskriegen 1813/14 und den Revolutionen 1848/49, Dresden 2006 [= Heiliges Römisches Reich Deutscher Nation 962 bis 1806. Publikationen zur 29. Ausstellung des Eu-

roparates in Magdeburg und Berlin vom 28. August bis 10. Dezember 2006, S. 319–330, Sonderdruck].
Rach, Ulrich: Das „fränkische Rom“ feiert zwölf Monate lang. Erzbistum Bamberg wurde vor 1000 Jahren gegründet. In: Erlanger Nachrichten. Erlanger Tagblatt, 148. Jg., Nr. 249, 26.10.2006, S. 19.
Raschke, Georg: Frankens Vorgeschichte. Land, Volk, Geschichte, Kunst und Wirtschaft, Bd. I, Nürnberg ²1962.
Reichold, Helmut: Bismarcks Zaunkönige. Duodez im 20. Jahrhundert. Eine Studie zum Föderalismus im Bismarckreich, Paderborn 1977.
Reiss-Museum Mannheim (Hrsg.): Die Franken. Wegbereiter Europas. Vor 1500 Jahren: König Chlodwig und seine Erben, 2 Bde., Mannheim 1996.
Reiter, Ernst: Wunibald – Missionar und Abt von Heidenheim († 761). In: Fränkische Lebensbilder. Herausgegeben im Auftrag der Gesellschaft für fränkische Geschichte von Erich Schneider, Bd. 16, Neustadt an der Aisch 1996, S. 1–12.
Rieck, Anja: Frankfurt am Main unter schwedischer Besatzung 1631–1635. Reichsstadt – Repräsentationsort – Bündnisfestung, Frankfurt am Main u. a. 2005 [= Europäische Hochschulschriften, Bd. 1011].
Rumschöttel, Hermann: Ansbach. Montgelas und die Grundlegung des modernen Bayern. In: Schmid, Alois, Weigand, Katharina (Hrsg.): Schauplätze der Geschichte in Bayern, München 2003, S. 276–290.
Sandweg, Jürgen et al.: 1000 Jahre Büchenbach 996–1996. Festschrift, Erlangen 1996.
Scherzer, Conrad (Hrsg.): Franken. Land, Volk, Geschichte und Wirtschaft. Mit 105 Zeichnungen, Profilen, Übersichtskarten, 56 Bildtafeln, einer farbigen Reliefkarte von Bayern und einer 8teiligen Faltkarte zur Besiedlung Frankens, Nürnberg 1955, Nürnberg ²1962.
Schieffer, Rudolf: Neues von der Kaiserkrönung Karls des Großen, München 2004 [= Sitzungsberichte/Bayerische Akademie der Wissenschaften; Philosophisch-historische Klasse; 2].
Schlesinger, Walter (Hrsg.): Althessen im Frankenreich, Sigmaringen 1975 [= Nationes, 2].
Schlesinger, Walter: Zur politischen Geschichte der fränkischen

Ostbewegung vor Karl dem Großen. In: Althessen im Frankenreich, hrsg. von Walter Schlesinger, Sigmaringen 1975, S. 9–61. [= Nationes, 2].

Schlippenbach, Albert Graf von: Die Schweden in Nürnberg. Unter Benutzung alter Familienpapiere erzählt, Prenzlau 1901.

Schlözer, August Ludwig (= anonym): Dortgens Reise von Göttingen nach Franken und wieder zurück, Göttingen o.J. (1774).

Schmeidler, Bernhard: Franken und das Deutsche Reich im Mittelalter. Studien zur landschaftlichen Gliederung Deutschlands in seiner geschichtlichen Entwicklung, Erlangen 1930 [= Erlanger Abhandlungen zur mittleren und neueren Geschichte, hrsg. von Bernhard Schmeidler und Otto Brandt, Bd. 7].

Schnabel-Schüle, Helga: Ansteckungsgefahr und Prophylaxe: Die Französische Revolution und die napoleonische Territorialrevolution: In: Die großen Revolutionen im deutschen Südwesten. Hrsg. von Hans-Georg Wehling und Angelika Hauser–Hauswirth, Stuttgart, Berlin und Köln 1998, S. 15–34. [= Schriften zur politischen Landeskunde Baden–Württembergs, Bd. 27].

Schnabel-Schüle, Helga, Gestrich, Andreas (Hrsg.): Fremde Herrscher – fremdes Volk. Inklusions– und Exklusionsfiguren bei Herrschaftswechseln in Europa, Frankfurt am Main u. a. 2006.

Schneider, Erich: Nachdenken über fränkische Geschichte. Vorträge aus Anlass des 100. Gründungsjubiläums der Gesellschaft für fränkische Geschichte, Nürnberg 2005.

Schneider, Erich, Müller, Uwe, Brandl, Andrea: 200 Jahre Schweinfurt in Bayern, Schweinfurt 2006 [= Schweinfurter Museumsschriften, hrsg. von Erich Schneider, Bd. 144].

Schneider, Oscar: Am Anfang war Napoleon. Wie Franken und die ehemalige Reichsstadt Nürnberg zu Bayern kamen. In: Sonderbeilage der Nürnberger Zeitung vom 31.3.2006 anlässlich der Landesausstellung „200 Jahre Franken in Bayern“, S. 4 f.

Schnetz, Wolf Peter: Sprachgewaltiger Anwalt fränkischer Eigenart. Kenntnisreicher Erzähler mit Selbstironie: Zum 100. Geburtstag des Schriftstellers Hans Max von Aufseß. In: Erlanger Nachrichten. Erlanger Tagblatt, 148. Jg., Nr. 177, 2.8.2006, S. 7.

Schuhmann, Günther: Die Markgrafen von Brandenburg Ansbach. Eine Dokumentation zur Geschichte der Hohenzollern in Franken. Festschrift des Historischen Vereins für Mittelfranken zur Feier seines einhundertfünfzigjährigen Bestehens 1830–1980,

Ansbach 1980.
Schweigard, Jörg: Die Liebe zur Freiheit ruft uns an den Rhein. Aufklärung, Reform und Revolution in Mainz, Gernsbach 2005.
Schwennicke, Detlev: Europäische Stammtafeln. Neue Folge, Bd. I, Teil 1, Die fränkischen Könige und Kaiser, Stammesherzöge und Kurfürsten, Markgrafen und Herzöge des Heiligen Römischen Reiches Deutscher Nation, mit 174 Tafeln, Frankfurt am Main[2] verbesserte Auflage 2005.
Seibert, Hubertus: Bamberg. Das neue Rom Kaiser Heinrichs II. In: Schmid, Alois, Weigand, Katharina (Hrsg.): Schauplätze der Geschichte in Bayern, München 2003, S. 75–89.
Seyboth, Reinhard: Friedrich VI. (I.), Burggraf von Nürnberg, Kurfürst von Brandenburg (1371–1440). In: Fränkische Lebensbilder, Bd. 16, Neustadt an der Aisch 1996, S. 27–48.
Simon, Theo: Salz und Salzgewinnung im nördlichen Baden-Württemberg. Geologie, Technik, Geschichte. Herausgegeben vom Historischen Verein für Württembergisch-Franken, dem Stadtarchiv Schwäbisch Hall und dem Hohenlohe Zentralarchiv Neuenstein, Simaringen 1995 [= Forschungen aus Württembergisch Franken, Bd. 42].
Spälter, Otto: Frühe Etappen der Zollern auf dem Weg zur Territorialherrschaft in Franken. Die allmähliche Entwicklung der Schriftlichkeit und der Landesorganisation bei den Burggrafen in Nürnberg zwischen 1235 und 1332, Münsterschwarzach 2005 [= Veröffentlichungen der Gesellschaft für fränkische Geschichte, Reihe IX: Darstellungen aus der fränkischen Geschichte, Bd. 48].
Spindler, Max (Hrsg.): Handbuch der Bayerischen Geschichte, Bd. 3, Franken, Schwaben, Oberpfalz bis zum Ausgang des 18. Jahrhunderts, München 1971.
Spreckelsen, Tilman: Wie gewonnen, so zerronnen. Das Imperium zieht sich zurück. In: Frankfurter Allgemeine Sonntagszeitung, Nr. 21, 28.5.2006, S. 68f.
Springer, Matthias: Die Sachsen, Stuttgart 2004 [= Urban–Taschenbücher 598].
Springer, Matthias: Gab es ein Volk der Salier? In: Nomen et gens. Zur historischen Aussagekraft mittelalterlicher Personennamen, Berlin und New York 1997, S. 58–83. [= Ergänzungsbände zum Reallexikon der germanischen Altertumskunde, 16].

Strieder, Peter: Deutsche Malerei der Dürerzeit, Königstein im Taunus 1966 [= Die Blauen Bücher].

Vasold, Manfred: Geschichten aus Frankens Geschichte, Hof o.J. (1989).

Viering, Alice: Franken – die besseren Bayern? In: Museumszeitung, hrsg. von Konrad Bedal et al., Nr. 17, Nürnberg 21.3.2006, S. 3. [= Beilage des Erlanger Tagblattes vom 21.3.2006].

Volk, Otto: Salzproduktion und Salzhandel mittelalterlicher Zisterzienserklöster, Sigmaringen 1984 [= Vorträge und Forschungen. Hrsg. vom Konstanzer Arbeitskreis für mittelalterliche Geschichte, Sonderband 30].

Volkert, Wilhelm: Geschichte Bayerns, München 2001.

Vom Adler zum Löwen. Erlangen wird bayerisch 1792–1806–1810. Begleittext zur Ausstellung des Universitätsarchivs Erlangen-Nürnberg und der Universitätsbibliothek Erlangen-Nürnberg 2006.

Wagner, Heinrich: Hermann I. Graf von Henneberg (1223/4–1290). In: Fränkische Lebensbilder Herausgegeben im Auftrag der Gesellschaft für fränkische Geschichte von Erich Schneider, Bd. 18, Neustadt an der Aisch 2000, S.1–14.

Walser, Robert: Lasst uns ohne Nachricht nit. Botenwesen und Informationsbeschaffung unter der Regierung des Markgrafen Albrecht Achilles von Brandenburg, Inaugural–Dissertation München 2004.

Weber, Karl Julius: Reise durch Franken. Mit 69 Illustrationen, Stuttgart 1983. Der Bd. folgt der Erstausgabe 1826 ohne Verfassernamen von Karl Julius Webers Werk: Deutschland oder Briefe eines in Deutschland reisenden Deutschen.

Weiß, Dieter J.: Die Entstehung Frankens im Mittelalter. Von der Besiedlung zum Reichskreis. In: Blessing, Werner K., Weiss, Dieter J. (Hrsg.): Franken. Vorstellung und Wirklichkeit in der Geschichte, Neustadt an der Aisch 2003, S. 51–67 [= Franconia 1 (Beihefte zum Jahrbuch für fränkische Landesforschung)].

Weiss, Dieter J.: Die Geschichte der Deutschordens-Ballei Franken im Mittelalter, Neustadt an der Aisch 1991 [= Darstellungen aus der fränkischen Geschichte, Bd. 39, Veröffentlichungen der Gesellschaft für fränkische Geschichte, Reihe IX].

Wendehorst, Alfred (Hrsg.): Erlangen. Geschichte der Stadt in Darstellung und Bilddokumenten. Unter Mitwirkung von Gerhard

Pfeiffer, München 1984.
Wendehorst, Alfred: Stand, Aufgaben und Probleme der Geschichte Frankens. In: Buchholz, Werner (Hrsg.): Landesgeschichte in Deutschland. Bestandsaufnahme – Analyse – Perspektiven, Paderborn, München, Wien Zürich 1998, S. 325–334.
Wendehorst, Alfred: Geschichte der Universität Erlangen–Nürnberg 1743–1993, München 1993.
Wendehorst, Alfred: Siedlungsgeschichte und Pfarreiorganisation im mittelalterlichen Franken. Ausgewählte Untersuchungen, Stegaurach 2007 [= Veröffentlichungen der Gesellschaft für fränkische Geschichte. Reihe IX, Darstellungen aus der fränkischen Geschichte, Bd. 54, Festgabe der Gesellschaft für fränkische Geschichte zum 80. Geburtstag des Verfassers].
Wenskus, Reinhard: Zur fränkischen Siedlungspolitik im Saalegebiet. In: Festschrift für Helmut Beumann. zum 65. Geburtstag. Hrsg. von Kurt-Ulrich Jäschke und Reinhard Wenskus, Simaringen 1977, S. 125–136.
Wertime, Theodore A.: The coming of the Age of Steel, Chicago 1962.
Wesseling, Klaus Gunther: Walther von der Vogelweide. In: Biographisch-Bibliographisches Kirchenlexikon, Verlag von Traugott Bautz, online www.bautz.de/bbkl/w/walther_v_d_v.shtml 15.11.2005.
Wilkes, Johannes: Kant kam nicht. Dichter und Denker in Erlangen, Erlangen, Selbstverlag 2001.

Ortsregister

Personenregister

Bildnachweis

AKG Images, Berlin: Nr. 2, 4, 6, 7, 9, 14, 16, 21, 22, 24.
Michael Baudy/Pixelio: Nr. 8.
digitalstock.de: Nr. 10, 12, 17.
Christian Horvat/Wikipedia: Nr. 3.
Tourismuszentrale Fränkische Schweiz: Nr. 13.
Florian Trykowski/life-image.de: Nr. 1, 15, 18, 19.
Ullstein Bild, Berlin: Nr. 5.
Universitätsbibliothek Erlangen: Nr. 20.
Evang.-luth.Pfarrhaus Uttenreuth: Nr. 23.

MICHAEL PETERS

GESCHICHTE FRANKENS

VOM AUSGANG DER ANTIKE BIS ZUR GEGENWART

TEIL II

VON DER ZEIT NAPOLEONS
BIS ZUR GEGENWART

Inhalt

Vorwort

Das vorliegende Buch ist ein *Fortsetzungswerk.* Die „Geschichte Frankens – vom Ausgang der Antike bis zum Ende des Alten Reiches“ erhielt in der Leserschaft ein so lebhaftes Echo, dass bereits die zweite Auflage erscheinen konnte. Mit dem vorliegenden Buch entspricht der Autor dem vielfach geäußerten Wunsch, einen weiteren Band folgen zu lassen, „der die Geschichte Frankens bis in unsere Zeit fortführt“ (Thüringer Allgemeine, 3. April 2008). Der Fokus ist auf Regionen, Personen sowie Entwicklungen gerichtet und lässt Politik, Wirtschaft wie auch Kultur „aufscheinen“.

Franken am Ende des Alten Reiches: Das fruchtbare Land zwischen den Flüssen Werra, Fränkischer Saale, Pegnitz, Altmühl, Tauber und Jagst teilten sich „27 Landesherrschaften, 1 Reichsstift (Reichsabtei Schöntal/Oehringen im Hohenloheschen, Zisterzienserabtei, aufgehoben 1802), 25 Reichsgrafschaften, 8 Reichsstädte und Reichsdörfer“, wie uns ein „Illustrirtes Konversations-Lexikon“ von 1875 die territoriale Zersplitterung des 1806 „namentlich [...] verschwundene(n)“ Landes Franken vorrechnet. Der Fränkische Reichskreis stellte aber am Ende des Alten Reiches durchaus ein politisch *Ganzes* dar, wie auch der Historiker Werner K. Blessing hinreichend belegt hat. Nicht zuletzt der im August 1806 letztmals zusammentretende Fränkische Kreistag bildete mit bis zu 43 „Landesvertretungen“ eine „dauerhafte politische Organisation“. Das Alte Reich blieb „den Zeitgenossen noch lange gegenwärtig“. Im Jahre 1865 schrieb der Kulturhistoriker Wilhelm Heinrich Riehl, „ein Gang durchs Taubertal ist ein Gang durch die deutsche Geschichte, ist heute noch ein Gang durchs alte Reich“. Kein Geringerer als König Ludwig I. von Bayern aber hat den „verschwundene(n)“ Namen „Franken“ von neuem politisch ins Leben gerufen, indem der bayerische Monarch im Jahre 1837 die Regierungsbezirke Ober-, Mittel- und Unterfranken kreierte. Im Zuge der schubartigen Auflösung des Heiligen Römischen Reiches Deutscher Nation seit dem Reichsdeputationshauptschluss vom Februar 1803 fielen indes fränkische Gebiete nicht nur an „Kurbayern" beziehungsweise an das Königreich Bayern, sondern auch an das junge Königreich Württemberg und an das Großherzogtum Baden. Die im Zuge der „Napoleonischen Territorialrevolution" um 1806 an Württemberg und Baden gelangten Teile Frankens sind in dieser Monographie mit berücksichtigt worden.

Bereits seit etwa 1785 – etwa Goethes Reisen nach Franken – ist das nach wie vor einen *geschlossenen* Kulturraum bildende Franken ganz neu „entdeckt" worden. Dichter wie Jean Paul oder Viktor von Scheffel interpretierten „Franken" neu und verschafften ihm etwa mit der *Frankenhymne* von 1859 eine Art romantisierender „Erhöhung". Und auch in der Bildenden Kunst hat Franken im 19. Jahrhundert künstlerisch eine Idealisierung erfahren. Dafür stehen Namen wie der der Kunstmalerin Julie Gräfin von und zu Egloffstein († 1869) oder der des romantischen Malers Ludwig Richter († 1884). Die als „Goethes glückliche Zeichnerin" firmierende „Julie" hatte auch die um „ihre" Burg Egloffstein „versteckten" romantischen Plätze in filigranen Zeichenstrichen abgebildet. Die ganze Schönheit der fränkischen Landschaft und fränkischen Städtchen in seinen „Wanderungen mit Stift und Feder" festzuhalten, war auch viel später dem Chefredakteur der *Neckar-Zeitung*, Theodor Heuss, mehr als nur eine *reisejournalistische Verpflichtung.*

Im Deutschen Vormärz hat sich dann auch im Gefolge eines gegen das Königreich Bayern aufbegehrenden fränkischen Separatismus ein *fränkisches Bewusstsein* gebildet. Auf dem sogenannten „Gaibacher Konstitutionsfest" von 1832 schickten sich mehr als 6.000 fränkische Freiheitspatrioten an, den König an seine „Verfassungsversprechen" zu erinnern. Die *fränkische Opposition* bildete eine Art *Fronde* im Bayerischen Landtag. Wichtigste Vertreter der „Fränkischen Opposition" waren die Bürgermeister von Würzburg und Bamberg, Wilhelm Joseph Behr (1775–1851) und Franz Ludwig von Hornthal (1765–1833), sowie der Mediziner Johann Gottfried Eisenmann (1795–1867). Die „fränkische Separation" ist indes bis in unsere Tage eine Art „politisches Programm".

Schon in den 1820er Jahren begann mit verhältnismäßig großen Schritten die Industrialisierung in Franken. Nürnberg entwickelte sich rasch zu einem Zentrum des Maschinenbaus. Dafür stehen Firmennamen wie Cramer-Klett und Spaeth. In Schweinfurt wurde später die Kugellagerindustrie mit Weltbedeutung sesshaft. Die wachsende Industrie in Franken warf auch die soziale Frage auf. Die Aufwendungen für die gemeindliche Armenfürsorge in Franken waren bereits bis zum Jahre 1830 um ein Vielfaches gestiegen. Auch die auf dem Land lebenden Juden verarmten. Dennoch ist Franken in der ersten Hälfte des 19. Jahrhunderts zum unbestrittenen *Schwungrad* der bayerischen Wirtschaft aufgestiegen. Frankens späteres Prädikat als neuer „Hochtechnologiestandort" in Bayern war damit bereits vorgezeichnet. Etliche Weltfirmen sind in Franken heimisch geworden. Seit 1871 haben dann die sogenannten „Gründerjahre" das Wirtschaftswachstum noch beschleunigt. Von der fränkischen Wirtschaftskraft wusste auch Reichskanzler Otto von Bismarck. Der damalige preußische Ministerpräsident hatte am Vorabend des Deutschen Krieges von 1866 inkognito Franken bereist und die Menschen um ihre politische Meinung gebeten. Ob Berlin daran dachte, beim „Friedensschluss" die einstigen preußischen Fürstentümer Bayreuth und Ansbach wieder an sich zu bringen? Das Volk sprach vehement ein „Nein!" Später hat Bismarck von seinem Kurort Bad Kissingen aus Weltgeschichte geschrieben.

Franken sollte im Zweiten Deutschen Kaiserreich ein kaum dagewesenes Beispiel an religiöser Toleranz sehen. Jüdische Kultur und Bildung in Franken erlebten eine neue Blüte. Auch das politische Vereins- und Parteienleben kam landauf, landab in Bewegung. Die Gesellen- und Kriegervereine prägten die fränkischen Ortsbilder. Franken erlebte „Kaiserparaden" wie in Nürnberg und stand im Zeichen der „preußischen Militarisierung". Wenn Franken *mitredete*, dann geschah das häufig durch überragende Persönlichkeiten. Hat doch Franken im letzten und vorletzten Jahrhundert zahlreiche hochkarätige Politiker hervorgebracht: etwa den als „Beruhiger in Dauerkrisen" geltenden und besonders honorigen deutschen Reichskanzler Fürst Chlodwig zu Hohenlohe-Schillingsfürst, den aus Fürth gebürtigen deutschen Bundeskanzler und als „Vater der Sozialen Marktwirtschaft" geltenden Ludwig Erhard (1897–1977), den liberalen Politiker Thomas Dehler (1897–1967) sowie den aus Fürth gebürtigen US-Außenminister Henry Kissinger.

Das vorliegende Buch erhebt keinen Anspruch darauf, eine lückenlose Abfolge der politischen und gesellschaftlichen Ereignisse im 19. und 20. Jahrhundert wiederzugeben. Franken stellt ein mannigfaches *Schatzkästlein* dar, von dem hier einige der in Hunderten von Farben schillernden „Schubladen" aufgetan werden sollen. Dabei wollte der Autor keineswegs alltagsgeschichtliche „Nebensächlichkeiten" aus Franken mit in die „Hohe Politik" mischen. Wenn aber historisch *weniger wichtige* Details zu einer größeren „Tiefenschärfe" des Ganzen beitrugen, blieben sie nicht unerwähnt.

Offensichtlich aber haben die ganze Vielschichtigkeit des politischen Begriffes „Franken" und dessen semantische Spannbreite in den vorangehenden 125 Jahren verhindert, eine umfassende Geschichte Frankens für das „lange" 19. Jahrhundert und für das 20. Jahrhundert hervorzubringen. Zuletzt hat uns der Bibliothekar Friedrich Stein (1820–1905) im Jahre 1885 eine stark politisch akzentuierte Gesamtdarstellung des historischen Raumes „Franken" präsentiert. In vielen singulären Themen verpflichteten Beiträgen zur Geschichte Frankens wurde nicht daran gedacht, die Bedeutung der Landschaft in einen überregionalen Rahmen einzuordnen. Das hat nicht zuletzt zu einer ereignisgeschichtlichen „Verkürzung" geführt. Zu inhaltlich erstaunlich umfassenden Veröffentlichungen ist in seinen Jahrbüchern der „Historische Verein für Württembergisch-Franken" gelangt. Unter anderem hat der aus Duisburg gebürtige Historiker Volker Stalmann 2008 eine den „Blick über den Horizont" werfende Biographie des über Jahrzehnte die deutsche Politik mitgestaltenden Politikers und deutschen Reichskanzlers Fürst Chlodwig zu Hohenlohe-Schillingsfürst vorgelegt.

Frau Sylvia Ostertag-Henning danke ich sehr herzlich dafür, das Buchmanuskript von seiner Entstehung bis zur Fertigstellung stets mit kritischen und immer schöpferischen Gedanken begleitet zu haben. Ich habe Frau Ostertag-Henning etliche Anregungen zu verdanken! Des Weiteren hat Herr Wolfgang Froese M.A. vom Casimir Katz Verlag mir nicht nur zahlreiche Denkanstöße und bedenkenswerte Hinweise geliefert, sondern auch den nicht unproblematischen Strukturaufbau der Arbeit begleitet. Sehr herzlichen Dank bringe ich auch meinem Schwiegersohn Florian Trykowski entgegen, für das neue Buch wieder beste Fotografien beigesteuert zu haben.

Dr. Michael Peters, April 2011

1.
Franken im Zeitalter Napoleons I.

Franken um 1800

Der Fränkische Reichskreis

Franken kurz vor der Auflösung des Heiligen Römischen Reiches Deutscher Nation: Das einstige Königsland Franken, das nur noch nominell den Titel „Herzogtum Franken" führte und militärisch, politisch und wirtschaftlich durch den Fränkischen Reichskreis „zusammengehalten" wurde, verharrte in tiefer territorialer Zersplitterung. Zahlreiche politische Gebilde und Reichskörperschaften – große und kleine geistliche Stifte, Reichsstädte und Reichsdörfer, Fürstentümer, Grafschaften und Reichsstädte – teilten sich die fruchtbare wie vielfältige Landschaft an Main, Regnitz, Jagst und Tauber. Insgesamt setzte sich der Fränkische Reichskreis um 1800 aus 4 geistlichen und 6 weltlichen Fürstentümern, 10 Grafschaften und Herrschaften sowie 5 Reichsstädten zusammen. Hinzu kamen die außerhalb der Kreisorganisation stehende und in der Fränkischen Ritterschaft zusammengefasste Reichsritterschaft sowie zwei reichsunmittelbare Dörfer. 1790 lebten im Fränkischen Reichskreis etwa 1,4 Millionen Einwohner.

Politisch wie kulturgeschichtlich spielten in dem einen territorialen wie politischen „Flickenteppich" bildenden Gebiet, das sich von Salzungen an der Werra bis Eichstätt und von Wertheim bis nach Wunsiedel erstreckte, die geistlichen Fürstbistümer Würzburg und Bamberg, die hohenzollerischen Markgrafschaften Ansbach und Bayreuth sowie endlich die Reichsstadt Nürnberg eine besonders gewichtige Rolle. Die beiden Markgrafschaften Ansbach und Bayreuth waren aufgrund des Erbverzichts des kinderlosen Karl Alexander von Brandenburg-Ansbach-Bayreuth Ende 1791 an Preußen gefallen. Damals lebten im Fürstentum Ansbach den zeitgenössischen Statistiken zufolge etwa

143.000 Untertanen, während sich Preußen in seinem Fürstentum Bayreuth auf 180.000 Bewohner stützte. Kaum ein anderes Gebiet in Deutschland wies gegen Ende des Alten Reiches eine solche „Dichte" an politischen Herrschaften mit fortwährend „wechselnden" Konfessionen auf. Die Grafschaft der Schenken von Limpurg – das sogenannte „Limpurger Land" – etwa bildete eine fränkische Exklave ohne eine *Landverbindung* zum Fränkischen Reichskreis. Auch lag im Fränkischen Reichskreis die Enklave Stadt Königsberg, welche herrschaftlich im Jahre 1683 an das lutherische Herzogtum Sachsen-Hildburghausen gekommen war. Die fränkische Reichsritterschaft gliederte sich in die Kantone Altmühl, Baunach, Gebürg, Odenwald, Rhön-Werra und Steigerwald.

Zu Recht hat aber der Erlanger Historiker Werner K. Blessing darauf hingewiesen, dass Franken gegen Ende der Auflösung des Alten Reiches „als ein Ganzes durchaus politisch existiert" hat, dies indessen vor allem, weil der Fränkische Reichskreis am Ende des 18. Jahrhunderts im Rahmen „der Entschärfung lange hemmender Konflikte auch seine tatsächliche Handlungsfähigkeit bemerkenswert" zu steigern wusste. Gab es doch in den 1790er Jahren immerhin Ansätze, „angesichts der Französischen Revolution" zu „einem wesentlich weitergehenden" verfassungsgeschichtlichen Status: „Die Kreisverwaltung sollte zur parlamentarischen Repräsentation einer fränkischen Nation aufgewertet werden" [Blessing, W.: Franken. Vorstellung und Wirklichkeit, S. 342].

Einen anderen, zentralistischen Weg ging Preußen in Ansbach-Bayreuth. Obwohl die Fürstentümer nach dem Erbverzicht des letzten Markgrafen formal eigenständig blieben, wurden sie faktisch wie eine preußische Provinz behandelt. Der preußische Staatsmann Karl August Freiherr von Hardenberg betrieb hier eine Art verwaltungsorganisatorischer „Revolution von oben". Gleich 1792 begann Hardenberg damit, in Ansbach-Bayreuth die vier „Rumpfministerien" *Inneres, Finanz, Justiz, Krieg* einzuführen. Der britische Historiker Christopher Clark sprach erst vor Kurzem von der „Frankenclique", da Hardenbergs Stabsleute später hohe politische Chargen bekleideten. Freiherr von Hardenberg beargwöhnte die Reichsritterschaft, zu der allein im Bayreuther Landesteil 235 unabhängige Rittergüter gehörten, als „Staat im Staate". Daher zwang er die Ritter teils mit militärischer Gewalt, sich der preußischen Oberhoheit zu fügen. 1796 ging Hardenberg auch daran, etliche Verträge der fränkischen Hohenzollern für null und nichtig zu erklären. So annullierte Hardenberg etwa auch den zwischen Bayreuth und den Grafen von Giech 1699 geschlossenen „Landeshoheitsvertrag" und bewilligte den Grafen von Giech damit nur noch die „superioritas territorialis subordinata".

Revolutionskriege auf fränkischem Boden

Seit 1792 herrschte in Europa Krieg zwischen dem revolutionären Frankreich und einer großen Koalition der „alten Mächte". Nach anfänglichen Erfolgen der Koalitionsarmeen verlagerte sich der Krieg zunehmend auf deutschen Boden. Vergeblich bemühte sich der Fränkische Kreistag in Nürnberg 1795 um einen Waffenstillstand mit der französischen Revolutionsarmee unter ihrem Generalstabschef Ernoulf. Frankreich verschonte nur die fränkischen Gebiete des seit 1795 neutralen Preußen. Im Jahre 1796 stand die französische Armee unter Marschall Jean-Baptiste Jourdan im Fränkischen Reichskreis. Sie hielt Würzburg besetzt, erlitt dann jedoch am 3. September 1796 beim unterfränkischen Oberpleichfeld eine schwere Niederlage. Hier standen 44.000 Österreicher gegen 30.000 Franzosen. Der Sieger, Erzherzog Karl, wurde dann auch zum „Retter Frankens" „emporgehoben". Die Fürstbischöfe von Würzburg, Bamberg und Eichstätt waren 1795 ins Exil geflüchtet. 1800 und 1801 folgte nochmals eine französische Besatzungszeit Frankens. Im sogenannten „Parsberger Waffenstillstand" vom 15. Juli 1800 zwischen Franzosen und Österreichern wurde ein Großteil des Hochstifts Bamberg zur französischen Einflusssphäre deklariert. Eine Art „Demarkationslinie" entlang der Regnitz und der Rednitz und entlang dem Main trennte jetzt „Französisch-Franken" und „Österreichisch-Franken". Damals nahm General Souham im Kloster Ebrach sein Quartier. Der Speyrer Waffenstillstand vom 25. Dezember 1800 sanktionierte die französische Inbesitznahme von Bamberg, Forchheim, Baiersdorf, Staffelstein und Lichtenfels.

Fränkische Sympathien für das revolutionäre Frankreich

Gegenüber dem revolutionären Frankreich gab es deutliche Sympathiebekundungen einer politisch freisinnigen und „frankophil" denkenden Bevölkerung. Manche behaupteten, „ein befreundetes Volk sei in den Bund der Franken wieder aufgenommen". Wirklich „frankophil" waren vor allem die jüngeren „reformfreundlichen" Beamten bürgerlicher und adliger Herkunft. Auch das „städtische Bürgertum und die Bauern waren weitgehend frankreichfreundlich". Lediglich der Hochadel und der Prälatenstand sympathisierten mit Österreich (Eberhard Weis). Bereits im Jahre 1793 hatten Musikanten in Schweinfurt Freiheitslieder angestimmt. Der deutsche Dichter Friedrich Wilhelm von Schütz lud die „Franken" gar ins Land ein:

„[…] Ach Franken helft! Jetzt ist es Zeit!
Kommt doch in unsere Lande,
Und stürzt die Ungerechtigkeit
Und löst unsere Bande!
Macht uns von allem Übel los
Und setzt durch einen Gnadenstoß
Die Despotie vom Throne!
Wir wollen, tapferer Franken Schar,
Mit Vivat euch begegnen,
Und euch zu diesem Neuenjahr
Mit Heil und Freude segnen!"

In Erlangen wie in Nürnberg eilten viele Einwohner den herannahenden französischen Truppen entgegen und signalisierten „große Freude, die Franzosen zu sehen". Ein altes Gebet aus der „Endzeit" des Ancien Régime schloss: „Stärke die edlen Kämpfer für unsere Rechte und Würden, die Franken, so du zu unserer Befreiung ausgewählt hast." Allerdings sprechen die Quellen, dass es 1796 in Nürnberg ausgerechnet unter dem „humanen Unterführer Bernadotte", dem späteren König von Schweden und Norwegen, zu Plünderungen kam, weshalb „gerade Jourdan [...] erleben mußte, daß sich das geplagte Landvolk gegen diese ‚Befreier' wütend erhob". Auch ist überliefert, der damalige französische Oberbefehlshaber Jean-Baptiste Jourdan habe in „Franken die Einwohner bis aufs Blut ausrequiriert".

Es kam auch deshalb nicht selten zu Übergriffen von französischen Soldaten auf die einheimische bäuerliche Bevölkerung, weil etwa bei hohem Marschtempo „sich die Soldaten ihren Unterhalt auf eigene Faust" beschaffen mussten. Freilich blieben die Übergriffe von französischen Soldaten auf die Zivilbevölkerung im Gegensatz zu den „totalen Kriegen" des 20. Jahrhunderts ohne jeglichen „systematischen Charakter". Trotzdem brachten die französischen Kontributionen die fränkische Bevölkerung oftmals nahe an den wirtschaftlichen Abgrund. Daher kam es auch immer wieder zu Widerstandshandlungen. Zuerst war im sogenannten „Fränkischen Bauernkrieg" vom Jahre 1796 seitens der „mittelbäuerlichen" und auf ihre bedrohten Privilegien pochenden fränkischen Landbevölkerung gegen die französische Armee „mit der Faust" Front gemacht worden. So setzten sich vor allem in der Rhön, im Spessart und im Odenwald bäuerliche Besitzer mittels Raub und Plünderung gegen die „neue Staatsräson" zur Wehr.

Territoriale Neuordnung Frankens in der napoleonischen Zeit

Rastatter Friedenskongress – Diskussion um die Säkularisierung der fränkischen Bistümer

Um den Krieg zu beenden, schlug die französische Seite vor, dass die größeren weltlichen Mächte sich als Entschädigung für die von Frankreich besetzt gehaltenen linksrheinischen Gebiete an den geistlichen Territorien schadlos halten sollten. Vor allem Preußen und Bayern griffen diesen Plan sofort auf. Allerdings wurde noch auf dem Rastatter Friedenskongress 1797/99, an dessen Ende der spektakuläre „Rastatter Gesandtenmord"

(28.4.1799) stand, die „durchaus ernsthafte Erhaltung und Bewahrung der Hochstifte Würzburg und Bamberg“ erörtert. Einzelne „Vertreter deutscher Staaten waren gewillt“, einer territorialen Umgestaltung Frankens zuzustimmen. Das hebt etwa Ernst Deuerlein in seiner Habilitationsschrift hervor.

Auf dem Rastatter Friedenskongress war der Fränkische Reichskreis durch das Hochstift Würzburg, namentlich durch den Domherrn und Diplomaten Friedrich Lothar Graf von Stadion (1761–1811) vertreten. Am 2. November 1797 traf Graf von Stadion Bonaparte, welcher Stadion persönlich „aus dem Sattel heben“ wollte: „Warum gibt es geistliche Fürsten, da doch nach Christus das Reich der Priester nicht von dieser Welt ist?“ Das seien „die Folgen der gesellschaftlichen Ordnung in Deutschland“, erwiderte der fränkische Kirchenmann. Woraufhin Napoleon Bonaparte einen neuen und diesmal entwaffnenden Angriff vortrug: „Das Heilige Römische Reich Deutscher Nation ist nur noch ein metaphysischer Körper [...] Warum führen die geistlichen Fürsten Krieg als Diener der christlichen Liebe?“

Stadion warb weiterhin in Rastatt für eine Übertragung der Kurwürde von Trier nach Würzburg – dem „Kurwürzburg“, wobei das Hochstift Würzburg um das Hochstift Bamberg vergrößert werden sollte –, vermochte sich aber nicht durchzusetzen. Das „Conclusum“ vom 4. April 1798 setzte die Säkularisation „im Prinzip“ fest. Am Ende blieb Stadions Ansinnen auch deshalb erfolglos, weil Ende März 1801 die Vertreter Russlands in Paris und an den deutschen Höfen einen „Ersten russischen Säkularisierungsplan“ vortrugen und weil mit „der Verständigung zwischen Frankreich und Russland, die auf der außerordentlichen Reichsdeputation als ‚vermittelnde Mächte‘ auftraten“, „das Entschädigungsgeschäft weitgehend in seiner Richtung bestimmt“ blieb. Aber auch Preußen wurde, was seine Pläne für Franken anbelangte, vernichtend geschlagen: Am 17. April 1801 ließ Talleyrand den preußischen Vertreter in Paris, Girolamo Marchese Lucchesini (1751–1825), wissen, dass Napoleon Bonaparte endgültig seine Zustimmung für eine preußische Annexion der beiden fränkischen Bistümer verweigert habe.

Reichsdeputationshauptschluss: Bayern setzt sich in Franken fest

Mit dem Frieden von Lunéville (9.2.1801), der die Feindseligkeiten zwischen dem Reich und Frankreich beilegte, und dem darin seinen Ursprung nehmenden Reichsdeputationshauptschluss vom Februar 1803 geriet auch Franken in den Sog der politischen Neuordnung Deutschlands. Sah doch der Frieden von Lunéville in seinem Artikel 7 bereits vor, dass „die deutschen Fürsten, welche auf dem linken Rheinufer Gebiete verlieren“, „in Deutschland entschädigt werden“ sollten.

Ohne den endgültigen Reichstagsbeschluss abzuwarten, sorgte Bayern bereits 1802 durch die militärische Besetzung der in Aussicht gestellten Territorien für vollendete Tatsachen. Dem Haus Wittelsbach fielen auf diese Weise der größte Teil des Hochstifts Würzburg und das Hochstift Bamberg zu. Außerdem gewann es die Reichsstädte Schweinfurt, Rothenburg, Weißenburg und Windsheim sowie die beiden Reichsdörfer Sennfeld und Gochsheim. Von den bislang selbständigen fränkischen Städten konnte lediglich Nürnberg seine Unabhängigkeit vorerst retten.

Württemberg, das nun wie auch Baden zum Kurfürstentum aufstieg, vermochte sich 1802/03 unter anderen die Reichsstädte Heilbronn und Hall (beziehungsweise Schwäbisch Hall, wie die Bezeichnung seit 1934 lautet) einzuverleiben. Zu den Gewinnern der Neuordnung zählten auch die Fürsten von Leiningen, für die aus würzburgischen, kurmainzischen und kurpfälzischen Gebietsteilen ein völlig neues Territorium geschaffen wurde, das vom Main bei Tauberbischofsheim bis in den Odenwald reichte. Als einziger geistlicher Fürst vermochte sich der bisherige Mainzer Kurfürst Karl Theodor von Dalberg zu behaupten. Für ihn wurde aus kurmainzischen und würzburgischen Ämtern das Fürstentum Aschaffenburg gebildet.

Endgültige Auflösung des Reiches –Länderschacher in Franken

Im Herbst 1805 überzog Franken von Neuem Kriegsgefahr. Österreich hatte sich 1805 der dritten Koalition gegen Frankreich, bestehend aus Großbritannien, Russland und Schweden, angeschlossen. Da seit langem Friedrich Wilhelm III. von Preußen auf „Neutralität" setzte, blieb dem bayerischen Kurfürst Maximilian Joseph nichts anderes übrig, als sich mit Paris gutzustellen. Denn bereits im Sommer 1805 bewegten sich österreichische und französische Armeen in Richtung Franken vor. Bayern und Frankreich arrangierten sich daher am 25. August 1805 in dem ganz geheimen und „erst im 20. Jahrhundert bekanntgewordenen" (Eberhard Weis) Vertrag von Bogenhausen. Bayern kündigte mit ihm sein bisheriges Bündnis mit Österreich und Russland auf und wechselte an die Seite Frankreichs.

Offensichtlich war Napoleon I. der strikten preußischen Neutralitätspolitik überdrüssig. Truppen des Französischen Kaiserreiches unter dem aus Wolfsbuchweiler an der Tauber gebürtigen Marschall François-Christophe Kellermann (1735–1820) drangen im Oktober 1805 bei Ansbach auf preußisches Gebiet vor. Entlang der von sonnenschützenden Pappeln gesäumten Alleen bei Sickershausen ist es auch zu preußisch-französischen Scharmützeln gekommen. Das war die französische Antwort auf das lange Hinauszögern einer Antwort auf die „demandes exagérées" (maßlos hohen Forderungen) an Friedrich Wilhelm III. Napoleon selbst nannte dem preußischen König einen politischen „Dummkopf" („sot").

Nach der Schlacht von Austerlitz, die den Krieg zugunsten Frankreichs entschied, wurde Bayern „der große Gewinner der ‚napoleonischen Flurbereinigung' in Süddeutschland" (Rudolf Endres). Als eine Art „Pufferstaat" gegen das Kaiserreich Österreich förderte Napoleon I. Bayern nach Kräften. Kurfürst Maximilian IV. Joseph von Bayern erhielt im Dezember 1805 im Frieden von Preßburg die Königswürde zugesprochen. Im Vertrag zu Schönbrunn vom Dezember 1805 trat Preußen das Fürstentum Ansbach an das Kaiserreich Frankreich ab, das es im Tausch gegen das Herzogtum Berg 1806 an Bayern weitergab. Im Rahmen des großen Länderschachers gewann Bayern außerdem Tirol von Österreich, musste dafür aber auf Würzburg verzichten. Denn dieses fränkische Territorium wurde gebraucht, um dem bisherigen Kurfürsten von Salzburg ein neues Kurfürstentum zu verschaffen, nachdem dieser sein Land an Österreich hatte abgeben müssen.

Nur rund ein halbes Jahr später, am 16. Juli 1806, versetzte Bayern dann zusammen mit fünfzehn weiteren Reichsständen dem Alten Reich den Todesstoß, indem es dem Rheinbund unter dem Protektorat Napoleons beitrat. Kaiser Franz II. legte am 6. August 1806 in Wien die deutsche Kaiserkrone nieder und entband Kurfürsten, Stände und alle Reichsangehörigen, darunter etwa auch die reichsunmittelbaren „Freien und Herren" von Egloffstein, von all ihren „Reichspflichten". Doch noch lange bevor Franz II. das Heilige Römische Reich Deutscher Nation für erloschen erklärte, hatte der aus dem vormaligen „Westfranken" gebürtige Staatsrechtler Joseph Görres anlässlich der französischen Eroberung von Mainz das Ende verkündet: „Am dreysigsten December 1797, am Tage des Übergangs von Maynz, Nachmittags um drey Uhr, starb zu Regensburg in dem blühenden Alter von 955 Jahren, 5 Monaten und 28 Tagen sanft und selig an einer gänzlichen Entkräftung und hinzugekommenen Schlagflusse, bey völligem Bewußtsein und mit allen heiligen Sakramenten versehen, das Heilige römische Reich schwerfälligen Andenkens [...] Requiescat in Pace [...] Ach! Wären die Franzosen nicht gewesen, Es würde nicht unter diesem Steine verwesen."

In der Reinbundakte hatten die Vertragsstaaten umfangreiche Gebietsänderungen vereinbart, die auch die Verhältnisse in Franken nochmals erheblich umgestalteten. Damit wurde auch das Schicksal der alten Reichsstadt Nürnberg besiegelt, die nach vorangegangener französischer Einnahme am 15. September 1806 Bayern zugeschlagen wurde. Das Fürstentum Hohenlohe und die Grafschaft Limpurg fielen an das zum Königreich erhobene Württemberg, während das neue Großherzogtum Baden das Fürstentum Leiningen und die Grafschaft Wertheim links des Mains erhielt. Kirchberg allerdings kam zunächst an das Königreich Bayern, dann 1810 endgültig an Württemberg. Der Größenordnung nach machten die Hohenloheschen Gebiete um das Jahr 1806 insgesamt 32 Quadratmeilen mit annähernd 100.000 Einwohnern in 17 Städten, 7 Marktflecken und 250 Dörfern und Weilern aus. 1810 besuchte dann der württembergische König Friedrich I. auch seine Neuerwerbungen an der Tauber. In einem bayerisch-württembergischen Staatsvertrag von demselben Jahr 1810 ist auch die Stadt Crailsheim sowie ein Teil des alten Rothenburger Landgebietes an das Königreich Württemberg gekommen. Bereits 1809 war der im Reichsdeputationshauptschluss noch als souverän anerkannte Deutsche Orden im Gebiet des Rheinbundes für aufgelöst erklärt worden. Sein Hauptsitz Mergentheim fiel an Württemberg, ein Aufstand der dortigen Bevölkerung, der sich an der Aushebung von Rekruten entzündet hatte, wurde blutig niedergeschlagen.

Preußen wird aus Franken verdrängt

Kein Geringerer als Napoleon I. Bonaparte selber kam am 3. Oktober 1806 nach Würzburg, um sich mit dem bisherigen Kurfürsten und nun Großherzog Ferdinand III. von Würzburg zu treffen. Napoleon I., der von Würzburg als von dem „schönsten Pfarrhaus Europas“ gesprochen haben soll, unterzeichnete in der hiesigen Residenz die „Mobilmachung“ gegen Preußen. Am 8. Oktober 1806 erklärte sodann Preußen dem Kaiserreich Frankreich den lange aufgeschobenen Krieg. Sachsen, Braunschweig und Sachsen-Weimar schlossen sich dem „Kriegsmanifest“ an. Berlin hatte neben dem Scharmützel bei Sickershausen 1805 auch weitere Grenzzwischenfälle auf preußischem Gebiet und weitere „Malentendu diplomatique“ (diplomatische Missverständnisse) minutiös „protokolliert“, die in der Summe den für Preußen glücklosen Vierten Koalitionskrieg auslösten und zur eiligen preußischen Mobilmachung (9.8.1806) führten. De facto war der preußisch-französische Krieg von 1806 nur lange verschoben worden. Von Bayreuth, Coburg und Kronach aus marschierte Napoleons Armee, nachdem der Franzosenkaiser noch in Aschaffenburg Quartier genommen hatte und den Rheinbundmitbegründer Reichsfreiherrn Karl Theodor von Dalberg traf, in Thüringen ein.

Zu preußisch-französischen Kampfhandlungen ist es zuerst in Coburg des Nachts am 8. Oktober 1806 gekommen, als französische „Chevau(x)legers“ preußische Husaren angriffen. In der Doppelschlacht von Jena und Auerstedt am 14. Oktober 1806 kämpften auf preußischer Seite das „Hohenlohesche Korps“ unter Fürst Friedrich Ludwig zu Hohenlohe-Ingelfingen sowie die berühmten „Bayreuth-Dragoner“, deren „Chefin“ Königin Luise war. Was Hohenlohe für unmöglich gehalten hatte, eine fatale „Friktion“, war eingetreten: die Franzosen hatten es tatsächlich vermocht, Artillerie über den „Steiger“ auf den Landgrafenberg bei Jena zu befördern. Das war der Zeitpunkt, da Preußen mit 10.000 Gefallenen mehr als eine „Bataille“ verlor. Der Napoleon I. auf die Höhe seiner Macht bringende Vierte Koalitionskrieg (1806-1807) – namentlich im Tilsiter Frieden von Juli 1807 – war mithin in Franken, in Sickershausen im Ansbachischen und im thüringisch-fränkischen Coburg, zuerst aufgeflammt.

Im Frieden von Tilsit 1807 musste Preußen zugunsten von Frankreich auch auf Bayreuth verzichten. Nach dreijähriger „Franzosenzeit“ kam das ehemalige brandenburgische Fürstentum, das als „pays reservé“ verwaltet wurde, 1810 im Vertrag von Paris (28.2.) zusammen mit der fränkischen Exklave Kaulsdorf – einst wettinisches Lehen – in Thüringen an die Krone Bayern. Damals musste auch beim oberfränkischen Töpen die Grenze zwischen dem Königreich Bayern und dem thüringischen Fürstentum Reuß neu „gezogen“ werden, wovon noch heute die von 1810 erhaltenen Grenzsteine mit „KB“ und „FR“ als Initialen – Königreich Bayern und Fürstentum Reuß – Zeugnis ablegen. Und eine Bayreuther Schützenscheibe von 1842 erinnert daran, dass Bayern die Eingliederung von Bayreuth 1810 die stolze Summe von 11,2 Millionen Gulden kostete.

In Bayreuth ist der politische Übergang an Bayern seitens der Bevölkerung keineswegs mit „Jubel“ aufgenommen worden. In den Jahren zwischen 1810 und 1812 befürchtete die bayerische Regierung gar einen Aufstand der fränkischen Bevölkerung, sollte sie etwa von dem später „Retter Europas“ genannten Zaren Alexander I. „befreit“ werden.

Franken unter den neuen Herren: eine schwierige Beziehung

Ressentiments gegen „München"

Für Schweinfurt ist am Ende der reichsstädtischen Zeit im Jahre 1802 laut einer Tagebuchnotiz schriftlich bezeugt, dass „manche Leute" ob des Verlustes der Selbstständigkeit „geweint" hatten. Es war zu der Zeit, da im politischen Bewusstsein des Bürgertums erstmals eine Art „öffentliche Meinung" aufkam. Entsprechend der aufklärerischen Lehre des im Winter 1769 einen Ruf des Markgrafen Karl Alexander an die junge Universität Erlangen ablehnenden Philosophen Immanuel Kant musste „das Recht der Menschen [...] heilig gehalten werden, der herrschenden Gewalt mag es auch noch so große Aufopferung kosten". Das „Umdenken" in dieser Zeit des permanenten Wandels 1790 bis 1818 erstreckte sich nicht nur auf die politischen und kommunalen Gegebenheiten, sondern erfasste alle Lebensbereiche. So wich das preußische Rechnungsjahr (1.6. bis 31.5.) vom bayerischen Rechnungsjahr (1.10. bis 30.9.) ab. Allein die Guldenrechnung überdauerte. Nicht zuletzt die rigiden neuen Grenzziehungen in Franken seit 1802/03 sorgten für Unmut. Man fühlte sich in doppelter Weise von Napoleon und Bayern fremdbestimmt, wie das folgende „Glaubensbekenntnis" veranschaulicht:

„Ich glaube an den Kaiser Napoleon, mächtigen Schöpfer der Republiken und Königreiche, an Maximilian Joseph, seinen eingeborenen Sohn, unsern Herrn, der empfangen ist von der heiligen Vorsehung [...], gelitten unter Franz dem Zweiten, gekreuzigt, doch nicht gestorben und begraben, abgestiegen zu den Franken, am 12ten Oktober [12.10.1810: Hochzeitstag von Kronprinz Ludwig und Therese von Sachsen-Hildburghausen, M.P.] wieder auferstanden von der Todesangst, aufgefahren nach München, sitzend zur rechten Hand Napoleons, des mächtigen Vaters; von dannen er kommen wird, zu richten die Getreuen und Heuchler; eine allgemeine Versammlung, Gemeinschaft von Europas Potentaten, Ablaß der österreichischen Schulden durch Bezahlung, Auferstehung des baierischen Nationalruhmes und ein friedliches Leben. Amen."

Weitere Ressentiments gegen München kamen auf, als ganze fränkische Bibliotheken und weiteres unschätzbares Kulturgut wie Münzsammlungen nach München verlagert oder *verschleudert* wurden. So ist etwa auch 1812 das altehrwürdige Bamberger Stiftsarchiv an das Allgemeine Reichsarchiv in München angegliedert und dem „Königlich Bayerischen Archiv" unterstellt worden. Viele wunderschöne fränkische Sakralbauten wurden „geschleift", wie der Nestor der fränkischen Landesforschung, Prof. Alfred Wendehorst, in seiner Studie „Der Untergang der alten Abteikirche Münsterschwarzach 1804-1841" schon 1953 hervorgehoben hat. Insgesamt ist es nachweislich zu Abbrüchen von mehr als 127 Klöstern gekommen. Auch das 1803 aufgehobene Zisterzienserkloster Klosterlangheim wurde „geschleift", während von der 1803 aufgehobenen und der kurfürstlich-bayerischen Aufhebungskommission übergebenen Abtei Theres in Gazetten, so im „Schweinfurter Intelligenzblatt" von dem 12. März 1804 „Versteigerungsangebote" zu finden waren. Daher notiert die Chronik von Theres: „Am 27. April 1806 wanderten 17 Kisten mit Gold- und Silbersachen aus den säkularisierten Klöstern Frankens nach München an den Hof."

Besondere Empörung und Volkswut herrschte in Würzburg nach der Aufhebung des Dominikanerinnenklosters St. Markus, wobei der Volkszorn den bayerischen Kurfürsten Maximilian IV. Joseph als Verantwortlichen für die Säkularisation geißelte: wegen der „Trauer über den Verlust der Selbständigkeit" und wegen der „Beraubung des Vaterlandes, des Fürstbistums Würzburg, des gesamten Frankenlandes". Davon zeugte ein vom 11. November 1803 datiertes Gedicht mit 19 Strophen, „angeschlagen" an St. Markus.

Die besondere Tragik lag darin begründet, dass beispielsweise auch die „Akademiebewegung" – die Gründung der renommierten „Bayerischen Akademie der Wissenschaften" 1759 – ausgerechnet aus dem klösterlichen Bereich gekommen war. Ungeachtet dessen verbuchte der bayerische Staat seit dem Jahr 1808 ein derart immenses Haushaltdefizit, dass er daranging, auch den Adel zur Ader zu lassen. Vor allem die Fränkische Reichsritterschaft erlitt höchste Verluste an Hab und Gut. Weiteres Kulturgut wie Gemälde beispielsweise von Matthias Grünewald – unter anderem die „Verspottung Christi" – wurden in die Alte Pinakothek verbracht. Auch erklärte München alle mit Nürnberg geschlossenen Verträge für nichtig. Die Liste der Erniedrigungen für Franken ließe sich fast endlos fortsetzen. In zugespitzter Form hat der an der Universität München lehrende Historiker Hans-Michael Körner in seiner Studie „Staat und Geschichte im Königreich Bayern 1806-1918" deshalb argumentiert, dass die „Anfänge eines gesamt fränkischen Bewußtseins" überhaupt erst durch die Eingliederung in das bayerische Königreich provoziert wurden.

Die von vielen Franken ausgedeutete „bayerisch-französische Unterdrückung" in der Rheinbundzeit und während der Napoleonischen Kriege wertete das „Preußenbild" auf. Noch zur Zeit des Deutschen Krieges von 1866 soll ein betagter Franke auf die Nachricht des Herannahens preußischer Truppen gerufen haben: „Hurra, die Preußen kommen und geben uns unsere alte Freiheit wieder!", wie der Historiker Robert von Friedeburg in seiner Studie „Ländliche Gesellschaft und Obrigkeit" unterstreicht.

Die bayerische „Verwaltungsrevolution" schafft einen Zentralstaat

Das Konzept seiner die Verhältnisse in Bayern umstürzenden Reformpolitik hatte der damalige Wirkliche Regierungsrat Montgelas bereits 1796 im sogenannten „Ansbacher Mémoire" für seinen Obersten Dienstherrn, dem im preußischen Ansbach exilierten Bayernherzog Maximilian Joseph, ausgearbeitet. Dessen Herzogtum Pfalz-Zweibrücken war damals von den Revolutionsarmeen besetzt. Wie Hardenberg forderte Montgelas in seinem „Ansbacher Mémoire" für Bayern eine verwaltungstechnische Reform an Haupt und Gliedern. Montgelas sollte zu einer Art Erbwalter des Reformwerks Hardenbergs in Franken werden. Montgelas war seit 1799 kurbayerischer Außenminister, dann zusätzlich Innenminister seit 1806 sowie von 1803 bis 1806 und seit dem Jahr 1809 „Königlicher Finanzminister". Die am 1. Mai 1808 erlassene und am 25. Mai 1808 im Regierungsblatt verkündete „Konstitution für das Königreich Bayern" darf auch als eine Art „Fait accompli" von Montgelas gegen das französische Vorhaben einer bundesstaatlich ausgerichteten Rheinbundverfassung gewertet werden.

Der ersten bayerischen Verfassung von 1808 entsprach auf königlicher Verwaltungsebene die vollständige administrative Gleichstellung der neubayerischen und altbayerischen Gebiete [Endres, S. 58], die ohne Rücksicht auf überlieferte historische Bindungen in möglichst gleiche, nach Flüssen benannte Kreise gegliedert wurden. Insgesamt wurden in „Altbayern" und „Neubayern" zwischen 1802 und 1816 über 230 weltliche und geistliche *Staaten* administrativ und konstitutionell zusammengeschmiedet. Kein Geringerer als der nachmalige Staatskanzler Fürst Metternich sprach von dem bayerischen administrativen wie konstitutionellen Umbau später als von einer *Revolution.*

Die bisherigen Vorrechte des Adels wurden durch die Verfassung stark eingeschränkt. Von den schweren Verlusten der Fränkischen Reichsritterschaft ist schon die Rede gewesen. Eberhard Weis hat darauf hingewiesen, dass vereinzelte Stimmen für die rigorose Abschaffung des „Lehenssystems" plädierten. Doch die Abschaffung der alten ehernen Adelsprivilegien ging nur sukzessiv vonstatten. Noch bis 1848 verblieben dem grundbesitzenden Adel Gerichts-, Polizei- und Gemeindeaufsichtsbefugnisse. Die formale Steuergleichheit war erreicht, als im Juni 1807 nach französischem Vorbild aus der Revolutionszeit die Steuerbefreiung für den Adel abgeschafft wurde: „Der Adel behält seine Titel und, wie jeder Guts-Eigenthümer, seine gutsherrlichen Rechte nach den Bestimmungen; übrigens aber wird er in Rücksicht auf die Staatslasten, wie sie dermal bestehen oder noch eingeführt werden mögen, den übrigen Staatsbürgern ganz gleich behandelt. Er bildet auch keinen besonderen Theil der Nationalrepräsentation", verfügte die sich stark am Vorbild „Westphalen" orientierende „Bayerische Konstitution". Damit wurde die bayerische Staatssouveränität auch gegenüber dem Adel festgesetzt. Das einheitliche Steuersystem von 1808 aber baute auf dem Grundsteuerkataster auf, den der Mittelfranke Johann Georg Soldner (1776–1833) mit Hilfe seiner „alten bayerischen Triangulation" in der „Landesvermessungskommission" ausgearbeitet hatte.

Im Bereich der Justiz kündigte die bayerische Konstitution von 1808 ganz nach französischem Vorbild „für das ganze Reich ein eigenes bürgerliches und peinliches Gesetzbuch" an (Fünfter Titel, § VII.). Doch ist entsprechend der Mailänder Unterredung vom November 1807 zwischen Napoleon I., König Maximilian I. Joseph und Graf Montgelas der ins Auge gefasste „Code Napoleon" als Zivilrecht für Bayern niemals realisiert worden. Doch das maßgeblich von dem Rechtsgelehrten Paul Johann Anselm Ritter von Feuerbach (1775–1833) entworfene „Strafgesetzbuch für das Königreich Baiern" vom 1. Oktober 1813 mit seinem Prinzip der Gleichheit aller vor dem Gesetz orientierte sich sehr stark an dem französischen Vorbild. Die Folter wurde darin abgeschafft. Im Bereich des Militärwesens galt es, eine „National-Garde, und zur Handhabung der Polizei eine Gensd'armerie" zu errichten. Vergeblich hatte sich der Generalkommissar des Rezatkreises (seit 1808), Maximilian Emanuel Franz Freiherr von Lerchenfeld, der an der Entwicklung der bayerischen Verfassung großen Anteil nahm, für den Aufbau einer *Volksbewaffnung* ausgesprochen. Die „Allgemeine Wehrpflicht" ist entgegen der „Mehrheitsmeinung der Kommission" (Eberhard Weis) erst in der bayerischen Verfassung von 1818 festgeschrieben worden. Zivilehe, Parität der christlichen Religionen, Freihandelspolitik, Bildungsreformen und Judenemanzipation (1813) bildeten weitere verfassungsgeschichtliche Schwerpunkte der von Montgelas vollendeten, bereits aber von Fürst Hardenberg in den Fürstentümern Brandenburg-Bayreuth-Ansbach begonnenen verwaltungsmäßigen *Revolution von oben.*

Endlich hob Graf Montgelas die Selbstverwaltung in sämtlichen landesherrlichen Städten, Märkten und Kommunen auf, wie auch die der alten fränkischen Reichsstädte. Dabei hatten gerade die Reichsstädte 1802 das „damals noch republikanische Herz Bonapartes und Talleyrands" beschworen, es könne nicht angehen, wenn die Französische Republik die einzigen Republiken in Deutschland, nämlich die ehrwürdigen alten Reichsstädte, „den deutschen Fürsten als Beute hinwürfe" (Eberhard Weis).

Der Übergang an Bayern im Juli 1810 bescherte auch der alten Hugenottensiedlung Neustadt Erlangen die Einbuße aller ihrer bisherigen Privilegien und Sonderrechte. Im folgenden Jahr verlor auch die dortige französisch-refomierte Gemeinde ihre Selbstverwaltungsrechte. Im April 1812 wurden sodann beide Städte – die seit 1381 mit Stadtrechten versehene „Ackerbürgerstadt Erlang“ sowie die Neustadt „Christian Erlang“ – unter dem neuen Namen „Erlangen“ vereinigt. Das Bewusstsein für die überkommenen Rechte blieb dennoch lebendig, wie die kuriose Geschichte des Kampfes der Altstadtbürger um ihre Rechte zeigt. In der Altstadt bestanden in Form der „Altstädter Kommune“ nämlich „eigene Waldungen, Wiesen und sonstige unverteilte Gründe“ und damit eigene Vermögenswerte, die bis 1928 (!) fortlebten. Aufgrund von Baumfällungen am Burgberg, veranlasst 1813 durch die neue bayerische Verwaltung, kam es zu einem erbitterten Kampf um die „Altstädter Gemeindegründe“. Nach dem erst sehr späten „Vergleich“ im sogenannten „Städtevertrag“ von 1823 stand die Verwaltung der Forste der Altstadt unter der Aufsicht der bayerischen Behörden. Diesen Teil der Erlanger Stadtgeschichte hat der Rechtshistoriker Walther Rießbeck in seiner Doktorarbeit aufgearbeitet.

Schwierige wirtschaftliche Lage

Insgesamt litten Wirtschaft und Handel in Franken im Zeitalter Napoleons I. unter den Auswirkungen der politischen Ereignisse, namentlich unter den Napoleonischen Kriegen und der weite (europäische) Absatzgebiete abriegelnden „Kontinentalsperre“ von 1806. Unter anderem hatte Napoleon auch Tuchwaren ungeachtet ihrer Herkunft zu „englischen Waren“ deklariert und ihre Einfuhr nach Italien sowie Frankreich untersagt. Vor allem der Nürnberger Metallverarbeitung und dem fränkischen Handel schadete der von Frankreich auferlegte und scharf „umgesetzte“ Wirtschaftsprotektionismus. Die französische Reglementierungspolitik ließ auch den Nürnberger Spanienhandel „verlanden“, indem über Jahre fränkische Warengüter in Hamburg und Altona festlagen.

In Hall, das 1802/1803 an Württemberg gefallen war, wurden die Solequellen um 1804 verstaatlicht, und auch die Rechte der Sülfmeister gingen in den Jahren 1812 bis 1827 in Staatsbesitz über. „Das Hauptgewerbe der Stadt besteht in der Saline“, hatte noch der Haller Senator Johann Friedrich Hetzel im Jahr 1803 in den Statuten der Reichsstadt verkünden lassen. Doch die Zugehörigkeit von Hall zu Württemberg bescherte der städtischen Bevölkerung Nachteile. Die Saline, die jetzt 85 % des Salzbedarfs von ganz Württemberg lieferte, bildete nicht mehr den wichtigsten Auftraggeber für das Handwerk. Führten vormals die Salzsieder die wichtigen Holzspaltarbeiten aus, so wurden jetzt die „wenigst nehmenden“ - aus dem Umland herangezogene und angelernte Tagelöhner – mit den Handwerksarbeiten betraut. Sie verloren überdies seit 1817 ihre Stellen, „weil das benötigte Holz nicht mehr in ganzen Stämmen nach Hall geflößt und dort gespalten, sondern bereits vor dem Transport zerkleinert wurde. Nach Angaben des Stadtrats entgingen damit der ‚ärmsten Klasse‘ jährlich 15.000 bis 20.000 Gulden und die Stadt Hall musste 50-60 Familien mit Almosen unterstützen [...], welche sich sonst selbst ernährt haben‘“. Schon wenige Jahre zuvor hatten Überschwemmungen des Flusses Kocher zu „Produktionsstockungen und zu Ertragsminderungen geführt“. Auch die Haller Rotgerberzunft beklagte 1820 in einem Schreiben an den Handels- und Gewerbeverein in Stuttgart die Auswirkungen der Zugehörigkeit zu Württemberg: „Gegenwärtig sind wir mit dem Verkauf unserer Fabrikate bloß auf das Inland beschränkt. Früher haben wir auch starken Absatz in das Ausland, namentlich auch nach Bayern gehabt. Unser Gewerbe leidet in neueren Zeiten außerordentlich Noth. Eine Hauptursache hiervon ist gleich der gänzlich abgeschnittene Verkehr mit dem Ausland. Seit in Bayern bei dem Eingang von dem Zentner Leder 10 fl. Zoll bezahlt werden, seitdem können wir dahin durchaus keine Geschäfte mehr machen.“

Im benachbarten Rezatkreis kamen dagegen die Waren der Rothenburger Händler „zu über 60 % aus dem Ausland“, so dass sich bereits „die Nähe zum Königreich Württemberg“ bemerkbar machte. Bundschuh erwähnt in seinem bekannten „Lexikon von Franken", dass die Handwerker und Professionisten „keinen ganz unbedeutenden Verkehr ins Ausland haben und von daher viel Geld ins Land bringen". Doch eine weitere Expertise belegte die mangelnde Anlage von „Commerzial Straßen" im Rothenburgischen, ohne die „keine Rechnung auf eine örtliche Belebung der Handels Industrien zu machen" sei.

Zeitung und Berichterstattung: die Medienlandschaft um 1800 ändert sich

Zu Beginn des 19. Jahrhunderts war die Zeitung längst zu einem meinungsbestimmenden Medium geworden. Kaum jemand wusste besser als Napoleon I. Bonaparte, wie mit Hilfe von Rhetorik, Polemik und Zensur im „Blätterwald" die öffentliche Meinung „gesteuert" werden konnte. Einer der schärfsten Gegner der Zensur war der später zum Leitbild der „Burschenschaftsbewegung" werdende, aus Wunsiedel gebürtige Dichter Jean Paul. Viele wissen gar nicht, daß Johann Paul Friedrich Richter bei schlechtem Wetter vorzugsweise in der sogenannten „Rollwenzelei" – bei Dorothea Rollwenzel, eine halbe Stunde Fußweg von der Bayreuther Eremitage entfernt – zu schreiben pflegte. Der Historiker und Dozent Dr. Karl-Ludwig Ostertag-Henning († 2005) spricht dann auch vom „französische(n) Beispiel einer durch Publizistik erweiterten Politik". Dabei forderte die französische Besatzungspolitik eine „Vereinheitlichung" und Verminderung der Presse, wie es das napoleonische Edikt vom 3. August 1810 für die „politischen Blätter" vorsah.

Mithin bediente sich die französische Propaganda im Rahmen des *éclaicissement* auch der „unredlichen niederen Waffen". Zur Aufrechterhaltung der „Öffentlichen Ordnung" druckte beispielsweise das „Intelligenzblatt" am 16. August 1808 im damals französischen Erlangen die nachfolgende „Proclamation" ab: „[…] Ich gebe mir die Ehre, Sie zu benachrichtigen, daß das 5te Corps der großen Armee auf dem Marsch begriffen ist, um sich in die Provinz Baireuth zu begeben, wo es bis auf weitere Ordre cantonniren wird". Wir möchten auch Ihnen gegenüber wahrheitsgemäß und ehrlich versichern, „daß bei den Truppen des 5ten Corps die beste Mannszucht Statt hat [...] Sie können, meine Herren, diese Verfügungen den Einwohnern der Provinz bekannt machen und sie des besonderen Schutzes versichern, welchen der Herr Marschall Ihnen *zuschwört,* um den Aufenthalt der Armee weniger fühlbar zu machen".

Aufbegehren gegen Napoleon

Österreich und Preußen schüren den fränkischen Widerstand
Gegen die französische Besetzung Nürnbergs im März 1806 gab es vor allem heftige Proteste seitens des Rates. Doch auch politische Proteste von Gruppen und Einzelpersonen (Palm) wurden laut. Der patriotische Aufschrei des Nürnberger Buchhändlers Johann Philipp Palm († 1806) „Deutschland in seiner tiefen Erniedrigung" fand überregional ein großes Echo.

Ein weiterer, diesmal militärischer Widerstand in Franken erwuchs Napoleon I. um das Jahr 1807 in einer vom Grafen von Götzen gelenkten und von Erzherzog Johann von Österreich gestützten und von England mit Subsidien bedachten Untergrundbewegung. Der preußische Major und Stellvertretende Generalgouverneur von Schlesien Friedrich Wilhelm Graf von Götzen dachte daran, in den vormaligen Markgraftümern Ansbach und Bayreuth bei wachsendem Missmut der Bevölkerung über Napoleon einen Aufruhr gegen die französische Besatzung zu einer „hellen Flamme" zu entfachen. Der österreichische Kaiser Franz I., der sich vorerst nicht zum Krieg gegen Napoleon I. entscheiden konnte, kam Götzen mit geheimen Waffenlieferungen entgegen.

Ein glühender Verfechter des sogenannten „Volkskrieges" war auch der Kaiserbruder Erzherzog Johann. Im Gleichklang mit Götzen hatte er über den kommenden „Nationalkrieg" eine ausführliche Denkschrift ausarbeiten lassen – *„Die Aufwiegelung der Volksmassen"*. 1807 sah Götzens Plan vor, Bayreuth einzunehmen und das vormalige Fürstentum zu besetzen. Das wenig volkreiche Kulmbach – hier lebten im Jahre 1792 nur 2.772 Einwohner – sollte durch „einen Handstreich fallen oder sich von innen her selber öffnen“. Es war daran gedacht, zu dem bei Lauf an der Pegnitz gelegenen „Hügelzug von Rothenberg“ vorzupreschen, „um die nach Nürnberg führende Straße zu beherrschen“.

Das „Fanal“, den Aufstand gegen Napoleon deutschlandweit anzufachen, käme aus Franken, „wäre der Schlag gegen Bayreuth“, mutmaßte Götzen. Doch der französische General Legrand erhielt vorzeitig von dem Plan Kenntnis, so dass gleich der Anmarsch des ersten preußischen Freikorps – 300 Mann stark – vereitelt wurde. Im Juni 1807 scheiterte ein erneutes Handstreichunternehmen Götzens gegen Bayreuth. Schließlich vereitelte der für Preußen sehr bittere Frieden von Tilsit vorerst alle weiteren Widerstandsversuche. Letztmals erbot sich Götzen zu Beginn der Befreiungskriege Anfang 1813, seinem König Friedrich Wilhelm III. bei der Befreiung Europas vom Joch des Korsen dienstbar zu sein.

Die Fränkische Legion

Die „Fränkische Legion“ war um 1808 im Bayreuthischen von dem damaligen kurhessischen Major Graf Karl von Nostitz gegründet worden, an dessen Seite seit Mai 1809 auch der nachmalige preußische General der Infanterie und Ministerpräsident Ernst Heinrich Adolf von Pfuel als „Compananieführer“ focht. Sie verwickelten die Franzosen im Fränkischen, Sächsischen und Böhmischen immer wieder in Scharmützel. Nach dem für Österreich schmachvollen Frieden von Schönbrunn wurde die „Fränkische Legion“ im September 1810 aufgelöst und Pfuel wurde in das österreichische Infanterieregiment Erzherzog Rainer nach Prag „versetzt“. Hatte doch zuvor der „Retter von Franken“, Erzherzog Karl, durch seinen Sieg über den Franzosenkaiser im Mai 1809 Napoleon sein *Aspern* beschieden.

Später sollte der Jubel für die Fränkische Legion inhaltlich die Schmähschriften und den Hass gegen die Bayerische Regierung im deutschen Vormärz bestimmen. Die Wirkungsgeschichte der „Fränkischen Legion“ von 1809 ist nicht zu unterschätzen: Auch in Zusammenhang mit alten Jagd- und Forstrechten und den

Rechtstiteln der gemeindlichen Privilegien aus dem Alten Reich wurde das Wort von der „Fränkischen Freiheit" in der zweiten Hälfte des 19. Jahrhunderts zu einem politischen Standardbegriff.

Das Ende der Franzosenzeit

Am 24. Juni 1812, fünf Jahre nach dem Frieden von Tilsit, wurde die Memel von neuem der europäische Schicksalsfluss, als die Grande Armée den Strom bei Blitz und Donnergrollen in Richtung Moskau überschritt. Zur Vorbereitung auf den Angriff waren in Franken französische Soldaten einquartiert, die neben württembergischen Truppenkontingenten bei Zeil im Würzburgischen lagen. Napoleon selbst hatte noch am 14. Mai 1812, einem Donnerstag, zusammen mit seiner Gemahlin Marie Louise von Österreich sich für Stunden in Bamberg aufgehalten, wo er unter großem Jubel der Bamberger Bevölkerung im *Bambergerhof* abgestiegen sein soll. Nochmals sah Bamberg den in Russland geschlagenen Napoleon am 2. August 1813.

Mitte Oktober 1813 war Napoleon I. in der Völkerschlacht bei Leipzig seitens preußischer, österreichischer, russischer und schwedischer Truppen die tödliche Niederlage zugefügt worden. Bei der Verfolgung französischer Truppen in Richtung Frankreich soll kein Geringerer als Zar Alexander I. „auf seinem Siegeszug nach Frankreich" im Jahre 1813 im Schweinfurter „Brauhaus am Markt" übernachtet haben. Der Zar marschierte weiter über Homburg und Aschaffenburg nach Frankfurt am Main.

Bayern aber hatte sich indessen in sicherer Erwartung der endgültigen französischen Niederlage im „Vertrag zu Ried" vom 8. Oktober 1813 auf die alliierte Seite geschlagen. Vor allem aber in Württembergisch-Franken beobachtete der dortige Polizeiminister mit Missfallen die politische „Erhebung" der „altfränkischen" Bevölkerung gegen den „Korsen". Und noch etwas „Zeitchronistisches" ist überliefert. Der Märchensammler und Sprachforscher Jacob Grimm ist für seinen Sinnspruch bekannt: „In der Geschichte hat alles, auch das Geringere, seinen Reiz und sein Recht": Auch im ehemals zur Markgrafschaft Ansbach gehörenden Gunzenhausen registrierte und notierte ein protestantischer Handwerksmeister „jede Bewegung der Alliierten und beobachtete genau, wie sich ein Staat nach dem anderen diesem ‚Freyheitsbunde' anschloß". Noch ganz frei von nationalistischen Zügen, erscheinen in seinen politischen Aufzeichnungen die antinapoleonischen Kriege als eine Art „gesamteuropäisches Befreiungsunternehmen", „um von der Tyranney Napoleons auf immer befreit [zu] seyn".

Immer wieder war bereits im Vorfeld der Freiheitskriege vor allem von Seiten Preußens gefordert worden, mit Hilfe von Zeitungsartikeln „die Stimmung des Volkes zur Ausdauer und Verstärkung der Vaterlandsliebe zu erheben". Und Heinrich von Kleists zu seinen Lebzeiten nicht veröffentlichte und nur wenig Beachtung findende Abhandlung „Lehrbuch der französischen Journalistik" von 1809 konnte mit Blick auf das Instrument der Meinungsmanipulation *lehren:* „Was man dem Volk dreimal sagt, hält das Volk für wahr." Die wachsende politische Abkehr indessen von dem „Unterdrücker Europas", Napoleon I. Bonaparte, spiegeln auch die vielen Gazetten wider: „An Erlangens Einwohner" erging ein „Aufruf" „unsers allgeliebten Königs an sein Volk", welcher am 6. Dezember 1813 im „Erlanger Intelligenzblatt", No. 49, veröffentlicht wurde: „Der Aufruf unsers allgeliebten Königs an sein Volk und die Eröffnung der Conscribirungslisten für Anmeldungen zum Eintritt in die freiwilligen Corps hat bereits mehrere Bewohner Erlangens veranlaßt, sich unter die Zahl der Braven aufzeichnen zu lassen, welche [...] mittels Vermehrung der Streitkräfte des teutschen Vaterlandes [...] durch Thatkraft mitzuwirken sich berufen fühlen" [Erlanger Intelligenzblatt 1813, S. 451].

Und auch die Rolle der Frau im Gefolge der grausamen Kriegsereignisse – der Befreiungskriege – erhielt damals eine „Aufwertung": In Erlangen wie in anderen Städten Frankens schlossen sich im November 1813 die Frauen unterschiedlicher Konfessionen zusammen und erließen einen „Aufruf" zur Fürsorge für kranke und verwundete Soldaten. Die Idee des Frauenvereinsgedankens in den Freiheitskriegen sollte gerade für künftige Friedenszeiten hohe Bedeutung zeitigen: „Sie rechnen auf die Wohlthätigkeit des hiesigen Publikums", verkündete das Erlanger Intelligenzblatt am 22. November 1813 über die Erlanger Damen Jacobine Abegg, Caroline von Ausin, Sophie Bensen, Wilhelmine Ebrard, Elisabeth Glück, Bernhardine Hoffmann, Philippine Puchta, Johanne Vogel und Antoinette von Wendt, „daß sie für unsere im Kampf für Freiheit und Selbstständigkeit verwundeten und erkrankten Brüder wohltätige Sammlungen veranstalten, und [...] weibliche Arbeiten liefern, bestimmt und geeignet für den frommen Zweck" der Erleichterung von Kriegsleid.

Marschall Berthiers Tod in Bamberg

Hanau am 31. Oktober 1813: das war ein „Fanal" der „letzten Schlacht auf deutschem Boden". Das war auch gleichzeitig das Ende der von Jahresende 1795 bis Ende 1813 andauernden Franzosendurchzüge in Franken. Am Sieg der französischen Truppen, die an diesem Tag gegen die bayerische Armee den Übergang über den Main erzwangen, hatte auch Marschall Louis Alexandre Berthier Anteil. Doch folgen wir seinem Schicksal, das am 1. Juni 1815 in Bamberg auf tragische Weise endete. Berthier war eine außergewöhnliche Führungsgestalt. Noch Ludwig XVI. hatte dem Major Berthier 1788 den „Chevalier de Saint-Louis" verliehen. Zuvor hatte Berthier im amerikanischen Unabhängigkeitskrieg an der Seite Washingtons und Rochambeaus gegen die englischen Rotröcke gekämpft. Bei der Proklamation Napoleons zum Kaiser im Mai 1804 wurde Berthier zusammen mit 17 weiteren Generälen zum Marschall Frankreichs ernannt. 1808 heiratete Berthier 55-jährig die damals 24-jährige Maria Elisabeth von Wittelsbach-Birkenfeld († 1824), eine Nichte des Bayernkönigs Maximilian I. Joseph.

Später in den Sturz Napoleons mit verwickelt, lebte Berthier seit April 1815 in der Bamberger „Neuen Residenz" seines Schwiegervaters Wilhelm Herzog in Bayern. Tragischerweise ist Berthier im Augenblick des Herannahens russischer Truppen am 1. Juni 1815 durch einen Fenstersturz aus dem obersten Stock der Neuen Residenz zu Tode gekommen. Berthier soll noch wiederholt ausgerufen haben: „Ma pauvre patrie!“. Offensichtlich hatte Berthier durch Zeichen Ordre erteilt, die Fluchtwagen einzuspannen. Nicht mehr verifizierbar ist, ob es sich um Freitod, Mord oder um ein Unglück handelte. Napoleon soll bei der Todesnachricht ausgesprochen haben: „Ich bin von Berthier verraten worden, ein Gössel, den ich zu einer Art Adler gemacht habe [...] Es gab in der Welt keinen besseren Stabschef, das ist es, wo sein wahres Talent lag, denn er war nicht fähig, fünfhundert Mann zu kommandieren.“ 1934 ließen die Nationalsozialisten anläßlich des Bamberger Fenstersturzes eine Gedenktafel an der Neuen Residenz anbringen, deren Mitteilung lautete: „Alexander Berthier der Marschall Napoleons fand hier den Tod durch Sturz aus dem Obersten Stockwerke am 1. Juni 1815 Mittags 1 Uhr, A.D. 1934.“ Der Sturz bedeutete gleichzeitig das Ende des Napoleonischen Zeitalters, das Franken die größten Umwälzungen seiner Geschichte überhaupt beschert hatte.

2.
Franken zwischen Restauration und Märzrevolution: Der fränkische Separatismus formiert sich

Franken in neuen Grenzen und unter neuer Regierung – Die fränkische Bevölkerung auf der Suche nach einer „neuen“ Identität

Literarische Romantisierung Frankens

Nach dem endgültigen Sieg über Napoleon I. im Frühjahr 1815 stand auch ganz Franken im Zeichen eines überschwänglichen Patriotismus. Bestimmt darf davon die Rede sein, dass „die deutsche Einheits- und Freiheitsbewegung wie auch die demokratischen und sozialreformerischen Ideen [...] in Franken ihre stärkste Anhängerschaft“ hatten. Auch in den Schriften des fränkischen Dichters Jean Paul zeichneten sich Umrisse einer „organisch“ gedeuteten Naturlehre ab, die, missgedeutet, weltanschaulicher Bestandteil der um 1880 entstandenen „Völkischen Idee“ wurde. Immerhin finden wir seine „Glosse“ mit dem Titel „Die ersten menschlichen Regungen“ in der sechsten Auflage von Wilhelm Schwaners „Germanenbibel“ aus dem Jahr 1934: “Ach, wir haben es alle einmal gewußt, wir wurden alle einmal von der Morgenröte des Lebens gefärbt! Oh, warum achten wir nicht alle ersten Regungen der menschlichen Natur für heilig, als Erstlinge für den göttlichen Altar? Es gibt ja nichts Reineres und Wärmeres als unsere erste Freundschaft, unsere erste Liebe, unser erstes Streben nach Wahrheiten, unser erstes Gefühl für die Natur.“ Und Jean Paul philosophiert über die „Größen in der Geschichte“: „Was große Menschen in der Begeisterung tun, worin ihnen ihr ganzes Wesen, die höhere Menschheit neu erhöht und verklärt, sich spiegelt, so wie dem tiefergestellten Menschen in seiner Begeisterung seine dunkle Menschheit erglänzt – das ist Recht und Regel für sie und ihre Nebenfürsten, aber nicht für ihre Untertanen; daher kommt ihre scheinbare Unregelmäßigkeit für die Tiefe [...]"

Jean Pauls politische Beiträge fanden vor allem unter den Studenten lebhaften Widerhall. Studenten hatten ihn bei politischen „Kundgebungen“ in Heidelberg (1817) und in Stuttgart (1819) zum „Lieblingsdichter der Deutschen“ gekürt. Der aus Wunsiedel gebürtige Dichter verbreitete sein politisches Ideengut vor allem in journalistischen Artikeln. Er gilt als einer der bedeutenden Bahnbrecher der Burschenschaften. Eines der politischen Hauptanliegen Jean Pauls bildete die „Einigung Deutschlands“. Seine „Politischen Fastenpredigten während Deutschlands Marterwoche“ aus dem Jahr 1817 bringen in dem Kapitel „Die geistige Gährung des deutschen Chaos“ eine politische „Bestandsaufnahme“: „Kein Volk ist jetzo in einem Elementen-Gefechte poetischer, philosophischer und politischer Bildung begriffen, als das deutsche, indeß die anderen Völker um uns her entweder in befriedeter Einheit, oder matter Verblutung, oder selbstsüchtiger Kälte still umher liegen. Wir gleichen in der Philosophie Dichtkunst und zum Theil in der Politik jenen alten Ketzern des Eutychiasmus, welche sich Acephali [Oberhauptlose] nannten, weil sie sich keinen Anführer andichteten.“

In seinem ganz im Zeichen des „Sturm und Drang“ stehenden Roman „Titan“ hat Jean Paul das Bildungsideal eines „bildungsbeflissenen Bürgertums“ entwickelt. Im „Titan“, der eine Eloge auf das Bildungsbürgertum ist, steht der Welt der „Höfe“ die Idylle gegenüber. In Wirklichkeit aber waren Jean Pauls politische Stellungnahmen allenfalls „patriotisch“ besetzt. Seinem geliebten Franken – namentlich dem Vogtland – blieb Jean Paul bis zu seinem Tod 1825 verbunden. Das fränkische Vogtland verglich der Dichter einmal mit einer *biblischen Idylle* dahingehend, hier laufe „der Weg von einem Paradies ins andere“.

Dem vermochte später der badische Dichter Viktor von Scheffel zuzustimmen. Er bereiste in den 1850er Jahren immer wieder Franken und schrieb im Jahre 1859 die *Frankenhymne,* deren erste Strophe hier wiedergegeben wird:

„Wohlauf, die Luft geht frisch und rein
Wer lange sitzt, muss rosten
Den allerschönsten Sonnenschein
Lässt uns der Himmel kosten
Jetzt reicht mir Stab und Ordenskleid
Der fahrenden Scholaren
Ich will zu schöner Sommerszeit
Ins Land der Franken fahren
Valeri, valera, valeri, valera,
Ins Land der Franken fahren!"

Stets orientierte sich Scheffel akribisch und detailgetreu an den Originalschauplätzen seiner dichterischen Handlungen. In seiner berühmten „Frankenhymne" hat er aber, in der vierten Strophe zum „heil'gen Veit von Staffelstein" emporsteigend, vermutlich nicht den Staffelberg, sondern den Veitsberg bei der Marktgemeinde Ebensfeld gemeint. Ist doch das Staffelberg-Kirchlein der Heiligen Adelgunde geweiht. Denn „Scheffel schrieb das Lied aus der Rückschau; die erste erhaltene Reinschrift kommt aus dem Jahr 1869" und „fasst die Erinnerungen aus 10jährigem Abstand zusammen" [Dr. Karl-Ludwig Ostertag-Henning, ungedruckter Vortrag über Staffelstein, Privatbesitz, um 2000]. Wie Jean Paul hat Scheffel das „Bildungsideal" mit einem romantisierenden Nationalgefühl kombiniert. Spätere Dichter haben die fränkische Urwüchsigkeit und Bizarrheit bei Scheffel zu einer Überhöhung des deutschen Wesens umgedeutet. Die „fränkische Identität" hat Scheffel maßgeblich mit aufgebaut. Allerdings tauchten in Scheffels „Der Trompeter von Säckingen" aus dem Jahr 1853 schon jene für das völkische Gedankengut typischen „Blut- und-Boden-Animationen" auf:

„Ganz scharfkantig muß der Mensch sein,
Seine Lebensstellung muß ihm
Schon im Blute liegen als
Erbteil früherer Geschlechter"

Auch in der Bildenden Kunst ist Franken in den ersten Jahrzehnten des 19. Jahrhunderts „neu entdeckt" worden. Wohl als eine Art „Gegenpol" zu der in Gang kommenden Industrialisierung hat der aus Dresden gebürtige romantische Maler Ludwig Richter (1803–1884) mit seinen Kunstzeichnungen und Holzschnitten von Main- und Tauberfranken wie auch vom Fränkischen Jura eine idealisierte „fränkische Welt“ kreiert. Vor allem die „Fränkische Schweiz“, wie sie sich seit etwa 1880 nannte, war als besonderes romantisches Kleinod Anziehungspunkt für Kunstmaler und Schriftsteller. Hier wirkten etwa die Kunstmalerin Julie von Egloffstein und der Dichter August Graf von Platen.

Eine besondere Würdigung mit starker Akzentuierung der geistlichen Gebiete hat Franken von dem aus dem Hohenloheschen, aus Langenburg gebürtigen Literaten und Mergentheimer Deutschordenssekretarius Carl Julius Weber (1767–1832) erfahren. Weber hat in seinen seit 1826 beim Verlag Hallberger in Stuttgart veröffentlichten Reiseberichten „Deutschland oder Briefe eines in Deutschland reisenden Deutschen“ den Franken einen echten „Nationalstolz“ attestiert, „den Deutsche sonst entbehren“. Er charakterisierte seine Landsleute – die Franken – als „gebildeter als [die Menschen, M.P.] in vielen anderen Gegenden unseres Vaterlandes“. Weber hatte in Erlangen und Göttingen Rechtswissenschaften studiert. Er hatte auch am Rastatter Friedenskongress des Jahres 1799 teilgenommen, wo er unter anderem auch den am 28. April 1799 ermordeten französischen Gesandten Bonnier kennenlernte und „dessen Gunst erwarb“. Der vielgereiste Jurist, Literat und Kirchenhistoriker kannte fürwahr noch den alten „Fränkischen Reichskreis“, um das territorial „zerklüftete“ Franken zu kennzeichnen:

„Das Herz Deutschlands, das schöne gesegnete Franken, ein wahrer volkreicher Garten, war sonst geteilt in vier geistliche Staaten: Würzburg, Bamberg, Eichstätt und Deutsch-Orden, in die Markgrafschaften Ansbach und Bayreuth, in die Grafschaften Henneberg, Schwarzenberg, Hohenlohe, Wertheim, Erbach, Rieneck, Castell und Limpurg, in die Reichsstädte Nürnberg, Schweinfurt, Rothenburg, Weißenburg und Windsheim, in sechs fränkische Ritter-Kantone und einige reichsunmittelbare Dörfer […]“ Der vormalige Sekretär des dem Hochadel angehörenden

Grafen von Erbach-Schönberg hob vor allem jenes „geistliche Regiment“ an Main wie Tauber, Altmühl, Wiesent und Rednitz hervor: „Diese glücklichen Söhne der Kirche – ein Dorn in den Augen jedes Denkers – hatten nicht selten zwei bis drei Pfründen, wofür sie nichts weiter zu tun hatten, als Residenz zu halten, und keine anderen Eigenschaften zu haben brauchten, als ein bißchen Latein und eine stiftsmäßige Mutter, mit der Aussicht, Fürstbischof, Erzbischof oder Kurfürst werden zu können.“ Und dann spricht Weber die besondere Beziehung zu Bayern an: „Das schöne Franken – warum verewigt kein besonderer Bundesstaat diesen schönen Namen? Es wäre [doch] schade, wenn das Wort Franken im Worte Baiern unterginge.“

Und wie sah es an den ehemaligen fränkischen Residenzen aus, die es nicht mehr gab? „Ansbach ohne seinen Hof ist ziemlich still, der hier verlegten Kollegien und Garnison ungeachtet, und ein Witwensitz geworden. Nie war Ansbach so lebhaft, selbst nicht zur Zeit des Hofes, wie in den Jahren 1794–1796, wo die Neu-Franken [Preußen, M.P.] hereinbrachen und hier alles voll deutscher Emigranten war, unter des preußischen Adlers Flügeln, vorzüglich kleiner Regenten, die damals sehr herablassend waren! Nicht bloß im Winkel der Altstadt, genannt Langweile, herrscht jetzt Langweile, und die noch vorhandenen Merkwürdigkeiten sind nicht merkwürdiger als die so genannten Wahrzeichen der Stadt:

Drei Türme ohne Dach
(die drei gotischen Türmchen der Stiftskirche),
Eine Mühle ohne Bach (die Windmühle),
Neun Schlöt (Rauchfänge) auf einem Dach,
Das sind die Zeichen von Ansbach.“

Wie aber gestaltete sich um 1820 das Verhältnis zwischen den Franken und ihren anderen Nachbarn? Weber erzählt: „Die Franken sahen sonst herab auf die Schwaben, und die an Schwaben grenzenden Hohenloher protestierten so feierlich gegen den Titel wie die Badner, was beides lächerlich ist. Wahr ist es aber, daß man die Franken und ihre jovialen, freien, zutraulichen Sitten schätzen lernt, wenn man weiter nordwärts reist zu den feineren, aber verschlosseneren und haushälterischeren Sachsen. Die Franken sind unter der humanen[!] Regierung Bayerns noch immer wahre Franken, und ich hörte im Jahr 1823 die freiesten Äußerungen an öffentlichen Orten, die mich doppelt erfreuten, da ich aus Böhmen kam, wo ich z. B. nie das Wort Spanien und überhaupt nie etwas von politischen Angelegenheiten sprechen hörte – die Leute saßen da wie Büsten, und der Überrock des Schweigens deckte ihre Klugheit und Unwissenheit."

Franken in Bayern

Das Königreich Bayern konnte auf dem Wiener Kongress nicht nur die in napoleonischer Zeit erworbenen fränkischen Gebiete behaupten, es erhielt entsprechend der Wiener Schlussakte 1816 Aschaffenburg und Würzburg, noch im selben Jahr Gebietsteile Südfuldas und Marktredwitz' von Österreich, Miltenberg und Alzenau vom Großherzogtum Hessen und schließlich 1819 das Amt Steinsfeld vom Großherzogtum Baden. Der neue bayerische Staat wurde vor allem vom Kaiserreich Österreich gegen preußische Gebietsansprüche, die auf alte fränkische Gebietsteile zielten, „geschützt".

Der Sohn von König Maximilian I. Joseph, Ludwig I. (1786–1868, reg. 1825-1848), der 1825 den Thron bestieg, betrieb sehr bewusst eine Politik der Integration der Bevölkerung der neu erworbenen Gebiete in den bayerischen Staat und machte das Königshaus so auch in Schwaben und Franken „populär". In der Rheinpfalz dagegen vermochten sich dynastisches Bewusstsein und bayerischer Patriotismus nur schwer zwischen pfälzischer Sonderart und aufkommendem deutschem Nationalgedanken zu behaupten. Etliche Gründungen von historischen Vereinen in Franken gehen auf den Bayernkönig zurück. Unter anderem ist ihm auch die Errichtung des Albrecht-Dürer-Denkmals in Nürnberg am damaligen „Milchmarkt" maßgeblich zu verdanken. „Ludwigs" Dürer-Denkmal war dann auch eine Art romantischer Künstlerkult.

Kissingen in Unterfranken als „Diplomatenhochburg", „Kaiserkur" und „Weltbad" wurde von Ludwig I. sukzessive ausgebaut. Als Prinz hatte er sich bereits im Sommer 1820 erstmals in

Kissingen aufgehalten. Er schrieb damals an den Finanzminister Maximilian Emanuel Graf von Lerchenfeld auf Köfering und Schönberg, „bei so wirksamen Bädern sei es ‚staatswirtschaftlich', mit auf Zinsen angelegtem Geld für die erforderlichen Bauten zu sorgen". 1838 weihte Ludwig den Kissinger „Arkadenbau" ein. Auch 1847 weilte er mit seiner Tochter Alexandra Amalie Prinzessin von Bayern, die als Schriftstellerin und Übersetzerin tätig war (Kleine historische Erzählungen, nach dem Französischen, 1862), in Bad Kissingen.

1837 „erneuerte" Ludwig I. den Namen „Franken", denn der König wollte das Land wieder mehr nach den Volksstämmen „geordnet" wissen. Deshalb erhielten die seit 1817 nach Flüssen benannten Regierungsbezirke, damals „Kreise" genannt, zum 1. Januar 1838 neue Bezeichnungen, die die historisch gewachsenen Eigenheiten der Regionen betonten. Aus dem Obermainkreis wurde Oberfranken, aus dem Rezatkreis Mittelfranken und der Untermainkreis wurde in „Unterfranken und Aschaffenburg" umbenannt. Auch das bayerische Staatswappen ließ Ludwig im Jahre 1835 unter besonderer Gewichtung der neu gewonnenen Gebiete modifizieren. Der fränkische Rechen symbolisierte darin im Rahmen der Blasonierung die als „Herzöge von Franken" genannten „Fürstbischöfe" von Würzburg.

Ein besonderer Verehrer von König Ludwig I. war der Historiker und „Urfranke" Otto Freiherr von und zu Aufseß. In seiner erschöpfenden Monographie von 1888 „Geschichte des uradelichen Aufseß'schen Geschlechtes" schreibt von Aufseß auch über die von Ludwig I. auf den Weg gebrachte „erste Gabe von 5000 Fl. zur Erwerbung" des 1852 von Hans von und zu Aufseß gegründeten Germanischen Nationalmuseums, ein Monarch, „der sich von jeher für das Museum interessirte" [Chronik Aufseß, S. 442]. In der Tat war Ludwig I. ein versöhnlicher Monarch: Aufgrund königlichen Dekrets vom 1. Februar 1826 war Ludwig I. an der Wiedererrichtung jenes „Seminarii Aufsessiani" in Bamberg, einer unter kirchlicher Observanz stehenden sozialen Jugendeinrichtung, „zur vorbereitenden Bildung der Jünglinge für den geistlichen Stand", maßgeblich beteiligt. Auch Volksschulen in Aufseß, Wüstenstein, Freienfels und Mengersdorf hat das Aufseßsche Geschlecht, das eine lutherische und eine katholische Linie hervorgebracht hat, gegründet, unter dem Aspekt „ihres volksbildenden Elements“ und unter klerikaler Kuratel, „da die Lehrer zugleich als Kantoren und Küster fungiren mußten“. Hatte sich doch eine Vielzahl fränkischer Adliger im ausgehenden 18. Jahrhundert sowie vor allem im 19. Jahrhundert um das „Sozialleben“ verdient gemacht.

Zu Recht hat aber der Erlanger Universitätsprofessor Werner K. Blessing (geb. 1941) darauf hingewiesen, dass sich ungeachtet der versöhnlichen Politik Ludwigs I. bereits im Vormärz ein „fränkisches Bewusstsein“ gebildet hat. Dies lag vor allem an der wachen Aufmerksamkeit politischer Beobachter, welche „sahen, wie sehr der König die Identifikationskraft lokaler oder regionaler Geschichte für die Einpassung in Bayern, für die Loyalität zu Wittelsbach zu nutzen suchte“. Vielfach bildeten gerade die fränkischen Konfessionsgegensätze eine Art „politischer Klammer“: Während das Königreich Bayern einen „geschlossenen“ katholischen Untertanenverband bildete, verharrte Franken weiter in „offenem“ konfessionellen Pluralismus. Vor allem im ländlichen Bereich, aber auch in den Städten war die Erinnerung an die lange preußische Zeit der beiden kulturell hochstehenden Markgrafschaften Brandenburg-Bayreuth und Brandenburg-Ansbach wach geblieben. Ausgerechnet in Nürnberg, wo der bayerische König Denkmäler enthüllen ließ und wesentlich mit zur Verklärung der alten Noris zu einer „Ikone deutscher Geschichte“ beitrug, „blieben doch viele auf Distanz zu Bayern“. Entwickelte sich doch in der alten Reichsstadt im Herzen des Alten Reiches eine Art Mittelpunkt politischer Opposition, mit dem großen Anspruch, über den Landtag – der politischen Drehscheibe Bayerns – für Frankens Wohl allgemeingültig zu sprechen.

Franken in Baden und Württemberg

Das Großherzogtum Baden wurde in den ersten Jahren seiner Existenz weithin noch als Kunstgebilde empfunden. Rund drei Viertel seiner Einwohner waren erst zwischen 1803 und 1810

Badener geworden. Über die Vereinheitlichung der Verwaltung hinaus auch das Zusammengehörigkeitsgefühl der alten und neuen Untertanen zu stärken, wurde so zu einer Existenzfrage des jungen Staates. Diesem Ziel diente auch die 1818 erlassene Verfassung, die den Bürgern ein für die damalige Zeit hohes Maß an Partizipationsrechten einräumte und Baden damit zum „liberalen Musterland" werden ließ. Für die Rücksichtnahme auf regionale Besonderheiten blieb dagegen kein Raum. Seit 1832 war Baden auf der mittleren Behördenebene in nur noch vier Kreise gegliedert. Die fränkischen Gebiete in den Amtsbezirken Adelsheim, (Tauber-)Bischofsheim, Boxberg, Buchen, Mosbach, Walldürn und Wertheim waren Teil des Unterrheinkreises mit Sitz in Mannheim.

Auch das Königreich Württemberg verfolgte die Integration der verschiedenen Landesteile als zentrales Ziel. Seit 1818 kannte es nur noch vier Kreise: den Neckarkreis (Ludwigsburg), den Jagstkreis (Ellwangen), den Schwarzwaldkreis (Reutlingen) und den Donaukreis (Ulm). Fränkische „Gebiete" bildete lediglich der Jagstkreis mit Crailsheim, Hall, Mergentheim, Künzelsau, Gerabronn, Öhringen, Gaildorf und Ellwangen. Heilbronn ist mit dem Übergang an das Königreich Württemberg vom „fränkischen Einfluss" immer mehr in den schwäbischen gedriftet. Nach der Eingliederung der Reichsstadt in das Königreich Württemberg 1803 verstärkten sich die schwäbischen Einflüsse – gerade auch in der Mundart, die von der Wissenschaft allerdings zum Südfränkischen gerechnet wird. Die Beschreibung des Oberamts Heilbronn betont 1865:

„Da die meisten Bewohner des ganzen Oberamts Heilbronn dem fränkischen Stamme angehören, so sind sie redseliger und lebhafter als die Schwaben. [...] Der Heilbronner ist fleißig und unternehmend und wagt eher, als daß er die Hände in den Schooß legt; er ist gefällig gegen Fremde, hat etwas feinere Formen im Umgange, ist höflicher, wird aber vielleicht vom Schwaben an innerer Herzlichkeit übertroffen [...]." Doch auch die 200-jährige Zugehörigkeit zu Württemberg kann nicht klären: fränkisch oder schwäbisch?

Noch heute pflegen auch die im frühen 19. Jahrhundert an Württemberg und Baden gekommenen Gebiete fränkisches Brauchtum. Die kulturelle Zusammengehörigkeit des seit dem sechsten nachchristlichen Jahrhunderts politisch und kulturell zusammengewachsenen fränkischen Raumes ist auch über all seine „Grenzen" evident.

Fränkisches Brauchtum – über die Grenzen hinweg

In etlichen Beispielen belegbar, sind Geschehnisse des Dreißigjährigen Krieges in Franken oft in Volksbräuchen – in Festumzügen, in „Kinderzechen", Schauspielen und „Schwedenprozessionen" – wie auch in Schauspielen und Dichtungen thematisiert worden. Ein solcher Erzählstoff ist in dem seit 1881 aufgeführten Rothenburger Festspiel „Der Meistertrunk" überliefert, das die historischen Ereignisse der Einnahme von Rothenburg durch die Armee Tillys 1631 vergegenwärtigt. Historisch ist belegt, dass nach der Kapitulation der Tauberstadt im Oktober 1631 dem Bürgermeister nebst den Ratsangehörigen Rothenburgs der sichere Tod bedeutet wird. In dieser ausweglosen Lage bewahrte die Rothenburger Ratsversammlung Contenance. Sie hieß den hageren kaiserlichen Generalissimus mit einem prachtvollen Humpen Wein willkommen. Daraufhin geriet der schon hochbetagte Feldherr in Laune und sprach generös die Worte: „Wenn einer von euch den Mut hat und in der Lage ist, diesen Pokal in einem Zug zu leeren, dann sei dem Rat das Leben gerettet und die Stadt selbst vor der Vernichtung bewahrt." Und das Unglaubliche passierte: der Altbürgermeister Georg Nusch leerte den dreizehn Schoppen messenden Humpen und rettete so Rothenburg.

Von Dinkelsbühl wird berichtet, dass im Frühjahr 1632 eine Kinderschar die Stadt vor der Brandschatzung durch die Schweden rettete. Aus Dank dafür wird in der Wörnitzstadt seit dem 19. Jahrhundert die „Kinderzeche" aufgeführt. Der schwedische Obrist Claus Dietrich von Sperreuth († 1653) steht neben der rettenden Kinderschar im Mittelpunkt der Handlung: Im Frühjahr 1632 belagerte der Schwedenobrist Claus Dietrich von Sperreuth aus altem fränkischen Adel schon seit Wochen die konfessionell gespaltene Stadt Dinkelsbühl. In dem römisch-katholisch dominierten Rat von Dinkelsbühl war keine Einigung darüber zu erzielen, ob Stadt und Stadtschlüssel den Schweden preisgegeben oder Rat und Bürger auf die Kaisertreue halten sollten. Als sich der Rat von Dinkelsbühl in seiner Not zur Übergabe der Stadt an die Schweden durchgerungen hatte, lief eine Kinderschar den schon einrückenden Schweden unter ihrem Obristen Claus Dietrich von Sperreuth entgegen. Der erkannte das eigene Leid über den schmerzlichen Verlust seines erst vor Kurzem zu Tode gekommenen Sohnes und ließ sich mild stimmen: Er verschonte Dinkelsbühl vor der Vernichtung, als die Kinder dem Schwedenobristen singend und bittend begegneten.

Sogenannte „Schwedenprozessionen" sind aus Kronach und Weismain tradiert. In Kronach wird alljährlich des Entsatzgefechtes Anfang Juni 1632 gedacht. Die unter schwarzgelben Fahnen in schwedischen Diensten stehende finnische Reiterei war damals viel zu spät gekommen, um den vergeblich gegen die Festung Rosenberg anrennenden Schweden frische Verstärkung zu bringen. Die sich steil über der Kronacher Altstadt gewaltig erhebende Festung wurde auch von Frauen verteidigt, die den Feinden mit Steinen und siedendem Wasser begegneten. Am „Schwedensonntag" im Juni jeden Jahres wird im Rahmen einer Eucharistiefeier in St. Johannes auch der tapferen Kronacher Frauen gedacht: „Was Gott tut, das ist wohlgetan." Und: „Das Handeln sagt man ja mehr den Kronacher Frauen nach, die damals mit all ihren Kräften – ja, sich ins Zeug gelegt haben. Vertrauen auf Gott und auf sein Wirken, das ist es, was uns gut tut und was uns Not tut." Der Eucharistiezug mit der „Schwedla-Gruppe" zieht hernach zu der sogenannten „Schwedenlinde" auf der Festung.

Im oberfränkischen Weismain vermochten 1641 bei einer schwedischen Belagerung vierzehn feindliche Kanonen erbeutet zu werden. Alljährlich veranstaltet die „Soldatenkameradschaft Weismain" auf der „Heinrichshöhe" ihre „Schwedenprozession". Laut mündlicher Überlieferung sollen damals Lärm verursachende Bauernscharen den schwedischen Truppen das Herannahen der kaiserlichen Truppen suggeriert haben.

Auf das Ende des Dreißigjährigen Krieges geht das „Coburger Friedensdankfest" zurück, das Herzog Friedrich Wilhelm II. von Sachsen-Altenburg 1651 „für alle Zeiten" stiftete. Reichsweit waren um 1650 mehr als 83 „Friedensfeste" nachweisbar. Des 1649/50 abgehaltenen Nürnberger Friedensexekutionskongresses ist auch im 19. Jahrhundert immer wieder gedacht worden. In Dinkelsbühl erinnerten 1848 Feierlichkeiten an den 200. Jahrestag des Westfälischen Friedens. So erfuhren im Laufe des 19. Jahrhunderts die „Schwedenfeste" weit über Frankens Grenzen hinaus eine nationale „Überhöhung". Überhaupt ist im ersten Drittel des 19. Jahrhunderts deutschlandweit das Aufkommen der großen „Gedenkfeiern" zu verzeichnen. So rief anlässlich des 300sten Todestages von Albrecht Dürer im Jahre 1828 der Kunstschuldirektor Albert Christoph Riedel die Künstler auf, zu Ehren des großen Nürnbergers Werke für ein *Stammbuch* einzureichen.

Wir wenden uns jetzt einem weiteren „frankenweiten" Brauch zu: dem Fastnachtsfest. Die „Vorfastnacht" und die Fastnacht – der Karneval – werden in ganz Franken gepflegt. Im oberfränkischen Effeltrich findet das „Winteraustreiben" statt. Die „Fasalecken" – unverheiratete Männer – treiben am Sonntag vor Fastnacht mit ihren Buchsbaumsträußchen auf dem Haupt die „Winterbären" vor sich her. Sie tanzen dann in uralter Tradition mit den „Trachtenmadla" fränkische Reigen um ein loderndes Feuer. Das Fastnachtsfest ist auch im badischen Frankenland – etwa in Wertheim – weit verbreitet. Weniger bekannt ist, dass es in Franken zum „Winteraustreiben" das „Perchten" gibt. In Kitzingen steht im schiefen Falterturm – dem Wahrzeichen der Weinstadt – das „Deutsche Fastnachtsmuseum" mit alten, schönen Perchtenmasken. Das Wort „Percht" leitet sich von einer mythischen Gestalt des Volksglaubens ab, einer Art „Anführerin dämonischer Wesen".

Aus dem langen 19. Jahrhundert resultieren viele fränkische Volksbräuche, welche in dieser Zeit des Übergangs von einer weitgehend agrarisch bestimmten Gesellschaft zu einer städtisch-industriellen Lebensform manngifachen Veränderungen ausgesetzt waren. Aus der Nördlichen Frankenalb und der Gegend um Staffelstein etwa hat sich der Brauch der schön und schmuck anzusehenden „Osterbrunnen" erhalten. In Erwartung des Osterfestes werden vor allem die Dorfbrunnen in der Fränkischen Schweiz mit wunderschönen bemalten Ostereiern geschmückt. Vermutlich geht das Brauchtum der „Osterbrunnen" auch auf die außerordentliche Wasserknappheit in dieser fränkischen Landschaft zurück. Etliche Bräuche aus fränkischen Arbeitswelten des 19. Jahrhunderts sind dazugekommen. Auf einer alten Schützenscheibe der Erlanger „Strumpfwirker" ist zu sehen, wie auch das „gesellige" Leben von den Arbeitswelten mitbestimmt war. Auf ihr sind ein tanzendes Paar sowie ein paar gekreuzte Strümpfe abgebildet, während die Umschrift lautet: „Haltet es nicht gleich vor Sünde, wenn wir froh bey gutem Wein und bey einem schönen Kinde mit einander lustig seyn."

Kaspar Hauser – Rätsel um ein Findelkind

Der Rechtsgelehrte Paul Johann Anselm Ritter von Feuerbach war sein Vormund: in Nürnberg tauchte am 26. Mai 1828, Pfingstmontag, ein verstört und verstockt wirkender Jugendlicher auf. Er hatte einen angeblich von seiner Mutter stammenden Brief bei sich, der ihn namentlich als „Kaspar" auswies. Wenig später mutmaßte die Gerichtsmedizin, dass Kaspar „wie ein halbwilder Mensch in Wäldern erzogen" worden sei. Der jüdische Schriftsteller Jakob Wassermann (1873–1934) schreibt in seinem 1908 veröffentlichten Roman „Caspar Hauser oder Die Trägheit des Herzens": „In den ersten Sommertagen des Jahres 1828 liefen in Nürnberg sonderbare Gerüchte über einen Menschen, der im Vestnerturm auf der Burg in Gewahrsam gehalten wurde und der sowohl der Behörde wie den ihn beobachtenden Privatpersonen täglich mehr zu staunen gab. Es war ein Jüngling von ungefähr siebzehn Jahren. Niemand wußte, woher er kam. Er selbst vermochte keine Auskunft darüber zu erteilen, denn er war der Sprache nicht mächtiger als ein zweijähriges Kind; nur wenige Worte konnte er deutlich aussprechen, und diese wiederholte er immer wieder mit lallender Zunge, bald klagend, bald freudig, als wenn kein Sinn dahintersteckte und sie nur unverstandene Zeichen seiner Angst oder seiner Lust wären. Auch sein Gang glich dem eines Kindes, das gerade die ersten Schritte erlernt hat: nicht mit der Ferse berührte er zuerst den Boden, sondern trat schwerfällig und vorsichtig mit dem ganzen Fuße auf. Die Nürnberger sind ein neugieriges Volk. Jeden Tag wanderten Hunderte den Burgberg hinauf und erklommen die zweiundneunzig Stufen des finstern alten Turms, um den Fremdling zu sehen […] ‚Welch ein armseliges Ding' sagten die Leute." Viele glaubten, eine Art neuen „Höhlenmenschen" entdeckt zu haben. Wer war Kaspar Hauser wirklich?

Die Geschichte „Des Kindes von Europa" war europaweit ein zu großes und die Menschen aller Gesellschaftsschichten bewegendes „Politikum", als dass man hier in der fränkischen Geschichtsdarstellung darauf verzichten könnte. Und das, obwohl Kaspar Hauser weder eine historische „Tat" vollbracht noch ein künstlerisches Werk hinterlassen hat! Golo Mann nannte in einem Nachwort zu Wassermanns Roman den „Fall" Kaspar Hauser „den schönsten Krimi aller Zeiten". Und das ist der Fall des „Findlings" Kaspar Hauser in wenigen Sätzen:

Bereits kurz nach seinem Auftauchen in Nürnberg am Pfingstmontag 1828 beschäftigte die Herkunft Kaspar Hausers die Menschen unentwegt. Zunächst wollten die Kaspar Hauser in Augenschein nehmenden „Betreuer" der ungarischen Herkunft des Findlings gewärtig worden sein. Allein Feuerbach, welcher „an dem guten Kaspar Hauser" „fortwährend amtlich und außeramtlich den innigsten Anteil" nahm (Brief Feuerbachs an Elise von der Recke vom 20.9.1828), konkretisierte in einem Schreiben an König Ludwig I. von Bayern seine Vermutung um die Herkunftsfrage Kaspar Hausers: „Zu den vielen, über Kaspars Herkunft verbreiteten, teils albernen, teils ganz unwahr befundenen, teils außer den Grenzen jeder möglichen gerichtlichen Nachforschung liegenden Gerüchten oder Anzeigen gehört auch die: unser rätselhafter Findling sei ein vertauschter, ausgewechselter und dann auf die Seite geschaffter Prinz des Großherzogs Carl von Baden und Stephanies [Stéphanie de Beauharnais, Adoptivtochter Napoleons I., M.P.], folglich keine geringere Person als der nunmehrige Großherzog von Baden selbst! Diese laut eines Schreibens vom 13. Dezember vor. Jhrs. [1829] schon damals leise umhergetragene, jedes juridisch tatsächlichen Anhaltspunktes ermangelnde Sage ist, aus Veranlassung des Ereignisses von Pirch [der preußische Gardeleutnant Otto von Pirch, den Hauser Ende März 1830 traf, M.P.], wohl aber noch mehr aus Veranlassung der bekannten Zeitungsnachrichten über das schwere Erkranken des jüngst verstorbenen Herrn Großherzogs von Baden [Ludwig war im März 1830 als ‚Letzter' der alten Zähringer Linie verstorben] von neuem wieder aufgetaucht."

Immerhin haben Anselm von Feuerbachs Nachforschungen und „Eingriffe" in das badische und bayerische „Herrschaftsgefüge" den Juristen und Gönner Kaspar Hausers womöglich das Leben gekostet. Denn Feuerbach ist, nachdem er 1832 noch das aufsehenerregende Buch „Kaspar Hauser. Beispiel eines Verbrechens am Seelenleben des Menschen" veröffentlicht hatte, vielleicht vergiftet worden (so argumentiert u.a. auch Wassermann).

Bayern verfolgte seinerseits Ansprüche auf die rechtsrheinische Pfalz für den Fall, dass die alte Zähringer Linie ausstarb und die „neue" Linie Hochberg nicht voll sukzessionsfähig war. Das untersagte allerdings der Aachener Kongress vom Herbst 1818, welcher unter anderem den badisch-bayerischen Streit beilegen sollte. Damals war Frankreich wieder in das Konzert der europäischen Mächte einbezogen worden.

Folgen wir der „Erbprinzentheorie", so war im Oktober 1812 der neugeborene Sohn von Großherzog Karl († 1818) und seiner Ehefrau Stéphanie de Beauharnais gegen einen sterbenskranken Säugling ausgetauscht worden. Nutznießer der Aktion wären die bislang nicht voll erbberechtigten Kinder aus der zweiten, morganatischen Ehe des vorherigen Großherzogs Karl Friedrich gewesen, der nach dem Tod seiner ersten Frau die nicht standesgemäße spätere Reichsgräfin Luise Karoline von Hochberg geheiratet hatte. Nachdem 1816 aber auch Karls und Stéphanies zweiter Sohn als Kleinkind verstorben war, gelangte im Jahre 1830 mit Großherzog Leopold (1790–1852) die Hochberger Linie in Baden auf den Thron. Ob die Reichsgräfin Luise Karoline von Hochberg 1812 die raffinierte Drahtzieherin eines Säuglingstausches war? Unzweifelhaft ähneln sich die Gesichtszüge Kaspar Hausers auf dem 1830 von Kreul gemalten Pastell mit denjenigen seines angeblichen „Vaters" Karl auf einem im Stadtarchiv Karlsruhe zu findenden Gemälde des Fürsten, das kurz vor seinem Tod 1818 entstand.

Ganz Europa blickte auf Baden, weil es am Hof in Karlsruhe seltsame oder ungeklärte Kindstode gab. Ob Verbrechen im Spiel war? Insbesondere im 20. Jahrhundert war die „Erbprinzentheorie" en vogue, als 1966 der Hauser-Forscher Hermann Pries seine „Kaspar-Hauser-Dokumentation" vorlegte: „Nunmehr glaube ich jedoch, einen so handfesten Indizienbeweis für Hausers badisches Prinzentum erbracht zu haben, wie man ihn wohl kaum schlüssiger für gelungene dynastische Verbrechen zu erbringen vermag." Dagegen wollte der renommierte, angesehene Ansbacher Historiker Hermann Schreibmüller († 1956) uns vielmehr das Bild einer Scharlatanerie Hausers vermitteln. Später im Jahre 1996 sollte eine von dem DNS-Forscher Eisenmenger vorgenommene DNS-Analyse, die in der Zeitschrift „Der Spiegel" unter dem Titel „Der entzauberte Prinz" veröffentlicht wurde, endgültige Klarheit über die vorgebliche „badische" Herkunft Hausers bringen. Das Ergebnis aufgrund eines wissenschaftlich untersuchten zehn Quadratzentimeter großen, blutbefleckten Stoffstückes von Kaspar Hausers Hose lautete eindeutig: „Das Blut stammt nicht von einem Sohn der Stéphanie". Eine weitere genetische Analyse, die der Rechtsmediziner Bernd Brinkmann 2002 in Offenbach im Rahmen einer „Haaranalyse" vornahm, musste hingegen „nicht zwingend zu einem Ausschluss [einer Verwandtschaft mit dem badischen Haus Hochberg] führen".

Mittlerweile bildet Kaspar Hauser eine Art „Topos" eines scheinbar nicht zu lösenden Mysteriums. Pfarrer Fuhrmann fand bei der am 20. Dezember 1833 erfolgten Beerdigung Hausers nach dessen Tötung am 14. Dezember 1833 die Worte: „Einer der seltsamsten Menschen hat geendet. Räthselhaft, wie sein Eintritt in das öffentliche Leben, war die Veranlassung, welche ihn aus unserer Mitte führte [...] Kaspar Hauser – so ist nach den bis jetzt uns gewordenen Nachrichten der Name des Entschlafenen – ist geboren von Eltern, die entweder gewissenlos ihre heiligsten Pflichten mit Füßen traten, oder durch unerhörte Grausamkeit in der Erfüllung derselben gestört wurden". Während auf dem schlichten Grabstein Kaspar Hausers auf dem Ansbacher „Stadtfriedhof" die Worte stehen: „Hic Jacet Casparus Hauser/Aenigma Sui Temporis/ Ignota Nativitas/Occulta Mors MDCCCXXXIII" – „Hier ruht Kaspar Hauser, ein Rätsel seiner Zeit, von nicht bekannter Herkunft, von geheimnisumwobenem Tod 1833."

Die fränkische Opposition und ihre Gegner

Wider die „unfertige" bayerische Verfassung: Behr, Eisenmann, Hornthal und Rudhart – vier Männer für Franken

Die bayerische Verfassung „oktroyierte" jedem bayerischen Staatsbürger, „daß er der Konstitution und den Gesetzen gehorchen – dem Könige treu seyn wolle". Auch konnte niemand „ohne ausdrückliche Erlaubniß des Monarchen auswandern, in das Ausland reisen oder in fremde Dienste übergehen, noch von einer auswärtigen Macht Gehälter oder Ehrenzeichen annehmen, bei Verlust aller bürgerlichen Rechte". Den sich längst formierenden liberalen Kräften in Franken gingen die „Errungenschaften" der bayerischen Verfassung längst nicht weit genug. Die im Vierten Teil der Verfassung garantierte „National-Repräsentation" war nicht wirklich gegeben, die „Preßfreiheit" mit dem „Zensur-Edikt" war unzureichend. „Wie darf man in den deutschen Bundesstaaten über politische Gegenstände schreiben?" lautete eine Abhandlung des „Königskritikers", Staatsrechtlers, Historikers und Amberger Gerichtspräsidenten Johann Christoph Freiherr von Aretin. Der gemäßigt liberale Politiker von Aretin, der in den Jahren 1819–1822 in der „Kammer der Abgeordneten" saß und die „Landtagszeitung" und die Zeitschrift „Alemannia" edierte, machte sich unter anderem auch als Dramatiker und Komponist einen Namen. Aretin spielte in den ersten beiden bayerischen Landtagen als Verfechter einer gemäßigten Opposition und als Verkünder des Naturrechts eine ganz bedeutende Rolle.

Aretin war zuerst dadurch „missliebig" geworden, dass er eine wirkliche Nationalrepräsentation *einklagte*. Das hätte auch Franken innerhalb Bayerns gestärkt. Er selbst verstand sich als „unbescholtener Staatsdiener". Von Aretins Forderung nach „uneingeschränkter" Pressefreiheit war allerdings mit polemisch-dialektischen Zügen behaftet, indem er schreibt: „Ueber unsere Fürsten möge die Presse ganz frei gegeben seyn, sie stehen hoch und edel in der Reihe ihrer europäischen Genossen, wir erkennen es mit freudigen Stolz und mit dankbarer Ehrfurcht" [von Aretin: deutsche Bundesstaaten, S. 44]. Zu Unrecht war Aretin seitens des bayerischen Staates ein Patent (über Steindruck) abgesprochen worden, was ihn endgültig gegen „Weiß-Blau" aufbrachte. Seiner politischen Couleur einer „gemäßigten Opposition" gehörte auch der Franke Ignaz Ritter von Rudhart (1790–1838) an. Von „politischen Parteien" konnte ja im deutschen Vormärz noch mitnichten die Rede sein.

In der sogenannten „fränkischen Opposition" saßen vor allem die Vertreter des entschiedenen und des gemäßigten Liberalismus, im „gouvernementalen" Konservativismus waren vornehmlich die sogenannten „Altbayern" politisch „angesiedelt. Ohne Zweifel hatte der „neue" bayerische Staat in den fränkischen Landtagsabgeordneten ganz besonders kompetentes Personal gefunden. Die fränkischen Landtagsabgeordneten „gehörten neben den pfälzischen zu den aktivsten Kräften, die eine Fortentwicklung des Parlamentarismus anstrebten". „Franken" war „neben der Pfalz das am stärksten politisierte Gebiet Bayerns" (E. Weis).

Bis 1848 stieg der Liberalismus zur stärksten politischen Kraft in Süddeutschland auf. Politische Protagonisten der „Linksliberalen" waren der vom jüdischen zum katholischen Glauben konvertierte Bamberger Rechtsanwalt und Bürgermeister Franz Ludwig von Hornthal (1765–1833) und der Würzburger Professor der Rechte, Staatsrechtler sowie Politiker Michael *Wilhelm Joseph*

Behr (1755–1851). Der vierte oppositionelle Franke im „Bunde“ war der politische Publizist, fränkische Freiheitskämpfer und Medizinschriftsteller Johann Gottfried Eisenmann (1795–1867). Daneben bestand die bereits oben genannte gemäßigt liberale „Mittelgruppe“ um den Staatsrechtler Johann Christoph von Aretin und den Regierungsrat Carl August von Abel (1788–1859).

Doch ungeachtet der „fränkischen Opposition“ ist offensichtlich der neuen bayerischen auf „bürgerliche Freiheiten“ bauenden Verfassung von 1818 in Franken zunächst mit großen Hoffnungen und zum Teil gar mit großem Enthusiasmus begegnet worden. Ausgerechnet der „Kronprinzenfreund“ und leidenschaftliche Kunstsammler Graf Franz Erwein von Schönborn-Wiesentheid, ein eher konservativer Angehöriger der ersten Kammer der Reichsräte, deren 2. Präsident Schönborn war, sollte in Anwesenheit des bayerischen Kronprinzen Ludwig am dritten Jahrestag der bayerischen Verfassung von 1818 die „Gaibacher Konstitutionssäule“, unweit seines Gaibacher Schlosses, „setzen“. Ludwig soll dabei den auf dem Gaibacher Sonnenberg zahlreich erschienenen Honoratioren den Ausspruch: „Treue dem Könige und der Verfassung auf Leben und Tod!“ zugerufen haben. Das unter dem kaisertreuen Lothar Franz von Schönborn, Kurfürst von Mainz und Fürstbischof von Bamberg, in den Jahren 1694–1710 umgebaute Gaibacher Schloß birgt auch den im klassizistischen Stil eingerichteten „Konstitutionssaal“. Medaillons an den Wänden zeigen „eherne“ Verfassungsgrundsätze.

Der vormalige (1814) „Bannherr“ des (fränkischen) „freiwilligen Landsturms Rhön-Spessart“ war bereits 1807 in den Besitz von Wiesentheid gelangt. Er hatte im selben Jahr, am 16. Mai 1807, die „Subjektionsurkunde“ gezeichnet, um sich damit unter die Herrschaft des bayerischen Hauses Wittelsbach zu stellen. Später während der sogenannten „Reaktionszeit“ sollte Franz Erwein von Schönborn auf politische Distanz zu seinem König gehen. Stattdessen wurde nur noch Schönborns alter Kommilitone aus Göttinger Zeit, der fränkische Freiherr Heinrich von der Tann, zum König vorgelassen, um dem Souverän Volkes Stimme mitzuteilen und die ungeschminkte Wahrheit zu sagen.

Politischer Kurswechsel mit Jahresbeginn 1832

Eine Art politisches Fanal markierte im Januar 1832 die Ernennung des konservativen Politikers Ludwig Fürst von Oettingen-Wallerstein (1791–1870) zum bayerischen Staatsminister des Innern. Das Haus Oettingen-Wallerstein war aus altem edelfreien fränkischem Geschlecht. Später war Ludwig Fürst von Oettingen-Wallerstein 1846/47 bayerischer außerordentlicher Gesandter und bevollmächtigter Minister am Hof in Paris. Oettingen-Wallerstein war in erster „unstandesgemäßer" Ehe mit Maria Cresczentia Bourgin (1806–1853), der Tochter seines Garteninspektors in Hohenbaldern, verheiratet, was ihm den Verlust der Standesherrschaft und des Kronamtes eingetragen hatte. 1825 gab Ludwig I. ihm das Kronamt zurück. Mit Oettingen-Wallerstein vollzog der König, dem auch der politisch Gemäßigte Rotenhan persönlich recht nahestand, ein politisches Wendemanöver.

Jetzt sollte politische „Friedhofsruhe" in Franken eintreten. Fränkische Oppositionelle saßen kaum noch im Landtag, vorsorglich nahm Wallerstein jetzt auch Mitstreiter der sogenannten „mittleren Opposition" in Gewahrsam. Als einziger von der alten "fränkischen Opposition" hielt Hermann Freiherr von Rotenhan (1800–1858) in der Zweiten Kammer des neuen bayerischen Landtages, der 1834 politisch sehr konservativ „unterlegt" war, die rot-weiße Fahne der Opposition hoch.

Nochmals Gaibach: 1832 – „Gaibacher Verfassungsfest", das fränkische „Hambacher Fest"

Alljährlich richtete Franz Erwein von Schönborn seine Gaibacher Verfassungsfeier aus. Zeitgleich mit dem freiheitsfordernden „Hambacher Fest" fand im Jahre 1832, am 27. Mai 1832, auch im unterfränkischen Gaibach bei Kitzingen eine politische Großkundgebung statt. Beide politischen Großveranstaltungen sahen unabhängig voneinander die große Unzufriedenheit breiter Bevölkerungskreise mit der bayerischen Politik und Verwaltung. Alsbald rollte eine „Verhaftungswelle" über die bayerische Pfalz und über Unterfranken.

Was war geschehen? Insgesamt 6.000 fränkische „Freiheitspatrioten“ waren am 27. Mai 1832 in Gaibach zusammengekommen, um den bayerischen König Ludwig I. an seine „Verfassungsversprechen“ zu erinnern. Zu den Hauptrednern zählte auch der Würzburger Professor der Rechte Wilhelm Joseph Behr, ein Weiterer neben Schönborn, der mit dem König „brechen“ sollte. Behr hatte schon in Artikeln des „Bayerischen Volksblattes“ auf die Missachtung der Verfassung hingewiesen, er hatte eine Wahlrechtsänderung, Rede- und „Preßfreiheit“ sowie das „Einkammersystem“ gefordert. Das hatte Behr bereits die polizeiliche Überwachung seiner Würzburger Vorlesungen beschert. So wurde dann auch seine Gaibacher Rede seitens der Polizei als „aufrührerisch“ bezeichnet. Vor allem nahm Behr den Regierungsstil des Monarchen harsch „auf's Korn“. Er führte auch aus: „Die Erfahrung zeigt [...] unwidersprechlich, daß von den Regenten einseitig ausgegangene Staatsverfassungen die gerechtesten Erwartungen der Völker immerhin, mehr oder weniger, wirklich unbefriedigt gelassen haben. [...] Darum mache ich den Vorschlag, in einer Adresse an Se. Majestät den König – nicht die Bitte, denn hier besteht ein Recht, zu erlangen, sondern – den Antrag zu stellen, dass die Verfassung des bayerischen Staats im Wege des Vertrags zwischen Fürst und Volk dahin geändert werden möge, daß sie ihrem Zwecke wirklich entspreche, ihre Aufgabe wirklich befriedigend löse.“

In einer weiteren Rede nach der Mittagstafel unterstrich Behr nochmals seine Forderung nach einem „Vertrag von Fürst und Volk“. Angeblich sollen Behrs Studenten, die ihren Professor auf ihre Schultern genommen hatten, skandiert haben: „Das ist unser Frankenkönig!“ Andere Zuhörer wollten „Seht her unseren Frankenkönig!“ vernommen haben. Die „Adresse“ zeichneten 2.000 Menschen. Die „fränkische Separation“ ist indes bis in unsere Tage eine Art „politisches Programm“. Wichtigste Vertreter der „Fränkischen Opposition“ waren neben Wilhelm Joseph Behr die schon erwähnten Politiker Franz Ludwig von Hornthal, Bürgermeister von Bamberg, und Johann Gottfried Eisenmann (1795–1867).

Behr war 1831 für den Landtag zum Deputierten der Städte Unterfrankens gewählt worden, ohne dafür das königliche „Plazet" erhalten zu haben. Vor allem „witterte" König Ludwig I. Verbindungen der fränkischen Oppositionellen zu den „Aufständischen" der Pariser „Julirevolution" und dem polnischen Aufstand von 1830, zumal französische Republikaner „die neu aufkeimende republikanische Freiheit von Deutschland" immer wieder begrüßten. So sangen auch am 5. August 1832 im Guttenberger Forst bei Würzburg zusammengekommene Bürger die „Marseillaise", toasteten auf Behr und ließen sich von Studenten auffordern, „die Pariser Julirevolution nachzuvollziehen". Das aber besiegelte unwiderruflich das politische Schicksal von Behr: Auf Betreiben des Königs wurde der Würzburger Ehrenbürger (1819) am 24. Januar 1833 wegen „Hochverrats" und „Majestätsbeleidigung" verhaftet und auf unbestimmte Zeit zur Festungshaft verurteilt. Erst mit dem liberalen „Ministerium der Morgenröte" unter dem Staatsminister Georg Ludwig Ritter von Maurer (1847) kam Behr im Rahmen der „Amnestie für alle politischen Gefangenen in Bayern" im Jahre 1848 frei, nachdem er bereits 1838/39 Hafterleichterungen erhalten hatte. Bevor der fränkische „Kämpfer für den Rechtsstaat" (Max Domarus) am 1. August 1851 in Bamberg starb, war er noch 1848 zum „Alterspräsidenten" der Frankfurter Paulskirchenversammlung (für den Wahlkreis Kronach) gewählt worden.

Behr aber „teilte" sein politisches Schicksal mit dem von Eisenmann und Hornthal: Dr. Eisenmann, der das liberale „Bayerische Volksblatt" herausgegeben hatte und wiederholt wegen „Hochverrats" und „Majestätsbeleidigung" inhaftiert war, war 1848 bis 1849 würzburgischer Abgeordneter in der Frankfurter Nationalversammlung. Hornthal, der wie Behr Redner auf dem Gaibacher Verfassungsfest war und die Armee auf die Verfassung vereidigt wissen wollte, war bereits 1831 per Dekret aus dem Landtag entlassen worden. Der „Realpolitiker" Ignaz von Rudhart als Vertreter der „gemäßigten Opposition" und Verfechter einer vom Volk mitbestimmten Landständischen Verfassung wurde von Ludwig I. dagegen 1832 geadelt und zum Regierungspräsidenten in Passau ernannt. 1837 ging er mit Otto von Wittelsbach nach Griechenland. Dort galt dessen „feuriger Arbeitsdrang" König Otto von Griechenland als „unbequem", und der aus Weismain stammende Rudhart, der als „bedeutendster Parlamentarier" Bayerns im Vormärz gilt, trat als griechischer Ministerpräsident noch im gleichen Jahr zurück.

Der „Kniebeugeerlass" empört das protestantische Franken

1838 brachte ein Erlass des bayerischen Innenministers Carl August von Abel die protestantische Bevölkerung in Franken gegen die Obrigkeit auf und sorgte für anhaltenden politischen Streit. Abels Verfügung nötigte nämlich auch protestantische Soldaten bei katholischen Gottesdiensten dazu, vor der Hostie nach der „Wandlung" – dem „Allerheiligsten" – zu knien. Jene Ordre hatte den Wortlaut: „Seine Majestät der König haben allergnädigst zu beschließen geruht, dass bei militärischen Gottesdiensten während der Wandlung und beim Segen wieder niedergekniet werden soll. Das gleiche hat zu geschehen bei der Fronleichnams-Prozession und auf der Wache, wenn das Hochwürdigste vorbeigetragen und an die Mannschaften der Segen gegeben wird. Das Kommando lautet: Aufs Knie!"

Auf protestantischer Seite war vor allem auch der aus Nürnberg gebürtige Erlanger Theologe Adolf von Harleß – der Mitbegründer der sogenannten „Erlanger Theologie" – ein deklarierter Gegner der „Kniebeuge". Dessen Wahl zum Erlanger „Prorektor" wurde sodann seitens der Regierung nicht bestätigt. Aber auch Hermann Freiherr von Rotenhan, der vormals enge Vertraute Ludwigs I., stellte sich in der Auseinandersetzung um den jedes politische Gespür vermissenden „Kniebeugeerlass" gegen seinen König. Damals haben die erbitterten politischen Auseinandersetzungen um den „Kniebeugestreit" auch den liberale Gedanken bejahenden Regierungspräsidenten von Mittelfranken, Graf Carl von Giech (1795–1863) aus altem oberfränkischen Adel, zurücktreten lassen. Ein Portrait des unbeirrbaren aufrechten Mannes von der Hand des romantischen Malers Carl August Lebschée von etwa 1850 ist im „Landschaftsmuseum Obermain" zu finden.

Nürnberg wurde zu einer Art protestantischem Zentrum gegen die „Kniebeuge"-Ordre. Kaufleute schickten einen Demonstrationszug nach Ansbach. Immer wieder lief auch Rotenhan bei der Regierung Sturm. Endlich wurde die Ordre 1845 aufgehoben, weil die bayerische Regierung in finanzpolitischen Entscheidungen auf die Stimmen der lutherischen fränkischen Abgeordneten „Rücksicht" nehmen musste. Angeblich soll sich in Feuchtwangen bei einem „Aufstand" von dreihundert Bauern gegen den „Kniebeugeerlass" die herbeigerufene bayerische Kavallerie geweigert haben, auf ihre evangelischen Landsleute zu schießen.

Würzburger Sängerfest 1845 –
ein freiheitsforderndes politisches Fest

Im Vormärz kam landauf, landab das neue Phänomen der politischen Großveranstaltungen auf. Züge von „Turnern" marschierten durch die Städte – wie etwa in Wertheim zum Rathaus und zum *Löwensteiner Hof*, wo für die Freiheit „etliche Reden gehalten wurden". Der „Prophet" des heraufkommenden „Massenzeitalters", Alexis de Tocqueville, prägte den Satz: „Wer in der Freiheit etwas anderes sucht als sie selber, ist zur Knechtschaft geboren!" Auch das erste deutsche Sängerfest in Würzburg im Spätsommer 1845 stand ganz im Zeichen „der sozialen und politischen Situation des ‚Vormärz', der unmittelbaren Vorgeschichte der Revolution von 1848", als die erst 1842 gegründete „Würzburger Liedertafel" die Ordre „zur Ausrichtung eines gesamtdeutschen Sängerfestes erhalten" hatte. Daran nahm auch der 1817 gegründete Musikverein von Schwäbisch Hall – „Deutschlands Liederkrone" – teil. Das besondere Interesse des fränkischen Publikums lag aber an den dreißig Sängern aus Schleswig-Holstein, zumal die staatlich-politische Zugehörigkeit der Herzogtümer Schleswig und Holstein auch im Süden Deutschland ein Politikum ersten Ranges darstellte. Insgesamt galt es, mehr als 1.500 auswärtige Sänger in der Kiliansstadt unterzubringen und zu versorgen. Berittene „Empfangskomitees" erwarteten die Sänger an den Stadttoren Würzburgs und eskortieren sie sodann in ihre Quartiere. Auch der international gefeierte Opernkomponist Giacomo Meyerbeer und der ebenfalls jüdische Komponist Felix Mendelssohn Bartholdy hatten den Weg nach Würzburg gefunden. Während des Festes wurden Freiheit und politische Zusammengehörigkeit aller Deutschen angemahnt.

Wir sehen uns in der 1840er Jahren nicht nur politisch und gesellschaftlich mit einer modernen Zeit konfrontiert. 1841 wurde in Würzburg die namhafte „Main-Dampfschifffahrts-Gesellschaft“ gegründet – die ersten in Paris gebauten Raddampfer hießen „Ludwig“ und „Verein“, weitere waren die „Königin Marie“ und der in Würzburg gebaute Raddampfer „Franconia“ - und in Nürnberg wurde 1845 in der Sandgasse eine Art Vorläufer des modernen „Städtischen Krankenhauses“ eingerichtet. Franken setzte im Königreich nicht nur politische, sondern auch technologische Akzente!

Die Revolution von 1848/49: gesamtfränkische Bewegung gegen Bayern

Was aber heizte die politische Stimmung in Franken so an, dass sie in die „Märzrevolution“ mündete? Zu den „großen“ deutschlandweiten politischen Themen, dem Streben nach nationaler Einheit und bürgerlicher Freiheit, gesellten sich regionale Ursachen: Bayerische Prestigeprojekte, Spektakel und Affären der höfischen Gesellschaft erbosten das fränkische Bürgertum, und man fühlte sich gegenüber den altbayerischen Gebieten benachteiligt. Der Vorstand des Erlanger Gewerbevereins klagte 1849 in einer „Adresse an die Kammer der Abgeordneten“ mit einem „ohnmächtigen“ Blick auf München, welches ganz offensichtlich sowohl politisch als auch wirtschaftlich „bevorzugt“ zu werden schien: „Ein anderer Uebelstand für unsere Handwerker und Gewerbe ging daraus hervor, daß unter der vorigen Regierung [Ludwigs I., M.P.] die Residenz mit Prachtbauten und Monumenten geschmückt wurde, Sieges- und Ruhmeshallen aller Art entstanden, und der Nerv des Staates einem Kunstruhm verfallen war, der seine segensreichen Fittiche nur über den Glanz der Hauptstadt verbreitete und den fleißigen und geschickten Meistern der Provinzialstädte nichts übrigließ, als die glücklichen Genossen der Hauptstadt zu beneiden. Denn während eine solche Prachtperiode Bayerns Hauptstadt beglückte, ließ man in den Provinzen den Straßen- und Brückenbau vernachlässigen, Kirchen, Pfarr- und Schulhäuser einem oft unheilbaren Ruin entgegengehen, Frohnfesten [Gefängnisse] durch Akkordbau verderben oder die Errichtung derselben versäumen und somit eine Quelle des Wohlstandes, welche Neubauten in der Provinz durch alle Klassen und Zweige des Verkehrs verbreiten konnten, auf eine trostlose Weise versiegen" (7.2.1849).

Die „Widersprüchlichkeiten der Geschichte" aber wollten es, dass ausgerechnet die konservativen politischen Kräfte König Ludwig I. 1848 im Stich ließen, als dieser wegen seiner Affäre mit der Tänzerin Lola Montez zur Zielscheibe der Angriffe wurde:

„Die stolzen Aristokraten
Verleideten mir den Thron,
Sie haben euch verraten
Und sprechen uns beiden Hohn."

Das sagte Ludwig aus seinem nizzaischen Exil über Karl Friedrich Wilhelm Emich zu Leiningen, der 1848 „sein Verständnis für die Forderungen der Münchner Bürger" bekundet hatte und seinem Souverän anläßlich der „Montez-Affäre" ein Ultimatum gestellt hatte. Hätte Ludwig nur den Wünschen der „fränkischen Opposition" etwas nachgegeben und hätte er Großmütigkeit signalisiert, so wäre die Abdankung ihm erspart geblieben. Auch der neue Führer der „fränkischen Opposition", Hermann Freiherr von Rotenhan, hatte seinem König nicht helfen können.

Zu den innenpolitischen Unzulänglichkeiten der weißblauen Krone und der rigiden bayerischen Maßnahmen in den fränkischen Regierungsbezirken trat die sich in Franken verschlechternde wirtschaftliche und soziale Lage als „treibende" Revolutionsursache. Die Ernte in den „Hungerjahren" 1846/47 war schlecht, zumal eine neu eingeschleppte Kartoffelkrankheit, die Kraut- und Knollenfäule, sich ausbreitete. Die 1848er Revolution hatte ja ausgerechnet mit dem sogenannten „Berliner Kartoffelkrieg“ 1847 in Berlin ihren Anfang genommen. Aufgrund überteuerter Preise waren wütende Bürger der Spreestadt gegen Markthändler eingeschritten, was den Aufmarsch von Militär heraufbeschwor. Ähnliches passierte in Hamburg: Am 15. Juni 1847 kam es aufgrund hoher Lebensmittelpreise zu Tumulten, die als „Hamburger Kartoffelkrieg“ Geschichte machten. Das war die revolutionäre „Vorwelle“ zu der Franken, Bayern, Baden und Württemberg im Frühjahr 1848 erfassenden Märzrevolution. In Gunzenhausen gingen schon Mitte März 1848 „Marktleute“ auf die Straße, um gegen „Mangelwirtschaft“ und Teuerung zu protestieren. Weder der Pfarrer noch der Landrichter noch die personell schwache Gendarmerie konnten der aufgebrachten Gesellen, Eisenbahnarbeiter, Tagelöhner und Landfrauen Herr werden. Die Menge lief zu dem Forstamt und skandierte den Ruf: „Holz, Haber [Hafer], Geld oder Tod!“, bevor die Forstamtsscheiben zu Bruch gingen. Der Volkszorn machte auch „vor den Häusern einiger Handelsjuden“ nicht Halt, „und konnte erst um Mitternacht vom Bürgermilitär mit Hilfe weiterer Bürger zerstreut werden“. Der Vorgang, der dann folgte, bildete ein zeitloses Handlungsmuster für Volksaufstände: Am nächsten Morgen zog eine Schwadron Ulanen in Gunzenhausen ein und besetzte die Stadthäuser – ein probates Mittel um einen Ort zu befrieden, das schon während der sogenannten „Dragonaden“ in Frankreich die Hugenotten zur Räson bringen sollte –, um die Färberturmstadt wieder „gewaltfrei“ zu machen. Die Ansbacher Chevaulegers vermochten die Ordnung binnen weniger Tage wiederherzustellen, nachdem eine verbesserte Versorgung und wirtschaftliche Hilfen in Aussicht gestellt worden waren.

So war es ebenfalls in Erlangen sogleich nach der „Märzproklamation“ des Königs Ludwig I. am 6. März 1848 zu Unruhen gekommen. Unter anderem hatten auch Bauern den Versuch unternommen, das Schloß des Freiherrn zu Guttenberg in Weisendorf zu stürmen. Eine Art „Bauernkrieg“ gegen den Adel en miniature schien sich zu „wiederholen“. Wie in Gunzenhausen war landauf, landab das Militär präsent. Politische „Turnvereine" – ähnlich wie in Wertheim und in Ansbach im Frühsommer 1848 – waren in der Entstehung begriffen. Nur nebenbei sei erwähnt, dass der Wahlspruch der Turner „Frisch, fromm, froh, frei!" zuerst 1846 auf dem Heilbronner Turnfest vorgeschlagen worden ist. Noch bevor am 10. Mai 1848 zwei Regimenter Militär in Erlangen einquartiert wurden, hatten die neugegründeten politischen Vereine – der „Patriotische Verein" und die „Patriotische Gesellschaft" nebst den Turnvereinen – die Führung in der Stadt Erlangen übernommen. Um die Ordnung aufrechtzuerhalten, hatten auch die Studenten ein „Freikorps" gebildet.

Friedlich ging es bei der Feier der „Märzproklamation" in Nürnberg am 7. März 1848 zu. Ein Großaufgebot an Bürgern war in Nürnbergs Straßen aufmarschiert: Ein festlich geschmückter Sonderzug aus München hatte die Proklamation Ludwigs I. mit den weitgehend erfüllten „Märzforderungen" nach Nürnberg gebracht. Georg Wolfgang Fabers berühmte Lithographie „Feier der Märzproklamation in Nürnberg am 7. März 1848" lässt ein wenig an das weltbekannte und nicht selten nachgeahmte Historiengemälde „Der Ballhausschwur" (1791) von der Hand Jacques-Louis Davids erinnern.

In Neunhof, das zwischen Erlangen und Nürnberg liegt, kam es am 10. September 1848, einem Sonntag, zu einer seitens der „Vereine für Volksfreiheit" organisierten Volksversammlung auf dem dortigen „Binsig", zu der 15.000 Menschen kamen. Dazu war auch der soeben aus der Taufe gehobene „Politische Verein" aufmarschiert. Ein „Aufruf" erging an das „fränkische Volk", weitere politische Vereine zu gründen. Zwei dort unterfertigte „Adressen" an die Frankfurter Nationalversammlung forderten das endgültige Ende der kirchlichen Schulaufsicht sowie auf internationalem Terrain die Ablehnung des in ganz Deutschland „Protest und Unwillen" hervorrufenden „Waffenstillstands von Malmö" (26.8.1848). Der „Politische Verein" fiel in den kommenden Wochen vor allem dadurch auf, dass er eine Sammlung für die „Berliner Democratie" veranstaltete. Die Dachorganisation des „Politischen Vereins" war der „Nationale Verein für Deutschland", welcher 1848 „mit dem Ziel gegründet wurde, alle liberalen und demokratischen Vereine Deutschlands", die für die Unterstützung der Frankfurter Nationalversammlung eintraten, zusammenzuschließen.

Das neue Jahr 1849 verhärtete die politischen Fronten noch mehr. Die „kleindeutsche Lösung", wie sie fast sämtliche fränkischen Abgeordneten in der Frankfurter Paulskirchenversammlung wünschten – die staatspolitische Abtrennung Österreichs – kam für die Regierung in München nicht mehr in Frage. Der neue bayerische König Maximilian II. Joseph zeichnete auch die eine „Erbmonarchie" vorsehende Paulskirchenverfassung vom 28. März 1849 nicht. In diesem Jahr sah auch Nürnberg wieder politische Großveranstaltungen: auf dem 1856 zu einem Landschaftsgarten umgestalteten Judenbühl vor den Stadtmauern „probten" fränkische Separatisten zuerst mit mindestens 15.000 Besuchern, ein zweites Mal mit 30.000 Anhängern den offenen Bruch mit München, sie skandierten Freiheitslieder und mahnten „Königthum ohne Willkür", „Religion ohne Fanatismus", „Freiheit ohne Ausschweifung" an. Die zweite Großveranstaltung am 13. Mai 1849 – eine Abtrennung Frankens von Bayern war ultimativ gefordert worden – stand bereits unter dem Eindruck des eingreifenden Militärs. Der Frankfurter Abgeordnete Karl Vogt hatte auf diesem „Frankentag" eindringlich die Volksmenge vor einem Aufstand gewarnt, „bei dem das unbewaffnete Volk unterliegen müsse".

Genau eine Woche später, am 20. Mai 1849, erging ein „Aufruf zur Volksbewaffnung" gegen die bayerische Regierung, den fünf Erlanger „Wirtschaftsleute", ein Hammerschmied, ein Gastwirt, ein Strumpfwirker, ein Bierbrauer und ein Maurermeister, gezeichnet hatten. Vielleicht war die Revolution in Franken 1848/49 ihrer Zeit zu weit vorausgeeilt. Die Macht des Obrigkeitsstaates gewann Oberhand. Die Briefnote Friedrich Wilhelms IV. von Preußen an seinen Diplomaten Christian Karl Josias von Bunsen vom Mai 1849, die den Satz barg: „Gegen Demokraten helfen nur Soldaten!", hatte auch in Franken eine tragische Wirklichkeit erreicht. Vom Bayernkönig dazu geradewegs „gedrängt", „erstickte" der jüngere Bruder Friedrich Wilhelms IV., der „Prinz von

Preußen" und „General der Infanterie" und nachmalige deutsche Kaiser Wilhelm I., militärisch die Märzrevolution" in Baden und in der Pfalz. Zuletzt war eine „Freischar" Schweinfurter Freiwilliger, die am badischen Aufstand teilnehmen wollte, gleich bei Tauberbischofsheim entwaffnet worden.

Franken und die Frankfurter Nationalversammlung
Die Frankfurter Paulskirchenversammlung lag politisch eingebettet in eine Zeit höchster Modernisierungsbejahung und war gekennzeichnet „durch einen stürmischen Aufbruch und nach kurzem Hochgefühl durch einen enttäuschenden, ja deprimierenden Abbruch" (Hans-Ulrich Wehler). In Franken standen die liberalen und demokratischen Abgeordneten für die politischen Hoffnungen weiter gesellschaftlicher Schichten. Doch bereits am 15. Oktober 1848 war die Revolution endgültig zum Scheitern verurteilt. Zwar waren noch in diesem „unglücklichen Jahr 1848" die „Grundrechte des deutschen Volkes" am 27. Dezember 1848 festgeschrieben worden, aber das deutsche Parlament entbehrte als einer politischen „Schwachstelle" des „politischen Rückhalts der deutschen Einzelstaaten". Und Preußen war der scharfe „Wachhund", welcher wie auf der berühmten Lithographie von Honoré Daumier die deutsche „Schafherde" in Schach hielt: Am 15. Oktober 1848, seinem 53sten Geburtstag, erwiderte Friedrich Wilhelm IV. auf die Glückwünsche einer Delegation Deputierter der Nationalversammlung: „Sagen Sie dies den Herren, die Sie gesandt, [...] dass Ich Ruhe und Ordnung im Lande herstellen werde, dass Mir hierzu die Mittel vollauf zu Gebote stehen; sagen Sie ihnen, dass Ich den Aufruhr und die Aufrührer, wo Ich sie finde, bekämpfen und zertreten werde, und dass Ich Mich hierzu durch Gottes Gnaden stark genug fühle."

In seiner Eröffnungsrede vor annähernd 330 Abgeordneten hatte der Bayreuther Heinrich Wilhelm August Freiherr von Gagern (1799–1880) als Präsident der Nationalversammlung am 19. Mai 1848 noch die Schaffung einer „Verfassung für Deutschland" und die politische Einheit Deutschlands als Hauptaufgaben des Frankfurter Parlaments genannt. Die politische Spannbreite im

Parlament reichte von „erbkaiserlich“ (Gustav Blumröder) über fraktionslos (Wilhelm Joseph Behr) bis radikal republikanisch (Nikolaus Titus). Die größte und einflussreichste Fraktion war die nationalliberale Fraktion „Casino“. Vielfach hatten sich Parteinamen nach den Frankfurter Versammlungsorten der Abgeordneten gebildet. Im Hotel Westendhall saßen die Linken im Frack (Philipp Geigel aus Kitzingen). Im „Augsburger Hof“ trafen sich gemäßigte Linksliberale wie der Pottensteiner Abgeordnete vom „Wahlkreis 7“ Oberfranken, der Arzt Johann Paul Herzog (1812–1870).

Von den fränkischen Abgeordneten traten vor allem die Liberalen als bedeutendste politische Vertreter hervor. Hier sind vor allem der Windsheimer Deputierte Johann Friedrich Christoph Bauer (1803–1873), Wilhelm Joseph Behr, Heinrich Wilhelm August Freiherr von Gagern von der Fraktion „Casino“, Franz Friedrich Carl Graf von Giech, Rotenhan und Eisenmann zu nennen. Wie Behr war Dr. Eisenmann ein „Märtyrer des Liberalismus“. Am Jahrestag des Sturms auf die Bastille, am 14. Juli 1847 aus der Haft entlassen, hatten seine Mutter, insgesamt 405 Ärzte und Professoren sowie die Gräfin von Giech auf Thurnau sowie deren Schwester, eine Baronin von Thüngen, eisern wie erfolgreich für ein Begnadigungsreskript gekämpft.

Nach der Wahl Heinrich von Gagerns zum Parlamentspräsidenten führte dieser aus: „Ich gelobe hier feierlich vor dem ganzen deutschen Volke, daß seine Interessen mir über Alles geh’n, daß sie die Richtschnur meines Betragens sein werden, so lange ein Blutstropfen in meinen Adern rinnt [...] Wir haben die größte Aufgabe zu erfüllen [...] Wir sollen schaffen eine Verfassung für Deutschland, für das gesamte Reich [...] Deutschland will Eins sein, ein Reich, regiert vom Willen des Volkes (Lebhaftes wiederholtes Bravo).“

Am Morgen des 6. Juli 1848, einem Donnerstag, hielt Dr. Eisenmann anläßlich der 33sten Sitzung seine große Rede über das Staatsbürgerrecht und die Gewerbefreiheit: „Jeder Deutsche kann das volle Staatsbürgerrecht in jedem deutschen Staate ansprechen, wenn er seine politischen Rechte nicht in einem anderen Staate verloren hat, und wenn er seine Subsistenz nachweisen kann […] Jeder Deutsche kann überall treiben, was er gelernt hat, vorbehaltlich einer zu gebenden Gewerbeordnung für ganz Deutschland. Meine Herren! Dieser Satz ist von unendlicher Wichtigkeit […] Meine Herren, ich bin für die höchste Freiheit […] Es ist [aber] eine große Calamität, daß bis jetzt schon das Fabrikwesen zu tief in die Geschäfte der Handwerker eingegriffen hat, und wenn wir versäumen, hier eine Scheidung vorzunehmen, so wird das Proletariat mit Riesenschritten vorwärts gehen […] Also alles in seinen Grenzen […] Die Zeit ist zu kostbar." Das waren geradezu seherische politische Einschätzungen, die Eisenmann hier vortrug zu Problemstellungen, die Deutschland über Jahrzehnte beschäftigen sollten. Das war bereits ein Weg hin zur „Sozialgesetzgebung".

In der staatspolitisch wichtigen und geradezu „brennenden" Frage einer „kleindeutschen" oder „großdeutschen" Lösung votierten die fränkischen Abgeordneten über alle sonstigen politischen Unterschiede hinweg für die „kleindeutsche" und „vaterländische" Variante. Diese vor allem von Bayern abgelehnte politische Marschroute wurde vor allem auf den politischen Großveranstaltungen – wie auf dem „Frankentag" auf dem „Judenbühl" am 13. Mai 1849 – thematisiert und bildete stets einen Anlass zum fränkischen Separatismus.

Nikolaus Titus – ein fränkischer Revolutionär

Der aus Forchheim gebürtige und im verarmten Bamberg lebende Rechtspraktikant Nikolaus Titus (1808–1874) war früh ins Visier der obrigkeitsstaatlichen Observation geraten. Zuerst war Titus aktenkundig geworden, als er im Rahmen einer Geheimen Zusammenkunft in Augsburg im Herbst 1826 Angehörige der Erlanger, Würzburger und Münchener „Germanenverbände" um sich sammelte. Die Burschenschaften hatten sich 1829 in eine „arminische" Linie und in eine „Germania" genannte nationale Linie aufgeteilt. Titus gehörte der letzteren politischen Richtung an. Die Burschenschaften hatten sich vorgenommen, „tätig in die Verhältnisse des Vaterlandes einzugreifen". So hatten unter anderem auch Mitglieder der „Germania" versucht, im April 1833 die Deutsche Bundesversammlung – den in Frankfurt am Main ständig tagenden Gesandtenkongress – zu stürmen und einen Volksaufstand zu entfachen. Damals war Titus als einer der Hauptdrahtzieher der Aktion „erkannt" worden. Ende 1841 war Titus seitens des Regierungspräsidenten von Oberfranken allerdings politische „Reue" attestiert worden: „Nachdem nunmehr seit Jahren keine Anzeigung mehr vorliegt, welche auf ein sträfliches Verharren in seinen früheren Ansichten hindeutet, so dürfte wohl mit Grund anzunehmen seyn, daß er nunmehr bei weiseren Jahren von den Thorheiten seiner misleiteten Jugend zurückgekommen sei".

Titus' politisches Hauptbekenntnis war, „den hintangesetzten arbeitenden Klassen, also gerade dem nützlichsten Theile der Gesellschaft, zu den ihnen entzogenen Rechten zu verhelfen". Dabei verwahrte sich Titus gegenüber dem als haltlos anzusehenen Vorwurf eines utopischen Sozialismus. Der Forchheimer, der 1848 bekannte, „jede Faser an ihm sei republikanisch", kämpfte für eine „Verfassung, welche der socialen und staatsbürgerlichen Entwicklung Möglichkeit und Raum gibt". 1848 in einer Bamberger Volksversammlung durch „Akklamation" zum Deputierten der Domstadt für das Frankfurter Vorparlament bestimmt, focht Titus für Abschaffung der „Krone", für die Errichtung eines föderativen Staatenbundes nach amerikanischem Vorbild und für „die sofortige Einsetzung eines revolutionären Vollziehungsausschusses als künftiger deutscher Bundesregierung" [Richard Winkler: Nikolaus Titus, S. 145].

Am 29. April 1848 wurde Nikolaus Titus auch in das eigentliche Frankfurter Parlament gewählt. Er war zusammen mit dem Bamberger Arzt Dr. Heinrich Heinkelmann der Verfasser der sogenannten vierzehn Bamberger Artikel. Neben der vollkommenen Pressefreiheit (§ 1) sahen die „Bamberger Artikel" auch ein „Gesetz über Verantwortlichkeit der Minister" (Artikel 3) und die „Aufhebung der feudalen Lasten" vor. Ein Entwurf der „Bamberger Artikel" war bereits am 4. März 1848 im „Fränkischen Merkur" veröffentlicht worden. Der Redakteur des „Fränkischen Merkur", Karl Heger, gehörte mit Titus und Heinkelmann zur Spitze der demokratisch-republikanischen Bewegung in Bamberg. Im Frankfurter Parlament gehörte Titus der besonders adelsfeindlichen Fraktion „Donnersberg“ an. Er trat als Redner in der Paulskirche kaum in Erscheinung und gehörte eher „zur Masse der Hinterbänkler“. So kommt der Name Titus nur in den Abstimmungsauflistungen der stenographischen Berichte der Nationalversammlung vor.

Im Frühjahr 1849, nach dem endgültigen Scheitern der Revolution in Franken – in Wirklichkeit aber konnte das „Rad der Geschichte“ nicht mehr zurückgedreht werden – schloss sich Titus dem badischen Aufstand an. Ausgerechnet am 14. Juli 1849, dem Jahrestag des Sturms auf die Bastille, machte das Bamberger Kreis- und Stadtgericht Titus‘ „Steckbrief“ bekannt: „Nikolaus Titus, königlicher Advokat von Bamberg, Alter: 41 Jahre; Statur: dickleibig, beiläufig 6 Schuh; Haare: dunkel; Auge: blau; Nase: klein; Gesicht: voll, gesund; Bart: dunkelbraun, gross; spricht mit grossem Pathos; welcher des nächsten Versuchs des Hochverraths und der Majestätsbeleidigung verdächtig und flüchtig ist“. Bekanntermaßen setzte das preußische Militär unter der Führung des „Kartätschenprinzen“ Wilhelm, des späteren deutschen Kaisers Wilhelm I., dem badischen Aufstand 1849 ein Ende. Wie Titus flüchete auch der auf badischer Seite kämpfende Revolutionär Carl Ludwig Pfau (1821–1894) nach der Niederlage in die Schweiz. Pfau ist der Dichter des 1849 im „Eulenspiegel“ publizierten, bekannten „Badischen Wiegenliedes“:

Schlaf‘, mein Kind, schlaf leis‘,
Dort draußen geht der Preuß‘,
Deinen Vater hat er umgebracht,
Deine Mutter hat er arm gemacht,
Und wer nicht schläft in guter Ruh‘,
Dem drückt der Preuss‘ die Augen zu.
Schlaf, mein Kind, schlaf leis,
Dort draußen geht der Preuß‘!

Pfau hatte nach dem Besuch des Heilbronner Karlsgymnasiums in Paris Kunst und Literatur studiert und im Jahre 1848 das Satireblatt „Eulenspiegel“ gegründet. In Nr. 13 des „Eulenspiegel“ vom 25. März 1848 beschwört Ludwig Pfau die freie Presse:

Das Volk erfleht, das Volk begehrt
Es schreit nach freier Presse.
Stets braucht es solch ein Steckenpferd,
Damit es sich vergesse.
Dabei schaut's ganz geduldig um,
Woher die Winde wehen –
O Gott, wie ist die Welt so dumm!
Ich kann es nicht verstehen.

Aus seinem Schweizer Exil kehrte er wie sein politischer Kombattant Titus später nach Deutschland zurück. Beide teilten nach dem Zeitalter der Restauration und der Revolution ein ähnliches Schicksal: Während Pfau 1864 an der Gründung der Demokratischen Volkspartei beteiligt war, nahm Titus im Sommer 1859 an der Eisenacher Gründungsversammlung des unter der politischen Maxime eines „rein demokratischen Charakter(s)" stehenden „Deutschen Nationalvereins" teil.

Veränderung der Presselandschaft

Mit dem fränkischen und badischen Aufschrei nach Freiheit hatte sich auch die Presselandschaft in Süddeutschland erheblich verändert. Bereits vor Beginn des sogenannten „Reaktionsjahrzehnts" 1850–1860 hatten sich wenigstens Ansätze einer „Politischen Publizistik" herausgebildet, auch die „Parteipresse" wurde 1848 geboren. Hatte doch bis 1848 „das staatliche System die Struktur des publizistischen Systems" beherrscht. Jetzt vermochte der Staat nicht mehr, „die Breite und den Inhalt der Öffentlichkeit zu steuern", wie etwa der Historiker Ostertag-Henning akribisch belegt hat.

Zu den besonders revolutionären Zeitungen im Vormärz gehörte auch das „Neckar-Dampfschiff". Die seit den 1830er Jahren besonders in den süddeutschen Parlamenten, aber auch in der rheinischen Ständeversammlung erhobene Forderung nach Pressefreiheit war bis 1846 auch im Bundestag zur Sprache gekommen und von liberalen Parteigängern als notwendig erachtet worden. Friedrich von Gagern, ein jüngerer Bruder des Heinrich Wilhelm August Freiherrn von Gagern, hatte bereits 1825 die öffentliche Meinung als „die bei der Mehrzahl der Gebildeten jetzt herrschende Ansicht, das von ihr ausgesprochene Urteil über Gegenstände von allgemeinem Interesse" definiert. Das von 1842 bis 1851 erscheinende „Neckar-Dampfschiff" war eine Heilbronner Gazette, welche mehrmals pro Woche verlegt wurde, am Dienstag, Donnerstag und Sonnabend. Der eher „harmlose" Untertitel im „Kopf" der Zeitung lautete im Jahre 1844 „Wochenblatt für Unterhaltung, Handel, Gewerbe und Landwirthschaft". Die Umschrift auf dem Schaufelrad des Dampfers lautete in nicht politischer Anspielung „inexplosible", weil die Dampfkessel technisch infolge von Überdruckventilen vor Explosionen geschützt waren. Der Name der Zeitung leitet sich von der seit 1841 bestehenden Heilbronner „Neckar-Dampfschifffahrt" ab, die damals das modernste Verkehrsmittel ihrer Zeit war. Der Name der revolutionären Zeitung setzte auf Fortschritt.

Einer der Redakteure des „Neckar-Dampfschiffs" war der ehemalige Apothekergehilfe und „1848er" Adolph Majer, der „den gewaltsamen Umsturz der Regierung" propagierte. Majer galt als führende Person der „Arbeiterbewegung" in Heilbronn und forderte als Schriftleiter im „Neckar-Dampfschiff" die Abschaffung „aller Vorrechte der Geburt und des Besitzes". Majer wurde am 4. April 1848 in Gefangenschaft auf die Burg Asperg wegen „Hochverrats" verbracht. Ähnlich wie Titus und Pfau gelang Majer die Flucht in die Schweiz. Noch 1851 wurde die Gazette in *Neue Neckarzeitung aus Heilbronn* umgetauft.

3.
Industrialisierung, Bevölkerungsentwicklung und Gesellschaft in Franken während des 19. Jahrhunderts

Franken und die soziale Frage – Morgenröte der Industrialisierung

Wir sehen uns sozialgeschichtlich im Franken des Vormärz einem wachsenden Pauperismus gegenüber. Bis 1830 war in Franken die gemeindliche Armenfürsorge um das Zehnfache angestiegen. Auch die Lage der Bauern blieb schwierig. Zwar war die „Bauernbefreiung" in Bayern mit der Aufhebung der Leibeigenschaft bereits 1808 vollzogen worden, aber die sogenannte „Ablösung" der auf dem Boden liegenden Lasten, der Fronen und grundherrlichen Abgaben, ließ lange auf sich warten. Von der Grunduntertänigkeit wurden die Bauern endgültig erst 1848 befreit. Die sozialen Missstände nährten das Aufbegehren gegen das neue bayerische Königreich. Vielfach war das alte Bild von den ländlichen Gemeinden als Widersacher des Königreichs Bayern politisch neu „gemalt" worden. Im Gefüge der sozialen Gegensätze kam der neue bayerische Staat einfach nicht zur Ruhe. Missernten und Preiserhöhungen (1847 Bierpreiserhöhung!) schürten den Kampf von Landgemeinden und besitzlosen Unterschichten gegen den Staat. Vielfach waren es immer wieder die „Privilegien" aus dem Alten Reich, welche sich als Trumpf gegen die neue bayerische Regierung ausspielen ließen. Das änderte aber nichts an der prekären Lage der fränkischen „kleinen Leute".

In Preußen war 1839 durch ein „Regulativ" vom 9. März über die „Beschäftigung jugendlicher Arbeiter in Fabriken" die Kinderarbeit unter neun Jahren verboten worden. In Franken dagegen war (vorerst) noch Kinderarbeit möglich. In Erlangen, Schwabach und fünf weiteren Gemeinden des Rangaus mussten beispielsweise im Frühjahr 1839 schulpflichtige Kinder täglich zwischen sieben und sechzehn Stunden arbeiten, weil deren Eltern ansonsten der kommunalen Armenpflege zur Last gefallen wären, weshalb die Landgemeinden die Kinderarbeit eher noch förderten. Dabei besuchten die „Zöglinge" vormittags für zwei Stunden die Schule.

Geburt neuer fränkischer Wirtschaftszweige

Es ist mehr als nur eine historische Hegelsche Dialektik, dass Pauperismus, soziale Frage und die Anfänge der industriellen Revolution ab etwa dem Jahr 1830 einhergehen. Bereits 1822 setzte der aus Ismannsdorf bei Windsbach gebürtige Mühlenbauer Johann Wilhelm Spaeth (1786–1854) im Nürnberger Stadtteil Wöhrd die Drehbänke in Bewegung, wo er zunächst hauptsächlich im Auftrag des Tuchfabrikanten Lobenhofer Textilmaschinen konstruierte. Am Dutzendteich erwarb er zudem 1825 zusammen mit seinem Bruder Johann Michael ein Hammerwerk. Dorthin verlagerte er nach und nach bis 1835 seine Werkstätte aus Wöhrd, so dass die erste Nürnberger Maschinenbauanstalt hier ihren Betrieb aufnehmen konnte. 1840 zählte das Werk, das sich aus Dreherei, Schlosserei, Schreinerei, Zimmerei und Schmiede zusammensetzte, 50 Arbeiter.

Der Bau der Ludwigsbahn, der ersten deutschen Eisenbahn von Nürnberg nach Fürth, bescherte Spaeth gleich einen wichtigen Auftrag. In seinen Werkshallen wurde der in über einhundert Teile zerlegte „Adler", die aus England importierte Lokomotive, zusammengefügt. Außerdem fertigte er Drehscheiben und Wagengestelle für die Waggons. Auch an dem 1838 begonnenen Bau des Ludwig-Kanals war Spaeth maßgeblich beteiligt. So konstruierte er einen dampfgetriebenen Schaufelbagger, mit dem der schwierige, ein Kilometer lange Durchbruch bei Dörlbach gegraben wurde. Er lieferte zudem Schöpfräder und Wasserschnecken und konstruierte Kräne, Brücken und Schleusenwerke für den Kanal.

Schon bald lief ihm aber der Kaufmann und Industrielle Theodor Freiherr von Cramer-Klett (1817–1884) im Nürnberger Maschinenbau den Rang ab. Denn anders als Späth, der seinen Betrieb genossenschaftlich mit selbständigen Handwerksmeistern führte, setzte Cramer-Klett auf industrielle Großserienfertigung und Spezialisierung. 1850 erhielt Cramer-Klett im Wettstreit mit Spaeth den Zuschlag für die Lieferung von 400 Güterwagen für die Bayerische Staatsbahn. Seine „Maschinenbau-AG Nürnberg", die auch Dampfmaschinen und kriegstechnische Erzeugnisse produzierte, gilt als eine der ersten Maschinenfabriken Deutschlands. Die Zahl der Beschäftigten bei Cramer-Klett in Nürnberg erhöhte sich in den Jahren von 1843 bis 1860 von 70 auf 2.500. Später im Jahre 1898 fusionierte die Maschinenbau AG Nürnberg mit der Augsburger Maschinenfabrik zu „MAN" – Maschinenfabrik Augsburg-Nürnberg Aktiengesellschaft – diese war vor dem Ersten Weltkrieg in Franken und im Königreich Bayern der größte industrielle Arbeitgeber. Bosl schreibt zu Recht, dass das bayerische Königtum „mit Unbehagen die Gründung von Fabriken" verfolgte. Erkannte doch die Krone in der wachsenden Arbeiterschaft die „sozialen Störenfriede". Dessen ungeachtet erhob Ludwig II. Cramer-Klett zum Freiherrn – in Anerkennung seiner Leistungen beim Bau des berühmten Münchner Glaspalastes für die Gewerbeausstellung 1854. Der Magnat Cramer-Klett sollte auf dem weltberühmten Johannisfriedhof in Nürnberg „das größte Grab des Friedhofs" finden.

Vielfach hat in Franken in Gebieten mit hugenottischer Ansiedlung die industrielle Revolution hugenottische Gewerbezweige adaptiert. In einer der klassischen „Hugenottenkolonien" Frankens, in Schwabach, das der Volksmund im 19. Jahrhundert „die Stadt der hundert Schlöte und Fabriken" nannte, sind die Drahtfabriken aus den leonischen Drahtziehereien hervorgegangen. Französische Glaubensflüchtlinge hatten in der zwischen 1686 und 1808 bestehenden „Französischen Kolonie Schwabach" die Gold- und Silberdraht- und Tressenfabrikation eingeführt. Ursprünglich wurde der teure Golddraht aus Lyon zum Verzieren von Kirchenbannern und „Traghimmeln" verwendet. Später im 19. Jahrhundert fertigte die von Georg Adam Beckh 1730 gegründete Schwabacher Drahtfabrik bevorzugt „Zementdraht" und Spitzen, Borten und Litzen für das Militär. Seit etwa 1850 ist in Schwabach die Wasserkraft durch Dampfmaschinen abgelöst worden. Drahtzieh-, Drahtwasch- und Drahtschleudermaschinen nahmen den Betrieb auf. Um 1830 waren zudem mehrere Stahl- und Eisenziehereien in die Stadt mit dem Golddach auf dem Rathaus gekommen.

Ungleiches Bevölkerungswachstum von Stadt und Land

Für die Jahre von 1848 bis 1871 von einer „punktuellen Industrialisierung" zu sprechen, ist nach Meinung des Autors so nicht korrekt. Die Industrialisierung in Franken in der Reaktionsära ging zwar „schubweise", aber dennoch in ganz Franken vonstatten. In Franken – vor allem in Nürnberg, Fürth und Würzburg – begannen sich seit 1830 Züge eines sich herausbildenden Industriebürgertums abzuzeichnen. Neben einer fränkischen Arbeiterschaft entwickelte sich auch eine Art besitzloses ländliches Proletariat, das verstärkt seit 1850 in die größeren Städte abwanderte.

Die Landflucht ließ vor allem den Großraum Nürnberg-Fürth-Erlangen bevölkerungsmäßig wachsen. In der Zeit von 1840 bis 1939 überfügelte das Bevölkerungswachstum der kreisfreien Städte das der Landkreise um das Zweieinhalbfache. Lediglich Ansbach und Bamberg entwickelten sich schwächer als die übrigen fränkischen Städte. Insgesamt wuchs die Bevölkerung in Mittelfranken zwischen 1840 und 1939 um 212 %, in Oberfranken um 154 % und in Unterfranken um 152 %. Die wachsende Industrialisierung in Franken und die Ertragssteigerungen auf den Fluren (Kartoffelanbau) waren der Motor des Volkreichtums. Wenn Landkreise einen Bevölkerungsrückgang verzeichneten, so wurden dafür vielfach die territorialen Umgliederungen von 1806 beziehungsweise 1810 als Erklärungsversuch bemüht. Nachweislich haben auch territoriale Absprachen zwischen Bayern, Baden und Württemberg „gewachsene" fränkische Regionen zu Randzonen „erklärt" wie Hohenlohe. In den Landkreisen Ansbach, Bamberg, Erlangen-Höchstadt, Kitzingen, Neustadt an der Aisch-Windsheim, Schweinfurt und Weißenburg-Gunzenhausen büßten etwa 72 Gemeinden teilweise mehr als 10 % ihrer Bevölkerung ein. In Franken lag somit auch laut dem „Statistischen Handbuch für das Deutsche Reich“ die ausgedehnteste Region mit Bevölkerungsrückgang im damaligen gesamten Deutschen Reich.

Fränkische Genossenschaften und Sparkassen

Unter dem Eindruck von Finanzierungsengpässen in Landwirtschaft und Handwerk waren im Deutschen Bund seit 1850 zwei Arten von Kreditgenossenschaften, nämlich die späteren Volksbanken nach Hermann Schulze-Delitzsch (1808–1883), und die späteren Raiffeisenbanken nach Friedrich Wilhelm Raiffeisen (1818–1888), entstanden. Das war auch gleichzeitig die Geburtsstunde der ersten fränkischen Genossenschaften. Hier wirkte die Ära unter König Ludwig II. sehr förderlich, die einem wachsenden Wirtschaftliberalismus das Wort redete. Das erlaubte vor allem auch den industriellen Interessen verbundenen Kreditmärkten, sich stärker als bisher an das Banken- und Börsenwesen „anzulehnen“. Bis zum Jahre 1891 existierten in Oberfranken 27, in Mittelfranken 69 und in Unterfranken 165 Darlehenskassenvereine. Bereits im Jahre 1868 ist in Kulmbach der „Verband der fränkischen Vorschuss- und Kreditgenossenschaften gegründet worden“. Handwerkergenossenschaften gab es in Brückenau, Bayreuth, Coburg, Fladungen, Hersbruck, Hof, Kissingen, Kronach, Mellrichstadt, Neustadt an der Saale und in Schweinfurt. Im Bereich der Raiffeisengenossenschaften, wo in den Vorständen und Aufsichtsräten die Landwirte dominierten, hatten sich noch der „Landesverband der Darlehenskassenvereine“ mit Sitz in Nürnberg wie der Mittelfränkische Kreisverband mit Niederlage in Ansbach konstituiert.

Bereits seit 1821 sind in Franken erste Sparkassen ins Leben gerufen worden. Sie dienten vor allem auch den Tagelöhnern als „gesunder“ *Sparstrumpf* ihrer Geldeinlagen. Die erste Sparkasse Bayerns ist am 2. November 1821 im Nürnberger Augustinerkloster eröffnet worden. Damals war es das Hauptanliegen des Schulreformers und Kaufmanns Johannes Scharrer (1785–1844), den Sparsinn als Tugend der *kleinen Leute* zu fördern. In den nächsten dreißig Jahren „eroberten“ die Sparkassen die Landgebiete Frankens. Die Sparkasse Hall ist erst 1852 als „Sparverein" für die armen Leute gegründet worden. In unserer Zeit hat sich daraus die Sparkasse Schwäbisch Hall-Crailsheim fortentwickelt.

Ein erstes fränkisches Historisches Sparkassenarchiv ist 1990 in Greding eingerichtet worden, nachdem der Autor dieses Buches die historischen Sparkassenbestände der Vereinigten Sparkassen Roth-Schwabach gesichtet und verzeichnet und im Frühjahr 1990 dem amtierenden Sparkassendirektor Hans Elbers in Schwabach überreicht hatte.

Fränkischer Eisenbahnbau

In Franken ist immer wieder die Eröffnung der ersten Eisenbahnstrecke zwischen Nürnberg und Fürth im Jahr 1835 mit dem Beginn der industriellen Revolution in Zusammenhang gebracht worden. Eigentlich war der Eisenbahnbau ein Werk des aus Hersbruck gebürtigen Nürnberger Kaufmanns und Sparkassengründers Johannes Scharrer. Als erster deutscher Staat hatte Bayern durch den vormals liberalen bayerischen Politiker Carl August von Abel, der an der Universität Gießen der „fränkischen Landsmannschaft" angehört hat und 1847 von König Ludwig I. entlassen werden sollte, das „Staatsprinzip der Eisenbahnen" durchgesetzt.

Nach der Bayerischen Ludwigsbahn zwischen Nürnberg und Fürth ist am 1. August 1852 auch der erste Bauabschnitt der Eisenbahn Bamberg–Aschaffenburg realisiert worden. Der milde Winter 1853/54 ermöglichte den forcierten Eisenbahn-Bau mit den bis Oktober 1854 bewältigten Streckenabschnitten Schweinfurt–Würzburg und Würzburg–Aschaffenburg. Bereits seit 1848 kam mit der ersten bayerischen Güterzuglokomotive „Behaim" (1847) der Güterzugverkehr auf der „Steilrampe" zwischen Neuenmarkt und Marktschorgast auf.

Das alte fränkische Crailsheim vergrößerte sich seit 1875 als „Eisenbahnknotenpunkt" mit dem Eisenbahnbau. Anhand der Bevölkerungszahlen kann das hohe Wachstum nachgewiesen werden. 1865, im Jahr vor dem Eisenbahnbau, zählte Crailsheim ungefähr 2850 Stadteinwohner. Zehn Jahre später, als bereits vier Bahnlinien in Betrieb waren, hatte Crailsheim etwa 4.600 Einwohner. Das war ein „Mehr“ von 61 Prozent! Fuhren um 1866 noch sechs Züge durch den Crailsheimer Bahnhof, steigerte sich die Abfolge der zunächst an- und abfahrenden, später auch durchfahrenden Züge bis zum Zweiten Weltkrieg auf 150 Fahrten und etwa 900 Rangierfahrten pro Tag! Seit etwa 1870 erschloss die Eisenbahn auch das badische Hinterland, vor allem aber ermöglichte die Eisenbahn den Warentransport in großem Stil innerhalb Europas.

Für den industriellen Bereich wurden seit 1870 die Feldbahnen mit Schmalspurbreiten bis zu 500 mm bedeutsam. Die „Zenngrundbahn“ von 1872 stellte die erste „Vizinalbahn“ Bayerns dar und war wegen ansässiger Ziegeleianlagen besonders wichtig. Die sowohl im Ersten als auch im Zweiten Weltkrieg hohe strategische Bedeutung (Südwestverbindung) erlangende Bahnstrecke Nürnberg–Ansbach ist seit 1872 gebaut worden. Über ihre Streckenführung herrschte in der „Eisenbahnerwelt“ lange Zeit Uneinigkeit. Zeitungsmeldungen zufolge sind die Gleise gleich zu Kriegsbeginn 1914 von französischen Jagdfliegern mit Bomben belegt worden. 1876 sind die Gleise über das Königreich Bayern hinaus bis nach Crailsheim verlängert worden. Bereits im Mai 1858 hatte sich eine Ständeversammlung für den Bau einer von Crailsheim über Öhringen und Weinsberg nach Heilbronn verlaufenden Hohenlohebahn ausgesprochen. 1888 ist sodann die Strecke Nürnberg–Roßtal–Crailsheim zweigleisig ausgebaut worden. Eine weitere ingenieurtechnische Meisterleistung stellte die schon 1858 mit ersten Bodenuntersuchungen begonnene und durch etliche Tunnels führende „Taubertalbahn“ von Crailsheim über Königshofen/Baden und Lauda nach Wertheim/Main dar. Bereits 1869 konnte der Abschnitt Lauda–Mergentheim in Betrieb genommen werden.

Vielfach ist beim fränkischen Eisenbahnbau „die Ansammlung so vieler aus der untersten Schicht der Bevölkerung stammender Arbeiter mit großem Mißtrauen“ seitens der Einwohner und „Obrigkeit“ betrachtet worden. Bei den Bauarbeiten der Bahnstrecke Nürnberg–Ansbach waren auch viele Ausländer im Einsatz. Über den Eisenbahnbau in Sachsen bei Ansbach hielt der Chronist fest: „Man befürchtete Angriffe auf die Sittlichkeit und das Eigentum – überhaupt schien die öffentliche Ruhe und Sicherheit im Bereich der Baustellen aufs höchste gefährdet. Dies führte dazu, daß die Arbeiter unter strenger Aufsicht standen [...] Trotz dieser Maßnahmen blieb die Einquartierung der Arbeiter in Sachsen und Umgebung, wie der Geburtsstatistik zu entnehmen ist, nicht ohne Folgen“. Gründerzeitlich bedingt waren auch die neuen Strecken nach Regensburg (1871) und nach Bayreuth (1877). Der „Vorzeigebahnhof“ Frankens, der als „Kopfbahnhof“ angelegte Nürnberger Hauptbahnhof, ist von 1900 bis 1906 im neubarocken Stil umgebaut worden. Markant ist die Außenfassade mit ihren schönen fränkischen Muschelkalkverzierungen.

Verkehrsunglücke

Als neues „Phänomen“ des Technikzeitalters hielten auch in Franken die Eisenbahnunglücke Einzug. So kollidierte am 1. Juli 1886 bei Rottendorf ein Personenzug aus Bamberg mit dem Schnellzug Würzburg–Nürnberg, wobei 16 Menschen starben und 70 verletzt wurden. Ursache war menschliches Versagen, da ein Weichensteller verkehrte Direktiven erhielt. Jahre später entgleiste auf der Bahnstrecke Nürnberg–Würzburg auf der Zenngrundbrücke kurz vor der Einfahrt in den Bahnhof Siegelsdorf die Lokomotive des Nachtzuges D 47. Die Lok stürzte dabei die Böschung hinab, während die Zugwaggons die Lok begruben. Dabei starben 24 Menschen, 103 wurden zum Teil schwer verletzt. Ursache waren überhöhte Geschwindigkeit und fehlerhafte Wartung der Gleisanlagen.

Es war in der Tat seit den 1880er Jahren ein neues Zeitphänomen, auf Reisen mit der „sicheren“ Bahn womöglich dem Tod gleich dutzendweise ins Auge sehen zu müssen. Das war auch genau die Zeit, da die ersten „Freiwilligen Sanitätskolonnen“ in Franken ins Leben gerufen wurden. Die älteste wurde 1882 bereits in Bamberg gegründet, sodann weitere in Schwabach (1885) und in Fürth (1886). Im Hinblick auf Eisenbahnkatastrophen und Kriege war auch daran gedacht, Güterwaggons zum Verwundetentransport umzurüsten. Noch im selben Jahr 1886 konstituierte sich in Cadolzburg ein Frauenverein vom Roten Kreuz. Und Fürth war es auch schließlich, das ab 1904 eine rund um die Uhr besetzte Sanitätswache im Rathaus hatte.

Postkutschen erleben eine späte Blüte
Es klingt fast paradox, aber gerade in der Zeit der „Landerschließung" durch die Eisenbahn erlebte der Postreiseverkehr eine erstaunliche Renaissance und „Spätblüte". Er blieb bis weit in die Mitte des 19. Jahrhunderts das Rückgrat der Personenbeförderung. Das neue Verkehrsprinzip der Schnellpost und Eilwagen war bundesweit aufgekommen. Von Viktor von Scheffels „Der letzte Postillion" seien drei Strophen wiedergegeben. Sicherlich wollte der Dichter damit eine Zeitkritik äußern:

„Bald ist, soweit die Menschheit haust,
Der Schienenweg gespannt;
Es keucht und schnaubt und stampft und saust
Das Dampfroß ging durchs Land

Jetzt geht die Welt aus Rand und Band,
die Besten ziehn davon,
und mit dem letzten Hausknecht schwand
Der letzte Postillion

O neues Rüstzeug, alter Kampf!
Wo treff' ich Glück und Ruh?
O Erdenphosphor, Gas und Dampf!
Fahr zu, mein Schimmel, fahr zu!"

Der traditionelle Postreiseverkehr war schneller geworden und der Komfort für die Reisenden wurde erhöht. „Wir werden eine Posteinrichtung erhalten, die alle Bequemlichkeiten gewährt und die Reisenden, den Briefen gleich, so schnell an der Ort ihrer Bestimmung bringt, als wenn sie mit Courierpferden reisen würden", heißt es in einem staatlichen Mémoire von 1821.

Doch ein weiteres, auf einem „alten europäischen Traum" gründendes und bereits 1200 Jahres altes Verkehrsprojekt war bereits in Franken in den 1830er Jahren in aller Munde: Der sogenannte „Ludwig-Donau-Main-Kanal" oder „Ludwigskanal" griff das 1200 Jahre alte Wasserbauprojekt einer „Fossa Carolina" mit seiner *Europäisierung* des inländischen Schiffsverkehrs zwischen Nordsee und Schwarzem Meer seit dem Jahr 1836 erneut auf.

Der Ludwigskanal – eine europäische Wasserstraße

Bereits der Nationalökonom Johann Joachim Becher (1635-1682) hatte sich in seinem wiederholt aufgelegten Hauptwerk „Politischer Discurs Von den eigentlichen Ursachen deß Auff- und Abnehmens der Städt / Länder und Republicken ..." mit dem alten „Karlsgrabenprojekt" befasst und es in dem Kapitel „Kurtzer doch gründlicher Entwurff Aller derer Utilitäten, so aus der Vereinigung des Rheins mit der Donau vermittelst Schiffreichmachung und Vereinigung der Tauber und Wernitz folgen" exakt beschrieben. Doch dann sah Becher, dass „die Politica das gute Concept übern Hauffen geworffen". 1709 knüpfte der in habsburgischen Diensten stehende Schifffahrtspolitiker Lotario Vogemonte an den alten „europäischen Traum" und das Projekt „Vermehrten Wohl-Stands in Teutschland" an: „wie nemblich solche[s] in Teutschland durch Schiffreichmachung und Vereinigung derer Flussen zu wegen gebracht werden konne". Doch es sollte nochmals über ein Jahrhundert dauern, bis der Kanalbau tatsächlich in Angriff genommen wurde: Noch im Jahr seiner Inthronisation 1825 beauftragte König Ludwig I. von Bayern seinen Wasserbauingenieur und königlichen Baurat Heinrich Freiherrn von Pechmann, technische Gutachten zur Realisierung des ehrgeizigen Plans abzufassen.

Pechmanns großer Kanalplan

Schon in den Jahren 1800 bis 1825 waren etliche Expertisen zum Kanalbau erstellt worden, doch Maximilian I. Joseph hatte sich nicht auf einen Kanalbau festzulegen vermocht. Der bayerische Landtag behandelte eher halbherzig die von Pechmann bereits 1830 abgeschlossene Bauplanung. In Pechmanns „Entwurf für den Kanal zur Verbindung der Donau mit dem Maine" von 1832, den der Landtag erst 1834 billigte, steht geschrieben: „Seine königliche Majestät haben den schon seit Jahrhunderten zur Sprache gekommenen und so allgemein gewünschten Kanal zur Verbindung der Donau mit dem Main und Rhein ausführen zu lassen beschlossen. Dem Verfasser wurde der ehrenvolle Auftrag zuteil, den Plan hierzu zu entwerfen. Dieses Unternehmen ist zu wichtig und von zu allgemeinem Interesse, nicht nur für ganz Deutschland, sondern auch für den größten Teil der an dasselbe Grenzenden Staaten, als daß eine Bekanntmachung dieses Entwurfs nicht vollkommen zweckmäßig seyn sollte. Seine Königliche Majestät haben dieselbe allergnädigst anbefohlen, und der Verfasser gehorcht umso freudiger diesem allerhöchsten Auftrage, da er die Beurteilung seiner Arbeit durch competente Richter, die nur allein durch diese Bekanntmachung möglich wird, wünschen muß." Schließlich äußerte Pechmann noch die Hoffnung, „daß es durch die großen Errungenschaften der Zivilisation wohl bald keinen Krieg mehr gäbe", der das „bedeutende" Bauwerk zerstörte.

Was aber offensichtlich bisher unbekannt war, zumal die Fachliteratur nichts darüber weiß: Mit seiner kühnen Initiative eines fränkischen Kanalbaus hatte Ludwig I. in der Tat einen „Coup" vollbracht: denn etwa zur selben Zeit bekundeten französische Kanalbaugesellschaften ihr lebendiges Interesse am Bau einer direkten Wasserverbindung vom Rhein zur Donau durch die Länder Baden und Württemberg.

Pechmanns großer ingenieurtechnischer Leistung ist es dann auch zu verdanken, dass der von Kelheim nach Bamberg führende und 15,8 Meter breite „Ludwigskanal" bereits seit Juni 1843 zwischen Bamberg und Nürnberg schiffbar war. Zu Recht hatte Pechmann schon frühzeitig (1830) die wirtschaftliche Konkurrenz der „Schiene" im Auge. Immerhin aber konnten die Regelkähne auf dem Kanal 120 Tonnen Frachtlast befördern.

Der Kanalbau bildete ein gutes Jahrzehnt (1836–1846) eine Art „Generalthema" nicht nur der fränkischen Zeitungen. Als das Erlanger Kanaldenkmal am 15. Juli 1846 in euphorischer Zukunftsstimmung eingeweiht wurde, sprachen die Gazetten von der „Verwirklichung eines alten Traums". In der Tat handelte es sich um eine ingenieurtechnische Glanzleistung: der Kanal überwand bei 67 Schleusen etwa 187 Höhenmeter, von Bamberg (230 m über NHN) bis Burgthann und Neumarkt auf 417 Meter über NHN. Bis Kelheim fiel dann der Kanal um 79 Meter, um bei 338 Meter über NHN in die Donau zu münden. Zu den landschaftlich idyllischsten Trassen des Kanals zählt die Stecke unweit der Schwarzach südöstlich von Nürnberg, weshalb bis in unsere Tage sonntags etliche „Ausflügler" die schönen Treidelpfade zu Spaziergängen nutzen. Bereits im Jahre 1837 war ein kurzer Streckenabschnitt zwischen Baiersdorf und Erlangen fertiggestellt worden, der von drei Lastschiffen „probeweise" befahren wurde. Als am 5. Mai 1843, dem Freitag vor „Jubilate", der Kanalabschnitt Bamberg–Nürnberg eingeweiht wurde, soll Zeitungsberichten zufolge „Büchsenfeuer" aus Vorderladern das in der Bischofsstadt ablegende und mit Steinkohle beladene Schiff „eskortiert" haben. Das erst des Nachts den Nürnberger Hafen erreichende Schiff ist ebenfalls mit „Büchsenfeuer" bedacht worden. Die Presse berichtete in festlichem Tenor, das Schiff sei „gleich Schwänen mit breiter Brust auf spiegelglatter Wasserfläche dahergezogen". Bald konnten sogenannte „Lustfahrten" von Erlangen nach Nürnberg feilgeboten werden. Später dauerte die „Fuhre" von Dietfurt bis Bug bei Bamberg (150 km) etwa sieben Tage. Die „Kapazität" des Kanals erreichte im Jahre 1850 mit einer Güterbeförderung von 196.000 Tonnen ihren Höchststand.

Seit dem Jahre 1837 hatten 6.000 Arbeiter an dem Kanalbauwerk gearbeitet, später bis zu 9.000 Mann. Flächendeckend, das heißt an allen Stellen, war seit 1836 mit dem Bau des Kanalbettes begonnen worden. Die Bauleitung oblag Freiherrn von Pechmann. Die sogenannten „Kanalpolizeibeamten" waren uniformiert. Sie „können sich jederzeit an Bord begeben, um sich von der Beobachtung der bestehenden Vorschriften zu überzeugen“, heißt es unter Paragraph 48 in der „Kanalordnung“ vom 12. Februar 1914. Vorweggenommen sei, dass der Ludwigskanal bis gegen Ende des Zweiten Weltkrieges von Schiffen befahren wurde. „Nachfolger“ wurde der neue, zwischen 1960 bis 1992 angelegte und auf einer Strecke von 171 Kilometern verlaufende „Main-Donau-Kanal“. In Fürth, wo die Kanalbauarbeiten am 1. Juli 1836, einem Freitag, begonnen hatten, rekrutierten sich die „Arbeiter in der Mehrzahl aus Almosenempfängern, denen die Stadt Fürth empfahl, sich für den Bau zu melden, denn damit hätten sie Lohn und Arbeit auf Jahre hinaus“. Ein Spatenarbeiter erhielt pro Tag 30 Kreuzer, das entsprach einem Kaufwert von einem Kilogramm Fleisch oder mehr als 7 Maß Bier, ein Steinbrecher erhielt 36 Kreuzer. Unter den Arbeitern waren auch zahlreiche Italiener. Offensichtlich bildete sich schon damals ein „Wanderarbeitertum“. Durch die vielen Arbeiter erhielten die am Ludwigskanal liegenden Gemeinden wirtschaftlichen Auftrieb.

Nürnberg, Stein, Würzburg und Schweinfurt: vier fränkische Städte unter dem „Transmissionsriemen“ der industriellen Revolution

Nürnberg – die Wirtschaftsmetropole Frankens

Nürnberg – das war „eine Wiege der Technik aus dem Geist der europäischen Völker“ [Karl Bosl: Fränkische Identität, S. 18]. Wenn nicht hier in Nürnberg: „Nürnberger Ei“ – die Taschenuhr von Peter Henlein, das Radschloss (1517), die Hobelbank, Drehbänke mit Tretrad, die „Feuerspritze“ (1655), Pleuelstange, Kurbel, das Schwungrad, die Leitspindel, Schraubzwinge und Schraubstock, Behaims „Globus“: alles Nürnberger Erfindungen – wo sonst stand die Wiege der Technik auf dem Erdball? Von der 1822 gegründeten Spaethschen Maschinenfabrik und von dem Nürnberger Technikpionier Theodor Freiherr von Cramer-Klett ist schon die Rede gewesen. In der Nürnberger Ausstellung von 1985 „Leben und Arbeiten im Industriezeitalter“ ist auch die Geschichte der Nürnberger Technik seit 1850 besonders gut dokumentiert: „Von Dampfmaschine und Transmissionsriemen“ zu der Mikroelektronik, von der Mietskaserne und Volksbädern zu Trabantenstädten und öffentlichem Verkehrsverbund.

Auch in der Tuchfabrikation schritt Nürnberg an der Spitze des wirtschaftlichen Fortschritts. Im vormals preußischen Wöhrder Stadtteil wurde 1820 die Tuchfabrik Lobenhofer als „einziges textiles Großunternehmen in Nürnberg“ ins Leben gerufen. Sie löste eine alte Tuchmanufaktur ab und war mit hochmodernen Maschinen ausgerüstet. Das markierte den „eigentlichen“ Beginn der industriellen Revolution in Franken wie auch in Bayern. Später kamen Chemie- und Farbenfabriken hinzu.

Versorgung mit Wasser und Energie

Nach dem Jahr 1850 „revolutionierte“ Nürnberg seine Wasserversorgung anhand gusseiserner Wasserrohre und zentraler Wasserwerkanlagen in Ursprung-Krämersweiher (1885/1893) und in Erlenstegen (1896). Bald vermochten täglich 5.000 Kubikmeter Wasser geliefert zu werden. Später ist der Zweckverband „Wasserversorgung Fränkischer Wirtschaftsraum“ gegründet worden. 1847 begann auch die Gasversorgung in der Dürerstadt, welche zunächst der Versorgung der zuerst 638 Nürnberger Gaslaternen diente. Auch der Nürnberger „Ludwigsbahnhof“ hatte eine fünfzehnflammige Gasbeleuchtung. Das Nürnberger Gaswerk war das erste seiner Art in Bayern und stand am „Plärrer“, zwischen Rothenburger Straße und Fürther Straße und Rochusfriedhof. Es handelte sich um ein hochmodernes *Kokereiverfahren*, das Steinkohle beanspruchte. Das sogenannte „Nürnberglicht“ ist ein 1904 erfundenes Gasglühlicht, bei welchem Sauerstoff statt atmosphärische Luft zur Verbrennung des Leuchtgases dient. Eine *dauerhaft* genutzte elektrische Straßenbeleuchtung gab es in Nürnberg als erster deutscher Stadt(!) seit 1882.

Daher war auch die Stromversorgung ein Kind der zweiten Hälfte des 19. Jahrhunderts. Eine Art „Schrittmacher“ der öffentlichen Nürnberger Stromversorgung war das Licht. Zuerst war im Jahre 1875 eine von Sigmund Schuckert (1846–1895) konstruierte elektrodynamische Bogenlampe als die weltweit erste ihrer Art in Nürnbergs Adlerstraße eingeweiht worden. Seit 1873 hatte Sigmund Schuckert in Nürnberg Bogenlampen gefertigt und stieg 1893 mit seiner Elektrizitäts-AG in die elektrische Eisenbahntechnik ein. Insgesamt 25 Auslandsniederlassungen zeigten Flagge in Europa, Asien und Amerika. Dieses kapitalstärkste bayerische Industrieunternehmen ging 1903 mit dem innovativen Berliner Siemens-Konzern zusammen und hatte sodann als Siemens-Schuckert AG Hauptsitze in der Reichshauptstadt und in Nürnberg. Zur öffentlichen Stromversorgung Nürnbergs ist noch 1895/1896 nach den Plänen Oskar von Millers (1855–1934) in der Nürnberger Tullnau ein Elektrizitätswerk mit 900 Kilowatt Leistung „ans Netz“ gegangen. Das Kraftwerk versorgte 1896 etwa 1.000 fränkische Stromverbraucher, annähernd 27.000 Glühlampen, 545 Bogenlampen und 123 Motoren.

Spielzeugstadt Nürnberg

Zu Beginn des 20. Jahrhunderts glänzte Nürnberg auch aufgrund seiner berühmten Kurz- und Spielwaren, die als „Nürnberger Waren“ überall bekannt waren. Sie sind bereits 1414 in der Magdeburger „Schöppenchronik“ als „tant van Nurenberch“ genannt und wurden im 19. Jahrhundert zum Teil durch Blechspielzeug ersetzt. Nürnberg glänzte auch mit seinen weltbekannten Lebkuchen, seinen Metall-, Holz-, Horn- und optischen „Waren“, Bleistiften, Ultramarin, Margarine, Pinseln, Bürsten, Tabak, mit seinen Bierbrauereien und seiner Erzgießerei, etwa durch die bekannte Gießerei Lenz in St. Johannis. Die ganze Palette an herausragenden Nürnberger Produkten des 19. Jahrhunderts hier dazustellen, würde den Rahmen der Darstellung sprengen.

Unter anderem verkaufte auch der Nürnberger Holzspielwarenfabrikant Christian Hacker (1802–1882) seine „Eisenbahnen“, Burgen, Kaufläden und Holzfahrzeuge in alle Welt. Geboren als unehelicher Sohn einer Dienstmagd in Vestenberg bei Petersaurach, machte Hacker 1835 im Nürnberger Brunnengässchen zwischen der Kaiserburg und dem Hauptmarkt seine erste eigenständige Holzwerkstatt auf. Später eröffnete er im „Kutscherhof“ in der Sebalder Altstadt eine Holzspielwarenfabrik. Seine Holzartikel für Kinder waren so sehr gefragt, dass er Einzelteile außerhalb der „Noris“ anfertigen ließ. Auf den Weltausstellungen von Paris 1867 und 1900 erhielten Hackers Holzprodukte Goldmedaillen. Sie gelten allgemein als Vorläufer des „Systemspielzeugs“ wie *Playmobil*.

Untrennbar mit Nürnberg verbunden ist auch das *or d'Allemagne* genannte Rauschgold. Es wurde in der zweiten Hälfte des 19. Jahrhunderts in Nürnberg erfunden, ist aber einer alten Erzählung zufolge hugenottischen Ursprungs: um 1570 soll ein aus Lyon stammender und in Nürnberg Aufnahme findender französischer Glaubensflüchtling einen „Rauschgoldengel“ nach dem Antlitz seiner verstorbenen Tochter gefertigt haben. Um 1890 entstanden Rauschgoldengel mit Porzellanköpfen, die auf dem Nürnberger Christkindlesmarkt feilgeboten wurden. Seit etwa 1900 war Nürnberg weltweit die „Spielzeugstadt“.

Bleistifte von Faber-Castell

Untrennbar mit der „Gründerzeit“ verbunden ist auch das Aufleben der Bleistiftindustrie in Stein bei Nürnberg. 1761 verkaufte ein Kaspar Faber seine Bleistifte auf dem Nürnberger Markt. Der Firmenaufstieg zu einer „Weltfirma“ für „Bleyweißsteffte“ vermochte indessen der vierten Generation der weitverzweigten Familie „Faber“ zu gelingen. Im Rahmen einer Reichstagspetition von 1874 zur „Schaffung eines Markenschutzgesetzes“ avancierte 1875 der Großindustrielle Lothar Johann von Faber (1817–1896) zum wahrhaftigen „Ahnherrn“ des deutschen „Markenschutzes“. Im Jahre 1881 in den erblichen Freiherrenstand erhoben und zum erblichen Reichsrat ernannt, gehörte von Faber bis zu seinem Tod der „Kammer der Reichsräte“ an. Wesentliche Kenntnisse hatte Faber früh (1836) in einer Pariser Bleistiftfirma gewonnen. In der Tat war Lothar von Faber „beruflich und in seinem Wirken im öffentlichen Leben nahezu alles gelungen, was er sich vorgenommen hatte“. Seine Enkelin und gleichzeitig die spätere Erbin Freiin Ottilie von Faber (1877–1944) ehelichte 1898 den Grafen

Alexander zu Castell-Rüdenhausen († 1928) aus uraltem fränkischem Grafengeschlecht. Offensichtlich hatte Lothar Johann von Faber „letztwillig“ verfügt, dass spätere Generationen den Namen „Faber“ immer in einen neuen gemeinsamen Familiennamen einfügen sollten. Deshalb vermochte 1898, im Jahr der Heirat von Ottilie und Alexander, mit königlicher Bewilligung fortan der neue Firmenname „Faber-Castell“ ins Leben gerufen zu werden. In den Jahren 1903 bis 1906 ist dann auch das berühmte Schloss Faber-Castell in Stein in schönem Neo-Renaissancestil – das „Bleistiftschloss“ – in kurzer Bauzeit entstanden. Der Bauplatz an der Peripherie von Stein fast an der Stadtgrenze zu Nürnberg war gewählt worden, um schlechter Luft durch Lacke und Fabriklärm zu entgehen. 1905 kreiert Alexander zu Faber-Castell die „Bleistiftfamilie“ „CASTELL“ mit ihrem weltbekannten Verpackungsmotiv des *Turniers der Bleistiftritter*. In der Faber-Castellschen Bleistiftfabrik in der Schanzäckerstraße in Stein waren um 1900 bereits 1.000 Handwerkskräfte beschäftigt. Schon 1849 hatte Faber eine erste Auslandsfiliale in New York. Damals fertigten 500 Mitarbeiter im Jahr fünf Millionen Stifte.

Was das Unternehmen aus Stein auch weltweit so erfolgreich machte, war seine hohe soziale Verantwortung. Lothar Johann von Faber hatte bereits 1851 einen der ersten Kindergärten Deutschlands ins Leben gerufen. Er schuf auch soziale Einrichtungen wie Fabrikkrankenkasse, Arbeitersparkasse, eine Fabrikbibliothek, selbst eine fabrikeigene Schule und Arbeiterwohnungen. Am „Mecklenburger Platz“ in Stein, wo heute im Dezember der Weihnachtsmarkt steht, entstand im Jahre 1866 für die „Faberer“ eine erste „geschlossene“ Arbeitersiedlung. In den langgestreckten Arbeitshallen von Faber-Castell-Niederlassungen verliefen die Fertigungen von Männern und Frauen strikt getrennt. Erstmals 1910 hatte es bei den vier größten Produktionsstätten von Faber-Castell Tarifverträge gegeben, wobei die Wochenstunden von 66 auf 56 gesenkt wurden.

Der Großvater Lothar Johann von Faber hatte seiner Enkelin Ottilie mit auf den Weg gegeben: „Glaub mir, Ottilie, jede Million, die du wohltätig ausgibst, ist gut angelegt. Ich habe schon in den vierziger und fünfziger Jahren mehr als fünf Millionen Mark gestiftet, dafür bin ich von der Revolution völlig verschont geblieben. Wie oft sollten meine Arbeiter schon zum Streik aktiviert werden – die denken gar nicht daran" [Scheib: Zierde, S. 135].

Würzburg – fränkisches Zentrum der Druckmaschinen- und Bekleidungsindustrie

Die alte Kiliansstadt Würzburg mit ihrem vormals „geistigen insularen Einfluss" war seit jeher ein Ort der Innovation. Ausgerechnet in dem alten und 1803 aufgelassenen Prämonstratenserkloster Oberzell bei Würzburg hatten in einer Zeit riskanter Fabrikgründungen im Jahre 1817 die Erfinder Johann Friedrich Gottlob Koenig (1774–1833) und Andreas Friedrich Bauer (1783–1860) die noch heute auf Weltruf bauende Druckmaschinenfabrik „Koenig & Bauer" gegründet. Der Oberbürgermeister von Würzburg, Dr. Hans Löffler, resümierte dazu im Jahre 1927: „Die Schnellpressenfabrik Koenig und Bauer A.-G., die von dem genialen Erfinder der Schnellpresse, Friedrich König, mitbegründet wurde, zählt heute noch zu den führenden Druckmaschinenfabriken der Welt". Im Jahre 1848 hat ein Neffe des Mitbegründers Friedrich Koenig, Heinrich Löser, in der Kaiserstadt Wien eine Tochterfabrik gegründet. Sie produzierte wie ihre Würzburger „Verwandte" vor allem Bogenoffsetdruckmaschinen. Weltweit sind heute in der Unternehmensgruppe Koenig & Bauer 8.300 Mitarbeiter tätig. Die alte Firmenphilosophie lautet bis heute: „Unsere Innovationen sind unsere Zukunft".

Weiterhin erlebte die Würzburger Industrie durch die „Fertigung" von Tabak, Zigarren und Schnupftabak, Schaumweinen, Schokolade, Konserven, Essig, Likören und Essenzen, Seifen, Maschinenölen, Kerzen, Kneippschen Heilmitteln und Wachswaren einen ungeahnten Aufstieg. Sehr bedeutsam war auch der Handel mit Wein und Früchten. Würzburg war auch Sitz der landwirtschaftlichen Berufsgenossenschaft für Unterfranken und außerdem „Ansiedlungsort" zahlreicher Dampfziegeleien mit viel Feldbahnbetrieb. Drei Jahre, bevor Wilhelm Conrad

Röntgen im Physikalischen Institut der Universität Würzburg die Röntgenstrahlen entdeckte, war 1892 in Würzburg eine „Pferdebahn“ eröffnet worden. Sie hatte pro Wagen zwei Mann uniformiertes Bedienungspersonal und bot bis zu zehn Personen einen Fahrplatz. Eine der Haupthaltestellen war der Würzburger Kaiserplatz. Im Jahre 1900 begann ihre Elektrifizierung. Noch 1899 hatte die öffentliche Stromversorgung Würzburgs eingesetzt. Angeblich hatte bereits 1884 der Chef vom „Sanderbräu“, Georg Beer, seinen abendlichen Gästen im Wirtshausgarten mit elektrischem Strom das Licht „gespendet“.

Vor allem aber auch Kunstwolle und Tuche bildeten die „Markenzeichen“ Würzburgs. Die Würzburger Uniformfabrik K. Greb etwa stellte unter anderem Drillichanzüge für die bayerische Armee her. Eine weitere Würzburger Uniformfabrik war die von Franz Kreisel. Bereits im frühen 17. Jahrhundert war die Feintuchherstellung in Würzburg weit verbreitet. Das Tagebuch des Würzburger Tuchscherers Jakob Röder ist nicht nur wirtschaftsgeschichtlich immer wieder als wichtige „Geschichtsquelle“ herangezogen worden. Neben dem Fränkischen Vogtland mit Kulmbach und Hof sowie dem Raum um Aschaffenburg war Würzburg die fränkische „Tuchgegend“. Laut einer Liste aus dem Jahr 1814 fertigten im Großherzogtum Würzburg 69 „Wollentuchfabriken“ Textilien, daneben gab es zwei „Strumpffabriken“ und zwei „Lederfabriken“.

Würzburg war Garnisonsstadt, auch die ehemalige Zitadelle Marienberg war um 1890 Kaserne. Hier lag das Generalkommando des 2. Bayerischen Korps. Die Festungswerke waren in den Jahren 1867–1874 „niedergelegt“ worden. Die Schleifung der Festung ermöglichte eine Vergrößerung der um 1866 auf 33.000 Einwohner angewachsenen Mainstadt. Die neuen Stadtteile Grombühl, Zellerau und Sanderau entstanden. Das gerade für Eisenbahnbedienstete gegründete Grombühl erhielt 1909 einen Straßenbahnanschluss. Der Transmissionsriemen der industriellen Revolution hat binnen siebzig Jahren die Stadt am Main zu einer der volkreichsten bayerischen Städte „emporgehoben“. Das aber schien seit der Schedelschen Weltchronik „alle Zeiten“

überdauern zu wollen: Würzburg verblieb „die vornehme und berühmte Stadt“ des gesamten „Frankenlandes“.

Schweinfurt – Wiege der Kugellager-Industrie

In der freien Reichsstadt Schweinfurt hatte einst Gustav II. Adolf von Schweden 1632 ein Gymnasium gegründet, aber seit den 1890er Jahren ist Schweinfurt Industriestadt und das Herz der europäischen Walzlagerindustrie. Hier künden auch eine Gustav-Adolf-Gedächtniskirche und eine Sektion des Gustav-Adolf-Werkes von einem „wachen“ Protestantismus. Kein Geringerer als der Staatsökonom Max Weber hatte in seinem 1904 erschienenen Werk „Die protestantische Ethik und der Geist des Kapitalismus“ den Zusammenhang zwischen Konfession, sozialer Schichtung und wirtschaftlicher Lage etwa auch in Badisch-Franken untersucht. War nicht auch in Schweinfurt der Protestantismus der „Wachhund“ der „Industriezeit“?

Am „Anfang“ der Entwicklung der Kugellager zum Industrieerzeugnis stand in gewissem Sinne das Fahrrad. Verdankt doch die Kugellager-Industrie überhaupt ihr Entstehen dem 1812 in Oberndorf bei Schweinfurt geborenen Erfinder des sogenannten „Tretkurbelfahrrades“ (1852) Philipp Moritz Fischer. Dessen Sohn Friedrich Fischer gründete 1883 in Schweinfurt eine mechanische Werkstatt zur Fahrradfertigung und konstruierte die *Kugelschleifmaschine.* Früher wurden die in den Wälzlagern ruhenden Kugeln für viel Geld in England geordert. Bald produzierte Fischer Präzisions-Gussstahlkugeln von eintausendstel Millimeter Genauigkeit. Unweit des Schweinfurter Hauptbahnhofes rief Fischer 1896 die weltbekannte „Kugelfabrik Fischer“ ins Leben, welche, auf einer Fläche von 40.000 Quadratmetern produzierend, endlich am 30. März 1897 in eine Aktiengesellschaft umgewandelt wurde. 1927 umfassten die Fischer-Kugelwerke eine Gesamtfläche von mehr als 100.000 Quadratmetern. Mit der Erfindung des Fischer-Tonnenlagers wurde ein sich selbst nach allen Richtungen „austarierendes“ Lager geschaffen. Die „Fischerlager“ wurden für sämtliche Gleisfahrzeuge, Automobile und Schiffe, dann auch für Flugzeuge und Panzer ein unentbehrliches Bauteil.

Eine weitere Schweinfurter technische Revolution, die mit dem Fahrrad in Verbindung stand, war die Erfindung der Freilaufnabe. Wie nicht selten erwies sich das Zusammenwirken zwischen einem Ingenieur und einem Kaufmann als bahnbrechend. Der sein Hochrad bevorzugende Feinmechaniker Ernst Sachs erhielt im November 1894 sein Patent für ein Fahrradkugellager mit modularem Kugellagerlaufring. Sachs war „versessen" auf Fahrräder. Zusammen mit dem aus Schweinfurt gebürtigen Kaufmann Karl Fichtel gründete Sachs am 1. August 1895 die „Schweinfurter Praezisions-Kugellagerwerke Fichtel und Sachs". Damals arbeiteten zehn Mechaniker an den Werkbänken. Seit dem Jahre 1903 wuchs das Unternehmen immens, als Geheimrat Dr. Sachs eine Art „Durchbruch" mit der Torpedo-Freilaufnabe gelungen war. Ursprünglich stammte der Name „Torpedo" von einem elektrischen südamerikanischen Fisch, dem Zitterrochen, und sollte sich in der „Fahrradwelt" blitzartig verbreiten. Im Sommer 1913 konnten 833.000 Sachs-Naben verkauft werden, nachdem im selben Jahr die „legendäre" Viergangnabe auf den Markt gekommen war. In den Jahren des Ersten Weltkriegs erhöhte Sachs die Belegschaft von 3.000 auf 7.000 Mann. Ernst und Betty Sachs hatten 1916 das alte Henneberger Schloss Mainberg erworben. Überdies ließen sie mitten im Ersten Weltkrieg in Schweinfurt ein Militärspital einrichten. Weltweit war der Name *Fichtel & Sachs* längst zu einer Art „geflügeltem Wort" geworden. Um 1920 waren schon so viele Fahrräder mit der Torpedo-Schaltung ausgerüstet, dass sie hintereinandergestellt mehr als den Äquator umspannten. Es handelt sich um Produktionszahlen, die weltweit von keiner anderen Firma auch nur annähernd erreicht wurden.

Mainschifffahrt und Flößerei

Einer der größten Söhne Schweinfurts ist der 1788 geborene Orientalist Friedrich Rückert. Am 22. Mai 1850 taufte der Schweinfurter Schiffer Friedrich Daniel Dittmar ein Frachtschiff auf Rückerts Namen. Die Flussschifffahrt auf dem Main war wie in Würzburg und in Wertheim einer der besonders wichtigen Erwerbszweige der Stadt Schweinfurt.

Zu Beginn des 20. Jahrhunderts war das größte auf dem Main verkehrende Frachtschiff die „Adolfine", ein sogenanntes „Schleppschiff" aus Wörth am Main, die 1907 vom Stapel lief. Das Schiff markierte den damaligen Umbruch in der fränkischen Binnenschifffahrt: Auf der einen Seite fuhr die „Adolfine" noch ohne eigenen Antrieb. Sie wurde zwar nicht mehr von Pferdegespannen vom Ufer aus gezogen, sondern durch ein Schleppboot. Auf der anderen Seite war das Frachtschiff schon aus Eisen gefertigt, fortgeschrittener als ihre hölzernen Vorgänger. Das Binnenschiff „Adolfine" hatte hölzernes „Ladegeschirr" und eine gewaltige Ladekapazität. Zwischen 1950 und 1970 wurde die Schlepptechnik auf dem Main ganz aufgegeben.

Außerdem wurde auf dem Main bis in die 1930er Jahre die Flößerei betrieben. Nach dem Ende des Dreißigjährigen Krieges war vor allem der niederländische Holzhandel angestiegen, so dass die Wirtschaftsbeziehungen mainaufwärts bis in den Frankenwald reichten. Für den Schiffbau waren die Niederländer vor allem auch am Spessartholz sehr interessiert. Bamberg hatte seit 1912 einen eigenen „Floßhafen" und war bedeutender Holzumschlagsplatz. In Schweinfurt gab es einen schwierig zu befahrbaren „Floßkanal". Im März 1904 erst war von neuem *ein Hüttenfloß bei der Durchfahrt zu Bruch gegangen.* Von den goldenen Ohrringen der Flößer ward berichtet, „sie würden die Sehkraft stärken". Auch der westliche Frankenwald ist gleichförmig von flößbaren „Bächen" durchzogen, die in den Main münden – und zu Recht lautet ein Buchtitel: „Der ganze Main wär hölzern." Das 19. Jahrhundert bis in die 1930er Jahre war das Goldene Zeitalter der Mainflößer. Die wirtschaftliche Flößerei auf dem Main wurde indessen um das Jahr 1958 eingestellt.

Jüdisches Leben in Franken im 19. Jahrhundert

Sie sind seit jeher ein fester Bestandteil der vielfältigen fränkischen Kultur: Vermutlich sind die ersten Juden in „Franken" bereits zur Römerzeit als Fahrende Händler oder als Tross der römischen Legionen langsam „eingesickert“. Quellenmäßig belegt ist, dass sich Judengemeinden im Würzburgischen bereits zu Beginn des 12. Jahrhunderts gebildet haben. Laut dem Historiker und Redakteur bei der fränkischen „Mainpost“ Roland Flade waren die fränkischen Israeliten „Jene, einem rebenreichen Weinstock verglichene Gemeinde“. Im Falle von Fürth ist gar vom „bayerischen Jerusalem“ die Rede gewesen. Vor allem seit dem Jahre 1528 kam es in Fürth „zu immer zahlreicheren Ansiedlungen jüdischer Bürger“, so dass zu „Beginn des 19. Jahrhunderts [...] fast jeder vierte Bürger Fürths jüdischen Glaubens“ war. 1880 lebten annähernd 3.500 Juden in Fürth. In der Stadt eines Henry Kissinger hatten die Juden Privilegien, die ihnen das bayerische Judenedikt von 1813 zunichtemachte: die Schließung jüdischer Schulen wurde bekämpft, man wünschte keine „deutschen“ Familiennamen und schon gar keine Beschränkung der Einwohnerzahlen in Fürth, wo die Juden für bürgerliche Gleichberechtigung stritten. Hier hat sich im 19. Jahrhundert auch eine Tradition der Mundartdichtung im regionalen jiddischen Dialekt entwickelt, wobei die Texte teils von Juden, teils von Nichtjuden (!) verfasst wurden, so von einem Fürther Bürger namens Leonhard Meck, andere von einem „Itzig Feitel Stern“, der unter Pseudonym schrieb und in Wirklichkeit „Franke“ war.

Das Gros der Israeliten im Königreich Bayern lebte tatsächlich in Franken, hier wiederum im ländlichen Bereich und verharrte zu einem Gutteil in Armut. Im Verlauf des 19. Jahrhunderts sind viele Landjudengemeinden kleiner geworden, weil zahlreiche Mitglieder in die Städte zogen. Das ist vor allem auch gut für die Stadt Oettingen durch Verzeichnisse über die Bevölkerungsbewegung dokumentiert. Hier wird das „Schrumpfen“ der Judengemeinden von der fürstlich-oettingischen Zeit über das Königreich Bayern bis zum Zweiten Deutschen Kaiserreich besonders deutlich.

Oft sind die Juden in Franken für die Wirtschaftsmisere der Hungerjahre 1816/1817 und schon 1771 als „Schuldige“ instrumentalisiert worden – „eine der gravierendsten Hungersnöte der vorindustriellen Gesellschaft“. Vereinzelt sind gegen die 1813 im bayerischen „Judenedikt“ die „vollkommene Gewissensfreiheit“ (§ 23) erhaltenden Israeliten Morddrohungen ergangen. Im Zuge der sogenannten „Hep-Hep-Unruhen“ von 1819 sind auf den Würzburger Professor Sebald Brendel sogar vier Mordanschläge verübt worden. Bereits im April 1699 war es im Bambergischen zu „wüsten Pöbelexcessen gegen Juden“ gekommen, da eine Getreideknappheit herrschte. Damals wie in den Jahren 1819 bis 1822 waren die Judenpogrome von den unteren Volksschichten ausgegangen, was die *Richtigkeit* der von Daniel Jonah Goldhagen 1996 in dem Werk „Hitler's Willing Executioners“ vorgetragenen Hypothesen nur unterstreicht. Noch im Jahre 1850 war es im Fränkischen zu einer „Adresse gegen die Emanzipation der Juden“ gekommen [vgl. Würzburger Chronik, S. 91]. Erklärte Judengegner hatten sie an die Königliche Regierung lanciert.

Im Gegensatz zum bayerischen Judenedikt bewirkte das badische Judenedikt von 1809 quasi eine *Naturalisation* der Israeliten: sie waren damit staatsbürgerlich gleichgestellt. Im Jahre 1816 sind sogar die diskriminierenden „Schutzgelder“ abgeschafft worden. Seit 1827 gab es „Bezirkssynagogen“ mit Sitz in Wertheim, Mosbach und Merchingen. Doch auch im Badischen verbreitete ein Flugblatt einige Jahre später die unheilkündende wie radikale Forderung: „Die Juden müssen aus Deutschland vertrieben werden!“. Vielfach ist auch in Baden der wirtschaftliche Aufschwung nach 1850 mit jüdischen Initiativen in Zusammenhang gebracht worden. Wertheim „kannte“ gar einen stellvertretenden jüdischen Bürgermeister. Der Rabbiner Leopold Löwenstein erhielt 1891 den Zähringer Löwenorden und wurde noch kurz vor seinem Tod 1923 Ehrenbürger von Mosbach. Zu Beginn des 20. Jahrhunderts war die jüdische Bevölkerung Badens längst assimiliert, was von der jüdischen Bevölkerung in Bayern mitnichten gesagt werden kann.

Hier im Badischen war bereits unter Napoleon I. eine Vertretung aller Judengemeinden eingerichtet worden, der sogenannte „Oberrat der Israeliten Badens“ aus dem Jahr 1809. Bemerkenswert ist, dass unter den Rabbinern keinerlei Hierarchieverhältnis bestand. Napoleon hat auch das jüdische Bildungswesen erheblich gefördert. So ist unter anderem die Anlage eigener jüdischer Schulen „auf Kosten der Juden“ gestattet worden. In Württembergisch-Franken vermochten „fast überall“ die sogenannten „freiwilligen jüdischen Konfessionsschulen“ unter staatlicher Aufsicht ins Leben gerufen zu werden. Hier haben auch oft die Eltern ihre Kinder zu den „christlichen Volksschulen“ geschickt. Allerdings wurde den Kindern der Religionsunterricht von jüdischen Privatlehrern erteilt. Im Nürnbergischen – „Adas Israel“ – (1875) kam es zur Gründung von Religionsvereinen. Hier wurde auch 1874 die neuerrichtete Nürnberger Hauptsynagoge feierlich eingeweiht. Die dortige Judengemeinde bestand 1867 aus 1.254, 1910 aus 7.815 Angehörigen. Dagegen zählte die jüdische Gemeinde im katholischen Bamberg (1840) nur 333 Seelen. Gleichsam bildete die jüdische Gemeinde die „kleinste und größte Einheit im Judentum“. Auch im Bereich der studentischen Verbindungen waren die Juden aktiv: Sie gründeten die Würzburger jüdische Studentenverbindung „Salia“ im Jahre 1884, welche überkonfessionell wirkte und die Devise „Fest stehen immer, still stehen nimmer!“ hatte.

Juden von glühender deutscher Vaterlandsliebe

Erst 1871 erhielt das Rechtsgleichheitsgesetz vom 3. Juli 1869 allgemeine Gültigkeit, das die völlige bürgerliche und politische Gleichstellung der Juden in Bayern bewirkte. Die Juden waren jetzt auch zum Militärdienst zugelassen. In Bayern stand ihnen sogar die Offizierslaufbahn offen. Seit 1877 förderten jüdische Honoratioren die im Entstehen begriffene deutsche Kolonialbewegung. Die Juden im Zweiten Deutschen Kaiserreich waren zum Teil „nationaler“ als ihre christlichen Mitmenschen. Als in Europa mit Kriegsbeginn 1914 „die Lichter“ ausgingen, sprach das „unparteiische“ „Organ für alles jüdische Interesse“, die „Allgemeine Zeitung des Judentums“, von dem „Heiligen Krieg“ und „einem starken Glücksgefühl“ und einer „nationalen Erhebung ohnegleichen“. Etwa 100.000 Juden haben im Ersten Weltkrieg für Kaiser und Reich gekämpft, von denen 12.000 fielen. Auch die jüdische Studentenverbindung „Salia“ beklagte etliche Gefallene. Dabei hatten noch 1848 „bayerische Altorthodoxe" gegen die Judenemanzipation gekämpft! Der Forscher für Judaistik Manfred Treml schätzt, dass von den etwa 58.000 bayerischen Juden mindestens 39.000 „noch nicht in den deutschen Kultur- und Lebenskreis eingebunden" waren. Noch der spätere Reichsaußenminister, Industrielle und Schriftsteller Walther Rathenau hat in seinem zeitgeistigen Werk „Zur Kritik der Zeit" von 1912 seinen Glaubensgenossen mangelnde „Integrationsbereitschaft" bescheinigt.

Juden und ihre Nachbarn – das Beispiel Obermain-Oberfranken
Für das *geteilte* Franken des 19. Jahrhunderts ergab sich da ein ganz anderes Bild. Besonders am Obermain sind bereits im 18. Jahrhundert etliche Konversionen vom Judentum zum Christentum bekannt geworden. Der Staffelsteiner Theologe Josef Motschmann hat in seinem „Als aus Juden Nachbarn und aus Nachbarn Juden wurden. Jüdische Gemeinden im 19. und 20. Jahrhundert" überschriebenen Beitrag die Geschichte der Juden um Altenkunstadt und Lichtenfels besonders gut dokumentiert. Das Zusammenleben von Christen und Juden gestaltete sich überhaupt während der Reichsgründungszeit und im Zweiten Deutschen Kaiserreich von kaum dagewesener und nachher nicht wiederkehrender religiöser Toleranz. Am 20. September 1867, einem Freitag, war in Anwesenheit von städtischen wie gemeindlichen Honoratioren die Lichtenfelser Synagoge neu eingeweiht worden. Zu Recht schreibt Motschmann, „70 Jahre vorher und 70 Jahre nachher wäre ein solches Bild der Toleranz und des gegenseitigen Respekts nicht möglich gewesen" [Motschmann, S. 328]. Die jüdische Bevölkerung lag damals 1867 in Lichtenfels mit 82 jüdischen Religionsangehörigen bei 3,9 %. Seit 1840 gab es in Lichtenfels auch einen eigenen jüdischen Friedhof. Zuvor mussten die Israeliten ihre Verstorbenen im benachbarten Burgkunstadt zu Grabe tragen. Der Burgkunstädter jüdische Friedhof [in Ebneth] zählt mit 2.000 Grabsteinen zu den größten jüdischen Landfriedhöfen. Das im benachbarten Altenkunstadt 1923 errichtete Kriegerdenkmal nennt auch die im Ersten

Weltkrieg gefallenen jüdischen (1) und evangelisch-lutherischen Soldaten. Angeblich soll das den katholischen Pfarrer Johann Quinger bewogen haben, an der Einweihung des Kriegerdenkmals nicht teilzunehmen und nicht läuten zu lassen. Quinger ist später mit den Nationalsozialisten in Konflikt geraten, da er das *Trauergeläut zum Todestag Hindenburgs nicht ausführen wollte* und nicht nationalsozialistisch flaggte.

Jüdische Friedhöfe – beispielloses fränkisches Kulturgut
Die jüdischen Friedhöfe in Franken hatten ihre eigene geographische Zuordnung. Im Bamberger Land etwa waren Trunstadt, Viereth, Frensdorf, Trabelsdorf und Bischberg der jüdischen Gemeinde Walsdorf zugeordnet, Hirschaid und Gunzendorf Buttenheim. In Franken entfaltete sich im 19. Jahrhundert eine wohl einmalige jüdische Friedhofskultur. Die langjährige Beauftragte der Stadt Erlangen für die ehemaligen jüdischen Mitbürgerinnen und Mitbürger, Frau Ilse Sponsel (1924–2010), Trägerin des Goldenen Ehrenrings der Stadt, hat unter anderem auch „Spuren in Stein" – 100 Jahre Israelitischer Friedhof in Erlangen. 30. September 1891 – 30. September 1991" veröffentlicht. Auf dem Israelitischen Friedhof in Erlangen erinnert auch eine Gedenktafel an die jüdischen Weltkriegsgefallenen Lothar Hopfenmaier, Dr. Josef Gutmann und Willi Weglein, während zusätzlich ein Gedenkstein mit der bildlichen Darstellung einer Pickelhaube, eines Säbels, eines Eisernes Kreuzes und eines Ölzweiges – *der einzige dieser Art auf dem Friedhof* – den 1914 gefallenen Unteroffizier Lothar Hopfenmaier ehrt. Ilse Sponsel schreibt: „Lothar Hopfenmaier wurde am 9. August 1892 als einziger Sohn des Händlers Jonas Hopfenmaier und seiner Ehefrau Lina, geb. Pfeuffer, – Häute- und Fellgeschäft, Kirchenstraße 8 – in Erlangen geboren. Hier besuchte er nach seiner Volksschulzeit die Realschule, sowie in Nürnberg die Städtische Handelsschule. Danach war er im väterlichen Geschäft tätig und trat am 1. April 1914 in das 19. Infanterieregiment ein, um sein Einjährigenjahr abzudienen. Am 3. Mobilmachungstag rückte er als Unteroffizier ‚ins Feld' und erhielt das Eiserne Kreuz II. Klasse. Am 25.

August 1914 fiel Lothar Hopfenmaier bei Serres Hoéville durch einen Schuß in die Herzgegend. Im Schloß von Hoéville fand er seine letzte Ruhestätte." In der Todesanzeige heißt es: *Auf dem Felde der Ehre fiel am 25. August 1914 mein einziger, heißgeliebter Sohn Herr Lothar Hopfenmaier Unteroffizier, Erlangen, 5. September 1914.*

Zwei jüdische Kurzbiographien:
Jakob Herz und David Morgenstern

Auch in Wissenschaft und Politik besaßen die jüdischen Mitbürger *Rang und Namen.* Exemplarisch seien die jüdischen Exponenten Jakob Herz (1816–1871) und David Morgenstern (1814–1882) genannt. Der Mediziner Dr. Jakob Herz war der erste jüdische Universitätsprofessor in Süddeutschland, Dr. jur. David Morgenstern der erste jüdische Landtagsabgeordnete in Bayern. Die Erlanger Professoren und der Universitätssenat hatten für Herz beantragt, „eine Ausnahme von dem Prinzip christlicher Konfession" zu machen. Herz wurde 1816 in Bayreuth geboren. Er war zunächst Assistent in der chirurgisch-augenärztlichen Abteilung im Erlanger Universitätskrankenhaus und sodann im Jahre 1847 „Prosektor" in der Anatomie. 1869 endlich erhielt Herz die ordentliche Professur für Anatomie. Seine besondere Stärke aber war die Krankenpflege. Der „Korrespondent von und für Deutschland" schrieb am 17. Mai 1867 über den Mediziner: „Ihnen war der Kranke zu keiner Zeit bloß Gegenstand des Studiums oder des Berufs, immer ehrten und liebten Sie in ihm den Menschen, dem zu dienen der einzige Zweck Ihres Wissens sei. Darum ist ihnen auch der Unterschied von Hoch und Nieder, von Arm und Reich immer fremd geblieben." Die Erlanger hatten Jakob Herz mittels Magistratsbeschlusses vom 11. April 1867 zum „Ehrenbürger von Erlangen" ernannt. Herz stand politisch der liberalen Deutschen Fortschrittspartei nahe, deren aktives Mitglied er war, und gehörte auch dem resonanzstarken „Schleswig-Holstein-Verein" an. Die Erlanger errichteten Herz zu Ehren 1875 ein Denkmal am damaligen Holzmarkt, welches der nationalsozialistische Erlanger Stadtrat am 15. September 1933 schleifen ließ. Die Nationalsozialisten aber haben Jakob Herz die Ehrenbürgerrechte zu keiner Zeit entzogen, wie immer wieder fälschlich behauptet worden ist. Der weltberühmte Arzt hatte auch nachweislich während des sogenannten „Deutschen Krieges" von 1866 selbstlos Verwundete und Kranke versorgt. Herz war seit 5. Februar 1867 auch Träger des Ritterkreuzes I. Klasse des Verdienstordens vom Heiligen Michael. Vermutlich standen die Nationalsozialisten auch unter dem politischen Zugzwang, einen als vermutlich „unpopulär" erscheinenden politischen „Akt" lieber nicht in Angriff zu nehmen.

David Morgenstern wurde 1814 in Büchenbach bei Erlangen geboren, wo 1805 etwa 70 Juden lebten, die damals wegen der „territorialen Veränderungen dem Oberrabbinat Baiersdorf des Fürstentums unterstellt" wurden. Er studierte in Würzburg und in Erlangen Rechtswissenschaft, war Rechtspraktikant in Bamberg, um 1846 in Erlangen zum Dr. jur. promoviert zu werden. Politisch tat er sich hervor, als er im Jahre 1849 den radikaldemokratischen Volksverein gründete und von 1849 bis 1855 für den Wahlbezirk Fürth (1849) und sodann für den Wahlbezirk Nürnberg im bayerischen Landtag saß. Parteipolitisch gehörte Morgenstern der 1863 gegründeten liberalen Bayerischen Fortschrittspartei an. Im Landtag beteiligte sich Morgenstern unter anderem an den Beratungen über den Gesetzentwurf zum Bau einer Eisenbahnlinie von Nürnberg nach Regensburg sowie an den Beratungen über den Entwurf eines Beamtendisziplinarrechtes (1852) und endlich an der Diskussion um die Verstaatlichung des Main-Donau-Kanals, wobei der Gesetzentwurf am 17. Januar 1852 mit knapper Mehrheit (67 : 64) angenommen wurde. Politisch war Morgenstern ein echter „Achtundvierziger". Der bayerische Landtag erlebte Morgensterns größten und leidenschaftlichsten politischen Auftritt, als im Winter 1855 die Erörterung einer gravierenden Wahlrechtsänderung anstand. Es war daran gedacht, mittels der Bildung einer weiteren Kammer – neben der *Kammer der Abgeordneten* und neben der *Kammer der Reichsräte* – eine Art ständisches Repräsentativsystem zu installieren, das das passive wie aktive Wahlrecht der Juden politisch lahmlegen sollte. Damals soll Morgenstern seine „beste Rede“ im Parlament gehalten haben, bevor er sein Mandat niederlegte. Das bayerische „Zweikammersystem“ aber blieb bis zum Ersten Weltkrieg unangetastet. Der „Münchener Punsch“ polemisierte anlässlich des Ausscheiden Morgensterns am 4. Februar 1855: „Der Abgeordnete Morgenstern hat um Urlaub gebeten, weil er die politische Laufbahn mit der merkantilischen vertauschen will. Wir hoffen, daß er das merkantilische Fach politischer betreibt, nachdem er die politische Laufbahn keineswegs merkantilisch verfolgt hat!“ Morgenstern war weiterhin politisch aktiv und gründete 1865 den von ihm 1849 ins Leben gerufenen und inzwischen verbotenen demokratischen Volksverein neu. Morgenstern, der 1857 an der Seite seines jüngeren Bruders eine Zinnfolienfabrik in Forchheim aufgebaut hatte, trat 1863 von Neuem politisch hervor, als er die Sektion Fürth des Schleswig-Holstein-Vereins mitgründen half und vor allem im Jahre 1869, als der Fürther Politiker im August 1869 als Delegierter des Fürther Volksvereins an der Eisenacher Gründungsversammlung der Sozialdemokratischen Arbeiterpartei (SDAP) teilnahm, wobei auch das „Eisenacher Programm“, das Gründungsprogramm der SDAP, ausgearbeitet wurde. Als Dr. David Morgenstern am 2. November 1882 in Fürth starb, hinterließ er eine Witwe und dreizehn Kinder, die jüngste Tochter war erst elf Jahre alt. Die Stadt Fürth, die damals mit mehr als 3.300 Juden die höchste Anzahl jüdischer Bürger erreichte, war mit Morgenstern eines ihrer besten Köpfe verlustig gegangen.

4.
Franken im Zweiten Deutschen Kaiserreich

Preußische Pläne einer „Rückgewinnung" Frankens? Franken zwischen den deutschen „Einigungskriegen" und der Reichsgründung

In Franken herrschte im Herbst 1865 eine Art „Volkskrisis", welche in ihr „akutes Stadium" getreten war: „sie zeigte sich als Unmut in allen Schichten der Gesellschaft". Die politische Einigung Deutschlands schien in weite Ferne gerückt, und die fränkisch-württembergischen Demokraten ließen es bei der Gründung von „Volksvereinen" bewenden. Die demokratische „Neue Frankfurter Zeitung" sprach dann auch vom „Verrat" an „einer künftigen Revolution". Ob hier „Michel", dessen Gestalt, was vermutlich nur wenige wissen, in Frankreich „mindestens genauso" verbreitet war wie in Deutschland und der für alle nationalen Unzulänglichkeiten „herhalten" musste, helfen konnte? Offensichtlich besaß nur ein deutscher Politiker den Schneid und vor allem das politische Gespür, die nationale Sache „zustande zu bringen": Otto von Bismarck.

Bismarck bereist Franken

Der Mann, der Deutschland politisch zusammenschmiedete, war auch ein glühender „Reisediplomat" im geschätzten Franken. Vom Vorabend des Deutschen Krieges von 1866 ist eine fast *anekdotische* Begebenheit bezeugt: Im Spätsommer 1865 wanderte ein stattlicher Herr in schwarzem Gehrock in Begleitung den romantischen Weg entlang der Püttlach von Behringersmühle nach Pottenstein. Ob die „Begleitung" ein „Landjäger" oder gar Otto von Bismarcks damals „Angebetete", die schöne österreichische Sopranopernsängerin Pauline Lucca, war? Verbürgt ist, dass der Staatsmann in der Tüchersfelder Gastwirtschaft Seiller für sich und seine Begleitung ein Mittagessen und anschließend

Kaffee bestellte. Mit dem Wirt, dessen Vorfahren schon seit dem Dreißigjährigen Krieg die Gastwirtschaft betrieben, unterhielten sich die Wanderer geraume Zeit über die idyllische Landschaft an Püttlach und Wiesent, über die wirtschaftlichen Verhältnisse und über die hohe Politik. Damals herrschte politische Gewitterschwüle und es lag der Geruch von Kanonendampf in der Luft. Die politische Lage sei ungut in diesem Spätsommer 1865, und das Verhältnis Bayerns zu Preußen, wo Ministerpräsident Bismarck regiere, sei belastet, meinte der Seillerswirt. Das sei aber das „Verschulden" der Preußen, nicht der Bayern, fügte der Gastwirt hinzu. Bismarck hörte den politischen Einschätzungen des Wirts aufmerksam zu. Dann wollte er bezahlen. Irgendwie muss der stattliche Herr im Gehrock Eindruck auf den Wirt gemacht haben. Denn der bat seine zehnjährige Nichte, das Gästebuch zu holen. Bismarck trug sich ein. Dann verließen die Wanderer die Gastwirtschaft, um sich auf den Weg nach Pottenstein zu machen. Bald war der Seillerswirt doch neugierig, wer denn sein Gast gewesen sei. Er schlug im Gästebuch nach. Da stand auf der letzten Seite der Namenszug des Gastes in kalligraphischer Schönschrift: „Otto Graf von Bismarck-Schönhausen, kgl. Preußischer Ministerpräsident."

Was aber verschlug Bismarck an die Püttlach? Der Waischenfelder Historiker, Journalist und Philosoph Anton Sterzl (geb. 1927) mutmaßt: „Wollte sich der preußische Ministerpräsident für einige Tage in Franken, wo er später ja in Bad Kissingen als Reichskanzler 15-mal zu Gast war und beinahe einem Attentat (1874) erlegen wäre, von einem anstrengenden Jahr erholen? Oder war die Wanderung im stillen Püttlachtal eine seiner politischen Urlaubsreisen, wo er sich scheinbar beiläufig unterhielt, tatsächlich aber für spätere Schachzüge informierte oder orientierte? [...] Was wollte Bismarck in Tüchersfeld? Wollte [...] er im Geist schon das Terrain für seine Main-Armee erkunden, die im Vorfeld von Königgrätz 1866 recht erfolgreiche Vorgefechte in Franken führen sollte?" Auch an eine „Rückgewinnung der ehemals preußischen Markgrafschaften Ansbach und Bayreuth, die seit der großen napoleonischen Flurbereinigung 1803–1810 zu

Bayern gehörten", soll der preußische König Wilhelm I. gedacht haben. Oder war es nur Bismarcks Vorliebe für die fränkische Landschaft und „Seele", die ihn ins Püttlachtal und in die Gastwirtschaft „Seiller" zog? Feststeht, dass der Herr im schwarzen Gehrock vermitteln konnte, der Bismarck in Berlin sei gar nicht so „schlimm", „wie die Leute immer erzählten". Denn des preußischen Ministerpräsidenten Vorliebe für Franken brachte der Gastwirtschaft Auftrieb und neuen Ruhm ein: Der Wirt versah das historische Bierglas und die Kaffeetasse mit einem Bismarck-Portrait. „In Tüchersfeld aber blieb nur die Erinnerung" an den Preußen.

Später lobte Bismarck an seinem Kurort Bad Kissingen in einer Rede vor dem bayerischen Volksschullehrerverein das fränkische Streben nach Eigenständigkeit. Der Partikularismus sei „durch die Vervielfältigung höfischer wie parlamentarischer Bildungsstätten im nationalen Konto ein wertvolles Saldo, das keine Gefahr, sondern eher eine Stütze für unser Zusammenhalten ist (Zustimmung)".

1866: preußischer „Mainfeldzug" in Franken

Was dachte der preußische Ministerpräsident politisch, als er inkognito im Sommer 1865 den Weg von Behringersmühle über Tüchersfeld nach Pottenstein beschritt? Die offiziell Mitte September 1859 in Frankfurt am Main vollzogene Gründung des „Deutschen Nationalvereins" hatte die Vertreter der deutschen „Mittelstaaten" im November 1859 zu einer politischen Tagung in Würzburg bewogen, doch die Fürsten pochten auf ihre „Landessouveränität" und es fehlte „an wirklicher Durchschlagskraft". Jetzt im Sommer 1865 lautete das politische „Rezept" für das nationalstaatliche Einigungsziel: „Keine preußische, keine österreichische Spitze". Und Bismarck erfuhr: ein Krieg gegen Österreich war „unpopulär". Dagegen hatte der deutsch-dänische Krieg in Franken durchaus Zustimmung gefunden. Ende Februar 1864 hatte die maßgeblichen politischen Einfluss auf die Schleswig-Holstein-Bewegung in ganz Franken ausübende Erlanger Sektion des Schleswig-Holstein-Vereins eine Landesversammlung mit etwa 6.000 bis 7.000 Gästen organisiert. Sodann wurde eine „Erlanger Resolution“ von 94 Vereinen in Franken übernommen. Herausragende Köpfe der Bewegung waren der an der Universität Erlangen lehrende und in Schleswig geborene Staatsrechtler und nationalliberale Politiker Heinrich Marquardsen (1826–1897) und der Bürgermeister und Fortschrittspolitiker August Papellier (1834–1894). Auch der Schleswig-Holstein-Verein in Rothenburg o.d. Tauber baute auf die „Einigung“.

Jetzt aber 1865 lagen die „Dinge“ ganz anders. Ludwig II. von Bayern verabscheute geradezu einen Krieg, sollte aber an der Seite Österreichs an den Kämpfen teilnehmen. Auch die öffentliche Meinung in Franken stand überwiegend auf Seiten Österreichs und war gegen den Krieg. „O tief beklagenswerte Zeit!“ soll Ludwig II. an Richard Wagner telegraphiert haben. Dabei hatten seit 1852 keine Armeemanöver mehr stattgefunden. Später im Dezember 1866 wurde Ludwig II. bei seiner „Rundreise“ durch Franken ausgerechnet in Nürnberg daran erinnert, „daß er auch den Willen Preußens erfüllen mußte“. Ein Urahn von König Wilhelm I. von Preußen, Burggraf Friedrich VI., hatte doch auf der Kaiserburg gesessen, bevor dieser 1415 mit der Mark Brandenburg belehnt wurde. Wilhelm forderte von Ludwig den Familienstammsitz zurück, „als das Mindeste an Gegenleistung für die, wie er meinte, glimpfliche Behandlung Bayerns nach der Niederlage von 1866“. So bot der Bayernkönig dem Preußenherrscher den „Mitbesitz“ der alten Kaiserburg an.

Noch auf der Bamberger Ministerkonferenz der Mittelstaaten vom 14. Mai 1866 hatte der Vorsitzende im bayerischen Ministerrat, Ludwig Freiherr von der Pfordten, Österreich zu der Annahme der Bismarckschen „Februarvorschläge“ – der Übernahme Schleswig und Holsteins durch Preußen – gedrängt. Doch in der politischen Wirklichkeit und vor die Wahl gestellt, sich für die eine oder andere Seite zu entscheiden, zog er Österreich vor. In Preußen galten die diplomatischen Mittel bereits Ende Februar 1866 als erschöpft. Am 10. Mai veranlasste von der Pfordten seinen König, den Mobilmachungsbefehl zu unterzeichnen. Den Krieg hatte der junge König Ludwig, der Bismarck einmal im

August 1863 in München begegnet war und dessen „Parlamentsidee" er fürchtete, keineswegs gewollt. Das berichtete der bald maßgeblichen Einfluss auf die politische Großwetterlage und auf die „gesamtdeutsche Politik" ausübende Chlodwig Fürst zu Hohenlohe-Schillingsfürst. Das „einfache" Volk in Franken wie in Bayern aber ahnte die Niederlage Habsburgs. Angeblich blieben Menschen vor den Schaufenstern von Buchhandlungen stehen und betrachteten die ausgehängten Karten, auf denen Preußen einen riesigen „Fleck" bildete. Jetzt aber marschierte im sogenannten „Mainfeldzug" des nach der Schlacht von Königgrätz faktisch schon entschiedenen „Deutschen Krieges" von 1866 die deutsche Bundesarmee aus Bayern, Badenern, Württembergern, Kurhessen, Darmstädtern und Nassauern gegen die „bei weitem schwächere Armee" Preußens [Kriegstagebuch Koch]. Die Herzen der protestantischen Franken aber schlugen für das Königreich Preußen. Als bayerische Truppen durch den mittelfränkischen Markt Lonnerstadt zogen, ließ der lutherische Lehrer die Schulkinder ein „Hoch!" auf Bismarck ausbringen.

Folgen wir dem Kriegstagebuch des preußischen Gefreiten Albert Koch, so ging am 10. Juli 1866 unser „Marsch" über „Brückenau einem Städtchen am Sinnfluß und Waldschaff auf Kissingen zu". Am 15. Juli brach man morgens um 8 Uhr „aus dem Bivouack auf" und marschierte „längs dem Main nach Lohr bei welcher Stadt wir absaßen und Mittag hielten, worauf wir weiter gingen und in dem Spessartgebirge zwischen Lohr und Rechtenbach ein Bivouack bezogen". Und am 24. Juli 1866 „waren die Pferde gesammelt und gepackt" und wir setzten „den Marsch gegen Wertheim" fort. Weitere preußische Kontingente setzten sich aber von Nordosten kommend gleichsam im Rücken des bayerischen Feindes fest. Sie erreichten am 27. Juli Kulmbach, um in Gräfenberg, dem Hauptquartier der preußischen Truppen, am 30. und 31. Juli 1866 einen Waffenstillstand zu schließen.

Der preußische Kriegsberichterstatter war kein Geringerer als der Hugenottennachkomme und Dichter Theodor Fontane, der notierte: „Bayreuth war unser. Noch hatten wir drei Tage vor dem Waffenstillstande Zeit genug, um Erlangen und Nürnberg zu erreichen. Der Besitz der letztern Stadt, und zwar aus den mannigfachsten Gründen, hatte eine Bedeutung, so wurde Nürnberg die Loosung der nächsten Tage. Am 30. brachen die Truppen auf. Die Jäger mit ½ Escadron Dragoner auf Erlangen; eine zweite mecklenburgische Colonne unter Oberstlieutenant von Lützow, bestehend aus dem Garde-Grenadier-Bataillon Major von Amsberg, dem 2. Bataillon Major von Pressentin, einer Schwadron und 4 Geschützen, ging über Pottenstein und Eschenau eine dritte Colonne, die Altenburger, 1 Escadron und 2 Geschütze unter Oberst von Wartenberg ging über Pegnitz und Lauf auf Nürnberg [...] Am 31. Nachmittags hielt Oberstlieutenant von Lützow vor dem Laufer Thore [...] Auf allen Straßen Menschen, Menschen an allen Fenstern, hie und da auch Hurrarufen, Tücherwehen; man hatte nicht den Eindruck als Feind in eine gewonnene Stadt einzureiten, sondern als Sieger festlich empfangen zu werden". Am nächsten Tag, einem Mittwoch, „wurde auf der alten Hohenzollern-Burg die preußische Fahne aufgezogen". Vor dem Schönen Brunnen hielt der hochdekorierte und besonders beliebte Großherzog Friedrich Franz II. von Mecklenburg-Schwerin eine große Truppenparade ab. Die in der Nacht vom 30. auf den 31. Juli in Gräfenberg in der „Alten Post" mit dem bayerischen Oberst Roth ausgehandelte Waffenruhe hatte volle Gültigkeit.

In dem schonungsvollen Friedensvertrag von Berlin vom 22. August 1866 musste Bayern die Bezirksämter Orb im Main-Kinzig-Kreis und Gersfeld in der fränkischen Rhön sowie die im preußischen Landkreis Ziegenrück gelegene alte fränkische Exklave Kaulsdorf, welche einstmals brandenburgisch-bayreuthisches Lehen war, abgeben und 30 Millionen Gulden „Kriegsentschädigung" zahlen. Preußen wünschte fortan ein starkes Bayern, das nunmehr (22.8.) mit Berlin ein Schutz- und Trutzbündnis einging. Von nun an avancierte Chlodwig Fürst zu Hohenlohe-Schillingsfürst zur Schlüsselfigur der bayerisch-preußischen Beziehungen. Hohenlohe-Schillingsfürst, der noch die im Nikolsburger „Vorfrieden" vom 26. Juli 1866 vorgesehene Schaffung eines deutschen Südstaatenbundes (Artikel 2) für unrealisierbar gehalten hatte, erklärte am 19. Januar 1867 vor der bayerischen Abgeordnetenkammer: „Der Großstaat, an welchen sich Bayern anschließen und als dessen Bundesgenosse es im Falle eines Krieges gegen das Ausland sich offen zu erklären hat, ist Preußen."

„Eine Regierung muß dem Geist der Zeit voranschreiten": der fränkische Politiker Chlodwig Fürst von Hohenlohe-Schillingsfürst

Der nachmalige deutsche Reichskanzler Chlodwig Fürst zu Hohenlohe-Schillingsfürst (1819–1901) war ein Vertrauensmann Bismarcks und hatte seit 1848 „auf den Sieg der preußisch-deutschen Idee" gehofft. Offensichtlich setzte Bismarck noch 1866 bei Ludwig II., den der preußische Ministerpräsident nicht selten „über den Tisch zog", den Vorsitz Hohenlohes im bayerischen Ministerrat und dessen Ernennung zum Staatsminister des Äußern durch. Am 31. März 1819 in Rotenburg an der Fulda geboren und seit 1837 in Göttingen immatrikuliert, saß Hohenlohe bereits seit Juli 1846 in der bayerischen „Kammer der Reichsräte". Seit Dezember 1866 betrieb Hohenlohe höchst erfolgreich die politische Umorientierung Bayerns nach Preußen: Mehr und mehr lehnte sich Bayern politisch an den im Entstehen begriffenen „Norddeutschen Bund" an. Hohenlohe, der katholisch war, dessen Mutter aber evangelisch-lutherisch getauft war, stellte in seinen „Denkwürdigkeiten" folgende Betrachtung über Preußen an: „Die Geschichte seit dem Emporkommen des Hauses Hohenzollern als Kurfürsten und Könige hat diesem Hause stets die Stellung angewiesen, den Protestantismus in Deutschland zu vertreten. Wenn und solange Preußen den Protestantismus in der weitesten Bedeutung, nämlich die freie Entwicklung des menschlichen Geistes innerhalb der gesetzlichen Sphäre beschützte und als das Motto seiner Handlungen die Wahrheit festhielt, daß eine Regierung dem Geist der Zeit voranschreiten und zuvorkommen müsse, so lange war Preußen an der Spitze des deutschen Volks, geachtet und gefürchtet von seinen Feinden" [Hohenlohe-Schillingsfürst: Denkwürdigkeiten, Bd. 1, S. 38].

So bereitete Hohenlohe-Schillingsfürst, wie der Bismarckbiograph Ernst Engelberg ganz zu Recht schreibt, „die nationale Verbindung des Südens mit dem Norden" vor allem „auf militärischem Gebiet" vor. Zudem meinte Hohenlohe, es liege ganz im Sinne des bayerischen Armeewesens, wenn „auch die übrigen südwestdeutschen Staaten zur Errichtung einer gleichmäßigen und kräftigen Heeresorganisation zu bestimmen" seien. So wurde etwa am 25. November 1870 das badische Heer mittels einer „Militärkonvention" in das preußische Militärwesen integriert. Im Übrigen sind nach dem Epochenjahr 1871 die in den süddeutschen Staaten neu eingeführten Uniformen an die der preußischen Heeresuniformen angelehnt worden. Auch wusste Hohenlohe die im Deutschen Krieg zutage getretenen Mängel in der bayerischen Armee zu beseitigen und in die öffentliche „Armen- und Krankenpflege" einzugreifen. Am 29. April 1869 ist unter Hohenlohe zudem eine neue bayerische Gemeindeordnung erlassen worden, welche die Staatsaufsicht über die Führung der „eigentlichen Gemeindeangelegenheiten" entscheidend einschränkte und die Gemeinden als „öffentliche Körperschaften" anerkannte. Ebenso geht die am 31. Januar 1868 verkündete Gewerbefreiheit auf Hohenlohe zurück.

Hohenlohe war wie Bismarck ein aktiver Feind des katholischen „romtreuen" Ultramontanismus. Er legte daher ein Schulgesetz vor, welches die geistliche Schulaufsicht beenden sollte. Das Vorhaben führte allerdings auch zu seinem Sturz, denn damit zog er sich die erbitterte Feindschaft der partikularistisch-katholischen Bayerischen Patriotenpartei zu, die bei den Landtagswahlen des Jahres 1869 die absolute Mehrheit der Mandate gewann. Nach einem Misstrauensvotum beider Kammern des bayerischen Parlamentes musste er im März 1870 sein Ministeramt niederlegen.

Am 29. Oktober 1871 notiert Hohenlohe: „Gestern Abend war Soiree der Abgeordneten bei Bismarck. Die Fürstin war krank, nur die Tochter und Frau von Spitzemberg bildeten die Damenwelt. Als ich bei den beiden Damen saß, kam auch Bismarck. Wir sprachen von den Ultramontanen, und er zitierte eine Anekdote von einem Schulmeister, der einem Jungen, der schon vor der Schule weinte, sagte: ‚Junge, wenn du jetzt schon heulst, wie wirst du erst heulen, wenn ich dich haue'. So machten es die Ultramontanen mit ihm, der ihnen ja noch gar nichts zuleid getan hätte" [Hohenlohe-Schillingsfürst, Bd. 2, 1907, 69 f.].

Hohenlohe-Schillingsfürst, der ein „Kaiserduzfreund" war und den Wilhelm II. wegen einer Verwandtschaftsbeziehung „Onkel Chlodwig" nannte, hielt Freisinn und Ausgleich hoch. Die „Kaiserinmutter" Adelheid Victoria Amalie Louise Maria Konstanze zu Hohenlohe-Langenburg (1835–1900), Herzogin von Sonderburg-Augustenburg, war Hohenlohes Cousine. Nach dem Deutsch-Französischen Krieg wurde Chlodwig Fürst zu Hohenlohe-Schillingsfürst 1874 zum deutschen Botschafter in Paris bestellt, wo der fränkische Politiker nach Kräften bestrebt war, den deutsch-französischen Beziehungen wieder aufzuhelfen.

Mit Verve wusste Bismarck später dann auch weitere ihm wohlgesonnene Politiker auf hohe bayerische Staatsämter zu befördern: so etwa den aus dem unterfränkischen Münnerstadt gebürtigen bayerischen Ministerratsvorsitzenden (seit 1880) Johann Freiherrn von Lutz oder etwa Gideon Ritter von Rudhart (1833–1898), der bis 1880 Gesandter Bayerns bei der Krone Preußens und Bevollmächtigter zum Bundesrat war. Über den Krieg aber sollte Bismarck später, etwa bei einer Ansprache im Jahre 1892 an „huldigende Württemberger" in Bad Kissingen, ganz anders denken: „Für die Deutschen ist das Kriegführen und das Renommieren mit kriegerischen Leistungen kein Bedürfnis." Fest steht, dass vor allem nach der Reichsgründung die Politik des Eisernen Kanzlers im überwiegend nationalliberalen wie freikonservativen Franken lebhaften „Widerhall" fand.

Franken und die Reichsgründung 1870/1871

Die mittlerweile „feste" politische Anbindung Bayerns an Preußen vorbereitet zu haben, war das politische Werk von Hohenlohe-Schillingsfürst. Die süddeutschen Staaten – Franken, Bayern, Baden und Württemberg – standen bedingungslos zu der *preu-*

ßischen Allianz, wie etwa ganz zu Recht Golo Mann schreibt. Die Politik Bismarcks hatte auch stärker als zuvor in Franken wie in Bayern „Verständnis" gefunden. Nur vier Monate nach dem Sturz Hohenlohes sah König Ludwig II. am 16. Juli 1870 den „Bündnisfall" zwischen Bayern und Preußen eingetreten. Auch die Kammer der Reichsräte, in der Hohenlohe saß, hatte für den *casus foederis* gestimmt. Ausgerechnet der aus Ansbach gebürtige Publizist und Gründer der Bayerischen Fortschrittspartei Karl Brater (1819–1869) hatte vorhergesagt, dass „der französische Krieg der wirksamste Zauber zur Behebung der deutschen Verfassungsnot sein werde". Die am 13. Juli 1870 bekanntgegebene „Emser Depesche" – dass in der Frage der hohenzollerisch-sigmaringischen Thronkandidatur in Spanien „Seine Majestät dem [französischen] Botschafter nichts weiter mitzuteilen habe" – löste auch in Franken eine Welle der nationalen Begeisterung aus. Aus den Geheimen Papieren Friedrich von Holsteins geht hervor, dass der französische Gesandte in München die „Beseitigung des Fürsten Hohenlohe" „drei Jahre vorher als notwendiges Vorspiel eines französisch-preußischen Krieges" in München bezeichnet hatte [Erinnerungen, Bd. 1, S. 40]. Am 19. Juli 1870 erklärte Frankreich Deutschland den Krieg. Bald sollten in der Bamberger Koppenhofkaserne, welche 1823 als Kavalleriekaserne erbaut und seit 1838 für drei Eskadronen erweitert wurde, „700 französische Kriegsgefangene untergebracht" werden. Unter ihrem Kommandeur Oberst Graf von Ysenburg zog das Reiterregiment am 2. August 1870 mit etwa 20 Offizieren, 528 Reitern und 22 Trainpferden gegen Frankreich. Im Anschluss an die französische Kapitulation durfte das 1. Bayerische Ulanenregiment am 1. März 1871 an der Siegesparade in Paris teilnehmen.

Golo Mann hat auch vom Deutsch-Französischen Krieg als von einem „mit so viel Liebe vorbereitet(en)" Waffengang gesprochen: „Seit Jahren hatten preußische Stabsoffiziere, als malfreudige Touristen verkleidet, die Schauplätze zukünftiger Schlachten studiert." Späteren fränkischen Zeitungsmeldungen zufolge hatten die Franzosen, um dem Vorrücken der deutschen Kavallerie entgegenzuwirken, stets erneut „den Wiesengrund mit Wolfsgruben durchzogen, ausgehobene Erdhöhlen", welche „mit Heu und Stroh" „abgetarnt" wurden. Am 16. Juli 1871 gab es in München eine große Siegesparade der bayerischen Truppen. Überhaupt war das Jahr 1871 das Jahr der großen „Siegesfeiern" und des „Kaiserheils". In Erlangen war am 5. Juli 1871 das 6. Jägerbataillon in seine Garnisonsstadt zurückgekehrt und „unter ungeheurem Jubel" durch das als „Triumphbogen" gestaltete Nürnberger Tor marschiert. Auf dem Theaterplatz wurde gebetet. 1898 schreibt die Chronik: „Der feierliche und herzliche Empfang zeigte deutlich, wie innig verwachsen das Jägerbataillon mit der hiesigen Einwohnerschaft war, welche es sich an diesem Tage so recht angelegen sein ließ, dem Bataillon die ausgestandenen Strapazen vergessen zu machen und das Liebliche der Heimat vor Augen zu führen." Fortan erfuhr das Militär in Staat wie Gesellschaft einen nie zuvor gekannten Stellenwert. Tatsächlich besaß der bayerische König im Friedensfall den Oberbefehl über die Armee.

Auch um Frankens Freiheit: die bayerischen Reservatrechte

Der unwiderrufliche und bedingungslose Oberbefehl über die bayerische Armee in Friedenszeiten war auch eines der „Reservatrechte", die sich Bayern nach der bedeutsamen Zäsur von 1870/71 bewahrt hatte. Das waren besondere Hoheitsrechte, die sich der Bayernkönig Ludwig II. gegenüber Otto von Bismarck bei der Reichsgründung ausbedungen hatte. Als Gegenleistung für die Aufgabe der bayerischen Souveränität flossen zudem in die bayerische „Märchenschlösserwelt" großzügige Summen aus dem preußischen „Reptilienfonds".

Der entscheidende Schritt zur Reichsgründung wurde bereits mit den sogenannten „Novemberverträgen" vollzogen, in denen die bislang selbständigen süddeutschen Staaten Bayern, Württemberg, Baden und Hessen (für den südlich des Mains gelegenen Landesteil) mit den Staaten des Norddeutschen Bundes einen „ewigen Bund" schlossen, der noch im Dezember den Namen „Deutsches Reich" erhielt. Auch wenn der bayerische König bei der Kaiserproklamation in Versailles am 18. Januar 1871 fehlte, waren Bayern wie das mit „fliegenden Fahnen" in das Kaiserreich geeilte Baden und das unschlüssige Württemberg nun Bundesstaaten des Zweiten Deutschen Kaiserreiches. Unter anderem hatte sich Bayern in dem Vertrag vom 23. November 1870 das Recht eigener diplomatischer Auslandsvertretungen vorbehalten: 1914 unterhielt Bayern noch diplomatische Vertretungen in Frankreich (auch in Belgien akkreditiert), Österreich-Ungarn, Russland, Italien, beim Heiligen Stuhl sowie in der Schweiz. Die meisten europäischen Staaten hatten ihre eigenen „Gesandtschaften" in München. An weiteren Reservatrechten besaß Bayern neben dem eigenen Militärwesen eine selbständige Post- und Eisenbahnverwaltung, eigene Steuererhebung (Bier und Branntwein) und ein eigenes *Verehelichungswesen* und *Niederlassungswesen* bis 1912.

Franken unter den Hohenzollernkaisern

Bismarckfeiern und nationale Kulte

Die „Reichsgründer" Bismarck und Wilhelm I. sind während des Kaiserreichs in Franken überschwänglich gefeiert worden. Als erste Stadt überhaupt setzte Bad Kissingen 1877 Bismarck ein Denkmal. Auch die Bismarcktürme sind in Franken recht zahlreich vorzufinden: in Ansbach, Coburg, Fürth, Hof, Kissingen, Lauf, Lichtenfels und Würzburg. Vor allem die protestantischen fränkischen Gebiete in Bayern bildeten Zentren der Bismarckverehrung in Bayern. Der Eiserne Kanzler personifizierte die nationale Einheit. Später organisierte der Alldeutsche Verband auf die Bitte des Nationalliberalen Vereins Nürnberg die alljährlich am 31. März abgehaltenen Bismarckfeiern, die jeweils am Vorabend des Geburtstags des Reichsgründers stattfanden. Die Noris hat dem Reichsgründer zu Ehren auch zu dessen 100sten Geburtstag am 1. April 1915 ein gewaltiges Reiterstandbild am Prinzregentenufer enthüllt, das, bereits bei Kriegsausbruch eingeweiht, die reichsweit etwa fünfhundert Bismarckdenkmäler an Größe übertreffen sollte. Das Ehrendenkmal ist aus „Kirchheimer Muschelkalk" gefertigt. Vielleicht stellte der Eiserne Kanzler in Franken eine letzte, des „Reiches Herrlichkeit" verkörpernde „Kraft" dar.

Ein fränkischer Bismarckgegner: Georg Arbogast von und zu Franckenstein

Ein erbitterter politischer Gegner erwuchs Bismarck indessen in dem fränkischen Zentrumspolitiker Georg Arbogast von und zu Franckenstein. Franckenstein wurde 1825 in Würzburg geboren und entstammte einer uralten fränkischen Adelsfamilie. Deren Güter lagen im fränkischen Ullstadt südöstlich von Markt Bibart. Seit 1857 mit Maria Theresia Wilhelmine Prinzessin von Oettingen-Wallerstein verheiratet, war Franckenstein der „Typus des ernsten katholischen Edelmannes, ohne Tadel in seiner Lebensführung". Im bayerischen Reichsrat stimmte er sowohl gegen eine Teilnahme Bayerns am deutsch-französischen Krieg von 1870 wie gegen einen Beitritt Bayerns zum Reich. Entsprechend war der Krieg von 1866, mit dem Österreich aus Deutschland herausgedrängt worden war, für Arbogast von Franckenstein „der traurige Krieg".

Der Historiker Karl Otmar Freiherr von Aretin nennt Franckenstein einen „der bedeutendsten Parlamentarier der Bismarckzeit". 1875 zum Fraktionsvorsitzenden des Zentrums im Deutschen Reichstag gewählt, war er während des Kulturkampfes Bismarcks entschiedener Gegner. Noch 1881 stimmte Franckenstein für die „Wiederbeseitigung der obligatorischen Civilehe". Als Bismarck 1878 zur Schutzzollpolitik überging und dafür die Zusammenarbeit mit dem Zentrum suchte, fand er in Franckenstein einen wichtigen, aber zähen Verhandlungspartner. Auf ihn geht die berühmte „Franckensteinsche Klausel" zurück, mit der die Bundesstaaten an den Zolleinnahmen des Reiches beteiligt wurden. 1879 bis 1887 war er Erster Vizepräsident des Deutschen Reichstages. Er hatte auch Vorsitz in „all den Reichstagsscommissionen, die von 1881 bis 1889 unsere Versicherungsgesetzgebung geschaffen haben". Als Franckenstein 1890 in Berlin starb, würdigten alle Parteien den Verstorbenen.

Politisch war Franken seit den 1860er Jahren vom überwiegend liberalen Fahrwasser in eine nationalliberal-freikonservative Strömung gedriftet. Die sogenannte „Reichs- und Freikonservative Partei", auch „Reichspartei" genannt, war nach Bismarcks Bruch mit den Nationalliberalen (1879) die *Partei Bismarck sans phrase.* Hugo Fürst zu Hohenlohe-Oehringen (1816–1897) war hoher Funktionär in der „Reichspartei". Sein Sohn Christian Kraft zu Hohenlohe-Oehringen († 1926), Ehrenbürger Oehringens, war königlich-preußischer Generalmajor à la suite und 1895–1899 Oberstkämmerer Kaiser Wilhelms II. Offensichtlich hat eine nach 1871 eintretende politische Polarisierung in Franken in ein nationales, „gouvernementales" Lager, in ein freisinnig-liberales und in ein sozialdemokratisches Lager das fränkische „Zusammengehörigkeitsgefühl" eingetrübt.

Die deutschen Hohenzollernkaiser besuchen Franken

Als anlässlich der 100-jährigen Zugehörigkeit Erlangens zum Königreich Bayern im Sommer 1910 Prinz Ludwig von Bayern (1845–1921), der älteste Sohn des Prinzregenten Luitpold und spätere letzte König von Bayern, Franken besuchte, konnte von fränkischem „Eigensinn" keine Rede sein. An diesem 5. Juli 1910, jenem „Freuden- und Ehrentag", jener „Hundertjahrfeier, daß Erlangen der Krone Bayerns einverleibt ist", war allenthalben weißblau geflaggt. Seine Königliche Hoheit kam mit dem Automobil um halb neun Uhr morgens in Uttenreuth an. Ludwig wurde von den aufmarschierten Kriegervereinen, auch von den Schülern und Schülerinnen begrüßt, wie es in dem schön geschriebenen Gemeinderatsprotokoll heißt. Prinz Ludwig fuhr dann weiter nach Rückersdorf, um ein Erholungsheim einzuweihen.

Auch die Hohenzollernkaiser verweilten nicht selten in Franken. Im Rahmen der „Nürnberger Fürstentage" enthüllte zum Beispiel Kaiser Wilhelm II. 1905 ein bronzenes Reiterstandbild seines Großvaters Wilhelms I., „Kaiser Wilhelms des Großen", auf dem Egidienplatz. Der Kaiser war, wie ein Foto zeigt, in bayerischer Infanterieuniform erschienen und seine Paradepickelhaube war mit weißblauen Federn geschmückt. Das in Erlangen stationierte 19. Infanterieregiment defilierte vorbei. Die Schulen im Umkreis vermeldeten „schulfrei". Etliche Vertreter des protestantischen Bildungsbürgertums *im Nürnberger und Ansbacher Land* verehrten die Hohenzollernkaiser als „Inkarnation" alter Landesherren. In Würzburg wurde am Vorabend des Sedantages 1897, am 1. September, ein „Mainfest" mit Fackelbooten und Brillantfeuerwerk anlässlich der *Würzburger Kaisertage* abgehalten. Dazu war eigens eine farbige Postkarte mit Kaiserpaar und bayerischem Prinzregenten Luitpold „GRUSS aus Würzburg. In Treue fest! Zur Erinnerung an die Kaisertage" herausgegeben worden. Der Würzburger General-Anzeiger brachte am 2. September 1897 zu den „Kaisertagen" einen ausführlichen Artikel. In Nürnberg war der Sedantag stets gekoppelt mit dem Nürnberger Herbstfest auf dem „Plärrer". 1898 fand im Rahmen des Volksfestes die erste Nürnberger Filmvorführung statt. Der Sedantag glich auch in Franken einer politischen Demonstration zugunsten Preußens. Die Kaiserfeiern waren stets in den Bereich „religiöser Weihen" ausgerichtet. Bereits für die Tage vom 21. bis 23. März 1897 hatte Kaiser Wilhelm II. für alle Schulen Deutschlands „Wilhelmsfeiern" verordnet, wegen der hundertjährigen Wiederkehr des Geburtstages von „Kaiser Wilhelm den Großen". Dazu fanden am Sonntag, dem 21. März, Festgottesdienste statt. In den Schulen wurde gesungen „Großer Gott, wir loben dich". Zum Schluss wurde ein „Hoch" auf Wilhelm II. ausgebracht. Für Franken bedeuteten die „Kaisertage", die auch oft zeitlich an die herbstlichen „Kaisermanöver" anknüpften, eine Art Schulterschluss „Seiner Untertanen" mit dem hohenzollerischen Herrscherhaus.

Wir sehen bereits 1897 einen „reichsnationalen Armeekult" bei Kaiserparaden in Franken und registrieren bis zum Ersten Weltkrieg eine Ausweitung der militärisch-nationalen Öffentlichkeit als Kulturwandel. Spielten doch die Kriegervereine und nationalen Vereine und Verbände wie der „Alldeutsche Verband" bei den Kaisertagen, -festen und -paraden eine immer bedeutendere Rolle. In Franken hatten die Alldeutschen, die die

„alleinige weltanschauliche Rechtgläubigkeit“ im „nationalen Lager“ zu vertreten glaubten, besonders starke Ortsgruppen in Nürnberg-Fürth und in Würzburg. In Nürnberg-Fürth war der Fürther Gymnasiallehrer Theodor Helmreich „Ortsgruppenvorsitzender“, in Würzburg der „Direktor“ Dr. F. Fick. In Erlangen hatte sich um den Augenmediziner Professor Oskar Eversbusch (1853–1912) ein alldeutscher Organisationszirkel geschart. Die Alldeutschen, denen der Kaiser nicht „scharf genug“ war, die auf uferlose Flottenbaupläne pochten und ein noch größeres deutsches Kolonialreich forderten, setzten auf Krieg, weil es galt, der „von England betriebenen Einkreisung des Deutschen Reiches“ zu begegnen und weil die „Sorgenvollsten“ jetzt glaubten, „daß der Krieg ihr Volk wieder gesund machen würde“.

Die Kette der politischen Irrtümer der Alldeutschen schien grenzenlos. Zu Recht schrieb Anfang der 1920er Jahre eine liberale Zeitung rückblickend, nahezu alles, was die Alldeutschen politisch „bewegten“, habe sich genau in das politische Gegenteil gekehrt. Der Verbandsvorsitzende Claß, von dem der Generalstaatsanwalt 1924 erkannte, er sei „in Wirklichkeit nichts anderes als einer der Schürer und Treiber, die stets bereit sind, niederzureißen, Intrigen zu spinnen und das Werk der Drahtzieher im Dunkeln zu verrichten“, glaubte Anfang 1933 noch, Hitler politisch „Paroli“ bieten zu können. Das war in der Tat einer der folgenschwersten Irrtümer der noch bis 1939 „Geduldeten“.

Der Aufmarsch der politischen Vereine in Franken

Während des Kaiserreichs herrschte auch in Franken ein nationales Pathos, von dem heute keine Vorstellungskraft mehr zu gewinnen ist. Das politische Leben in Franken wurde ganz maßgeblich vom politischen Vereins- und Verbandsleben bestimmt. Im wilhelminischen Deutschland gehörten die Kriegervereine zum allgegenwärtigen Bild. Sie halfen *ungewollt* mit, den deutschen Obrigkeitsstaat landauf, landab zu militarisieren. Auch bei den besonders kaisertreu gesinnten Juden in Franken gehörten die Kriegervereine zum allgegenwärtigen Militärritual. Oft marschierten die Kriegervereine auch bei Beerdigungen auf. Noch in die Zeit Kaiser Wilhelms I. fällt ein Ereignis aus Schnaittach im Nürnberger Land, das die Zeitschrift Der Israelit am 4. Juni 1885 wiedergab:

„Eine Beerdigung, wie solche auf unserm 500 bis 600 Jahre alten Begräbnisplatze kaum noch gesehen worden, fand heute statt. Es wurde nämlich der Veteran aus den Kriegen 1866 und 1870 David Klein aus Ottensoos beerdigt. Der Veteranen- und Kriegerverein Ottensoos begleitete die Leiche und hier [in Schnaittach] wurde der Kondukt, vom gleichnamigen hiesigen Verein außerhalb des Marktes in Empfang genommen. Beide Vereine marschierten nun mit gesenkten Fahnen dem Leichenzug voraus und die Musik spielte einen Trauerchoral bis am Friedhof. Hier hielt der Vorstand des Vereins Ottensoos[,] Herr Bäckermeister Lämmer[,] eine ergreifende Rede, und unter den üblichen drei Salven wurde der Sarg in die Erde gesenkt. Der Verstorbene war der einzige Sohn seiner hochbetagten Eltern Lippmann und Roschle Klein und erregte das Unglück dieser braven alten Leute ungeteiltes Mitleid bei allen Konfessionen."

Gleichermaßen war der Kriegerverein Sachsen in Franken gleich nach dem Deutsch-Französischen Krieg aus „Geselligkeitsgründen" ins Leben gerufen worden. Zuerst hatten sogenannte „Militär-Begräbnisvereine" bestanden. Die „Kriegerkameradschaft" Sachsen sollte ein „Symbol für die Zusammengehörigkeit aller Soldaten, gleichgültig ob Bauernsohn oder Knecht, einfacher Soldat oder Offizier, sein". Vor allem Gemeinschaftsdenken stand dabei Pate. Auf Landesebene bestand seit 1874 der aus dem Königlich Bayerischen Kriegerbund hervorgegangene „Bayerische Soldatenbund". Viele örtliche Kriegervereine sind erst in den 1920er Jahren gegründet und 1934 von den Nationalsozialisten aufgelöst worden. Auch in Herbolzheim am „Ehegrund" hat sich schon 1874 ein Veteranen- und Kriegerverein konstituiert, im nahegelegenen Krautostheim in Mainfranken erst 1898. Häufig sahen sich die Vereine auch als Wall gegen den „Reichsfeind" Sozialdemokratie. Gleichsam als „nationale Animateure" marschierten sie auch bei den „Sedanfeiern" auf.

Alldeutsche, Deutscher Flottenverein und Kyffhäuserbund: Franken im Zeichen der politischen Agitation

Als Dachverband der deutschen Kriegervereine trat ab 1900 der *Kyffhäuserbund* hervor. Er hatte sich bereits am 19. September 1899 unter General der Infanterie a. D. Alexander von Spitz als der „Kyffhäuser-Bund der Deutschen Landeskriegerverbände konstituiert“. Wegen politischen Widerstandes aus Baden war es erst 1900 zur Gründung gekommen. Die Gründung einer „Großorganisation“ war bereits 1886 in Würzburg angeregt worden. 1913 gehörten dem angeschlossenen Landesverband „Königlich Bayerischer Veteranen- und Kriegerbund“ 3.871 Vereine mit 346.229 Mitgliedern an, was die gesellschaftliche „Tiefenwirkung“ dieser vom Kaiser selbst „geschützten“ Organisation nur unterstreicht. Die von 1909 stammende Parole lautete entsprechend: „Es soll am Kriegervereinswesen der deutsche Volksgeist ganz genesen.“ In Erlangen gab es 1900 sieben Kriegervereine!

Dem Kyffhäuserbund körperschaftlich beigetreten war der weltanschaulich nahestehende Alldeutsche Verband. 1909 gehörten den „Ueberdeutschen“ insgesamt 93 Vereine mit 150.625 Mitgliedern an. Darunter ist auch der „Verein für das Deutschtum im Ausland“ zu finden, der in Bamberg seit 1909 eine Ortsgruppe unterhielt, die 1911 131 Angehörige zählte. Unter dem Eindruck der massiven politischen Agitation der nationalen Verbände in Franken für Flotte, Kolonien und Weltmachtgeltung zwischen 1890 und 1918 verblasste die Frage nach der „fränkischen Identität“ im Kaiserreich. Anfang 1909 ersuchte der Erste Vorsitzende des Nationalliberalen Vereins Nürnberg, Otto Beyer, den Verbandsvorsitzenden in einem „Eilbrief“, anläßlich der „Bismarck-Feier“ am 31. März „wie sein Vorgänger“ die Nürnberger Festrede zu halten: „Ich kann Sie versichern, daß Sie nicht nur den Dank unseres Vereins[,] sondern auch der ganzen national gesinnten Bürgerschaft Nürnbergs erwerben würden[,] wenn Sie uns eine umgehende Zusage erteilten.“ Als Versammlungsort hatte der Schriftführer des Nationalliberalen Vereins, Ludwig Arnold, den *Württemberger Hof* in Nürnberg favorisiert.

Vor dem Ersten Weltkrieg gehörten dem „Bayerischen Gauverband“ die alldeutschen Ortsgruppen München, Würzburg, Nürnberg, Lindau und Konstanz an. Vorsitzender war der Münchner Historiker Richard Graf du Moulin-Eckart (1864–1938). Im Frühjahr 1914 wollte der mit dem Verbandsvorsitzenden befreundete und aus dem Militärdienst ausgeschiedene General Konstantin Freiherr von Gebsattel (1854–1932) das in Franken sehr dünn gestaltete Organisationsnetz des Alldeutschen Verbandes erweitern. In den katholischen Gebieten Bayerns wie des Reiches fristete der Alldeutsche Verband nach seinen Mitgliederzahlen allenfalls ein Schattendasein. Das Ziel einer Erweiterung des Ortsgruppennetzes in Franken hat Gebsattel am Vorabend des Ersten Weltkrieges nicht erreicht, zumal in der Universitätsstadt Erlangen der um den Augenmediziner Prof. Oskar Eversbusch gescharte alldeutsche Organisationszirkel offensichtlich nach dessen Tod 1912 wieder erloschen ist. Angehöriger der Ortsgruppe Erlangen des Alldeutschen Verbandes war auch der jüdische Philosoph *Paul* Hugo Wilhelm Hensel (1860–1930), der von 1902 bis 1928 in Erlangen lehrte. Er wurde der „Sokrates von Erlangen“ genannt. Unter anderem arbeitete Hensel für den „Deutschen Ostmarkenverein“ die Schrift „Die Polengefahr für die masurische Bevölkerung“ (Berlin 1911) aus. Im Jahre 1915 schrieb Hensel die staatentheoretische und zu dem politischen Resultat „wir Deutsche sind in der Welt unbeliebt“ gelangende Schrift „*Wir* und das Ausland“. Der seit 1908 scharf antijüdisch orientierte Alldeutsche Verband führte vereinzelt Juden sogar in seinen Vorstandsreihen.

Das wilhelminische Bildungsbürgertum bildete das „sprudelnde Mitgliederreservoir“ des Alldeutschen Verbandes. Der dem Alldeutschen Verband korporativ beigetretene „Deutsche Flottenverein“ war weltanschaulich weniger völkisch „besetzt“. Auf seiner Hauptversammlung in Nürnberg am 28. Mai 1911 forderte der Flottenverein, das Bautempo der Kriegsflotte zu erhöhen, also den Bau eines zusätzlichen Großkampfschiffs jährlich. Der Flottengedanke begeisterte auch in Franken breite Volksmassen, und der Matrosenanzug wurde vor allem für

Jungen zu einem beliebten Kleidungsstück. Die deutsche „Seegeltung" wurde in Franken auch „binnenländisch" instrumentalisiert. Der Alldeutsche Verband brachte in seinen „Beiträgen zur Beleuchtung der Flottenfrage" im Abdruck der *Münchener Allgemeinen Zeitung* „Die See-Interessen Süddeutschlands". Der Verbandsvorsitzende Claß bilanzierte sodann die deutsche Seekriegsrüstung am Vorabend des Ersten Weltkrieges dahingehend, dass „wir eine Flotte" besaßen, „die es" – „unter dem Befehle des Kaisers" – „an Wert der Schiffe, an Tüchtigkeit der Offiziere und Mannschaften, an deren seemännischem Geiste mit jeder Seemacht der Welt aufnehmen konnte".

„Nicht durchzuhalten gilt es, sondern zu siegen!" – Franken im Ersten Weltkrieg

31 Tage zwischen Sommerfrische und Kriegsbedrohung: die „Julikrise" in Franken

Wer konnte die große Katastrophe von 1914 wirklich voraussehen? Die deutsch-britischen Beziehungen waren 1914 aufgrund kolonialer Absprachen besser denn je, in den europäischen Kabinetten saßen zu einem Gutteil liberale Politiker – auch Reichskanzler Theobald von Bethmann Hollweg war mitnichten politischer Kriegstreiber. Überall hatte auch Franken noch im Jahre 1913 die Kaiserparaden anläßlich des 25-jährigen Regierungsjubiläums Wilhelms II. gesehen, fünfundzwanzig Jahre in Frieden. Allerdings waren die „Friedensjahre" der Regierungszeit Kaiser Wilhelms II. gar nicht so „friedlich" gewesen, wie der Hohenzollernmonarch 1913 gerne glauben machen wollte: An der Niederschlagung des Aufstandes der Herero und Nama 1904 in Südwestafrika, der in einem Völkermord endete, waren 32 Freiwillige vom Ansbacher Ulanenregiment beteiligt. Zur Niederschlagung des Boxeraufstandes in China wurden auch am Bamberger Bahnhof am 14. Juli 1900 Freiwillige des 5. Infanterieregiments militärisch verabschiedet.

Auf dem Höhepunkt der Julikrise 1914 fand vom 18. bis zum 20. Juli in Bamberg ein „Fränkisches Sängerbundfest" statt, wozu eigens eine Werbevignette erschienen war – das vorerst letzte Friedensfest in Bamberg. Arglos als Kurgast in Bad Kissingen weilte im Juni 1914 auch der russische General Alexei Alexejewitsch Brussilow („Brussilow-Offensive" 1916), der mit seiner Ehefrau im Hotel „Fürstenhof" abgestiegen war. Er reiste gleich nach der Todesnachricht von Franz Ferdinand ab, da seine Truppen an der österreichisch-ungarischen Grenze lagen. Der Kavallerieoffizier *Moritz* Georg Friedrich Karl von Faber du Faur (1886–1971) aus alter fränkisch-württembergischer Offiziersfamilie notierte: „In diesen letzten Julitagen des Jahres 1914 sind wir noch einmal über die Münsinger Matten [Schwäbische Alb; Münsingen war eine alte fränkische Huntare, M.P.] geritten, bergauf, bergab, was die Jule winden konnte, so daß die Schwadronchefs sagten, Krieg dürfe aber keiner kommen, denn die Pferde seien völlig ausgepumpt und bedürfen der Ruhe. Und so glaubten wir eben nicht an den Krieg, weil wir mit ausgepumpten Pferden nicht in den Krieg ziehen wollten und weil der Kaiser immer noch auf seiner Nordlandreise war, also auch an keinen Krieg glaubte" [Faber du Faur, M.: Macht und ...].

Noch am 27. Juli mutmaßten die Fränkischen Nachrichten in ihrem Aufmacher, „Krieg Oesterreichs gegen Serbien oder ein europäischer Krieg?", und am Dienstag, den 28. Juli, hieß es schroff: „Deutschland lehnt die Vermittlung Englands ab". „Das hieß unwiderruflich Krieg!" Dabei schien die Ermordung des österreichischen Thronfolgerpaares, Franz Ferdinand und Sophie von Hohenberg, einen Monat zuvor jetzt (fast) keine Rolle mehr zu spielen. Neueren Forschungen zufolge war auch das sich Russland bedingungslos unterordnende und auf „Revanche" lauernde Frankreich kaum an „Schadensbegrenzung" interessiert. Bereits am 31. Juli 1914 waren in ganz Franken Vorratseinkäufe „in übertriebenem Maße" zu vermelden, was die Lebensmittelpreise in die Höhe schnellen ließ. Am 1. August 1914, einem Sonnabend „Vincula Petri", wurde „die Verhängung des Kriegszustandes, die wir gestern nach 3 Uhr mitteilten, [...] von der Bevölkerung gefaßt aufgenommen". Mit der Verhängung des Kriegszustandes war die gesamte „vollziehende Gewalt" in Bayern auf die „Militärbefehlshaber" übergegangen. Laut einer Verfügung des Generalkommandos des III. Armeekorps mit Sitz in Nürnberg war der Verkehr von Privatautos verboten.

Die Kriegsbegeisterung 1914 war auch in Franken groß: In Haßfurt herrschte bei Beginn des Ersten Weltkrieges wie auch anderswo in Deutschland Enthusiasmus. „Mit einem starken Glücksgefühl, mit leuchtenden Augen sind im Augenblick einer nationalen Erhebung ohnegleichen auch all jene zu den Fahnen geeilt, die sich im deutschen Vaterland zum mosaischen Glauben bekennen. Dies ist so selbstredend, daß es keinerlei Erwähnung bedürfte, würde nicht häufig die Ansicht aufrechterhalten, Heroismus und Handelsklugheit seien kein Zwillingspaar, die semitische Rasse aber habe von jeher ihr Ideal in die Formen des Erwerbs gegossen." Das schrieb die auch unter dem Pseudonym „M. Morgan" veröffentlichende Margarete Marasse geborene Wolff am 4. September 1914 unter „Der heilige Krieg" in der Allgemeinen Zeitung des Judentums. Neueren Forschungen zufolge (Prof. Michael A. Rosenthal) glaubten viele Juden, mit der Kriegsteilnahme ihre Loyalität mit dem Deutschen Reich unter Beweis stellen zu müssen.

Mitten im Krieg: Theodor Heuss schreibt über Franken

In das „Feldgeschrei" von 1914 mit eingestimmt hatte auch der damalige Zeitungsredakteur und spätere Bundespräsident Theodor Heuss (1884–1963). Aus Brackenheim, dem „'Klein-Italien' des schwäbisch-fränkischen Unterlandes", gebürtig, war Heuss von 1912 bis 1918 Chefredakteur der „Neckar-Zeitung" in Heilbronn. Am 15. August 1914 schreibt Heuss: „Der Ausgang des Krieges muß nicht nur die Überlegenheit unserer militärischen Technik, sondern auch die sittliche Kraft und das moralische Recht des Deutschtums im Herzen Europas erweisen". Heuss war ein „Annexionist", der aber auf Reformfähigkeit setzte. Seit 1917 forderte er eine „Demokratisierung im Rahmen eines Volkskaisertums".

Heuss‘ „Wanderung im Fränkischen“ vom 11. November 1916, die in der politisch-literarischen Zeitschrift „März“ erschien, zählt zu den wenigen Reisereportagen seiner Heilbronner Zeit. Theodor Heuss schreibt: „Heute, da der Schritt unvermerkt immerzu über alte Hoheitsgrenzen weggeht, steckt dieses Land voll von köstlichen Dingen der Kleinstaatgeschichte, die je und je ihr eigentümliches Bild im lebhaften Kontrast heraus schuf. In manchen Strichen des Hessischen mag es ähnlich sein, nur sind die Formen hier im Frankenland überall reicher und entwickelter. Was umschreibt den Begriff Reichsstadt eindringlicher als Rothenburg oder Hall, was gibt heute noch einen ähnlichen Nachklang von geistlicher Selbstherrschaft (die nun gänzlich säkularisiert und entwichen ist) wie Mergentheim und Ellwangen, wo herrscht mit ähnlich großem Zug in evangelisches Land hinein der stolze und herrische Prunk eines reichen Klosters und Stiftes wie auf der Comburg oder in dem Schöntal des Balthasar Neumann?

Und weithin gestreut über den ganzen Bezirk die Unzahl der kleinen Residenzen, die alle irgendwie mit der zahllos gespaltenen Familie der Hohenlohe zusammenhängen: Waldenburg, Oehringen, Neuenstein, Ingelfingen, Langenburg, Bartenstein, Weikersheim, Kirchberg – verwahrloste Wehrhaftigkeit hier, verträumte oder verwilderte Rokokoidylle dort, breitspurig geschmückte Renaissance, umwuchert von köstlich frischen Barockstücken, umstelzt von pedantischem Serenissimus-Empire – die seltsamsten fürstlichen Hinterweltgeschichten stehen am Wege, und in den Nestern, wo heute kein Serenissimus vorhanden, kann man in den Schlössern anmutige und fabelhafte Anekdoten herausstöbern. Die ganze Gegend liegt noch so ein bisschen neben draußen, und das macht sie einstweilen noch so erholsam, nahrhaft und behaglich; ihr landschaftlicher Charakter, ohne sehr starke Akzente, wird durch ein paar in die wellige Ebene scharf eingeschnittene Flussläufe bestimmt, Waldstücke stehen in gut bebautem, fruchtbarem Ackerland, an den Rändern im Westen und Nordosten, der Tauber zu, hat der Weinbau sich noch angeklammert. Der Menschenschlag ist gescheit, lebhaft, aufgeweckt, etwas rechthaberisch und selbstbewusst" [„März", 44, S. 107-113].

Heuss schreibt über Dinkelsbühl: „Die Stadt ist von unendlichem Reiz. Sie streitet sich mit Rothenburg um den Preis der Schönheit, man kann die beiden nur schlecht vergleichen, denn, Gewächse derselben Zeit und Gesinnung, sind sie durch die Natur Gegensätze geworden" [Heuss, Theodor: Von Ort zu Ort. Wanderungen, 1966].

Und endlich über Bamberg (Herbst 1917): „Der Bamberger Barock hat einen gebildeten und darum etwas akademischen Charakter; nur in der Fassade des Stadthauses von Böttinger sprengt es die gehaltenen Maße, und auch dort, wo man die Kühnheit des besonderen Wollens sieht, wie in dem Bild der Martinskirchenfront, spürt man die rechnende Klugheit der Reißbrettüberlieferung" [Heuss, Theodor, 1966]. In späteren Jahren soll „Papa Heuss" der ernstliche Satz entronnen sein: „Die Franken sind die Sanguiniker unter den Deutschen."

Gegen Gebietsannexionen: der fränkische Adlige Alois Fürst zu Löwenstein-Wertheim-Rosenberg

Der spätere Zentrumspolitiker und „Präsident des Zentralkomitees der deutschen Katholiken" Alois Fürst zu Löwenstein-Wertheim-Rosenberg wurde am 15. September 1871 auf Schloss Kleinheubach im Unterfränkischen als Abkömmling eines alten fränkisch-pfälzischen reichsfürstlichen Adelshauses geboren. Die Grafen von Löwenstein hatten ursprünglich ihren Namen von der Burg Löwenstein bei Heilbronn erhalten und hatten im Jahre 1277 die Grafschaft an den Würzburger Bischof Berthold „veräußert". Seit 1907 saß Fürst zu Löwenstein-Wertheim-Rosenberg als Zentrumsabgeordneter im Deutschen Reichstag. Lange vor Kriegsausbruch 1914 hatte Löwenstein die um den „Platz an der Sonne" ringende deutsche Außenpolitik als zu machtorientiert beanstandet. Alois Fürst zu Löwenstein war glühender Katholik und schöpfte auch seine politischen Grundsätze in vollen Zügen aus seinem patriarchalisch-katholischen Konservativismus. Löwenstein hatte 1908 die Standesherrschaft übernommen, nachdem sich sein Vater 74-jährig entschlossen hatte, als Klosterbruder dem Orden der Dominikaner zu dienen. Bei Kriegsausbruch wollte Löwenstein einen „kleinen Anteil" haben am „Lebensopfer der Nation", wie er in einem Brief vom 11. Dezember 1914 an das Jesuitenkolleg Feldkirch schreibt. Der aus Würzburg gebürtige Historiker Andreas Dornheim hat sich der verdienstvollen Aufgabe unterzogen, die Kriegsbriefe von Alois Löwenstein zu sichten und auszuwerten. Demzufolge meldete der sich in militärischen Belangen völlig unbeschlagene Alois von Löwenstein beim „Kgl. bayerischen Freiwilligen Automobil-Korps München", wo er sich, seinen *Lenker* und sein Fahrzeug, einen vierzylindrigen Mercedes, zu Verfügung stellte. Fürst Alois von Löwenstein wurde noch 1914 dem Stab Kronprinz Rupprechts unterstellt. Bei einem Besuch König Ludwigs III. von Bayern in Lille im Januar 1916 vermochte der Monarch seine antijüdischen Ressentiments nicht mehr zu bremsen. So schrieb Alois von Löwenstein in einem seiner insgesamt 1.000 „Kriegsbriefe" an seine geliebte Frau: „Mir sagte der König vor dem Weggehen: ‚Es ist doch besser, dass Sie hier sind als bei der Judengesellschaft. Sie kennen doch den Witz?' Und da ich verneinte, rief er Papus heran, der ihn erzählen musste: ‚Ein Herr erzählt: ich bin heute zwei Männern begegnet, der eine war vom Automobilkorps, der andere war auch ein Jude'" [A. Dornheim, S. 173].

Löwenstein wurde bis zuletzt im Herbst 1918 an der Westfront eingesetzt, wo er auch als Nachrichtenoffizier für die Oberste Heeresleitung wirkte. Hier machte er in der Aufzeichnung von Kriegsgreueln und in der Skizzierung von Offizieren ohne Ehrenkodex keinen Halt. Etwa tadelte Löwenstein die Angriffe deutscher U-Boote auf niederländische Schiffe und die „Eselei" eines deutschen Fliegers, der niederländisches Hoheitsgebiet bombardiert hatte: „Wir haben es wirklich nicht nötig, die Holländer zur Aufgabe ihrer Neutralität zu zwingen. Ihre Armee ist vielleicht nicht sehr formidabel. Immerhin würde sie wesentliche deutsche Truppenmassen binden. Und hätte England die leichte Möglichkeit, auf holländischem Gebiet Truppen zu landen. Dafür danke ich höflichst." Über die französischen Truppen schreibt Löwenstein im September 1914 respektvoll: „Die Franzosen schlagen sich im allgemeinen gut & sind vor allem gut geführt. Vor allem besitzen sie die Fähigkeit, mit grosser Schnelligkeit grosse Truppenmassen zu verschieben & so in überlegener Zahl bald hier bald dort an unseren schwächsten Punkten zu wirken". Es bestehe auch „kein besonderer Hass gegen die Franzosen". Ganz in diesem Sinne lehnte Löwenstein die in einem „Siegfrieden" und in einem „Den Frieden wird diesmal der Kaiser mit dem Schwerte schreiben!" liegenden Kriegsziele ab. Löwenstein sprach von „unvernünftigen Forderungen unserer Landsleute", „die die halbe Welt annectieren wollen". Deutschlands Suprematie im Friedensfall hielt Löwenstein für den „grössten Fehler", weil Deutschland dann ein „Napoleonisches Reich" werden würde, „das ebenso schnell verschwinden müsste, wie das des grossen Napoleon". Denn: „Wollen wir mehr, so machen wir nachträglich unseren Krieg zu einem ungerechten". Und bereits am 7. November 1914 mutmaßt Löwenstein geradezu seherisch: „Wird der Krieg vier Jahre dauern, weil wir ihn auf vier Monate berechnet hatten?" Die Zeit nach dem Versailler Frieden (1919) beurteilte der Fürst so: „Ich will keine gewaltsame Rückkehr zur Monarchie, halte es für geboten, dass die Frage nach der Staatsform bis auf weiteres zurückgestellt werde und stehe in diesem Sinne auf dem Boden der heutigen Verfassung. Aber ich hoffe, dass das deutsche Volk eines Tages die Monarchie wiederherstellen wird, die es in einer Stunde der Kopflosigkeit zerschlagen hat, ich will daher den monarchischen Gedanken und das Gefühl der Treue gegen König und Kaiser im deutschen Volke nicht aussterben lassen" (27. April 1925). Nach dem Ersten Weltkrieg sollte sich Alois von Löwenstein wieder verstärkt der katholischen Laienbewegung widmen. Löwenstein stand seit 1920 dem Zentralkomitee der deutschen Katholiken als Präsident vor. Nach der Machtübernahme durch die Nationalsozialisten war sein Handeln besonders ehrenhaft und couragiert: Dem vom preußischen Ministerpräsidenten, Hermann Göring, ihm abverlangten Treueeid auf das Dritte Reich lehnte er ab und sagte stattdessen den für 1934 geplanten Katholikentag ab. Den folgenden 1948 in Mainz abgehaltenen und unter dem Leitwort „Der Christ in der Not der Zeit" stehenden Deutschen Katholikentag vermochte Löwenstein noch zu leiten. Am 25. Januar 1952 ist Löwenstein, dem die Völkerverständigung immer sehr am Herzen lag, im tauberfränkischen Bronnbach verstorben. Dort ist auch seit 1992 das Staatsarchiv Wertheim beheimatet, das die „Löwensteinischen Archive" birgt.

Kriegsalltag in Franken

Was in diesem Krieg besonders betroffen machen musste, war der immens hohe Blutzoll. „Unser Opfer ruft mahnend zum Frieden", heißt es auf einer bronzenen Tafel im Ochsenfurter Gefallenen-Ehrenhof, welcher auch ein „Gedenkbuch" des Friedhofes birgt. Allein der kleine Ort Tüchersfeld hatte neun Weltkriegstote zu beklagen. Im Kirchensprengel Roßtal westlich von Nürnberg fanden von den etwa 500 zum Kriegsdienst eingezogenen Frontkämpfern 122 den Tod. Folgen wir der Aufschrift auf dem Ehrenmal der Marktgemeinde Frickenhausen am Main, so mussten 44 Soldaten ihr Leben für „Kaiser und Reich" lassen, 1870/71 fielen zwei Soldaten von hier. Die Verlustzahlen auf Seiten der Mittelmächte als auch der Alliierten stiegen aufgrund der erbarmungslosen „Materialschlachten" ins Unermessliche. In Würzburg ging die Bevölkerungszahl von 84.496 im Jahre 1910 auf 70.923 im November 1917 zurück. Damals zählte die Kiliansstadt auch etwa 50.000 Verwundete. 9.855 Nürnberger fielen im Ersten Weltkrieg, wie das Nürnberger Gefallenen-Gedenkbuch von 1929 berichtet; alllein annähernd 3.400 Angehörige des 14. Infanterieregiments hatten ihr Leben „auf dem Feld der Ehre" lassen müssen. Zur Erinnerung an die vielen Weltkriegsgefallenen ließ die Nürnberger Bürgerschaft im Jahre 1928 die überlebensgroße Skulptur „Trauernde Noris" am Rathenauplatz, gegossen von Christoph Lenz, aufstellen.

Unter den zu beklagenden Gefallenen der Haßberge waren auch zahlreiche Juden. Der seit 1453 nachweisbare jüdische Friedhof von Kleinsteinach „berichtet" uns davon: Hier wird an die Weltkriegsgefallenen erinnert: Max Neumann, Kleinsteinach, Max Strauß aus Hofheim, Max Reus aus Hofheim, Moritz Schuster aus Hofheim, Julius Rosenbach aus Hofheim, Jakob Strauß aus Hofheim, Justin Fleischmann aus Hofheim, Luitpold Frank aus Haßfurt, Louis Frank aus Haßfurt, Julius Silbermann aus Haßfurt, Simon Rosenbaum aus Schonungen, Isidor Steinberger aus Schonungen, Benno Frank aus Westheim, Max Pulver aus Westheim und Raphael Frank aus Westheim. Auf der Inschrift des im September 1925 eingeweihten Kriegerdenkmals finden wir die Worte: „Wie sind gefallen die Helden, verloren gegangen die Waffen des Krieges! 2. Sam. 1,27."

Bei der Einweihung 1925 ehrte Lehrer Bertig die Gefallenen und erbat, das gute Miteinander „unter den hiesigen Konfessionen auch fernerhin stets aufrechtzuerhalten". Die jüdischen Soldaten im Ersten Weltkrieg hatten auch eigene Militärseelsorger, die sogenannten „Feldrabbiner". Die deutschen Feldrabbiner trugen den feldgrauen Rock mit einer Binde mit rotem Kreuz am linken Arm und den Davidstern an einer Halskette. Dazu hat das Jüdische Museum Franken in Schnaittach eine hochinteressante Ausstellung *Feldrabbiner in den deutschen Streitkräften des Ersten Weltkrieges* gezeigt.

Die Lebensmittel waren aufgrund der englischen Seeblockade besonders ab dem Jahr 1916 knapp. Ist doch der Winter 1916/17 reichsweit als *Steckrübenwinter* in die Geschichte eingegangen. Im Februar 1917 wurde in Würzburg erörtert, Küchenabfälle als Viehfutter zu verwenden. Mit der Kriegsrohstoffbeschaffung war ab 1915 der Mainfranke Joseph Koeth beauftragt. Auch von der Florenberger Kirche beim alten fränkischen Künzell musste „das neue Geläut 1917 für Kriegszwecke abgeliefert" werden. Es wurde indes 1925 wieder ersetzt. Auch kleinere Gemeinden wie Uttenreuth waren mit Personalproblemen konfrontiert. Wie uns das Protokollbuch der Gemeinderatssitzungen von Uttenreuth verrät, musste seit Ende September 1914 der Polizeidienst „von den Ortsbürgern ausgeführt werden", und seit Oktober 1915 sind zu dem forcierten Wegebau Kriegsgefangene herangezogen worden.

Der Marktheidenfelder Lehrer Leonhard Vogt notierte in sein „Kriegstagesbuch“: „Die Anfang vorigen Monats (Januar 1917) einsetzende Kälte dauerte bis Mitte Februar und sank bis minus 25 Grad Celsius. Dazu die Holz- und Kohlennot.“ Hatte doch seit Herbst 1916 die „Transport- und Kohlekrise“ die Infrastruktur bedroht. Im vorangehenden Winter 1915/16 hatten Wintergewitter und Tornados über Franken gewütet. Die „Coburger Zeitung“ vom 6. Januar 1916 vermeldete: „Bayreuth, 4. Jan. Das Wintergewitter, welches sich auch über hiesiger Gegend gestern nachmittag entlud, hat den jetzt einlaufenden Meldungen zufolge großen Schaden angerichtet. Es war von einer Windhose begleitet, die sich gegen 4 ½ Uhr von Norden nach Süden bewegte und im benachbarten Mengersdorf 5 Häuser mit Scheunen total zerstörte. Eine ganze Anzahl Häuser und Scheunen wurden schwer beschädigt. Bei Hörlasreuth wurden mehrere Ställe umgerissen, in den Wäldern liegen Hunderte von Klaftern Holz, die das Unwetter abgerissen hat. Das Unwetter war eins der schwersten seit langer Zeit.“ Eine Bamberger Zeitung berichtete: „4. Jan. Wintergewitter – Windhose. Gestern nachmittag wurden die Ortschaften Steinfeld, Treppendorf und Wiesentfels bei einem Gewitter durch eine Windhose furchtbar heimgesucht. In Steinfeld wurden 50 Häuser abgedeckt und zum großen Teil schwer beschädigt. Ein Oekonom [Verwalter, M.P.] erlitt schwere Verletzungen. In Treppendorf, ein Juradorf mit 200 Einwohnern, steht nur noch ein Haus, das wenig Schäden erlitten hat; die übrigen Häuser sind teils demoliert, teils schwer beschädigt. Der Oekonom Taschner wurde unter den Trümmern seines Anwesens begraben und tödlich verletzt. Auch in Wiesentfels hat der Orkan kolossalen Schaden angerichtet. Von dem Schloß des Grafen Bleck wurde das massive Dach vollständig abgedeckt und das Schloß schwer beschädigt. Ein Wirtschaftsanwesen wurde demoliert und von vielen Häusern die Dächer abgedeckt. Viele Bewohner wurden obdachlos. Die Telephonleitungen sind unterbrochen. In den Waldungen hat die Windhose auf eine Strecke von 18 km im Umkreis furchtbaren Schaden angerichtet. Tausende von Bäumen wurden entwurzelt und wie Zündhölzer geknickt. Der Schaden ist ungeheuer. Die Dauer der Windhose war 1 1/2 Minuten.“ Laut verschiedener Quellen soll der Tornado auf einer mindestens 85 Kilometer langen Spur Spitzengeschwindigkeiten von bis zu 255 Kilometer pro Stunde erreicht haben. Die Zerstörungen schienen ganz außerordentlich.

In Nürnberg und auch in Würzburg waren die Verkehrsbetriebe vor besondere Probleme gestellt. Aufgrund des im Krieg längst eingetretenen Personalmangels mussten Frauen als Schaffnerinnen und später auch als Straßenbahnfahrerinnen eingesetzt werden. In den Rüstungsbetrieben arbeitete schon lange vor dem Ersten Weltkrieg weibliches Personal. Die sozialdemokratische Fränkische Tagespost vom 8. Juni 1915 brachte zu dem Thema „Frauenarbeit im Krieg“ einen stark aus der männlichen Perspektive geschriebenen Artikel:

„Ueberall sehen wir ein ungeheures Anwachsen der Frauenarbeit. Frauen füllen jetzt die infolge der Einberufung zum Heeresdienst leergewordenen Stellen der Männer, und merkwürdig, je größer die Schar der Frauen wird, die für ihren Lebensunterhalt selbst sorgen muß, desto mehr finden wir, daß ihre Leistung in der Presse eine andere Wertung erfährt. Dabei gehen die Schriftsteller allerdings vielfach von ganz falschen Voraussetzungen aus, sie schieben dem weiblichen Geschlecht Motive unter, die tatsächlich gar nicht existieren, sie verschließen künstlich die Augen davor, daß einfach die bittere Not die Frauen zur Arbeit zwingt. Dadurch schädigen sie, wahrscheinlich ohne es zu wollen, die weiblichen Arbeitssuchenden, denn sie bestärken die breite Öffentlichkeit in dem Glauben, daß die Frauen nicht aus materiellen Gründen, sondern aus Patriotismus in die Reihen der Arbeitenden hineintreten und daß ihnen die Höhe des Lohnes deshalb verhältnismäßig gleichgültig sei. Bald nach Beendigung des Krieges wird der sogenannte Heroismus allenthalben vergessen sein. Dann wird man wahrscheinlich […] über die Schmutzkonkurrenz und den Lohndruck der Frauen klagen. Ohne Zweifel wird es sehr schwer sein, die Frauenarbeit auf ein erträgliches Maß zurückzuführen. Das ist jedoch nicht den Frauen selbst zur Last zu legen, ihrer Gier Geld zu verdienen, oder ihrer Sehnsucht nach Selbständigkeit und Ungebundenheit, sondern einfach den wirtschaftlichen Verhältnissen. Man rechne nur mit nackten Tatsachen. Wie viele Gefallene werden wir in Deutschland nach dem Kriege zählen und wie viele körperlich schwer Behinderte? Diese Verluste können nicht mit den Todesziffern anderer Zeiten verglichen werden, denn die Gefallenen und die Kriegsbeschädigten bedeuten verlorene Jugend und unersetzliche Verluste bester Manneskraft. Sie bedeuten soviel Hunderttausend Ehemöglichkeiten weniger und einen dementsprechend hohen Frauenüberschuß. Waren schon vor dem Kriege viele Männer nicht in der Lage, dauernd für die weiblichen erwachsenen Familienmitglieder mitzusorgen, so ergibt sich aus den Kriegsverlusten die Notwendigkeit für unzählige Ehefrauen und Töchter, einen Erwerb auszuüben, um sich selbst erhalten zu können. Die Industrie ist mit ihren Leistungen zufrieden, und da sie ein williges Ausbeutungsobjekt sind, werden die Unternehmer es sich sehr überlegen, ob sie die aus dem Felde zurückkehrenden Arbeiter sogleich wieder in ihre alten Plätze einstellen. Kann man es aber den Frauen, die erwerben müssen, verdenken, daß sie nicht freiwillig den heimkehrenden Kriegern Platz machen, ja daß sie selbst noch stärkeren Lohndruck aushalten, um nur nicht ihre Verdienstmöglichkeit nicht zu verlieren? [...] Die Unterbietung der Männerarbeit kann nur durch restlose Organisierung der weiblichen Arbeiter verhindert werden. [...]." Eine zeitgenössische Postkarte zeigt 1917 „Unsere neuen Kameraden. Aus einer Geschoßfabrik“: „Da staunst du wohl!“ Im Jahr 1917 war der Anteil der weiblichen Arbeitskräfte auf 38 % geklettert!

Alles arbeitete für die Kriegsproduktion. Mit der Umstellung auf die Kriegswirtschaft fielen die Privatlieferungen zugunsten von Heeres- und Marineaufträgen aus. Als Organe eines am 1. November 1916 beim Kriegsministerium neu eingerichteten Kriegsamtes wurden den Stellvertretenden Generalkommandos „Kriegsamtsstellen“ (KAST) angegliedert. Bei der neu eingerichteten Kriegsamtsstelle Nürnberg arbeiteten auch Frauen. Die Oberste Heeresleitung forderte von Neuem im Juni 1917 eine allgemeine Arbeitspflicht für Frauen. Der Chef der Obersten Heeresleitung, Generalfeldmarschall Paul von Hindenburg, schrieb: „In der Not des Vaterlandes sollten sich nach meinem Wunsche nicht nur alle waffenfähigen sondern auch alle arbeitsfähigen Männer, ja selbst Frauen, in den Dienst der großen Sache stellen oder gestellt werden.“ Der Arbeitseinsatz der Frauen für die Kriegsindustrie führte aber wiederum bei der Landwirtschaft zu einem großen Mangel an Arbeitskräften. Den Vorgaben der Militärbefehlshaber hatten auch die fränkischen Gemeinden und Privatbetriebe absolute Folge zu leisten. Es bestand eine strikte Auftragswirtschaft. Die Aufgaben der Kriegsamtsstelle Nürnberg lagen in der Produktionsförderung, bei der Beschaffung von Waffen und Munition, in der Bereitstellung der Arbeitskräfte für staatliche und private Kriegsbetriebe und in der Entscheidung über die Anerkennung kriegswichtiger Betriebe.

In Nürnberg wurden im neuen Transformatorenwerk der Siemens-Schuckert-Werke westlich der Katzwanger Straße Doppeldeckerflugzeuge für den Kriegseinsatz gefertigt. Das Werksgelände hatte gewaltige Ausmaße und besaß ein werkseigenes Schienennetz. Die Siemens-Schuckert-Werke hatten 1914 mit dem Bau von Großflugzeugen begonnen. Der Bomber R. VIII von 1918 hatte eine Spannweite von 48 Metern und lud 5.250 Kilogramm Bomben. Das D I-Jagdflugzeug von 1917 war mit einem luftgekühlten Umlaufmotor von Siemens-Halske bestückt und orientierte sich technisch an der französischen „Nieuport 11“ (1916).

Am 29. August 1916 war mit den Feldherren Hindenburg und Ludendorff die Dritte Oberste Heeresleitung gebildet worden, was die Errichtung einer deutschen „Militärdiktatur“ und das alle Männer zwischen dem 17. und dem 60. Lebensjahr zur Arbeit verpflichtende „Hilfsdienstgesetz“ nach sich zog. Hindenburg schreibt: „Das große Kriegsindustrieprogramm, das meinen Namen trägt, vertrat ich mit der vollen Verantwortung für seinen Inhalt.“ Der Generalfeldmarschall musste einräumen, dass das *Gesetz über den Vaterländischen Hilfsdienst* sich bis „zu unserem staatlichen Umsturz“ erstreckte. Das sogenannte „Hindenburg-Programm“ war dann auch eine Steigerung der deutschen

„Kriegsfähigkeit" bis hin zu dem von Ludendorff geforderten „totalen Krieg". Der Kaiser spielte in der hohen Politik beinahe keine Rolle mehr. Über Hindenburg und Ludendorff sprach Wilhelm II. als von „genialen Führern" in dem Krieg. Kaiser Wilhelm II. rühmte den „Durchhaltewillen" des deutschen Volkes uneingeschränkt. Unter dem Eindruck der Berufung Hindenburgs zum „Chef des Generalstabs" schrieb der führende Alldeutsche Konstantin von Gebsattel seinen Aufsatz „Hindenburg" in „Das Größere Deutschland". Für Gebsattel war der Krieg „das schicksalhafte Ringen zwischen Helden- und Händlergeist – zwischen Ariertum und Judentum – zwischen idealem Familiensinn und schnödem englisch-amerikanischem Mammonismus". Gebsattel nannte Hindenburg den „Liebling des deutschen Volkes, dem er das Wort zugerufen hat, das Wort, das uns allen und für alle Zeit zur Richtschnur dienen muß: ‚Nicht durchzuhalten gilt es, sondern zu siegen!'"

In Nürnberg, Fürth und in Schweinfurt kam es im Rahmen der sogenannten „Januarstreiks" im Jahre 1918 zu erheblichen Arbeitsausfällen. Zehntausende Rüstungsarbeiter legten die Arbeit nieder. Mit 45.000 Streikenden sah Nürnberg die mit Abstand größte Kundgebung, weil hier die Mehrheits-Sozialdemokratische Partei Deutschlands und die Unabhängige Sozialdemokratische Partei Deutschlands (USPD) zu einer gemeinsamen Veranstaltung aufgerufen hatten. Am 13. Juli 1918 erschien auch in Nürnberg die erste Ausgabe der Zeitung „Sozialdemokrat", des Wochenblattes der Unabhängigen Sozialdemokratischen Partei. Sie war aus Einwickelpapier produziert worden, nachdem die Papierwirtschaftsstelle München das Papierbezugsrecht abgelehnt hatte, das Generalkommando aber keine Bedenken äußerte.

Vielfach war in Franken schon 1917 die Meinung geäußert worden, „man habe schon 1914 oder 1915 einen bescheideneren Frieden haben können". Nach dem endgültigen Scheitern der Frühjahrsoffensive von 1918 „waren unter den Soldaten Stimmen zu vernehmen, man sei ‚Schlachtvieh für Wilhelm und Söhne'". Das Kriegsende traf die Bevölkerung in Franken dann aber doch „überraschend und unvorbereitet". Noch am 4. Oktober 1918 berichtete die „Allgemeine Zeitung des Judentums“, im „ganzen stehen trotz mancher Einzelverluste unsere Reihen unerschüttert fest“. Seit Sommer und Herbst 1918 wurde aber die allgemeine Kriegslage von der Bevölkerung allenthalben pessimistisch beurteilt. In der Tat war es im Oktober 1918 zu einer „trostlosen Verfassung der Gemüter“ gekommen. Der „Niederbruch der Nerven“ unter den „Untertanen“, wie ihn politische „Stimmungsberichte“ zutage förderten, konnte auch der bayerischen Krone nicht entgangen sein. Am 7. November – vier Tage vor dem Abschluss des Waffenstillstandes – wurde die Monarchie nach einer Friedensdemonstration in München unblutig gestürzt und noch in der Nacht zum 8. November vom neuen Ministerpräsidenten, dem USPD-Politiker Kurt Eisner, der Freistaat Bayern proklamiert. Schon am folgenden Tag griff die revolutionäre Bewegung auf Franken über. In Nürnberg, Fürth und Würzburg übernahmen im Laufe des 8. November Soldaten- und Arbeiterräte die Macht, am 9. des Monats folgte Erlangen. König Ludwig III., der auf Schloss Anif bei Salzburg geflüchtet war, entband am 12. November 1918 die bayerischen Beamten, Offiziere und Soldaten von ihrem dem König geleisteten Treueid.

5.
Fränkische Persönlichkeiten zwischen Wiener Kongress und Erstem Weltkrieg

I.
Von Heilbronn nach Washington D.C.: Der Revolutionär, Architekt und Ingenieuroffizier Adolf Cluss (1825–1905)

„Ich habe fast alle öffentlichen Gebäude,
die nun zu dem District of Columbia gehören,
geplant und ihren Bau überwacht.“
Adolf Cluss, 1872

Adolf Cluss wurde am 14. Juli 1825 – am Jahrestag der Französischen Revolution – in der Klostergasse im Haus Nr. 39 der alten fränkischen Neckarstadt Heilbronn, „mittags 11–12“ geboren, wie es im Taufeintrag des evangelisch-lutherischen Kirchenbuches heißt. Seinen Geburtstag am Jahrestag der Erstürmung der Bastille sah Cluss als gutes Omen, wie er in einer Note von 1852 an den Freund Joseph Weydemeyer in New York bekennt. Seine Eltern waren Johann Heinrich Abraham Cluss († 1857) und Anna Christine Neutz († 1827), wohlhabende Bürger in Heilbronn. Sein Vater entstammte einer angesehenen Bauhandwerkerfamilie, die Mutter war Gastwirtstochter aus dem nahen Neckargartach. Adolf Cluss‘ Tante Caroline Reiner, zugleich seine Taufpatin, hatte im Jahre 1820 eine Tabakfabrik, die aus einer Kolonialwarenhandlung hervorgegangen war, gegründet. Adolfs Vater, Heinrich Cluss, wurde nach dem Tod seines Schwagers Firmenteilhaber. Damals war Heilbronn eine „Oberamtsstadt“ im württembergischen Neckarkreis. 1818 zählte die Stadt 7.200, 1830 bereits 10.700 Einwohner. Der gesellschaftliche Aufstieg der Familie Cluss spiegelt den bereits seit dem späten 18. Jahrhundert einsetzenden

Wandel der Wirtschafts- und Sozialstruktur in Heilbronn wider. Der durch zahlreiche Wehre aufgestaute Neckar trieb 1807 nicht weniger als 27 Mühlen an, wo unter anderem Ölsaaten verarbeitet, Holz eingeschnitten und Papier hergestellt wurde, so dass bereits von einer Vorstufe der Industriellen Revolution gesprochen werden kann. 1832 war Heilbronn die Stadt mit den meisten Fabriken im Königreich Württemberg. Bis um das Jahr 1914 vermochte die Neckarstadt Heilbronn reichsweit etwa ein Drittel der gesamten Speiseölproduktion zu gewährleisten. Der Vater Heinrich Cluss hatte sich neben Bauhandwerkergeschäften als Grundstückshändler und Brückenkonstrukteur hervorgetan. Vermutlich hatte der damals etwa zehnjährige Adolf seinem Vater über die Schulter geguckt, als dieser im Jahre 1835 die alte historische Untere Enzbrücke bei Besigheim für den fahrenden Verkehr erbaute. Ein Bruder von Adolf Cluss, August Cluss (1832–1904), war 1865 Gründer der *Brauerei Cluss, Brüggemann & Co.*, deren Gelände auf dem Rosenberg lag. Ein weiterer Bruder Adolfs, Carl, verschrieb sich ebenfalls der Architektur. Um das Jahr 1831 wurde Adolf Cluss in die Volksschule eingeschult, trat 1833 in die erste Gymnasialklasse ein, wo er höchstwahrscheinlich bis 1841 die „Realklasse" besuchte. Seine Berufslaufbahn begann Cluss seit 1842 als Heilbronner Zimmermannsgeselle. Politisch stand der junge Cluss dem aus dem Geheimbund „Bund der Geächteten" hervorgehenden *Bund der Gerechten*, einer Urzelle der sozialistischen Bewegung, nahe. Der später wegen seiner bevorzugten Backstein-Bauweise „Roter Architekt" genannte Cluss war seit dem Jahre 1846 Architekt bei der „Hessischen Ludwigsbahn", die von Mainz nach Worms führte. Außerdem zählte Cluss zu den Mitbegründern des im April 1848 ins Leben gerufenen „Mainzer Arbeiterbildungsvereins". Auf einer Auslandsreise, die ihn 1848 nach Brüssel führte, lernte er Karl Marx kennen und schloss sich seiner „Kommunistischen Bewegung" an. Im Juni 1848 nahm er an dem *Ersten Frankfurter Kongreß der Demokraten* teil. Lange noch – bis zum Jahre 1858, da Cluss schon zehn Jahre in Amerika wirkte – sollte Cluss mit Marx in Kontakt stehen: „Lieber Cluss" heißt es in einem Brief vom 18. Oktober 1853.

Jetzt hielt Cluss endlich die Zeit für gekommen, seine beruflichen Träume besser im außereuropäischen Ausland zu verwirklichen. Mit dem Auswandererschiff „Zürich", einem Schwesterschiff der „Havre", verließ Cluss im Sommer 1848 das Alte Europa, um sich am 15. September 1848 in New York in die „Akte der Einwanderungsbehörde" einzutragen. Wir finden Cluss 1850 als technischen Zeichner bei der Artillerie-Versuchsanstalt der Washingtoner Marinewerft wieder. Später 1872 ließ Cluss wissen: „Ich möchte behaupten, dass die Schmelzöfen, aus denen sämtliche Messingkanonen der Kriegsmarine gegossen werden, ursprünglich von mir eingeführt und konstruiert wurden." Damals hatte Cluss längst alle amerikanischen Ehren sowie alle „Achtung" gewonnen. Als Cluss 1855 – bereits ein „US-Bürger" – seinen Dienst bei der Marinewerft quittierte, notierte der Abteilungschef, Commander John A. Dahlgren: „Mr. Cluss, draughtsman, left my department – very sorry; had been here five and a half years, and is always right." Dem jetzt knapp 40-jährigen Heilbronner stand ein kompletter beruflicher „Wechsel" vor Augen. Hatten seine Jahre von 1850 bis 1862 dem militärischen Ingenieurwesen gegolten, so wandte sich Cluss seit 1864 – noch während des Sezessionskrieges – der städtebaulichen Neugestaltung Washingtons D.C. zu. Mehr Bäume, mehr grüne Flächen, dazwischen Kanäle und Alleen: „Washington entwickelt sich rasch zu einem einzigen großen Garten, in dem die Grenzen zwischen Stadt und Land fast völlig verschwimmen", sagte der Gebäudeinspekteur und Chefingenieur der Stadt.

Cluss, dem immer die unteren Bevölkerungsschichten am Herzen lagen, obwohl er spätestens seit 1858 mit der „Kommunistischen Bewegung" endgültig gebrochen hatte, erhob hier zur Devise: „Man sollte den Erfordernissen für die Gesundheit der ärmeren Schichten gerecht werden, welche häufig dazu verdammt sind, in engen Gassen und Durchgängen zu leben." Als besonders zukunftsweisend sind auch Cluss' Schulbauten anzusehen, von denen die auf der Wiener Weltausstellung 1873 gekürte „Franklin School" besonders herausragt. Der Geschichtsprofessor William J. Reece resümierte 2003 über Cluss' „Schulbauten":

„Es waren Modellschulen, nicht nur diese typischen Nachbarschaftsschulen, und sie überragten alle anderen Gebäude. [...] Sie sollten inspirieren, erbauen und erziehen." Cluss' ganze Spannbreite architektonischer Leistungen hier aufzuzeigen, sprengte den Rahmen einer Kurzbiographie. Zu erwähnen sind noch die unzähligen Privathäuser für Washingtoner „Eliten", die der gebürtige Heilbronner entwarf. Hier sind etwa die berühmte „Stickney Residence" oder die für den Unternehmer John Elvin 1866 erbaute Villa *Elvin House* und das 1873 am Dupont Circle erbaute „Stewart's Castle" zu nennen.

Letztmals führte der Weg Adolf Cluss im Jahre 1898 nach Deutschland, als der Heilbronner die Nachkommen seiner Schwester, Caroline de Millas (1817–1858), in Heidelberg aufsuchte. Am 24. Juli 1905 starb er in Washington. Zuletzt hat Richard Longstreth, Professor of American Studies, 2005 das Lebenswerk von Cluss gewürdigt: „Als Baumeister konnte Adolf Cluss beneidenswerte Leistungen aufweisen. Wenige andere Architekten hatten einen vergleichbaren, und keiner hatte einen größeren Einfluss auf die Gestaltung der Stadt Washington. Wie kein anderer Architekt hat Cluss das Erscheinungsbild von Washington als Bundeshauptstadt und als Kommune – durch die Planung von öffentlichen wie von privaten Gebäuden – geprägt."

II.
Die vergessene Erlanger Kunstmalerin Julie Gräfin von Egloffstein (1792–1869)

„Die Welt sei geneigt, in allem
die Persönlichkeit zu lieben."
Johann Wolfgang von Goethe
Julie Gräfin von Egloffstein zugeeignet
16. März 1819

In dem ganz Europa politisch und gesellschaftlich erschütternden Revolutionsjahr 1792 wurde sie geboren, in demselben Jahr und Monat wie Johann Peter Eckermann: Julie Gräfin von Egloffstein erblickte am 12. September 1792, einem Mittwoch, in der immer noch wesentlich von französischen Glaubensflüchtlingen geprägten Residenzstadt Erlangen das Licht der Welt, wenige Jahre, bevor Franken beziehungsweise der Fränkische Reichskreis den Verlust seiner politischen Selbständigkeit beklagen musste.

Erlangen als sogenannte „Witwenresidenz" der „Erlanger Markgräfin" Sofie *Caroline* Marie von Bayreuth war soeben am 5. Januar 1792 unter preußische Herrschaft gefallen, nachdem Markgraf Karl Alexander abgedankt hatte. Die politischen Ereignisse überschlugen sich in der Revolutionszeit. Die Stadt Erlangen sah viele französische Emigranten, darunter etwa Goethes Lili von Türckheim († 1817). Wenige Wochen vor der Geburt Julies von Egloffstein war in Frankfurt am Main die letzte Kaiserkrönung erfolgt. Das nahe Mainz setzte im Folgejahr die rote Phrygische Mütze der Revolution auf. Der Prozess der Auflösung des alten Reiches ging schubweise vonstatten; den Schlusspunkt setzte Kaiser Franz II., als er am 6. August 1806 in Wien die deutsche Kaiserkrone niederlegte. Er entband damals Kurfürsten, Stände und alle Reichsangehörigen, darunter auch die reichsunmittelbaren Freien und Herren von Egloffstein, von all ihren Reichspflichten.

Auch die sogenannte „Hugenottenstadt" Erlangen erlebte in dieser Zeit des allgemeinen Umbruchs einen steten politischen Wandel. Seit 1791 wechselte die staatliche Zugehörigkeit dreimal, ehe die Stadt im Juli 1810 endgültig an Bayern fiel. Die seit Mai 1686 bestehende landesherrliche Hugenottenkolonie Erlangen mit ihrer presbyterialen Selbstverwaltung – jene „Colonie française à Erlang" – war zur Zeit der Geburt von Julie von Egloffstein bereits in der vollständigen Auflösung begriffen. Sie sah im Jahre 1811 ihrem endgültigen Aus entgegen, nachdem die Schülerzahlen in der Französisch-reformierten Werktagsschule zwischen den Jahren 1790 und 1811 drastisch auf 41 Klassenangehörige gesunken waren. Der Übergang an Bayern bescherte der Neustadt Erlangen mit ihren vier Bürgermeistern und acht Räten (seit 1707 auf Lebenszeit) – je zur

Hälfte Deutsche und Franzosen – die Einbuße aller ihrer Privilegien und Sonderrechte. Das „Umdenken" in dieser Zeit des permanenten Wandels 1790 bis 1818 erstreckte sich nicht nur auf die politischen und kommunalen Gegebenheiten, sondern erfasste alle Lebensbereiche. So wich das preußische Rechnungsjahr (1. Juni bis 31. Mai) vom bayerischen Rechnungsjahr (1. Oktober bis 30. September) ab. Allein die Guldenrechnung überdauerte. Was die Neustadt bei der Geburt Julies von Egloffstein dominierte, war ihre 1743 gegründete Universität und vor allem geisteswissenschaftlich die von „milder Aufklärung" gekennzeichnete Theologische Fakultät.

Das Geschlecht der Freien von und zu Egloffstein

Julie von Egloffstein kam im Wildensteinschen Palais in der Friedrichstraße 19 zur Welt, dem späteren Sitz der Studentenverbindung „Uttenruthia", das bis zum Jahre 1800 dem preußischen Kammerherrn und Ritterhauptmann Gottlieb Friedrich *Leopold* Graf von Egloffstein (1766–1830), dem Vater Juliens, gehörte. Dieser entstammte dem ostpreußischen Familienzweig Egloffstein-Arklitten, der 1786 durch den preußischen König Friedrich Wilhelm II. in den Grafenstand erhoben worden war. Julies Mutter war die Literatin und Dichterin Henriette von und zu Egloffstein (1773–1864) aus der fränkischen freiherrlichen Linie.

Die Freien von Egloffstein waren ein reichsunmittelbares fränkisches Adelsgeschlecht mit weiten Besitztümern zwischen Bamberg und Bayreuth. Mit dem Ende des alten Reiches büßte die Familie ihre selbständige politische Stellung; sie behielt für ihre Güter zunächst noch die Patrimonialgerichtsbarkeit (bis 1848), das „Polizeyverordnungsrecht" und das kirchliche Patronatsrecht (letzteres bis 1969).

Die Freien von und zu Egloffstein führen das Haupt des im Mittelalter in Deutschland noch weit verbreiteten Braunbären in Schild und Wappen. Weithin sichtbar über dem Trubachtal sich majestätisch erhebend auf annähernd einhundert Meter Felsenhöhe, stellt die Burg Egloffstein, die dem späteren Ort ihren Namen gab, den Stammsitz der Freien von Egloffstein dar. Der über Franken hinaus weit verbreiteten Familie von und zu Egloffstein gehörten unter anderem auch die Burgen Leienfels, Wolfsberg, Burg Gaillenreuth beim heutigen Ebermannstadt sowie das malerische Wasserschloss mit Dorfflecken Kunreuth, wo das fränkische Geschlecht die dort lebenden Juden über Jahrhunderte unter seinen Schutz stellte. Als eines der ersten Adelsgeschlechter reichsweit hingen die Freien von Egloffstein frühzeitig – ab 1521– der Reformation Luthers an. In jüngerer Zeit machten sich Angehörige des Geschlechts Egloffstein als Kammerherren, als Feldherren (Albrecht Graf von Egloffstein, † 1791), in der Landesjustiz (Julius von Egloffstein, † 1894) und in Kunst (Julie Gräfin von Egloffstein), Dichtung und Wissenschaft einen Namen. Ein weiterer Verwandter Julies von Egloffstein, August Karl Freiherr von Egloffstein, war sachsen-weimarischer Offizier und nahm als Befehlshaber eines sächsischen Hilfskontingents am Rußlandfeldzug Napoleons I. teil.

Die Ehe zwischen Leopold Graf von Egloffstein und der kunstergebenen Henriette Freiin von Egloffstein verlief überaus unglücklich und zog 1803 die endgültige Trennung nach sich, angeblich „vorzüglich im Interesse" der Kinder. Die Mutter, die schon in ihrem 16. Lebensjahr eher zögerlich in die Ehe mit ihrem Verwandten eingewilligt hatte, ließ sich nach Italienreisen 1791/1792 mit Aufenthalten in Florenz, Pisa und Genua in der von Geist, Wissenschaft und Leben erfüllten Neustadt Erlangen nieder, wo auch der Hof mit der altehrwürdigen „Erlanger Markgräfin" Caroline immer wieder zentrale „Anlaufstelle" politischer Kommunikation war. Ihr machte auch der soeben zum König bestimmte Friedrich Wilhelm II. von Preußen immer wieder seine „Aufwartung", wenn er beispielsweise von Potsdam zu Truppenmanövern ins Ansbachische kam, und auch die Mutter Henriettes, Sophie geborene von Thüna, war eine bei der „Erlanger Markgräfin" gern gesehene Person. War doch Henriette selbst eine glühende Verehrerin des Preußenkönigs Friedrich II. (1740–1786), dem sie noch „wenige Monate vor seinem Tode ganz unverhofft in Potsdam" begegnete und bei dessen direkter Nichte, der „Erlanger" Markgräfin Caroline, Henriettes Mutter „täglich ein- und ausgegangen" war, wie uns Hermann von Egloffstein berichtet.

Jugendjahre auf Burg Egloffstein

Verhältnismäßig wenig ist über Julies Kindheit und Jugend bekannt. Die Mutter Henriette lebte nach ihren Italienreisen ab 1792 bis 1795 in Erlangen, wo auch Julie aufwuchs und die gerade 19-jährige Henriette die Bekanntschaft mit Goethes vormaliger Braut „Lili“ machte, deren Mädchenname in Wirklichkeit Anna Elisabeth Schönemann (1758–1817) lautete. Außer in Erlangen hat sich Henriette von Egloffstein mit ihren Töchtern immer wieder auf Burg Egloffstein aufgehalten, das trotz der vielen späteren Reisen Julies und Aufenthalten in Weimar, München und Marienrode immer ihr wirkliches und glückliches Zuhause war. Hier ist Julie auch wiederholt zusammen mit ihren Schwestern und ihrer Mutter Henriette von ihrem späteren Zeichenlehrer, dem Miniaturenmaler und Radierer Christoph Jakob Wilhelm Haller von Hallerstein (1771–1839) portraitiert worden, so auch auf einer schönen getuschten Federzeichnung von 1813 unterhalb der Burg in einer Felsgrotte. Julie von Egloffstein philosophierte in Felsnischen unterhalb der Burg auch gern mit ihren Schwestern, ihrer Mutter sowie mit ihrer sonst am Weimarer Hof als Oberkammerherrin wirkenden Tante Caroline von Egloffstein aus dem Haus Aufseß. Die romantischen Plätze rund um die Burg – „Hedwigs Ruh“ (1812), „Freundschaftssitz bei Egloffstein“ (1813) und „Freundschaftsfelsen bei Egloffstein“ (1813) – hat sie als junge Künstlerin mit filigranen Zeichenstrichen selbst gemalt. Deutlich ist der überaus feine und romantisierende Einfluss Hallers von Hallerstein zu erkennen. Julie besingt die Burg:

Hingelagert auf des Berges Rücken
In der Abendsonne mildem Strahl,
Senkt mein Blick mit innigem Entzücken
Sich ins tiefe, waldbekränzte Tal.
Zartes Spätrot färbt den Felsengipfel,
Purpurglut spielt um der Eichen Wipfel;
Hehr und ruhig, wie ein holdes Bild,
Liegt vor mir das liebliche Gefild.

Dort, wo auf des Felsens höchster Spitze
Meiner Ahnen Stammhaus sich erhebt,
Und gleich einem kühnen Wolkensitze
Über schauerlichem Abgrund schwebt –
Läßt die Sonne noch im Niedersinken
Ihre letzten Strahlen freundlich blinken.
Alte Burg! Wie lebhaft mahnst du mich
An die Zeit, die schon so lang entwich.

In den Jahren der Befreiungskriege 1813–1815 hielt sich Julie von Egloffstein bevorzugt auf dem Schutz bietenden Familienbesitz auf. Die Kriegsgefahren waren wieder allgegenwärtig geworden. Bayern hatte am 14. Oktober 1813 dem Kaiserreich Frankreich den Krieg erklärt. Preußen „trommelte" deutschlandweit zur Aushebung von Freikorps. Der einzige Bruder von Julie, Carl, als fünftes Kind ein „Nachzügler" aus dieser unglücklichen und 1803 gelösten Eheverbindung zwischen Henriette und Leopold, hatte sich siebzehnjährig als Freiwilliger Jäger ins preußische Heer begeben, weshalb die Familie mit umso drückenderer Sorge den Kriegsereignissen entgegenblickte. Auch der Ehemann Henriettes aus ihrer zweiten, am 18. April 1804 geschlossenen Ehe, der Hannoveraner Forstmeister Carl Freiherr von Beaulieu-Marconnay (1777–1855), der 1845 Ehrenbürger von Hildesheim werden sollte, kämpfte als Führer eines Jägerkorps, das sich an der an der Belagerung der von den Franzosen gehaltenen Festung Hamburg beteiligte. Aus Dankbarkeit für seine Verdienste in den Freiheitskriegen verlieh König Georg III. von Hannover und England dem inzwischen zum Generallieutenant beförderten Carl von Beaulieu-Marconnay das Gut Marienrode bei Hildesheim – dem „Nürnberg des Nordens" – auf Lebenszeit, eine Gabe, welche nach dem Tod Beaulieus 1855 auf die Witwe und Stieftöchter ausgedehnt wurde. Hier in Marienrode südwestlich von Hildesheim vis-à-vis der evangelisch-lutherischen Kirche aus dem Jahr 1792 sollte später Julie Gräfin von Egloffstein an der Seite der Mutter Henriette und der Schwestern Karoline und Auguste ihre letzte Ruhestätte finden.

Beziehung zum Weimarer Hof

Das Geschlecht derer von Egloffstein war über Generationen dem sächsisch-weimarischen Hof verbunden und diente den ernestinischen Großherzögen (seit 1815) Karl August (1757–1828) und Karl Friedrich (1783–1853) als Kammerherren beziehungsweise Hofdamen. Hier war ein Besuch der damals 14-jährigen Henriette bei der liebenswürdigen Herzogmutter Anna Amalia gegen Jahresende 1787 bis Februar 1788 von folgenreicher Bedeutung geworden. Ihre Eindrücke von der Weimarer Gesellschaft, zu der beispielsweise Johann Gottfried von Herder, Christoph Martin Wieland, Karl Ludwig von Knebel und Kammerherr von Einsiedel, später seit Winter 1800/1801 Henriette und Julie von und zu Egloffstein, Schiller mit Ehegattin, Goethe, die Damen Wolfskehl, von Göchhausen, von Imhof, von Wolzogen sowie Professor Meyer und weitere Angehörige des Hauses Egloffstein zählten, hat sie in ihren Diarien festgehalten: „Ich bewegte mich ohne Zwang in der Gesellschaft jener berühmten Männer […], hochgeehrt, ein Mitglied des Kreises zu sein, wo sie als Sterne erster Größe glänzten." Ein weiteres Mal kam Henriette von Egloffstein mit ihrem ungeliebten Ehemann Leopold und den beiden Töchtern Karoline und Julie im Frühjahr 1795 an den Weimarer Hof, wo die Familie den Dichterfürsten kennenlernte. Henriette schreibt: „Goethe schien mir zu der Zeit, wo ich ihn kennen lernte, schroff, wortkarg, spießbürgerlich steif und so kalten Gemütes wie ein Eisschollen". Doch boten Henriette wiederholte freundliche Schmeicheleien und Herzensgesten, die ihr in dem Dichterkreis, dieser „Cour d'amour", wie Goethe ihn nannte, widerfuhren, Gelegenheit, „einen gewissen Ersatz" dafür zu finden, „daß sie in ihrer schon von Anfang an freudlosen Ehe auch später kein Glück gefunden hatte", wie uns später Hermann von Egloffstein mitteilt. Hier ist Julie auch erstmals der Herzogmutter Anna Amalia vorgestellt worden, welche Juliens frühe Kinderzeichnungen angeblich bis zu ihrem Tod (18. April 1807) aufbewahrt hat. Hier sollte „Goethes glückliche Zeichnerin" im Jahre 1816 auch für mehr als ein gutes Jahrzehnt (bis 1829) „bodenständig" werden, um im Jahre 1820 eine Bekanntschaft mit dem Meißener Maler und Miniaturbildner Georg Friedrich Kersting († 1847) anzuknüpfen.

In Weimar wurde Julie mit ihrer Mutter Henriette sowie den Schwestern im Sommer des Jahres 1800 von Neuem vorstellig, als ihre Eltern bereits getrennt lebten. Anna Amalia nahm die Familie wieder liebevoll auf, während Goethe ab Winter 1800/01 allwöchentlich seine Dichterabende veranstaltete. Hier erhielt Julie auch ihren Beinamen „Die kleine Römerin", vermutlich deshalb, weil die Mutter Henriette die Tochter Julie während ihrer Italienreise 1792 „unter ihrem Herzen" getragen hatte. Vor allem die Weimarer Jugendjahre 1800 bis 1804 blieben Julie in guter Erinnerung. Ein Theatererlebnis aus dieser Zeit hat sie anscheinend nachdrücklich berührt, wie sie in einem Brief an ihre Mutter 1816 bemerkt: „Es ist, als ob die Zeit stillgestanden hätte in ihrem raschen Lauf, [...] so verschmilzt Gegenwart und Vergangenheit ineinander und ich muß mich oft besinnen, was Wahrheit oder Täuschung sei? [...] Zweimal schon bin ich in die Zeichenakademie gegangen und habe einen Kopf in Kreide und Rötel zu zeichnen angefangen" (Weimar, 5.10.1816). Doch sind die großen künstlerischen Neigungen Juliens schon in den Jahren 1800 bis 1804 hervorgetreten. Juliens ältere Schwester ließ später die Weimarer Zeit Revue passieren: „In der Natur ward sie zur Landschaftszeichnerin, deren damalige Leistungen man noch jetzt mit Verwunderung anschauen muß, übte sich in Poesie, Musik und Sprachen ohne die nötigen Lehrer, nur unter Angabe der liebenden Mutter [...] Erst im Winter 1809 auf 10 ward ein flüchtiger Aufenthalt in Hannover zur größeren Entwicklung ihrer merkwürdigen Eigenschaften wirksam und erwarb sie sich [...] durch ihr großes Talent ungeteilten Beifall."

Die „glückliche Zeichnerin"

Zu dieser Zeit lebte die Familie längst bei Julies Stiefvater, dem Königlichen Forstmeister Carl Freiherr von Beaulieu-Marconnay in Misburg bei Hannover in dem dortigen Forsthaus; Julie absolvierte damals aller Wahrscheinlichkeit nach bei dem Maler und Radierer Johann Heinrich Ramberg (1763–1840) eine Kunstmalausbildung. Hier schloss sie auch eine frühe Freundschaft mit dem Diplomaten und Altertumsforscher August Kestner (1777–1853). Das Jahr 1811 brachte die 19-jährige Julie im preußischen Berlin zu, wohin sie ihr leiblicher Vater Leopold von Egloffstein-Arklitten eingeladen hatte. Das brachte ihr die wertvolle Bekanntschaft mit dem Tischbein-Schüler und Hofmaler Friedrich Georg Weitsch (1758–1828) ein. Weitsch war ein hervorragender Historienmaler, Meister religiöser Darstellungen, von Landschaften und Portraitstudien. Das ihm zugeschriebene Pastellbild der jungen Gräfin Egloffstein entstand im Jahr 1811. Eine Scharlacherkrankung, die Julies Augen großen Schaden zufügte, der Verlust der lieben, jungen Schwester Jeanette im Alter von 18 Jahren sowie eine unerwiderte Liebe zu einem hannoverschen Kavallerieoffizier haben tiefe seelische Spuren gezeitigt. Ein zarter Federstrich Renitenz und Distanzsuche gegenüber ihren Mitmenschen ist Julie dann auch nachgesagt worden. Das steht allerdings in Widerspruch zu ihren herzlich und immer liebevoll formulierten Tagebucheinträgen und Briefen, so an ihre Mutter: „Prost Neujahr, vor allem Euch, meine Lieben da drüben in der Ferne! Meine ersten Gedanken darin Euch gehörten – als in der gestrigen Mitternachtsstunde die ernsten Schläge der Glocke das alte Jahr zu Grabe trugen und das kommende einläuteten – als die Gläser klirrend aneinander stießen und die Hände sich fassten und das Glückwünschen und Jubilieren plötzlich einer ernsten Rührung und feierlichen Stille Platz machte – da muß mein Liebesruf [...] auf halbem Wege dem Eurigen begegnet sein!" Endlich verweilte Julie 1811 wieder auf Burg Egloffstein, wo sie auf dem sogenannten Kunreuther „Geschlechtertag" allerlei Karikaturistisches gezeichnet hat und mit burlesken Schelmereien die Aufmerksamkeit der *Altherrengemeinschaft* auf sich zog.

Wir möchten für einen Augenblick bei dieser kunstgewordenen „Kuriermission" der damals 19-jährigen Gräfin verweilen und diesen „Blick durch das Schlüsselloch" lebendig werden lassen. Die gewagte Bleistiftzeichnung vom Herbst 1811 ist denn auch buchstäblich nach einem Blick durch das Schlüsselloch entstanden. Auf eine Stiftung des damaligen kriegsgeprüften und militärversierten Festungskommandanten von Forchheim, Claus von Egloffstein, zurückgehend, wird der Egloffsteiner „Geschlechtertag" seit dem Jahr 1557 alle sechs Jahre in dem Kunreuther „Testamenthaus" veranstaltet. Bei ihrem Blick durch das Schlüsselloch hat die malmutige Julie nicht nur in ironisierenden Federstrichen die Szenerie der männlichen Handelnden festgehalten, sondern auch die Namen des Egloffsteiner Ältestenrats mit in die „Staffelei" genommen: Oberstallmeister Heinrich von Egloffstein, Kammerherr Christian von Egloffstein, Kammerherr Otto Graf von Egloffstein, Lieutenant Subsenior Carl von Egloffstein, Obmann Ernst von Egloffstein, Oberschenk Leopold Graf von Egloffstein und Amtmann Günther von Egloffstein. Kunsthistorisch ist wiederholt gemutmaßt worden, die karikaturistischen Malstriche mit der ironisierenden Untermalung des jeweiligen Portraits resultierten aus der Schule des obenerwähnten Hannoveraner Malers Johann Heinrich Ramberg, dessen fleißige und aufmerksame Schülerin Julie Gräfin von Egloffstein war. Später hat Goethe dieses karikaturistisch unterlegte Zeichengenre aufgegriffen und womöglich auch als eine Art „Stilmittel" für den Journalismus „entdeckt". Denn Zeichnungen von der Hand Julies müssen dem Dichterfürsten ins Auge gestochen sein: Vermutlich über die mittlerweile in Weimar lebende Schwester Karoline von und zu Egloffstein – genannt „Line" – in Goethes Hände gelangt, hat der Zeichenstil Julies den Weimarischen Staatsrat ganz und gar in seinen Bann gezogen. Der Dichterfürst lobte in einer vom 15. Mai 1815 datierten Briefnote den Zeichenstil der Gräfin Julie, nannte sie selbst aber eine „inkalkulable Größe". Goethe hatte sein „junges Talent" Julie schon zuvor, und zwar in einem Schreiben an die Tante Caroline von und zu Egloffstein (18.1.1811), als eine „glückliche Zeichnerin" vergöttert, weshalb der aus Kunreuth gebürtige Jurist und Weimarer Staatskanzler Theodor Adam Heinrich Friedrich von Müller (1779–1849) seine Landsmännin Julie gern als „Goethes glückliche Zeichnerin" apostrophiert wissen wollte. Auch müssen den Weimarer Universalgelehrten und Kunstförderer wunderschöne Portraitzeichnungen der Julie von Egloffstein wie die

Bleistiftzeichnung eines jungen Mädchens mit voll ausgebildeten Charaktereigenschaften und prächtiger Persönlichkeitsschärfe – Augen, die Raffinesse vermuten lassen, ein Mund, der etwas sagen will – tief beeindruckt haben.

Im Weimarer Goethekreis

Im Herbst 1816 hat Julie „als eine der schönsten Erscheinungen am weimarischen Hofe" den Zugang zu dem engeren Goethekreis gewonnen. Die Historikerin und Literatin Alfriede Marioth, nach der heute eine Straße in Hildesheim benannt ist, spricht von dem „bedeutsamste(n) Schritt ihres Lebens, als Julie von Wiesbaden aus im Herbst 1816 in dem Haus des verstorbenen Bruders ihrer Mutter bei der Oberkammerherrin v. Egloffstein in Weimar Aufnahme fand" und damit gleichzeitig mit ihrer Schwester Karoline „in den engsten Goethekreis eintrat". Hier ist sie zu einem wahrhaften Goethe-Protegée avanciert. Sie folgte dem Rat des Dichterfürsten, um von den besten Koryphäen, die Weimar damals aufwies, in Kunst und Schöngeistigem unterwiesen zu werden. Sie hörte bei Goethes Kunstfreund Heinrich Meyer (1760–1832), welcher als Kunstmaler und Kunsthistoriker große Reputation genoss, bei dem Oberbaurat Klemens Wenzeslaus Coudray (1775–1845) und bei dem Theatermaler und Schauspieler Friedrich Christian Beuther (1777–1856). Anlässlich von Bildungsreisen erteilte Goethe der jungen Julie seinen „Reisesegen" und schrieb in ihr Zeichenheft die Verse:

Reisesegen

Sei die Zierde des Geschlechts! –
Blicke weder links noch rechts;
Schaue von den Gegenständen
In dein Innerstes zurück;
Sicher traue deinen Händen,
Eignes fördre, Freundes Glück.

Auf Goethes Rat hin begab sich Julie sodann an der Seite ihrer Tante Caroline Ende Mai 1820 zu ihrer ersten Studienreise nach Dresden, wo sie vor allem die Niederländische Malerei und die Farbgebung studierte. Goethe hat ihr die Verse gewidmet:

Zur Dresdner Reise

Ein guter Geist ist schon genug,
Du gehst zu hundert Geistern;
Vorüber wandelt dir ein Zug
Von großen, größern Meistern.
Sie grüßen alle dich fortan
Als feinen Jung-Gesellen
Und winken freundlich dich heran,
Dich in den Kreis zu stellen.
Du stehst und schweigst am heil'gen Ort
Und möchtest gerne fragen;
Am Ende ist's ein einzig Wort,
Was sie dir alle sagen.

Ihrem vormaligen Lehrer Haller von Hallerstein bekannte Julie später, dass die Kunstmalerei ein mühsamer und von Sisyphosarbeit geprägter Weg ist, „und wer sie erwählt, muß bereit sein, vieles, ja alles, was er besitzt, für sie hinzugeben, weil ohne Heldenmut nicht Hohes im Leben erreicht werden kann! Wenn diese Kraftanstrengung aber schon Könnern schwerfällt, […] wie viel schwerer muß sie uns armen Frau werden, und bemitleiden Sie [Haller von Hallerstein, M.P.] diejenige, welche durch des Himmels Willen berufen ward, ihre eigentliche Bestimmung aufzugeben, um in rastlosem Eifer einem unerreichbaren Ziele nachzustreben, unerreichbar, weil Geschlecht, Erziehung und Lebensverhältnisse sich ihr, von frühester Jugend auf, als unübersteigbare Hindernisse entgegenstellten und sie noch jetzt auf alle Weise fesseln und hemmen". Julie thematisiert damit die in Deutschland bestehenden schlechten Ausbildungsmöglichkeiten für Frauen; so blieb es ihnen beispielsweise bis zum Ende des 19.

Jahrhunderts verwehrt, an Universitäten zu studieren, in Preußen sogar bis zum Jahre 1908! Darüberhinaus ist Julie auch wiederholt wegen der ihr angeblich mangelnden Gesellschaftssuche in Briefen und verbal von ihrer Mutter bevormundet worden: „Entziehe Dich nicht dem Umgang der Welt!“ und „Die Einsamkeit führt den Mißmut herbei“, heißt es in einem vom 3. April 1830 datierten Brief. Und angeblich hat Jahre später die „Muhme“ Isabelle über Julie das respektlose Urteil gefällt: „Elle était demifolle.“

Julies „klassische“ Schaffenszeit

Wir wenden uns jetzt wieder Weimar zu, wohin Julie mit großem Wissensgewinn und vertieften Kunstkenntnissen Oktober 1820 zurückkehrte. Dort richtete ihr Großherzog Karl August († 1828) ein eigenes Atelier im „Jägerhaus“ ein, das besonders für die „Staffelei“ geeignet war. Hier ist dann auch im Folgejahr 1821 das sehr bekannte Selbstbildnis in Öl mit der Burg Egloffstein im Hintergrund als erstes größeres Staffeleigemälde entstanden. Ihre damalige Bekanntschaft mit dem Maler Georg Friedrich Kersting ist indes in den Monographien weitgehend „vergessen und unbekannt“ geblieben, um ein Zitat der Kunsthistorikerin Dr. Bärbel Kovalevski zu bemühen. Offensichtlich hat Gräfin Julie im Gefolge ihrer „Dresdenzeit“ zudem maßgeblich die Goethesche Farbenlehre mit geprägt. Beiläufig sei erwähnt, dass sich auch der unter dem Pseudonym „Wahrmann“ veröffentlichende Erlanger Literat und Theologe Dr. Johann Heinrich August Ebrard (1818–1888) noch zu Lebzeiten von Gräfin Julie von und zu Egloffstein mit der Wahrnehmung von „Licht und Farben“ beschäftigt hat (1873). Kersting „rieht“ Gräfin Julie auch, sich „gleichfalls [...] der niederländischen Schule zuzuwenden und besonders van Dyck und Rubens zu studieren in Hinsicht auf Colorit“.

Wir stehen am Beginn von Gräfin Julies klassischer künstlerischer Schaffenszeit. Sie wandte sich jetzt auch verstärkt der Landschaftsmalerei, religiösen ikonographischen Bildinhalten (Hagar und Ismael) sowie der Portraitkunst in Öl zu, welche an die Landschaftsszenen der niederländischen Frührenaissance (Jan van Eyck) erinnern. Julie hat sodann etliche Goethe-Bildnisse gefertigt und die Großherzogin Luise von Sachsen-Weimar-Eisenach noch 1827 in Öl auf Leinwand sitzend mit Rüschenhaube gemalt. Goethe notierte über das höfische Portraitkunstwerk in den „Schriften der Kunst“: „Der längst gehegte und oft ausgesprochene Wunsch, ein genügendes Bildnis unserer verehrten Fürstin zu besitzen, ist endlich durch das glückliche Talent der Gräfin Julie von Egloffstein zum schönsten erfüllt worden: anmutige Ähnlichkeit, edle Haltung der Sitzenden, geschmackvoll angemessene Kleidung, heitere Umgebung – alles vereint erregt das Verlangen, dieses Gemälde allgemein verbreitet zu sehen“ [WA I, Abt. 49]. Aus dieser Zeit ist auch ein wunderschönes Ölbildnis der Mutter Henriette von Beaulieu-Marconnay als Halbfigur im Lehnstuhl sitzend und lesend erhalten, das eine wahrhafte Charakterstudie darstellt. Aber es gab auch Streit: den Belastungen bei Hofe war Julie nicht immer gewachsen. Morgens künstlerische Schöpfung und daneben halbtags höfische Aufgabenbereiche schienen unvereinbar: mit der Oberhofmeisterin Gräfin Schulenburg hat sich Julie schnell überworfen. Sie suchte die Stille in Marienrode.

Als sich Gräfin Julie Ende 1822 erneut nach Marienrode zurückzog und vorerst das fürstliche Angebot der Stelle einer Hofdame bei der kränkelnden Großherzogin Luise von Sachsen-Weimar ausschlug, soll der missgestimmte Goethe unwirsch gepoltert haben: „Was will sie in den Wäldern und Teichen, sie gehört zu uns, hier ist ihr Platz […]“ Im Sommer 1821 suchte Julie wieder einmal in Franken Erholung, wo sie auf Burg Egloffstein Hof hielt und auf der Rückreise nach Weimar dem alten Schriftsteller Jean Paul (1763–1825) in Bayreuth ihre Aufwartung machte. Später hat sie auch die Nähe zu nordischen Literaten gesucht. So sollte sie etwa 1844 mit dem dänischen Dichter Hans Christian Andersen in Kontakt treten, der sie laut Tagebucheintrag eigens am 19. Juli 1844 in Dresden aufsuchte.

Julie fand dann aber doch wieder, nicht zuletzt aufgrund des „Anratens“ der willensstarken Mutter Henriette, den Weg an den Weimarer Dichterhof zurück. Hier hat sie unter anderem noch aquarellierte Illustrationen zu Goethes „Der Fischer“ und zu Gottlieb Conrad Pfeffels (1736–1809) „Tabakspfeife“, jetzt Goethe-Nationalmuseum, gefertigt. Auch zahlreiche Großportraits in Öl, darunter das Bildnis Großherzog Karl Augusts, aber auch immer wieder Goethe-Portraits fallen in diese Weimarer Spätzeit. Von Goethe, den sie nie wiedersehen sollte, von Neuem mit einem „Reisesegen“ geehrt, brach Gräfin Julie kurz vor dem Tod ihrer großen Gönnerin, der Großherzogin Luise († 1830), an einem kalten Regentag im Juni 1829 zur Kurreise nach Italien auf. So reiste Gräfin Julie über das Elsass und die Schweiz in die Toskana, um Anfang Januar 1830 die Ewige Stadt Rom zu erreichen. Dort traf sie auch auf ihren guten Jugendfreund aus Misburger Tagen von 1810, August Kestner – eine Freundschaft, die Julie immer wieder zugutekam. Kestner wirkte damals als Legat am Apostolischen Stuhl. Kestner verfügte über beste Kontakte zu sämtlichen römischen Kunstinstitutionen, so etwa auch zur Deutschen Künstlerkolonie, und stellte für die Gräfin wichtige Verbindungen her.

Im Juli 1830 begegnete Julie in Neapel dem aus Ansbach gebürtigen Dichter August Graf von Platen (1796–1835). Hier fand sie auch Ruhe vor den jetzt halb Europa erschütternden nationalen Erhebungen im Gefolge der französischen Julirevolution. Am 14. September 1830 schrieb Julie vom süditalienischen Belvedere aus, dass wir „hier im tiefsten Frieden“ leben, und am 5. März 1831 vermochte sie von Rom aus ihre Mutter Henriette zu beruhigen, dass hier „in Rom […] alles in der tiefsten Ruhe und Stille“ verharre. Am 5. Februar 1832 war Julie beim französischen Botschafter in Rom St. Aulaire „aufgetreten“, „wo ein großer eleganter Ball war“. Offensichtlich wollte auch die Herzogin Ludovika Wilhelmine von Bayern (1808–1892) der Gräfin Julie ihre Aufwartung machen, „um meine Schätze in Augenschein zu nehmen und das weitere wegen des Bildes ihres kleinen Sohnes [Ludwig Wilhelm von Bayern (1831-1920), M.P.] zu besprechen“. Darüber hatte sie schon am 8. April 1832 berichtet: Ich „habe […] ein lebensgroßes Bild des kleinen bayerischen Prinzen, das ich erst den letzten Tag vor seiner Abreise beginnen konnte“, gemalt, schreibt sie in ihrem mit Blick auf den Tod Goethes am 22. März 1832 ehrfurchtsvoll „So seid ihr Götterbilder auch zu Staub!“ überschriebenen Brief.

Großzügige Honorare für exzellente Kunstwerke, die Portraits so gestochen scharf und realistisch wie bei der bald aufkommenden Daguerreotypie – das fotografische Verfahren mit Metallplatten –, ermöglichten Julie weitere Studienaufenthalte in Dresden. Zu einem Treffen mit dem bayerischen König Ludwig I. kam es dann aber erst im September 1835 in Berchtesgaden. Dadurch wurde auch ein längerer Aufenthalt in dem Münchner Künstlerkreis um den 1840 von Friedrich Wilhelm IV. nach Berlin berufenen Akademiedirektor Peter von Cornelius (1783–1867) angebahnt. Der äußerst kunstergebene Bayernkönig Ludwig I. überschüttete Julie förmlich mit Lob: „Noch nie saß zu seinem Bildnisse so gerne wie zu diesem der König von Bayern Ludwig“, kommentierte der sonst „portraitscheue“ Bayernkönig eine Zeichnung Juliens. Und: „Von meiner hiesigen Existenz kann ich fortwährend nur Erfreuliches berichten. Ich habe diese Woche über alle Hände voll zu tun gehabt und deshalb nicht zum Schreiben kommen können, da mein Umkramen in der Residenz [...] und meine Bildnisse in der Akademie mich wechselseitig in Anspruch nehmen“, bekennt Gräfin Julie am 15. November 1835. Ein großes Staffeleibild in Öl der Bayernkönigin Therese, das später das Palais des Kronprinzen Rupprecht von Bayern in München zierte, gilt nicht nur wegen der genuinen „fotografischen“ Wiedergabe der königlichen Probandin als ganz großes Meisterstück, sondern auch wegen der aus dem Bild sprechenden vielgerühmten Charaktereigenschaften der bayerischen Monarchin. Als Lithographie später vervielfältigt und „in Serie“ gegangen, gewann Gräfin Julie aufgrund des hohen „Erlöses“ des Kunstwerks wie auch durch die Werkekopie zusätzliche finanzielle Einnahmen.

Mit Hilfe von Kunstausstellungen konnte Gräfin Julie ihren bereits sehr hohen Bekanntheitsgrad noch einmal steigern. Unter anderem fanden ihre Zeichen- und Malwerke das hohe Besucherinteresse im Rahmen der Münchener Kunstausstellung im Jahre 1835. Hier wurden vor allem ihre italienischen Arbeiten – darunter etwa „Das Forum Romanum in Rom“ sowie „Durchblick auf den Petersdom von der Villa Borghese aus“ – dem Beifall spendenden Bildungsbürgertum präsentiert. Die Kritiken über ihre Kunstmalerei fielen stets vortrefflich aus. Das Nürnberger Periodikum „Kunst=Blatt“ (Nr. 27, 1835) lobte die Münchener Kunstausstellung nicht nur deshalb, weil „dort die Kunstprodukte von weiblicher Hand stammten, sondern, daß ihr immer eigener Wert, ihre Vortrefflichkeit, die so lieblichen Gegenstände, ihre Lebendigkeit, ihre Schönheit die Zuschauer fesselten“. Auch weitere Ausstellungskritiken von Hamburg, Hannover, Halberstadt, Weimar und Dresden fielen sehr gut aus. Allein die Dresdner Ausstellung im November 1835 präsentierte insgesamt fünfundvierzig Ölgemälde und -skizzen sowie fünfzehn „leicht“ entworfene Zeichnungen von der Hand Gräfin Julies. Wiederum schlugen die Kunstkritiken in dem *Conversations-Blatt der Frankfurter Oberpostamtszeitung* (No. 367) vom 26. November 1835 höchst anerkennende Töne an. Im Jahre 1838 endlich wurde Julie Gräfin von und zu Egloffstein zum Mitglied der Akademie in Antwerpen gewählt. Sie stand damals im Zenit ihres künstlerischen Schaffens.

In Marienrode

Ihre zweite Lebenshälfte – annähernd vierzig Jahre (!) – hat Gräfin Julie vorwiegend im Niedersächsischen an der Seite ihrer Mutter und der beiden Schwestern in der Stille des im Jahre 1806 säkularisierten Klosters Marienrode in schöpferischem Wirken verbracht. Seit Ende Mai 1836 lebte Gräfin Julie von und zu Egloffstein bevorzugt in Marienrode, und im Winter in der Beaulieuschen Hildesheimer Mietswohnung Am Kreuzbrink No. 21, weshalb sie seitens der St. Bernwardsstadt auch immer gern als „Hildesheimer Malerin Gräfin Julie von Egloffstein“ *reklamiert* worden ist. Am 22. November 1838 erreichte Gräfin Julie zum zweiten Mal Rom. „Der letzte Höhepunkt ihres Lebens“ war nach Meinung der Historikerin Alfriede Marioth die zweite Romreise Juliens. Hier in der Ewigen Stadt trug der gebürtigen

Erlangerin das Ölgemälde „Hagar und Ismael in der Wüste" (Genesis 21,8-21: Ich kann nicht ansehen des Knaben Sterben) die Ehrenmitgliedschaft an der Kunstakademie San Luca ein. Das *Nürnberger Kunst=Blatt* No. 45 von 1840 gelangte zu dem Urteil: „Die Frau Gräfin von Egloffstein hat im Auftrag Seiner Kaiserlichen Hoheit von Russland Hagar gemalt, die den verdurstenden Ismael tröstet. Sie hat es zusammen mit anderen schönen Studien von sich ausgestellt, damit es beurteilt werde, und hat viel Lob damit geerntet für das Kolorit, die Zeichnung und die lebendig ausgedrückte Sorgfalt der Hagar im Beistand für das teure Kind, das in ihren Armen hingegeben ruht." Allerdings soll sich Julie insgeheim gegenüber dem alten Freund August Kestner darüber empört haben, dass sie erst anhand von „Beweismitteln", nämlich durch Beigabe von Skizzen, das Publikum davon überzeugen konnte, dass eine Frau das Ölbild gemalt hatte. Als Spätwerk Julies entstand anlässlich der Feier zur Geburt des hannoverschen Kronprinzen Ernst August (1845–1923), des nachmaligen Herzogs von Cumberland und von Braunschweig-Lüneburg, das Gemälde „Mädchen im weißen Kleid", das die Künstlerin im Zustand fortschreitender Erblindung fertigte. Gräfin Julie hat dann als Malmotive noch viele Landschaften und Stadtansichten aus ihrer näheren Umgebung im Hannoverschen - sogenannte „Hildesheimensia" - gewählt. Hier sind in erster Linie schöne Ansichten von Hildesheim und Marienrode zu nennen. 1849 fertigte sie in Öl auf Leinwand einen wunderschönen „Blick auf Hildesheim von Westen" in einem Großformat von 705 x 940 mm. Hier sind ikonographisch im Bildvordergrund an einem in idyllischer Umgebung liegenden Pavillon Offiziere mit ihren Damen aufmarschiert, während die einzelnen Kirchtürme der ins Mittagslicht getauchten Bernwardsstadt mit dem Dom in der Ferne anmutig und stolz in den blauen Himmel ragen. In dieses Genre fällt auch ein Spätportrait des 1855 verstorbenen Stiefvaters Carl Freiherr von Beaulieu-Marconnay aus dem Revolutionsjahr 1848 mit dem weite Bildabschnitte einnehmenden vormaligen Augustinerkloster Marienrode im Hintergrund. Auch die „Beaulieu's Höhe" gezeichnete Lithographie von etwa

1849, welche das Refugium des Königlichen Oberforstmeisters auf dem Klingenberg oberhalb von Marienrode, den Lieblingsplatz Beaulieus, darstellt, sowie die ganz besonders schöne Lithographie einer Schattenriss-Vignette von Marienrode mit der mauerumfriedeten Klosteranlage und den Fischteichen im Vordergrund fallen in diese Schaffensspätzeit. Gräfin Julie soll angeblich Marienrode nach dem Jahr 1850 nicht mehr verlassen haben.

Wohl weitgehend verarmt, haben die Schwestern Julie, Karoline und Auguste nach dem Tod des Stiefvaters 1855 vom (letzten) König von Hannover Georg V. (1819–1878) eine stattliche Pension erhalten, während Gräfin Julie, die jetzt auch noch zusehends an der sogenannten „Wassersucht" litt, den 1853 in Rom verstorbenen Freund Kestner beerbte. Um der völligen Zurückgezogenheit zu entfliehen, hielt wohl Karoline als einzige die guten Verbindungen nach der fränkischen Heimat und nach Weimar und Dresden aufrecht. Juliens sonst heiterem Wesen soll sich nach dem Jahr 1850 ein „reizbares Gemüt" bemächtigt haben, wie ihr Verwandter, Hermann Freiherr von und zu Egloffstein, später in seinem Werk „Alt-Weimar's Abend" (S. 547) kommentierte. Sie sagte sogar eine nach Berlin geplante Reise, in deren Verlauf sie das Augenmerk des preußischen Königs für ihre Gemälde gewinnen wollte, ab, nachdem Friedrich Wilhelm IV. hatte signalisieren lassen, dass er in das Gebiet der Kunst „eine sehr schwache und entfernte Einwirkung" besitze. Aus dem Kreis der vier Marienroder Damen starb sodann als Erste Julies Schwester Auguste am 1. November 1862. Nachdem die Mutter Henriette am 15. September 1864 hochbetagt ihrer Tochter Auguste in den Tod gefolgt war, soll Gräfin Julie in Marienrode im August 1868 Besuch vom Sohn ihres Stiefbruders, Friedrich Leopold Graf von und zu Egloffstein, erhalten haben. Von der damaligen Zusammenkunft berichtete später Friedrich Leopold von Egloffstein seinem Verwandten, dem Historiker Freiherr Hermann von Egloffstein: „Tante Julie war bei meinem Besuche schon von der Wassersucht sehr geplagt und konnte nicht mehr liegen, verbrachte Tag und Nacht in einem Lehnstuhl. Großen Eindruck hat auf mich gemacht, was sie mir zuletzt sagte. Ihr ganzes Leben sei ein verfehltes gewesen. Einmal habe sie vor der Wahl gestanden zwischen der Ehe und der Kunst. In der letzteren habe sie es nur zu Dilettantin gebracht, sie hätte doch heiraten sollen, denn nun stehe sie ganz vereinsamt im Leben da!" [Alt-Weimar's Abend, S. 580].

Dabei handelte es sich eher um die verzweifelten Worte einer armen, verbitterten und von Krankheit gezeichneten Frau. Sie und ihre Schwester Karoline sind dann auch von einer guten „Hausgenossin", der Amtsratsfrau Meier, zur „große(n) Beruhigung" ihrer Angehörigen, gut versorgt worden. Der preußische König Wilhelm I. (1797–1888) hatte den Schwestern Julie und Karoline am 10. Juli 1868 von Babelsberg aus nach Marienrode nachstehende handschriftliche Briefnote geschickt, die in ihrem verhaltenen Unterton auch die Annexion Hannovers durch Preußen als Folge des Deutsch-Österreichischen Krieges von 1866 anklingen lässt:

„Gnädigste Gräfinnen! Sie können leicht denken, mit welchem Dankgefühl ich Ihre Zuschrift vom 22. vorigen Monats auf der Durchreise durch Hildesheim erhielt! Welch schöne Vergangenheit knüpft sich an Ihre Personen und Ihre Namen! Wie verändert sind die Zeiten! Die Wünsche, welche Sie mir aussprechen zum Gelingen des großen Unternehmens [einer preußisch-deutschen Nationalstaatsbildung, M.P.], das mir Gott auferlegt hat, sind mir teuer und erfreulich [...] Welch schwere Augenblicke ich vor und nach jenem mir aufgedrängten Kriege [der sogenannte „Deutsche Krieg" von 1866, M.P.] verlebte, kann niemand mir nachfühlen, und mein Erscheinen in dem Lande, das sie bewohnen, riß in mir manche Wunde auf, denn mein Herz weiß nichts von dem, was mein Gewissen mir aufnötigte und die Pflicht verlangte.
Nochmals tausend Dank für Ihre so werte Erinnerung!
Ihr treu ergebener König Wilhelm."

Gräfin Karoline konnte des Inhaltes dieses freundlichen Schreibens nicht mehr gewärtig werden. Am 16. Juli 1868 schloss sie nach langem Leiden die Augen für immer. Es sei erwähnt, dass König Wilhelm I. aufgrund eines Vorstoßes seiner Gemahlin, Königin Augusta, die Pension – jenen „Gnadenbeweis" – des entthronten hannoverschen Königs Georg V. für die Marienroder Gräfinnen bestätigte. Nur ein halbes Jahr später, am 15. Januar 1869, starb auch Gräfin Julie als letzte der vier Gräfinnen des *Egloffsteinschen Kleeblattes* in Marienrode. Gegenüber der evangelischen Kirche auf dem Klostergut Marienrode fand Julie an der Seite ihrer Schwestern und ihrer Mutter ihre letzte Ruhestätte. Der Grabstein Juliens trägt die Inschrift: „2. Tochter Gräfin von und zu Egloffstein, geb. 12. September 1792 zu Erlangen, heimgegangen 15. Janr. 1869. Selig ist der Mensch, der die Anfechtung erduldet; denn nach seiner Bewährung wird er die Krone des Lebens empfangen, die Gott denen verheißen hat, die ihn lieb haben * Jacobus 1,12", während über dem Doppelgrab die Worte stehen: „Ich bin die Auferstehung und das Leben * Wer an mich glaubt, der wird leben, wenn er auch stirbt * Joh. 11,25."

Im Jahre 1923 hat Hermann Freiherr von und zu Egloffstein als Angehöriger der Goethe-Gesellschaft [siehe Mitgliederverzeichnis von 1914, S. 52, M.P.] die Briefe Juliens nebst denen ihrer Schwestern und Mutter aus dem zum Teil schon damals vernichteten Nachlass kommentiert herausgegeben. Das war zu der Zeit, als in Hildesheim und Marienrode „Achtzigjährige" lebten, „die persönliche Erinnerungen an die Gräfinnen Egloffstein bewahr(t)en". Zu Ehren der Julie Gräfin von und zu Egloffstein ist in Hildesheim auch eine Straße benannt worden. Anläßlich ihres 200sten Geburtstages zeigte das Roemer-Museum in Hildesheim im Jahre 1992 eine große Ausstellung mit zahllosen Werken Juliens.

Der Präsident der Klosterkammer Hannover, Axel Freiherr von Campenhausen, fand bei der Ausstellungseröffnung die Worte: „In den vielen Jahren, in denen die Familie [Egloffstein, M.P.] [...] Marienrode bewohnte, herrschte auch hier im Hildesheimer Umkreis eine geistige Lebendigkeit, deren Niveau von den langen Schatten Weimars mitbestimmt wurde." Auf der Burg Egloffstein ist der Malergräfin zu Ehren ein Burgzimmer mit einer Auswahl noch vorhandener Werke eingerichtet worden.

Zu erwähnen bleibt noch, dass Gräfin Julies gleichsam europaweit bis nach St. Petersburg nachweisbares Werk in Teilen, etwa bei der Zerstörung des Schlosses Arklitten im Zweiten Weltkrieg, der Vernichtung anheimgefallen ist. Ein Werkverzeichnis ist nicht existent. Nach dem Wissensstand des Verfassers hat nicht ein einziges Zeichenmotiv aus Julies Geburtsstadt Erlangen je den Weg zu Julies Zeichentafel beziehungsweise Staffelei gefunden. Dagegen ist von ihrem Geburtshaus in der Friedrichstraße 19, dem Wildensteinschen Palais, nachmals das „Uttenreutherhaus“, ein von unbekannter Hand gefertigter Stahlstich, der etwa aus dem Jahr 1890 datiert und jetzt im Stadtarchiv Erlangen aufbewahrt wird, nachgewiesen.

III.
Der Bibliothekar und Polyhistor Friedrich Clemens Ebrard (1850–1935)

„Oculis gradiuntur apertis“
(Offenen Auges wandeln)
Wappendevise der hugenottisch-fränkischen Familie Ebrard

Der Jubilar hatte die Stadtbibliothek Frankfurt am Main in 36 Jahren Amtszeit von einer „Büchersammlung mittleren Umfangs zur nächst Hamburg größten Stadtbibliothek Deutschlands erhoben“, und seine Freunde und Mitarbeiter ehrten Prof. Dr. Friedrich Clemens Ebrard anlässlich der Vollendung seines 70sten Lebensjahres in einer im Juni 1920 erschienenen Festschrift huldvoll:

„Als Sie vor nunmehr 36 Jahren aus dem Reichsland [Elsass-Lothringen] nach Frankfurt kamen, um die Leitung der ältesten wissenschaftlichen Anstalt der Stadt zu übernehmen, hat die frohe Hoffnung Sie willkommen geheißen, daß die Stadtbibliothek in neuer Ordnung und Einrichtung, in erweiterten Räumen der Pflege der Wissenschaft in besserer Weise dienen werde, als das bisher geschehen konnte, daß der neue Stadtbibliothekar ein würdiger Nachfolger Johann Friedrich Böhmers werden möge. Dieser Hoffnung ist ganz und gar Erfüllung geworden; die innerlich so reiche aber äußerlich doch kleine und bescheidene Stadtbibliothek von 1884 ist heute eine große Anstalt geworden, die mit anderen Bibliotheken der Stadt berufen ist, die wissenschaftliche Arbeit in Frankfurt zu fördern und unserer neuen Universität als Bücherei zu dienen." Zudem präzisierte der Verfasser des mit „Hochgeehrter Herr Geheimrat!" überschriebenen Prologes seine in festliche Aura gekleidete und nach „schöner alter Gelehrtensitte" vorgetragenen akademischen Ausführungen:

„Auch unsere kräftige emporblühende Universität durfte sich Ihrer steten und unermüdlichen Unterstützung für ihre naturgemäß schnell anwachsenden literarischen Bedürfnisse erfreuen [...] Sie haben sich aber [auch ganz und gar] [...] der Pflege des geistigen Lebens der Stadt, der wissenschaftlichen und künstlerischen Bestrebungen der Bürgerschaft" verschrieben. „Nehmen Sie diesen literarischen Festgruß in dem Sinne auf, in dem er Ihnen von Stiftern und Mitarbeitern dargebracht wird: als Dank für Ihr bisheriges Wirken, als Hoffnung auf weitere Zusammenarbeit, als Zeichen der Freundschaft."

Unzweifelhaft: Friedrich Clemens Ebrard hatte die Bibliothek zu einer modernen, wissenschaftlichen Gebrauchsbibliothek mit einem Bestand von annähernd 800.000 Bänden geformt. Bereits im Jahre 1914 hatte die Stadtbibliothek Frankfurt am Main mit der Gründung der Universität Frankfurt bedeutende Schlüsselfunktionen einer Hochschulbibliothek übernommen, und schließlich in der Notzeit der frühen 1920er Jahre bestanden Pläne für eine Zentralbibliothek durch den Zusammenschluss der wissenschaftlichen Bibliotheken in Frankfurt. Als der Nietzsche-Forscher Richard Oehler (1878–1948) im Jahre 1927 als Nachfolger Ebrards Bibliotheksdirektor der *Städtischen und Universitätsbibliotheken Frankfurt a.M* wurde, gehörte die Bibliothek mit ihren zahlreichen Spezialsammlungen – insbesondere Judaica und Hebraica – zu den herausragenden deutschen wissenschaftlichen Bibliotheken. Noch am 15. Januar 1927 war im Beisein zahlreicher Honoratioren Frankfurts und zahlreicher geladener Gäste die Aufstellung einer Marmorbüste des Direktors der Stadtbibliothek Frankfurt und bedeutenden Förderers der Künste Prof. Friedrich Clemens Ebrard in der Halle „Schöne Aussicht 2" der Stadtbibliothek erfolgt. Bereits am 18. Dezember 1923 aber hatte Ebrard offiziell die Direktion der jetzt „Stadt- und Universitätsbibliothek Frankfurt" genannten Großbibliothek niedergelegt.

Aufgrund seiner großen Verdienste ist dem damals knapp 74-jährigen Ebrard seitens der Stadtbibliothek Frankfurt am Main eine Gedenkmedaille in Silber mit der Umschrift „Seines Alters 74 Jahre 1924" übereignet worden. Bereits am 15. Mai 1922 hatte die Philosophische Fakultät der Eberhard-Karls-Universität zu Tübingen dem „Herrn Geheimen Konsistorialrat Prof. Dr. Friedrich Clemens Ebrard [...] die heute vor fünfzig Jahren verliehene Doktorwürde" erneuert. Weitere akademische Ehrungen kamen hinzu: Am 26. Juni 1930, anlässlich der Vollendung seines 80sten Lebensjahres, verlieh die Frankfurter Alma mater ihrem Förderer ehrenhalber Titel und Würde eines Doktors der Rechte.

Jugendzeit in Erlangen

Heinrich Carl Friedrich Clemens Ebrard wurde am 26. Juni 1850 morgens gegen sieben Uhr als Sohn des reformierten Theologen August Ebrard und dessen Ehefrau Luise, geborene von Loewenich (1822–1894), in Erlangen geboren. Der gesunde Junge erhielt von dem schon betagten Pfarrer Dr. Johann Jakob Wilhelm Renaud am 29. Juli 1850 die Taufe, wie eine Urkunde des Königlich französisch-reformierten Pfarramts ausweist. Bei der Geburt des Jungen Friedrich Clemens Ebrard waren gerade zwei Jahre seit der Märzrevolution von 1848 vergangen, die ein Historiker der alten Schule, Professor Franz Schnabel (1887–1966), in seinem spektakulären Werk „Deutsche Geschichte im neunzehnten Jahrhundert" (1929 erschienen, 1937 verboten) als „eine ungeheure Enttäuschung" für ihre „Verehrer" charakterisierte, und auch der Vater August Ebrard sprach später (1888) in seinen „Lebensführungen" von der gescheiterten Märzrevolution als von einem „unglücklichen Jahr 1848". Die Ebrards unter der Krone Bayern waren Verfechter eines politischen Liberalismus, des Freisinns, nicht „staatsgläubig“, wie überhaupt der Liberalismus in Süddeutschland von 1848 bis 1864 zur stärksten politischen Kraft avancierte.

Damals saßen auch Wortführer der fränkisch-protestantischen Opposition, wie etwa Hermann Freiherr von Rotenhan, im Frankfurter Parlament, das zwar die „Grundrechte des deutschen Volkes“ festschrieb (27.12.1848), aber des politischen Rückhalts der deutschen Einzelstaaten entbehrte. Die Ebrards waren erklärte Gegner der in Preußen stark vertretenen Deutschkonservativen, mit deren Hauptorgan, der Berliner „Kreuzzeitung“, sich der Vater August Ebrard später überwerfen sollte. War doch August Ebrard auch bei der Königlichen Polizeibehörde in Berlin kein Unbekannter. Dass er eine „große Anzahl von Streitschriften in der Schleswig-Holsteinischen Angelegenheit“ geschrieben und verbreitet hatte, war seitens der Berliner Behörden missbilligend beobachtet worden, zudem war dem streitbaren Theologen zur Last gelegt worden, in seiner 1864 erschienenen und in Erlangen verlegten Broschüre „Wider die Kreuzzeitung. An die schriftgläubigen evangelischen Geistlichen Preußens“ „die Preußische Regierung u. Preußischen Zustände zu schmähen u. zu persifliren“, wie es in einer vom 30. Januar 1864 datierten Berliner Polizeiakte heißt. Wir stehen in politisch und gesellschaftlich ganz bewegten Zeiten. Wer weiß aber schon, dass die sogenannte „Schleswig-Holstein-Bewegung“ mit ihrer auf die staatsrechtliche Loslösung der Herzogtümer Schleswig und Holstein vom Königreich Dänemark pochenden Forderung in Erlangen eine Art politischen *Hauptstützpunkt* besaß und dass die von der Universitätsstadt ausgehenden Stellungnahmen selbst im europäischen Ausland große Beachtung fanden?

In der Tat war der Schleswig-Holstein-Verein, der leidenschaftlich und vor allem lautstark gegen die dänischen Annexionsabsichten und auch gegen die um internationalen Ausgleich bemühte Politik Bismarcks auftrat, am 27. November 1863 in Erlangen gegründet worden. Am 28. März 1864, Ostermontag, nachdem im Deutsch-Dänischen Krieg bereits weite Teile Schleswigs und Holsteins von preußischen und österreichischen

Truppen erobert worden waren, hielt der Schleswig-Holstein-Verein im Erlanger Schlossgarten eine von gut 2.000 Menschen besuchte politische Kundgebung ab. Einer der herausragenden Redner war – wie bereits berichtet – der an der Universität Erlangen lehrende und in Schleswig geborene Staatsrechtler Heinrich Marquardsen. Ein scharfer Beobachter lässt Revue passieren: „In unserem Erlangen herrschte schon mehrere Jahre vor dem Kriege des Jahres 1866 ein äußerst bewegtes politisches Leben. Den Anstoß dazu gab die am 27. November 1863 erfolgte Gründung des Erlanger Schleswig-Holstein-Vereins. Am 15. November 1863 war König Friedrich VII. von Dänemark gestorben; sein Nachfolger König Christian IX. erließ alsbald eine Proklamation, in der er im Widerspruch mit dem ‚Londoner Protokoll' der Großmächte vom 8. Mai 1852 die förmliche Einverleibung des Herzogtums Schleswig in den dänischen Staat verkündigte. Die öffentliche Meinung Deutschlands, insbesondere in den Mittelstaaten, wandte sich mit großer Erregung gegen diesen Willkürakt und forderte in Kammerbeschlüssen und Volksversammlungen die Losreißung ganz Schleswig-Holsteins von Dänemark und die Anerkennung des als Prätendent aufgetretenen Herzogs Friedrich von Augustenburg als souveränen Regenten beider Herzogtümer Schleswig und Holstein. Der Erlanger Schleswig-Holstein-Verein verfocht unter der Leitung der Universitätsprofessoren Marquardsen, v. Hofmann und meines Vaters die Sache Herzog Friedrichs mit Begeisterung und Tatkraft."

Das berichtet uns minutiös Friedrich Clemens Ebrard in seinem 1927 erschienen Beitrag „Erinnerungen aus dem Kriegsjahr 1866". Ein Zeitgenosse sollte einmal die große Beobachtungsgabe Friedrich Clemens Ebrards rühmen: „Es gibt sicherlich nur wenige Erlanger, die bei einem Gang durch die Straßen unserer Stadt so anziehend und anschaulich von längst vergangenen Tagen zu erzählen wissen, die solch einen unerschöpflichen Schatz von Erinnerungen besitzen" [Ernst Deuerlein, 1930].

Friedrich Clemens Ebrard entstammte einer aus dem südfranzösischen Languedoc um des Glaubens willen nach Hessen-Kassel geflüchteten Hugenottenfamilie, deren Geschlecht er anhand eingehender genealogischer Recherchen, die er zu einem Gutteil an der Seite seines Vaters unternahm, bis 928 urkundlich nachweisen konnte. Beiläufig sei erwähnt, dass er im September und Oktober 1898 Paris und die Cevennen bereiste, wo er in mehreren Präfekturarchiven sowie in der Pariser *Bibliotheque Nationale* auf reichhaltiges Urkundenmaterial zur Geschichte der mit den Ebrards verwandten adeligen Familie de Laporte stieß, welches die Grundlage seiner 1904 erschienenen Veröffentlichung „Denkschrift über die Geschichte der im Jahre 1699 in Deutschland eingewanderten Familie de Laporte“ bildete.

Der Ururgroßvater Jean Ebrard aus dem Languedoc hatte um 1694 eine Jeanne de Laporte geheiratet, die 1716 im nordhessischen Sieburg starb. Die de Laportes waren Beamte der französischen Krone im Languedoc und „Miles“ (Ritter). Familienbeziehungen der Ebrards bestanden zu bedeutenden Dichtern, Komponisten, Naturforschern, Politikern und weiteren hochgestellten Persönlichkeiten des öffentlichen Lebens.

Friedrich Clemens Ebrard wurde in der elterlichen Wohnung geboren, heute Hauptstraße Nr. 45, damals „Innerhalb des Nürnberger Thors“ genannt. Seine Brüder waren Wilhelm Ebrard (1846–1929), nachmaliger Gymnasial-Professor in Nürnberg, und Rudolf Ebrard (1856–1927), nachmals promovierter Chemiker in Basel. Sein Vater August Ebrard war im Dezember 1842 zum Doktor der Theologie promoviert worden, hatte von 1844 bis 1847 an der Zürcher Alma mater gelehrt und war im Spätsommer 1847 dem Ruf nach Erlangen als ordentlicher Professor am neu gegründeten Lehrstuhl für reformierte Theologie gefolgt. Das Erlanger Studentenleben um die Burschenschaft „Uttenruthia“ – die sein Vater 1836 als erste Verbindung ohne „Bestimmungs-Mensur“ mitbegründet hatte – zog ihn früh in seinen Bann, so dass Friedrich Clemens Ebrard bereits im Alter von neun Jahren der studentischen „Corona“ angehören durfte. „Es lebe Liebe und Vaterland, und hoch das schwarz-gold-schwarze Band!“ hat etwa der stud. jur. Gustav Heumann am 15. August 1859 dem späteren Bundesbruder (1867) in das gut erhaltene Stammbuch geschrieben.

Aber lesen wir doch selbst, was uns der 21-jährige „Doktor philosophiae" in seiner „Lebensbeschreibung des Einjährig Freiwilligen Friedrich Ebrard" aus dem Jahr 1872 über seine Kindheit und Jugend mitteilt:

„Mein Vater, vorher Professor in Zürich, war seit einigen Jahren ordentlicher Professor der reformierten Theologie in Erlangen, wurde aber schon im Jahre 1853 als Consistorialrath nach Speyer berufen, wo ich dann auch die erste Zeit meiner Jugend verlebte [...] Aber schon im Jahre 1861 verlegte mein Vater seinen Wohnsitz nach Erlangen zurück und ich trat in Folge hiervon [...] in das dortige Gymnasium ein", „welches damals noch unter Döderleins berühmter Leitung stand [...] An der Schwelle des akademischen Studiums angelangt [...] hatte ich die Theologie zum künftigen Studium gewählt [...] und deshalb bereits von meinem zehnten Lebensjahre unter Leitung meines Vaters die hebräische Sprache als zukünftige wichtige Hilfswissenschaft erkannt [...]" Dann eröffneten sich indes „Beweggründe", „andere Wege einzuschlagen": „die mit den Jahren zunehmende Überzeugung von der Wichtigkeit der historischen Erkenntniß auf allen Gebieten der Wissenschaft", Geschichtswissenschaft als „die unentbehrliche Quelle des Verständnisses und dadurch auch die hauptsächliche Richtschnur ersprießlicher Thätigkeit. Nur, wer die Lehren, welche die Vergangenheit gibt, sich zu eigen gemacht hat, nur der wird im Stande sein, in der Gegenwart, auf welchem Gebiet es auch sei, seinen Platz richtig und ganz" genau zu lokalisieren und zu fixieren.

Aufgrund der recht guten Quellenlage – Schulzeugnisse, „Gymnasial-Absolutorium", Immatrikulationsbescheinigungen, Vorlesungs-, Seminar- und Übungsnachweise – sei es gestattet, ein noch genaueres Bild des Bildungsweges von Ebrard zu entwerfen, weshalb wir etwas ausführlicher fortfahren möchten: An der Lateinschule im bayerisch-pfälzischen Speyer hat Ebrard 1859/60 und 1860/61 das Prädikat „mit vorzüglichen Fähigkeiten" und „einen vorzüglichen Fortgang" attestiert bekommen, und seine Leistungen bei der „Absolutorialprüfung" im Schuljahr 1866/67 der vierten Klasse des Gymnasiums zu

Erlangen sind ausschließlich mit „sehr gut" beurteilt worden. Im Wintersemester 1867/68 war der „Philosophiae Studiosus" an der Universität Erlangen immatrikuliert, wo der 17-Jährige „Geschichte des Mittelalters" bei Karl Hegel († 1901), „Deutsche Rechtsgeschichte" bei Professor Vogel und „Volkswirtschaftspolitik" bei dem Nationalökonomen Franz Makowiczka († 1890) hörte. Im Sommersemester 1869 setzte er seine Studien über die „Geschichte der französischen Revolution, des Kaiserreichs und der Befreiungskriege" bei Julius Weizsäcker († 1889) an der Universität Tübingen fort, wo Ebrard 1869/70 auch „Archäologische Studien" bei Professor Michaelis und „Politische Statistik" bei Professor Rümelin belegte. Im Sommersemester 1870 war der jetzt als „Historiae Studiosus" ausgewiesene aktive Uttenreuther erneut an der Erlanger Alma mater eingeschrieben, wo er sich unter anderem bei Rudolf von Raumer († 1876) in Studien der „Altnordischen Sprache", der „Gothischen und althochdeutschen Sprachdenkmäler" vertiefte.

Im Wintersemester 1870/71 wechselte der Promovend an die „Königlich Hannoversche Georg Augusts Universität", jetzt „Königlich Preußische Georg Augusts Universität", wo er sich unter den Augen von „Altmeister Georg Waitz" (1813–1886) den Studien der Allgemeinen Verfassungsgeschichte, Deutschen Geschichte und Urkundenkritik widmete. „Gerne wäre ich länger in Göttingen geblieben", sollte Ebrard später resümieren, denn am „meisten anziehend wurde mir aber Göttingen dadurch, daß ich hier zum ersten Male einen größeren Kreis von Fachgenossen fand, mit deren größten Teil ich auch alsbald in lebhaftem Verkehr und [...] in herzlichster Freundschaft stand". Hier knüpfte Ebrard engere Bande mit dem Historiker Dr. Karl Koppmann (1839–1905), dem Bearbeiter des Hansischen Urkundenbuches und der Hanserezesse von 1870, sowie mit dem Kirchenhistoriker Dr. Richard Otto Zoepffel († 1891). Von seinem Göttinger geschichtswissenschaftlichen Freundeskreis ist Ebrard auch zu seiner ergebnisreichen Monographie über die „Geschichte der Reichslandfriedensbestrebungen des Königs Wenzel in den Jahren 1381 bis 1384" inspiriert worden, welche in Methodik und

„Aufriss" den eigentlichen „Ausgangspunkt" zu Ebrards vielfältigen wissenschaftlichen Veröffentlichungen gerade auf dem weiten Arbeitsfeld *Spätmittelalter* bildete. Im Frühjahr 1872 promovierte Ebrard schließlich an der Eberhard-Karls Universität zu Tübingen bei Professor Weizsäcker mit einer Dissertation über „Die Fränkischen Reichsannalen von 741–829".

Wir möchten uns nun der militärischen Karriere Friedrich Clemens Ebrards zuwenden, die im März 1871 mit seinem Dienst als Einjährig-Freiwilliger beim königlich-bayerischen 6. Jägerbataillon in Erlangen begann und mit seinem freiwilligen Austritt aus dem Armeedienst im Juni 1889 in Straßburg im Elsass, wo der „Secondlieutenant Friedrich Ebrard" zuletzt der bayerischen Landwehr-Infanterie 2. Aufgebot angehörte, endete. Wir wissen aus den Aufzeichnungen Ebrards, dass er „anfangs" in der „Ersatzcompagnie" Dienst tat und dann nach erfolgter Rückkehr des Bataillons aus Frankreich „zur ersten Compagnie versetzt wurde". Das 6. Jägerbataillon stand unter dem Befehl seines Kommandeurs Albert Freiherr von Guttenberg und hatte bei der siegreichen Schlacht bei Wörth am 6. August 1870 einige Gefallene zu beklagen.

Später ist Ebrard zum Korporal II. Klasse (März 1872), Oberjäger (April 1872), was einem Unteroffiziersdienstgrad entspricht, und zum Vize-Feldwebel (Februar 1873) befördert worden. Er diente auch im 10. Infanterie-Regiment „Prinz Ludwig", im 17. Infanterie-Regiment „Orff" sowie bei der damals in der vollständigen Neubildung begriffenen *Landwehr*, der seit 1860 nur noch gediente Reservisten bis zum 39. Lebensjahr angehören durften. 1881 erhielt er die Bayerische Landwehrdienstauszeichnung 2. Klasse, im Mai 1885 das Ritterkreuz 1. Klasse des Württembergischen Friedrichsordens mit Schwertern. Allerdings nahm Ebrard seit Sommer 1875 aufgrund seiner fortgeschrittenen „Anciennität" lediglich noch an militärischen Reserveübungen und an den herbstlichen Kaisermanövern teil.

Der 1889 endgültig aus dem Militärdienst ausgeschiedene Reserveleutnant war ein besonders guter Patriot, der aufgrund seines abendländisch-christlichen Wertekodexes übertriebenen

Nationalismus – Alldeutschtum und das jetzt aufkommende politische Schlagwort von der „deutschen Weltpolitik" – verwarf.

Er gehörte zu den wenigen, die die zukünftige politische Rolle der Vereinigten Staaten von Amerika im Gefüge der neuen „Weltmächte" richtig einschätzten. In einer kulturell-wertepolitisch akzentuierten Grundsatzrede vor Bibliothekspersonal in Frankfurt am Main legte Ebrard dar, „wie die amerikanischen Dinge auf zahlreichen Gebieten des politischen und wirtschaftlichen Lebens immer bedeutungsvoller für die *alte Welt* werden, sodass auf die Dauer kein Politiker, kein Gebildeter sich der Aufgabe entziehen" kann, „sie in den Quellen zu studieren und in ihrer Eigenart und ihrem inneren Zusammenhang mit der ganzen geschichtlichen Entwickelung der Union zu erfassen, um ihre Lehren nutzbringend auf unsere eigenen Verhältnisse anzuwenden" (1908). Ebrard war ein Kosmopolit, der auch dem Andersdenkenden hohen Respekt zollte. Der Tübinger Historiker Julius Weizsäcker hob in einem Gutachten den gewissenhaften, zuverlässigen, liebenswürdigen und verträglichen Charakter Ebrards hervor, ein Mensch mit solchen Eigenschaften könne nur „schwer gefunden werden".

Mit Fug und Recht darf auch von einem „feinfühlig" [Frankfurter Zeitung vom 26.6.1920] wirkenden Hauptvertreter des bereits im Rückgang begriffenen „wilhelminischen Bildungsbürgertums" gesprochen werden. Über Ebrards literarisches Wirken wird weiter unten noch ausführlich zu reden sein.

Bibliothekar in Straßburg

Wir begegnen Ebrard wieder, als er am 1. April 1876 die Stelle des Hilfsbibliothekars im Staatsdienst an der Kaiserlichen Universitäts- und Landesbibliothek in Straßburg i.E. antritt, an der auch der Theologe und Orientalist Julius Euting († 1913) sowie der Germanist Karl August Barack († 1900) im Bibliotheksdienst standen. Die Universität Straßburg war ein Jahr nach dem Deutsch-Französischen Krieg als „Kaiser-Wilhelm-Universität" gewissermaßen „neu" gegründet worden, denn sie geht auf die

1567 errichtete und gemäßigt lutherische Akademie Straßburg zurück, die 1681 zur Universität erhoben worden war. Das in preußischer Zeit nördlich der Altstadt angelegte Universitätsviertel galt vor allem bei den frankophilen Zeitgenossen als ein Denkmal für die preußische Annexion des „Reichslandes“ Elsass-Lothringen, das im Jahre 1879 einen kaiserlichen „Statthalter“ zugeordnet bekam und erst 1911 einen eigenen Landtag erhielt.

Hier entfaltete Ebrard auch seine vielfältige literarische Tätigkeit. Anlässlich der vierhundertjährigen „Jubelfeier“ der Universität Tübingen überarbeitete Ebrard im Jahre 1877 seine dort Anfang 1872 bei Professor Weizsäcker, dem Herausgeber der berühmten Urkundenreihe „Deutschen Reichstagsakten“, angefertigte Semesterarbeit zum Thema „Der erste Annäherungsversuch König Wenzels an den Schwäbisch-Rheinischen Städtebund. 1384–1385“ und widmete sie der Eberhard-Karls-Universität „in dankbarer Erinnerung“. Darüber berichtete am 18. August 1877 auch die „Straßburger Zeitung“ sowie einige Tage später noch ausführlicher der „Schwäbische Merkur“. Wir erhalten in Ebrards Werk genaue Kenntnis über Motive und Zeitpunkt von König Wenzels politischem Kurswechsel in der Frage seines Bündnisses zunächst mit den Reichsfürsten gegen die Städte und dann mit dem inzwischen auf 89 Städte angewachsenen Städtebund gegen die Fürsten. Dass der Wechsel Wenzels aus dessen Furcht resultierte, „daß die deutschen Reichsfürsten seine Absetzung planten“, hat Ebrard in seiner auf Straßburger Archivgut bauenden Monographie glänzend und schlüssig herausgearbeitet. Schließlich hat Ebrard noch eine Lanze für seinen Doktorvater gebrochen: „Die von mir aufgefundenen und im Nachstehenden mitgetheilten Aktenstücke bekräftigen glänzend die scharfsinnigen Kombinationen Weizsäckers und gewähren über Verlauf und Inhalt der ganzen Verhandlung die wünschenswerthe Klarheit.“ Hatte sich doch in einem Disput zwischen seinem Doktorvater, Professor Weizsäcker, und dessen Gelehrtenkontrahenten, Dr. Lindner – es ging um den genauen Zeitpunkt des „Parteienwechsels“ von König Wenzel – Ebrard argumentativ auf die Seite Weizsäckers geschlagen. Ein versierter Beobachter mutmaßte zu

Recht, die Veröffentlichung des „jugendlich thätigen Gelehrten" Dr. F. C. Ebrard werde sich zukünftig breiten Zuspruch „unter dem größern akademischen Publikum [...] sichern".

Im April 1879 wurde Ebrard zum Kustos, elf Monate später, am 27. März 1880, zum Bibliothekar der Kaiserlichen Universitäts- und Landesbibliothek in Straßburg i.E. befördert. In diese Zeit fällt auch der Beginn seiner Mitgliedschaft beim „HEROLD. Verein für Heraldik, Genealogie und verwandte Wissenschaften" mit Sitz in Berlin, der erst im November 1869 gegründet worden war. Er betrieb Studien etwa über „Straßburgs Fehde mit Herrn Jean de Vergy 1382–1387" und über den Besuch Kaiser Friedrichs III. in Straßburg im Jahre 1473.

Später sollte Ebrard auch belletristisch-historische Werke wie „Kriegsgefangen im Herzen Russlands 1812–1814. Erinnerungen des Königlich Westfälischen Husarenleutnants Eduard Rüppell" veröffentlichen. Wir begegnen Ebrards Interesse an der Zeit der Befreiungskriege nochmals, als der damals schon 63-Jährige 1913 aufgrund der Stadtbibliothek Frankfurt am Main „vermacht(er)" Archivalien und anlässlich des hundertsten Todestages des Freiheitslieder-Dichters Karl Theodor Körner seine „Körner-Reliquien" veröffentlichte. Im Jahre 1911 auf abenteuerliche Weise aus einem britischen Nachlass in das Schatzgut der Stadtbibliothek Frankfurt gelangt, handelt es sich bei den „Körner-Reliquien" um Briefe der Malerin und Schwester Emma Sophie Körner (1788–1815) an ihren Bruder, einen Brief Körners an seine Eltern, um sieben Gedichte des „Lützowers" sowie um Briefe des Vaters Christian Gottfried Körner († 1831) an den britischen Nachlassnehmer George Fleming Richardson († 1848). Ebrard kommentiert: „Ich gebe nun die Originale selbst, soweit ihr Inhalt deren wörtlichen Abdruck rechtfertigt, und zwar in chronologischer Reihenfolge wieder. Hierbei habe ich die Rechtschreibung völlig unverändert gelassen [...] Möchte diese bescheidene Erinnerungsgabe zum bevorstehenden hundertsten Todestag des Dichters nicht unwillkommen sein!" Ein Exemplar des nicht im Handel erhältlichen Druckes überwies Ebrard der Universitätsbibliothek Erlangen „ergebenst [...] als Geschenk".

1) Maximilian I. Joseph, König von Bayern, Ölgemälde um 1805.

2) Jean Paul, Ölgemälde von Heinrich Pfenninger, 1798.

3) Ansicht der Stadt Erlangen vom Burgberg aus, um 1824.

4) Ansicht der Stadt Erlangen von Nordwesten mit dem neuen Bahndamm, Stahlstich um 1848.

5) Die Gaibacher Konstitutionssäule zu Ehren der bayerischen Verfassung von 1818, eingeweiht 1828.

6) Wilhelm Joseph Behr,
Stich von Ludwig Albert von Montmorillon, um 1819.

7) Ludwigskanal, Dörlbacher Einschnitt.
Stahlstich von Alexander Marx, um 1845.

8) Chlodwig Fürst zu Hohenlohe-Schillingsfürst,
Stich von Anton Muttenthaler, 1867.

9) Grabmal der Gräfin Julie von Egloffstein in Marienrode.

10) Denkmal für Jakob Herz in Erlangen, 1875 errichtet, 1933 abgebrochen. Fotografie um 1900.

11) Konstantin Freiherr von Gebsattel als Leutnant, Fotografie um 1884.

12) Faber-Castell Werk in Stein.

Bundesarchiv, Bild 146-2008-0156
Foto: o.Ang. | 1912

13) Aloys Prinz zu Löwenstein-Wertheim-Rosenberg, Fotografie von 1912.

14) Friedrich Clemens Ebrard. Aufnahme um 1924.

15) Jubiläumsfeier zum hundertjährigen Bestehen der Eisenbahnlinie Nürnberg–Fürth 1935 mit Nachbau des „Adler".

16) Adolf Hitler nimmt eine Parade der SA beim Reichsparteitag in Nürnberg 1935 ab.

17) Grabplatte für den 1934 bei einem Flugzeugabsturz verunglückten Wolf Freiherr von Dungern.

18) Denkmal für die Frauen, die im März 1945 die Zerstörung Ochsenfurts verhinderten.

19) Das zerstörte Nürnberg, im Vordergrund die Pegnitz, im Hintergrund die Frauenkirche. April 1945.

Bundesarchiv, B 145 Bild-F007449-0002
Foto: Müller, Simon | Dezember 1959

20) Lehrlingsausbildung im Grundig-Werk Fürth, Fotografie von 1959.

21) Der Rhein-Main-Donau-Kanal bei Fürth. Fotografie von 2008.

22) Briefmarken der NordbayernPost.

23) Campus der Universität Bayreuth. Fotografie von 2007.

24) Bundesautobahn 73 (Frankenschnellweg) bei Erlangen.
Im Hintergrund das Kanaldenkmal für den einst hier verlaufenden Ludwigskanal. Aufnahme von 2011.

25) Festspielhaus Bayreuth, Photochrom um 1895.

26) Die Bamberger Symphoniker im Josef-Keilberth-Saal der Konzerthalle Bamberg.

Stadtbibliothekar in Frankfurt

Als sich Ebrard im November 1883 um die ausgeschriebene Stelle des Stadtbibliothekars in Frankfurt mit „Qualifications-Attesten und Curriculum vitae" bewarb, war die einstmals Freie Stadt Frankfurt, die Preußen 1866 unter besonders rigiden Bedingungen annektiert hatte, in der vollen wirtschaftlichen Gesundung begriffen. 1884 verkehrte die erste elektrische Straßenbahn in Frankfurt.

Im Juni 1884 erwarb Ebrard die preußische Staatsangehörigkeit „mit allen Rechten und Pflichten", um am 5. Juni 1885 die Entlassung aus der Staatsangehörigkeit Bayerns zu erhalten. Ebrard startete seinen beruflichen Neubeginn als „Stadtbibliothekar" am 1. April 1884. Vergeblich hatte sich Oberbibliothekar Dr. Barack um einen Verbleib Ebrards in Straßburg bemüht, zumal Barack in einem Zeugnis ausdrücklich sein „Bedauern über den möglichen Verlust dieses Beamten" bekundete. Im Jahre 1884 avancierte Friedrich Clemens Ebrard auch gleich zum Vorstandsmitglied des Vereins für Geographie und Statistik in Frankfurt am Main, im Februar 1886 zum Ausschussmitglied des Verwaltungsrates des Frankfurter Bürgervereins. Schließlich war er seit Juli 1887 Mitglied des „Freien Deutschen Hochstifts für Wissenschaft, Kunst und Höhere Bildung in Frankfurt am Main" und seit Dezember 1887 Mitglied der Museumsgesellschaft. Ebrards weitere Karrierestationen sind zeitlich so dicht gestaffelt, dass sie hier nur schlaglichtartig wiedergegeben werden können:

Im Dezember 1899 wurde der Bibliotheksdirektor, „Königliche Professor" (Juli 1897) und „Préses ancien de l'Eglise Réformée de Francfort sur le Mein" – also der das Amt des „Ältesten" im Konsistorium der Französisch-reformierten Gemeinde zu Frankfurt ausübende Geistliche – zum „Kommissarischen Mitglied" des neuen „Königlichen Konsistoriums für die Stadt Frankfurt" ernannt, am 28. Mai 1900 zum Königlichen Konsistorialrat. Am 22. Juni 1907 unterschrieb der Kaiser selbst an Bord Seiner Kaiserlichen Yacht „Hohenzollern" in Kiel das Patent als „Geheimer Konsistorialrath für den Konsistorialrath Professor

Dr. Friedrich Ebrard in Frankfurt a. M.". Endlich konnte der 59-jährige Gelehrte am 1. April 1909 sein 25-jähriges Amtsjubiläum als Direktor der Stadtbibliothek Frankfurt am Main feiern. Bereits im November 1891 hatte Ebrard das Patent für die „Verstellbare Lagerung der Tragebretter an Bücherregalen, Schränken und dgl." (D.R.P. No. 64.104) erhalten, eine Erfindung, die etwa die Universitätsbibliothek Gießen „ebenfalls für ihre soeben zur Einrichtung gelangten neuen Büchersäle – und zwar in Holz mit hölzernen Zahnleisten – angenommen" hat. Für den Frankfurter Magazinbau indes sind eiserne Büchergerüste gewählt worden, deren Wände aus doppelten Eisenblechen bestanden. Das neue System ließ auch die „intensivste Raumnutzung zu, da der grosse Raum, den man bisher oberhalb der Bücher des leichteren Versetzens halber frei zu lassen pflegte, jetzt völlig entbehrlich geworden" war. In die letzten Vorkriegsjahre fallen noch besondere Ehrungen wie die Ehrenmitgliedschaft bei der „Senckenbergischen Naturforschenden Gesellschaft" und die Ernennung zum Ständigen Vertreter des Präsidenten des Königlichen Konsistoriums der Stadt Frankfurt am Main am 19. Juni 1912 sowie die Ehrenmitgliedschaft beim Deutschen Hugenottenverein Ende 1913.

Dem Aufbau der Stadtbibliothek Frankfurt am Main widmete Ebrard seit seiner Berufung zum Oberbibliothekar im April 1884, als die Bibliothek 366.000 Bände umfasste, „seine beste Kraft". Als Ebrard 1924 sein 40-jähriges Dienstjubiläum beging, zählte die Bibliothek 658.427 Bände nebst 34.956 akademischen Schriften. Die Aktenregistratur der 1893 erneut umgebauten Bibliothek war einer vollständigen Neuordnung unterzogen worden, und die Benutzerfreundlichkeit mit langen Öffnungszeiten auch an Sonnabenden konnte erheblich verbessert werden, um, wie Ebrard selbst schreibt, die Bibliothek „der Bürgerschaft noch leichter zugänglich zu machen". Weitere Neubaupläne, die Ebrard noch in Angriff genommen hatte, sind in der Zeit des Nationalsozialismus zunichte gemacht worden, während diverse Magazine und ganze Teilbibliotheken dem Leseeifer und dem Bildungsverlangen der Öffentlichkeit entzogen wurden.

Den Aufstieg der NSDAP im klassisch liberalen und weltoffenen Frankfurt, wo die Nationalsozialisten bei den Reichstagswahlen 1928 gerade 2,6 % der Stimmen verbuchen konnten, beobachtete Ebrard mit großer Sorge. Die Nationalsozialisten sollten die noch 1928 der Stadtbibliothek Frankfurt am Main als selbstständige Abteilung angegliederte Rothschildsche Bibliothek am Untermainkai umbenennen und „arisieren". Ebrard ist erspart geblieben, seiner vollends vernichteten Stadtbibliothek, die 1943 bei einem britischen Luftangriff bis auf den Portikus zerstört wurde, gewärtig zu werden.

Am 22. März 1935 ließ Friedrich Clemens Ebrard seine Freunde und Verwandten wissen, dass er aufgrund seines Gesundheitszustandes „auf dringendes Anraten" seines Arztes und seiner Familie sich entschlossen habe, „in das hiesige Evangelische Diakonissenhaus" in der im „Nordend" gelegenen Holzhausenstraße Nr. 88 „überzusiedeln". Der Geheimrat hatte Anfang Juni 1935 noch zur Feier des 50sten Dienstjubiläums seiner „treuen Haushälterin" Barbara Helwig sowie zur „Vorfeier" seines 85sten Geburtstages auf Pfingstdienstag, 11. Juni 1935, in sein neues Domizil in dem von schönen Neorenaissancebauten dominierten Nobelviertel eingeladen. Um den 20. Juli 1935 erkrankte Friedrich Clemens Ebrard an hohem Fieber mit Zwerchfellentzündung, an dem er in der Nacht von Sonnabend auf Sonntag, am 28. Juli 1935, kurz vor zwei Uhr starb. Bei der Trauerfeier in der Großen Trauerhalle des Frankfurter Hauptfriedhofs am 1. August 1935 mit einer Vielzahl Honoratioren hielten unter anderem Bibliotheksdirektor Dr. Richard Oehler und Bibliotheksrat Professor Emil Sarnow Festansprachen. Die Urne Ebrards ist am 21. Dezember 1935 im Familiengrab auf dem Französisch-reformierten Friedhof in Erlangen beigesetzt worden. Seine „treuen Uttenreuther" hatten dem großen Gelehrten Anfang Juli 1935 die Worte gewidmet: „Wir betrauern den Tod unseres lieben Philisters D. Dr. phil. Dr. iur. h.c. Friedrich Ebrard, Geheimer Konsistorialrat, Professor, ehem. Direktor der Stadtbibliothek in Frankfurt a.M. (aktiv geworden W.S. 67), gestorben 28. Juli 1935", während die Frankfurter Corona die Worte fand: Dass neue Pläne einer Erweiterung der jetzt als „Universitätsbibliothek“ erstandenen Stadtbibliothek Frankfurt am Main „überhaupt entstehen konnten und ernstlich erwogen wurden, das ist letzten Endes dem Manne zu danken, der mit seinen Mitarbeitern in jahrzehntelanger Arbeit das ihm anvertraute Institut auf eine Höhe brachte, das äußerlich und innerlich Ruhm erlangte: Friedrich Clemens Ebrard“.

IV.
Der General der Kavallerie und Politiker Konstantin Freiherr von Gebsattel (1854–1932)

„Nicht durchzuhalten gilt es, sondern zu siegen!“
Konstantin Freiherr von Gebsattel

In dem hochgerüsteten und kriegsbereiten Europa gingen bei Kriegsausbruch 1914 „die Lichter“ aus, und „sie werden in unserer Lebenszeit nicht mehr erstrahlen“, wie es der britische Außenminister Sir Edward Grey in seiner berühmten abendlichen Rede vom 3. August formulierte. Auch in den fränkischen Verwaltungsbezirken des Königreichs Bayern hoben in den ersten Augusttagen 1914 gespannte Kriegsstimmung und Beklommenheit an. Zwar nahm die Bevölkerung die am 31. Juli nach drei Uhr nachmittags durch Sonderblatt mitgeteilte „Verhängung des Kriegszustandes“ „gefasst“ auf, doch waren (2.8.) auf der Eisenbahnstrecke Nürnberg–Ansbach feindliche französische „Flieger gesehen worden, die Bomben auf die Bahnstrecke warfen“. Zum Schutz der Bahnstrecken „gegen böswillige Zerstörungen“ wurden bewaffnete gemeindliche Zivilschutzwachen mit einer am linken Arm zu tragenden weißblauen Armbinde eingesetzt. Im kaiserlichen Deutschland ging die Angst vor feindlichen Saboteuren und Spionen um. Folgen wir den schriftlichen Aufzeichnungen eines bedeutenden Zeitgenossen, so machten am 5. August 1914, einem Mittwoch, im Rothenburgischen mit Gewehren, „Sensen und Mistgabeln“ bewaffnete Einheimische Jagd auf „20 feindliche Autos“. In Bamberg verhaftete die Kriminalpolizei den aus Belgien gebürtigen Kaufmann Joseph Spahn unter dem Verdacht der Spionage, und in Leopoldshöhe (Weil am Rhein) griff die Polizei zwei „elegant gekleidete Französinnen“ ebenfalls „unter Verdacht der Spionage“ auf [Fränkische Nachrichten vom 10.10.1914].

Am 5. August 1914 des Abends (Eisenbahn-Verladung) rückte das seit Oktober 1872 in Bamberg (Koppenhof- und Holzhof-Kaserne) stehende Königliche Bayerische 1. Ulanenregiment gegen Frankreich. Der Kaiser wähnte in der ersten Augustwoche die ausziehenden Truppen „ehe noch das Laub von den Bäumen fällt“ wieder „zu Haus“. Das Königliche Bayerische 1. Ulanenregiment, dessen 2. Schwadron Konstantin Freiherr von Gebsattel als Rittmeister 1889–1897 kommandiert hatte, machte am 11. August 1914 in dem deutscherseits weithin gerühmten Gefecht bei Lagarde in Lothringen bei einer Kavallerieattacke annähernd 1.400 Gefangene, es fielen elf Artilleriegeschütze, mehrere Maschinengewehre sowie ein „Adler“ der Brigade Marailler in deutsche Hand. Fünf Wochen nach dem Sieg von Lagarde, am 25. September 1914, eroberte der jüngere Bruder Konstantin von Gebsattels, Ludwig Freiherr von Gebsattel (1857–1930), als Befehlshaber des bayerischen III. Armeekorps und im Rang eines Generalleutnants der Kavallerie das Fort Camp des Romains bei St. Mihiel, das erste „der Sperrforts südlich von Verdun“ [Fränkische Nachrichten vom 26.9.1914].

Vergeblich hatte sich der „unter Stellung zur Disposition“ am 3. März 1910 aus dem Militärdienst entlassene Generalleutnant der Kavallerie Konstantin Freiherr von Gebsattel, zuletzt Kommandeur der bayerischen 1. Kavallerie-Brigade (München), beim Chef des Generalstabes Helmuth Graf von Moltke um seine Wiederverwendung als General im Kaiserlichen Heer bemüht. Die Entlassung Gebsattels aufgrund eines langjährigen Asthmaleidens kam einem Sturz gleich. Verbittert und in dem Glauben, der Monarchie durch politische Tätigkeit dienstbar zu sein, wandte sich der einem religiös motivierten Antisemitismus verbundene General der Kavallerie im Jahre 1912 dem im Bann völkisch-wehrerzieherischer Leitbilder stehenden Alldeutschen Verband zu. Im August 1913 lud der strenggläubige Katholik den Verbandsvorsitzenden Heinrich Claß auf sein 1905 in historisierender Stilform errichtetes Schloß Gebsattel ein, wo in der Großen Halle eingehende politische Gespräche über die als verhängnisvoll erachtete innere Entwicklung des Deutschen Reiches 1910–1912 geführt wurden.

Familie und Kindheit

Konstantin Wilhelm Hartmann Heinrich Ludwig Freiherr von Gebsattel wurde am 13. Februar 1854, morgens um Viertel vor neun als Sohn des Königlich bayerischen Kämmerers Viktor Emil Freiherr von Gebsattel (1826–1874) und dessen Ehefrau Emma geborene Freiin von Guttenberg (1821–1859) im Guttenberger Hof zu Würzburg geboren. Der Würzburger Domkapitular und Dompfarrer Dr. Götz taufte den „gesunden starken Buben" am 16. Februar; Taufpaten waren der Großvater Konstantin Wilhelm Hartmann von Gebsattel (1783–1861), Forstmeister zu Lebenhan (Südrhön), sowie der pensionierte Oberst Heinrich von Dufresne. Die dem fränkischen Uradel angehörende Familie von Gebsattel – urkundlich nachweisbar seit 1240 – zählte vormals zur unmittelbaren Reichsritterschaft in Franken und war begütert in dem gleichnamigen Ort südöstlich von Rothenburg ob der Tauber. Aus der Familie von Gebsattel mit ihrem an große Tatkraft und Gottvertrauen appellierenden Wahlspruch „Helf' Gott! Ein Mann, ein Wort! Allzeit am rechten Ort!" ging eine Reihe von Äbten, Prälaten, Bischöfen, Amtmännern und Militärs hervor. Angeblich fiel ein Arno von Gebsattel bei der Belagerung Mailands 1161. Besonders herausragende Persönlichkeiten des Gebsattelschen Geschlechts waren Johann Philipp, Fürstbischof von Bamberg (1599–1609), als ein toleranter und mit dem protestantischen Lager in Verbindung stehender Kirchenfürst, und Daniel Johann Anton von Gebsattel, Weihbischof von Würzburg (1748–1788). Das Wappen der Familie Gebsattel lautet blasoniert: „In Rot Kopf und Hals eines rechtsgewendeten schwarz-gehörnten silbernen Steinbocks, auf dem Helm mit rot silbernen Decken das Schildbild."

Schon vor dem Jahr 1300 veräußerte Konrad von Gebsattel Burg und Wirtschaftsgebäude Gebsattel an das Benediktinerkloster Komburg. Die Familie von Gebsattel gliederte sich in der Folgezeit in die Linien Acholshausen (erloschen 1539), Uffenheim (erloschen 1558) und Königshofen-Sondheim. 1629 fiel das bei Neustadt/Fränkische Saale gelegene Gut Lebenhan an die Familie Gebsattel. Der finanziell auf sehr bescheidene Mittel gestellte Vater Konstantins, Viktor Emil Freiherr von Gebsattel, sollte 1865, noch bevor er im Frühjahr 1869 in Bamberg die Stelle des Hofmarschalls der 1862 abgesetzten Königin Amalie von Griechenland antrat, den Besitz Lebenhan verkaufen. Noch im Spätherbst 1865 führten Spaziergänge den elfjährigen Konstantin Freiherrn von Gebsattel hierher, und der Schüler der Königlich lateinischen Schule zu Münnerstadt schrieb am 16. November 1865 an seine Großmutter Freifrau von Guttenberg, geborene Gräfin zu Spaur und Flavon, in der schon damals von ihm souverän beherrschten französischen Sprache: „Nous pouvons faire de trés belles promenades ici surtout sur les montagnes et ce qu'est trés beaux est que nous pouvons voir de tous côtés Lebenhan" [Wir können hier sehr schöne Spaziergänge durch die Berge machen und es ist sehr schön, dass wir Lebenhan von allen Seiten sehen können]. Es steht außer Zweifel, dass der frühe Tod seiner Mutter Emma Freifrau von Gebsattel am 21. Januar 1859 schwer auf dem Knaben lastete. Auch körperlich kränkelte er jetzt des Öfteren.

Konstantin Freiherr von Gebsattel besuchte private Schulen und Lateinschulen in Münnerstadt und Bamberg sowie seit Herbst 1867 das Ludwigs-Gymnasium in München. Am 13. Juli 1867 trat von Gebsattel in die königlich-bayerische Pagerie in München ein, in welcher er bis zum 30. Juli 1872 verblieb. Besonders wichtige Lehrgebiete stellten die Geschichte und Geographie Griechenlands und Italiens „bis zum Kaiser Augustus" dar. Als „wohlerzogener, fleißiger und folgsamer Schüler" brillierte von Gebsattel in den Unterrichtsfächern Religion und Französisch. Seine besondere Neigung galt dem Soldatenberuf. Ein Großonkel, Friedrich Carl Theodor von Gebsattel (1788–1833), war Major im bayerischen 2. Infanterie-Regiment gewesen. Im Juli 1870 hatte der 16-Jährige die bayerische 1. Kavallerie-Brigade sowie das am 9. November 1870 an dem verlustreichen Treffen von Coulmiers beteiligte 1. Kürassier-Regiment in München gegen Frankreich ausrücken sehen. Auf das energische Drängen seines Sohnes hin sah sich der Hofmarschall Viktor Emil Freiherr von Gebsattel am 9. Oktober 1870 in die Lage versetzt, nachstehende schriftliche Anordnung dem angehenden Kadetten in die Hand zu legen: „Ich erteile hiermit meinem Sohn, dem königlichen Edelknaben Konstantin Freiherr von Gebsattel, auf seinen ausdrücklichen Wunsch sehr gern die Erlaubniß, sich dem Wehrstande zu widmen u. die hierzu nöthigen Vorstudien sofort zu beginnen."

Militärische Karriere

Am 20. August 1872 trat Konstantin Freiherr von Gebsattel in die Kavallerie des Königlich-bayerischen Heeres, in das traditionsreiche 1. Ulanenregiment in Bamberg, ein. Für den jungen Offiziersanwärter bezeichnete der Spätsommer 1872 den Ausgangspunkt einer glänzenden militärischen Karriere. Von Gebsattel erhielt sein Patent zum Second Lieutenant am 18. Oktober 1874. Das Regiment war seit 1863 der 2. Kavallerie-Brigade unter Generalmajor Graf von Spreti angegliedert. Im Deutschen Krieg von 1866 hatte es unter anderem an der Bahn- und Telegraphenzerstörung bei Meiningen/Werra teilgenommen. Die 1. Ulanen trugen die Czapka mit weißem Paradebusch als Helm, hatten als Aufschläge polnisch graue Schulterklappen und waren mit der Lanze M 74 ausgerüstet.

Von Gebsattel sowie weitere jüngere Offiziere (Anton Freiherr von Redwitz) waren es, welche damals gegen den Widerstand „einzelne(r) Vorgesetzte(r)" das Gelände- und Jagdreiten im Königlich Bayerischen 1. Ulanenregiment hoffähig machten. Beim sogenannten „Flaggenreiten" war derjenige Sieger, der eine mit verdeckt aufgestellten Flaggen gekennzeichnete Strecke mit eingelegten Hindernissen am schnellsten durchritt. Der große Regiments-Exerzierplatz lag an der Strullendorfer Straße. In den

1890er Jahren gehörten sechs Gebsattel-Brüder gleichzeitig dem Königlich Bayerischen 1. Ulanenregiment „Kaiser Wilhelm II. König von Preußen" an, drei Söhne aus erster Ehe Viktor Emil Freiherrn von Gebsattels, drei Söhne aus dessen 1865 geschlossene Ehe mit Olga Alexiewna von Rehbinder: Konstantin Freiherr von Gebsattel war Rittmeister in der 2. Schwadron, Hermann Freiherr von Gebsattel (geb. 1855) war Rittmeister und Schwadronschef, Ludwig Freiherr von Gebsattel (geb. 1857) war Rittmeister und Schwadronschef, Alexis Freiherr von Gebsattel (geb. 1867) war Premier Lieutnant, Friedrich Freiherr von Gebsattel (geb. 1868) war Reserveoffizier und 1890, 1891 und 1895 aktiv im 1. Ulanenregiment, Otto Freiherr von Gebsattel (geb. 1870) war Second Lieutnant. Als bei einer Kaiserparade in München im Jahre 1891 die sechs Brüder in der Formation des Regiments vor ihrem „allerhöchsten Regimentsinhaber" standen, nahm Wilhelm II. die Vorstellung der Offiziere des Regiments entgegen. Doch der Kaiser unterbrach schon bei der dritten Wiederholung des Namens von Gebsattel den Regimentskommandeur, Oberstleutnant von Poschinger, lachend mit den Worten: „Sie haben wohl die Namen Ihrer Offiziere vergessen; ich höre immer nur Gebsattel!"

Konstantin Freiherr von Gebsattel besuchte die Kriegsakademie und stand in den Jahren 1882 bis 1884 Generalleutnant Prinz Leopold von Bayern (1846–1930) als dessen persönlicher Adjutant zur Seite. Am 17. April 1882 ehelichte er in München Marie Freiin Karg von Bebenburg. Ihr erstgeborener Sohn war der nachmalige Humanmediziner und Philosoph Viktor (Victor) *Emil* Klemens Franz Freiherr von Gebsattel (1883–1976). Daneben blieb Zeit zum Theaterspielen „zu mildthätigen Zwecken" und zum Reisen. 1882 trat Konstantin Freiherr von Gebsattel dem „unter dem unmittelbaren Schutze S.M. des Königs Ludwig II." stehenden Kunst-Verein von München bei. Im März 1884 brach von Gebsattel zu einer Reise nach Rom auf. Noch bevor von Gebsattel 1897 als etatsmäßiger Stabsoffizier zum 2. Schweren Reiterregiment nach Landshut versetzt wurde, hatte er am 7. November 1896 das Patent zum Major erhalten.

Das bayerische 2. Schwere Reiterregiment stand in dem Ruhm, mit der erfolgreichen Attacke (26.7.1866) auf die preußische Brigade des Obersten Krug von Nidda bei den Hettstädter Höfen jene Scharte vom 10. Juli 1866, des erfolgreichen Übergangs des preußischen 1. Ulanen-Regiments über die Saale-Brücke bei Hammelburg unter feindlichem Granatfeuer, ausgewetzt zu haben. Im Mai 1899 übernahm Thronfolger Franz Ferdinand von Österreich-Este die Inhaberschaft des Regiments. Aufgrund seiner Verdienste um den Offiziers-Nachwuchs, um militärische Ausbildung und Logistik hatte von Gebsattel bereits am 27. Dezember 1895 das Ritterkreuz 2. Klasse des Königlichen Militär-Verdienstordens erhalten. Dass er auch militärische Repräsentationsaufgaben meisterte, beweist seine Abkommandierung anläßlich der Enthüllung des Kaiser Friedrich III.-Denkmals auf dem Schlachtfeld bei Wörth am 18. Oktober 1895.

Im Jahre 1899, noch während der Kanzlerschaft des altehrwürdigen und weithin geschätzten Chlodwig Fürst zu Hohenlohe-Schillingsfürst, wurde von Gebsattel Kommandeur des in Speyer und Zweibrücken liegenden bayerischen 5. Chevaulegers-Regiments. Das 5. Chevaulegers-Regiment hatte im Deutsch-Französischen Krieg als Divisions-Kavallerie der 3. Bayerischen Infanterie-Division an den Grenzschlachten der 6. Armee bei Lunéville teilgenommen. Am 19. September 1900 bekam von Gebsattel das Patent für den Oberstleutnant. Endlich im September 1908, gleichsam im Zenit seiner Militärlaufbahn, sollte von Gebsattel vom Kaiser mit dem Roten Adlerorden II. Klasse mit Eichenlaub dekoriert werden (Patent für den Generalleutnant vom 26. Juni 1908).

Groß waren die Bemühungen Konstantin Freiherrn von Gebsattels, den vormaligen Besitz Gebsattel in dem gleichnamigen fränkischen Ort „zurückzukaufen“. Als ihm dies am 13. Dezember 1901 gelang, sollten noch Jahre vergehen, bevor das von dem berühmten Architekten Gabriel von Seidl ausgeführte Schloss Gebsattel nach „langen Herstellungsarbeiten neu bezogen“ werden konnte. Hier veranstaltete der Schlossherr alljährliche Jagdgesellschaften Mitte November und Anfang Dezember. Unter anderem fanden sich die Familie von Staudt als altes Patriziergeschlecht der vormaligen Reichsstadt Rothenburg ob der Tauber, die Familie von Poellnitz und die Familie von Lerchenfeld als Gäste ein. Im August 1906 besuchte auch der neue bayerische Militärbevollmächtigte in Berlin und stellvertretende Bevollmächtigte zum Bundesrat des Deutschen Reiches Ludwig Freiherr von Gebsattel seinen soeben zum Inspekteur der bayerischen Kavallerie ernannten Bruder Konstantin. Wiederholt hatte es zwischen den insgeheim rivalisierenden Brüdern harsche Auseinandersetzungen um politische Belange gegeben.

Konstantin und Ludwig von Gebsattel waren glühende Bismarckianer, ohne die diplomatischen und militärischen Leistungen des Königreichs Bayern etwa beim Ausgang Napoleon Bonapartes außer Acht zu lassen. Doch während Ludwig Freiherr von Gebsattel der konservativen Reichspartei nahestand, welche sich als Partei *Bismarck* profiliert hatte und seit 1907 einem „konservativen Fortschritt" das Wort redete, war Konstantin Freiherr von Gebsattel im Geheimen Anhänger einer schärferen, dem entschiedenen völkischen Nationalismus korrespondierenden politischen Richtung. Kannte Ludwig Freiherr von Gebsattel „bei Beförderungs- und Auszeichnungsvorschlägen im Felde keine Katholiken, Protestanten und Juden, [...] sondern nur Soldaten", so befürwortete Konstantin Freiherr von Gebsattel in Wort und Schrift die „Reinhaltung der Armee vom Judentum", die „Lösung der Judenfrage" und ein (staatliches) Verbot der Vermischung „jüdischer und germanischer Rasse" (1913). Doch viele Juden hatten im Deutsch-Französischen Krieg 1870/71 als gute Patrioten im preußisch-deutschen Heer ihren Mann gestanden.

Der im Alldeutschen Verband programmatisch festgeschriebene völkische Nationalismus mit seinem Rassedenken und einer Siedlungsplanung, die im Kriegsfall die Schaffung menschenleerer Gebiete vorsah – verdichtet in der Formel „Land frei von Menschen" –, bedeutete den vollständigen Bruch mit dem historisch-gewachsenen abendländisch-christlichen Moral- und Wertekodex. Die einen außenpolitischen Konfrontationskurs propagierenden Alldeutschen gewannen in den dem konservativ-nationalliberalen Parteienlager gewogenen Gesellschaftsschichten stärker an Boden, nachdem die 1907 geschlossene Triple-Entente zwischen Großbritannien, Frankreich und Russland die „diplomatische Einkreisung" Deutschlands besiegelt hatte. In sibyllinischer Form gab der neue Verbandsvorsitzende Rechtsanwalt Claß im September 1908 auf dem Alldeutschen Verbandstag in Berlin zu verstehen, dass „auf die Dauer ein Volk von 63 Millionen sich weltpolitisch nicht kaltstellen läßt und im Guten oder im Bösen seine Ansprüche wahren wird".

Es war kein Geringerer als der von den Brüdern Konstantin und Ludwig von Gebsattel so verehrte späte Bismarck, welchen die der nationalen „Maßlosigkeiten" (Vossische Zeitung) geziehenen Alldeutschen als ihr „Ehrenmitglied" (1.4.1895) vor ihren Karren zu spannen wussten. Bereits vor seiner Kontaktaufnahme zu den Alldeutschen fand Konstantin Freiherr von Gebsattel einen Gesinnungsgenossen in dem königlich preußischen General der Kavallerie Georg F. von Kleist (1852–1923), der über Beziehungen zum Kronprinzen Wilhelm von Hohenzollern verfügte. Wohl nicht ahnend, schon bald aus dem aktiven Militärdienst entlassen zu werden, ließ sich der Inspekteur der bayerischen Kavallerie Konstantin Freiherr von Gebsattel Ende 1909 in voller Generalsuniform von der Malerin Gertrude Florian portraitieren.

Verbandsfunktionär der Alldeutschen

Am 3. März 1910 schied Gebsattel krankheitsbedingt aus seinem Kommando aus und wurde zur Disposition gestellt. Der Wechsel vom aktiven Militärdienst in die Politik markierte einen tiefen Bruch im Leben Konstantin Freiherr von Gebsattels. Noch Anfang August 1914 glaubte von Gebsattel, als Armeekorps-Führer im Kriegseinsatz für das Vaterland eine wichtigere, entscheidendere Rolle spielen zu können denn als hoher Verbandsfunktionär in der nationalen Politik: „[…] und wenn ich eintrete, muss die Politik zurücktreten." Der 58-jährige General der Kavallerie z. D. war gegen Jahresende 1912 von General von Kleist auf das von Claß pseudonym verfasste, offen antisemitische und antidemokratische Buch „Wenn ich der Kaiser wär'" aufmerksam gemacht worden. Damals hatte sich von Gebsattel gleichsam über den Verlag des „Kaiserbuches" dem Autor Heinrich Claß genähert. General und Rechtsanwalt verband in Kürze eine Art politische Freundschaft. Claß schreibt dazu in seiner Autobiographie: „Der General lud mich auf seinen Besitz nach Gebsattel ein [...]" Er wurde mir „so schnell Freund". Bei der Abreise (13.8.1913) „hatte ich die Gewißheit, einen wertvollen Mitarbeiter gefunden zu haben. Wie wichtig er für mich werden sollte, zeigte sich bald, nachdem er sich ganz in die alldeutsche Gedankenwelt eingelebt hatte." Der General „erfüllte seine vaterländische Pflicht in der Heimat mit um so größerem Eifer. Aber auch in den Nachkriegsjahren blieb er unerschütterlich unserer Sache treu."

Rasch stieg General von Gebsattel in den Leitungsgremien des Alldeutschen Verbandes auf: auf dem Breslauer Verbandstag vom 6. September 1913 erfolgte die Wahl in den Gesamtvorstand, auf der Sitzung des Gesamtvorstandes am 19. April 1914 Zuwahl in die Hauptleitung (Präsidium) des Alldeutschen Verbandes und Wahl zum Stellvertretenden Verbandsvorsitzenden. Im Verbandspräsidium saßen jetzt mit übergewichtigem Anteil Militärs: General von Gebsattel, Admiral Breusing, Generalmajor Keim, General von Liebert und Major von Stössel standen Claß und Itzenplitz gegenüber. Im Sommer 1912 vermochte sich der Alldeutsche Verband bei einer Mitgliedschaft von annähernd 18.000 Personen auf 262 Ortsgruppen zu stützen. Die Alldeutschen setzten unter anderem deshalb auf Krieg, „weil wir ihn gegenüber der abwegigen Entwicklung, die unser Volk zu nehmen drohte, für eine Notwendigkeit hielten, und weil wir uns des weiteren bewußt waren, daß ein Krieg um so leichter in seinem militärischen Verlaufe wie in seinen Opfern ist, je entschlossener und frühzeitiger ein ohnehin zum Daseinskampfe gezwungenes Volk den günstigsten Zeitpunkt für das Losschlagen wählt." [K. von Gebsattel, Das Gebot der Stunde, 1915].

Mitte September 1913 arbeitete Konstantin Freiherr von Gebsattel seine auf der weltanschaulichen Grundlage des „Kaiserbuches" stehende Expertise „Gedanken über einen notwendigen Fortschritt in der inneren Entwicklung Deutschlands" aus. Diese dem Kronprinzen übereignete, Mitte November 1913 auch Reichskanzler von Bethmann Hollweg zugesandte Eingabe forderte die notfalls mit Hilfe eines Staatsstreichs „von oben" zu erreichende Änderung des Reichstagswahlrechts in Richtung eines Mehrstimmenwahlrechts, bei dem der abgeleistete Militärdienst und eine zu entrichtende Wertsteuer Wahlvoraussetzung sein sollte; sie forderte über das am 30. Juni 1913 (mit den Stimmen der Sozialdemokratie) angenommene Wehrgesetz hinausgehende Heeresvermehrungen sowie eine sukzessive, staatlich gelenkte Aussiedlung der Juden aus Deutschland.

Der General der Kavallerie untermauerte gegenüber Claß seinen tiefen Antisemitismus dahingehend, „dass das Judentum die Not des deutschen Volkes benützt, um noch reicher zu werden". Das Gros der Israeliten im Königreich Bayern lebte in Franken, und hier wiederum im ländlichen Bereich. Verarmte Israeliten in fränkischen Dörfern waren Konstantin Freiherr von Gebsattel wiederholt begegnet. Der Kaiser verwarf den Gebsattelschen Plan einer Ausweisung der Juden aus dem Deutschen Reich als „geradezu kindlich"; er nannte den Verfasser der Denkschrift einen „seltsamen Schwärmer", welcher „der Geschichte und Politik mit der vollendeten Harmlosigkeit des Dilettanten" entgegenblickte. Von Bethmann Hollweg lehnte das Gebsattelsche „Reformprogramm" unter dem Hinweis ab, die deutschen Bundesstaaten würden sich auf das „Programm eines Staatsstreiches [...] unter keinen Umständen einigen"; auch habe der Reichstag in allen Wehrbelangen „noch immer alles bewilligt". Die Alldeutschen arbeiteten indes umso energischer auf den Sturz des verhassten Reichskanzlers hin und zogen als denkbaren Nachfolger Bethmanns für das Kanzleramt Konstantin Freiherr von Gebsattel selbst in Betracht.

Bereits unmittelbar nach Ausbruch des Ersten Weltkriegs umriss Gebsattel am 6. August 1914 in einem Brief an den Verbandsvorsitzenden Claß seine annexionistischen Kriegszielgedanken: „Frankreich muß dauernd unschädlich gemacht und zu einer Macht zweiten Ranges herabgedrückt werden. Dazu hat es Nizza, Savoyen, Korsika und Tunis an Italien abzutreten und an uns Marokko und einen breiten Streifen mit Toulon vom Mittelmeer zur Maas bis an die belgische Grenze – diesen ganz frei von Bewohnern. Ein Schutz- und Trutzbündnis mit den übrigen germanischen Staaten ist anzustreben, also Holland, Dänemark, Schweden, Norwegen [...] Die Ostsee-Provinzen treten unter einen deutschen Fürsten und in das Deutsche Reich. [...] Zwischen Deutschland und Russland wird ein Pufferstaat errichtet – mir wäre ein Königreich Polen sympathischer, wie ich vorgestern ausführte, wenn es sich machen lässt, sonst auch ein menschenleerer Streifen, den wir kolonisieren."

Sechs Wochen nach Kriegsausbruch, am 18. September 1914, einem Freitag, referierte Konstantin Freiherr von Gebsattel in Bamberg vor einem geschlossenen Honoratiorenkreis über die allgemeinen Aufgaben und Ziele des Alldeutschen Verbandes, der in dem gegenwärtigen Krieg den „sorgsame(n) Erneuerer und Erhalter" zu erkennen glaubte. Die Rede General von Gebsattels vor einem zahlenmäßig begrenzten, aus „100 Angehörigen der führenden Kreise Bambergs" sich rekrutierenden Personenkreis trug im Hinblick auf die zukünftige Mitgliederwerbung des Alldeutschen Verbandes innovativen Charakter, da „nicht weniger als 35 Herren, darunter zahlreiche an ersten Stellen Stehende", ihren Beitritt zum Verband erklärten und die Errichtung einer neuen alldeutschen Ortsgruppe beschlossen wurde. Konstantin Freiherrn von Gebsattels politische Arbeit ging in den Monaten September bis Mai von seinem Bamberger Wohnsitz, Jakobsplatz 4, aus, in den Sommermonaten arbeitete der alldeutsche Politiker auf Schloss Gebsattel.

Der General der Kavallerie fungierte im Auftrag von Claß als der Verbindungsmann des Alldeutschen Verbandes zu den militärischen „Schaltstellen". Unter anderem stand er seit Jahresbeginn 1915 mit dem Stellvertretenden Kommandierenden General des 18. Armeekorps, Freiherrn von Gall, Frankfurt am Main, in brieflichem Kontakt, mit dem Ziel, die Freigabe der (öffentlichen) Kriegszieldiskussion zu erwirken.

In der Überzeugung, „daß die Reichsregierung das politische Kriegsziel zu eng gesteckt hat“, sandte Konstantin Freiherr von Gebsattel seine im Auftrag des Gesamtvorstandes des Alldeutschen Verbandes verfasste Denkschrift „Forderungen zum Kriegsziel“ im Mai 1915 an Reichskanzler von Bethmann Hollweg. Von Gebsattel deklarierte darin die russisch-litauischen Gouvernements sowie die Ostseeprovinzen als „zukunftsreichste Siedelungsgebiete“ des deutschen Volkes. Zur „wirklichen Sicherung der Westflanke“ erschien indes unerlässlich, „in Belgien die Regierung des Landes unter Trennung der Verwaltung des flämischen und des wallonischen Teiles so zu führen, dass die Bewohner keinen Einfluss auf die politischen Geschicke des Reiches haben [...]“ (§ II, 4). Endlich sah das Gebsattelsche Kriegszielprogramm die Schaffung eines „vergrösserten Kolonialgebietes“ für Deutschland vor (§ III, 3). In einem gesonderten handschriftlichen Begleitschreiben wies von Gebsattel auf seinen Auftrag hin, Abschriften der Denkschrift den „hohen bundesstaatlichen Regierungen“ zu unterbreiten.

In dem später (1917) sowohl in den Alldeutschen Blättern als auch im „Vorwärts“ publizierten Briefwechsel entgegnete Reichskanzler von Bethmann Hollweg am 13. Mai 1915 dem General: „[...] Ich lasse das Verdienst gelten, das der Alldeutsche Verband durch die Hebung des nationalen Machtwillens und die Bekämpfung der Völkerverbrüderungsideologie sich vor dem Kriege errungen hat. Leider aber hat er diesen nationalen Willen mit so viel Mangel an politischer Einsicht verbunden, daß er schon in der Zeit vor dem Kriege das politische Geschäft des öfteren erschwert und jede Regierung, die sich nicht die Fensterscheiben zerschlagen lassen will, zu einer Gegnerschaft gegen ihn gezwungen hat“. Von Gebsattels unter dem Eindruck der schweren Materialschlachten Mitte November 1916 aufgestellte Maxime „Nicht durchzuhalten gilt es, sondern zu siegen!“ stand bereits im Zeichen der totalen inneren Mobilmachung mit „neuen Rechte(n)“ [von Hindenburg: Aus meinem Leben, S. 155] für die obersten Militärs und zentraler Auftrags-Kriegswirtschaft.

In der Zeit vom 1. April 1916 bis 31. Mai 1916 war von Gebsattel Leitender Vorsitzender des Alldeutschen Verbandes in Vertretung des erkrankten Claß. Der Verband vermochte mit Hilfe von Gebsattels im Winter 1916 erstmals auch in begrenztem Maße Wählerschichten des katholischen Zentrums an die Kriegszielbewegung zu binden. Im Juni 1918 sollte der sogenannte „Katholiken-Aufruf" dem Alldeutschen Verband die Möglichkeit eröffnen, konfessionell eingerissene Brücken politisch wieder begehbar zu machen. Der Alldeutsche Verband beteuerte damals, der „katholischen Kirche" nicht „feindlich gegenüber" zu stehen.

In der Frage der Zulassung von Israeliten in den Alldeutschen Verband hatte sich Konstantin Freiherr von Gebsattel wiederholt mit Claß überworfen. Der Verband führte Juden selbst in seinen Vorstandsreihen. Mitte Juni 1917 bedrängte von Gebsattel den Verbandsvorsitzenden von Neuem, den Alldeutschen Verband endgültig auf das Gleis des Antisemitismus zu schieben. Als sich die militärische Niederlage Deutschlands im Anschluss an das Scheitern der Großoffensive „Michael" und den „schwarzen Tag des deutschen Heeres" (8.8.1918) im Westen abzeichnete, geißelte der alldeutsche Funktionär Professor Gebhard auf dem Alldeutschen Verbandstag in Hannover Mitte September 1918 die Israeliten: „Die Juden, die geborenen Träger des plattesten Materialismus[,] die Förderer jeder staatlichen Zersetzung unter allen Völkern [...] beherrschen unser öffentliches Leben so, daß die Unerträglichkeit dieser Zustände nach Abhilfe schreit." Die Alldeutschen bezichtigten die Israeliten unter anderem, das Deutsche Reich „bei den sogen. Friedensverhandlungen" mit den Alliierten bewusst falsch beraten zu haben. Namentlich genannt wurde der „jüdische Großbankier Warburg in Hamburg [...] sein Mitinhaber Dr. Melchior, Dr. Dernburg usw."

In der Zeit vom 1. September bis 15. Oktober 1919 übernahm Konstantin Freiherr von Gebsattel erneut als Leitender Vorsitzender des Alldeutschen Verbandes die „Geschäfte der Hauptleitung". In den 1920er Jahren wollte der alldeutsche Politiker seine für die Zeit von August 1913 bis Dezember 1918 in fünf Bänden und einem Band Beilagen druckfertig gestellte politische Korrespondenz veröffentlichen, wozu es aber nicht kam. Noch im Verlauf der Bamberger Tagung des Alldeutschen Verbandes vom 16. Februar 1919, jener ersten Kampfansage an die im Entstehen begriffene Republik von Weimar, hatte sich der antisemitische Deutschvölkische Schutz- und Trutzbund als Filialverein des Alldeutschen Verbandes mit Konstantin Freiherrn von Gebsattel als (geheimem) Vorsitzenden konstituiert. Bereits in der Sitzung des Geschäftsführenden Ausschusses des Alldeutschen Verbandes vom 19. Oktober 1918 war beschlossen worden, die Arbeit des Verbandes auf die „Judenfrage" auszudehnen. Am 25. und 26. September 1920 tagte der Alldeutsche Verbandstag in dem großen Saal des Zoologischen Gartens in Frankfurt am Main, jener „Hochburg des Judentums", über „Die Bedeutung des Rasse für den Wiederaufstieg des deutschen Volkes."

Die Coburger Tagung des Deutschvölkischen Schutz- und Trutzbundes vom 14./15. Oktober 1922 stand ganz im Schatten der Verbotsdekrete vom Sommer 1922 im Gefolge der Ermordung des Reichsaußenministers Walther Rathenau und markierte einen der letzten Versammlungs-Höhepunkte dieser aus der Deutschvölkischen Partei (1914–1918) hervorgegangenen politischen Organisation. Wie sehr der politische Antisemitismus in Franken bereits Fuß gefasst hatte, geht aus einem Bericht eines Leutnants Mayer vom 2. Januar 1920 hervor, der als „Werber" eines Freikorps nach Würzburg geschickt worden war: „Der Ruf, Nieder mit den Juden!", „Nieder mit den Verrätern unseres Volkes!" ertönt von jeder Bierbank, und: „Erzberger [der Zentrumspolitiker Matthias Erzberger, ermordet von Angehörigen der radikalen *Organisation Consul* am 26. August 1921, M.P.] wird an jedem Abend xmal aufgehängt".

Am 13. Februar 1924 beglückwünschten die alldeutschen Ortsgruppen Friedberg (Professor Gebhard), Ulm, Traunstein, Erlangen (Professor Hans Molitoris), Dresden, Stuttgart, Nürnberg-Fürth, Hannover, Würzburg, Plauen, Einbeck, Darmstadt, Münster, Altona, Breslau, Halle, Stuttgart-Cannstatt und München Konstantin Freiherrn von Gebsattel anläßlich seines 70sten Geburtstages. Ende November 1931 bereiste Alexander

Graf von Brockdorff (Freitod 18.4.1939), Geschäftsführer des Alldeutschen Verbandes und Mitarbeiter im Auswärtigen Amt, den maßgeblich auf Initiative von Gebsattels 1926 neugegründeten Gau Nordbayern des Alldeutschen Verbandes und sprach in „sehr gut besuchten Versammlungen“ am 25. November in Bamberg und am 28. in Rothenburg ob der Tauber, wo „der Gau Neuland in Angriff genommen“ hatte [Alldeutsche Blätter, 2.1.1932, S. 8]. Wenige Monate später sollten die alldeutschen Versammlungen im Fränkischen von den damals im politischen Abwind stehenden Nationalsozialisten „gestört“ werden. Nach dem Stimmenverlusten der NSDAP bei den Reichstagswahlen vom 6. November 1932 redete Claß in hämischem Unterton von „Hitlers Aspern“. Der Alldeutsche Gautag in Düsseldorf vom 20. November 1932 legte sodann erneut ein Bekenntnis ab zu den „aristokratischen Grundlagen völkischer Staatengestaltung“ in Richtung der wiederherzustellenden erblichen Monarchie.

Im Jahre 1929 trat der 75-jährige General der Kavallerie a. D. von seinem Posten als Stellvertretender Verbandsvorsitzender zurück. Der exilierte Kaiser in Doorn sandte am 15. Februar 1929 aus Anlass des 75sten Geburtstages ein Glückwunschschreiben an von Gebsattel, in dem es hieß: „Dabei gedenke Ich dankbar Ihrer in Krieg und Frieden geleisteten vortrefflichen Dienste – nicht zuletzt Ihrer verdienstvollen Arbeit im Alldeutschen Verbande.“

Schon Mitte November 1919 hatte Konstantin Freiherr von Gebsattel das „hiesige Stammschloß der Familie von Gebsattel“ an seinen Neffen Franz Eduard Konstantin Felicianus Freiherrn von Gebsattel (1889–1945), welcher später als entschiedener Gegner der Nationalsozialisten auftrat, abgegeben. Der General a. D. starb am 10. Mai 1932 in Linz/Donau, wo er einen politischen Freund besuchte, an einem Schlaganfall. Ahnend, im Mai 1932 in den Tod zu fahren, hatte der völkische Politiker laut *Fränkischem Anzeiger* gemutmaßt: „Ich weiß, lebendig sehe ich mein liebes Gebsattel nicht mehr.“ Bei der Beisetzung am 14. Mai in Gebsattel sprach Königlicher Landrat a. D. von Hertzberg für die Hauptleitung des Alldeutschen Verbandes und beschwor die

Errichtung eines „völkischen Kaiserreich(s)“, bevor Soldaten drei Ehrensalven über das Grab des Generals abfeuerten.

Die Grabinschrift lautet: „Konstantin Wilhelm Freiherr von Gebsattel, Kgl. Bayerischer General der Kavallerie, geb. 13. Febr. 1854, gest. 10. Mai 1932. Ein treuer Diener seines Königs und seines Volkes.“

6.
Franken nach dem Ersten Weltkrieg: Politik und Gesellschaft im Wandel

„Haltet Ordnung, damit der neue Volksstaat in seiner Entwicklung nicht gestört wird.“ Franken zwischen Revolution und politischer Befriedung

„Im Westen tobt seit Monaten eine einzige furchtbare menschenmordende Schlacht. Dank dem unvergleichlichen Heldentum unserer Armee, das als unvergleichliches Ruhmesblatt in der Geschichte des deutschen Volkes fortleben wird für alle Zeiten, ist die Front ungebrochen. Dieses stolze Bewußtsein läßt uns mit Zuversicht in die Zukunft sehen. Gerade weil wir von dieser Gesinnung und Überzeugung beseelt sind, ist es aber auch unsere Pflicht, Gewißheit darüber herbeizuführen, daß das opfervolle blutige Ringen nicht einen einzigen Tag bis über den Zeitpunkt hinaus geführt wird, wo uns ein Abschluß des Krieges möglich erscheint, der unsere Ehre nicht berührt. Ich habe deshalb auch nicht erst bis zum heutigen Tage gewartet, ehe ich handelnd zur Förderung des Friedensgedankens eingriff. (Beifall.)“ Das sagte Reichskanzler Prinz Max von Baden am 5. Oktober 1918 in seinem berühmten Friedensgesuch an Präsident Wilson vor dem Deutschen Reichstag. Auf den Tag genau fünf Wochen später, am 9. November, ebenfalls ein Sonnabend, verkündete Max von Baden am späten Vormittag eigenmächtig die Abdankung Wilhelms II. Der Kaiser lenkte ein: „Den Bürgerkrieg wollte ich meinem Volke ersparen.“ Auch in Franken herrschte politische Ratlosigkeit! Franken war am Jahresende 1918 von einem im Kaiserreich stabilen politischen Gefüge in ein politisches Chaos gestürzt worden! Landauf, landab bildeten sich die Arbeiter-, Soldaten- und Bauernräte. Sie sollten die öffentliche Ordnung wiederherstellen und die Versorgung gewährleisten.

Die vier Revolutionen von 1918/1919
In dieser Zeit der politischen Wirren sah sich Franken mit vier Revolutionen konfrontiert: Noch in der Nacht vom 7. zum 8. November 1918 hatte der Arbeiter- und Soldatenrat München Kurt Eisner zum Ministerpräsidenten erkoren. Die neue Staatsmacht nannte sich ab 15. November 1918 „Revolutionäre Regierung des Volksstaates Bayern". Der später maßgeblich die „Bamberger Verfassung" mitgestaltende Würzburger Verfassungsrechtler Robert Piloty hat als Erster von einem „Thronverzicht" gesprochen. Nach der Wahl (17.3.1919) des nach Bamberg ausweichenden neuen Ministerpräsidenten Johannes Hoffmann kam es aufgrund des Ringens parlamentarischer und räteherrschaftlicher Kräfte in München zur zweiten Revolution. Nur wenig später wurde seitens des Zentralrates der Arbeiter-, Bauern- und Soldatenräte und des revolutionären Arbeiter- und Bauernrates die „Ausrufung der Räterepublik Baiern" verkündet. Damals am 7. April 1919 telegrafierte in seiner Nachtsitzung der revolutionäre Zentralrat Bayerns, vertreten von Ernst Niekisch, an das Bezirksamt Fürth: „Die Ausrufung der Räterepublik erfolgt am 7. April mittags 12 Uhr. Sie ist rechtzeitig durch Plakate der Oeffentlichkeit bekanntzugeben. Ferner läuten von mittags 12 Uhr bis ½ 1 Uhr sämtliche Glocken. Ausserdem sind alle Fabriken und öffentlichen Gebäude rot zu beflaggen. Für die Ausführung und rechtzeitige Anweisung haftet das Bezirksamt. Die Arbeiterräte sind vom Vorstehenden zu verständigen. Verweigerung des Läutens wird schwer geahndet." Endlich kam es am Palmsonntag (13.4.1919) in München zur Verhaftung von Zentralratsangehörigen durch den der Bamberger Regierung treu ergebenen Kommandanten der „Republikanischen Schutzwehr" Heinrich Aschenbrenner. Daraufhin wurde am 13. April 1919 als vierter und letzter Revolutionsversuch eine *wahre kommunistische Republik* proklamiert.

Fränkische Arbeiter- und Soldatenräte: für und wider die Münchener Räterepublik

In Fürth demonstrierten im März 1919 etwa 2.000 Personen für eine bessere Versorgung. Sie hatten sich, wie Schweinfurt, Lohr und Hersbruck, der Münchener Räterepublik angeschlossen. Auch Zirndorf und Altdorf erkannten die „Räte" zeitweilig an. Für die Region Mittelfranken wurde aber insgesamt die ablehnende Haltung Nürnbergs „normsetzend". In Erlangen wollten die Bürger von der „allerneusten Räteregierung nichts wissen, weil sie vollständig unter dem Einflusse dahergelaufener, landfremder Nordlichter und bolschewistischer Kosmopoliten steht", schrieb das Erlanger Tagblatt am 8. April 1919. Der Erlanger Arbeiter-, Soldaten- und Bauernrat appellierte an die Disziplin der Kameraden: „Haltet Ordnung, damit der neue Volksstaat in seiner Entwicklung nicht gestört wird", und: „Hoch lebe der Freie Volksstaat!" Waren die „Feldgrauen" im Dezember 1918 von der Front nach Erlangen zurückgekehrt, so rückten sie im April 1919 gegen die Münchener Räterepublik aus, um für die damals in Bamberg sitzende Regierung Hoffmann (SPD) mit großer Härte die Isarstadt zurückzuerobern. Den „Feldgrauen" hatten sich Freikorps und etliche Erlanger Studenten angeschlossen. Auch in Würzburg beseitigten militärische und zivile regierungsloyale Kämpfer die Räteherrschaft gewaltsam. Am Nachmittag des 9. April 1919 traten die Sieger auf dem Würzburger Residenzplatz an.

In Nürnberg hatte sich früh, am 14. November 1918, die „Bayerische Mittelpartei" als spätere politische „Teilkraft" der von dem alldeutschen Zeitungsmagnaten Alfred Hugenberg (1865–1951) geführten Deutschnationalen Volkspartei (DNVP) konstituiert. Sie kämpfte programmatisch für „ein starkes deutsches Volkstum", seine Einigkeit, Freiheit und Selbständigkeit (§ 1) und hielt „die Mitarbeit der Frau am öffentlichen Leben" für „geboten" (§ 16). Die „Bayerische Mittelpartei" hatte anlässlich der am 14. Mai 1919 auf dem Erlanger Schlossplatz einberufenen Versammlung „Gegen den Gewaltfrieden!" ihren Funktionär Geheimrat Prof. Dr. Karl Müller als Redner geschickt. Vor allem brandmarkten die Redner der bürgerlichen Parteien an diesem Nachmittag die von den „Siegermächten" geforderte Verurteilung des deutschen Kaisers, und immerhin erhoffte sich auch der Vertreter der USPD, der Weber Georg Schneider, eine völlige „Revidierung des Versailler Irrenhausvertrages durch das internationale Proletariat". Bereits zuvor hatten die „Bayerische Mittelpartei", die Bayerische Volkspartei und die Deutsche Volkspartei, in welcher der aus Coburg gebürtige spätere thüringische Ministerpräsident Richard Leutheußer (1867–1945) saß, in einer konzertierten Eingabe die „sofortige Lostrennung der drei fränkischen Kreise und der Oberpfalz von Südbayern", stattdessen die Gründung eines „auf wahrhaft demokratischen Grundlagen beruhenden freien Volksstaates Franken" verlangt (Erlanger Tagblatt vom 7. April 1919).

In der siebenhügeligen Domstadt Bamberg tagte damals die bayerische Regierung unter Ministerpräsident Johannes Hoffmann. Hier arbeitete der zum 15. Mai 1919 zusammengekommene Landtag verschiedene Gesetze aus und verabschiedete die Verfassung des Freistaates, die „Bamberger Verfassung". Saß doch in der alten Domstadt eine starke, vor allem loyale, traditionsreiche Garnison. Bamberg war bereits als möglicher Sitz der deutschen Nationalversammlung im Gespräch gewesen. Als Anfang April 1919 auch Bad Kissingen als „Konkurrenzort" ausgeschaltet worden war, sah sich der bayerische Ministerpräsident Johannes Hoffmann unter dem *Schutzschild* des 3. Armeekorps sicher. Auch hatten sich in Bamberg, wie anderswo, die sogenannten „Bürgerwehren" gebildet. Nach einundzwanzig Sitzungen im Spiegelsaal der Bamberger „Harmonie", die vom 16. Juni bis zum 12. August 1919 andauerten, legte der Verfassungsausschuss dem bayerischen Landtag die neue Verfassung vor, die mit 165 Jastimmen gegen drei Neinstimmen angenommen wurde. Am 14. August 1919 konnte die „Bamberger Verfassung" gleichsam als erste demokratische Konstitution Bayerns gezeichnet werden. Nach dem sogenannten „Bamberger Abkommen" – einer Koalitionsvereinbarung vom 30. Mai 1919 – hatte Hoffmann eine Neubildung seiner Regierung auf breiter parlamentarischer

Grundlage vorgenommen, die bis zum März 1920 bestand. Auch über die Niederschlagung der Münchener Räterepublik Anfang Mai 1919 hinaus durch Truppen aus Erlangen, Freikorps und Berliner Reichswehrverbände blieb Bamberg – „einzige Inhaberin höchster Gewalt in Bayern“ – vorerst „Landeshauptstadt“. Nahezu zeitgleich unterzeichnete Reichspräsident Friedrich Ebert die Weimarer Verfassung am 11. August 1919 im thüringischen Schwarzburg. Sie hätte fast als „Würzburger Verfassung“ in die Geschichte Einzug gehalten, da sich die unterfränkische Kiliansstadt neben Bamberg, Nürnberg und Bayreuth als Gastgeberin für die Nationalversammlung beworben hatte, die in Berlin wegen Unruhen keine Bleibe fand und schließlich in Weimar zusammentrat.

Die „Bamberger Erklärung“ des Alldeutschen Verbandes vom 16. Februar 1919: erster Angriff auf die im Entstehen begriffene Republik

Die Ermordung des bayerischen Ministerpräsidenten Kurt Eisner am 21. Februar 1919, der 1907 von 1910 Chefredakteur der „Fränkischen Tagespost“ in Nürnberg gewesen war, rief im Lager der „staatserhaltenden Kräfte“ ernsthafte Sorge vor radikalen Völkischen hervor. Diese politische Zeitströmung besaß eine gewaltbereite völkische, antisemitische, okkulte und teils noch eine monarchische Erscheinungsform. Bei der politischen Radikalisierung in Franken nahm die sogenannte „Bamberger Erklärung“ des Alldeutschen Verbandes eine ganz besondere Stellung ein, da sie eine frühe Kampfansage an einen erst in der Entstehung begriffenen demokratischen Staat darstellte. Die „Bamberger Erklärung“ stand am Beginn einer politischen Demontage des ersten demokratischen Staates auf deutschem Boden, die mit der Machtübernahme der Nationalsozialisten am 30. Januar 1933 endete.

Was die Alldeutschen am 16. Februar 1919 in Bamberg forderten, ist in den vierzehntäglich erscheinenden Alldeutschen Blättern zu lesen: Der Alldeutsche Verband wehrte sich gegen den Vorwurf, „an Ausbruch und Verlängerung des Krieges Schuld zu tragen". Auch müsse dem deutschen Volk der Wille „eingeimpft" werden, „die Schmach des Zusammenbruchs zu tilgen". Auch hielten Heinrich Claß und Konstantin von Gebsattel am „Kaisergedanken" fest und kündigten einen „Kampf" gegen die neue Reichsregierung an. Auch gelte es, Deutschland seine „geraubten" überseeischen Gebiete zurückzugeben. Vor allem aber schrieben die Alldeutschen den „Kampf gegen das Judentum" auf ihre Fahnen, um die „Gefährdung des rassenmäßigen Bestandes unseres Volkes zu verhüten". Die „Bamberger Erklärung" bildete auch die Grundlage für die neuen, am 31. August 1919 festgelegten Statuten des Verbandes. War doch bereits in der Sitzung des Geschäftsführenden Ausschusses beschlossen worden, die Verbandsarbeit auf die „Judenfrage" auszudehnen. Verbandsarchivalien zufolge hatten Claß und Gebsattel die „Bamberger Erklärung" in 300.000 Exemplaren drucken und in zwanzig Zeitungen als „Beilage" vertreiben lassen.

Als nächstes war im Rahmen der Bamberger Tagung die bereits oben angesprochene Gründung des „Deutschvölkischen Schutz- und Trutzbundes" mit Gebsattel als geheimen Vorsitzenden in Angriff genommen worden. Später im Jahre 1923 verfügte unter anderem die thüringische Regierung seine Auflösung, weil dem „Trutzbund" die „intellektuelle Urheberschaft" an dem Mord an Walther Rathenau zur Last gelegt wurde. Sowohl der Alldeutsche Verband als auch der „Trutzbund" waren immer wieder in Staatsstreichpläne verwickelt. An die Staatsspitze sollte ein „Hohenzollernprinz", Oskar Karl Gustav Adolf von Preußen (1888–1958), fünfter Sohn Wilhelms II., gestellt werden. Am „Deutschen Tag" in Coburg am Wochenende des 14./15. Oktober 1922, den der Deutschvölkische Schutz- und Trutzbund (wieder) ausgerichtet hatte, war es bei dieser Großveranstaltung von Vaterländischen Verbänden in Franken auch erstmals zu einem Treffen mit Adolf Hitler und seinen etwa 650 aufmarschierten „SA-Männern" gekommen. Hauptredner im Coburger Hofbräuhaus abends 8 Uhr war dann auch Parteiführer Hitler. 1941 resümierte Hitler: „Coburg: Das war das erste Mal, daß man uns eingeladen hatte."

Ein „Deutscher Tag“ fand auch am „Sedantag“ 1923 in Nürnberg, am 1./2. September 1923, statt. Das Staatspolizeiamt Nürnberg-Fürth notierte dazu scheinbar vollends arglos:

„Auf einen glanzvollen Begrüßungsabend in der Ausstellungshalle im Luitpoldhain am 1.9.23, an dem auch der Regierungspräsident von Mittelfranken die Grüße des Staatsministeriums und der Kreisregierung von Mittelfranken überbrachte und die Notwendigkeit der Förderung des Wehrgedankens mit allen Mitteln betonte – in weiteren sechs Sälen fanden gleiche Veranstaltungen für die einzelnen Verbände statt –, folgte der Gedenktag, der Tag einer Begeisterung, wie sie Nürnberg seit dem Jahr 1914 nicht mehr erlebt hat. Nach dem Gottesdienst auf der Deutschherrenwiese, die die zu einem gewaltigen Viereck aufgestellten Teilnehmer am Deutschen Tag kaum zu fassen vermochte und bei welchem Studienrat Dr. Braun, Nürnberg, und Kaplan Roth von Indersdorf in flammenden Wort das deutsche Gewissen schärften, formierten sich die Verbände im Festmarsch, voran die Fahnen der alten Armee, begleitet von Landespolizei zu Pferd und zu Fuß, dann die Kriegervereine, Offiziersbünde und Vaterländische Verbände. Die Straßenzüge waren in ein Meer von schwarzweißroten Fahnen und weißblauen Farben gehüllt, brausende Heilrufe der Straßen, Gehsteige und Fenster in dichtgedrängten Massen füllenden Bevölkerung umtosten Ehrengäste und Zug, zahllose Arme streckten sich ihm mit wehenden Tüchern entgegen, ein Regen von Blumen und Kränzen schüttete sich von allen Seiten über ihn: Es war wie ein freudiger Aufschrei hunderttausender Verzagter, Verschüchterter, Getretener, Verzweifelnder, denen sich ein Hoffnungsstrahl auf Befreiung aus Knechtschaft und Not offenbarte. Viele, Männer und Frauen, standen und weinten, überwältigt von seelischer Erregung. Der Vorbeimarsch dauerte zwei Stunden. Er erfolgte in Zugkolonnen (Achter- und Zehnerreihen). Nach Sachverständigenurteil betrug die Zahl der Teilnehmer mindestens 100.000, meist gute Gestalten in tadelloser Haltung, vielfach, besonders bei Reichsflagge, bäuerlicher Einschlag. Am stärksten vertreten waren Nationalsozialisten und Reichsflagge, überraschend stark auch in Anbetracht der weiten Entfernung seines hauptsächlichen Wirkungskreises (Thüringen) der Jungdeutsche Orden. Der Nachmittag brachte weitere Versammlungen in den größeren Sälen Nürnbergs, in denen zahlreiche [...] Ehrengäste und Führer der Verbände sprachen, darunter auch Hitler" [Deuerlein, Aufstieg, 1974, 181 f.].

Würzburger Verbandstag 1929: politisches Aufbegehren gegen den „Youngplan"

Die Alldeutschen stellten auch einen Meister in ihrer Parteien und Verbände zusammenschmiedenden „Sammlungspolitik" dar. Nachdem sie im Juli 1929 den „Reichsausschuß" für das Volksbegehren gegen den die Kriegsreparationen regelnden „Youngplan" ins Werk gesetzt hatten, der den Alldeutschen Verband, die NSDAP, die Deutschnationale Volkspartei und den „Stahlhelm" zusammenschloss, luden die alldeutschen Gefolgsleute zum Würzburger Verbandstag ein. Am 31. August 1929 referierte Claß zum Thema „Youngplan und Kriegsschuldlüge". Das Präsidiumsmitglied des Verbandes, der deutschnationale Abgeordnete Dr. Paul Bang (1879–1945) wetterte am Folgetag gegen den „jüdischen Marxismus", welcher den „Landesverrat" zu einer „Volksseuche" ausgestaltet habe. Der sozialdemokratische, erstmals 1908 erschienene und in der Würzburger Semmelstraße 46 verlegte „Fränkische Volksfreund" kommentierte: „Wer aus dieser öffentlichen Versammlung des alldeutschen Verbandes hinausging, hatte das Gefühl, von der Latrine zu kommen. Gestank und Unrat aus innerer Verwesung." Und weiter: „Deutschnational sein heißt: seinen geistigen Bankerott erklären". Bekanntermaßen misslang das Volksbegehren gegen den Youngplan kläglich. Das war aber zu einer Zeit, da auch in Franken nach dem „Sturmjahr" der Weimarer Republik (1923) verhältnismäßige politische „Ruhe" Einzug gehalten hatte.

Nürnberg als sozialdemokratische Hochburg: die Verfassungsfeiern

Am 11. August 1926, einem Mittwoch, fand von Neuem in Nürnberg eine „Verfassungsfeier" statt. Der Versammlungsort der Großveranstaltung lag vis-à-vis vom Nürnberger Hauptbahnhof, wo auch die Haupthaltestelle der „Elektrischen" war. Dazu hatte der Veranstalter, das „Reichsbanner Schwarz-Rot-Gold", ein sozialdemokratischer Veteranenverband alter Kriegsteilnehmer zum Schutz der demokratischen Republik, eigens ein Tagungsabzeichen herausgegeben. Tausende Arbeiter, zum Teil in Uniformen, teils in Anzügen, beherrschten das Stadtbild. Auf riesigen Transparenten stand geschrieben: „Das Deutsche Reich ist eine Republik!" Nürnberg war immer wieder als Austragungsort auserkoren worden, weil die Sozialdemokratie in der „Noris" politisch stark war und in der „Ordnungszelle Bayern" eine Art „republikanisch-rotes Refugium" bildete. Von 1920 bis zu seiner Absetzung 1933 leitete der Linksliberale Hermann Luppe als Oberbürgermeister die Geschicke der Stadt, wobei er auf die Zusammenarbeit mit der SPD angewiesen war, die im Stadtrat die meiste Zeit die stärkste Fraktion stellte.

Seit 1919 bildete „Franken" mit den Regierungsbezirken Ober-, Mittel- und Unterfranken den Wahlkreis 29 (ab 1924: 26) in Deutschland. Bei den Wahlen zur Nationalversammlung 1919 hatte die SPD in Franken einen Stimmenanteil von 36,4 % erhalten, die Deutschnationalen lagen mit 9,4 % weit zurück. Die Deutschnationalen aber besaßen reichsweit laut dem Wahlforscher Jürgen Falter bereits bei den Reichstagswahlen 1920 ihre Kreise mit den höchsten Stimmenanteilen in Rothenburg ob der Tauber, Ansbach (Land), Dinkelsbühl (Land) und in Gunzenhausen. Bei den Wahlen zum 4. Reichstag am 20. Mai 1928 verbuchte die SPD in Nürnberg von Neuem einen großen Erfolg.

Vom 11. bis zum 12. August 1923 hatte in Nürnberg bereits ein „Reichsjugendtag" stattgefunden. Am „Verfassungstag", dem 11. August, gelangten trotz der herrschenden Hyperinflation annähernd 50.000 Heranwachsende aus ganz Deutschland, selbst aus den besetzten Gebieten im Rheinland, in die „Noris", um gegen

Preisexplosion und Wirtschaftsmisere zu demonstrieren. Angeblich provozierten am Straßenrand aufgereihte „Braunhemden“ die Jugendlichen. Danach trafen sich etwa 250.000 Anhänger der „Sozialistischen Arbeiterjugend“ im Luitpoldhain zu einer „Republikanischen Kundgebung“ und *Verfassungsfeier* und „umrahmten“ dann den Dutzendteich mit Tausenden von Fackeln.

In der Folgezeit kam es immer wieder zu Übergriffen von Nationalsozialisten auf die Jugendorganisationen der Sozialdemokratie. Die „Bewegung von der Straße“ knüppelte am 18. Februar 1932 im Heim am Nürnberger Platnersberg auf zwölf Jugendliche ein. Sie hatten auch Eisenstangen dabei und waren erst durch den Ruf „Polizei!“ aus Erlenstegen vertrieben worden. Letztmals sollte in Nürnberg am 2. März 1933, fünf Wochen nach der Machtübernahme der Nationalsozialisten, eine Wahlkundgebung der Sozialdemokraten mit 30.000 Teilnehmern und ihrem Redner Ernst Schneppenhorst mit Marsch zur „Deutschherrenwiese“ abgehalten werden. Hitler stufte damals zusammen mit Röhm von Berlin aus das Vorgehen in Franken als „schwierig“ ein.

Lange gefordertes Frauenwahlrecht realisiert

Bei den ersten bayerischen Landtagswahlen nach dem Krieg am 12. Januar 1919 waren nach der „Wahlordnung für den neuen bayerischen Landtag“ vom 7. Dezember 1918 auch die Frauen wahlberechtigt. Als die Frauen erstmals am 19. Januar 1919 auch auf nationaler Ebene wählen durften, spielte die Zeitschrift „Kladderadatsch“ in ihrer Ausgabe Nr. 3 vom 19.1.1919 satirisch mithilfe der Bildunterschrift „Damenwahl am 19. Januar“ darauf an. Ob Frauen „anders“ wählten als die Männer? Ja! Erstens lag die Wahlbeteiligung der Frauen geringfügig unter derjenigen der Männer, und zum zweiten gaben die Frauen bei den Reichstagswahlen zwischen 1924 und 1930 überproportional häufig der katholischen Bayerischen Volkspartei ihre Stimme. Schon die Frauenrechtlerinnen Anita Augspurg und Lida Gustava Heymann hatten 1913 in München den „Bayerischen Verband für Frauenstimmrecht“ gegründet. Ungeachtet dessen ging die

Wahlbeteiligung der Frauen in der Weimarer Republik sukzessiv zurück. Die Nationalsozialisten hoben bereits 1933 das passive Frauenwahlrecht wieder auf.

1920: „Des Volkes Wille ist das oberste Gesetz"
Coburg kommt durch Volksabstimmung zum Freistaat Bayern

Als im Gefolge von Novemberrevolution und Volkserhebungen 1918 die deutschen Throne ins Wanken kamen, musste auch Herzog Carl Eduard von Sachsen-Coburg und Gotha (1884–1954) der Herrschaft entsagen. Carl Eduard war wie sein Cousin Kaiser Wilhelm II. ein Enkel der englischen Königin Victoria. Mit fünfzehn in einer Art Familienrat unter dem Vorsitz seiner Großmutter Königin Victoria als Nachfolger seines kinderlosen Onkels Alfred († 1900) zum Herzog von Sachsen-Coburg und Gotha bestimmt, gelangte mit Charles Edward *Duke of Albany* 1905 zum zweiten Mal ein Angehöriger des englischen Hochadels auf den coburgisch-gothaischen Fürstenthron. Als Regent eines deutschen Bundesstaates geriet Carl Eduard gleich bei Regierungsantritt in die Schusslinie der nationalistischen Scharfmacher. Doch von seinem kaiserlichen Vetter Wilhelm II. persönlich in historischen und nationalpolitischen Belangen unterwiesen, trat Herzog Carl Eduard als ein der deutschen Sache besonders verpflichteter Landesfürst hervor. Der eher konservativ eingestellte und politisch den Nationalliberalen verbundene Herzog erkor Gotha – Schloss Friedenstein – zu seiner Hauptresidenz. Dieser Umstand befremdete seine Coburger Untertanen, wie auch der Herzog ein Restmaß an kühler Distanz gegenüber den Landesbewohnern niemals überwinden konnte.

Im Ersten Weltkrieg verwarf der Gemeinschaftliche Landtag in seinem Gesetz vom 10.3.1917 im Herzogtum Sachsen-Coburg und Gotha jegliche ausländische (englische) Sukzession. Von dem seit 1917 in Weimar eingerichteten „Kriegsernährungsamt der Thüringischen Staaten" fühlte sich Coburg fortwährend benachteiligt. Ein Eklat am 30. August 1918 in der Stadt Coburg mit „Vorwürfen lärmender Frauen über unzulängliche Versorgung mit Kartoffeln und anderen Nahrungsmitteln" kennzeichnete die unerträgliche Notlage. Zur Aufrechterhaltung der „neuen Ordnung" hatte sich auch in Coburg (9.11.) ein Soldatenrat unter Reinhold Artmann (1870–1960) formiert. Gleich nach der Novemberrevolution 1918 sprachen sich sowohl führende freisinnige und sozialdemokratische Politiker, etwa der ehemalige Reichstagsabgeordnete Max Oskar Arnold sowie der Sozialdemokrat Franz Klingler, als auch Handel und Gewerbe für einen Anschluss Coburgs an den Freistaat Bayern aus. Doch die Haupttriebfeder für den Anschluss des Freistaats Coburg an Bayern resultierte aus der (fast rhetorischen) Frage, ob Coburg dem Gemeinschaftsvertrag der sieben thüringischen Staaten – die beiden Reuß hatten sich bereits im Dezember 1918 zusammengeschlossen – beitreten solle. Während die anderen thüringischen Staaten im Mai und Juni 1919 den Gemeinschaftsvertrag ratifizierten, verwies der Freistaat Coburg auf die bevorstehende Volksbefragung. Die oftmals hinter vorgehaltener Hand gesprochene Parole „Los von Gotha!" war zum politischen Programm geworden. In der Bamberger „Harmonie" fand am 12. Juni 1919 das erste unverbindliche Gespräch zwischen dem Freistaat Coburg und Bayern statt. Bayern versicherte den coburgischen Deputierten unter Staatsrat Dr. Hermann Quarck, „nicht mit rauher Hand in die in Coburg bestehenden Verhältnisse" eingreifen zu wollen. Vor allem wusste Bayern Coburg glaubhaft davon zu überzeugen, für den Fall des Anschlusses der prekären ernährungswirtschaftlichen Versorgungslage im vormaligen Herzogtum entschlossen entgegenzuwirken.

Im Angesicht des Ausscherens Coburgs aus dem von alten dynastischen Banden stark geprägten thüringischen Staatenkonzert wurde noch am 28. November 1919 ein letzter „thüringischer Überzeugungsversuch" unternommen: Letztlich sicherte Thüringen jetzt zu, was der Freistaat Bayern schon zu geben bereit war. Die Abstimmung am 30. November 1919 mit 88,28 % Ja-Stimmen für den Anschluss Coburgs an Bayern war ein über die Reichsgrenzen hinaus lebhaft erörtertes Ereignis. Spielten alte Ressentiments gegen Gotha eine Hauptrolle für den so deutlichen Entscheid gegen Thüringen oder standen ökonomische Gründe im Vordergrund? Erinnerte man sich des insbesondere im 17. Jahrhundert gewachsenen Zusammengehörigkeitsgefühls, demzufolge der Coburger Raum „fraglos als ein Teil Frankens" (Rainer Hambrecht) galt?

Allgemeinen Unmut auf Seiten der Coburger zog eine Karikatur vom Januar 1920 nach sich, auf der ein reich bepackter Coburger Sozialdemokrat dem Münchner Kindl den Grenzpfahl des Freistaats Coburg übergibt. Waren es doch mit Ausnahme Franz Klinglers weniger die Sozialdemokraten, die für den Anschluss Coburgs an Bayern gestritten hatten. Und repräsentierte die Sozialdemokratie wirklich den Freistaat Thüringen? Alle Zeichen standen auf eine Radikalisierung der politischen Situation. Im Sommer 1920 nahm der völkische Nationalismus im Coburger Land ungeahnten Auftrieb. Der Alldeutsche Verband, der in Coburg schon vor dem Ersten Weltkrieg auf eine Ortsgruppe unter Oberlehrer Töpfer organisatorisch gestützt war, sowie der Deutschvölkische Schutz- und Trutzbund, die Deutschnationale Volkspartei und die Nationalsozialisten marschierten auf. Dem völkischen Nationalismus stand auch der seitens des gothaischen Staates entschädigungslos enteignete Herzog Carl Eduard nahe.

Während die Weimarer Nationalversammlung am 23. April 1920 einstimmig die in Kraft tretenden Reichsgesetze über die Vereinigung Coburgs mit Bayern sowie der sieben thüringischen Staaten zum Staat Thüringen beschloss, wurde die Hochzeit des Coburger Mohrenkopfes mit den bayerischen weißblauen Rauten (der Grafen von Bogen) am 1. Juli 1920 in aller Feierlichkeit ausgerichtet. Ein am 1. Juli 1920 im sachsen-coburgischen Neustädter Tageblatt veröffentlichter Aufruf von Staatsregierung und Staatsministerium an die coburgische Bevölkerung betonte, das „Coburger Volk selbst aber wird die Kraft finden", die „Eigenart des Coburger Wesens" zu „wahren". So war Coburg an Franken gefallen, nachdem im Jahre 1353 der Wettiner Markgraf Friedrich III. von Meißen die „Herrschaft Coburg" von den fränkisch-thüringischen Grafen von Henneberg ererbt hatte.

Zuletzt erwogen am 17. Oktober 2006 hingegen aufgrund der „politische(n) Vernachlässigung“ durch die Bayerische Regierung einige oberfränkische Gemeinden den politischen Anschluss an Thüringen.

Florierende fränkische Bekleidungsindustrie, wachsender Fremdenverkehr und Arbeitslosigkeit: Goldene Zwanziger Jahre in Franken?

Joseph Koeth (1870–1936) aus Lohr am Main, der Nachfolger Walther Rathenaus als Leiter der Kriegsrohstoffabteilung, gehörte zu den ganz überragenden Köpfen seiner Zeit. Der britische Historiker Niall Ferguson urteilte, dass die deutsche Kriegsrohstoffabteilung unter Koeth „mit hoher Effizienz arbeitete und [...] die Alliierten sehr viel weniger Vorausblick im Umgang mit Rohstoffen zeigten als die Deutschen“. Während der Zeit vom November 1918 bis April 1919 mit der Demobilmachung der deutschen Armee betraut, schuf der „Stoffspezialist“ Koeth die Grundvoraussetzungen für die Umwandlung der Kriegswirtschaft in eine zukünftige deutsche Friedenswirtschaft. Sie bildete auch politisch eine unerlässliche Bedingung für die Umwandlung des militärisch besiegten Zweiten Deutschen Kaiserreichs in die neue Weimarer Demokratie.

Ohne die erfolgreiche Umstellung auf die Friedenswirtschaft hätte es gar keinen neuen demokratischen Staat und gar keine „Weimarer Verfassung“ gegeben. Das wusste auch der aus dem 22. Königlich Bayerischen Feldartillerieregiment ausgeschiedene und von 1919 bis 1922 an der Nürnberger Handelshochschule studierende Ludwig Erhard: „Unsere erste und unsere ganze Sorge hat der wirtschaftlichen Wohlfahrt zu gelten.“ Sollte doch die Industrie, wie Erhard dem Hitler-Verehrer Schacht vorrechnete, „durch Eigenfinanzierung allein in den Jahren 1924–1928 etwa 28 Milliarden Mark“ investieren. Als Erhard dann im Herbst 1932 seinen Beitrag „Der deutsche Oekonomist“ schrieb, konnte der damals 35 Jahre alte Fürther Wirtschaftsforscher nicht einmal erahnen, dass „der deutsche Konjunkturverlauf die Talsohle bereits überwunden“ hatte.

Erhard war ein glühender Befürworter von „Weimar“, denn eine „zentrale Auftrags-Wirtschaft“, wie sie im Ersten Weltkrieg im Deutschen Reich vorherrschte, lehnte er ab: „Mit der Ablehnung der staatlichen Planwirtschaft sind zugleich auch alle Formen einer offenen oder versteckten unternehmerischen Planwirtschaft in Kartellen [...] aufzulösen“. Später war er „der Apostel der freien Wirtschaft“. Der „Revolutionär“ war Ludwig Erhard.

Die Entwicklung der Arbeitslosigkeit

Angesichts von Revolution und Umsturz ging es Koeth darum, im Rahmen seiner Demobilmachungsmaßnahmen die Arbeitslosigkeit so niedrig wie nur möglich zu halten „Dies hieß zugleich, daß die Unternehmen bis Ende Januar 1919 gemäß der Heeresaufträge der Kriegsjahre weiterproduzierten. Erst danach konnte die Wirtschaft daran gehen, neue Produkte herzustellen“. Es war wichtig, „die Wirtschaft zu erneuern“. Im Februar 1919 erhielten in Nürnberg vier und in Fürth sechs von 100 Einwohnern Erwerbslosenunterstützung; schlimmer sah es in Teilen Oberfrankens aus, hohe Werte verzeichneten hier Bayreuth (6 %), Rehau (11 %) und vor allem Hof (15 %). Laut dem „Statistischen Jahrbuch“ mussten bis September 1920 in Nürnberg in großem Umfang noch Lebensmittelkarten vergeben werden, die „Zwangsbewirtschaftung“ für Kartoffeln wurde anschließend aufgehoben. „Für August 1920 wurden keine Seifenkarten mehr ausgegeben, weil die Zwangsbewirtschaftung für Seifen in Wegfall gekommen ist“. Die Zahl der „Tanzbelustigungen, Stiftungs- und Gartenfeste“ stieg in Nürnberg von 294 im Jahre 1918 bis zum 31. März 1920 wieder auf 6.746 an. Auch der Personen- und Güterverkehr wuchs, der Verkauf von „Monats- und Arbeiterfahrkarten“ kletterte in Nürnberg von 19.921 (Januar-März 1919) auf 27.668 (Oktober-Dezember 1919). Und die „Erwerbslosenfürsorge“ in der Dürerstadt nahm im Betrachtungszeitraum sogar von 7.071 (April 1919) auf 1.597 (Mai 1920) ab.

Die Hyperinflation und der Streit mit den Siegermächten um die Reparationszahlungen, der 1923 in der Ruhrbesetzung gipfelte, stürzten Deutschland allerdings bald wieder in ein wirtschaftliches Chaos. Auch in Franken traten 1923 Lebensmittelmangel, Geldentwertung, soziale Not und Arbeitslosigkeit in ein bedrohliches Stadium. Zudem trug die französische Ruhrbesetzung dazu bei, die Rohstoffe im Land knapp werden zu lassen. Die Wirtschaftskrise traf ländliche Gegenden in Franken gleichermaßen wie Städte: so brachte der Geldverfall in Nürnberg auch die seit 1905 bestehende Firma „Metall Schulz KG", welche Küchengeräte und Messinggewichte fertigte, an den Rand des Ruins.

Was seit Kriegsende vor allem fehlte, war der Rohstoff Kohle. Die französischen Reparationsansprüche führten auch in Franken und Bayern zu einem drastischen Kohlemangel. Bereits im Januar 1920 musste die Reichsbahn – damals der größte Arbeitgeber der Welt! – ihren Personen- und Güterverkehr in der Fränkischen Rhön aufgrund Kohlemangels einstellen. Die sogenannte „Sinntalbahn" mit Dampfbetrieb von Jossa über Bad Brückenau nach Wildflecken war erst im Jahre 1890 eingeweiht worden.

Auch nach dem Ende von Inflation und Ruhrkampf im November 1923 beunruhigte die Entwicklung der Arbeitslosigkeit in Deutschland. Von Juli 1925 bis zum Februar 1926 schnellte sie erneut in die Höhe, und zwar reichsweit von 195.099 bis 2.058.412! In Bayern kletterte die Arbeitslosigkeit in demselben Zeitraum von 16.956 auf etwa 180.000 Personen. Doch dies war nur ein Vorbote der dramatischen Entwicklung, die während der Weltwirtschaftskrise auch Franken erfasste. Der Höhepunkt der Beschäftigungskrise wurde im Februar 1932 erreicht. In ganz Deutschland waren damals sechs Millionen Menschen ohne Arbeit, und wer noch in „Broterwerb" stand, musste starke Lohnkürzungen erdulden. In Nürnberg, wo der Maschinenbau daniederlag, zählte man zum 31. Dezember 1932 141 Arbeitslose auf 1000 Einwohner. Besonders schwer von der Krise betroffen war auch die Porzellanindustrie in Oberfranken und die Textilindustrie in Hof. Andererseits konnte sich die Situation von Ort zu Ort und von Wirtschaftszweig zu Wirtschaftszweig sehr unterschiedlich darstellen. So wurden im Herbst 1932 in dem gleichfalls von der Textilindustrie geprägten Arbeitsamtsbezirk Münchberg, nur rund zwanzig Kilometer von Hof entfernt, bereits wieder händeringend Arbeitskräfte gesucht!

Aschaffenburg – das Zentrum der fränkischen Herrenbekleidungsindustrie

Gegen Ende der 1920er Jahre stand auch die berühmte Aschaffenburger Herrenbekleidungsindustrie in voller Blüte. Um das Jahr 1935 vermochte sie mit dem Hinweis zu werben, „dass jeder sechste Fertigungsanzug in Deutschland aus ihren Werkstätten stammt". Ihr Begründer war der 1848 in Glattbach bei Aschaffenburg geborene Bauernsohn Johann Desch, weshalb im Mai 1987 an der ersten von Johann Desch im Jahre 1874 gegründeten Kleiderfabrik in der Aschaffenburger Sandgasse 42 eine Gedenktafel angebracht wurde: „Hier befand sich seit 1874 Aschaffenburgs erste Kleiderfabrik gegründet von Johann Desch." Sein Sohn Jakob Desch hatte schon 1907 den „Verband der Aschaffenburger Kleiderfabriken e.V." ins Leben gerufen. Die Zahl der in Heimarbeit beschäftigen Aschaffenburger Textilwerker war bis 1928 auf nahezu 8.000 angewachsen. Sie erhöhte sich nach einem kurzen Rückgang bis 1936 auf 9.500. Ganze „Schneiderdörfer" waren in Großostheim, Niedernberg und Roßbach entstanden. Bis zu 33 % der Bevölkerung dieser Orte wirkte für die Aschaffenburger Kleiderindustrie.

In Erlangen war es 1927 zur Fusion der „Baumwollspinnerei Erlangen" mit der „Oberfränkischen Textilwerk AG" in Schwarzenbach am Wald und der „Mechanischen Baumwollspinnerei und Weberei Bamberg" gekommen, was zur Änderung des Firmennamens in „Baumwollindustrie Erlangen-Bamberg" führte. Hier arbeiteten um 1938 etwa 5.200 Frauen. Sie wurden wegen ihrer in der Frisur sich verfangenden Baumwollfäden liebevoll „Spinnersbuzn" genannt. Die sogenannte *Erba-Siedlung* war mustergültig für sozialen Wohnungsbau. Es waren Reihenhausgruppen und Mehrfamilienhäuser mit Lauben, welche, von der Stadt Erlangen gefördert, unter Denkmalschutz gestellt worden sind.

Der fränkische Rundfunkpionier Max Grundig

Was Franken bereits ab den zwanziger Jahren „in Schwung" brachte, war die im technischen „Erwachen" begriffene Nachrichtentechnik. Der aus Nürnberg gebürtige Rundfunkpionier Max Grundig (1908–1989) stand bereits mit 16 Jahren im Begriff, seinen ersten mit Holzgehäuse verfertigten Detektorempfänger mit Spule und Drehkondensator in Betrieb zu nehmen. Grundig konstruierte um 1925 auch einen „Bildfunkempfänger", welcher schon Nachrichtensignale in „Bildpunkte" umwandelte. Im militärischen Bereich war die Nachrichtentechnik bereits seit 1913 kriegswichtig geworden. Ein technisch „ausgereiftes" Feldtelefon hatte die Firma Siemens & Halske im Jahre 1916 entwickelt. Es besaß einen Summer, eine Batterie und einen Kurbelinduktor.

Sein erstes Rundfunk-Geschäft vermochte Grundig am 15. November 1930, einem Sonnabend, in der damaligen Fürther Sternstraße 4, vis-à-vis des Geburtshauses seines Nachbarn Ludwig Erhard, heute Ludwig-Erhard-Straße, zu eröffnen. Damals lud Max Grundig „alle Radio-Interessenten u. Radio-Hörer zu kostenloser und unverbindlicher Besichtigung und Vorführung sämtlicher Radio-Geräte und Lautsprecher ein". Grundig warb mit der Weltmarke „Lumophon" – Licht und Ton –, die bei *Bruckner & Stark* in Nürnberg mit etwa 260 Beschäftigten im Jahre 1928 gefertigt auch auf „12 Monatsraten" zu erwerben war. Bald exportierte die Firma bereits „Kofferradios" nach Übersee, um im Jahre 1951 von Grundig übernommen zu werden. Seit 1938 produzierte Grundig im Auftrag der deutschen Wehrmacht Kleintransformatoren, um nach 1943 die Produktionsanlagen nach Vach zu verlegen, wo seit 1944 auch 150 ukrainische Zwangsarbeiterinnen arbeiten mussten. Franken bildete in den 1930er und 1940er Jahren und auch darüber hinaus das „Nervenzentrum" der deutschen Elektroindustrie. Auch 95 % der zwangsverpflichteten französischen Industriearbeiter wurden in der Elektroindustrie eingesetzt. Zuletzt belieferte Grundig das Militär mit Steuerungsgeräten für die „Vergeltungswaffen".

Anfänge der Luftfahrtindustrie

Die fränkische Elektroindustrie war auch „Zulieferer" für die allenthalben im Aufbruch stehende Luftfahrtindustrie. Bereits 1905 hatte Karl Hackstetter (1876–1932) in Würzburg den „Fränkischen Verein für Luftfahrt" ins Leben gerufen. Anlässlich eines Pionierfluges von Berlin nach St. Petersburg 1912 war Hackstetter Flugnavigator. Am 6. August 1912 landete Hackstetter zusammen mit der russischen Flugpionierin Fürstin Eugenie Shakhovskaya nach 1.500 km Flugstrecke wieder in Berlin. Hackstetter, der Regierungsbaumeister in Wertheim war, hat auch eine „Geschichte der Luftschiffahrt" geschrieben. Franken besaß bald flächendeckend Flugplätze. Die Stadt Würzburg würdigte das hundertjährige Gründungsdatum ihrer „Luftfahrt" am 25. und 26. Juni 2005 mit einem „Flugplatzfest am Schenkenturm".

Auch an dem Fürther Flugplatz Fürth-Atzenhof stiegen nach 1918 keine Militärflugzeuge mehr, sondern stattdessen Passagiermaschinen mit Luftpostfracht auf. Das war in Franken auch die Geburtsstunde des Inland-Flugverkehrs. Der Deutsche Luft Lloyd nahm seit 1920 einen regelmäßigen Luftpostverkehr von München nach Leipzig mit Zwischenstopp in Fürth-Atzenhof auf, und auch die benachbarte „Air Union L'Aéronavale" machte auf ihrer Reise von Paris nach Prag eine Zwischenlandung auf fränkischem Boden. Während des Heilbronner Flugtages vom 3. Mai 1925 ist Luftpost von Heilbronn nach Würzburg befördert worden: der seltene „Kastenstempel" lautete „Mit UDET-Flugzeug befördert". Es handelte sich dabei um den Doppeldecker Udet U 12 Flamingo. Ernst Udet war mehrmals in Fürth, wo er seine Flugkünste zeigte. Auch die Besuche des Ozeanfliegers Ehrenfried Günther Freiherr von Hünefeld aus alter fränkisch-thüringischer Adelsfamilie bildeten letzte Höhepunkte der Zivilluftfahrt in Fürth. Seit dem Jahre 1933 nutzten die Nationalsozialisten Fürth-Atzenhof wieder militärisch. Von 1920 bis 1926 aber war die Zahl der deutschen Flugplätze von 20 auf 88 gestiegen! Aufgrund der guten Passagierzahlen konnte sich Fürth sogar auf Platz acht behaupten. Es waren damals überwiegend Hochdecker vom Typ „Dornier Merkur“, „Silberfuchs“, mit Zweiblattluftschraube für sechs bis acht Fluggäste, welche Fürth-Atzenhof ansteuerten.

„Nicht nur die Fränkische Schweiz“: Wachsender Fremdenverkehr in Franken

Auch der Fremdenverkehr nahm in Franken erheblich zu. Seit den 1920er Jahren verwandten viele touristische Orte für ihre Werbung die ganz neuen Medien Film und Rundfunk. Viele Gemeinden wie Rothenburg ob der Tauber verbesserten auch ihre touristische Infrastruktur. Hatte etwa im Jahre 1891 der Polyhistor Professor August Ebrard inkognito und „auf eigene Faust“ einen „Führer durch die Fränkische Schweiz sowie Wegweiser durch das Schwabachtal“ geschrieben und verlegen lassen, so machte schon 1906 die Stadt Nürnberg anhand eines Führers „Nürnberg, des Deutschen Reichs Schatzkästlein“ von sich reden, welcher 1929 in 9. Auflage erschien. Und schon 1908 wartete Nürnberg gar mit einem dreisprachigen Führer auf: „Acht Tage in Nürnberg“ empfahl etliche Sehenswürdigkeiten, Museen und Ausflugsorte in der Noris. Die Übernachtungszahlen in Franken stiegen dann auch entsprechend an. Bayreuth etwa konnte in der Zeit zwischen 1925 und 1930 eine Vervierfachung seines Fremdenverkehrs vermelden. Die Übernachtungen in der Wagnerstadt stiegen in diesem Zeitraum von 54.000 auf 201.000! Auch der Wallfahrtsort Gößweinstein freute sich über den Zuwachs von 42.000 auf 51.000 Übernachtungen. Rothenburg ob der Tauber meldete sogar mehr als eine Verdoppelung: von 34.000 auf 73.000. Bayern hatte überhaupt als erstes Land im Deutschen Reich schon 1910 eine „Landesfremdenverkehrsstatistik“ eingeführt. Nochmals konnten 1930 mit 4.634.950 und 1937 mit 5.808.879 Übernachtungen von Neuem Höchststände verbucht werden. Bayernweit aber lag Bad Kissingen mit 565.000 Übernachtungen 1930/1931 ganz vorne!

„Der erste Flugzeugabsturz in dieser Region": Flugzeugunglücke in Süddeutschland

Das wachsende Verkehrsaufkommen hatte seine Schattenseiten. Am 24. August 1929 stürzte eine „Fokker-Grulich F.II" der deutschen „Luft Hansa" auf einem Linienflug von Frankfurt am Main nach Berlin-Tempelhof im sogenannten „Elmer Loch" beim alten fränkischen Schlüchtern im heutigen Main-Kinzig-Kreis ab, wobei vier Insassen zu Tode kamen. Christoph Käppeler schreibt: „Heute vor 75 Jahren, am 24. August 1929, stürzte zwischen Elm und Hutten, auf dem Landrücken, ein Flugzeug auf dem Weg von Frankfurt nach Berlin ab. Ein Flugzeugabsturz ist heute wie früher immer ein tragisches Ereignis. Der Absturz vor 75 Jahren aber war der erste in dieser Region. Vier der fünf Passagiere der Fokker-Maschine kamen dabei ums Leben. Noch heute kann man im Wald auf dem Landrücken zwischen Schlüchtern-Elm und Schlüchtern-Hutten Überreste des Flugzeuges an der Absturzstelle sehen. Hätte der Pilot im Nebel damals Instrumente gehabt, wie sie kurz darauf eingeführt wurden, hätte er vielleicht den Absturz vermeiden können. Ältere Menschen können sich noch an den Tag erinnern."

Der Tod forderte auch von der Militärfliegerei seine Opfer. Am ersten Adventssonntag 1937, am 28. November 1937, stürzte bei Wolkenstein in der Nähe des oberfränkischen Ebermannstadt eine Maschine des erst im März 1937 in Leipheim aufgestellten Kampfgeschwaders 255 ab. Damaliger Geschwaderkommandeur war der im Ersten Weltkrieg bei der Artillerie-Fliegerabteilung 225 dienende Oberst Willibald Spang. Das Kampfgeschwader 255 verfügte über Bomber der bekannten Flugzeugtypen Dornier Do 17 und Heinkel He 111. Die Maschine hatte von Westen kommend an dem bewaldeten Röthelfelsen Bodenberührung bekommen und stürzte ab. Dabei fanden den Fliegertod die aus Holstein stammenden Soldaten Leutnant Erich Peperkorn und Unteroffizier Hermann Steffens sowie der aus Schlesien gebürtige Unterfeldwebel Anton Smieja. Den Einwohnern von Wolkenstein ist das Unglück, das eventuell durch „Treibstoffmangel" der Maschine ausgelöst wurde, noch gewärtig [laut Gespräch vom

1.4.2009 mit Einwohnern]. Für den heute noch an der Unglücksstelle vorzufindenden Gedenkstein fand die damalige *völkische Geschichtsauffassung* die Worte: „Wer sein Leben hingibt für sein Volk aus glühender Liebe zu ihm und seinem Lande dessen Name wird nie vergessen".

Auch die technische Erprobung von neuen Flugzeugprototypen war gefährlich. Am 27. Juli 1934 verunglückte Freiherr Wolf von Dungern aus altem schwäbisch-fränkischen Reichsadel, dessen fränkische (III. Linie) Freiherr Friedrich von Dungern (1839–1912) begründete, mit seiner Messerschmitt Bf-108 „Taifun" tödlich bei Augsburg. Die unbewaffnete und rein auf Sportlichkeit getrimmte Bf-108 war aufgrund ihrer revolutionären Entwicklung mit ausklappenden Vorflügeln, äußerst geringem Gewicht und einziehbarem Fahrwerk schon in den 1930er Jahren ein Flugzeug „wie aus einer anderen Epoche". 1939 wurde mit 9.125 Metern Flughöhe ein Höhenweltrekord erzielt. Freiherr Wolf von Dungern fand auf dem Eigenfriedhof von Gut Oberau bei Staffelstein, das seit 1865 Sitz der fränkischen Linie der freiherrlichen Familie von Dungern ist, seine letzte Ruhestätte. Auf der schlichten bronzenen Grabplatte Freiherrn Wolf von Dungerns ist ein Propellerblatt der dreiblättrigen Luftschraube der verunglückten Maschine eingelassen.

7.
Der „Gau Franken“ des „Frankenführers“ Julius Streicher: Franken im Nationalsozialismus

Franken am Vorabend der „Braunen Revolution“

Die Sturmabteilung – Streichers braune Bataillone in Franken

Wer im Jahre 1930 auf fränkischen Straßen unterwegs war, kam nicht an ihnen vorbei: Überall in fränkischen Landen waren mit „klingendem Spiel“ Parteiformationen der NSDAP unterwegs, „Sturmabteilung“ SA, „Schutzstaffel“ SS, Nationalsozialistischer Deutscher Studentenbund, Hitlerjugend einschließlich Deutsches Jungvolk und Bund Deutscher Mädel. Vor allem in Gunzenhausen, das eine „Hochburg“ der Nationalsozialisten war, hatte es früh Großkundgebungen mit SA-Aufmärschen gegeben. Die SA hatte hier auch „polizeiliche Privilegien“ zur Verfolgung „Krimineller“ erhalten. Überhaupt konnte die SA in Franken, der „Hochburg des Antisemitismus in Deutschland“, viel auf „behördliche Rücksicht“ und Beifall in der Bevölkerung setzen. Sie leistete in Gunzenhausen „gute“ weltanschauliche „Vorarbeit“. Die SA war auch frankenweit die brutale „Faust“ gegen die Juden. Sie war besonders frühzeitig und mit unbändiger Brutalität gegen die Gunzenhausener Juden vorgegangen. Die braunen Schlägertrupps der SA hatten selbst den Stahlhelmführer Georg Stern in Gunzenhausen im Visier, da er „sich wieder in die Judenwirtschaft *Strauß* begeben“ hatte. Der SA-Führer Ernst Röhm hatte selbst Hitler nachdenklich gestimmt: „Bedenkt, fast vier Millionen Rabauken stehen hinter mir!“ Dabei wüteteten innerhalb der fränkischen SA selbst erbitterte Streitigkeiten.

Die sogenannte „Stegmann-Revolte" in Franken 1932/1933

Der SA-Gruppenführer in Franken Wilhelm Stegmann (1899–1944) hatte sich noch im Januar 1933 mit der NSDAP-Parteiführung überworfen, weil er entgegen dem von Hitler eingeschlagenen Legalitäts-Kurs eine gewaltsame Machtübernahme forderte. Um einem möglichen „Zugriff" seines Kontrahenten Julius Streicher in Nürnberg zu entgehen, hatte Stegmann den Sitz seiner SA-Gefolgschaft nach Schillingsfürst verlegt. Angeblich ist es dann am 14. Januar 1933 zu einem Gespräch zwischen Stegmann und dem „Führer" gekommen. Stegmann soll reumütig erklärt haben: „Ich war heute bei meinem Führer. Da ich einsehe, daß mein Verhalten von ihm mit Recht getadelt wurde, habe ich aus eigenem Willen mein Reichstagsmandat zu seiner Verfügung gestellt und ihm versprochen, als Parteigenosse in Treue und Gehorsam meine Pflicht zu tun". Dennoch hat Stegmann kurze Zeit später in Ansbach ein „Freikorps Franken" ins Leben rufen lassen, weil sein „Rückhalt" in der SA unbestritten schien. Das „Freikorps Franken" soll sich aber schon bald wieder aufgelöst haben.

Eine der reichsweiten Eliteeinheiten der Sturmabteilung kam aus Franken. Im Sommer 1927 war der „Gausturm Franken" mit den SA-Standarten „Nürnberg" und „Bayreuth" ungefähr 650 Mann stark. Er wirkte bei etlichen nationalsozialistischen „Kultfeiern" mit. Bis August 1932 konnte man auf 20.378 Mann zählen. Nichts vermochte sich den Braunhemden mit den typischen Schaftmützen mit brauner Grundfarbe zu widersetzen. Im November 1926 war die „Dienstbekleidung der NS-Kampforganisationen" genau festgelegt worden: „Danach waren in den Kampforganisationen das Braunhemd mit Halstuch, Mütze, kurzer brauner Hose und dazu Schulterriemen und Koppel zu tragen."

Das bayerische Uniformverbot

Der bayerische Freistaat hatte vor dem Hintergrund landauf, landab veranstalteter und provozierender NS-Aufmärsche als erstes Land der Weimarer Republik am 5. Juni 1930 ein eingeschränktes Uniformverbot erlassen, das am 10. Juli 1931 ausgeweitet werden sollte. Die Sturmabteilung war ihrerseits militärisch seitens der bayerischen Armee – des Infanterieregiments 19 – gedrillt worden und war in die Mobilmachungspläne einbezogen.

Hitler hatte in Franken seine stärkste politische Klientel. Von dieser fränkischen „Machtbasis" probte er den politischen Sturm auf die Weimarer Republik. Bei den Reichstagswahlen am 14. September 1930 hatte die NSDAP im Wahlkreis 26 „Franken" 20,5 % der Stimmenanteile erreicht, bei den Reichstagswahlen am 31. Juli 1932 sollten hier die Nationalsozialisten die Sozialdemokraten (21,2%) mit 39,9 % überflügeln. Die NSDAP erreichte in den ländlichen Gebieten von Rothenburg ob der Tauber, Uffenheim, Neustadt an der Aisch, Gunzenhausen und Ansbach Spitzenwerte weit jenseits der 50 %! Sie hatte in Franken bis 1932 die „Deutschnationalen" längst in den Schatten gestellt und war in Franken mit großem Abstand stärkste politische Kraft. Der Antisemitismus war in Stadt und Land stark ausgeprägt. Hier hatte schon die weltanschauliche Agitation der Alldeutschen in kaiserlicher Zeit „gute" Vorarbeit geleistet. Am Ortseingang von Burghaslach, das einen jüdischen Friedhof hat, drohte ein Schild:

„Jud du bist erkannt.
Zumal im Frankenland!
Daß du in Burghaslach noch geduldt
Dran sind die Judenknechte schuld."

Tatsache ist auch, dass das deutschlandweit erste „Hitlerdenkmal" in Gunzenhausen eingeweiht worden ist. Die NSDAP erzielte denn auch bei den Wahlen am 5. März 1933 in Gunzenhausen 67,1 %!

An die judenfeindliche Stimmung in Franken erinnert sich auch der Nürnberger Kaufmannssohn Werner Schwarz: „Es war ein schöner Sonntagmorgen. Mein Vater ging wählen und ich durfte ihn begleiten. Das Wahllokal lag hinter der Grünanlage am Melanchthonplatz. Vater war immer freundlich! Viele Nachbarn grüßten ihn. Viele Hüte wurden abgenommen. Gegenüber der Schule am Melanchthonplatz standen drei junge Burschen an einer Hauswand gelehnt. In dem Augenblick, in dem wir an ihnen vorübergingen, rief einer von ihnen: ‚Saujude, verrecke!' Die beiden anderen wiederholten es. Vater fasste mich fest bei der Hand. Ich spürte, dass er zornig war. Wir betraten das Wahllokal. Einige Besucher sprachen Vater an. Wir erfuhren, dass viele Wahlberechtigte Angst hatten, wählen zu kommen. Vater sagte darauf, dass es seine Pflicht sei, als Deutscher zu wählen. Zu Hause sprachen wir nicht über das Ereignis am Morgen" [Meier Schwarz: Der Synagogensucher. Lebenserinnerungen, Nürnb. 2006, 31].

„Das Volk steht auf, der Sturm bricht los!"
Hitlers Agitation in Franken

Seit dem „Deutschen Tag" 1922 in Coburg war Hitler fortwährend in Franken. 1929 sprach er vor einer riesigen Menschenmenge am Döbraberg im Frankenwald. Am 5. August 1930 war Hitler Gastredner in der „Frankenhalle" in Würzburg und am 30. des Monats besuchte er Bayreuth. Am 7. September 1930 verkündete der Volksagitator in der Festhalle des Nürnberger Luitpoldhains vor 16.000 Menschen: „Das Volk steht auf, der Sturm bricht los! [...] Es zieht ein neuer Geist in unser Volk ein [...] die Einheit findet ihre Verkörperung in unserer nationalsozialistischen Bewegung [...] so wahr uns Gott helfe, werden wir nicht rasten, bis 60 Millionen deutsche Menschen in unseren Reihen sind, bis endgültig das ganze deutsche Volk diese Parole sein eigen nennt und in dieser Bewegung steht". Dessen ungeachtet sprach Hitler am 26. Oktober 1930 von Neuem im Luitpoldhain: „Nie werden wir mit einer anderen Partei die Geschicke des Volkes teilen. Entweder wir schaffen es oder wir gehen unter." Am 13. November 1930 war Hitler zu Gast an der Universität Erlangen, wo der Redner vor 1.500 Professoren und Studenten ausführte: „Kein Volk geht ohne eigenes Verschulden zugrunde, und dennoch wird in jedem Volk nur ein ganz kleiner Teil dieses eigne Verschulden anerkennen wollen [...] Jedes Wesen strebt nach Expansion, und jedes Volk strebt nach der Weltherrschaft. Nur wer dieses Ziel im Auge behält, gerät auf den richtigen Weg!"

Am Folgetag war Hitler zu Gast in Bayreuth bei Winifred Wagner (1897–1980), die „ihm die Sorgen ums Festspielhaus ausbreitet". Die neue Festspielchefin hatte derzeit großes „Ungemach" wegen der Besetzung des Festspielorchesters. Später hatte Winifred Wagner auch Geldsorgen: 1933 ging sie „mit ihren Kindern aus den diesjährigen Festspielen ruiniert hervor". Dann ließ Hitler („Wolf") die Bayreuther Festspiele stützen, indem das „Reich" Eintrittskarten für Bayreuth erwarb und diese sodann „unentgeltlich oder verbilligt" „an weite Kreise" weiterreichte. Unter anderem war Adolf Hitler wieder am 6. Juni 1931 mit Winifred Wagner zusammen, welche ihn „mit ihren Kindern in das Ausflugslokal Behringersmühle" einlud und man des Abends im Haus Wahnfried in Bayreuth zusammensaß.

Während im Freistaat Braunschweig die NSDAP bereits seit 1930 an der Regierung beteiligt war, kam gleichzeitig am 28. August 1930 der Nationalsozialist Franz Schwede (1888–1960) in Coburg als erster nationalsozialistischer Bürgermeister ins Amt, weshalb ab 1931 die Hakenkreuzfahne über der kreisfreien Stadt mit der „Fränkische Krone" wehte.

Der Neckarfranke Theodor Heuss warnt vor dem Nationalsozialismus

An frühen Warnungen hatte es mitnichten gefehlt: Das katholische und in Unterfranken verlegte „Fränkische Volksblatt" beschwor als eine der ersten Zeitungen den „Anmarsch" des Nationalsozialismus. Der Chefredakteur der Gazette, der Geistliche Rat Heinrich Leier (1876–1948), attackierte bereits seit 1929 in etlichen Artikeln die Partei, ihre Weltanschauung und ihre Köpfe scharf. Auch der damals dem „Deutschen Werkbund" angehörende Theodor Heuss mahnte früh. Er erweiterte den Inhalt einer 1931 in Tübingen gehaltenen Rede zu der Untersuchung „Hitlers Weg. Eine historisch-politische Studie über den Nationalsozialismus". Dort heißt es: „Die Zerstörung jüdischer Friedhöfe muß eine Gemeinschaft tief treffen, in der, im Widerspruch zu allem Geschwätz von der individualistischen Auflösungskraft des Jüdischen, die Familie lebensvolle Bindung auch in die Vergangenheit bedeutet, sie beschmutzt uns alle. Wir tragen einen Fleck an uns herum, seit in Deutschland solches, feig und ehrfurchtslos, möglich wurde." Später erinnerte Theodor Heuss an das schnelle Weglegen und Beiseiteschieben seiner Mahnschrift durch die Nationalsozialisten: „Immerhin erreichte das Buch im Jahre 1932 eine achte Auflage; die ‚Frankfurter Zeitung' charakterisierte den Versuch als einen politischen ‚Baedeker'. Goebbels hatte es früh gelesen und in seinem Tagebuch vom Januar 1932 notiert, mein Unterfangen sei so dumm und einsichtslos, daß eine Auseinandersetzung mit ihm sich gar nicht lohne."

Im Reichstag sprach Heuss nochmals am 11. Mai 1932 als Abgeordneter der Deutschen Staatspartei: „Die Ausstattung des ‚Dritten Reichs' wird aus einem Großausverkauf von neu lackierten und aufgeputzten Ladenhütern der wilhelminischen Epoche bezogen sein – (lebhafte Zustimmung in der Mitte und bei den Sozialdemokraten) – und davon, meine Herren, haben wir, denke ich, genug gehabt (Lebhafter Beifall bei der Staatsparteilichen Fraktionsgemeinschaft)." Doch die politischen Kräfte, welche die braune Machtübernahme jetzt noch hätten verhindern können, die Sozialdemokratie und die in der Wählergunst schon im Abstieg begriffenen Kommunisten, standen sich in unversöhnlichem Kampf und Hass gegenüber. Das war Wasser auf die Mühlen der landauf, landab marschierenden braunen Trommler.

Der Gau „Franken" der NSDAP: Gründung und Organisation

Der Gau „Franken" der Nationalsozialistischen Deutschen Arbeiterpartei (NSDAP) ist im April 1925 gegründet worden. Hitler hatte auf einer in Rosenheim stattfindenden „Führertagung" angekündigt, „dass die Partei in Bezirke, Gaue und Ortsgruppen gegliedert sein solle". Gauleiter von „ganz" Franken war seitdem „der glühendste Antisemit in der nationalsozialistischen Hierarchie", Julius Streicher (1885–1946). Neben dem Gau „Franken" der NSDAP bestand der Gau „Unterfranken" mit seinem Gauleiter Otto Hellmuth (1896–1968). Auf dessen nachdrückliche Initiative hin ist der Gau Unterfranken im Juli 1935 in „Mainfranken" umbenannt worden. Bereits Otto von Bismarck hatte wiederholt – in seinen Schriften – von der im „Unterfränkischen" ansässigen Bevölkerung der „Mainfranken" gesprochen. Hellmuth wollte aus „seinem" Organisationsbezirk „Mainfranken" einen Mustergau bilden. Dazu hatte der aus Markt Einersheim bei Kitzingen gebürtige Dr. Hellmuth ganz nach nationalsozialistischer Lesart auch historische Größen wie den Bauernführer Florian Geyer oder den Minnedichter Wolfram von Eschenbach „bemüht", um den mainfränkischen „Volksstamm" in seiner völkischen und bäuerlichen Eigenart zu loben und anzupreisen. Für das östliche Oberfranken hatte die Parteiführung auf Initiative ihres Gauleiters Hans Schemm (1891–1935) den historischen Begriff „Gau Bayerische Ostmark" kreiert.

Hierarchisch „unterhalb" der Gauleiter waren die Kreisleiter und Ortsgruppenleiter, Zellenleiter und Blockwarte „installiert". Die Kreisleiter und Gauleiter hatten in weltanschaulichen Fragen ein „Mitspracherecht". Innerhalb der Parteiführung übte Streicher in Franken sichtlich uneingeschränkte politische Gewalt aus. Im Dezember 1937 etwa wies er den Kreisleiter von Feuchtwangen, Trommsdorff, an, die dort noch verbliebenen Juden aus der Stadt jagen zu lassen. Gauleiter Streicher war stolz darauf, Feuchtwangen schon 1938 als judenfrei deklarieren zu können. Im Bayerischen Landtag vertrat Julius Streicher als Abgeordneter zunächst den„Völkischen Block" und sodann seit 1928 die NSDAP.

Vom Scheitel bis zur Sohle ein „Judenschlächter": der „Frankenführer" Julius Streicher

Julius Streicher war kein gebürtiger Franke, sondern stammte aus dem bayerisch-schwäbischen Fleinhausen westlich von Augsburg. Von kaum einer Gestalt in der Weltgeschichte hat die Historie je ein so nachhaltig negatives „Portraitbild" gezeichnet. Das hängt neben seiner vollends verblendeten nationalsozialistischen Gesinnung mit den charakterlichen Defiziten zusammen, die Streicher anhafteten. Der Burgthanner Historiker und Redakteur beim „Sonntagsblatt“ Thomas Greif schreibt über Streicher, der wegen Verbrechen wider die Menschlichkeit gehenkt wurde: „In ihm offenbart sich das Dritte Reich in seiner widerlichsten Gestalt: Julius Streicher bereitete mehr als jeder andere die geistige Saat für die Vernichtung des europäischen Judentums. Die Primitivität seiner Argumentation war selbst vielen seiner eigenen Parteigenossen obsolet. Schamlose Besitzgier, neurotische Besessenheit von pornographischen Vorstellungen, skrupelloser Umgang mit Freund und Feind und ein manischer, abgrundtiefer Hass auf alles Jüdische waren Konstanten seines Lebens“. Unter anderem war Streicher auch Herausgeber der auf kaum dagewesene Primitivität bauenden Wochenzeitung „Der Stürmer“, die seit dem 20. April 1923 in Nürnberg erschien.

Das Hetzblatt setzte für seine „Publikumswirksamkeit“ auf Denunzieren und Kompromittieren. In der Rubrik „Kleine Nachrichten – Was das Volk nicht verstehen kann“ veröffentlichten die Redakteure Diffamierungen, die an das Blatt eingeschickt wurden: „Die Junglehrerin Maria Schmidt aus Heiligenbrunn küßte ihre volljüdische Schwägerin am 13. April 1939 in aller Öffentlichkeit auf einer Straße in Güssing“. Oder: „Die Familie Leonhard Breunig in Hainstadt geht fast täglich zu dem Juden M. Rosenbaum“, und ein 15-jähriges BDM-Mädchen klagte dem „Stürmer“ seinen Kummer, dass viele in ihrer Schulklasse „noch immer mit Jüdinnen Freundschaft hielten“.

Streicher gehörte zunächst dem von Konstantin von Gebsattel (geheim) geleiteten Deutschvölkischen Schutz- und Trutzbund und bald der „Deutschsozialistischen Partei“ an. Er war Schriftleiter ihres Sprachrohres „Deutscher Sozialist. Werkblatt für die Belange der völkisch-sozialistischen Bewegung“. Am 8. Oktober 1922 lief Streicher zu Hitler über und *beugte* sich, um „seine fränkischen Anhänger mitzunehmen“. Bei dem gescheiterten „Marsch auf die Feldherrnhalle“ am 9. November 1923 fiel Streicher eine Schlüsselrolle zu. Er marschierte an der Spitze der Aufrührer und hielt „Putschreden“. Hitler vergaß ihm dies nie: „Dieser Marsch wird in seiner Eigenart für alle Zukunft bleiben und für alle Zukunft wird immer der Gauleiter von Franken an der Spitze des Zuges marschieren“ (Fränkische Tageszeitung vom 6.11.1937). Als eine seiner „Parteiaufgaben“ veranstaltete der „Frankenführer“ jeweils in der ersten Septemberhälfte die Reichsparteitage der NSDAP in Nürnberg. Zu den Veranstaltungshöhepunkten zählte vor allem das Jahr 1935, als Streicher mit der Parteiführung in Nürnberg das hundertjährige „Eisenbahnjubiläum“ der historischen Gleisfahrt Nürnberg-Fürth aufwendig feiern ließ. Dazu waren auch Sonderzüge aus Norddeutschland gekommen, und die Deutsche Reichsbahn hatte einen detailgetreuen Nachbau des „Adler“ aufgeboten. Im Rahmen der Ausstellung „100 Jahre Deutsche Eisenbahn“ wurde auch der 170 km pro Stunde schnelle „Henschel-Wegmann-Stromlinien-Dampfzug“ präsentiert. Mit seinen aerodynamischen, im Windkanal erprobten Eigenschaften war der „verkleidete“ Schnellzug mit „glatter Blechverschalung“ eine „technische Sensation“. Streicher stand damals im Zenit seiner Macht.

Fünf Jahre später fiel er in Ungnade, nachdem er sich nicht zuletzt Hermann Göring und Heinrich Himmler zu Feinden gemacht hatte. Vom Obersten Parteigericht in München wurde Streicher der Korruption und weiterer parteischädigender Vergehen für schuldig befunden. Politisch trat er danach kaum noch in Erscheinung. Streicher zog sich auf seinen Landsitz Gut Pleikershof bei Cadolzburg, den bekannten *Streicher-Hof*, zurück.

Der am 20. November 1945 eröffnete „Nürnberger Prozess gegen die Hauptkriegsverbrecher“ verurteilte auch den „Frankenführer“ Julius Streicher zum Tod. Als endgültige Beweise seiner Schuld legten die Richter Artikel des „Stürmer“ vor, in welchen Streicher noch im Februar 1944 die Ausrottung oder die *Vernichtung* des jüdischen Volkes gefordert hatte. Bevor sich am Morgen des 16. Oktober 1946 die Falltür des Schafotts öffnete, soll der „Frankenführer“ ein lautes „Heil Hitler!“ ausgerufen haben.

Schon vor dem Jahr 1933: Hatz auf die fränkischen Juden

Die in Franken landauf, landab vorzufindende Judenfeindlichkeit hatte sich nicht nur über Parteien, Verbände und Vereine, sondern auch über Einzelpersonen ausgebreitet. So machte der fränkische „Märchenerzähler“, Journalist und Okkultist Georg *Philipp* Stauff (1876–1936), der aus dem mittelfränkischen Mosbach bei Markt Erlbach gebürtig war, antisemitische und völkische Ideen populär. Neben seinen „Märchendeutungen“ aus dem Jahr 1913 verfasste Stauff auch das berüchtige Werk „Sigilli Veri“, den sogenannten „Semi-Kürschner“: „Lexikon der Juden, -Genossen und -Gegner aller Zeiten und Zonen, insbesondere Deutschlands, der Lehren, Gebräuche, Kunstgriffe und Statistiken der Juden sowie ihrer Gaunersprache, Trugnamen, Geheimbünde, usw.“, das 1929 in „verbesserter Auflage“ erschien. Als Reaktion auf die wachsende Judenfeindlichkeit hatte sich bereits im Dezember 1890 unter Federführung von Prof. Rudolf von Gneist ein „Verein zur Abwehr des Antisemitismus“ konstituiert. Die zuletzt im März 1933 erschienen „Abwehrblätter“ warnten davor, der von Streicher artikulierte Antisemitismus drücke „Deutschland auf das tiefe Kulturniveau Polens, Rumäniens und des alten Rußland herab“. Und: „Er bringt uns um die Achtung und die wiedererwachenden Sympathien im Ausland.“ Es gelte wahrhaftig, endlich „moralische Eroberungen in der Welt zu machen“.

Der Antisemitismus fand im protestantischen Franken einen günstigen Nährboden. Besonders Westmittelfranken galt als eine „Bastion der Lutheraner“, die als „stramme“ Antisemiten galten. Laut Goldhagen war aber auch der katholische Klerus bereit, „dem Staat bei der Verfolgung der Juden zu helfen“ und dem Führer „Ariernachweise zu erbringen“ [Goldhagen, S. 82]. Vielfach hatten nach der „Machtübernahme“ fränkische Dorfgemeinden an ihren Ortseingängen Schilder mit der Aufschrift „Juden sind hier nicht erwünscht“ aufgestellt. Eine der fotografischen Quellen zeigt vor einem fränkischen Dorf ein antisemitisches Gemeindeschild, das neben einem katholischen Wegzeichen „einträchtig“ Wache steht.

Der Nürnberger Antisemitismusforscher Peter Zinke mutmaßt sogar, „es scheint, als hätten die fränkischen Nationalsozialisten den antisemitischen Wahnsinn in noch höhere Dimensionen treiben wollen“ [Alljuda, S. 252]. Deshalb vermochte die Kreisleitung der NSDAP Ansbach-Feuchtwangen im März 1934 auch nachstehenden und „nur noch zu unterschreibenden Vordruck“ ihren „wohlanständigen Volksgenossen“ vorzulegen, der die „Volksstimmung“ erahnen lässt: „Ich gebe hiermit die ehrenwörtliche Erklärung ab, dass ich von jetzt an und in alle Zukunft nie mit einem Juden oder einem Helfershelfer von Juden ein Handelsgeschäft irgendwelcher Art abschließen werde [...]. Ich werde niemals ein jüdisches Geschäft betreten und ich werde auch jeden Juden, der mein Anwesen oder meine Wohnung betreten sollte, wegweisen.“

Trommsdorffs „Unterfangen“ war vom Wortlaut her eines der „harmloseren“ Aufrufe gegen die Juden in Franken. Im Tauberfränkischen marschierten die SA-Schergen mit dem Lied „Wenn's Judenblut vom Messer spritzt“ durch die Straßen. Wenngleich die Judenhatz vor 1933 von der Bevölkerung vielfach geduldet wurde, war sie nach der Machtübernahme der Nationalsozialisten gleichsam „legalisiert“. In Gunzenhausen wurden bereits 1934 im Rahmen eines von der SA organisierten Pogroms mehrere Juden umgebracht. „Was brauchen wir einen Befehl, wenn es gegen die Juden geht?“, hatten die Schergen auf ihre Fahnen geschrieben. Der Prozess wegen „Landfriedensbruch“ vor der Großen Strafkammer des Landgerichts Ansbach im Juni 1934 führte denn auch zu Freisprüchen für die angeklagten SA-Männer. Das Gericht urteilte, dass sich „der angesammelte Zündstoff in Gunzenhausen spontan in Form eines reinigenden Gewitters entladen hatte“. Die Gunzenhausener SA-Leute aber waren völlig konsterniert, als Adolf Hitler sie angesichts der Auslandsproteste zu „Brunnenvergiftern“ erklärte. Auch SA-Stabschef Röhm legte im Mai 1934 auf seiner Fahrt von Würzburg nach München in Gunzenhausen einen Zwischenstopp ein, um sich nach dem Eklat zu erkunden. Die SA hatte weit über ihr Ziel hinausgeschossen.

Der Landwirt und Ortsgruppenleiter Adolf Heinrich Frey im alten fränkischen Eberstadt im Bauland bekannte vor dem Amtsgericht Buchen am 10. November 1938, „die in ihrem Hause tot aufgefundene Witwe Susanna Stern geb. Gimbel kurz vor 8 Uhr durch Revolverschuß getötet“ zu haben: „Nachdem ich die gesicherte Dienstpistole aus der Hosentasche genommen habe, habe ich die Frau noch 5-6 Mal aufgefordert, aufzustehen und sich anzuziehen [...]. Bei der Abgabe des ersten Schusses stand ich ungefähr 10 cm von der Türschwelle entfernt. Ich habe die Pistole nach der Brust der Getöteten zielend gerichtet [...]. Damit ich aber ganz sicher war, daß die Stern tot ist, habe ich auf die Daliegende in einer Entfernung von ungefähr 10 cm einen Schuß in die Mitte der Stirn abgefeuert". Frey war telefonisch seitens des Kreisleiters Ullmer in Buchen angewiesen worden, „eine Aktion gegen die Juden in Eberstadt durchzuführen". „Der Kreisleiter erklärte mir, ich könne mit den Juden machen, was ich wolle, nur dürfe es zu keinem Hausbrand und zu keinen Plünderungen kommen." Das Verfahren gegen Ortsgruppenleiter Frey wurde „durch Erlaß des Reichsministers für Justiz – IIIg10b 1621/38g – vom 2. Oktober 1940 niedergeschlagen".

Vielfach sind Juden auch gleich im Frühjahr 1933, wie etwa Emil Maier und Theo Nordhäuser aus Altenkunstadt, „für mehrere Wochen in das Konzentrationslager Dachau verbracht" worden. In Würzburg wurden im Rahmen des Pogroms von 1938 300 Juden ins KZ geschickt. Im August 1938 gab es eine große Verhaftungswelle für politisch *staatsgefährdende* Personen. Während des Zweiten Weltkrieges wurden dann tausende fränkische Juden in den Vernichtungslagern im Osten getötet.

Nationalsozialistische Kulte: die „Frankentage" am Hesselberg

Der Hesselberg in Mittelfranken war die nationalsozialistische Kultstätte des Regimes. Vermutlich sollte die vom „Frankenführer" Streicher ausgewählte und alsbald „Heiliger Berg der Franken" genannte Kundgebungsstätte ein fränkisches Pendant zu dem von Hitler ab 1933 zur *Reichserntedankfestfeier* auserkorenen Bückeberg bei Hameln bilden. Doch nationalsozialistische Kultstätte war der Hesselberg schon viel früher. Der erste „Hesselbergtag" der NSDAP fand bereits am 1. Juli 1928, einem Sonntag, statt. Am 13. Juli 1930, ebenfalls am vierten Sonntag nach Trinitatis, stattete Adolf Hitler dem „Hesselberg" einen Besuch ab. Der „Frankentag" ist hier erstmals am 11. und 12. August

1933 abgehalten worden. Hier spielten sich auch Zeltlager und „Totenfeier“ der Hitlerjugend ab, es gab eine Segelfliegerschule, und ein „Mausoleum“ für Julius Streicher war geplant. Auf der sogenannten „Osterwiese“ hielt der „Frankenführer“ seine Hetztiraden gegen die Juden, wo ihm bis zu 100.000 Volksgenossen zuhörten.

Bamberg – „Stadt des Bundes Deutscher Mädel (BDM)“
Der nationalsozialistische „Bund Deutscher Mädel“ hielt auf dem Bamberger Domplatz alljährlich seine Kultfeiern ab. Seit dem Jahre 1936 bildete Bamberg den Veranstaltungsort für die Reichstreffen des BDM, welche hier zeitgleich zu den Nürnberger Reichsparteitagen ausgerichtet wurden. *Reichsreferentin* des BDM war ab 1937 Jutta Rüdiger (1910–2001). Wegen des gerade ausgebrochenen Krieges musste das vierte Reichstreffen des BDM in Bamberg abgesagt werden. Deshalb berichtete das „Bamberger Tagblatt“ im Spätsommer 1939: „Baldur von Schirach, der Führer der deutschen Jugend, hat […] Bamberg zur Stadt des BDM erhoben und Bamberg hat sich dieser Ehre würdig erwiesen.“ Das wirkungsmächtige Potential der Bamberger Reichstreffen des BDM wurde im Zweiten Weltkrieg seitens der nationalsozialistischen Propaganda für die „Heimatfront“ und für den „Kriegseinsatz“ der Jugend instrumentalisiert. Die Befehlsformel hieß: *Ihr müßt euch tausendfach bewähren!*

Die „Reichsfrauenführerin“ Gertrud Scholtz-Klink (1902–1999) definierte im Jahre 1941 im Angesicht des tobenden Krieges den Aufgabenbereich der Frauen folgendermaßen: „Um die Lebensbedingungen des deutschen Volkes ist in den letzten Jahren all unser Kampf und unsere Arbeit gegangen. Jetzt wird er in der gewaltigsten Kraftanstrengung aller Zeiten seine Erfüllung finden. Unsere Männer haben zu den Waffen gegriffen, und wir Frauen reichen ihnen diese Waffen zu, bis der letzte Sieg errungen ist. Das bedingt neben aller selbstverständlichen inneren Haltung einen arbeitsmäßigen Einsatz der deutschen Frau, der von keiner Nation der Welt übertroffen werden darf – der Sieg muß unser sein.“

Der BDM war als „Teilorganisation“ der Hitlerjugend am 7. Juni 1932 „zur einzigen parteiamtlichen Mädchenorganisation der NSDAP“ erklärt worden. Seine Mitgliedschaft war Ende 1936 „verpflichtend“ geworden. „Alle 10jährigen zu uns!“ war einer der Werbesprüche des BDM. Auf den Bamberger „Reichstreffen“ des BDM ergriff auch die die aus dem fränkischen Adelsheim gebürtige „NS-Musterfrau“ Gertrud Scholtz-Klink das Wort. Sie beleuchtete die Rolle der zukünftigen „Weiblichkeit“ im „Rahmen der völkischen Neugeburt“. Als einzige Frau der NS-Hierarchie durfte Scholtz-Klink Ansprachen auf den Nürnberger Reichsparteitagen halten. Die „Reichsfrauenführerin“ eröffnete etwa am 10. September 1937 im Rahmen des Nürnberger Reichsparteitages die Versammlung der nationalsozialistischen Frauenschaft und hob die „vorbildliche Zusammenarbeit“ ihrer Frauenorganisation mit der „Schutzstaffel“ SS hervor.

„Chlodwig war der erste deutsche König.“
Das Frankenbild der Völkischen

„Chlodwig war der erste Deutsche (westgermanische) König, der zum Christentum übertrat und unter seinem Volke die Ausbreitung förderte; seinem Charakter entsprechend benutzte er den christlichen Glauben zu den politischen Zwecken seiner Machtausdehnung – aber er bereitete doch dem Christentum den Einzug unter den Deutschen.“ Das schreibt der Rheinfranke Heinrich Claß in seiner unter dem Pseudonym „Einhart“ erschienenen „Deutschen Geschichte“ in der 16. Auflage aus dem Jahre 1936.

Für den Vorsitzenden des Alldeutschen Verbandes war selbstverständlich auch ein Merowingerkönig „deutsch“. Chlodwig, der ursprünglich im heutigen Belgien herrschte, wurde in Reims getauft und starb 511 in Paris, das er zur Hauptstadt seines Merowingerreiches gemacht hatte. Für die Nationalsozialisten hatten dann auch die Hugenotten „arische Wurzeln“. Helmut Erbe „bewies“ in seinem Buch *Die Hugenotten in Deutschland* von 1937 auch die hohe Integrationsfähigkeit der Hugenotten im Deutschen Reich, die er gegenüber der vermeintlich mangelnden Assimilierung der Juden in Deutschland hervorhob. Das war zu der Zeit, als Heinrich Mann sein großes Romanwerk „Die Jugend des Königs Henri Quatre“ (1935) und „Die Vollendung des Königs Henri Quatre“ (1938) veröffentlichte, in welchem der Schriftsteller das Bild eines toleranten und liberalen französischen Königs dem eines egomanischen Diktators gegenüberstellen wollte.

Das nationalsozialistische Geschichtsverständnis dagegen mit seinem *Bodensatz der Romantik* war durch und durch *eklektisch,* das heißt es verband einzelne Versatzstücke willkürlich miteinander. Der „Gau Franken“ des „Frankenführers Streicher“ entsprach dann auch geographisch gar nicht dem alten *gewachsenen* Franken im Alten Reich. Der Gau „Bayerische Ostmark“ – Oberfranken – ist gleichsam Franken entrissen worden. Zu Recht erklärten die Nationalsozialisten Franken zur „alten Hochburg der Bewegung“. Hitlers Geschichtskenntnisse waren sicherlich nicht die besten. So monologisierte der „Führer“ vor Offizieren am 5. November 1941: „Nürnberg hatte 400 Jahre lang – bis 1838 – keine Juden: eine dominierende Stellung im deutschen Kulturleben war die Folge“. Ein weiteres Mal „hofierte“ Hitler das mittelfränkische Nürnberg: „Das Tollste war 1923 beim Deutschen Tag in Nürnberg, es war das erste Mal, daß ich da sprach in einer Halle mit 2.000 Plätzen; ich hatte noch keine Erfahrung. Nach 20 Minuten war die Stimme vollständig weg!“

Der vormals für die sozialdemokratische Fränkische Tagespost wirkende Nürnberger Arbeiterdichter Karl Bröger (1886–1944) verklärte 1942 das „Kameradschaftserlebnis“:

Das Vermächtnis

Alle lieben Brüder, die schon gefallen sind,
reden aus Stein und aus Scholle, sprechen aus Wolke und Wind.
Ihre Stimmen erfüllen mit Macht den Raum,
ihre Gedanken weben in jedem Traum.
Nacht um Nacht sich in meine Seele brennt
Tief der toten Brüder Wille und Testament.
Wieder hör ich die Stimme voll dunkler Kraft:
„Klagt nicht --- schafft!“

Bröger aber ist seitens der Nationalsozialisten selbst einer Verklärung anheimgefallen. Seine aus dem Ersten Weltkrieg stammenden Kriegsgedichte hatten weitgehend einen unpolitischen Charakter. Bröger war auch Mitbegründer des Gaues „Franken" des Reichsbanners Schwarz-Rot-Gold. Die Sozialdemokraten „bemühten" sich indessen um ein wirklicheres *Frankenbild.*

Die Nationalsozialisten instrumentalisierten mit dem protestantischen Franken auch alte Ressentiments gegen das katholische Bayern. Die traditionsreiche „Fränkische Zeitung" vom 1. Juli 1932 brachte in ihrem Aufmacher den Titel „Kampf dem schwarzen Separatismus – Wir Franken bleiben deutsch". Wussten doch die Nationalsozialisten genau, dass der kräftigste politische Protest gegen sie von der katholischen Kirche kam. Das hat auch der Schriftsteller und Widerstandskämpfer Günther Weisenborn in seiner schonungslosen Studie „Der lautlose Aufstand 1933–1945" bereits 1962 eindrucksvoll dargelegt.

Franken im Zweiten Weltkrieg

Das Jahr 1939 war kaum eingeläutet worden, da „schleuderten" der „Frankenführer" Julius Streicher und der italienische Staatsminister Roberto Farinacci im Berliner Sportpalast am 25. Januar 1939 heftige Attacken gegen die Juden und die vermeintlich „judenfreundliche" katholische Kirche. Roberto Farinacci war die „rechte Hand" Mussolinis. Er war Sekretär der „Partito Nazionale Fascista" und baute auf „Krieg".

Streicher war auch ein Freund des Krieges und konnte seinen Judenhass noch einmal steigern. Der „Frankenführer" war anlässlich des Frankentages auf dem Hesselberg kurz vor Kriegsausbruch am 25. Juni 1939 mit einer Maschine auf dem „Berg der Franken" gelandet und hatte wohl zum letzten Mal eine hasserfüllte antisemitische Rede gehalten. Kurz vor der berüchtigten Wannsee-Konferenz Anfang 1942 schrieb der „Frankenführer": „Wenn die Gefahr der Fortpflanzung dieses Fluches Gottes im jüdischen Blut endlich zu einem Ende kommen soll, dann gibt es nur einen Weg: die Ausrottung dieses Volkes, dessen Vater der Teufel ist."

Streichers fränkische „Gefolgschaft" aber hatte bei Kriegsausbruch weniger Jubel bekundet als bei Ausbruch des Ersten Weltkrieges 1914. Seit 10. September 1939 wurden auch wieder Lebensmittel rationiert und Lebensmittelkarten ausgegeben. Dunkle Wolken standen bereits vorher am Himmel. Man musste schon „aufhorchen", als der für September 1939 geplante Nürnberger Reichsparteitag des „Friedens" am 26. August 1939 abgesagt wurde.

„Und dann haben sie uns geholt."
Kriegsbedingte Zwangsarbeit in Franken

Zur Aufrechterhaltung der deutschen Wirtschaftskraft und zur Erhöhung der Rüstungsproduktionszahlen waren ab 1940 zehntausende Zwangsarbeiter aus den besetzten Gebieten in Deutschland eingesetzt. Herbert May, der im Dezember 2009 über „Zwangsarbeit im ländlichen Franken 1939–1945" referierte, geht für Franken von einer Größenordnung von 200.000 bis 250.000 ausländischen Zivilarbeitern, Kriegsgefangenen und Häftlingen aus. Zunächst sind in den okkupierten Gebieten „Freiwillige" angeworben worden. Die Ukrainerin Feodosia M. erinnerte sich: „Da haben sie erst einmal durchgegeben vom Bürgermeister, die sollen sich freiwillig melden, die Leute, nach Deutschland zu gehen. Und da hat sich keiner gemeldet. Und da haben sie wieder und wieder den Auftrag gegeben, der Bürgermeister soll schauen, dass er Leute zusammenbringt. Und dann haben sie gesagt, es muss. Da haben sie eine andere Methode angewandt und haben sich die Leute einfach rausgesucht, also der und der und der von der Familie, die müssen jetzt einfach fort. Die haben früh bekanntgegeben und am Abend haben wir fortgemusst [...] Ob das Eheleute waren oder noch jüngere Kinder– das war ganz egal, die haben das alles ausgeräumt, die haben da alles mitgenommen." Und Archip W. sagt zur „Anwerbung": „Und sie haben gesagt, wo drei, vier Kinder, einer müsse mit. Und dann haben sie uns geholt, das war am 18. Mai 42."

Die zivilen ausländischen Arbeiter waren überwiegend auf fränkischen Bauernhöfen untergebracht. Aufgrund ihres gelebten Katholizismus waren die frommen polnischen Arbeiter den Nationalsozialisten ganz besonders suspekt. In Stadelhofen im Landkreis Main-Spessart ist im April 1940 ein Geistlicher verhaftet worden, „weil er die Mitglieder seiner Kirchengemeinde als ‚*laue Christen*' bezeichnet und ihnen empfohlen hatte, sich die Polen zum Vorbild zu nehmen". Und im Mai 1940 war die Kreisleitung von Karlstadt aufgeschreckt: An katholische Pfarrer wurden wohl Predigten in polnischer Sprache ausgegeben, welche „auch ohne polnische Sprachkenntnisse gehalten werden konnten".

Gescheiterte Judenrettung: Der „fränkische Schindler"

Nach dem Überfall der deutschen Wehrmacht auf die Sowjetunion am 22. Juni 1941 begannen die Nationalsozialisten im Herbst 1941 – parallel zum bereits angelaufenen Massenmord an den osteuropäischen Juden – mit der systematischen Verschleppung der Juden aus Deutschland. Die erste Deportation von mainfränkischen Juden fand im November 1941 statt. Damals wurden etwa 400 Juden in die Gegend von Riga verbracht. In Neustadt an der Saale wurden die Juden seitens der NSDAP-Kreisleitung fotografiert, „bevor sie unter Leitung des NSDAP-Kreisleiters Ingebrand vom Marktplatz zum Bahnhof marschieren mußten". Die Fotografien mit den deportierten Juden hingen dann für Tage in der Geschäftsstelle der „Mainfränkischen Zeitung" am Marktplatz in Neustadt. Schon deshalb steht ganz unzweifelhaft außer Frage, dass die Bevölkerung von den Abtransporten der jüdischen Bevölkerung wusste. Außerdem äußerten immer wieder Bürger den Wunsch, mit Hilfe von „Dringlichkeitsscheinen" Gepäckstücke der Juden zum „Schätzenpreis" zu erheischen. Dann gab es Vorladungen zur Staatspolizei.

Andererseits wurden verstärkt jüdische Hilfsarbeiter in der deutschen Rüstungsindustrie beschäftigt. Am 10. April 1942 teilte der Kommandeur des Rüstungsbereichs Würzburg aufgrund einer Anordnung von Reichsmarschall Göring der Geheimen

Staatspolizei Nürnberg, Außenstelle Würzburg, mit, dass „Juden, die in einem kriegswichtigen Betrieb beschäftigt sind, bis auf weiteres nicht mehr evakuiert" werden sollen. In Aschaffenburg arbeitete das „Lenkradwerk Gustav Petri" für die Kriegsproduktion. Der Betriebsführer Schirmann kämpfte um seine Belegschaft. Als Schirmann hörte, „daß die Juden zum Teil abtransportiert werden sollen", wandte er sich in einem vom 26. März 1942 datierten Schreiben an die Staatspolizeistelle Würzburg. Es lautet: „Wir hören, daß die Juden zum Teil abtransportiert werden sollen. U.a. sind bei uns beschäftigt: S t r a u ß, Otto Israel seit 20.10.41; G o l d s c h m i t t, Emil Israel seit 19.1.42; S o l i n g e n, Siegfried Israel seit 20.10.41. Diese Juden sind bei uns als Hilfsarbeiter beschäftigt und wir sind mit ihren Arbeitsleistungen zufrieden. Müssen wir die drei Juden abgeben, dann müssen wir andere Arbeiter an ihre Arbeitsplätze stellen, was heute mit Schwierigkeiten verknüpft ist, da uns sehr viele Gefolgschaftsmitglieder durch Einziehung zur Wehrmacht entzogen wurden. Wir bitten daher uns diese drei Juden belassen zu wollen. Wir sind ein wirtschaftlich wichtiger Betrieb. Heil Hitler! Schirmann." Die Polizeistelle Würzburg beschloss: „Dem Gesuch kann nicht stattgegeben werden." Im Gegensatz zu Oskar Schindler, der „während des nationalsozialistischen Terrors über 1.200 Juden vor dem sicheren Tod" rettete, wie es auf der Regensburger Gedenktafel von 1995 heißt, scheiterte Schirmanns menschliche Initiative. Am 23. September 1942 wurden von Neuem 562 mainfränkische Juden nach Theresienstadt abtransportiert, „nachdem sie in der Würzburger Sammelstelle Platz'scher Garten *marschfähig* gemacht worden waren".

Bombenangriffe auf Franken

Am 9. September 1939 beschönigte der damalige Generalfeldmarschall Hermann Göring die „Luftlage" über dem deutschen Reichsgebiet: „Wenn englische Flugzeuge jetzt des Nachts in riesigen Höhen ab und zu noch im deutschen Raum spazieren fliegen […]" Etwas über ein Jahr später war es ausgerechnet die deutsche Luftwaffe, welche als erste deutsche Teilstreitkraft über

England eine wirklich vernichtende Niederlage erlitt. Franken geriet wegen des vorerst nicht sehr weiten „Armes" der Royal Air Force allerdings verhältnismäßig spät in den tödlichen Aktionsradius der alliierten Bomber.

Doch bereits am 17. August 1940, einem Sonnabend, ertönte um 1 Uhr nachts im Luftraum Nürnberg-Fürth Fliegeralarm. Zwischen 1.30 Uhr und 1.45 Uhr feuerte die Flak. Ein einzelner britischer Bomber, der vom Kurs abgekommen seine Bombenlast über Burgfarrnbach abwarf, hatte eine Scheune in der Egersdorfer Straße getroffen und Häuser in der Würzburger Straße beschädigt. Dieser durch einen Navigationsfehler ausgelöste Luftangriff hatte den MAN-Werken in Augsburg gegolten. In der Nacht vom 20. auf den 21. Dezember 1940 fielen englische Bomben auf das Nürnberger „Märzfeld". Zehn Monate später wiederum bei einem Nachtangriff fielen wohl „irrtümlich" Bomben auf Schwabach, wobei neun Menschen umkamen und etwa 50 Häuser zerstört wurden. Dabei kamen zweimotorige britische Bomber vom Typ „Vickers Wellington" zum Einsatz.

Nicht selten erlitten auch die Flugzeugbesatzungen schwere Verluste. In der Nacht vom 30. zum 31. März 1944 verlor die Royal Air Force im Nürnberger Luftraum 108 Maschinen. Ziel war die „Ausradierung" Nürnbergs gewesen. Unter anderem wurde in dieser verlustreichen Nacht ein Bomber vom Typ Halifax LW 429 mit sieben Mann Besatzung und voller Bombenladung bei Eschenau abgeschossen. Die viermotorige Maschine der „Royal Canadian Air Force" war vom nordenglischen Tholthorpe bei York in einem Bomberverband von annähernd 700 Maschinen nebst Begleitjägern gestartet und über dem Sebalder Forst von einem deutschen Nachtjäger Me 110 abgeschossen worden. An der Absturzstelle unweit der Straße nach Beerbach zeichnen sich noch heute zwei „Kahlstellen" ab. Vermutlich war hochgiftiger weißer Phosphor ins Erdreich gelangt. Die Nachtjäger indes waren in dieser sternklaren Nacht direkt an ihre Ziele herangeführt worden. Zur Zielerfassung hatte die Luftwaffe das bodengestützte Feuerleitradar „FuMG Würzburg". Der britische Militärhistoriker Richard Overy schreibt, dass die hohen englischen Verlustquoten „das Ergebnis einer verbesserten deutschen Nachtjagdtaktik" waren, „bei der ein bis zwei Beobachter Kontakt zu den jeweiligen Nachtjägerverbänden hielten".

Die Engländer und Amerikaner hatten indessen längst zu Großangriffen ausgeholt. In der Nacht vom 27. auf den 28. August 1943 bombardierten 674 britische Maschinen Nürnberg, wobei 56 Menschen zu Tode kamen. Zwei Wochen vorher waren 585 Tote zu beklagen, 1.732 Häuser Nürnbergs wurden völlig zerstört. Die schwersten Angriffe flogen die Royal Air Force und die US Air Force im Januar und Februar 1945, als mehrere Tausend Nürnberger ihr Leben lassen mußten. Auch Heilbronn (4.12.1944) und Würzburg (16.3.1945) waren verheerenden Luftangriffen ausgesetzt. Über Heilbronn hatten die Alliierten Ende 1944 gefälschte Lebensmittelmarken abgeworfen, deren „Einlösung" die nationalsozialistischen Behörden unter Strafe stellten. Allein in diesen letzten Kriegswochen starben in Würzburg mehr als 5.000 Einwohner. Als die Amerikaner die Kiliansstadt am 6. April 1945 eroberten, war die Einwohnerzahl auf 36.850 herabgesunken. Ein „Feuersturm" hatte vor allem die Altstadt vollends ausradiert.

Inferno über Schweinfurt

Die Schweinfurter Präzisions-Kugellager-Werke Fichtel & Sachs AG und die „Kugelfabrik" Fischer nahmen in der deutschen Rüstungsproduktion eine Schlüsselstellung ein. Ohne ihre Produkte bewegte sich in der Wehrmacht buchstäblich kein „Rad". Wohl seit Anfang 1943 war das amerikanische Unternehmen „Double Strike" geplant. „Double Strike" sah die zeitgleiche Zerstörung der Schweinfurter Kugellagerindustrie als Zentrum der deutschen Kugellagerproduktion sowie die Zerstörung der Messerschmitt-Flugzeugwerke in Regensburg vor. Am 17. August 1943, einem Dienstag, wurde angegriffen. Da die Ziele tief im Feindesland lagen und die deutsche Jagdwaffe noch verhältnismäßig intakt war, wurde die Operation „Double Strike" zu einem der verlustreichsten Unterfangen der amerikanischen

Streitkräfte im Zweiten Weltkrieg. Aufgrund des dichten Nebels über den englischen Flugbasen verzögerte sich der Start der etwa 200 Bomber vom Typ B 17 „Fliegende Festung" erheblich, so dass die deutsche Luftwaffe vorbereitet war. Ungefähr 185 „Fliegende Festungen" warfen am Mittag des 17. August 1943 mit verheerender Wirkung ihre Bombenlast auf die Kugellagerwerke ab. Im Gefolge dieses Angriffs gingen 36 amerikanische Bomber verloren und 122 wurden zum Teil schwer beschädigt. Die deutsche Rüstungsproduktion konnte ihre Verluste an Kugellagern mittels Einfuhren aus Schweden und der Schweiz relativ gut ausgleichen. Bei einem erneuten Angriff auf Schweinfurt am 14. Oktober 1943 gingen 77 „Fliegende Festungen" mit annähernd 700 Soldaten verloren, weshalb dieser Tag später der „Schwarze Donnerstag" in der Geschichte der amerikanischen Luftwaffe genannt wurde. Generalfeldmarschall Albert Kesselring hat in seinen Memoiren „Soldat bis zum letzten Tag" die besondere Kühnheit und den Mut der amerikanischen Soldaten hervorgehoben. Diese Verluste im deutschen Luftraum überstiegen aber den „Preis" an Menschenleben, den Amerika zu „zahlen" bereit war, weshalb vorerst *Feindflüge* ins Hinterland ausfielen.

Kriegsende in Franken

Deutschland erlebte bereits den sechsten Kriegswinter, als sich mit dem Scheitern der sogenannten „Ardennenoffensive" die totale Niederlage Deutschlands endgültig abzeichnete. Der Weg ins *Reich* stand den Alliierten offen. Am 22. und 23. März 1945 gelang den amerikanischen Streitkräften unter General Patton in Nierstein bei Oppenheim der Rheinübergang, und am 26. März unter General Patch bei Worms. General Patton notierte:

„Der Rhein-Übergang erfolgte ohne jegliche Verzögerungen: Wir veränderten einfach die Vormarschrichtung zweier Divisionen gen Osten, während die restlichen Einheiten zweier Korps weiter gen Süden vorstießen. Ein solches Manöver irritierte die Deutschen, die gedacht haben dürften, dass wir nicht vorhätten, den Rhein an jener Stelle zu passieren. Der Plan dieser Operation wurde glänzend ausgeführt." Deshalb ist die Rheinüberquerung bei Nierstein „als eine der unblutigsten und geräuschärmsten Flussübergänge in die Militärgeschichte eingegangen". Die 3. und 7. US-Armee rückte Richtung Franken vor. Auf deutscher Seite bereiteten sich sämtliche Waffengattungen auf den „Erdeinsatz" vor. Flakgeschütze, die für Luftziele mit Zeitzündermunition bestückt waren, wurden jetzt mit Granaten mit Aufschlagzünder zur Panzerbekämpfung eingesetzt. Viele Batterien waren bereits zuvor an die „Ostfront" verlegt worden. Im nürnbergischen Poppenreuth, Ronhof sowie in Fischbach lagen die von ungarischen Soldaten bedienten „Ungarnbatterien". Die Munition war knapp und wurde pro Flak mit etwa 20 Granaten bemessen.

Ein aussichtsloser Kampf ging seinem Ende zu, doch fanatische Nazis schritten gegen jeden *Defaitismus* ein. In Ansbach machte sich der 19-jährige Student Robert Limpert für die kampflose Übergabe der Rezatstadt stark, bevor er von Hitlerjungen verraten und vom Kampfkommandanten Ernst Meyer *persönlich am Tor des Rathauses aufgehängt* wurde. Das ereignete sich 18. April 1945, einige Stunden, bevor die Amerikaner Ansbach besetzten. Aschaffenburg und Würzburg signalisierten erbitterten Widerstand. Ein Angehöriger der amerikanischen 45. Infanteriedivision berichtete: „Es war alles so nutzlos, so unnötig, um eine Stadt zu kämpfen, während unsere Hauptkräfte bereits 50 bis 75 Meilen weiter als wir [...] vorgestoßen waren. Eine Menge deutscher Zivilisten wurde sinnlos [...] getötet." In Erlangen übergab der aus Bottmersdorf in Sachsen-Anhalt gebürtige Oberstleutnant Werner Lorleberg (1894–1945) die „Schlüssel der Stadt" an die Amerikaner. Daraufhin ist der mutige Offizier unweit der Thalermühle ums Leben gekommen. Vermutlich hatte Lorleberg versucht, sich durch einen Kopfschuss das Leben zu nehmen. Fest steht in jedem Fall, dass Wehrmachtssoldaten der Kampfeinheit Lorlebergs ihren am Boden liegenden Kampfkommandanten „durch mehrere Schüsse töteten" (Harald Popp). Im Rahmen der historischen

Aufarbeitung dieser Heldentat von Werner Lorleberg hat eine Schülergruppe des Erlanger Ohm-Gymnasiums um die Gymnasiastin Franziska Lenz den Landessieg des vom Bundespräsidenten ausgeschriebenen bundesweiten Geschichtswettbewerbs 2008/2009 „Helden: verehrt – verkannt – vergessen“ gewonnen.

Frauen im Aufstand gegen den Nationalsozialismus: die Beispiele Ochsenfurt und Gerolzhofen

In der mainfränkischen Stadt Ochsenfurt beseitigten Frauen todesmutig die am Altstadtrand aufgestellten Panzerbarrikaden. Zuerst hatten die Frauen ergebnislos bei der NSDAP-Kreisleitung vorgesprochen. Deren „Rädelsführerinnen“ wollte die jetzt die „Militärregie“ übernehmende Parteiführung erschießen lassen. Aufgrund des couragierten Handelns der Frauen konnte Ochsenfurt aber kampflos den Amerikanern übergeben werden. Aus Dank hat die Stadt Ochsenfurt neben dem „Taubenturm“ ein Steindenkmal mit nachstehender Inschrift errichtet: „Den mutigen Frauen Ochsenfurts, die am 29. März 1945 gegen den Nazibefehl Barrikaden entfernten und damit die Stadt massgeblich vor der Zerstörung bewahren konnten.“ Andernorts wie in Zeubelried und Erlach mussten noch viele deutsche Soldaten in aussichtslosem Kampf ihr Leben lassen.

Im sogenannten „Gerolzhofener Frauenaufstand“ kamen am 6. April 1945, dem Freitag nach Ostern, auf dem Marktplatz von Gerolzhofen hunderte Frauen und Schulkinder zusammen, um, angeführt von der Volksschullehrerin Josefine Schmitt, die Stimme für eine kampflose Übergabe der Stadt an die herannahenden Amerikaner zu erheben. Die „Schossi“ war selbst lange Zeit glühende Verfechterin der „Braunen Revolution“ gewesen, erkannte aber die Sinnlosigkeit des verlorenen Krieges. Daraufhin lenkte der nationalsozialistische Bürgermeister Hans Gress ein und ließ die Stadt mit „Weiß“ beflaggen. Gerolzhofen, die alte „Hauptgerichtsstadt“, blieb unversehrt! Heute erinnert im Botanischen Garten an der Gerolzhofener Grabenstraße ein Monolith von der Hand des Künstlers Erich Leuner aus dem Jahr 1955 an den mutigen Aufstand.

In Nürnberg wollte Gauleiter Karl Holz, Streichers alter Stellvertreter, „um jeden Stein" kämpfen. Dafür standen Gauleiter Holz aber nur noch die Reste der 17. SS-Panzergrenadierdivision „Götz von Berlichingen", Hitlerjungen sowie alte Volkssturmmänner zur Verfügung. Nach fünftägigen schweren Kämpfen, die mehr als 900 Tote kosteten, feierten die Amerikaner am 20. April, am 56. Geburtstag von Adolf Hitler, auf dem von Trümmern umsäumten Hauptmarkt ihre Siegesparade.

8.
Im „neuen“ Freistaat: Franken von 1945 bis zur Gegenwart

Franken in der „Stunde Null“

Im Frühjahr 1945 bestimmten Hunger, Armut und politische Ungewissheit das Land. Was nach der Naziherrschaft aus Deutschland werden sollte? Besatzer und Besetzte misstrauten sich gegenseitig zutiefst. Waren doch die Besatzer „von oben“ immer wieder beschworen worden: „Jeder Deutsche ist ein Nationalsozialist!“ Wer ohne die viersprachig abgefasste „Deutsche Kennkarte“ in der „Ausgangszeit“ von 6.00 Uhr bis 18.00 Uhr angetroffen wurde, musste mit der sofortigen Verhaftung rechnen.

Franken in der „Amerikanischen Besatzungszone“
Mit der „Verhängung“ des „Eisernen Vorhangs“ durch den Diktator Josef Stalin geriet Franken geographisch von seiner traditionellen Mittellage in eine Randlage. Die neue „Zonengrenze“ zwischen den entstehenden Machtblöcken „NATO“ und „Warschauer Pakt“ zerschnitt auch alte gewachsene kulturelle Verbindungen zwischen Franken und Thüringen sowie zwischen Franken und Sachsen. In der „Amerikanischen Besatzungszone“ vom Juli 1945, die „ganz Franken“ wieder „vereinte“, ist das „Gesetz zur Befreiung von Nationalsozialismus und Militarismus“ – die wichtigste Station auf dem Weg zur Demokratisierung – sehr scharf gehandhabt worden. Wenn es in der „Stunde Null“ ein vorrangiges Problem zu lösen gab, dann war es die Beseitigung der Hungersnot sowie die Lösung des Wohnungsproblems. „Heute ist die ganze Welt in Bewegung!“, notiert eine Zeitzeugin zur Situation von 1945.

Bis Ende 1947 blieb die Ernährungslage in Franken katastrophal. So wies der bayerische Landwirtschaftsminister Joseph Baumgartner zum Beispiel den Volkersdorfer Bürgermeister

Brechtelsbauer im Ansbachischen an, spätestens bis zum 14. November 1946 zwei Waggons Speisekartoffeln zu je 300 Zentnern zu verladen, damit sie „spätestens 15.11. in unseren Händen sind“. Ortsbürgermeister Brechtelsbauer schrieb sofort zurück, dass aber nur noch 50 Doppelzentner vorhanden seien. Die kleine Gemeinde bei Sachsen nahe Ansbach mit weniger als dreihundert Bewohnern konnte nicht „abliefern“.

In den zerbombten Städten räumten die „Trümmerfrauen“ den Schutt weg. Würzburg etwa war so sehr dem Erdboden gleichgemacht, dass maßgebliche Köpfe Zweifel daran hatten, ob die alte Kiliansstadt und Frankenmetropole überhaupt wieder erstehen könne. Bei der Würzburger Trümmerbahn dienten auch alte ausgemusterte Grubenhunte. Auch im sehr stark zerstörten Heilbronn verkehrte eine Loren-Trümmerbahn. Aufgrund der Einführung eines „Ehrendienstes“ und des Aufbaues eines Feldbahnnetzes wurde die Neckarstadt als eine der ersten Städte in Süddeutschland vom Schutt befreit. Der Wiederaufbau der Innenstadt begann. In der Ruinenlandschaft von Nürnberg bildete der „Plärrer“ eine einzige Drehscheibe des „Lorenverkehrs“, einer „Schuttbahn“, die den Schaden aus 59 Luftangriffen abzubauen half. Im Gegensatz zu Frankfurt am Main hatte man sich drei Jahre nach Kriegsende entschieden, die alte Stadtstruktur Nürnbergs beizubehalten. So fanden innerhalb der alten Stadtbefestigung der Noris Flachdächer und „Wohntürme“ keine Baugenehmigung.

Die Amerikaner hatten den bayerischen Freistaat wiedererrichtet. Sie hatten politisch „unbelastete“ Bürgermeister und Landräte eingesetzt. Alle vormaligen Beschäftigten im Öffentlichen Dienst waren im Verlauf des Jahres 1945 entlassen worden und erhielten bis zu ihrer „Spruchkammerverhandlung“ ein ausdrückliches Arbeitsverbot. Die „Spruchkammern“ waren deutsche Laiengerichte und dienten dem „Befreiungsgesetz“. Wer etwa wie der in Sachsen bei Ansbach wohnende Lorenz Vogelhuber (geb. 1896) Post vom Öffentlichen Kläger bei der Spruchkammer Ansbach-Land erhielt mit dem Hinweis, „auf Grund der Angaben in ihrem Meldebogen sind Sie von dem Gesetz zur

Befreiung von Nationalsozialismus und Militarismus vom 5. März 1946 nicht betroffen", konnte wieder aufrechten Hauptes gehen. Im Übrigen hatten es Landwirte gut, die noch ein „heiles Dach" über dem Kopf hatten: Landwirte bekamen keine Lebensmittelkarten wie die übrigen Normalverbraucher, weil Bauern selbst Lebensmittelproduzenten waren.

Franken im neuen „Freistaat Bayern"

Um die Würde des Menschen und um Gottesachtung: Bayerns neue Verfassung von 1946

Die neue Verfassung des Freistaates Bayern vom 2. Dezember 1946 sah die Wiederherstellung der alten Regierungsbezirke Unter-, Mittel- und Oberfranken vor. In der Präambel der am 8. Dezember 1946 in Kraft tretenden Verfassung Bayerns heißt es: „Angesichts des Trümmerfeldes, zu dem eine Staats- und Gesellschaftsordnung ohne Gott, ohne Gewissen und ohne Achtung vor der Würde des Menschen die Überlebenden des zweiten Weltkrieges geführt hat, in dem festen Entschlusse, den kommenden deutschen Geschlechtern die Segnungen des Friedens, der Menschlichkeit und des Rechtes dauernd zu sichern, gibt sich das Bayerische Volk, eingedenk seiner mehr als tausendjährigen Geschichte, nachstehende demokratische Verfassung."

Erster Regierungspräsident von Unterfranken war Adam Stegerwald (1874–1945), von den zusammen verwalteten „Kreisen" Mittelfranken und Oberfranken Dr. Hans Schregle. Der Neckarfranke Theodor Heuss *philosophierte* „auf der Suche nach dem neuen Staat":

„Ich bejahe einen sogenannten Föderalismus unter dem Gesichtspunkt, dass die Länder oder Staaten eine höhere Ebene der Selbstverwaltung sind und darin vor allem in der Erzeugung einer demokratischen Selbstverantwortung und Tradition eine Aufgabe haben. Aber ich wehre mich dagegen, die deutschen Länder als Elemente einer europäischen Gesamtformung, die ich bejahe, zu akzeptieren. Der Rückgriff auf das Heilige Römische

Reich Deutscher Nation ist ein Anachronismus, weil in Auswirkung der französischen Revolution die nationale Idee der Demokratie in die Geschichte trat. Ich weiß selbstverständlich um die wesenhaften Aufgaben der christlichen Kirchen in der Formung einer öffentlichen Gesinnung, aber der Prozess der Säkularisation großer geistiger und sachlicher Gebiete lässt sich nicht aufheben. Der ‚christliche Staat' ist zumeist nur eine Floskel der Romantik, in dem die Politik wenig Konkretes leisten kann."

Zwei Monate nach diesen Gedanken über eine zukünftige „Staatsphilosophie" ist Heuss zum ersten Bundespräsidenten der Bundesrepublik Deutschland gewählt worden. Als Bundespräsident ließ es Theodor Heuss sich nicht nehmen, den vielen Heimkehrern nach Westdeutschland entgegenzureisen und sie immer wieder persönlich zu begrüßen. Heuss sprach die bewegenden Worte: „Die Pflicht geht tiefer, denn jene Gefangenen und Verschleppten haben stellvertretend für alle gelitten. Und alle, wir alle, stehen in ihrer Schuld!"

Heimkehrer und das „Valka-Lager" in Langwasser

Nachdem die westlichen Alliierten bis Ende 1946 nahezu alle deutschen Kriegsgefangenen in ihre Heimatländer entlassen hatten, zollte auch Franken Dank. Die fränkischen Heimkehrer errichteten in landschaftlicher Idylle etliche Dankeskreuze. Auf dem „Zuckerhut" genannten „Hausberg" der Ebermannstädter weihte die Soldatenkameradschaft Streitberg ein Holzkreuz von 1947 im August 2009 ganz neu ein:

„Die Heimkehrer:
Zeichen des Dankes * Mahnmal des Friedens
1947 errichtet von den Heimkehrern
Wiedererrichtet am 27. Juni 2007 von der Soldatenkameradschaft
Streitberg und Umgebung
Eingeweiht 9. August 2009"

Während die „Heimkehr der Zehntausend" unter Konrad Adenauer noch bis zum Oktober 1955 dauerte und die Heimkehrer zumeist zu ihren Familien zurückfanden, waren in dem bis

Mai 1960 in Nürnberg-Langwasser existierenden und berüchtigten „Valka-Lager" zumeist Zwangsverschleppte unter primitiven Bedingungen untergebracht. Der Name „Valka" leitet sich von der lettisch-estnischen Grenzstadt Valka ab, weil Letten und Esten einen Gutteil der „Lagerinsassen" bildeten. Im März 1954 war das Sammellager mit 1.065 Personen nahezu voll besetzt. Damals als „Sammellager für Ausländer" umgestaltet, wurde das „Valka-Lager" gleichsam Vorläufer der „Bundesdienststelle für die Anerkennung ausländischer Flüchtlinge", die seit 1961 in Zirndorf beheimatet ist. Das „Valka-Lager" in Nürnberg-Langwasser – wo in den 1950er Jahren Angehörige von 28 Nationen lebten – war das bei weitem größte Lager für „entwurzelte Ausländer" in Bayern. Die letzten zwölf Bewohner des „Valka-Lagers" sind im Mai 1960 nach Zirndorf umquartiert worden.

Christliche Werte neu „aufgelegt" –
auch das fränkische Vereinsleben ersteht neu

Die neue Verfassung von 1946 unterstrich vor allem auch die christlichen Werte. Realiter hatten die Nationalsozialisten niemals der katholischen Kirche „Herr" werden können. Die in der bayerischen Verfassung „verbriefte" Menschenwürde (Artikel 100) sollte auch an Schulen „unantastbar" sein. Am 22. Dezember 1954 hatte die von Dr. Wilhelm Hoegner (SPD) geführte bayerische Landesregierung – eine „Viererkoalition" – die Prügelstrafe an Schulen verboten – in Oberbayern wurde dennoch weiterhin „gezüchtigt". Zahlreiche Medien und Institutionen, die im Nationalsozialismus etwa im Rahmen der „Gleichschaltung" oder einer vermeintlich „erfüllten Mission" untergegangen waren, sind in den jungen „Aufbaujahren" Deutschlands 1945–1956 wieder neu belebt worden. Als das katholische Fränkische Volksblatt im Echter-Verlag am 1. April 1952 mit seinen Nebenausgaben für Aschaffenburg und Schweinfurt wieder erschien, musste es sich auf einem veränderten Zeitungsmarkt gegen bereits etablierte Konkurrenten behaupten. Inhaltlich wurde an die traditionelle konservativ-katholische Linie, angelehnt an die Positionen der Christlich Sozialen Union, angeknüpft. In Würzburg erschien seit dem 24. November 1945 als „lizensierte“ Tageszeitung die „Main-Post“. In den unterfränkischen Städten Aschaffenburg sowie Schweinfurt wurden desgleichen „Lizenzdrucke“ vergeben.

Das Vereinsleben in Franken ist im Rahmen der freiheitlich-rechtlichen Grundordnung ganz neu erstanden. Vor allem lebten die fränkischen Heimatvereine auf. Der Nationalsozialismus hatte das „Vereinsleben“ unter seine ideologische Sendung gestellt, die Blut-und-Boden-Romantik eingeführt und Vereinsmitglieder „weggeschickt“. Der NS-Staat war auch im „Vereinsleben“ allgegenwärtig gewesen. Vielfach sind „Historische Vereine“ in „Heimatvereine“ umbenannt worden. Der Staat hatte keine *Ader* für Intellekt. Auch in der Ortsgruppe Hollfeld des 1901 gegründeten „Fränkische Schweiz Vereins e.V.“ wurde im Jahre 1935 „die ideelle Tätigkeit des Vereins unterbrochen“. Die Neugründung der Sektion Hollfeld des „Fränkische Schweiz Vereins“ erfolgte Juni 1950. Dem Verein gehören 44 Ortsgruppen an. „Die Fränkische Schweiz“ ist das „Vereinsheft“.

Der die Geschichte der Landschaft von Kocher, Jagst und Tauber pflegende „Historische Verein für Württembergisch-Franken“ ist bereits 1847 gegründet worden. Was ihn im Gegensatz zum „Fränkische Schweiz Verein“ auszeichnet, ist das wesentlich stärker akzentuierte wissenschaftliche Forschungsinteresse des Vereins (Satzung § 2,5). Seit 1967 erscheint neben dem „Jahrbuch“ des „Historischen Vereins für Württembergisch-Franken“ die Reihe *Forschungen aus Württembergisch-Franken*. Seit 1992 ist auch ein „Geschichtspreis für Gymnasien im Vereinsgebiet“ ausgeschrieben.

Wissenschaftlich sehr viel näher als der „Fränkische Schweiz Verein e.V.“ steht dem „Historischen Verein für Württembergisch-Franken“ der 1920 gegründete „Frankenbund“. Ab 1959 veranstaltete der *Frankenbund* ein jährlich veranstaltetes *Fränkisches Seminar*. Dagegen hat die „Fränkische Arbeitsgemeinschaft. Ein Bündnis für Franken“ noch stärker die „separatistischen“ Tendenzen Frankens akzentuiert. Am 18. Oktober 1948 aus der Taufe gehoben, hat den Verein viel Prominenz, etwa der nachmalige Bundesjustizminister Thomas Dehler und der Erlanger Professor Gradmann, unterstützt. Der aus Lichtenfels gebürtige Thomas Dehler (1897–1967) musste bekennen: „Ich bin viel herumgekommen im deutschen Lande und Auslande und oft befragt worden nach Nam' und Art! Immer habe ich mich als Franke bekannt, doch nicht als Bayer oder gar Nordbayer [...] Mit dem Herzen bin ist Franke, liebe ich meine Heimat, je älter ich werde, desto mehr."

Neugründung von jüdischen Gemeinden

Nach dem Zweiten Weltkrieg hielt vor allem – wie sie besonders im Zweiten Deutschen Kaiserreich reichsweit ausgeprägt war – die religiöse Toleranz wieder Einzug. Auch das jüdische Leben begann erneut zu pulsieren. In Bayern lebten am Beginn der 1950er Jahre etwa 8.000 Israeliten. Ein „Landesverband der Israelitischen Kultusgemeinden in Bayern" wurde 1947 gegründet. Noch bevor bei den Nürnberger Prozessen der jüdische Chefdolmetscher der amerikanischen Ankläger, Richard W. Sonnenfeldt, als „Der Mittler von Nürnberg" auftrat, hatte sich noch im Frühling 1945 unter Dr. Julius Nürnberger und Paul Baruch eine „Israelitische Kultusgemeinde" in Nürnberg konstituiert. Zum Tode Richard Sonnenfeldts schrieb die *Jüdische Allgemeine* am 15. Oktober 2009: „Richard W. Sonnenfeldt, der Chefdolmetscher der amerikanischen Ankläger bei den Nürnberger Prozessen, ist tot. Er starb am vergangenen Wochenende im Alter von 86 Jahren in Port Washington bei New York. Als erst 22-Jähriger wirkte Sonnenfeldt nach Ende des Zweiten Weltkriegs in Nürnberg bei zahlreichen Verhören der 21 angeklagten NS-Hauptverbrecher wie Hermann Göring, Rudolf Heß, Joachim von Ribbentrop und Julius Streicher mit. Sie seien alle nur feige gewesen, ‚kleinbürgerliche Kriecher', sagte Sonnenfeldt später. ‚Ich war viel zu überrascht: Da saßen diejenigen, die die ganze Welt in einen schrecklichen Krieg gestürzt hatten – und waren doch nur ganz, ganz ordinäre Leute'." Wenngleich nur 75 Israeliten der etwa 1.500 nach dem Osten verschleppten Nürnberger Juden den Holocaust überlebt hatten, zählte die Gemeinde 1952 wieder 182 Angehörige. Nachdem den jüdischen Bürgern seitens der amerikanischen Militärregierung das vormalige Haus der jüdischen Krankenschwestern in der Wielandstraße 6 als Gemeindehaus zugeteilt worden war, erhielten sie 1984 in der Johann-Priem-Straße eine neue Synagoge.

Die Jüdische Gemeinde Heilbronn ist eine Traditionsgemeinde. Nach dem Zweiten Weltkrieg bestand die Gemeinde bis zum Jahre 1980 nur aus sechs jüdischen Familien. Heute bildet sie eine Filialgemeinde der „Israelitischen Religionsgemeinschaft in Württemberg“ mit Sitz in Stuttgart. Inzwischen ist die jüdische Gemeinde auf etwa 150 Menschen angewachsen. Das resultiert aus dem Zuzug von Juden aus der vormaligen Sowjetunion. Das „Shalom Europa“ ist das neue Jüdische Gemeinde- und Kulturzentrum in Würzburg. Als Kulturhaus und Museum versteht sich die Einrichtung als „Jüdisches Erlebnishaus“.

„Raus aus der Rationierung“ – Franken am Beginn der „sieben fetten Jahre“ 1950–1956

Im Frühjahr 1950 ging ein neuer „Aufstand“ durchs Frankenland. Während etwa in England Lebensmittel noch streng rationiert waren und auch Frankreich die burgunderroten „Tickets de rationnement“ ausgegeben hatte, weigerten sich die fränkischen Lebensmittelläden, weiterhin die braungedruckten Lebensmittelmarken anzunehmen. Eine Nürnberger Hausfrau meinte auch, es sei „höchste Zeit, mit dem Blödsinn ein Ende zu machen“, die lästigen „Marken“ seien „doch schon längst unnötig“. Waren doch auch die auf den Lebensmittelkarten angegebenen Mengen erhöht worden. Und in Feuchtwangen ging laut Zeitzeugenaussagen das Gerücht um, dass schon vorher „ein Schuhgeschäft Schuhe ohne Bezugsscheine“ liefert und ein „Kolonialwarengeschäft“ Butter ohne Lebensmittelmarken verkauft. So war auch an einem Nürnberger Laden das Schild lesbar: „Fett frei, ohne Marken“. Die Rationierung von Fett war in Franken Geschichte. Kein Geringerer als der soeben ins Amt eingeführte neue Wirtschaftsminister Ludwig Erhard hatte das „Rationierungsgesetz“ aufgehoben: „Wohlstand für Alle“ war die Devise. Die Zuwachsrate der

Industrieproduktion je Arbeitsstunde lag in Westdeutschland im Jahr 1950 bei 10,7 % [Ludwig Erhard, Wohlstand, S. 47].

Die Heimatvertriebenen haben das wirtschaftliche Leben in Franken mit neu eingeführten Gewerbezweigen – etwa der Glasindustrie aus Thüringen – sehr bereichert. Als Bundeskanzler Konrad Adenauer am 11. September 1957 bei den in Bubenreuth angesiedelten Geigenbauern eine „Meistergeige" spielte, wusste noch niemand, dass Bubenreuth bald zu einem Zentrum des Musikinstrumentenbaues aufsteigen würde. Insgesamt nahm der Freistaat Bayern mit annähernd 1,9 Millionen Vertriebenen prozentual (= 16,2 %) den größten Anteil an Heimatlosen in der Bundesrepublik Deutschland auf. Das entsprach einem Anteil an der Wohnbevölkerung von 21 %. Zu Recht mutmaßte der Alliierte Kontrollrat in Deutschland bereits 1945/1946, dass „die Integration dieser entwurzelten Menschen eine der größten Aufgaben" für das in Ruinen liegende Nachkriegsdeutschland darstellte. Auch in Mittelfranken wurde die Ankunft eines Flüchtlingszuges an einem Bahnhof „aktenkundig" folgendermaßen kommentiert: „Was wollt ihr denn hier? Geht doch wieder zurück, wo ihr hergekommen seid!" So stand auch bei den ersten großen Flüchtlingstreffen in Franken im Jahre 1949 „die wirtschaftliche und soziale Integration der Flüchtlinge im Vordergrund". Die beiden Sozialhistoriker Christoph und Joachim Renzikowsky resümierten in ihrer „Die vergessenen Patenkinder" überschriebenen Studie über die Integration der Flüchtlinge in Franken: „Die vortreffliche Arbeitsmoral verschaffte den Flüchtlingen auch die vormals verweigerte Anerkennung der Einheimischen" [Patenkinder, S. 512]. Zwischen 1950 und 1955 war schließlich die „Arbeitsbeschaffung" bei Heimatvertriebenen und bei den aus der Sowjetischen Besatzungszone respektive der DDR geflüchteten Menschen gelöst.

Das Ausland wurde durch den wachsenden „Wohlstand" Westdeutschlands geblendet. So argwöhnte die New York Times, „dass die deutsche Bevölkerung sich an ein zu umfangreiches Menü gewöhne und eines Tages gezwungen werden könnte, sich wieder einzuschränken". Die „Aufbaujahre" bis 1956 aber schufen die Grundlagen für einen Wohlstand, aus dem wir bis heute schöpfen. Das hat Gunter Haug für Franken in seinem Buch „So war die Zeit – Lebensgeschichten aus den Aufbaujahren“ souverän geschildert.

Oberfrankens „Weißes Gold“: die Bedeutung Selbs, Arzbergs und Marktredwitz‘ als „Weltporzellanstädte“

Die oberfränkische Porzellanindustrie zählte nach dem Zweiten Weltkrieg in Deutschland zu denjenigen Industriezweigen, welche rasch wieder tiefschwarze Bilanzen schrieben. Hier rauchten buchstäblich die Schlote. Denn der Waldreichtum lieferte den Brennstoff. Wer sich „früher“ von welcher Himmelsrichtung auch immer der sogenannten Selb-Wunsiedler-Hochfläche an der Nordostecke des Hohen Fichtelgebirges näherte, sah schon aus großer Distanz pechschwarz aufsteigende Rauchschwaden: hier im waldreichen Gebiet im Grenzraum Oberfranken-Oberpfalz wurde Porzellan gebrannt.

Wir möchten kurz einen Rückblick auf die Vorgeschichte der Porzellanindustrie werfen. Im Rahmen „erste(r) Industrialisierungsschritte“ in Bayern hatte sich im frühen 19. Jahrhundert in Selb die Porzellanindustrie etabliert. Bereits als ein erster industrieller „Vorläufer“ der oberfränkischen Porzellanindustrie darf die vom letzten Markgrafen von Brandenburg-Ansbach (und später von Brandenburg-Bayreuth), Karl Alexander im Jahr 1760 gegründete Staatliche Porzellanmanufaktur zu Ansbach angesehen werden. Lagen doch die notwendigen Rohstoffe zur Porzellanproduktion – Kaolinerde, Quarz und Feldspat – in Oberfranken wie im benachbarten nördlichen Böhmen zum Abbau bereit. Die oberfränkische Porzellanindustrie nahm ihren Anfang, als um das Jahr 1814 der Porzellanmaler und Handlungsreisende Carolus Magnus Hutschenreuther Kaolinerde entdeckte. Sein Sohn Lorenz Hutschenreuther sollte um 1857 in Selb eine bald weltweit bekannte Porzellanfabrik aufbauen, welche 1902 in eine Aktiengesellschaft umgewandelt wurde. Von den vormals höfischen Porzellanmanufakturen inspiriert, hatte sich in Oberfranken die Porzellanindustrie rapide ausgebreitet. Bereits 1827 konnten sechs Fabriken mit 426 Arbeitern gezählt werden. 1888 gründete Philipp Rosenthal in Kronach eine weitere Porzellanfabrik. In den großen Porzellanproduktionsstätten in Selb, Weiden, Arzberg, Marktredwitz, Tirschenreuth und Kronach waren vor dem Zweiten Weltkrieg annähernd 10.000 Facharbeiter beschäftigt.

Nach dem Zweiten Weltkrieg gliederte sich die fränkische Porzellanfertigung in die „Erzeugergebiete" Geschirrkeramik, Baukeramik, Ofenkacheln und technische Keramik und beherrschte rasch weltweit die Märkte. Mit einem ungeahnten Exportboom bereits im Jahr 1949 leistete sie einen wesentlichen Beitrag zum Devisenaufkommen. Aufgrund von Produktverteuerungen und Absatzschwierigkeiten kam es seit Ende der 1970er Jahre zu einer Krise in der Porzellanindustrie, welche etliche Werksschließungen – zum Beispiel in Tirschenreuth, Waldsassen und Arzberg – zeitigte. Allein in Arzberg sind mittlerweile die 1881 gegründete Carl Schumann Porzellanfabrik, die „Porzellanfabrik Arzberg AG", die Porzellanfabrik Schönwald und die 1887 gegründete „Porzellanfabrik Theodor Lehmann" erloschen. Auch in Selb mussten von 18 Porzellanwerken 11 geschlossen werden. Im Jahre 1988 waren immerhin noch 10.000 Beschäftigte als fränkische „Porzellaner" tätig. Doch nach wie vor wird von Oberfranken behauptet, dass hier „Porzellan nicht nur produziert, sondern gelebt wird". Eine bayerische „Porzellanstraße" in einer Länge von 550 Kilometern führt von Schlüsselfeld bei Bamberg über „Hochfranken" und die Oberpfalz nach Bayreuth und soll bald eine böhmische „Anbindung" finden.

Weiterhin auf großem Erfolgskurs segelt auch das im Jahre 1872 als „Porzellan-Veredlungsbetrieb" in Coburg gegründete Unternehmen „Alboth & Kaiser", heute die in Bad Staffelstein angesiedelte Firma „Kaiser Porzellan". Aus der von Hubertus Kaiser (1923–1998) begründeten und weltbekannten Kunstfiguren-Kollektion ist die im Jahre 1982 ins Leben gerufene Kunstfigur des Amerikanischen Weißkopfadlers besonders erwähnenswert, welche in limitierter Stückzahl von 200 Exemplaren anlässlich des 200-jährigen Jubiläums des amerikanischen Wappentiers herausgegeben wurde.

Von „heimgekehrten Teddybären" und „Puppenstädten": Franken als Spielzeugland der Welt

Am Anfang standen Kreisel und Holzpuppen: bereits im Mittelalter bildete Franken (neben Thüringen) die Wiege der deutschen Spielzeugherstellung. Das fränkische Spielzeug genoss als Handelsgut „überregionale" Bedeutung. So lautete die mittelniederdeutsche Bezeichnung für das allseits bekannte Nürnberger Spielzeug „tant von Nurenberch". In den Hinterhöfen der Nürnberger Häuser übten sich die Kinder im Kreiselspiel. Später war vom Treibkreisel und Brummkreisel die Rede.

Im Rahmen der zunehmenden Bedeutung von Uniformen im 18. Jahrhundert wurden vor allem in Nürnberg und Fürth „Zinnsoldaten" produziert. Neben Nürnberg und Fürth blühte im 19. Jahrhundert vor allem die oberfränkische und thüringische Spielzeugproduktion zu einem eigenen Industriezweig auf. Um 1900 galt Sonneberg als „Weltspielzeugstadt". Die „Bayerische Puppenstadt" Neustadt bei Coburg erlebte vor allem in der Zeit nach dem Zweiten Weltkrieg – im Zeichen des *Wirtschaftswunders* – eine Blüte.

Im fränkisch-thüringischen Grenzraum begann 1913 unweit von Sonneberg die „Johann Hermann Spielwarenfabrik" mit der Produktion von Teddybären. Um 1920 verlegte Max Hermann (1899–1955) seinen Firmensitz nach Sonneberg. Max Hermanns Teddybären fanden seitdem ihren Weg in alle Welt. Mit dem SED-Regime in Konflikt geraten, flüchtete Max Hermann im Jahre 1953 mit seiner Familie von Sonneberg ins nahe gelegene Coburg. Heute werden die Hermann-Teddybären in Coburg in dritter Generation hergestellt – aktuell mehr als 400 unterschiedliche Artikel in fast ausschließlich „limitierter Auflage", die sich an Sammler richten.

Wenn von „Fränkischen Teddys" die Rede ist, dann darf auch „Teddy-Hermann" im oberfränkischen Hirschaid bei Bamberg nicht unerwähnt bleiben. Das um 1912 von Bernhard Hermann (1888–1959), einem Bruder von Max Hermann, gegründete Familienunternehmen wurde zwischen 1948 und 1953 aufgrund drohender Enteignung im SED-Staat sukzessive nach Hirschaid verlegt, was nun den „eigentliche(n) Aufstieg des Unternehmens zu einem der bekanntesten seiner Branche" begründete: „Die 1950er Jahre waren für die Gebrüder Hermann eine Phase fast stürmischen Wachstums". Bereits 1958 konnte sich das Unternehmen auf 150 Mitarbeiter stützen. Seit den 1960er Jahren blühte auch der Versandhandel. Heute bürgt das Hermann Teddy Original-Siegel für die hohen Qualitätsstandards. Anders als die Firma in Coburg fertigt das Hirschaider Unternehmen nach wie vor auch Plüschspielwaren für Kinder.

Große Bedeutung erlangte das seit 1929 als „Die bayerische Puppenstadt" gerühmte Neustadt bei Coburg. Hier in der heute Großen Kreisstadt bei dem Flüsschen Ilz waren für die Puppenherstellung über Jahrzehnte eigene „Zuliefererzweige" notwendig: Augeneinsetzer, Arm- und Beinanstreicher, Puppenschuhmacher und „Wimpernmacherinnen". Auch hatte der bedeutende Fabrikant und Politiker des „Freisinns", Max Oskar Arnold (1854–1938), eine Firma für Puppenbekleidung gegründet. Besondere Bedeutung erlangte Neustadt bei Coburg zu Beginn der 1950er Jahre noch dadurch, dass der Modelleur Max Weisbrodt der Neustädter Spielzeugfirma O. & M. Hausser die Puppe „Bild-Lilli" – eine Ikone des „Wirtschaftswunders" und Vorbild für „Barbie" – kreierte. Immerhin sind in den Jahren von 1955 bis 1964 annähernd 130.000 Puppen in den Größen 19 cm und 29 cm produziert worden. Nicht weit entfernt hatten Max und Rosa Zapf bereits 1932 in Rödental eine Puppenfabrik gegründet. Seit 1960 produzierte das Unternehmen „die ersten Puppen aus Kunststoff anstelle von Zellstoff". Das Familienunternehmen, das im Jahre 1991 „die erste Puppe mit ‚menschlichen' Funktionen" kreierte, verlagerte seit 1980 Teile seiner Produktion ins Ausland. Die „interaktive" Puppe „Baby Annabell" fand vor allem in Großbritannien hohen Absatz.

Wenn von „Weltgeltung" im fränkischen Spielzeugland die Rede ist, dann dürfen auch Firmennamen wie „Bing", „Big" und „Schuco" nicht vergessen werden. Bereits in den 1920er Jahren stellte die Nürnberger Spielzeugfirma „Schuco" detailgetreues Blechspielzeug her. Die Zeit nach dem Zweiten Weltkrieg sah den wirtschaftlichen Zenit der Nürnberger Blechspielzeug-Produktion. Als der Fabrikneubau im Jahre 1952 ganz im Zeichen des „Wirtschaftswunders“ stand, war „Schuco“ mit 800 Mitarbeitern die größte Spielzeugfabrik Nürnbergs. Ob „NSU Max“ mit Sitzbank oder der „Mercedes-Benz Unimog 404S ‚Rotes Kreuz‘“: von den Nürnberger Blechmodell-Fahrzeugen fanden 100 Millionen weltweite Verbreitung! Heute stehen Modell-Motorräder wie die Kawasaki Z 1000 R1, im Maßstab 1:12, auf dem Programm.

Wer dagegen auf Produkte der fränkischen Firma „Big“ „baut“, erlebt die Spielzeugwelt abstrahierter. Hier fehlt die Detailtreue zu den „Vorbildern“. „Big“ hat sich von der 1923 in Fürth gegründeten Metallwarenfabrik seit dem Jahre 1956 zu einer zunächst Kunststoff-Figuren wie Indianer und Cowboys fertigenden Produktionsstätte entwickelt. Im Jahre 1972 vermochte das erste „wetterfeste“ Kunststofffahrzeug, das „BIG-Bobby-Car“, auf der Nürnberger Spielwarenmesse präsentiert zu werden. Heute stellt das auf „Kreativität und Gesundheit“ bauende Unternehmen seine Modelle im mittelfränkischen Burghaslach bei Neustadt an der Aisch her.

Wenn der Name des fränkischen Firmengründers und Naturforschers Ignaz Bing (1840–1918) hier genannt wird, dann verbinden sich damit die vormals größte Spielwarenfabrik der Welt und die Entdeckung der Bing-Tropfsteinhöhle im Jahre 1905. Die Firmengeschichte des Nürnberger Unternehmens „Bing“ indessen reicht vom Zweiten Deutschen Kaiserreich bis in die 1950er Jahre der Nachkriegszeit. Damals im Jahre 1952 war das ganz im Zeichen erstarkender Wirtschaftskraft und im Zeichen der Aufweichung der Produktionsverbote (20.2.1946) für die deutsche Industrie entwickelte BMW-Motorrad R 25/3 mit dem *Bing-Schwimmerkammer-Vergaser* ausgerüstet worden. Der Firmengründer Ignaz Bing hatte mit seinem weltbekannten Blechspielzeug dem alten Sprichwort „Nürnberger Tand geht durch alle Land“ neuen Glanz verschafft. Vor allem die „Bing-Lokomotiven“ und Zuganhänger verhalfen dazu, die Bingwerke AG (seit 1919) mit mehreren tausend Spielartikeln zur größten Spielwarenfabrik der Welt „emporzuheben“. Seit der Weltwirtschaftskrise von 1932 stellte „Bing“ vorwiegend Vergaser für Otto-Motoren her. Der Firmengründer und Kommerzienrat Ignaz Bing hatte im Jahre 1905 aus Forscherleidenschaft die nach ihm benannte Bing-Höhle bei Streitberg (230 m) entdeckt.

Wenn noch ein fränkisches Produkt hier genannt werden soll, dann kann wegen der globalen Verbreitung auf die Nennung des Bleistiftanspitzers nicht verzichtet werden. Wer kennt etwa nicht den bunt angemalten „Globus en miniature“ als Bleistiftanspitzer? Er ist in der Tat allgegenwärtig. Nachdem im Jahre 1908 der Erlanger Erfinder Theodor Paul Möbius (1868–1953) den Bleistiftanspitzer entwickelt hatte, erwuchs daraus in der „Hugenottenstadt“ eine ganze Wirtschaftskette. Noch vor dem Zweiten Weltkrieg hatte Möbius mit seinen Metall- wie Kunststoffprodukten bei einer Belegschaft von 150 Mitarbeitern international in der Bleistiftanspitzer-Fertigung *den* Spitzenplatz erreicht. Zu Zeiten des „Wirtschaftswunders“ begann das Unternehmen „Möbius & Ruppert“ auch Zeichengeräte zu produzieren. Immerhin erlangten die jährlich 200 Millionen pro Jahr in Erlangen hergestellten Bleistiftanspitzer in ihren findigen Formen – etwa auch als „Rakete“ – einen Weltmarktanteil von rund 75 %!

Neue Firmensitze in Franken

Was aber speziell Franken wirtschaftlich noch zugutekam, war die Verlegung wichtiger Industriestandorte an Regnitz, Main und Rezat. Die Wertheimer Glasindustrie etwa „schöpfte“ aus Thüringen, nachdem eine Gruppe thüringischer Glasfachleute mit Tradition 1949 in „Klein-Heidelberg“ am Main angesiedelt worden war. Bereits im Februar 1945 hatte die Siemens-Unternehmensführung in Berlin ins Auge gefasst, ihre Produktion nach Süd- und Westdeutschland zu verlagern. Unter der Direktion von Ernst von Siemens begannen die in Hof und Erlangen ansässigen Gruppenleitungen mit dem Wiederaufbau. Auch die Siemens & Halske AG war von Berlin nach München und Erlangen übergewechselt, wo sie bereits im Mai 1945 mit dem Aufbau eines „Wernerwerks“ zur Herstellung von Messgeräten, Röhren und Radios beginnen konnte. Während Siemens & Halske Erlangen bis zum Jahr 1953 wieder verließ, haben sich die Siemens-Schuckertwerke dauerhaft in der fränkischen Universitätsstadt niedergelassen. Die Erlanger „Medizintechnik" hatte mit dem „Universitätsmechaniker" Erwin Moritz Reiniger (1854–1909) ihren Anfang genommen, der in den frühen 1880er Jahren in Erlangen am Schlossplatz eine Werkstatt für feinmechanische und elektrotechnische Geräte eröffnet hatte. Und die Firma Loewe, die bereits 1923 „Radio-Apparate" für die Schutzpolizei geliefert hatte, war schon im März 1945 von Berlin-Weißensee, wo Funkgeräte für die Luftwaffe produziert wurden, nach Küps bei Kronach, dann nach Kronach selbst verlegt worden. In Franken sprudelten die wirtschaftlichen Kräfte. Den Wohlstand zu „bewahren" ist noch schwerer „als ihn zu erwerben", meint Ludwig Erhard. Aber trotzdem: Bayern stellte damals noch eines der wirtschaftlich schwächsten Bundesländer in Westdeutschland dar.

Auch im Ausland brach Erhard für den Wirtschaftsstandort Franken immer wieder eine Lanze. Im Rahmen der Erneuerung der Telefon-Konzession für Griechenland von 1930, die Siemens von der damaligen griechischen Regierung erhalten hatte, schrieb Erhard im November 1953 an den griechischen Koordinationsminister: „Exzellenz! Sie haben mir die Bereitschaft der griechischen Regierung zur Kenntnis gegeben, die Firma Siemens mit der technischen Betreuung und Erweiterung des griechischen Telephonnetzes zu beauftragen und mit der Firma Telefunken einen Vertrag über die Gewährung einer Rundfunklizenz und den Ausbau des griechischen Rundfunknetzes vorzusehen. Ich habe von dieser Bereitschaft mit Befriedigung Kenntnis genommen und darf mit Genugtuung feststellen, daß damit die alten und für beide Teile fruchtbaren Beziehungen Griechenlands mit diesen beiden bekannten deutschen Weltfirmen wieder angeknüpft werden." In seinem „Mit Siemens im Bunde" überschriebenen „Dossier" resümierte der „Spiegel" damals zu dem beherzten Vorgehen Erhards: „20.000 Siemens-Telephonapparate wurden bereits vor Monaten nach Griechenland verfrachtet. Die griechische Regierung will den Auftrag – aus formalen Gründen – noch öffentlich ausschreiben, aber der Zuschlag für Siemens ist sicher, wenn die Firma das gewünschte niedrige Preisangebot einreicht. Damit würden die Griechen als vigilante Geschäftsleute schließlich den größten Nutzen aus diesem Konkurrenzgeplänkel ziehen."

Die Wirtschaft in den „Goldenen 1960er Jahren" lief in Franken auf vollen Touren. Unternehmen wie das von Gustav Schickedanz (1895–1977) im Jahre 1927 gegründete und von Grete Schickedanz (1911–1994) fortgeführte Versandkaufhaus „Quelle" verzeichneten Hochkonjunktur. 1974 wies das Unternehmen einen Rekordumsatz von 6,4 Milliarden Mark aus, die Anzahl der Mitarbeiter stieg auf 36.000! Das Unternehmen setzte auch in der Sozialfürsorge Maßstäbe. Grete Schickedanz richtete Kindergärten und Altenheime in Fürth ein und ordnete eine Altersruhegeldregelung an. Damals bestand noch so viel „Handlungsspielraum", politische Obliegenheiten mit wirtschaftlichen Mitteln zu lösen! Die Wirtschaftsrezession im Jahre 1966 mit 154.000 Arbeitslosen bundesweit vermochte das rasante Wirtschaftswachstum nicht aufzuhalten. Der Arbeitsamtsbezirk Nürnberg wies im Jahre 1966 1.466 Arbeitslose bei 9.484 offenen Stellen aus. Das bedeutet mithin, auf 100 Beschäftigungslose trafen 647 offene Stellen. Die Nürnberger Industrie konnte sich damals auf 550 Betriebe stützen, davon 62 in der Elektrotechnischen Industrie und 60 Betriebe in der Maschinenbauindustrie. Erst die Ölkrisen von 1973 und 1979 lösten Wirtschaftsdepression mit hoher Arbeitslosigkeit aus.

Im Gefolge des „Wirtschaftswunders": die Verbesserung der fränkischen Infrastruktur

Bereits zu Beginn der 1950er Jahre hatte der Privat- wie Transportverkehr in Franken stark zugenommen. Ein Defizit bestand in Franken vor allem an sogenannten „Umgehungsstraßen", Schnellverkehrsstraßen wie dem heutigen „Frankenschnellweg" und modernen Wassertransportwegen wie dem „Rhein-Main-Donau-Kanal". Das Fehlen von Straßen um 1950 hatte unter anderem auch die Verkehrsunfälle und -verstöße in die Höhe getrieben, weshalb die Landespolizeidirektionen die „Verkehrsstreifengruppen“ erhielten.

Die Planung des späteren „Frankenschnellwegs“ reicht bis in das Jahr 1926 zurück: Er wurzelt entwicklungshistorisch im „Jansenplan“, dem Generalbebauungsplan Nürnbergs aus den 1920er Jahren, benannt nach dem Berliner Städteplaner Prof. Hermann Jansen (1869–1945). Planerisch war an eine Schnellstraße entlang der Trasse des „Ludwig-Donau-Main-Kanals“ gedacht. 1959 wurde mit dem Straßenbau begonnen. Das erste Teilstück bei Erlangen konnte im November 1962 dem Verkehr übergeben werden. Der vierspurige Ausbau von Nürnberg-Doos bis Erlangen-Bruck konnte bis Jahresende 1972 seitens des Autobahnbauamtes Nürnberg realisiert werden. Im Süden war an eine Verlängerung bis Nürnberg-Feucht gedacht, im Norden an eine Anbindung via Bamberg. Diese beabsichtigte Streckenführung war sehr umstritten. Führte doch die sogenannte „Blaukehlchenstraße“ durch besonders geschützte Biotope. Das „Dilemma“ des Frankenschnellwegs war immer wieder seine Nutzung als innerstädtische *Stadtautobahn* und als Fernverkehrsstraße. Zuletzt wurden dann noch die Verbindungen des Frankenschnellweges zur A 73 Suhl–Coburg–Lichtenfels–Bamberg 2006 bis 2008 gebaut, während die Strecke von Bamberg nach Nürnberg bereits bis 1986 komplett fertiggestellt wurde.

Der Rhein-Main-Donau-Kanal – Frankens Wasserstraße nach Europa

Er war der „Nachfolger“ des wassertechnisch beispiellosen „Ludwigs-Kanals“: Im Jahre 1992 ist der auch „Europakanal“ genannte *Rhein-Main-Donau-Kanal* eingeweiht worden. Wenn schon König Karls „Fossa Carolina“ aus dem Jahre 792 eine *Europäisierung des Schiffsverkehrs* beabsichtigte und Karl den Handel zur Maas in besseren Fluss bringen wollte [Michael Peters: Geschichte Frankens. Vom Ausgang der Antike bis zum Ende, S. 47 f.], so verdichtet der neue Europakanal den Wirtschaftsaustausch in einem geeinten Europa, das in seiner Verfassung (Artikel III) auch eine Gemeinsame Handelspolitik will.

Schon die wirtschaftliche „Verlandung" des seine Erwartungen mitnichten erfüllenden „Ludwigskanals" hatte noch gegen Ende des 19. Jahrhunderts den Gedanken an die „Schaffung" einer europäischen Großwasserstraße planerisch (1903) aufkommen lassen. Zuvor hatte sich am 6. November 1892 in Nürnberg der „Verein für Hebung der Fluß- und Kanalschiffahrt in Bayern" gegründet. Die Vereinsstatuten verfolgten „das Ziel, für eine leistungsfähige Großschiffahrtsstraße vom Rhein über den Main zur Donau einzutreten". Bereits in den Jahren 1921 bis 1942 wurde der Main von Aschaffenburg an staugestützt. Seit 1959 wurde der Bau des „Main-Donau-Kanals" ab Bamberg in Angriff genommen. Im Oktober 1970 wurde der Bauabschnitt Hausen–Erlangen mit Schleuse und Hafen fertig. Der Kanal mit einer Wassertiefe von 4,25 Metern ist am 25. September 1992 eingeweiht worden. Seitdem wird jährlich eine Gütermenge von 6,75 Millionen Tonnen auf dem Europakanal transportiert. Kein Geringerer als der Kabarettist Dieter Hildebrandt hatte den Kanal 1982 aufgrund seiner angeblichen Umweltfeindlichkeit als „Alfons-Goppel-Prestige-Tümpel" persifliert. Zuvor war es im März 1979 zu einem Dammbruch bei Nürnberg-Katzwang gekommen, bei dem die Kanalwand auf ca. 15 Metern Länge riss und ein 12-jähriges Mädchen starb.

Franken unter den Ministerpräsidenten Alfons Goppel und Franz Josef Strauß

Als Stadtrat und „rechtskundiger Bürgermeister" der Stadt Aschaffenburg (1952) durfte Alfons Goppel (1905–1991) ungeachtet seiner Regensburger Herkunft zu den „Franken" gezählt werden: Dem vormaligen Amtsgerichtsrat in Aschaffenburg (1938) „Stiefmütterlichkeit" im Umgang mit „Franken" zu unterstellen, wäre mehr als „absurd". Auch Ministerpräsident Franz Josef Strauß besaß bedeutende *Bindungen* nach Franken. Ob da die Nürnberger Nachrichten im Jahre 1988 mit ihrer Behauptung, Oberbayern vernachlässige die Forschung und Bildung in Franken, nicht stark „überzogen" hatten?

Strauß' gleichnamiger Vater Franz Josef Strauß war gebürtig aus Kemmathen bei Arberg in Mittelfranken. Strauß' *Bindung* nach Franken zeigte sich nicht nur daran, dass der CSU-Politiker auch lange nach der Gebietsreform von 1972 – bei der Eichstätt nach Oberbayern kam – Eichstätt als „urfränkisch" bezeichnete. Der redegewandte „Alte Lateiner" ebnete auch politisch die Abkehr der CSU von einer rein „katholischen" Partei hin zu einer „Volkspartei" mit *Verständnis* für einen „fränkischen Protestantismus". Und obwohl der damals dem Landesvorstand der CSU angehörende Karl Theodor Freiherr von und zu Guttenberg (1921–1972) mit seiner Gegenstimme bei der Wahl von Franz Josef Strauß zum Landesvorsitzenden einen *Parteikrach* lostrat, signalisierte Strauß auf dem Parteitag der CSU 1963 Versöhnlichkeit.

Altfränkisches Urgestein: der amerikanische Außenminister Henry Kissinger

Ein politischer Freund von Strauß war auch der amerikanische Außenminister Henry Kissinger, der nicht selten Gast in Strauß' Domizil war. Strauß' Devise lautete damals: „Es wäre verhängnisvoll, dieses Europa von den USA zu trennen" [Festschrift Goppel, S. 110]. Henry Kissinger steht für das Wort: *„Die Werkzeuge des Staatsmannes sind politische Klugheit und Autorität"* [Henry Kissinger, Memoiren, 1973–1974, 2, S. 1354]. Der aus Fürth gebürtige deutsche Amerikaner wurde am 27. Mai 1923 als Heinz Alfred Kissinger geboren. Sein Vater Louis lehrte Geschichte am Fürther Mädchenlyzeum. Seine Mutter Paula (geb. Stern) kam aus Leutershausen im Mittelfränkischen. Einer von Henry Kissingers Onkeln, Josef Kissinger, hatte seit 1876 für 50 Jahre die Stelle eines jüdischen Religionslehrers in Frankenwinheim unweit Gerolzhofen in Mainfranken inne. Beide – Strauß und Kissinger – setzten auf eine lebendige Chinapolitik. Da Kissinger im Gefolge seiner „geheimen" Chinareisen seit Juli 1971 eine Détente der amerikanisch-chinesischen Beziehungen einleitete, sprechen noch heute Politiker im Reich der Mitte des Öfteren von Henry Kissinger als von einem „alten Freund des chinesischen Volkes". Seit 1998 ist der Verfasser der „Sechs Säulen der Weltordnung" Ehrenbürger von Fürth.

Goppel und Strauß: alles für die fränkische Bildung, Forschung und Kultur

Wenn es eine Stärke der bayerischen „Frankenpolitik" gab, dann lag sie auf dem Bildungssektor. Bildungspolitisch stark geprägt hat die Zeit von 1970 bis 1986 der bayerische Staatsminister für Unterricht, Kultus, Wissenschaft und Kunst Dr. Hans Maier. Dem Ministerpräsidenten Dr. Alfons Goppel lag die Schul- und Universitätsbildung ganz besonders am Herzen. Unter anderem war der „Alte Aschaffenburger" über Jahre Vorsitzender des „Altherrenvereins" der 1952 wiedergegründeten und unter dem Motto „religio, scientia, amicitia" – Frömmigkeit, Wissenschaft, Freundschaft – stehenden Verbindung „Erwinia". Es war zu der Zeit, da auch die kommunalen „Kulturämter", die Kulturstiftungen und „Kunstpreise" frankenweit „aus dem Boden schossen". Auch kamen die sogenannten „Geschichtswerkstätten" und die „Kulturtage" auf. Würzburg etwa veranstaltet seit 1969 alljährlich im Spätherbst die „Bachtage". 1947 bereits fand die erste „Bachwoche" auf Schloss Weißenstein bei Pommersfelden statt. Sie wurde sodann 1948 nach Ansbach verlegt, wo Rudolf Hetzer seit 1966 die Leitung der *Bachwoche* innehatte. Später kamen Gäste wie der Bundeswirtschaftsminister Otto Graf Lambsdorff († 2009). Auch die Kulturstiftungen schufen sich in Franken breiten Raum. Erst spät wurden die „Unterfränkische Kulturstiftung" (1998) in Würzburg, die Kulturstiftung Hohenlohe (1993) und die Kulturstiftung der Sparkasse Nürnberg für die Stadt Nürnberg (1989) gegründet.

Der Weg von der Allgemeinen Schulpflicht von 1802 bis zu der sogenannten „Kultur- und Bildungsgesellschaft" der 1970er Jahre in Franken war lang. Ob die Kultur- und Bildungsgesellschaft „unserer Tage" einen „Ersatz" für das nicht mehr existente „Bildungsbürgertum" der „wilhelminischen Kaiserzeit" darstellt, bleibt mehr als fraglich. Das alte „Bildungsbürgertum" eines Fichte oder Schelling war dann auch mehr von der Erziehung des Menschengeschlechts durch Bildung und freien Gehorsam durchdrungen.

Unter Ministerpräsident Alfons Goppel ist auch (durch Volksentscheid) 1968 im Volksschulwesen die „Christliche Gemeinschaftsschule“ als Regelschule eingeführt worden. Die seitens der Nationalsozialisten durchgesetzte „Entkonfessionalisierung“ der Volksschulen war 1945 wieder abgeschafft worden. Sogenannte „Bekenntnisschulen“ gibt es in Franken in den Städten Nürnberg, Kahl am Main, Öhringen und Hof, wo sie bis heute auch verblieben. In Nürnberg etwa besteht die unter dem Motto „Lernen mit Freuden“ lehrende Freie Evangelische Bekenntnisschule Nürnberg als *Jonathan-Schule.*

Bayern unter Goppel und Strauß setzte nach wie vor auf ein dreigliedriges Schulsystem. Der Freistaat hat bildende Schulen, berufliche Schulen und Schulen des zweiten Bildungsweges. Das bringt auch den Übergang Süddeutschlands zu einem reinen „Industriestaatengebilde“ zum Ausdruck. Seit etwa 1970 gibt es in Franken keine Gemeinde mit ausschließlich landwirtschaftlicher Bevölkerung. Deren Anteil sank in Bayern von 1950 bis 1970 von 20,7 % auf 9,2 %. Immerhin waren etwa 1951 noch 316.500 Pferde in der Landwirtschaft eingesetzt.

Den wissenschaftlichen Fortschritt in Franken spiegeln auch die Hochschulen wider. Vor allem die Medizinische Fakultät der Universität Erlangen-Nürnberg errang in den 1970er Jahren Weltruf. Die Endoskopie unter Prof. Ludwig Demling (1921–1995), der von 1966 bis 1986 Direktor der Medizinischen Klinik und Inhaber des Lehrstuhls für Innere Medizin in Erlangen war, entwickelte sich zu einer weltweit bekannten Stätte für Krankenbehandlung und Forschung. Die endoskopisch ausgeführte Papillotomie wurde erstmals 1972 von Demling beschrieben. Auch das „Erlanger Retortenbaby“ vom 16. April 1982 erregte weltweit großes Aufsehen.

An der Würzburger Julius-Maximilians-Universität waren aufgrund schwerer Bombenschäden viele Neubauten unumgänglich. Die Medizinische Universitätsklinik, welche nach dem Krieg bis 1970 unter der Direktion von Prof. Wollheim stand, musste von 1945 bis 1955 ganz neu aufgebaut werden. Die Hauptforschungsrichtung markierte bis 1970 vor allem die Kardiologie und Nephrologie. Nach 1970 kamen Hepatologie, Stoffwechselkrankheiten und Klinische Pharmakologie und die Röntgendiagnostik hinzu.

Nach dem Jahr 1742 – der Gründung der bald darauf nach Erlangen verlegten Friedrichs-Universität – ist 1975 zum zweiten Mal in Bayreuth eine Universität gegründet worden. Ihr Leitbild weist eine „international operierende, kooperations- und schwerpunktorientierte Forschungsuniversität mit innovationsfähigen Strukturen“ aus. Sie pflegt auch Erfinder- und Gründerberatung sowie Industriekooperationen und ist eine fränkische „Musteruniversität“.

Ministerpräsident Alfons Goppel hat dann auch im Jahre 1971 das Bayerische Fachhochschulgesetz auf den Weg gebracht. Als erste Fachhochschulen sind Coburg und Würzburg-Schweinfurt 1971 ins Leben gerufen worden. In der Retrospektive handelt es sich um keinen „bildungspolitischen Urknall, der die Fachhochschulen vor einem Vierteljahrhundert ins Leben gerufen hat“. Die Studiengänge tragen seit dem „Einpendeln“ auf den „Bologna-Prozess“ das Odium einer zunehmenden „Verschulung“. An der im Jahre 1971 gegründeten und heute knapp 8.000 Studierende zählenden unterfränkischen Fachhochschule Würzburg-Schweinfurt ist 1975 der zukunftsweisende Studiengang „Informatik“ eingerichtet worden. Die Fachhochschule Ansbach war die letzte fränkische Fachhochschule, welcher am 31. Januar 2002 der „Schlussstein“ gesetzt wurde. Von ihr profitieren Studenten wie Unternehmer, weil „die Wirtschaftsregion Heilbronn-Franken ‚in die starke Schiene im Süden‘ zwischen Bayern und Baden-Württemberg eingebunden ist“ [Michael Peters: Fachhochschule Ansbach – Partner der regionalen Wirtschaft. In: Sonderbeilage, S. 16].

Und es ist noch gar nicht so lange her, viele erinnern sich: An den bayerischen Schulen wollte der bayerische Ministerpräsident Edmund Stoiber 2004 das „Büchergeld“ einführen lassen. Dagegen lief auch der „Deutsche Familienverband. Ortsverband

Gunzenhausen" Sturm. In einem „Offenen Brief" heißt es: „Sehr geehrter Herr Ministerpräsident, mit Erschrecken haben wir in der Presse von Ihren Überlegungen zur Einführung eines Büchergeldes gelesen. Die Bildung muss bezahlbar bleiben. Die Einführung des Büchergeldes hat nichts mit Qualitätsverbesserung zu tun. Sie dient einzig und allein der Haushaltskonsolidierung und ist für alle Familien, vor allem für geringverdienende und kinderreiche Familien, ein schwerer Schlag." Der aus Hersbruck gebürtige damalige bayerische „Kronprätendent" Dr. Günther Beckstein kündigte im September 2007 die Abschaffung des „Büchergeldes" an.

Heimat- und Denkmalpflege

Die Gesellschaftsentwicklung in den 1970er und 1980er Jahren in Franken stand ganz im Zeichen der Devisen „Alles für Kultur und Bildung" und „Wohlstand für alle". Der Bayerische Staat versteht sich laut Artikel 3 der Verfassung als ein „Kulturstaat". Artikel 141 (1) besagt außerdem: „Die Denkmäler der Kunst, der Geschichte und der Natur sowie die Landschaft genießen öffentlichen Schutz und die Pflege des Staates, der Gemeinden und der Körperschaften des öffentlichen Rechts." Ganz besonders in Franken zählen Heimatpflege und Heimatbewusstsein zu einem unabdingbaren Kulturgut. Die Heimatpflegevereine in Franken, wie etwa der „Frankenbund e.V." oder der „Fränkische-Schweiz-Verein", werden seitens des Bayerischen Staatsministeriums für Wissenschaft, Forschung und Kunst gefördert. Bestand der sogenannte „Heimatschutz" schon seit den 1880er Jahren im vorletzten Jahrhundert, so wurde die fränkische Heimatpflege gerade unter Alfons Goppel und Franz Josef Strauß maßgeblich gefördert.

Die Betreuung der fränkischen „staatlichen Schlösser" unterliegt der traditionsreichen „Bayerischen Verwaltung der staatlichen Schlösser, Gärten und Seen". Auf die Hofverwaltung – den „Obersthofmeisterstab" – der bayerischen Kurfürsten gegen Ende des 18. Jahrhunderts zurückgehend, ist sie mit 45 Schlössern, Burgen und Residenzen „der größte staatliche Museumsträger in Deutschland". Die wunderschöne Sommerresidenz der Fürstbischöfe von Bamberg, Schloss Seehof, ging erst im Jahre 2003 in die Obhut der Bayerischen Verwaltung der staatlichen Schlösser, Gärten und Seen über. Der bayerische Staat hat die von Fürstbischof Marquard Sebastian Schenk von Stauffenberg (1644–1693) inspirierte Barockanlage mit den vier eckständigen Rundtürmen und den Kaskaden mit Herkulesgruppe sehr aufwendig restaurieren lassen.

Franken und die deutsche Wiedervereinigung

Das Schwarzweißfoto aus dem Jahr 1965 sah ernste Gesichter, und das hinter Stacheldraht und innerdeutscher Mauer liegende „andere" Deutschland schien unwiederbringlich: am 17. Juni 1965 legte der Erlanger SPD-Politiker und bayerische Landtagsabgeordnete Peter Zink (1907–2004) zusammen mit Ida Marie Siemens, Dr. Hans Wunder und Dr. Wilhelm Vorndran (CSU) am Erlanger Mahnmal „Unteilbares Deutschland" einen Kranz nieder. Das vor dem ersten Jahrestag des Volksaufstandes in der DDR am 14. Juni 1954 ins Leben gerufene „Kuratorium Unteilbares Deutschland", das auch auf Ortsebene tätig war und die Erlanger Kranzniederlegung organisiert hatte, verstand sich dann als eine Volksbewegung zur Wiedererlangung der Einheit in Freiheit.

Die innerdeutsche Grenze in Oberfranken teilte auch ganze Ortschaften. Ein Paradebeispiel dafür ist das kleine Dorf Mödlareuth am „äußersten Zipfel" Oberfrankens, das – auch Klein-Berlin in Oberfranken genannt – zum Symbol der deutschen Teilung schlechthin wurde. Trennte doch die menschenunwürdige Grenze die 50-Seelen-Gemeinde und machte alle zwischenmenschlichen Beziehungen gewalttätig zunichte. Heute, zwei Jahrzehnte nach dem Mauerfall, ist Mödlareuth ein fränkisch-thüringisches Museumsdorf. Denn nach wie vor ist Mödlareuth zwischen Franken und Thüringen „getrennt". Die eine Hälfte gehört zum Freistaat Bayern, die andere zum Land Thüringen.

Doch die Wurzeln der Teilung liegen tief: Schon vor Jahrhunderten gehörte ein Ortsteil zum Fürstentum Brandenburg-Bayreuth, der andere zu dem Fürstentum Reuß-Schleiz.

Mit dem Wind nach Westen

Das von seinem „natürlichen" Hinterland abgeriegelte Oberfranken war auch bisweilen das Ziel spektakulärer Fluchten über den Eisernen Vorhang nach Westen. Doch mit der im Folgenden geschilderten kühnen Flucht mit dem Ballon ist „etwas Unglaubliches geglückt". Es war in dieser Nacht vom 15. auf den 16. September 1979, von einem Sonnabend auf einen Sonntag, die wohl spektakulärste Flucht aus der DDR überhaupt. Deshalb wurden die Familien Wetzel und Strelzyk buchstäblich auch über Nacht zu „Medienberühmtheiten": Ursprünglich hatten sie wohl gar nicht an Republikflucht gedacht. Denn der Kraftfahrer Günter Wetzel hatte ein gutes Auskommen im Honecker-Staat. Dann tauchte bei den Wetzels eine Zeitschrift auf, in der von einem Ballonfahrertreffen in Amerika berichtet wurde. Die Fluchtidee war geboren. Ein erster Fluchtversuch mit einem aus Flicken und Futterstoffen selbst genähten Heißluftballon misslang. Schon lag die Volkspolizei auf der Lauer: Stofffetzen verrieten die gescheiterte Flucht. Eine fieberhafte Suche nach geeigneten Stoffen für einen neuen Heißluftballon bis hin nach Schwerin und Rostock begann. Die Wetzels gaben vor, das Zeltnylon für ein FDJ-Lager verwenden zu wollen. Dann begann das über einhundert Stunden dauernde Nähen der Stoffbahnen zu einem Ballon. Die Gondel wurde aus Blech gefertigt, ein Gebläse trieb Heißluft in den Ballondom. Am 15. September 1979 des Abends stiegen die Familien Wetzel und Strelzyk bei klarem Wetter und Nordwind vom Startplatz auf. Nach einer knappen halben Stunde Fahrt versiegte das Gas. Ob man noch über Thüringen schwebte oder bereits Franken erreicht hatte? Sanft setzte der Heißluftballon auf einem Feld auf. Die Familien waren überzeugt: „Wir sind im Westen!" Zwei fränkische Polizisten wurden auf sie aufmerksam und brachten sie nach Naila. Günter Wetzel berichtet: „Bereits früh um fünf Uhr sicherte uns der Bürgermeister eine Wohnung zu.“ Später wurde Wetzel Kfz-Mechaniker und ging mit seiner Familie nach Betzenstein, während die Strelzyks nach der Grenzöffnung 1989 nach Thüringen zurückkehrten. Zwei Jahre darauf wurde die dramatische Flucht nach Franken verfilmt. Die Regie des unter dem Titel „Mit dem Wind nach Westen“ laufenden Films hatte der amerikanische Regisseur Delbert Mann (1920–2007), die Filmmusik komponierte kein Geringerer als Jerry Goldsmith (1929–2004). Klaus Löwitsch (1936–2002) spielt die Rolle des argwöhnisch bespitzelnden Stasi-Mannes „Schmolk“. Aber wer weiß schon, dass der Darsteller Jan Niklas (geb. 1947), der Leutnant Fehler spielt, in Pottenstein geboren wurde?

Mit dem Grenzfall im Anschluss an den denkwürdigen 9. November 1989 – dem Tag der Öffnung der Berliner Mauer – gewann Franken sein altes Hinterland zurück. Bei Nürnberg war sogar die Rede davon, dass die Noris ihre altehrwürdige „mittelalterliche“ Stellung als zentraler europäischer Handelsort und Warenumschlagplatz wiedererlangt habe. Die alten Handelsstraßen der Hanse hatten ihren südlichen Punkt in Nürnberg. Das war bereits im „Ersten Globalisierungszeitalter“ in der Zeit von 1200 bis etwa 1500. Heute – nachdem Estland, Lettland und Litauen 2004 in die Europäische Union aufgenommen worden sind – haben etwa 200 mittelfränkische Unternehmen Geschäftsverbindungen mit estländischen Firmen, 211 mit lettischen Unternehmen und 218 mit litauischen Firmen. Die Industrie- und Handelskammer Nürnberg für Mittelfranken bietet dazu auch auf ihren Webseiten detaillierte Wirtschaftsdaten für die Palette der mittelfränkischen Betriebe an.

Bevor sich der Eiserne Vorhang vollständig öffnete, hatte es etwa auch in Neustadt bei Coburg „hoffnungsvolle Blicke von der anderen Seite der ‚Gebrannten Brücke‘“ gegeben. Auch die alte, über Jahrzehnte unterbrochene Bahnlinie von Neustadt nach Sonneberg ist wieder in Betrieb und voll elektrifiziert. Die Bahnlinie gehört mit zu dem alten Streckennetz der „Werrabahn“, zu deren Verwirklichung das Großherzogtum Sachsen-Weimar-Eisenach mit den sächsischen Herzogtümern Coburg und Meiningen im Jahre 1841 einen Staatsvertrag geschlossen hatte. Doch im Jahre 1989 rollten die „Sonderzüge der Freiheit“ auf einer anderen Strecke. Genau zwanzig Jahre später, am 1. Oktober 2009, war wieder ein „Zug der Freiheit“ von Prag ins fränkische Hof gefahren, um an das historische Ereignis zu erinnern, nachdem am 1. Oktober 1989 Sonderzüge mit 6.800 Flüchtlingen die Städte Prag und Warschau mit Ziel „Westen“ verlassen hatten.

Ein Fußbreit bis zur Gegenwart: Franken als neuer Hochtechnologie-Standort

Zwischen Neckar und Main: Heilbronn-Franken – wirtschaftlich zugkräftigste Region Süddeutschlands

Sie wirkt häufig wie ein „Kunstgebilde“: Zwischen Odenwald und Haller Ebene liegt die Region Heilbronn-Franken. Hier an der „Schnittstelle“ zwischen alter fränkischer und alamannischer Kultur treffen Franken, Hohenlohe, Kraichgau, Stadt und Land Heilbronn, Baden und Württemberg zusammen. Angeblich stellt das „keine ideale Basis für die Entwicklung eines Regionalgefühls“ dar. Das meint der Direktor des Regionalverbandes Heilbronn-Franken, Klaus Mandel, der in seinem „Eine Stimme für die Region“ überschriebenen Beitrag zu Recht auch von einer historisch heterogenen Region spricht.

Als Basis einer regionalen Wirtschaftsstrategie für Franken wurde am 1. Januar 1973 der „Regionalverband Franken“ als Körperschaft des öffentlichen Rechts ins Leben gerufen. Die Kooperation im Rahmen der regionalen Entwicklung von Wirtschaft, Verkehr, Arbeiten und Wohnen ist so weit gediehen, dass die „Globalisierung im letzten Dorf angekommen“ ist. Einer der Parameter der Wirtschaftsentwicklung ist die „kleinräumige Bevölkerungsprognose“. Der Regionalverband Heilbronn-Franken hat unter anderem auch seit 1999 ein „regionales Märktekonzept“ entwickelt. In Fragen der Lehre und Forschung kooperiert der Regionalverband dazu mit Hochschulen und Fachhochschulen.

Der Regionalverband hat im Rahmen der Entwicklung erneuerbarer Energien zudem regionale Windpark-Standorte auf den Hochflächen oberhalb der Talräume von Kocher, Jagst und Tauber erschlossen. Der Unternehmenverbund Behlau Energie, der im Jahre 1994 gegründet wurde und zu den „Pionieren der regenerativen Energien in Deutschland" gehört, schreibt in einer „Windkraft von Hohenlohe läuft und läuft und läuft …" überschriebenen Pressemitteilung von 2004: „Die Windkraft in Hohenlohe erfreut sich zunehmend großer Beliebtheit. Die Erträge sind überdurchschnittlich gut, die örtlichen Gegebenheiten eignen sich hervorragend für die Windkraft. […] ‚Wir sind mit der Anlage und dem Standort Lindlein sehr zufrieden. Die prognostizierten Ergebnisse für 2004 für Lindlein werden weit übertroffen'. Zu diesem Fazit kommt der kaufmännische Projektleiter Rico Trentzsch. ‚Für 2004 waren 2,4 Mio. Kilowattstunden geplant. Bereits jetzt haben wir 2,5 Mio kWh überschritten', führt Trentzsch weiter aus […]

Dass Windkraftanlagen an die Küste gehören und im Binnenland die Landschaft verschandeln, lässt Trentzsch allerdings nicht gelten. ‚Windkraftanlagen sind genauso schön oder so hässlich wie die Frau des Nachbarn. Eine rein persönliche Meinung von mir – aber wir werden in Zukunft unseren Energiebedarf nur aus regenerativen Energien decken müssen. Der Strom kommt auch in Hohenlohe aus der Steckdose, aber wo wird er hergestellt? Der CO_2-Ausstoß der Kohlekraftwerke, die atomaren Endlager und vor allem die atomare Strahlung von Uranabfällen stellt uns alle noch vor genug Probleme. Diese zu lösen müssen wir heute schon beginnen.'"

Auf der Hohenloher Ebene wird „saubere Energie" gewonnen. In den Jahren von 2004 bis 2007 vermochte der Hohenloher „Windpark" mehr als 35 Millionen Kilowattstunden Strom zu erwirtschaften. Die Technik dieser Windkraftanlage ist für besonders niedrige Windgeschwindigkeiten konzipiert und gilt als wartungsfreundlich.

Was die Wirtschaftsregion Heilbronn-Franken zur „wachstumsstärksten Region im Lande" machte, sind ihre technischen

Innovationen und das gute Vermögen ihrer Wirtschaftsgestalter, „die ländlichen Regionen zu attraktiven und strukturell starken Lebens- und Arbeitsräumen“ entwickelt zu haben. Die Bevölkerung in Heilbronn-Franken wuchs von 1973 bis 2004 um 23,5 %, während die Zahl der der Industrie- und Handelskammer Heilbronn-Franken angehörenden Unternehmen in der gleichen Zeit von 12.921 auf 42.700 Unternehmen stieg. Vor allem ist der Export die Stärke der Region, wobei „manche Unternehmen“ auf eine Exportquote von bis zu 90 % kommen.

An technischen Innovationen aber hat Heilbronn-Franken weitaus mehr zu bieten als seine Windkrafträder. Auch in der sogenannten „Technologie Nachwachsender Rohstoffe“ – „TECNARO“ – ist Heilbronn-Franken führend. 2010 gewann die TECNARO GmbH mit Sitz in Ilsfeld bei Heilbronn den europäischen Erfinderpreis, der jährlich von der Europäischen Kommission und dem Europäischen Patentamt vergeben wird. Die Firma erhielt den Preis für die Entwicklung eines umweltfreundlichen Werkstoffes, der in vielen industriellen Anwendungen die Kunststoffe auf Erdölbasis ersetzt und darüber hinaus biologisch abbaubar ist.

Wenn von technischen Superlativen die Rede ist, dann haben zuletzt auch die Vereinigten Arabischen Emirate von sich reden gemacht. Erregte doch die Einweihung des „Burdsch Chalifa“, des mit 828 Metern höchsten Bauwerkes der Welt, am 4. Januar 2010 internationales Aufsehen. Die Bauarbeiten mit in Spitzenzeiten bis zu 12.000 Arbeitern hatten 2004 begonnen. Zu den „Technikausrüstern“ zählt auch der in Dubai eine Tochtergesellschaft unterhaltende fränkische Kranspezialist „R. Stahl Fördertechnik GmbH“ mit Sitz in Künzelsau. Firmengründer war der Schlossermeister Rafael Stahl, der 1897 einen elektrischen Aufzug entwickelte. Noch im selben Jahr hatte Stahl einen Brückenkran mit 12,5 Tonnen Traglast vorgestellt. Zu Beginn des 20. Jahrhunderts brachte er elektrische Flaschenaufzüge auf den Markt.

Für die Wartung der gewaltigen Klimaanlage des „Burdsch Chalifa“ wurden insgesamt acht Zweiträgerlaufkräne benötigt, für welche R. Stahl den Zuschlag verbuchen konnte. Die Brückenkrane wurden mit den Komponenten aus Künzelsau in Dubai gebaut. R. Stahl lieferte die hochwertigen Maschinenbauteile aus Deutschland zu und fertigte lange und schwere Stahlbauteile in Fachbetrieben vor Ort.

Eine weitere wirtschaftliche Stärke der Region Heilbronn-Franken ist die Kunststoff- und Fahrzeugzulieferer-Industrie. Zwischen den Städten Heilbronn und Eppingen hat sich in der vergangenen Zeit ein Zentrum der Kunststoffindustrie entwickelt. Schon wird von der *Kunststoffregion Heilbronn* gesprochen, denn „Kunststoffe sind unsere Zukunft!“ Um weitere Synergieeffekte für die Kunststoffunternehmen aufzubauen, sind im Raum Heilbronn zum wiederholten Male sogenannte „Kunststoffforen“ eingerichtet worden. So entwickelt die Schübel GmbH in Talheim bei Heilbronn gefräste Kunststoffprototypen.

Die deutsche Wiedervereinigung und die Erweiterung der Europäischen Union nach Osteuropa verstärkten die „Ost-West-Relation“ und verbesserten noch einmal die Standortqualität der Region Heilbronn-Franken. Das garantierten einerseits auch das gut ausgebaute Bundesautobahnnetz sowie das weitverzweigte Schienennetz, das derzeit im Endausbau stehende Heilbronner Stadtbahnnetz, der Neckarhafen in Heilbronn und der Mainhafen in Wertheim und endlich die Flugplätze von Schwäbisch Hall und Niederstetten. Die gute Infrastruktur hat im Raum Heilbronn-Franken auch die Arbeitsmobilität seiner Bevölkerung erheblich verbessert. Von einem „unstrittigen Oberzentrum Heilbronn“ ist die Rede gewesen mit den acht „Mittelzentren“ Neckarsulm, Öhringen, Künzelsau, Schwäbisch Hall, Crailsheim, Bad Mergentheim, Tauberbischofsheim und Wertheim. Die Verdichtung der Räume im Südwesten hat bereits die Einbindung des „Stadtkreises Heilbronn“ und einiger Orte im Landkreis Heilbronn in die „Europäische Metropolregion Stuttgart“ (1995) in die Wege geleitet. Aufgrund der hervorragenden „Vernetzung“ der Region, der „Innovationsfähigkeit“ und des praktizierten „Technologietransfers“ gilt Heilbronn-Franken als „führend“ in Deutschland und darüber hinaus. Um nur einige „Weltmarktführer“ der Region zu nennen: die Berner AG mit

Sitz in Künzelsau ist Weltmarktführer in der Verbindungstechnik, die Bosch Engineering GmbH in Abstatt ist Weltmarktführer in den Bereichen „Automobilzulieferer", „Elektrotechnik" und „Antriebstechnik", die VACUUBRAND GMBH + CO KG in Wertheim ist Weltmarktführer in Vakuumpumpen für Labore und die Würth Solar GmbH & Co. KG in Schwäbisch Hall ist Weltmarktführer als Modulhersteller und Komplettanbieter für Photovoltaik-Anlagen auf Basis der sogenannten neuen „CIS-Technologie" (Solarzellen).

„Von Fürth aus in alle Welt" – solare Technik in Franken
Die Solarenergie ist eine ganz besonders saubere Form der Energiegewinnung. Mithilfe einer großflächigen Ausführungsform des Elementhalbleiters Silizium wird im Rahmen eines fotoelektrischen Effekts einfallendes Sonnenlicht direkt in elektrische Leistung umgewandelt. Franken ist innerhalb Deutschlands eine Domäne der Solartechnik. Bereits im Jahre 1948 hatte der im Pretzfelder Schloss bei Forchheim in Oberfranken wohnende Physiker Walter Schottky (1886–1976) ein Siemenslabor eingerichtet. Hier entwickelte er ein Verfahren der Halbleiter-Photovoltaik mithilfe der mit gleichrichtendem Charakter arbeitenden „Schottky-Diode". Später war in der Forschung auch von „Schottky-Solarzellen" die Rede.

„Mittelfranken ist die Gründerregion Nr. 1 in Deutschland." „In keinem anderen Regierungsbezirk Deutschlands ist die Gründungsdynamik so hoch wie in Mittelfranken." Das weist die international vergleichende Studie „Global Entrepreneurship Monitor" (GEM) aus. So hat sich erst vor kurzem das Nürnberger Postunternehmen „NordbayernPost" mit 400 festangestellten Mitarbeitern etabliert. Im April 2011 konnte „NordbayernPost" sein dreijähriges Bestehen feiern und gleichzeitig seine dritte Briefmarkenserie auflegen. Bis dahin waren 100 Millionen Sendungen zugestellt worden. Und Mittelfranken ist auch die Nr. 1 als Hauptnutzer der Solarenergie in Franken. Fürth nennt sich in Eigennennung bereits „Solarstadt". Das bezieht sich sowohl auf den Einsatz der Solarenergie in der Kleeblattstadt als auch auf die vielen Unternehmenssitze. In Fürth-Atzenhof ist seitens der Stadt Fürth im Spätsommer 2003 auf dem sonnenverwöhnten Südhang einer ehemaligen Mülldeponie die größte Solarenergieanlage Nordbayerns eingerichtet worden. Der Hügel heißt jetzt „Solarberg".

Und auch Nürnberg ist „Solarstadt". Die Noris wirbt mit dem Leitsatz: „Mit Solaren Velotaxis voll auf Touren!!" Im April 2010 ging die *weltweit erste serienmäßig produzierte Flotte von Velotaxis mit integriertem Solarmodul an den Start.* Die „monokristallinen" Solarmodule des „CityCruiser II" wurden von dem Unternehmen Sunnovation im unterfränkischen Elsenfeld bei Miltenberg produziert. Eine „Altstadttour", eine „Naturerlebnistour" und eine „Tour Reichsparteitagsgelände" mit den lautlosen solaren Velotaxis werden angeboten. Und einer der Mäzene von „Velo-Taxi" ist die Nürnberger Firma „Frankensolar".

Vom Siemensgelände auf der Fürther „Hardhöhe" in die USA, nach China, Korea, Portugal, Spanien, Italien und Frankreich – die „Wechselrichter für Solaranlagen, die am Siemensstandort in der Würzburger Straße produziert werden, gehen in alle Welt". Auf der Fürther Hardhöhe produzieren 200 Mitarbeiter jährlich „die Herzstücke für Photovoltaikanlagen mit insgesamt 1000 Megawatt (MW) Leistung". In Nürnberg arbeitet die „FR-Frankensolar GmbH" mit großem Erfolg. Das Unternehmen „Frankensolar" feierte 2010 sein 20-jähriges Firmenjubiläum und gilt als führender Photovoltaik-Fachgroßhandel für Solaranlagen zur Stromgewinnung. Unter anderem engagierte sich das Unternehmen maßgeblich an der „Woche der Sonne" im Jahre 2007, als bundesweit an mehr als 400 Orten über die *explodierenden Energiekosten* und die umweltfreundliche Solarenergie informiert wurde.

Auch der Diplomphysiker Udo Möhrstedt baut auf „sonnenklare Ideen für die Zukunft". Im Jahre 1982 gründete er die im oberfränkischen Bad Staffelstein sitzende Solarfirma IBC Solartechnik. Damit stand der „Wahlfranke" nicht nur im Begriff, ein gut funktionierendes Vertriebsnetz für Photovoltaik-Anlagen aufzubauen, sondern schuf in den 1980er und 1990er Jahren auch das Erfordernis für den im Werden begriffenen Markt rund um die Sonnenenergie. Im März 2010 erhielt Udo Möhrstedt den Preis „Spirit of Energy“ für seine Pionierleistungen bei der Entwicklung der Photovoltaik. In acht Werken beschäftigt sein Unternehmen etwa 300 Mitarbeiter, 210 hiervon in Deutschland. Und die jetzt statt Kartoffeln Solarstrom „erntenden“ fränkischen Bauern verdienen gut: 40 % der vom Bund vergebenen „Solarförderung“ fließt nach Bayern.

9. „Franconia cantat“ – Streiflichter aus dem fränkischen Musikleben

Richard Wagner (1813–1883), der sein letztes musikdramatisches Werk „Parsifal“ 1882 in Bayreuth zur Uraufführung brachte, setzt nicht nur in Franken bis in unsere Zeit die musikalischen Akzente. Richard Wagner „verabschiedete“ sich mit diesem Werk „von der Welt und zog ein Jahr vor seinem Tod in dieser Oper die Summe seines über 50 Jahre währenden musikalischen Schaffens“, wie die Fränkischen Nachrichten die Oper „deuten“. Wagner hatte aber verfügt, dass sein „Bühnenweihfestspiel“ nur im Bayreuther Festspielhaus aufgeführt werden durfte. Thomas Mann schrieb nach einer Aufführung 1909: „Eine so furchtbare Ausdruckskraft gibt es doch wohl in allen Künsten nicht wieder. Die Akzente der Zerknirschung und Qual, an denen Wagner sein ganzes Leben lang geübt hat, kommen erst hier zu ihrer endgültigen Intensität [...]“

Der Wagner-Biograph Franz Muncker bilanzierte 1896 über den „Parsifal“: „Die musikalische Composition des ‚Parsifal‘ stand gemäß der feierlich-religiösen Grundstimmung des Ganzen an leidenschaftlicher Beweglichkeit, nicht aber an Reichthum, Kraft und Schönheit der Erfindung hinter Wagners früheren Werken zurück“. Als Wagner im Februar 1883 im Palazzo Vendramin am Canale Grande in Venedig der Herztod ereilte und sein Leichnam nach Bayreuth überführt worden war, sollte dem wunschgemäß im Garten der Villa „Wahnfried“ beigesetzten Komponisten eine pompöse Totenfeier wie „noch keinem deutschen Dichter – außer etwa Klopstock und Grillparzer“ – bereitet werden. Nach Beginn des Ersten Weltkrieges wurde es still um die Bayreuther Festspiele. In den jungen Jahren der Weimarer Republik dominierten Würzburg und Nürnberg das fränkische Musikleben. Als die Bayreuther Festspiele im Juli 1924 unter der Leitung von Siegfried und Winifred Wagner neu eröffnet wurden, standen die „Nürnberger Meistersinger“ unter ihrem „nichtjüdischen“ Dirigenten Fritz Busch ganz im Zeichen „der alten Inszenierung und Ausstattung von 1911“. Altehrwürdige Hoheiten und Honoratioren waren erschienen: Kronprinzessin Cecilie (1886–1954) und Prinz August Wilhelm (1887–1949) von Preußen, das Sachsen-Coburger Herzogspaar, die Großherzogin von Oldenburg und die großherzogliche Familie von Mecklenburg, etliche Militärs und Industrielle, darunter General Erich Ludendorff, und endlich der alldeutsche Politiker Heinrich Claß. Ab 1925 war auch der wegen seines Putsches inhaftierte Adolf Hitler „wieder da“.

Bestmögliche Technik für die Bühne auf dem grünen Hügel

Bayreuth ist eine Bühne, die ihresgleichen sucht. Unter dem sächsisch-altenburgischen Hofbaumeister Otto Brückwald war am 29. April 1872 für das Festspielhaus auf dem grünen Hügel der erste Spatenstich erfolgt. Bei der Grundsteinlegung des schlichten Bayreuther Festspielhauses am 22. Mai 1872 sprach Richard Wagner die Worte:

„Meine Freunde und werten Gönner! Durch Sie bin ich heute auf einen Platz gestellt, wie ihn gewiß noch nie vor mir ein Künstler einnahm. Sie glauben meiner Verheißung, den Deutschen ein ihnen eigenes Theater zu gründen, und geben mir die Mittel, dieses Theater in deutlichem Entwurfe vor ihnen aufzurichten. Hierzu soll für das erste das provisorische Gebäude dienen, zu welchem wir heute den Grundstein legen. Wenn wir uns hier zur Stelle wiedersehen, soll Sie dieser Bau begrüßen, in dessen charakteristischer Eigenschaft Sie sofort die Geschichte des Gedankens lesen werden, der in ihm sich verkörpert. Sie werden eine mit dem dürftigsten Materiale ausgeführte äußere Umschalung antreffen, die Ihnen im glücklichsten Falle die flüchtig gezimmerten Festhallen zurückrufen wird, welche in deutschen Städten zuzeiten für Sänger- und ähnliche genossenschaftliche Festzusammenkünfte hergerichtet, und alsbald nach den Festtagen wieder abgetragen wurden. Was von diesem Gebäude jedoch auf einen dauernden Bestand berechnet ist, soll Ihnen dagegen immer deutlicher werden, sobald Sie in sein Inneres eintreten. Auch hier wird sich Ihnen zunächst noch ein allerdürftigstes Material, eine völlige Schmucklosigkeit darbieten; Sie werden vielleicht verwundert selbst die leichten Zierraten vermissen, mit welchen jene gewohnten Festhallen in gefälliger Weise ausgeputzt waren. Dagegen werden Sie in den Verhältnissen und den Anordnungen des Raumes und der Zuschauerplätze einen Gedanken ausgedrückt finden, durch dessen Erfassung Sie sofort in eine neue und andere Beziehung zu dem von Ihnen erwarteten Bühnenspiele versetzt werden, als diejenige es war, in welcher Sie bisher beim Besuche unserer Theater befangen waren".

Wagner wollte eine Bühne mit vollendeter Zweckmäßigkeit. Er wünschte eine für das Publikum nicht sichtbare, hochentwickelte Technik. Die äußeren Maße des Baues haben sich seitdem nicht verändert. Auch der sogenannte „Bühnenfall" ist erhalten geblieben. Das Orchester ist für die Zuschauer nicht sichtbar. Das folgte der Idealvorstellung Wagners: Nichts sollte das Publikum vom Bühnengeschehen ablenken. Die Akustik mit einem Schalldeckel über dem Orchestergraben ist absolut perfekt. Dieser Bereich vor der Bühne wird in Bayreuth auch als „mystischer Abgrund" bezeichnet. Hier ist in der Tat alles „mystisch". Der glühend von Nationalpatriotismus erfüllte Wagner wollte sich eine Art Kathedrale des Mittelalters schaffen, statt auf „Frömmigkeit" baute Wagner auf ein nationales Pathos, auf eine verklärende und in Nebel gehüllte germanische Mythologie. Später schreibt Joachim Fest, ohne „das demagogische Künstlertum Richard Wagners" mit seiner Operntradition sei der „Veranstaltungsstil" Hitlers gar nicht denkbar gewesen.

Auch die Musik bewegte sich weg von der konventionellen „Wirklichkeit". War noch etwa das 1838 begonnene Werk in fünf Akten „Rienzi, der letzte der Tribunen" eine tragische Oper im Stile eines Carl Maria von Weber, so brach bereits der „Der Fliegende Holländer" mit den „Konventionen". Ein Streichorchester lässt im Handlungsrahmen die gewaltigen Wogen an die norwegische Küste preschen, Blechbläser und Pauken inszenieren die Naturgewalten Blitz und Donner. Richard Wagner war ein Meister der akkordischen Mehrstimmigkeit. Ging doch bei Wagner die einzelne Stimme konsequent im „Gesamtklang“ des Werkes unter. Ganz im Gegensatz zu dem von Wagner wenig geachteten Johannes Brahms hat der gebürtige Leipziger Wagner überwiegend musikdramatische Werke geliefert und die Texte jeweils selbst geschrieben. Während Brahms der in Wien ihre Hochburg findenden „Konservativen“ angehörte, war Richard Wagner ein Anhänger der von einem rastlosen Kunstwollen (Eggebrecht) erfüllten „Weimarer Schule“. Das zeichnete ihn vor allem auch beim Bayernkönig Ludwig II., der ein „Gläubiger“ und „Jünger“ von Richard Wagner war, als Dichter und wohl „mächtigsten nationalen Faktor auf dem Gebiete der Kunst“ aus. Angeblich brach der Monarch bei „Lohengrin“ in Tränen aus. Nicht nur nach Meinung des Musikkritikers und Musikbuchautors Otto Schumann (1897–1981) hat die deutsche Oper mit dem „Lohengrin“ „als Gattung ihren Höhepunkt erreicht“. Ludwig *sammelte* zuerst Schwanenembleme. Später sollte sich Ludwig gar mit dem Schwanenritter identifizieren.

„Lebenslange Wagner-Liebe“: Richard Strauss in Franken

Wenn es denn einen besonders erwähnenswerten Komponisten gegeben hat, den Richard Wagner „posthum“ in seinen künstlerischen Bann zog, dann ist an erster Stelle doch der *Elektra*-Komponist (1908) Richard Strauss (1864–1949) zu nennen. Strauss hatte die Aufmerksamkeit Cosima Wagners auf sich gezogen, die ihn angeblich gerne mit ihrer Tochter Eva (1867–1942) verheiratet hätte. Er korrepetierte den „Parsifal“ und schloss sich dem Wagner-Freundeskreis an. Nachdem Strauss im Jahre 1889 Franken erst einmal den Rücken gekehrt hatte, setzte er sich am Hoftheater Weimar für die Aufführung der Werke Wagners, namentlich für „Lohengrin“, „Tannhäuser und der Sängerkrieg auf Wartburg“ und „Tristan und Isolde“ ein. Offensichtlich trat Strauss auch die musikdramatische Nachfolge seines großen Vorbildes Wagner an. Noch im Jahre 1934 widerfuhr Strauss die ganze Dankbarkeit Winifred Wagners, weil „Richard Strauss mit Parsifal seinen Abschied als Dirigent nehmen wollte“. Winifred Wagner gehörte auch zu den ersten Gratulanten anlässlich des 70sten Geburtstages von Strauss: „Wir möchten dem Manne, dem Bayreuth in kritischen Tagen der Festspiele 1933 und 1934 durch den Einsatz der Einmaligkeit seiner Persönlichkeit und Künstlerschaft zu unendlichem Danke verpflichtet ist, zu dem Ehrentage seines 70sten Geburtstages in treustem und dankbarstem Gedanken auf das Wärmste die Hand drücken". Später ist Strauss in das „Dilemma" geraten, „vom Ausland aus als Parteigänger der Nazis" angesehen zu werden, weil Strauss „große Konzessionen an das Regime" gemacht hat.

Hochzeit in Coburg: Der „Walzerkönig" Johann Strauß heiratet seine Adele

Auch Anekdotisches rund um die Musik ist aus Franken bezeugt. Darüber konnte kein Zweifel bestehen: Der auf weltweiten Konzertreisen große Triumphe feiernde „Walzerkönig" Johann Strauß (Sohn) war unglücklich verheiratet. Der Komponist der „Fledermaus" war „überhastet" nach dem Tod seiner Frau Henriette geborene Treffz († 1878) eine neue Ehe eingegangen. Seine neue „Angebetete" Angelica Dittrich lag ihm aber nicht. Das österreichische Eherecht ließ jedoch keine Scheidung zu. Längst hatte der „Walzerkönig" einen Blick auf seinen neuen „Augenstern" geworfen, die Witwe Adele Strauß geborene Deutsch. Da kam dem „Walzerkönig" Herzog Ernst II. von Sachsen-Coburg zur Hilfe. Dem hatte Strauß einst die Polka „Neues Leben" gewidmet. Mit Hilfe Coburgs konnte daher Strauß' zweite Ehe mit Angelica Dittrich 1882 *einvernehmlich* geschieden werden. Strauß trat zum protestantischen Glauben über und heiratete am 15. August 1887 erst im Coburger Rathaus, dann in der Schlosskapelle der Ehrenburg seine Adele. Für Richard Wagner aber war der „Walzerkönig" „der musikalischste Schädel des 19. Jahrhunderts".

Wirkungsgeschichte und „Wagnerismus"

Seit etwa 1870 wurden Wagneropern auch in etlichen Übersetzungen gespielt. Wagners Opern waren von „St. Petersburg bis

Paris, von Bologna bis Montevideo" in aller Munde. Von einer „Wagner-Bewegung" gar war die Rede. Die Wirkungsgeschichte Wagners und der sogenannte „Wagnerismus" können kulturell und politisch nicht hoch genug bemessen werden. Der soeben 1888 an die Regierung gelangte Kaiser Wilhelm II. wollte „die ganze Angelegenheit als nationale Sache ersten Ranges" bezeichnet wissen und hatte sich „an deren Spitze gestellt". Über zwei Jahrzehnte hat auch der ab 1908 mit der Cosima-Tochter Eva von Bülow (1867–1942) verheiratete, glühende Deutschlandverehrer Houston Stewart Chamberlain (1855–1927) Bayreuth sein weltanschauliches „Folio" mit aufgedrückt. Der den Alldeutschen weltanschaulich nahestehende Engländer sprach durchweg Französisch und hatte als „echter Wagnerianer" sein Deutschlandbild ausschließlich aus der deutschen Musik, Philosophie, Literatur und Wissenschaft „genährt". Innerhalb Bayreuths bildeten die Wagners einen „Machtblock" darstellenden „Staat im Staate". In Berlin hatte sich auch im Jahre 1903 eine „Richard Wagner-Gesellschaft für germanische Kunst und Kultur" konstituiert. Immer wieder ist auch die in Coburg gestorbene Wagner-Sängerin Wilhelmine Schröder-Devrient (1804–1860) „vergöttert" worden. Auf einer alten Federzeichnung erscheint sie als „Heroine" der Revolution von 1848/1849, an der die größte deutsche Gesangstragödin selbst teilnahm.

Neue Generationen: Wolfgang Wagner und die „Wagnerschwestern" Katharina Wagner und Eva Wagner-Pasquier

In „unseren Tagen" leitete von 1967 bis 2008 Wolfgang Wagner (1919–2010) die Bayreuther Festspiele. Er war als dritter Sohn von Winifred und Siegfried Wagner auf die Welt gekommen. 1940 fing er auf dem Grünen Hügel als Hospitant an. Nach dem Tod seines Bruders Wieland Wagner 1966 führte Wolfgang Wagner das Bayreuther Festspielhaus in „alleiniger Gesamtverantwortung". Zu seinen letzten herausragenden Leistungen zählte im November 1997, die Gastinszenierung des „Lohengrin" mit dem japanischen Dirigenten Hiroshi Wakasugi (geb. 1935) am *New National Theater* in Tokio in die Wege geleitet zu haben.

Noch zu Lebzeiten hatte Wagner den Leiter des „Dehnberger Hoftheaters", Wolfgang Riedelbauch (geb. 1939), wenn dieser während der Bayreuther Festspielzeit als Chor-Assistent arbeitete, als „Kollegen" bezeichnet, weil beide „Wolfgangs" ein „Festspielhaus" leiteten.

Wolfgang Wagner starb am 21. März 2010 in seiner Geburtsstadt Bayreuth. Heute in einer „neuen Ära" stehen zwei Damen an der Spitze der Bayreuther Festspiele. Dreißig Jahre sollen *sie kein Wort miteinander gesprochen* haben: Katharina Wagner und Eva Wagner-Pasquier. Katharina Wagner (geb. 1978) ist die Tochter von Wolfgang Wagner und seiner zweiten Ehefrau Gudrun Mack. Eva Wagner-Pasquier wurde im Jahre 1945 als Tochter Wolfgang Wagners und dessen erster Frau Ellen Drexel (1919–2002) geboren. Beide Halbschwestern sind Urenkel von Richard Wagner.

Das Novum: „Wagner für Kinder"

Eva Wagner-Pasquier ist vor allem die „Besetzung" der Wagner-Festspiele am Herzen gelegen, während Katharina Wagner sich um die Produktionsleitung kümmert. „Wir sprechen alles gemeinsam ab." Seit 2009 stehen auch Wagner-Opern für Kinder auf dem Tapet. 2010 brachten die Bayreuther Festspiele innerhalb des Projekts „Richard Wagner für Kinder" eine eigens für Kinder erstellte Fassung der Oper „Tannhäuser und der Sängerkrieg auf Wartburg". Katharina Wagner meinte in einem Grußwort zum Projekt:

„Einen Tannhäuser in einer Fassung für Kinder gab es wohl noch nie in der Geschichte des Kindermusiktheaters. Die Thematik schreckt auf den ersten Blick ab. Man scheut sich beispielsweise davor, Kinder mit dem vor allen Dingen im Tannhäuser auch sexuell konnotierten Begriff der Sünde zu konfrontieren. Doch muss man das überhaupt? Müssen wir nicht vielmehr eine Übersetzung finden, die es auch den Kindern ermöglicht, sich der Thematik des Tannhäuser zu nähern? Wir Erwachsenen tun das in unserer Arbeit als Regisseur auch nicht anders. Ich persönlich habe mich bei meiner Inszenierung des Werks auf Gran

Canaria im vergangenen Sommer gar nicht für die sexuelle Ebene der Oper interessiert. Andere Kollegen wiederum haben sich genau auf diesen Aspekt gestürzt". Ein Premierenbericht nannte dann auch das Libretto „spritzig, werk- und kindgerecht". Denn: „Bayreuth soll sich öffnen für ein neues Publikum." Auch das ist bedenkenswert: „Wagners Musik braucht heute keinen Schutzraum mehr. Sie gilt nicht mehr als ‚neue Musik', wie damals, als die Festspiele gegründet wurden." Zum Schluss muss Katharina Wagner bekennen: „Im Ernst, es passiert öfters, dass die Wagnerfreunde hier stehen und klagen: ‚Ach, wenn der [Herbert von, M.P.] Karajan noch lebte …'"

„Von eigenwüchsiger Kunst". Frankens große Orchester: Würzburg, Bamberg und Heilbronn

Wenn von großen fränkischen Orchestern gesprochen wird, dann ist in erster Linie vom Philharmonischen Orchester Würzburg, von den Bamberger Symphonikern und von dem ebenfalls ganz renommierten Württembergischen Kammerorchester Heilbronn die Rede.

Das Philharmonische Orchester Würzburg ist stolz darauf, aus der Tradition der alten Hofkapelle der Fürstbischöfe von Würzburg hervorgegangen zu sein. Vor allem unter Adam Friedrich Graf von Seinsheim (1708–1779), Fürstbischof von Würzburg und Bamberg, erreichte die Musikpflege eine ungeahnte Blüte. Seinsheim war es auch, der 1773 in seiner Würzburger Residenz ein Hoftheater bauen ließ. Nach der Säkularisierung des Fürstbistums wurde 1804 in Würzburg das städtische Theater ins Leben gerufen, bei dem das Philharmonische Orchester sowohl das Musiktheater als auch die Sinfoniekonzerte „avec verve, profondeur et succès" gestaltete. Von besonders „eigenwüchsiger Kunst" in Franken sprach schon der große fränkische Komponist Armin Knab (1881–1951): „Bewußt wurde mir der besondere, nicht vergleichbare Reiz Frankens, diese fast südliche Mischung von reicher Fruchtbarkeit und eigenwüchsiger Kunst wohl erst mit dreiundzwanzig Jahren, als ich schon eine Zeitlang in der Ferne gelebt hatte und heimkehrend den ersten Frühling erlebte"

(1931). An seinem Lebensende 1951 aber bekannte der „große Erneuerer deutscher Liedkunst“ bei seiner Rückkehr nach Würzburg: „Es ist ja eine neue Stadt (nach der Zerstörung), fremd und die Erinnerung störend.“ Doch der Wiederaufbau Würzburgs nach 1945 kam doch! Und auch die Würzburger Philharmonie stand für einen „Neuanfang“ und für künstlerische Erneuerung. Ein neues „Kapitel“ konnte aufgeschlagen werden, als Anfang Dezember 1966 das neue Stadttheater Würzburg mit Wagners „Meistersingern“ eröffnet wurde. Würzburg stand in einer einzigartigen fränkischen Musiktradition. Hier hatte unter anderem, wie bereits oben erwähnt, vom 4. bis zum 6. August 1845 das erste deutsche Sängerfest stattgefunden. Vor allem der Dirigent Hans Knappertsbusch (1888–1965) – „einer der bedeutendsten deutschen Dirigenten des 20. Jahrhunderts“ – konnte wiederholt für die Würzburger Philharmonie als Gast gewonnen werden. Knappertsbusch war auch politisch unbestechlich und von beispielloser Charakterfestigkeit. Aus der NS-Zeit ist die Anekdote überliefert, wonach Knappertsbusch eine Bitte ablehnte, eine dem Nationalsozialismus politisch sehr „ergebene“ Künstlerin zu engagieren: „Diese Nazihippe singt bei mir nicht.“

„Voller Stolz […] kann der Freistaat Bayern“ auf die Bamberger Symphoniker blicken. Das ist nicht nur die Eloge eines bayerischen Staatsministers Wolfgang Heubisch. Gehört doch das Symphonieorchester der Siebenhügelstadt zu den zehn besten Symphonieorchestern Deutschlands. Am Pult der Bamberger Symphoniker steht heute der aus Solihull in England gebürtige Jonathan Nott (geb. 1962). Seine Interpretation von Gustav Mahlers Sinfonie Nr. 9 ist im Jahre 2009 vielfach ausgezeichnet worden, und auch die Neue Zürcher Zeitung sparte nicht mit Lob. Dabei hatte sich im Jahre 1946 die „Urzelle“ der Bamberger Symphoniker aus Angehörigen des Deutschen Philharmonischen Orchesters Prag zusammengesetzt. An ihrer Spitze stand der bis 1945 in Prag wirkende Joseph Keilberth als erster Chefdirigent buchstäblich Pate. Bis zu seinem Tode 1968 war Keilberth Chefdirigent der Bamberger Symphoniker. In den Jahren von 1951 bis 1959 stand er zudem dem Philharmonischen Staatsorchester

Hamburg vor, um seit 1959 zusätzlich die Bayerische Staatsoper in München zu leiten. Keilberth ist wohl überhaupt in Bayern der einzige Musikdirigent, der gleichzeitig zweien der renommiertesten Musikorchester des Freistaates - Bamberg und München - vorstand. Seit 1993 haben die Bamberger Symphoniker in dem „höchste internationale Ansprüche an Akustik und Klangvolumen" bietenden „Joseph-Keilberth-Saal" der Konzerthalle Bamberg ihr *Haus* gefunden.

Nach dem Zweiten Weltrieg machte sich in der Neckarstadt Heilbronn zunächst vor allem der evangelische Kirchenmusikdirektor und Komponist Fritz Werner (1898–1977) einen Namen. Im Winter 1960 wurde dann das sehr renommierte Württembergische Kammerorchester Heilbronn gegründet, das derzeit der armenische Dirigent Ruben Gazarian (geb. 1971) leitet. Vorher war der „unverbrüchlich mit einem der herausragenden Klangkörper Deutschlands verbunden(e)" Jörg Faerber (geb. 1929) Chefdirigent und Geschäftsführer des Orchesters. Seit 1987 spielt das Orchester auch anlässlich der Luzerner Musikfestwochen. Der mit der Goldenen Münze der Stadt Heilbronn ausgezeichnete und auch mit der Verdienstmedaille der Partnerstadt Béziers geehrte Faerber ist seit 2002 „Ehrendirigent".

Wenn ein alljährlich in Franken stattfindendes musikalisches Ereignis der Klassischen Musik hier nicht unerwähnt bleiben darf, dann sind das die seit 1975 veranstalteten „Fränkischen Musiktage" in Alzenau. Die „Fränkischen Musiktage" sprechen von sich in Eigennennung als „das traditionsreichste Musikfestival der Rhein-Main-Region" und als „der wichtigste Veranstalter hochwertiger klassischer Konzerte im bayerisch-hessischen Grenzgebiet". Die „Fränkischen Musiktage" finden jeweils im Herbst im unterfränkischen Alzenau statt. Veranstaltungsort ist die von den Mainzer Erzbischöfen im späten 14. Jahrhundert erbaute Burg Alzenau.

Epilog

Die fränkische Kultur ist in aller Munde! Attribute wie „fränkisch feil!“, „fränkisch-deftig“, „frank und frei“, „fränkische Gemütlichkeit“, „urfränkisch“ und „du sihest scherpfer dann ein fränkischer reuter“ sind sprachlich durchweg positiv besetzt. Sie dokumentieren das „Fränkische“ als Gütesiegel und Gütegarantie. Der Wille zur politischen Eigenständigkeit Frankens nahm seit dem frühen 19. Jahrhundert bis in unsere Zeit seinen Lauf. Zu Recht hat auch der Erlanger Universitätsprofessor Werner K. Blessing darauf aufmerksam gemacht, dass sich ungeachtet der versöhnlichen Politik des bayerischen Königs Ludwig I. spätestens im Vormärz ein „fränkisches Bewusstsein“ ausgebildet hatte. Vielfach ist auch im 19. Jahrhundert das „alte Franken“ mit dem im Sommer 1806 untergegangenen Alten Reich identifiziert worden. So vermochte noch im Jahre 1865 der bekannte Polyhistor Wilhelm Heinrich Riehl zu schreiben, „ein Gang durchs Taubertal ist ein Gang durch die deutsche Geschichte, ist heute noch ein Gang durchs alte Reich“. Vor allem wurde die „alte Reichsidee“ mit ihrem „Königsherz“ in Franken in der Zeit des Wilhelminismus – während der sogenannten „Kaisertage“ in Franken – wieder auferweckt. Bei den Würzburger Kaisertagen 1897 warteten die fränkischen Veranstalter auch mit „Fackelbooten“ und einem „Brillantfeuerwerk“ über dem hell erleuchteten Main auf. Die „nationalen Feiern“ in Franken wurden zur Überhöhung von *Glanz und Gloria* des auf Flottenvergrößerung und *Weltpolitik* bauenden Kaiserreiches instrumentalisiert. Erst 1934 wurden die Sektionen des für Flottenvermehrung und Weltgeltung werbenden „Deutschen Flottenvereins“ – seit 1900 gab es die „Ortsgruppe Erlangen“ – aufgelöst. Seit den 1930er Jahren hat die völkisch-nationalsozialistische Geschichtsschreibung das *alte Frankenbild* von „des Reiches Herrlichkeit“ im Rahmen der Schaffung eines „Gaues Mittelfranken“ und im Rahmen einer verklärenden Historie wiederzubeleben versucht.

Nach dem Zweiten Weltkrieg errichteten die Abertausende fränkischen Heimkehrer an vielen Orten ihrer fränkischen Heimat Denkmale aus Dankbarkeit für ihre glückliche Rückkehr. Der 1950 gegründete gemeinnützige, konfessionell und politisch ungebundene Verband der Heimkehrer, Kriegsgefangenen und Vermisstenangehörigen Deutschlands (VdH) hatte auch eine Sektion im oberfränkischen Eggolsheim. Es galt, nach Jahren der Entbehrungen in Krieg und Gefangenschaft sich von Neuem mit der fränkischen Heimat zu „befassen". Sie wollten auch für ein neues, friedliches Europa eintreten. Die „fränkische Identifikation" ist seitdem stark nach Richtung „Europa" gerückt. Heute begreift sich „Franken" mehr denn je als ein Teil Europas. Der politisch stark nach Europa orientierte „Fränkische Bund" kämpft für ein eigenes Bundesland „Franken". Der ursprünglich als „Fränkische Landsmannschaft" gegründete „überparteiliche" Bund tritt auch für die Schaffung einer „Europaregion Franken" ein. Der „Fränkische Bund" setzt dabei auf EU-Pläne für ein „Europa der Regionen". Zudem gilt als eines der wichtigsten Ziele des Bundes, die „Metropolregion Nürnberg in eine ‚Metropolregion Franken' umzuwandeln". Anlässlich seines 20-jährigen Bestehens schrieb der „Fränkische Bund" von Neuem die Bildung eines eigenständigen Bundeslandes Franken auf seine Fahnen. Der gedachten „Loslösung von Bayern" korrespondiert politisch die nähere Anbindung an Europa. In einer Art politischem Resümee ist der „Fränkische Bund" „stolz darauf, maßgeblich mitgeholfen zu haben, dass sich im Frankenland ein gemeinsames regionales Bewusstsein weiterentwickelt, frei von übertriebenem Patriotismus" (so § 5).

Der „Fränkische Bund" versteht sich „klar in der schwarz-rot-goldenen Tradition vor der Revolution von 1848". Das darf auch zum politischen Erbe eines den Wahlspruch „Für die heiligen urewigen Gedanken des Rechts und der Freiheit!" hochhaltenden Hermann Freiherr von Rotenhan, eines Johann Gottfried Eisenmann und eines fränkischen Revolutionärs namens Nikolaus Titus erklärt werden. Die fränkischen Abgeordneten waren stets „gute Deutsche" und hatten sich auch im Rahmen der Frankfurter Nationalversammlung 1848/49 in der Frage der „kleindeutschen" oder „großdeutschen" Lösung stets und mehrheitlich für die „vaterländische" Variante, für die „kleindeutsche" Lösung ausgesprochen. Fest steht auch, dass ein Gutteil der besten „bayerischen" Politiker – und das darf auch als ein Resümee des Buches gewertet werden – sich aus dem *stärksten* Teil Bayerns rekrutiert hat, nämlich aus den drei bayerischen Regierungsbezirken Ober-, Mittel- und Unterfranken! Da fallen einem aufmerksamen Zeitgenossen nicht nur Namen wie Käte Strobel (1907–1996), Thomas Dehler (1897–1967) und Dr. Günther Beckstein (geb. 1943) ein.

Literatur in Auswahl

Alte Bräuche, frohe Feste zwischen Flensburg und Oberstdorf, Aachen und Bayreuth. Mit einem Vorwort von Professor Dr. Hermann Bausinger, Ostfildern 1984, S. 42 ff.

Aufseß, Otto Freiherr von und zu: Geschichte des uradelichen Aufseß'schen Geschlechtes. Nach den Quellen bearbeitet und herausgegeben von Otto Freiherr von und zu Aufseß, Berlin 1888. Online: http://mdz1.bib-bvb.de/~db/0001/bsb00010461/images/index.html?id=00010461, 5.1.2009.

Bade, Klaus J.: Friedrich Fabri und der Imperialismus in der Bismarckzeit. Revolution, Depression, Expansion, Freiburg i.B. 1975. Internet-Ausgabe: http://www.imis.uni-osnabrueck.de/BadeFabri.pdf, mit einem neuen Vorwort, Osnabrück 2005.

Baird, J. W.: Julius Streicher – Der Berufsantisemit. In: Smelser, Ronald, Syring, Enrico, Zitelmann, Rainer (Hrsg.): Die braune Elite II. 21 weitere biographische Skizzen, Darmstadt 1993, S. 231–242.

Balling, Stephan: Franken – „Die Elite Bayerns". In: Rheinischer Merkur. Wochenzeitung für Politik, Wirtschaft, Kultur, Christ und Welt, 63. Jg, Nr. 39, 25.9.2008, S. 8.

Belopolski, Alexandra: Richard W. Sonnenfeldt. Der Mittler von Nürnberg. Zum Tod des US-Militär-Übersetzers Richard W. Sonnenfeldt. In: Jüdische Allgemeine, 15.10.2009. Online: http://www.juedische-allgemeine.de/article/view/id/1649/highlight/sonnenfeldt.

Benesch, Christoph: Geschichte statt Fernsehen am Nachmittag. Erlanger Gymnasiasten holten Landessieg bei Wettbewerb des Bundespräsidenten – Lorleberg beleuchtet. In: Erlanger Nachrichten. Erlanger Tagblatt, 151. Jg., Nr. 146, 29.6.2009, Rubrik „Extra Schüler", S. 26.

Bengel, Josef: Goethes Reise durch Franken 1797 – mit besonderem Bezug auf Großenried. In: Frankenland. Zeitschrift für fränkische Landeskunde und Kulturpflege, Heft 4, August 1997, S. 246–251.

Bennewitz, Nadja, Franger, Gaby: „Die Erlangischen Mädchen sind recht schön und artig …" Ein Erlanger Frauengeschichtsbuch, 2. Aufl. Cadolzburg 2003.

Bielefeldt, Katrin: Geschichte der Juden in Fürth. Jahrhundertelang eine Heimat, Nürnberg 2005 [= Historische Spaziergänge, 3, hrsg. vom Verein Geschichte für Alle e.V., Institut für Regionalgeschichte].

Bleibtreu, Carl: Marschälle, Generale, Soldaten unter Napoleon I., Berlin o.J. [1899].

Blessing, Werner K.: Fest und Vergnügen der „kleinen Leute". Wandlungen vom 18. bis zum 20. Jahrhundert. In: Dülmen, Richard van, Schindler, Norbert (Hrsg.): Volkskultur. Zur Wiederentdeckung des vergessenen Alltags (16. bis 20. Jahrhundert), Frankfurt am Main 1984, S. 352–380.

Blessing, Werner K.: 1848/1849. Revolution in Franken, Augsburg 1999 [= Hefte zur Bayerischen Geschichte und Kultur, Bd. 22].

Blessing, Werner K.: Franken im Bayern des 19. Jahrhunderts. Bemerkungen zu einem labilen Horizont. In: Blessing, Werner K., Weiss, Dieter J. (Hrsg.): Franken – Vorstellung und Wirklichkeit in der Geschichte, Neustadt an der Aisch 2003, S. 339–363 [= Franconia 1 (Beihefte zum Jahrbuch für fränkische Landesforschung)].

Bobzin, Hartmut (Hrsg.): Friedrich Rückert an der Universität Erlangen 1826–1841, Erlangen 1988 [= Schriften der Universitätsbibliothek Erlangen-Nürnberg, hrsg. von Konrad Wickert, 19].

Bobzin, Hartmut, Och, Gunnar (Hrsg.): August Graf von Platen. Leben – Werk – Wirkung, Paderborn, München, Wien, Zürich 1998.

Böckel, Annamaria: Nesthäkchens Leidensweg. Das Schicksal der in Auschwitz ermordeten Autorin Else Ury schockiert noch heute. In: sechs+sechzig, Beilage des Erlanger Tagblatt vom 7.7.2009, 10. Jg., Lebensläufe, Ausgabe 2, 2009, S. 18 f.

Boehm, Hans-Georg: Steinerne Zeugen einer großen Vergangenheit: Der Deutsche Orden in Franken. In: Die Region Franken. Wirtschaftsraum zwischen Neckar und Main, hrsg. in Zusammenarbeit mit der Industrie- und Handelskammer Heilbronn, Oldenburg 1988, S. 124 f. [= Monographien deutscher Wirtschaftsgebiete].

Boockmann, Hartmann: Wissen und Widerstand. Geschichte der deutschen Universität, Berlin 1999, S. 102.

Borchardt-Wenzel, Annette: Karl Friedrich von Baden. Mensch und Legende, Gernsbach 2006.

Bosl, Karl: Bayern im Kräftefeld europäischer Geschichte. In: Bayern – Deutschland – Europa. Festschrift für Alfons Goppel, Passau o.J. [1975], S. 1–15.

Bosl, Karl: Bayerische Geschichte, 2. Aufl. München 1980.

Bosl, Karl: Fränkische Identität. Eine vergleichende Strukturanalyse, Feuchtwangen o.J. (1984) [= Schriftenreihe zur Fränkischen Arbeitsgemeinschaft, Heft 3].

Bräuninger, Werner: Hitlers Kontrahenten in der NSDAP 1921–1945, mit 42 Abbildungen und Faksimiles, München 2004, vor allem S. 148 f: die „Stegmann-Revolte" in Franken 1932/1933.

Brandt, Hartwig: Landständische Repräsentation im deutschen Vormärz. Politisches Denken im Einflußfeld des monarchischen Prinzips, Neuwied und Berlin 1968 [= Politica. Abhandlungen und Texte zur politischen Wissenschaft, hrsg. von Wilhelm Hennis und Hans Maier, Bd. 31].

Braun, Matthias Klaus: Der Nürnberger Stadtrat im „Dritten Reich". Ein Instrument nationalsozialistischer Kommunalpolitik? In: Jahrbuch für Fränkische Landesforschung 2008, Bd. 68, Neustadt an der Aisch 2009, S. 239–264.

Braun, Rainer: Blindes Wüten? Der Umgang des Staates mit den säkularisierten Klosterkirchen und -gebäuden. In: Bayern ohne Klöster? Die Säkularisation 1802/03 und die Folgen, 2. Aufl. München 2003, S. 304–327.

Brockhaus' kleines Konversations-Lexikon. Fünfte, vollständig neubearbeitete Auflage Leipzig 1906, elektronische Volltextedition Berlin 2002.

Brusniak, Friedhelm, Leuchtmann, Horst (Hrsg.): Quaestiones in musica. Festschrift für Franz Krautwurst zum 65. Geburtstag, Tutzing 1989.

Bundschuh, Johann Kaspar: Geographisches, statistisch-topographisches Lexikon von Franken, Bd. 1–6, Ulm 1799–1804.

Bunsen, Marie von: Kaiserin Augusta. Mit acht Kunstdrucktafeln, Berlin 1940.

Burgdorf, Wolfgang: Das Alte Reich starb in den heißen Sommerferien. Nach der Abdankung von Kaiser Franz II.: Die Erschütterung wurde von einer preußisch getönten Geschichtsschreibung verdrängt. In: Frankfurter Allgemeine Zeitung, 62. Jg., Nr. 174, 29.7.2006, S. 41.

Châtellier, Hildegard: Wagnerismus in der Kaiserzeit. In: Puschner et al. (Hrsg.): Handbuch zur „Völkischen Bewegung" 1871–1918, München, New Providence, London und Paris 1996, S. 575–612.

Clark, Christopher: Preußen. Aufstieg und Niedergang 1600–1947, München 2007, S. 327 ff.

Dalberg, Andreas: Hegel war einst der bestbezahlte Lehrer in der Stadt. Weltgeist in Franken: 1813 wurde der große Philosoph zum Nürnberger Schulrat ernannt – „Er war es nicht gern". In: Erlanger Nachrichten. Erlanger Tagblatt, 151. Jg., Nr. 137, 18.6.2009, S. 13.

Dallmeyer, Ingrid: Richard Wagner und Bayreuth. Der Einfluß der Richard-Wagner-Festspiele auf die Stadt, Diss. Universität Bayreuth 1991.

Das Bleistiftschloß. Familie und Unternehmen Faber-Castell in Stein, Ausstellungskatalog, München 1986.

Daxelmüller, Christoph, Kummer, Stefan, Reinicke, Wolfgang (Hrsg.): Wiederaufbau und Wirtschaftswunder. Aufsätze zur Bayerischen Landesausstellung 2009, Augsburg 2009 [= Veröffentlichungen zur bayerischen Geschichte und Kultur, 57].

Dehio, Georg: Handbuch der Deutschen Kunstdenkmäler, Bayern I: Franken, München 1979.

Dehler, Thomas: Lob auf Franken. Ein Bekenntnis. In: Dettelbacher, Werner (Hrsg.): Typisch fränkisch. Blicke in Geschichtliches, Zeitgenössisches, in Charaktere, Küchen, Keller und Kirchweihen, Frankfurt am Main 1982, S. 80–86.

Demel, Walter, Puschner, Uwe (Hrsg.): Von der Französischen Revolution bis zum Wiener Kongreß 1789–1815, Stuttgart 1995 [= Deutsche Geschichte in Quellen und Darstellung, 6].

Demel, Walter: Der europäische Adel. Vom Mittelalter bis zur Gegenwart, München 2005.

Deneke, Bernward (Hrsg.): Geschichte Bayerns im Industriezeitalter in Texten und Bildern, Nürnberg 1987 [= Wissenschaftliche Beibände zum Anzeiger des Germanischen Nationalmuseums, Bd.7].

Dettelbacher, Werner: Biedermeierzeit in Franken, Würzburg 1981.

Deuerlein, Ernst: Ein Beitrag zur Vorgeschichte des „Erlanger Tagblattes". 75 Jahre Erlanger Tagblatt 1858–1933, Erlangen 1933.

Deuerlein, Ernst: Frankens territorialer und staatswirtschaftlicher Beitrag zur Entstehung des modernen Bayern. I. Teil: Der Eintritt des Kurfürstentums Pfalzbayern in den fränkischen Kreis 1802/03", Habilitationsschrift, masch. Universität Erlangen o. J., nachgewiesen in der Fachbereichsverwaltung des Fachbereichs der Wirtschaftswissenschaften, Nürnberg, Findelgasse 7/9, Prof. Gaston Richter.

Deuerlein, Ernst (Hrsg.): Der Aufstieg der NSDAP in Augenzeugenberichten, München 1974, S. 181 f. und 368.

Deuerlein, Ernst et al. (Hrsg.): Geschichte Bayerns, Würzburg 1975, S. 45–88 und 98–173 [= Geschichte der deutschen Länder, Territorien-Ploetz, Sonderausgaben].

Die Region Franken. Wirtschaftsraum zwischen Neckar und Main, herausgegeben in Zusammenarbeit mit der Industrie- und Handelskammer Heilbronn, Oldenburg 1988 [= Monographien deutscher Wirtschaftsgebiete].

Die Städte am Zug. 175 Jahre Eisenbahn. In: Wirtschaft in Mittelfranken, Nr. 11, 2009, S. 22 f.

Dill, Karl: Grenzsteine von Bayreuth, o. O., o. J. [Bayreuth um 1980].

Dill, Karl: Flurdenkmäler im Landkreis Kulmbach, hrsg. vom Landkreis Kulmbach, Kulmbach 1984.

Dornheim, Andreas: Kriegsfreiwilliger, aber Annexionsgegner. Alois Fürst zu Löwenstein-Wertheim-Rosenberg und seine „Kriegsbriefe“ In: Hirschfeld, Gerhard, Krumeich, Gerd, Langewiesche, Dieter, Ullmann, Hans-Peter (Hrsg.): Kriegserfahrungen. Studien zur Sozial- und Mentalitätsgeschichte des Ersten Weltkriegs, Essen 1997, S. 170–188 [= Schriften der Bibliothek für Zeitgeschichte, N.F. 5]. Auch online: http://www.erster-weltkrieg.clio-online.de/_Rainbow/documents/Kriegserfahrungen/dornheim.pdf.

Ebrard, August (= anonym): Führer durch die Fränkische Schweiz sowie Wegweiser durch das Schwabachthal von Erlangen nach Gräfenberg und die sogenannte Hersbrucker Schweiz, 4. Aufl. Erlangen 1891.

Eggebrecht, Hans Heinrich: Musik im Abendland. Prozesse und Stationen vom Mittelalter bis zur Gegenwart, 2. Aufl. München 1998.

Elias, Norbert: Studie über die Deutschen. Machtkämpfe und Habitusentwicklung im 19. und 20. Jahrhundert, Frankfurt am Main 1989.

Endres, Rudolf: Zum neuen Staat – die Reformen der Minister Hardenberg und Montgelas. In: Erichsen, Johannes, Brockhoff, Evamaria (Hrsg): Bayern & Preußen. Schlaglichter auf eine historische Beziehung, Augsburg 1999, S. 53–62 [= Veröffentlichungen zur Bayerischen Geschichte und Kultur Nr. 41/99, hrsg. vom Haus der Bayerischen Geschichte].

Erhard, Ludwig: Der Weg des Geistes in der Technik. In: Deutsches Museum. Abhandlungen und Berichte, 1. Jg., Heft 4, Berlin 1929, S. 1–21.

Erhard, Ludwig: Gedanken aus fünf Jahrzehnten. Reden und Schriften. Hrsg. von Karl Hohmann, Düsseldorf, Wien, New York o. J. [1988].

Erhard, Ludwig: Wohlstand für alle. Bearbeitet von Wolfram Langer, 9. Aufl. Köln 2009.

Ernstberger, Anton: Eine deutsche Untergrundbewegung gegen Napoleon 1806/1807, München 1955.

Falter, Jürgen, Lindenberger, Thomas, Schumann, Siegfried: Wahlen und Abstimmungen in der Weimarer Republik. Materialien zum Wahlverhalten 1919–1933, München 1986.

Faber du Faur, Moriz: Macht und Ohnmacht. Erinnerungen eines alten Offiziers. Vorbemerkung von Walter Goetz, Stuttgart 1953.

Fasel, Peter: Die Tagung des „Alldeutschen Verbandes“ in Würzburg. In: Beiträge zur NS-Geschichte in Unterfranken, Jg. 1996, S. 39–46.

Feldenkirchen, Wilfried: Siemens. Von der Werkstatt zum Weltunternehmen, München und Zürich 1997, S. 229 ff.

Fesser, Gerd: Jena und Auerstedt. Der Preußisch-Französische Krieg von 1806/07, Jena 1996.

Fesser, Gerd: Von der Napoleonzeit zum Bismarckreich. Streiflichter zur deutschen Geschichte im 19. Jahrhundert, Bremen 2001.

Findeisen, Jörg-Peter: Jean Baptiste Bernadotte. Revolutionsgeneral, Marschall Napoleons, König von Schweden und Norwegen, Gernsbach 2010.

Fischer, Sebastian: Karl-Theodor zu Guttenberg. Der Frankenblitz. In: http://www.spiegel.de/politik/deutschland/0,1518,606315,00.html, 9.2.2009.

Foerster, Cornelia: Jüdisches Gemeindeleben (1871–1933). In: Siehe der Stein schreit aus der Mauer. Geschichte und Kultur der Juden in Bayern, Ausstellungskatalog zu der im Germanischen Nationalmuseum Nürnberg 1988-1989 veranstalteten Ausstellung, o. O. 1988, S. 337–339.

Fontane, Theodor: Der Feldzug in West- und Mitteldeutschland, mit Illustrationen von Ludwig Burger, 2. Aufl. Berlin 1871. Neu erschienen: Der deutsche Krieg von 1866, 2 Bde., Berlin 2006.

Frankens Industrie voll im Abschwung. IHK registriert scharfen Nachfrageeinbruch. In: Erlanger Nachrichten. Erlanger Tagblatt, 151. Jg., Nr. 36, 13.2.2009, S. 1.

Friedeburg, Robert von: Ländliche Gesellschaft und Obrigkeit. Gemeindeprotest und politische Mobilisierung im 18. und 19. Jahrhundert, Göttingen 1997.

Friederich, Christoph, Haller, Bertold Freiherr von, Jakob, Andreas (Hrsg.): Erlanger Stadtlexikon, Nürnberg 2002.

Für ein eigenes Bundesland. Fränkischer Bund moniert Empfehlungen des Zukunftsrats. In: Erlanger Tagblatt. Erlanger Nachrichten, 153. Jg., Nr. 65, 19.3.2011, S. 14.

Fuhrmann, Heinrich: Trauerrede bei der am 20. Dezember 1833 erfolgten Beerdigung des 14. Desselben Monats meuchlings ermordeten Kaspar Hauser, gehalten und nur auf vielseitiges Verlangen herausgegeben von H. Fuhrmann, Königl. III. Pfarrer bei St. Gumbert in Ansbach, Ansbach 1833. Neudruck Ansbach 1927.

Gebsattel, Konstantin Freiherr von: Hindenburg. In: Das Größere Deutschland. Wochenschrift für Deutsche Welt- und Kolonial-Politik, 3. Jg., Nr. 47, 18.11.1916, S. 1480–1485.

Germann, Wilhelm: Altenstein, Fichte und die Universität Erlangen. Festgruß zur Einweihung des neuen Collegiengebäudes der Friderico-Alexandrina, Erlangen 1889.

Geschichte des Bayerischen Parlaments 1819–2003, CD-ROM, hrsg. vom Bayerischen Staatsministerium für Wissenschaft, Forschung und Kunst. Haus der Bayerischen Geschichte, Augsburg 2005.

Geschmückte Osterbrunnen als ein Stück altes Brauchtum. In: Erlanger Nachrichten, 153. Jg., Nr. 94, 23.4.2011, S. 2, Erlanger Teil.

Glaser, Hermann: Der Traum vom Fortschritt im Zug der Zeit. Das Eisenbahn-Jubiläumsjahr 2010 steht bevor: Nürnberg spielt eine Schlüsselrolle in der Verkehrsgeschichte. In: Erlanger Tagblatt. Erlanger Nachrichten, 151. Jg, Nr. 270, 21.11.2009, S. 6.

Glückert, Ewald: Dorf und Kirche Beerbach. Ein Führer zur Geschichte des Ortes Beerbach bei Lauf und seiner St. Egidien-Kirche, o. O., 13. Aufl. 2009.

Görtemaker, Manfred: Deutschland seit 1792. In: Der Große Ploetz. Die Enzyklopädie der Weltgeschichte, 35. Aufl. Göttingen 2008, S. 923–982 und 1451–1485.

Goldhagen, Daniel Jonah: Die katholische Kirche und der Holocaust. Eine Untersuchung über Schuld und Sühne, Berlin 2002.

Grab, Walter: Eroberung oder Befreiung? Deutsche Jakobiner und die Franzosenherrschaft im Rheinland 1792–1799, Trier o.J. [1971 [= Schriften aus dem Karl-Marx-Haus, Trier, Bd. 4].

Gräter, Carlheinz: Mörike in Franken, Donauwörth o. J. [1975].

Gräter Carlheinz: „Die Franken haben einen Nationalstolz“. In: Frankenland. Zeitschrift für fränkische Landeskunde und Kulturpflege, Heft 5, Oktober 1997, S. 273–276.

Grahl, Alexander: Hammerwerke im Frankenwald. Blütezeit und Niedergang einer Epoche. In: Frankenwald, Nr. 2, April 2009, S. 7–9.

Grebe, Anja: „Dürer als Führer“. Zur Instrumentalisierung Albrecht Dürers in völkischen Kreisen. In: Puschner, Uwe, Großmann, G. Ulrich (Hrsg.): Völkisch und national. Zur Aktualität alter Denkmuster im 21. Jahrhundert, Darmstadt 2009, S. 379–399.

Greif, Thomas: Julius Streicher (1885–1946). In: Fränkische Lebensbilder. Hrsg. im Auftrag der Gesellschaft für fränkische Geschichte von Erich Schneider, Bd. 21, Insingen bei Rothenburg o. d. Tauber 2006, S. 327–348.

Greif, Thomas: „Die deutscheste aller Landschaften“ – Das Frankenbild des Nationalsozialismus. In: Jahrbuch für fränkische Landesforschung, Bd. 67, Stegaurach 2008, S. 285–296.

Guth, Klaus: Konfessionsgeschichte in Franken 1555–1955. Politik, Religion, Kultur, Bamberg 1990.

Hamann, Brigitte: Winifred Wagner oder Hitlers Bayreuth, 5. Aufl. München 2009.

Hambrecht, Rainer: Das Werden des Regierungsbezirks Oberfranken. In: Baumgärtel-Fleischmann, Renate (Hrsg.): Bamberg wird bayerisch.

Die Säkularisation des Hochstifts Bamberg 1802/03, Bamberg 2003, S. 459–484.

Haug, Gunter: So war die Zeit. Lebensgeschichten aus den Aufbaujahren, Rothenburg ob der Tauber 2008.

Haus der Bayerischen Geschichte (Hrsg.): Die Einheits- und Freiheitsbewegung und die Revolution von 1848/1849 in Franken, Augsburg 1999 [= Materialien zur Bayerischen Geschichte und Kultur, 8/99, Kolloquiumsbericht].

Heinritz, Herbert: Bergbau in Oberfranken. In: Historisches Lexikon Bayerns, http://www.historisches-lexikon-bayerns.de/artikel/artikel_45497, 4.10.2009.

Hensel, Paul: Wir und das Ausland, o. O., o. J. [Erlangen 1915] [Sonderdruck aus den Süddeutschen Monatsheften, S. 459–468].

Herre, Franz: Friedrich Wilhelm IV. Der andere Preußenkönig, Gernsbach 2007.

Heuss, Theodor: Von Ort zu Ort. Wanderungen mit Stift und Feder. Hrsg. von Friedrich Kaufmann und Hermann Leins, 9. Aufl. Tübingen 1966.

Heuss, Theodor: Wanderungen im Fränkischen. In: Dettelbacher, Werner (Hrsg.): Typisch fränkisch. Blicke in Geschichtliches, Zeitgenössisches, in Charaktere, Küchen, Keller und Kirchweihen, Frankfurt am Main 1982, S. 74–76.

Hiery, Hermann Joseph: Die Entstehung des modernen Bayern aus dem Geist Frankreichs. Ein Überblick. In: Krimm, Stefan, Triller, Ursula (Hrsg.): Europäische Begegnungen – Im Westen Neues! Deutschland und Frankreich seit dem Hochmittelalter, München 2002, S. 51–66 [= Acta Hohenschwangau 2001].

Hirschfelder, Heinrich: Unlust am Krieg. „Größere Soldatenausschreitungen mit Zivilbeteiligung". Die Erlanger Unruhen im Mai 1918 und ihre Fortsetzung während eines Transportes zur Front. In: Erlanger Bausteine zur fränkischen Heimatforschung, Bd. 50, Nürnberg 2004, S. 207–234.

Hirschfelder, Heinrich: Erlangen im Kaiserreich. Stadtgeschichte in Geschichten, Bamberg 2007.

Hofmann-Randall: Christina (Hrsg.): Fränkische Kinderbücher aus fünf Jahrhunderte. Eine Ausstellung der Universitätsbibliothek, 19. Oktober – 11. November 2001, Erlangen 2001.

Hohenlohe-Schillingsfürst, Chlodwig Fürst zu: Denkwürdigkeiten des Fürsten Chlodwig zu Hohenlohe-Schillingsfürst. Im Auftrag des Prinzen Alexander zu Hohenlohe-Schillingsfürst hrsg. von Friedrich Curtius, Bd. 1 und 2, Stuttgart und Leipzig 1907.

Hufenreuther, Gregor: Zwischen Liebe, Zweck und Zucht. Völkische Ehe-Vorstellungen am Anfang des 20. Jahrhunderts. In: Ariadne. Forum für Frauen- und Geschlechtergeschichte, Heft 48, November 2005, S. 16–23, hier S. 18 f. [Philipp Stauff].

Jakob, Andreas, Horst, Hans Magnus, Schmitt, Helmut (Hrsg.): Das Himmelreich zu Erlangen – offen aus Tradition? Aus 1000 Jahren Bamberger Bistumsgeschichte, Nürnberg 2007.

Jauernig-Hofmann, Birgit, Heidrich, Hermann: „Der ganze Main war hölzern". Eine Ethnographie der Flößerei, Rothenburg ob der Tauber 1993 [= Schriften und Kataloge des Fränkischen Freilandmuseums, Bd. 20, hrsg. im Auftrag des Bezirks Mittelfranken von Konrad Bedal].

Jungkunz, Alexander: Aufstieg aus Ruinen. Kein Wunder: Warum die Wirtschaft boomte. In: Erlanger Nachrichten. Erlanger Tagblatt, 151. Jg., Nr. 100, 1.5.2009, Magazin am Wochenende, S. 1.

Just, Barbara: Zwischen Gehorsam und künstlerischer Freiheit. Am 21. Mai wäre sie 100 Jahre alt geworden: die Künstlerin und Ordensfrau Berta Hummel. In: Heinrichsblatt. Kirchenzeitung für das Erzbistum Bamberg, Nr. 20, 17.5.2009, S. 7.

Kaiser, Gisela: Hubertus Kaiser (1923–1998). Porzellanfabrikant. In: Dippold, Günter, Meixner, Alfred (Hrsg.): Staffelsteiner Lebensbilder. Zur 1200-Jahr-Feier der Stadt Staffelstein, Staffelstein 2000, S. 249 f. [= Staffelsteiner Schriften, Bd. 11].

Kasperowitsch, Michael: „Nürnberger Erklärung" findet weltweite Beachtung. Erfolgreiche Konferenz für Frieden und Gerechtigkeit – Staatsminister Günter Gloser übergibt im Rathaus Sammelband. In: Erlanger Nachrichten. Erlanger Tagblatt, 151. Jg., Nr. 79, 4.4.2009, S. 13.

Katholische Nachrichten-Agentur: Oberfranke wird Präsident. Die katholische Uni Eichstätt kürt Reinhard Hütter zum Chef. In: Heinrichsblatt, 116. Jg., Nr. 20, 17.5.2009, S. 4.

Kern, Helga: Damit der Glaube ein Zuhause hat. 150 Jahre Gustav-Adolf-Werk in Bayern. In: Evangelische Minderheiten im Blickpunkt der Hilfe. 150 Jahre Gustav-Adolf-Werk/Hauptgruppe Bayern, o. O. 2001, S. 13–48.

Kestler, Stefan: Franzosen und „Franzosenzeit" in Franken 1796–1815. Ein Überblick unter Berücksichtigung des Hochstifts Bamberg, Bayreuth November 1996 [= Amtlicher Schulanzeiger des Regierungsbezirks Oberfranken, Heimatbeilage, Nr. 236], S. 1–38.

Kestler, Stefan, Tapken, Kai Uwe: „Drum frisch, Kameraden, den Rappen gezäumt …". Ein historisch-photographischer Streifzug durch die Bamberger Garnisonsgeschichte 1871–1939, Bamberg 1998 [= Veröffentlichungen des Stadtarchivs Bamberg, hrsg. im Auftrag der Stadt Bamberg vom Stadtarchiv Bamberg, Nr. 8].

Keunecke, Hans-Otto: Mäzenatentum und Stiftungen an der Friedrich-Alexander-Universität Erlangen 1743–1810, Erlangen 2007.

Kirmeier, Josef, Schumann, Jutta, Lengle, Peter (Hrsg.): 200 Jahre Franken in Bayern 1806 bis 2006, Katalog zur Landesausstellung 2006 im Museum Industriekultur Nürnberg, Bobingen 2006.

Kissinger, Henry A.: Memoiren, Bd. 1 und 2, Gütersloh 1979 und 1982.

Kluxen, Andrea (Hrsg.): Juden in Franken 1806 bis heute. Referate der am 6. November 2006 in der Nürnberger Akademie abgehaltenen Tagung der Reihe „Franconia Judaica", veranstaltet vom Bezirk Mittelfranken in Kooperation mit dem Historischen Verein für Mittelfranken und dem Jüdischen Museum Franken, Ansbach 2007.

Kluxen, Andrea M., Hecht, Julia (Hrsg.): Tag der Franken. Geschichte – Anspruch – Wirklichkeit, Würzburg 2010 [= Geschichte und Kultur in Mittelfranken, Bd. 1].

Koch, Albert: Das Kriegstagebuch des preußischen Gefreiten Albert Koch aus dem West- und Mainfeldzug des Jahres 1866. Hrsg., kommentiert und mit einem Nachwort versehen von Hartwig Stein, Frankfurt am Main u. a. 2009.

Köbler, Gerhard: Historisches Lexikon der deutschen Länder. Die deutschen Territorien vom Mittelalter bis zur Gegenwart, 7. Aufl. München 2007.

Körner, Hans: Freiherren von Gebsattel. In: Genealogisches Handbuch des in Bayern immatrikulierten Adels, Bd. XX, Neustadt an der Aisch 1994, S.278–282.

Körner, Hans-Michael: Staat und Geschichte im Königreich Bayern 1806–1918, München 1992 [= Schriftenreihe zur Bayerischen Landesgeschichte, hrsg. von der Kommission für bayerische Landesgeschichte bei der Bayerischen Akademie der Wissenschaften, Bd. 96].

Körner, Hans-Michael: Bamberg. Die Verfassung von 1919. In: Schmid, Alois, Weigand, Katharina (Hrsg.): Schauplätze der Geschichte in Bayern, München 2003, S. 354–368.

Köttnitz-Porsch, Bettina: Novemberrevolution und Räteherrschaft 1918/19 in Würzburg, Würzburg 1985, zugleich Diss. Bamberg 1983 [= Mainfränkische Studien Bd. 35].

Kraus, Andreas: Max Spindler. Persönlichkeit und Werk. In: Zeitschrift für Bayerische Landesgeschichte, Bd. 49, 1986, S. 579–596.

Krauss, Sylvia: „Helle Köpfe" und große Namen. 250 Jahre Bayerische Akademie der Wissenschaften. In: Akademie Aktuell. Zeitschrift der Bayerischen Akademie der Wissenschaften, Ausgabe 02/2009, S. 72–75.

Krautwurst, Franz: Franconia cantat. Fränkische Musikgeschichte in Lebensbildern aus sechs Jahrhunderten, Neustadt an der Aisch 2006 [= Darstellungen aus der fränkischen Geschichte, 51. Bd.].

Kriegstagebuch des Oberkommandos der Wehrmacht (Wehrmachtsführungsstab): Bd. IV: 1. Januar 1944 – 22. Mai 1945, Zweiter Halbband (1945), eingeleitet und erläutert von Percy Ernst Schramm, Frankfurt am Main 1961.

Kroll, Frank-Lothar: Hans-Joachim Schoeps (1909–1980), Historiker: In: Fränkische Lebensbilder. Hrsg. im Auftrag der Gesellschaft für fränkische Geschichte von Alfred Wendehorst, Bd. 16, Neustadt/Aisch 1996, S. 287–306.

Künneth, Walter: Das Widerstandsrecht als theologisch-ethisches Problem, München 1954.

Kuller, Christiane: „Gegen das Judentum in vorderster Front eingesetzt". Ein Forschungsprojekt beleuchtet die Rolle der Finanzbehörden in Bayern bei der wirtschaftlichen Verfolgung der Juden während der NS-Zeit. In: Akademie Aktuell. Zeitschrift der Bayerischen Akademie der Wissenschaften, Ausgabe 04/2008, S. 12–15.

Kulturgut Turnschuh. Katalog zur Ausstellung. Aufsätze – Erinnerungen – Portraits, hrsg. von der Stadt Herzogenaurach, Erlangen 2006.

Langewiesche, Dieter: Beruhiger in Dauerkrisen. Fürst Chlodwig zu Hohenlohe-Schillingsfürst als Reichskanzler. In: Frankfurter Allgemeine Zeitung, 25.5.2007, Nr. 120, S. 11.

Langguth, Erich: Aus Wertheims Geschichte, Wertheim 2004 [= Veröffentlichungen des Historischen Vereins Wertheim, Bd. 7].

Lessoff, Alan, Mauch, Christof: Adolf Cluss. Revolutionär und Architekt. Von Heilbronn nach Washington, Brackenheim 2005 [= Veröffentlichungen des Archivs der Stadt Heilbronn, 46. Hrsg. im Auftrag der Stadt Heilbronn von Christhard Schrenk].

Link, Stephan: Die nationalen Agitationsverbände Bambergs vor dem Ersten Weltkrieg. In: Geschichte quer, Heft 13 (2006), S. 15–18.

Mann, Golo: Deutsche Geschichte des neunzehnten und zwanzigsten Jahrhunderts, 2. Aufl. Frankfurt am Main 1965.

Marasse, Margarete: Der heilige Krieg. In: Allgemeine Zeitung des Judentums, 78. Jg., Nr. 36, 4.9.1914, S. 1.

Martinsen, Wolfram O.: Bahntechnik für die Welt. In Erlangen erdacht und entwickelt. In: Das neue Erlangen. Heft 86/87, November 1991, S. 26–30.

Mayer, Johannes, Tradowsky, Peter: Kaspar Hauser. Das Kind von Europa. In Wort und Bild dargestellt von Johannes Mayer und Peter Tradowsky, Stuttgart 1984.

Mistele, Karl-Heinz, Eidloth, Volkmar: Vergangene jüdische Lebenswelten im Bamberger Raum: ländliche Armutsinseln – städtisches Villenviertel. In: Becker, Hans, Garleff, Karsten, Krings, Wilfried (Hrsg.): Bamberger Geographische Schriften, Sonderfolge, Nr.3, Bamberg 1988.

Monarchie. Die Ehre Preußens. In: Der Spiegel, 3. März 1954, S. 6–10.

Morschhäuser, Franz J.: Hermann Joseph Wehrle Opfer des 20. Juli. Zeuge des Glaubens in bedrängter Zeit, Diss. Universität München 1990.

Motschmann, Josef: Als aus Juden Nachbarn und aus Nachbarn Juden wurden. Jüdische Gemeinden im 19. Und 20. Jahrhundert. In: Dippold, Günter, Urban, Josef (Hrsg.): Im oberen Maintal, auf dem Jura, an Rodach und Ilz. Landschaft, Geschichte, Kultur, Lichtenfels 1990, S. 303–335.

Münkler, Herfried: Zertrümmerter Stolz. Nürnberg und Dresden mythische Orte. In: Die Deutschen und ihre Mythen, Berlin 2009, S. 363–387.

Multrus, Markus: Politischer Liberalismus und Nationalbewegung im deutschen Vormärz 1815–1848 am Beispiel Frankens. In: Frankenland. Zeitschrift für fränkische Landeskunde und Kulturpflege, Heft 5, Oktober 1997, S. 276–306.

Neuhaus, Helmut: Gräfenberg im preußisch-bayerischen Krieg von 1866. Zur historischen Einordnung einer kleinen Episode. In: Jahrbuch für Fränkische Landesforschung, Bd. 66, Stegaurach 2006, S. 319–330.

Niese, Matthias: Verwandte im Westen. Auch jenseits der bayerischen Grenze leben fränkische Brüder und Schwestern. In: Erlanger Nachrichten. Erlanger Tagblatt, 148. Jg., Nr. 83, 8.4.2006, Magazin am Wochenende, S. 1.

Noack, Bernd: Die Familie Fürth. Jüdische Franken gründeten einst im böhmischen Schüttenhofen ein Zündholzimperium. In: Erlanger Nachrichten. Erlanger Tagblatt, 151. Jg., Nr. 217, 19.9.2009, Magazin am Wochenende, S. 3.

Noack, Bernd: Schneller Walzer in Coburg. Johann Strauß feierte einst Hochzeit – nicht an der blauen Donau, sondern zum Entsetzen der Wiener an der unbedeutenden Itz. In: Erlanger Tagblatt, 152. Jg., Nr. 116, 22.5.2010, Magazin, S. 3.

Ohm, Barbara: Jakob Wassermann und Fürth. Von den Wurzeln seines Werkes, Roth 1998.

Osterbrunnen in der Fränkischen Schweiz, Forchheim 2005.

Ostertag-Henning, Karl-Ludwig: Staat und Publizistik im bürgerlichen Zeitalter. Eine geistesgeschichtliche Untersuchung zur Entwicklung der politischen Strukturen des Reaktionsjahrzehnts 1850–1860, Diss. Universität Erlangen-Nürnberg 1970.

Ostertag-Henning, Karl-Ludwig: Der Apfelbaum im Gottesgarten. Von der Obstkultur der Banzer Benediktiner zur fränkischen Streuobstwiese. Beiheft zur Ausstellung im Museum der Stadt Staffelstein 18. April – 7. Juni 1998. Konzept und Erarbeitung Dr. Karl-Ludwig Ostertag-Henning, Staffelstein 1998 [= Staffelsteiner Schriftenreihe Nr. 7].

Ostertag-Henning, Karl-Ludwig: „Denk-Mal" gutsherrlicher Lebensart. Schloss Oberau spielt eine wichtige Rolle in der Geschichte der Stadt Staffelstein. In: Fränkischer Tag, Beilage „Aus dem Staffelsteiner Land", 11.9.1999, S. 16.

Ostertag-Henning, Karl-Ludwig: Gut Oberau kontrollierte im Mittelalter die Wassergräben. In: Obermain-Tagblatt, 11.12.1999, S. 16.

Ostertag-Henning, Sylvia: Bergkirchweih und Platenhäuschen. Rund um den Erlanger Burgberg, Nürnberg 2004 [= Historische Spaziergänge 2, Geschichte für alle e.V. – Institut für Regionalgeschichte].

Ostertag-Henning, Sylvia: Die Gründung der Pfarrei Herz Jesu – oder der lange Weg der Katholiken zur eigenen Kirche. In: Jakob, Andreas, Horst, Hans Magnus, Schmitt, Helmut (Hrsg.): Das Himmelreich zu Erlangen – offen aus Tradition? Aus 1000 Jahren Bamberger Bistumsgeschichte, Nürnberg 2007, S. 162–185.

Ostertag-Henning, Sylvia: Zur August von Platen Feier am 13.7.2008. „Weggefährten Platens" – Spuren am Burgberg, masch. Manuskript Erlangen 2008.

Ostertag-Henning, Sylvia: Das Platenhäuschen. Dichterstätte und Zeitgeistidylle des frühen 19. Jahrhunderts. In: Och, Gunnar, Haller, Bertold von (Hrsg.): Bauskandal am Erlanger Platenhäuschen. Eine Dokumentation, Erlangen 2009, S. 23–34.

Overy, Richard: Die Wurzeln des Sieges. Warum die Alliierten den Zweiten Weltkrieg gewannen, Reinbek bei Hamburg 2002, S. 160 f.

Pätzold, Kurt: Deutscher Vortrupp. Gefolgschaft deutscher Juden (DVo) 1933–1935. In: Fricke et al. (Hrsg.): Lexikon zur Parteiengeschichte, Bd. 2, Köln und Leipzig 1984, S. 328 f.

Panzer, Marita P.: Käte Strobel (1907–1996). Bundesministerin der SPD – Vizepräsidentin des Europaparlaments. In: Panzer, Marita P., Plößl, Elisabeth: Bayerns Töchter. Frauenportraits aus fünf Jahrhunderten, München und Zürich 2005, S. 271–274.

Paulus, Erich und Regina: Uttenreuth. Geschichtsbuch über ein fränkisches Dorf am Rande der Stadt, Neustadt an der Aisch 2001.

Peters, Michael: Johann Heinrich August Ebrard (1818–1888). In: Fränkische Lebensbilder. Hrsg. im Auftrag der Gesellschaft für fränkische Geschichte von Alfred Wendehorst, Bd. 13, Neustadt/Aisch 1990, S. 151–165.

Peters, Michael: Biographischer Datenabriß zum Leben Heinrich Carl Friedrich Clemens Ebrards (1850–1935), Königlicher Geheimer Konsistorialrat und Direktor der Stadtbibliothek Frankfurt am Main. Zusammengestellt aus dem Teilnachlaß Friedrich Clemens Ebrard und aus dem Nachlaß Johann Heinrich August Ebrard. In: Der Deutsche Hugenott, 55. Jg., Nr. 4, Dezember 1991, S. 105–108.

Peters, Michael: Konstantin Freiherr von Gebsattel (1854–1932). In: Fränkische Lebensbilder. Hrsg. im Auftrag der Gesellschaft für fränkische Geschichte von Alfred Wendehorst, Bd. 16, Neustadt/Aisch 1996, S. 173–187.

Peters, Michael: Georg Philipp Stauff (1876–1936). In: Fränkische Lebensbilder. Hrsg. im Auftrag der Gesellschaft für fränkische Geschichte von Erich Schneider, Bd. 18, Neustadt/Aisch 2000, S. 243–254.

Peters, Michael: Fünf Jahre Fachhochschule Ansbach. Stationen einer erfolgreichen Entwicklung. In: Staatliches Hochbauamt Ansbach (Hrsg.): Fachhochschule Ansbach, Ansbach 2002, S. 12–25.

Peters, Michael: Verzeichnis der im Besitz Friedrich Clemens Ebrards (1850–1935), Königlichen Geheimen Konsistorialrats stehenden Gemälde, Bildnisse und Wappen zur Geschichte der Familie Ebrard und ihnen anverwandter Familien sowie zur Geschichte Erlangens, jetzt Nachlaß Ebrard. In: Der Deutsche Hugenott, 57. Jg., Nr. 3, September 1993, S. 67–76.

Peters, Michael: Der Alldeutsche Verband am Vorabend des Ersten Weltkrieges (1908–1914). Ein Beitrag zur Geschichte des völkischen Nationalismus im spätwilhelminischen Deutschland, Frankfurt am Main, Bern, New York, Paris 1992 [= Europäische Hochschulschriften, Reihe 3 Geschichte und ihre Hilfswissenschaften, Bd. 501]. 2. korr. Auflage 1996.

Peters, Michael: Friedrich Clemens Ebrard (1850–1935). In: Fränkische Lebensbilder. Hrsg. im Auftrag der Gesellschaft für fränkische Geschichte von Erich Schneider, Bd. 20, Neustadt an der Aisch 2004, S. 221–239.

Peters, Michael: Alldeutscher Verband (1891–1939) (ADV). In: Historisches Lexikon Bayerns, http://www.historisches-lexikon-bayerns.de/artikel/artikel_44184, 2.5.2006.

Peters, Michael: Julie Gräfin von und zu Egloffstein (1792–1869). In: Fränkische Lebensbilder. Hrsg. im Auftrag der Gesellschaft für fränkische Geschichte von Erich Schneider, Bd. 21, Insingen bei Rothenburg ob der Tauber 2006, S. 207–229.

Peters, Michael: Friedrich Clemens Ebrard: Bibliothekar und französisch-reformierter Theologe, geb. 26.6.1850, gest. 28.7.1935. In: Biographisch-Bibliographisches Kirchenlexikon, hrsg. von Traugott Bautz, online http://www.bautz.de, 19.7.2007. Druckversion: Biographisch-Bibliographisches Kirchenlexikon, Bd. 28, 2007, S. 491–494.

Peters, Michael: Fachhochschule Ansbach – Partner der regionalen Wirtschaft. Ausbildung für die Praxis. In: Fränkische Landeszeitung, 59. Jg., Nr. 263, 14.11.2003, Sonderbeilage „Unternehmer schauen voraus", S. 16.

Peters, Michael: Im Spiegel der Presse. Erster Pressespiegel der Fachhochschule Ansbach 2001–2003, Ansbach 2003.

Peters, Michael: Johann Friederich (auch Friedrich) Esper: Evangelisch-lutherischer Theologe und Paläontologe, geb. 6.10.1732, gest. 18.7.1781. In: Biographisch-Bibliographisches Kirchenlexikon, hrsg. von Traugott Bautz, online http://www.bautz.de, 13.6.2007. Druckversion: Biographisch-Bibliographisches Kirchenlexikon, Bd. 28, 2007, S. 613–617.

Peters, Michael und Ostertag-Henning, Sylvia: Goethes glückliche Zeichnerin aus Erlangen. Vergessene Tochter der Stadt: Die Kunstmalerin Julie Gräfin von und zu Egloffstein In: Erlanger Nachrichten. Erlanger Tagblatt, 151. Jg., Nr. 117, 23./24.5.2009, Erlanger Kulturzeil, S. 7; Nordbayerische Zeitung, 206. Jg., Nr. 117, 23./24.5.2009, Erlanger Kulturteil, S.7.

Peters, Michael: Baiersdorfs große Zeit. Verwaltungssitz und Zunftort in der Frühneuzeit. In: Industrie- und Handelskammer Nürnberg für Mittelfranken (Hrsg.): Wirtschaftsregion Erlangen. Industrie, Handel, Gewerbe, Erlangen 2009, S. 138 f.

Peters, Michael: Geschichte Frankens. Vom Ausgang der Antike bis zum Ende des Alten Reiches, 2. Aufl. Gernsbach 2009.

Pfeiffer, Gottlieb: Nürnberg und die Autobahnen. In: Verkehrsentwicklung Nürnbergs im 19. und 20. Jahrhundert, Nürnberg 1972, S. 51–75 [= Nürnberger Forschungen, Bd. 17].

Planert, Ute: Der Mythos vom Befreiungskrieg. Frankreichs Kriege und der deutsche Süden. Alltag, Wahrnehmung, Deutung 1792–1841, Habilitationsschrift Paderborn 2007.

Planert, Ute (Hrsg.): Krieg und Umbruch: Mitteleuropa um 1800. Erfahrungsgeschichte(n) auf dem Weg in eine neue Zeit, Paderborn und München 2008.

Platen, August Graf von: Platens sämtliche Werke in vier Bänden, mit einer biographischen Einleitung von Karl Goedeke, Stuttgart 1885.

Pollnick, Carsten: Die NSDAP und ihre Organisationen in Aschaffenburg 1933–1939. Hrsg. vom Geschichts- und Kunstverein Aschaffenburg, Aschaffenburg 1988 [= Veröffentlichungen des Geschichts- und Kunstvereins Aschaffenburg e.V., Bd. 29].

Puschner, Uwe: Reichsromantik. Erinnerungen an das Alte Reich zwischen den Freiheitskriegen 1813/14 und den Revolutionen 1848/49. In: Ottomeyer, Hans (Hrsg.): Heiliges Römisches Reich Deutscher Nation 962 bis 1806. Altes Reich und neue Staaten 1495 bis 1806, Dresden 2006, S. 319–329.

Reden, Wilken von: Freiherren von Dungern. In: Genealogisches Handbuch des in Bayern immatrikulierten Adels, Bd. XX, Neustadt an der Aisch 1994, S. 234–243.

Popp, Harald: Werner Lorlebergs Tod. Die Einnahme Erlangens durch amerikanische Truppen 1945. In: Das neue Erlangen, Heft 94, Juli 1995, S. 2–7.

Raab, Heinrich: Revolutionäre in Baden 1848/49. Biographisches Inventar für die Quellen im Generallandesarchiv Karlsruhe und im Staatsarchiv Freiburg. Bearbeitet von Alexander Mohr, Stuttgart 1998 [= Veröffentlichungen der Staatlichen Archivverwaltung Baden-Württemberg. Hrsg. von der Landesarchivdirektion Baden-Württemberg, Bd. 48].

Reichold, Helmut: Bismarcks Zaunkönige. Duodez im 20. Jahrhundert. Eine Studie zum Föderalismus im Bismarckreich, Paderborn 1977.

Reindl, Alwin: Die Märtyrer des 20. Jahrhunderts aus dem Erzbistum Bamberg, 2. Aufl. Bamberg 2005 [= Schriftenreihe der Pressestelle des Erzbischöflichen Ordinariats Nr. 18, November 2005].

Renzikowsky, Christoph & Joachim: Die vergessenen Patenkinder: Erlangen und „seine" Heimatvertriebenen. In: Lehmann, Gertraud, Sandweg, Jürgen (Hrsg.): Hinter unzerstörten Fassaden. Erlangen 1945–1955, Erlangen und Jena 1996, S. 471–519.

Rießbeck, Walther: Das private Gemeindevermögen der Altstadt Erlangen. In: Erlanger Bausteine zur fränkischen Heimatforschung, Sonderband 4, Erlangen 1994, S. 1–203.

Rumschöttel, Hermann: Ansbach. Montgelas und die Grundlegung des modernen Bayern. In: Schmid, Alois, Weigand, Katharina (Hrsg.): Schauplätze der Geschichte in Bayern, München 2003, S. 276–290.

Runkel, Ferdinand: Die Illuminaten. In: Runkel, Ferdinand: Geschichte der Freimaurerei in Deutschland, 2. Bd., Berlin o. J., S. 40–57.

Säuberlich, Johanna: Fränkin rettet kranke Kinder vor dem Tod. Schwester Maria aus Kronach arbeitet seit 40 Jahren als Hebamme in Haiti – ihr Herz gehört den Armen. In: Erlanger Nachrichten. Erlanger Tagblatt, 151. Jg., Nr. 275, 27.11.2009, S. 15.

Schatz, Walter: Nürnbergs Nacht der Schande. Pogrom vom 9. November 1938: Die Juden in der Noris zahlten höchsten Blutzoll. In: Erlanger Nachricht. Erlanger Tagblatt, 150. Jg., Nr. 261, 8.11.2008, S. 3.

Scheib, Asta: Eine Zierde in ihrem Hause. Die Geschichte der Ottilie von Faber-Castell, Roman, 2. Aufl. Reinbek bei Hamburg 2002.

Schiener, Anna: Kleine Geschichte Frankens, Regensburg 2008.

Schiffer, Peter (Hrsg.): Wasserrad und Dampfmaschine. Forschungen aus Württembergisch Franken, Bd. 47. Hrsg. vom Historischen Verein für

Württembergisch Franken, dem Stadtarchiv Schwäbisch Hall und dem Hohenlohe-Zentralarchiv Neuenstein, Ostfildern 2000.

Schillinger, Claudia: Fränkische Osterbrunnen. Volksbrauch und Volkskunst, Bamberg 1997.

Schmidt, Axel W.O.: Der Rothe Doktor von Chicago – ein deutsch-amerikanisches Auswandererschicksal. Biographie des Dr. Ernst Schmidt, 1830–1900, Arzt und Sozialrevolutionär, Frankfurt am Main u. a. 2003.

Schmidt, Helmut: Die deutsche Kleinstaaterei. In: Schmidt, Helmut: Außer Dienst. Eine Bilanz, 4. Aufl. München 2008, S. 133–143.

Schnabel, Lothar, Keller, Walter E.: Vom Main zur Donau. 1200 Jahre Kanalbau in Bayern, 2. Aufl. Bamberg 1985.

Scholz, Michael: Horrorstunde im Gewölbekeller. Fritz Ziegler aus Kleingeschaidt erlebte Luftangriff am 31. März 1944 als Zehnjähriger mit. In: Erlanger Nachrichten. Erlanger Tagblatt, 151. Jg., Nr. 84, 10.4.2009, S. 9.

Schuler, Thomas: Strauß. Die Biographie einer Familie, Frankfurt am Main 2006, S. 19 f.

Schultheis, Herbert, Wahler, Isaac E.: Bilder und Akten der Gestapo Würzburg über die Judendeportationen 1941–1943, Bad Neustadt an der Saale o.J. (1988). [= Bad Neustädter Beiträge zur Geschichte und Heimatkunde Frankens, Bd. 5, hrsg. von Herbert Schultheis]. Schwarz, Werner: Der Synagogensucher. Lebenserinnerungen zwischen Nürnberg und Palästina, ergänzt um historische Beiträge von Katrin Bielefeldt, Nürnberg 2006 [= Nürnberger Stadtgeschichten, Bd. 5, hrsg. vom Verein Geschichte für alle e.V.].

Seligmann, Michael: Aufstand der Räte, Grafenau 1989.

Shirer, William L.: Aufstieg und Fall des Dritten Reiches. Mit einem Vorwort von Golo Mann, Köln o. J. [Franken: S. 26 ff.].

Sing, Achim: Eine Krone für Bayern. 200 Jahre Königreich: Herzog Franz über das Verhältnis des Freistaats zum Königreich. In: Bayerische Staatszeitung und Bayerischer Staatsanzeiger, 23.9.2005, S. 24.

Spindler, Max, Kraus, Andreas (Hrsg.): Handbuch der Bayerischen Geschichte, Bd. 4,1 und Bd. 4,2, München 2003 und 2007.

Sponsel, Ilse: Erlangen vor 100 Jahren: die Wahlen zum 1. Deutschen Reichstag, Erlangen 1971.

Sponsel, Ilse: „Erlangen ist zur Zeit – 2.2.1944 – Judenfrei". In: Erlanger Bausteine zur fränkischen Heimatforschung, Bd. 50, Nürnberg 2004, S. 265–267.

Sponsel, Ilse: Dr. jur. David Morgenstern. Der erste jüdische Landtagsabgeordnete in Bayern (1814–1882), o. O., o. J. [2007] als Manuskript gedruckt.

Sponsel, Ilse: Renommierter Gelehrter und „Feuerwerk“-Rhetoriker. Beitrag zum deutsch-jüdischen Erbe: Zum 100. Geburtstag des Religionswissenschaftlers Hans-Joachim Schoeps. In: Erlanger Nachrichten. Erlanger Tagblatt, 151. Jg., Nr. 261, 8.11.2008, S. 3.

Springer, Max: Die Franzosenherrschaft in der Pfalz 1792–1814 (Departement Donnersberg), Berlin und Leipzig 1926.

Staun, Harald: Die Wagner-Schwestern. Unsere Pläne für Bayreuth. In: Frankfurter Allgemeine Sonntagszeitung, Nr. 29D, 19.7.2009, S. 22–23.

Stein, Friedrich: Geschichte Frankens. Zweiter Teil. Die neue Zeit, Schweinfurt 1886.

Stenographische Berichte über die Verhandlungen der deutschen constituierenden Nationalversammlung zu Frankfurt am Main, hrsg. von Professor Franz Wigard, Frankfurt am Main 1848. In: http://daten.digitale-sammlungen.de/~db/0001/bsb00011908/images/index.html?seite=1&pdfseitex.

Stephenson, Jill: Gertrud Scholtz-Klink – Die NS-Musterfrau. In: Smelser, Ronald, Syring, Enrico, Zitelmann, Rainer (Hrsg.): Die braune Elite II. 21 weitere biographische Skizzen, Darmstadt 1993, S. 219–230.

Sternberger, Jürgen: Die Marschälle Napoleons, Berlin 2008.

Sterzl, Anton: Was wollte Bismarck in Tüchersfeld? Fremdenverkehr, Reisediplomatie und die Fortsetzung der Politik im Wirtshaus. In: Frankenland. Zeitschrift für fränkische Landeskunde und Kulturpflege, 50. Jg., 1998, S. 368–370.

Stoll, Sabine: Grenzsoldaten schossen auf die Flüchtlinge. Jeannette Kretzschmann-Meier wollte weg aus der DDR: Monate vor dem Mauerfall floh sie in den Westen. In: Erlanger Nachrichten. Erlanger Tagblatt, 150. Jg., 2.2.2009.

Sugenheim, Samuel: Geschichte der Aufhebung der Leibeigenschaft und Hörigkeit in Europa bis um die Mitte des 19. Jahrhunderts. Neudruck der Ausgabe Sankt Petersburg 1861, Aalen 1966.

Tagsold, Heike (Hrsg.): „Was brauchen wir einen Befehl, wenn es gegen Juden geht?“. Das Pogrom von Gunzenhausen 1934, Nürnberg 2006 [= Hefte zur Religionsgeschichte, 4].

Thoben, Claudia: „Notorische Straßendirnen“ im Visier der Polizei. Bruchstücke weiblicher Lebensläufe im Nürnberg des ausgehenden 19. Jahrhunderts. In: Jahrbuch für Fränkische Landesforschung, Bd. 66, Stegaurach 2006, S. 377–390.

Thüringer Staatskanzleiund Bayerisches Staatsministerium für Wirtschaft, Verkehr und Technologie (Hrsg.): Internationales Symposium Deutschland – USA – Israel. Chancen der Solartechnik zur Jahrtausendwende – Einsatzmöglichkeiten der Solarthermie und Photovoltaik, München 2001, S. 327–329 [= Reihe Tagungsberichte, Bd. 459].

Tofahrn, Klaus W.: Chronologie des Dritten Reiches. Ereignisse, Personen, Begriffe, Darmstadt 2003.

Ury, Else: Das Ratstöchterlein von Rothenburg. Eine Erzählung für junge Mädchen. Mit fünf bunten Bildern von Karl Mühlmeister, 3. Aufl. Leipzig o. J. (1928).

Vasold, Manfred: Joseph Koeth (1870–1936). In: Fränkische Lebensbilder. Hrsg. im Auftrag der Gesellschaft für fränkische Geschichte von Erich Schneider, Bd. 19, Neustadt an der Aisch 2002, S. 207–217.

Vittinghoff, Doris-Maria, Vollertsen-Diewerge, Margrit: Max Gebbert & die Pioniere der Medizintechnik. 11 Lebensläufe zur Geschichte der Medizintechnik in Erlangen, Berlin und München 2006.

Vogel, Jakob: Nationen im Gleichschritt. Der Kult der „Nation in Waffen“ in Deutschland und Frankreich, 1871–1914, Göttingen 1997 [= Kritische Studien zur Geschichtswissenschaft, Bd. 118].

Vogt, P. Gabriel: Burg und Dorf, Kloster und Schloß Theres am Main. Ein Beitrag zur Geschichte des Dorfes und der ehemaligen Benediktinerabtei St. Vitus zu Theres am Main, Münsterschwarzach o. J. [1981].

Volz, Claus: Kühne Flucht mit dem Ballon. DDR-Familien schafften es 1979 mit Heißluftballon über den Eisernen Vorhang. In: Erlanger Nachrichten. Erlanger Tagblatt, 151. Jg., Nr. 214, 16.9.2009, S. 15.

Wachter, Clemens: Nürnberg nach dem Zweiten Weltkrieg – Metropole Frankens? In: Blessing, Werner K., Weiss, Dieter J. (Hrsg.): Franken – Vorstellung und Wirklichkeit in der Geschichte, Neustadt an der Aisch 2003, S. 365–380 [= Franconia 1 (Beihefte zum Jahrbuch für fränkische Landesforschung)].

Wagner, Ulrich (Hrsg.): Geschichte der Stadt Würzburg. Vom Übergang an Bayern bis zum 21. Jahrhundert, Stuttgart 2007.

Wahl, Monika: Radfahren und Verkehrspolitik in Erlangen 1883–1905. In: Stadtarchiv Erlangen, Akt I.21.F.1, masch. Manuskript 1996, geheftet, nicht paginiert, 42 Blatt.

Wassermann, Jakob: Caspar Hauser oder Die Trägheit des Herzens. Roman, o. O. 1908. 34. Aufl. Berlin 1926.

Watzdorf-Bachoff, Erika von: Im Wandel und in der Verwandlung der Zeit. Ein Leben von 1878 bis 1963]. Aus dem Nachlaß hrsg. von Reinhard A. Doerries, Stuttgart 1997.

Weigand, Katharina: Gaibach. Eine Jubelfeier für die bayerische Verfassung von 1818? In: Schmid, Alois, Weigand, Katharina (Hrsg.): Schauplätze der Geschichte in Bayern, München 2003, S. 291–308.

Weis, Eberhard (Hrsg.): Reformen im rheinbündischen Deutschland, München 1984.

Weis, Eberhard: Bayern und Frankreich in der Zeit des Konsulats und des Ersten Empire (1799–1815), München 1984 [= Schriften des Historischen Kollegs, hrsg. von der Stiftung Historisches Kolleg, Vorträge 4].

Weis, Eberhard: Deutschland und Frankreich um 1800. Aufklärung – Revolution – Reform. Hrsg. von Walter Demel und Bernd Roeck, München o. J. [1990].

Weis, Eberhard: Ansbach 1796 – der Aufstieg eines Staatsmannes. In: Bayern entsteht, Jg. 1996, S. 45–51.

Weisenborn, Günther (Hrsg.): Der lautlose Aufstand 1933–1945. Nach den Originalberichten zahlreicher Widerstandsgruppen, nach den Forschungsberichten der Organisationen, nach den Ermittlungen amtlicher Stellen, nach umfangreichem Briefmaterial, nach Akten des Volksgerichtshofes, nach Abschriften aus Gestapodokumenten, Hamburg 1962.

Weiß, Elmar: Jüdisches Schicksal im Gebiet zwischen Neckar und Tauber, Heidelberg 1979.

Weiß, Elmar: „Arm an Geld und noch ärmer an Hoffnungen". Der Lebensweg des jüdischen Volksschullehrers Nathan Eduard Sommer aus Ailringen. In: Württembergisch-Franken, 84, (Jahrbuch 2000), S. 235–257.

Wendehorst, Alfred: Geschichte der Universität Erlangen-Nürnberg 1743–1993, München 1993.

Werk, Uwe, Windsheimer, Bernd: Johannisfriedhof Nürnberg mit Rochusfriedhof, Nürnberg 2011 [= Historische Spaziergänge 7, hrsg. von Verein Geschichte für Alle e.V.].

Wichtige Botschafter der Region: NordbayernPost legt dritte Briefmarkenserie auf – Sympathische Werbung. In: Erlanger Nachrichten. Erlanger Tagblatt, 153. Jg., Nr. 76, 1.4.2011, S. 15.

Wilkes, Johannes: Kant kam nicht. Dichter und Denker in Erlangen, Erlangen 2001.

Willett, Olaf: Sozialgeschichte Erlanger Professoren 1743–1933, Göttingen 2001 [= Kritische Studien zur Geschichtswissenschaft, Bd. 146].

Windisch, Erik: Die Kämpfe um Schwäbisch-Hall im April 1945. In: Württembergisch-Franken, 84 (Jahrbuch 2000), S. 289–353.

Windsheimer, Bernd: Geschichte der Stadt Fürth, München 2007.

Winkler, Richard: Nikolaus Titus (1808–1874). In: Fränkische Lebensbilder. Hrsg. im Auftrag der Gesellschaft für fränkische Geschichte von Alfred Wendehorst, Bd. 13, Neustadt/Aisch 1990, S. 135–150.

Winter, Carl-Jochen: Die Energie der Zukunft heißt Sonnenenergie, München 1993.

Witt, Rainer: Jean Paul (Ps. für Johann Paul Friedrich Richter), Schriftsteller. In: Biographisch-Bibliographisches Kirchenlexikon, hrsg. von Traugott Bautz, online http://www.bautz.de, 28.6.2009.

Wölfel, Dieter: Gotthilf Heinrich Schubert. In: Biographisch-Bibliographisches Kirchenlexikon, hrsg. von Traugott Bautz, Bd. IX, Nordhausen 1995, 1030–1040.

Wörner, Kai: Von Drähten, Nadeln und Blattgold. Die Entwicklung der metallverarbeitenden Industrie Schwabachs. In: Jahrbuch für Fränkische Landesforschung 2008, Bd. 68, Neustadt an der Aisch 2009, S. 203–228.

Wünschmann, Renate: Die Bergkirchweih im Taschenformat. Über 100 Jahre Ansichtskarten als Andenken an die 5. Erlanger Jahreszeit. In: Erlanger Bausteine zur fränkischen Heimatforschung, Bd. 50, Nürnberg 2004, S. 97–206.

Zeltner, Hermann: Schelling in Erlangen. In: Redenbacher, Fritz (Hrsg.): Festschrift Eugen Stollreuther, zum 75. Geburtstage gewidmet von Fachgenossen, Schülern, Freunden, Erlangen 1950, S. 391–403 [= Kleine Schriften, Bd. 8].

Zenker, Rudolf: Medizinischer Fortschritt in Bayern. In: Bayern – Deutschland – Europa. Festschrift für Alfons Goppel, Passau o. J. (1975), S. 253–272, hier S. 265–272 [Universitäten Würzburg und Erlangen].

Zinke, Peter: „An allem ist Alljuda schuld“ – Antisemitismus während der Weimarer Republik in Franken, Nürnberg 2009.

Ortsregister

Personenregister

Bildnachweis

Bamberger Symphoniker: 26 (Fotografie: P. Eberts)

Bundesarchiv: 13 (Bild 146-2008-0156 / CC-BY-SA)*; 20 (B 145 Bild-F007449-0002 / Müller, Simon / CC-BY-SA)*

Department of Defense: 19 (Keystone/Second Roberts Commission)

Library of Congress: 25 (Photochrom Prints Collection)

National Archives and Records Administration: 16 (Charles Russell Collection)

NordBayern Post: 22

Sylvia Ostertag: 4 (Fundus); 9; 17

Michael Peters: 11 (Fundus); 15 (Fundus)

Stadtarchiv Erlangen: 10; 14 (Nachlass Ebrard, Nr. 563)

Stadtmuseum Erlangen: 3 (Inv. Nr. 5159)

Stadtmuseum München: 6 (Inv. Nr. G M II/658); 8 (Inv. Nr. G M III/813)

Florian Trykowski: 18

Wikimedia Commons: 1 (Fotografie: Wolfgang Sauber)*; 5 (Fotografie: weigandwood)*; 7; 12 (Fotografie: Rolf Krahl)*; 21 (Fotografie: Magnus Gertkemper)*; 24 (Fotografie: Janericloebe)*

Christian Wißler: 23

zeno.org: 2